행동중독

준거, 근거, 그리고 치료

BEHAVIORAL ADDICTIONS: Criteria, Evidence, and Treatment

Kenneth Paul Rosenberg • Laura Curtiss Feder 엮음

신성만 옮김

박학사

Behavioral Addictions: Criteria, Evidence, and Treatment
Edited by Kenneth Paul Rosenberg and Laura Curtiss Feder

ISBN: 9780124077249
Translated Edition ISBN: 9788998521424
Publication Date in Korea: 30 November 2015

Translated by **PakHakSa** Publishing Co.
Printed in Korea

역자 서문

지금은 중독의 시대이다. 모든 것이 급하고 빨라지며 자극적이고 자극의 강도도 강해지며 이와 더불어 삶의 고통과 스트레스도 증가하고 있다. '중독하는 인간'이라는 뜻의 '호모 에딕투스(Homo Addictus)'를 언급해야만 설명이 될 정도로 현대인은 누구나 한두 가지의 중독문제를 경험하고 있는 듯 보인다. 이전에는 약물이나 알코올, 담배 등의 물질이 중독 대상이었다면, 그래서 멀리 격리시키거나 스스로 떨어져서 살 수도 있었다면, 이제는 삶의 일반적인 과정과 결부되어 나타나고 있다. 돈을 사용하지 않고 살 수 없고 인터넷이나 스마트폰을 쓰지 않고 지내기가 쉽지 않다. 너무 맛있고 강렬한 경험을 선사하는 음식도 많아졌고 성적인 자극이 없거나 관계적 문제가 없는 삶도 상상할 수 없다. 심지어는 건강을 위해 권장하는 운동에도 사람들은 절제를 잃어버리고 있다.

알다시피 인간은 자기중심에서 삶을 시작한다. 인지적, 사회적, 도덕적, 욕구적, 영적 성장이 시작되면 타인을 이해하고 고려하면서 관계중심적이 된다. 이 관계가 더욱 질적으로 성장하면 시간과 공간의 제약을 넘어서는 관계를 추구하고 의미와 가치중심의 삶을 살고자 한다. 그러나 이러한 자연스러운 발달이 현대사회의 경쟁과 관계단절적 경향과 만나게 되면 발달의 방향을 바꾸어 다시 자기중심적으로 퇴행하는데 그 결과가 중독이라고 볼 수 있다. 중독이 심화되면 다시 자기파괴와 관계파괴의 모습이 나타난다는 것도 생각해 볼 점이다.

중독의 대상이 물질에서 삶의 다양한 과정으로 확대되어 왔고 관계축소와 단절의 사회에서 자기중심적 삶을 살 수밖에 없는 현대인들은 그래서 항상 중독의 위험에 노출되어 있다. 중독의 원인이 어떻든지 간에 이제는 중독의 대상과 격리되어 병원에 입원하는 것을 해결책으로 내세울 수 없다. 삶의 현장에서 중독의 위험성을 경험하면서도 가장 현명하고 적절한 선택을 해 갈 수 있도록 그리고 절제할 수 있는 능력을 기르도록 도와야지만 실질적인 변화가 일어날 수 있다는 중독전문가들의 공통된 의견들이 있다. 결국은 학제적, 커뮤니티 중심의 재활적 접근이 필요한 것이고 그러한 사실은 이 책의 중요성을 더욱 높여주고 있다.

이 책『행동중독』은 행동의 영역까지 확대된 중독의 문제를 과학적 근거를 토대로 깊이 있게 들여다볼 수 있도록 해 주고 있다. 현재까지 전 세계적으로 밝혀진 이 분야의 다양한 학제의 연구자들의 연구 결과 대부분을 총망라하여 상담이나 임상, 심리치료, 정신건강, 의료, 간호, 보건, 청소년, 아동, 교육 등 다양한 분야에서 반드시 습득하고 있어야만 할 내용들이 충실히 담겨 있다.

우리의 이해와 지식이 따라 잡을 수 없을 정도로 중독문제는 날마다 확장되고 복잡해져 가고 있으며, 학계와 임상현장의 간극도 날이 갈수록 커져가고 있다. Rosenberg와 Feder를 중심으로 쓰여진 이 책은 그러한 간극을 메우고자 하는 가장 효과적인 노력의 결과라고 할 수 있을 것이다.

용어의 사용에 있어서 Behavioral Addiction을 지칭할 때 '행위 중독'이라는 말도 혼용되고 있는데, 행위라는 말을 국어사전에서 찾아보면 "사람이 의지를 가지고 하는 짓, 분명한 목적이나 동기를 가지고 생각과 선택, 결심을 거쳐 의식적으로 행하는 인간의 의지적인 언행, 윤리적인 판단의 대상이 된다"라고 명시되어 있어, 가치판단을 거친 용어라는 점에서 사용을 지양하고 보다 가치중립적인 '행동 중독'이라는 말을 사용하였다.

이 책을 번역하는 과정에서 지속적으로 도움을 준 한동대학교 심리학과 대학원생들과 김준식, 송용수, 최유리에게 고마움을 전한다. 아무쪼록 이 책이 행동 중독 영역의 이해를 확장시키고 더 많은 연구를 촉발시켜 행동 중독의 폐해를 감소시키는 데 중요한 역할을 감당할 수 있기를 기대해 본다.

2015년 12월
포항 연구실에서
신성만 교수

추천사

DSM-5판에 들어서 처음으로 미국정신의학회는 비물질관련 중독을 중독 장애의 유목에 포함시켰다. 2013년 5월 도박 장애는 물질 사용 장애와 함께 분류되었는데 이전 판에서는 "병적 도박"으로 불리면서 충동 조절 장애로 고려되었었다. 2013년의 가장 중요한 변화는 명칭과 유목의 변경이 있었다는 점이다. 준거도 약간 변경되었는데 4개 또는 그 이상의 증상들로 구성되는 증상의 정도를 고려하는 진단 준거들이었다.

최근의 도박관련 연구들도 이 행동이 중독과 유사하다는 관점과 일치하고 있고 뇌영상 연구를 통한 발견들도 도박 행동이 뇌의 보상회로를 마치 약물이 영향을 주듯이 변화시키고 있다는 점을 보여주고 있다. DSM 위원회는 중독이 보상체계의 질병이라는 입장을 받아들였고 도박이 뇌의 보상체계를 강박적 도박 행동을 통해 보상을 추구하도록 변화시켰다는 데 동의했다. 다시 말하면, 행동도 보상체계에 대해 약물과 동일하게 작용할 수 있다는 점을 인정하였다.

DSM 위원회는 중독의 가능성이 있는 다른 행동들도 고려하였는데 동료전문가 집단의 평가를 거친 학술적 권위가 인정되는 연구 결과들이 더 많이 제시될 때까지 결정을 유보하기로 하였다. 이렇게 고려된 행동들 가운데 과도한 인터넷 게임은 200편이 넘는 많은 관련 연구논문들이 있어서 "인터넷 중독"의 채택 여부에 대하여 대단히 심도 있게 논의되었다. 그러나 연구물들을 관통하는 일관된 진단준거가 결여되어 있다는 결론이 났다. 대부분의 연구물들이 중국, 한국, 일본과 같은 극동아시아권의 연구물들이었다는 점도 고려되었다. 위원회는 "인터넷 게임 장애"라는 명칭을 부록에 언급하면서 보다 더 연구가 필요한 현상으로 판단하였다. 위원회는 앞으로 보다 활발한 연구가 진행되어 이후에 중독 유형에 인터넷 중독이 포함될 수 있기를 기대하였다.

다른 행동 장애들도 고려되었다. 여기에는 성 중독, 음식 중독, 운동 중독, 구매 중독 등이 포함되었는데 동료평가를 거친 연구들이 보다 더 많이 쌓여야 한다는 데 의견일치를 보았다. 이 책 『행동중독: 준거, 근거 그리고 치료』에는 이러한 다수의 행동 중독들을 대단히 자세히 다루고 있다.

이러한 상황을 종합해 볼 때 이 책 『행동중독』은 대단히 시의적절하고 많은 연구들이 시작될 수 있도록 하는 중요한 역할을 담당할 것이라고 생각된다. 다양한 인구를 대상으로 한 유병률에 대한 자료 또한 대단히 도움이 될 것이다. 성별의 차이가 존재하는가? 그렇다면 남녀 비율은 어떻게 되는가? 유전적 영향의 증거가 있는가? 발병이 일어나는 시점의 나이는 어떠하며 문제가 지속되는 연령은 어떠한가? 치료의 결과는 무엇이며 어떤 환자들은 치료 없이도 정말 완치가 되는가?

Rosenberg와 Feder가 엮은 이 책은 임상 장면의 전문가들에게 행동 중독에 대해 정확한 개념을 제공함으로써 관련된 행동 원리를 더 잘 이해하게 하여 보다 잘 진단하고 치료하도록 도움을 줄 것이라고 확신한다.

Charles P. O'Brien, M.D., Ph.D.
미국 정신의학회 DSM 위원회 의장
펜실베이니아대학교 의과대학 정신과 교수

저자 서문

역사적으로 정신건강과 중독 치료 분야의 진정한 선구자들은 의료전문가들이나 의료스비스 종사자들이 아니었다. 변혁을 일으킨 사람들은 환자 당사자들이나 그들의 옹호자들이었다. 이들은 자조모임이나 12단계 모임들에서 함께 만나 그들의 행동이 치료를 필요로 하는 의료적 질환임을 선언하였다. 1930년대에 선구적 모임은 '익명의 알코올 중독자들'의 모임이었다. 20세기의 후반부에 약물 중독자들이나 병적 도박자들(당시 스스로를 그렇게 불렀다)은 이와 유사한 지지와 치유를 위한 자조적 모임을 시작하였는데 '익명의 약물 중독자들의 모임'과 '익명의 도박자들의 모임' 등이 바로 그러한 집단이었다. 최근에는 성, 사랑, 구매, 음식 그리고 인터넷까지 중독자들의 모임이 만들어지고 스스로를 조력하며 옹호하기 시작하였다. '익명의 과식자들의 모임' '익명의 성과 사랑 중독자들의 모임' '익명의 채무자들의 모임' 등도 시작되었다. 이 책의 상당한 부분이 이러한 모임과 공동체들의 기여에 의해 가능했으며 행동 중독 전체를 아우르는 최초의 전문서로서 그들을 통해 알게 된 부분을 보다 명확하게 다루고 싶다. 우리의 목표는 행동 중독 분야의 기존 연구들을 통해 도출된 결과들을 통합함으로써 앞으로 보다 많은 연구물들이 쏟아져 나오도록 하는 데 있다.

이 책은 행동 중독이란 용어가 의료와 정신건강 분야에서 과학적으로 그리고 이론적으로 확실히 자리매김하도록 보다 많은 논의를 촉발하는 것을 목적으로 한다. 그런 과정을 통해 행동 중독 환자들이 인격의 문제를 지닌 사람들 또는 의지박약인 사람들로 간주되어 편견이나 차별의 대상이 되지 않도록 돕고 정식문서체계 내로 들어와 근거중심의 적절한 치료를 제공받을 수 있도록 하고자 하는 목표를 가지고 있다. 이 책은 또한 임상전문가들과 연구자들이 행동 중독과 관련하여 공유된 정보를 통해 더욱 활발히 논의를 이어가서 이 분야가 발전하도록 돕고자 한다.

중독정신과 전문의와 임상심리학자가 함께 이 책을 편집하였는데(우리는 뉴욕 맨해튼에 소재한 다학제적 중독치료 기관인 Upper East Health에서 함께 일한 적이 있다), 연구와 이론을 통해 강력히 지지되고 있는 다학제적 접근과 통합적 치료서비스 철학을 우리도 옹호하며 따르고 있다는 점을 강조하고 싶다. 이 책을 엮으면서 행동 중독, 특히 그 치료적 접근과 관련하여 다양한 학제와 배경을 지닌 전문가들을 모으고자 노력하였다.

이 책은 자신들의 영역에서 이미 대단히 널리 알려진 치료전문가들과 이론가들이 다수 참여함으로써 더욱 빛을 발하였다. 대부분의 저자들은 과학적 전문영역에서 교육받았고 연구자로서 괄목할 만한 성취를 이룬 분들이다. 몇몇 저자들은 훈련된 외부인 또는 관찰자들만이 제공할 수 있는 탁월한 관점을 제시해 주었다. 저자 중 한 분은 인류학자이며 다른 한 분은 정신건강법을 다루는 변호사이다. 수많은 사람들이 존경하는 인디안 영적 지도자도 이 책을 쓰는 데 기여하셨다.

우리는 다양한 전문가들이 이 책을 통해 도움을 얻기를 바라는데 정신과 의사, 심리학자, 사회복지사, 정신건강 상담사뿐만 아니라 간호사 의료보조사, 정신과 이외 분야의 의사, 목사 등 행동 중독을 경험하며 악전고투하는 사람들을 가까이에서 돕는 모든 사람들이 이 책을 읽기를 바란다. 우리는 환자 당사자들과 그들의 가족들도 이 책을 읽기를 바란다. 인류학이나 사회학을 공부하는 학자들과 관련한 법과 사건을 다루는 변호사들에게도 이 책은 대단히 유용할 것이다.

각 장은 특정 행동 중독이 어떻게 이해되고 정의되었는지에 관한 최신의 연구와 자료들을 제공하고 있는데, 임상적 준거와 역학, 일반적으로 나타나는 동반이환과 감별진단, 그리고 추천되는 치료 접근에 대해서도 다루고 있다. 임상적 사례들도 장애에 대한 보다 나은 이해를 돕기 위해 제공되고 있다.

이 책은 미국 정신의학회에서 발행한 *정신 장애의 진단 및 통계 편람 5판*에 행동 중독이란 용어가 정신과적 용어로 받아들여지게 되는 과정에 대한 논의로 서론을 시작하고 있다. 다음으로 행동 중독의 특성, 현상학적 측면, 잠재적 병인론에 대한 우리의 관점을 제시하였다. 행동 중독의 몇 종류가 이전에 충동 조절 장애 또는 강박 장애의 일종으로 분류되었던 사실과 관련하여, 그 다음으로 제시되는 장에서 충동성과 강박성 그리고 중독 장애의 유사성과 차이점 등을 설명하였다. 가장 널리 행동 중독으로 인식되고 있는 도박 장애가 맨 첫 장에서 소개되고 있다. 이후에 많이 알려진 정도에 따라 특정 행동 중독들이 차례로 다루어지고 있다. 어떤 행동 중독은 한 챕터 이상을 필요로 해서 인터넷 남용의 경우는 인터넷 중독 장애, 인터넷 게임, SNS 중독 등 세 장에 걸쳐서 소개되었다. 음식 중독은 두 장에 걸쳐 다루어졌는데 한 장에서는 심리치료에 초점을 맞추어 사례를 소개하였고 다른 장에서는 체중 저하와 음식 중독 관련 약리학을 다루면서 약을 통한 치료방법과 사례를 개관하였다. 성 중독은 두 장에 걸쳐 살펴보았는

데, 한 장은 장애의 전반적인 측면을, 다른 장은 부모나 가족의 일원이 성 중독 상태임이 밝혀졌을 때 다른 가족구성원이나 동반자를 어떻게 도울 것인지에 초점을 두고 설명하고 있다. 다양한 이견들이 제시되고 있는 구매 중독, 운동 중독, 사랑 또는 관계 중독도 학문적으로 그리고 전체적으로 각 장을 할애하여 살펴보고 있다. 책의 후반부에서 우리는 명상과 마음챙김, 영성적 접근과 요가 등, 중독치료에 최근 각광을 받고 있는 동양적 접근에 대해서도 다루었다. 우리는 최근 연구를 통해 많은 지지를 받고 있는 중독분야에 주로 집중하였고 '일 중독', '성형 중독' 등은 앞으로 새로운 판에서 다룰 예정이다. 강박 장애나 충동 장애 영역에 더 속할 수 있는 장애들은 제외시켰는데 유사성에 대해서는 2장에서 대략적으로 다루었다.

이 책의 저자들은 세계 도처의 정말 다양한 학문영역의 전문가들로 구성되어 있지만 모두들 중독에 대한 생물심리사회적 관점을 지지하고 있다. 그래서 각 장마다 특정 중독 행동이 생물학적으로, 심리학적으로, 그리고 사회문화적 요인들의 영향을 어떻게 받았는지 그리고 이러한 측면이 치료에 어떻게 적용될 수 있는지 충실히 논하고 있다. 많은 장들에서 충동성과 강박성이 어떻게 상호작용하는 요인으로 나타나는지 설명하고 있는데, 저자들마다 이것을 하나의 측면으로 볼 것인지 서로 다른 요인들로 볼 것인지에 대해 다양한 의견을 제시하고 있다.

현재 학문적 발전 상황으로 볼 때 이 책은 과학과 임상적 돌봄의 최전선에 위치한 책이다. 행동 중독 연구, 진단, 치료의 최상의 수준의 아이디어와 연구내용을 모아 예술적 수준에 이르는 결과물로 만들어 낸 책이다. 일시적 개념, 신경과학적 추측, 의도적 옹호 발언, 건강한 비평, 그리고 임상적 돌봄에 치우친 측면은 이 책의 여러 부분에서 어렵지 않게 찾아볼 수 있다. 보편 타당한 합의가 아직 존재하지 않는 분야이므로 이 책도 그런 수준이 아님은 당연하다. 그러나 다양한 관점과 자료, 임상적 사례들이 충분히 제시되고 있어서 행동 중독이 현재 어떻게 이해되고 있는지 충분히 그 뉘앙스를 습득할 수 있도록 하였다.

Kenneth Paul Rosenberg, M.D.

Laura Curtiess Feder, Psy.D.

저자 소개

Kenneth Paul Rosenberg(MD)는 중독 정신과 전문의이며 New York Presbyterian Hospital-Weill Cornell Medical College 정신과의 임상부교수이다. 그는 Journal of Sex and Marital Therapy의 외래편집자이자 미국정신의학회의 특별회원이기도 하다. 또한, 그는 U.S. World & New Report가 선정한 '최고의 의사들'과 New York Magazine's 이 선정한 '최고의 중독정신과 의사' 명단에 오르기도 하였다. Rosenberg 박사는 맨해튼에 있는 Upper East Health Behavioral Medicine의 설립자이자 원장이다. 이 기관은 약물 및 행동 중독에서 회복하고 있는 개인과 가족들에게 치료를 제공한다. 그는 HBO, PBS, ABC, CNBC, CNN의 전국방송, 그리고 New York Times, Washington Post, Huffington Post, Time Magazine, People Magazine에서 중독에 대한 토의를 하였다. Rosenberg 박사는 정신건강과 중독에 관한 교육 영상을 HBO와 PBS를 위해 제작하였으며, George Foster Peabody Award의 수상자이기도 하다.

Laura Curtiss Feder(PsyD)는 임상 심리학자 자격증을 가지고 있으며 뉴욕과 매사추세츠의 개인병원의 정신건강 자문위원이다. 그녀의 전문분야는 중독과 강박 행동의 치료, 프로그램 평가이며 대학에서 상담도 하고 있다. 그녀는 물질 중독과 행동 중독의 분야에서 다년간 임상 및 연구 활동에 참여해 왔다. 그녀는 약물 중독의 평가와 치료에 대한 학술적 저술을 지속해 왔고 Birchbox의 블로그와 100 Acne Tips & Solutions: The Clear Clinic Guide to Perfect Skin의 독자들을 위해 피부 뜯기와 여드름의 정서적인 측면에 대해 저술 활동을 하였다. Feder 박사는 Rutgers, The State University of New Jersey에서 박사학위를 받았으며 William Alanson White Institute에서 박사 후 과정을 수료하였고, 섭식 장애, 강박 행동, 그리고 중독 치료 자격증을 취득하였다. Feder 박사와 그녀의 연구, 자문, 임상 활동에 대한 더 많은 정보를 얻고자 한다면 www.delaurafeder.com을 참고하길 바란다.

추천사를 쓴 Charles P. O'Brian(MD, PhD)는 펜실베이니아 의대 정신과의 부학장(Vice Chair)이며 중독 연구로 유명한 연구소의 소장이다. 탁월한 중독 연구자로서,

O'Brian 박사는 지난 30년간 중요한 발견들과 많은 기여를 해 왔고, 전 세계적으로 중독 치료에서 돌봄의 지침을 제공하였으며, 알코올, 아편, 코카인 의존 치료를 위한 약의 개발과 중독의 임상적 측면 및 재발의 신경생물학적 측면에 대한 이해를 증진시키는 일을 해왔다.

차 례

각 장의 저자와 소속 소개

제1장

Kenneth Paul Rosenberg

Cornell University Medical Center, Psychiatry Department, New York, NY, USA and UpperEastHealth.com

Laura Curtiss Feder

Wellesley, MA, USA, www.drlaurafeder.com

제2장

Natalie L. Cuzen

Department of Psychiatry and mental Health, University of Cape Town, Cape Town, South Africa

Dan J. Stein

Department of Psychiatry and mental Health, University of Cape Town, Cape Town, South Africa

제3장

Jon E. Grant

University of Chicago, Department of Psychiatry & Behavioral Neuroscience, Chicago, IL, USA

Brian L. Odlaug

University of Copenhagen, Department of Public Health, Faculty of Health & Medical Sciences, Copenhagen, Denmark

제4장

Orsolya Király

Department of Clinical Psychology and Addiction, Institute of Psychology, Eötvös Loránd University, Budapest, Hungary

Department of Clinical Psychology and Addiction, Doctoral School of Psychology, Eötvös Loránd University, Budapest, Hungary

Katalin Nagygyörgy

Department of Clinical Psychology and Addiction, Institute of Psychology, Eötvös Loránd University, Budapest, Hungary

Department of Clinical Psychology and Addiction, Doctoral School of Psychology, Eötvös Loránd University, Budapest, Hungary

Mark D. Griffiths

International Gaming Research Unit, Psychology Division, Nottingham Trent University, Nottingham, United Kingdom

Zsolt Demetrovics

Department of Clinical Psychology and Addiction, Institute of Psychology, Eötvös Loránd University, Budapest, Hungary

제5장

Aviv Weinstein

Department of Behavioral Sciences, Faculty of Social Sciences and Humanities, Ariel University, Israel

Laura Curtiss Feder

Wellesley, MA, USA, www.drlaurafeder.com

Kenneth Paul Rosenberg

Cornell University Medical Center, Psychiatry Department, New York, NY, USA and UpperEastHealth.com

Pinhas Dannon

Sackler School of Medicine and Beer Yaakov Ness Ziona Center for Mental Health, Israel

제6장

Mark D. Griffiths

International Gaming Research Unit, Psychology Division, Nottingham Trent University, Nottingham, United Kingdom

Daria J. Kuss

International Gaming Research Unit, Psychology Division, Nottingham Trent University, Nottingham, United Kingdom

Zsolt Demetrovics

Department of Clinical Psychology and Addiction, Institute of Psychology, Eötvös Loránd University, Budapest, Hungary

제7장

Yvonne H.C. Yau

Department of Psychiatry, Yale University School of Medicine, New Haven, CT, USA

Carrie D. Gottlieb

Private Practice and The William Alanson White Institute Eating Disorders, Compulsions, and Addictions Program, New York, NY, USA

Lindsay C. Krasna

New York, NY, USA

Marc N. Potenza

Department of Psychiatry, Yale University School of Medicine, New Haven, CT, USA

Department of Child Study and Neurobiology, Yale University School of Medicine, New Haven, CT, USA

제8장

Amelia A. Davis

Department of Psychiatry, College of Medicine, University of Florida, Gainesville, FL, USA

Paula J, Edge

Department of Psychiatry, College of Medicine, University of Florida, Gainesville, FL, USA

Mark S. Gold

Department of Psychiatry Chairman, College of Medicine and McKnight Brain Institute, University of Florida, Gainesville, FL, USA

제9장

Kenneth Paul Rosenberg

Cornell University Medical Center, Psychiatry Department, New York, NY, USA and UpperEastHealth.com

Suzanne O'Connor

Arizona School of Professional Psychology at Argosy University, Phoenix, AZ, USA

Patrick Carnes

The Meadows, Wickenburg, AZ, USA

제10장

Helen E. Fisher

Member, Center for Human Evolutionary Studies, Rutgers University, New Brunswick, New Jersey, USA, and Senior Research Fellow, The Kinsey Institute, Indiana University, Bloomington, IN, USA

제11장

Stefanie Carnes

International Institute for Trauma and Addiction Professionals, Carefree, AZ, USA

Mari A. Lee

Growth Counseling Services, Glendora, CA, USA

제12장

Emma Racine

Albert Einstein College of Medicine and Montefiore Medical Center, Bronx, NY, USA

Tara Kahn

Albert Einstein College of Medicine and Montefiore Medical Center, Bronx, NY, USA

Eric Hollander

Albert Einstein College of Medicine and Montefiore Medical Center, Bronx, NY, USA

제13장

Krisztina Berczik

Department of Clinical Psychology and Addiction, Institute of Psychology, Eötvös Loránd University, Budapest, Hungary

Doctoral School of Psychology, Eötvös Loránd University, Budapest, Hungary

Mark D. Griffiths

International Gaming Research Unit, Psychology Division, Nottingham Trent University, Nottingham, United Kingdom

Attila Szabó

Department of Psychiatry and Psychiatric Rehabilitation, Saint John Hospital, Budapest, Hungary

Tamás Kurimay

Institute for Health Promotion and Sport Sciences, Eötvös Loránd University, Budapest, Hungary

Róbert Urban

Department of Personality and Health Psychology, Institute of Psychology, Eötvös Loránd University, Budapest, Hungary

Zsolt Demetrovics

Department of Clinical Psychology and Addiction, Institute of Psychology, Eötvös Loránd University, Budapest, Hungary

제14장

Sri Sri Ravi Shankar

The Art of Living Foundation, Ved Vignan Mahavidyapeeth, Bangalore, Karnataka, India

Kenneth Paul Rosenberg

Cornell University Medical Center, Psychiatry, Department, New York, NY, USA and UpperEastHealth.com

Anju Dhawan

National Drug Dependence Treatment Centre, AIIMS, New Delhi, India

Achar Vedamurthachar

Centre for Addiction Medicine, National Institute of Mental Health and Neuro Sciences, Bangalore, Karnataka, India

CHAPTER 1 행동 중독 개론

Kenneth Paul Rosenberg, Laura Curtiss Feder

1. 행동 중독의 역사

행동 중독은 미국 정신의학 분야의 새롭고 혁신적인 개념이다. 사실 인류역사를 살펴보면 무질서한 도박과 성 중독에 대한 이야기들을 어렵지 않게 찾아볼 수 있다. 정교하고 잘 짜여진 게임을 일상적으로 즐겼던 고대 그리스의 코모두스 황제는 쾌락적이고 무책임한 도박 습관을 지니고 있었는데, 이런 습관이 로마제국의 멸망에 기여했을 가능성이 높다고 평가하는 학자들도 있다(Hekster, 2002). 정신질환에 관한 최초의 미국 교과서 1812년 판에서 미국 정신의학협회의 설립자인 Benjamin Rush는 그 당시 이미 과도한 성적 열망이 초래하는 잠재적인 병리적 본성에 대해 주의를 환기시켰다(Rush, 1812). 하지만 *정신 장애의 진단 및 통계 편람(Diagnostic and Statistical Manual of Mental Disorders, DSM-5)*은 2010년이 되어서야 5판에 비로소 *행동 중독(behavioral addictions)*이라는 용어를 공식적인 정신의학 진단 목록에 포함시켰다. 이들의 제안은 중독의 개념화에 새로운 시대를 열었다. 이 편람을 집필한 전문가 집단은 *물질 남용과 의존(substance abuse and dependence)*이라는 이전의 용어보다 *중독과 중독관련 장애들(addictions and related disorders)*이 더 적절한 표현이라고 주장했다. 이들은 물질에 의존했던 모든 사람들이 중독자였던 것은 아니며(암환자들에게는 아편제가 필요하다) 중독은 신체적 의존 그 이상이라고 주장했다. 이들은 보통 중독과 관련이 있는 갈망과, 불법적이거나 자아-비친화성(ego-dystonic)인 행동들이 이 진단을 내리는 데에 있어 단순한 의존성보다 더욱 중요하다는 점을 임상가들에게 상기시켰다. 실제로 *DSM-5*에서 물질 남용과 의존의 구분은 결국 삭제되었고, *물질 사용 장애(substance use disorder)*에는 이전의 진단 준거와는 달리 더 이상 법적 처벌 관련 내용이 포함되지 않게 되었으며, 갈망과 통제 불능 행동에 보다 더 초점을 두고 있다(American Psychiatric Association, 2013). 더욱이, 이 전문가 집단은 새로운 신경과학의 연구 결과들이 특정 중독 물질, 기질, 또는 행동과 상관없이 통합적으로 적용될 수 있는 하나의 신경생물학적 중독 기제를 뒷받침하는 것으로 보인다고 보고하였고, 결국 물질 중독뿐 아니라 행동 중독도 정신질환에 포함되도록 했다.

이러한 관점은 도박 장애가 *정신 장애의 진단 및 통계 편람, 개정판(Diagnostic and Statistical Manual of Mental Disorders, Text Revision, DSM-IV-TR)*에서 병적 도박(Pathological Gambling) 아래 "달리 분류되지 않는 충동 조절 장애"의 범주에 포함되던 것이, 2013년 5월 출판된 *DSM-5*에서는 비물질 관련 장애(Non-Substance-Related Disorders) 범주의 물질 관련 및 중독 장애(Substance-Related and Addictive Disorders) 분류 아래 도박 장애(Gambling Disorders)에 포함됨을 통해 명확히 확인할 수 있다(American Psychiatric Association, 2000).

인터넷 관련 행동 중독들은 *DSM-5*의 기안 작업에서부터 뜨거운 이슈가 되었다. 인터넷 중독 장애(Internet Addiction Disorder)로 불리는 이 행동 중독은 Ran Tao와 그의 동료들(2010)의 연구 결과에 근거해서 제안되었다. 그들이 제안한 진단 준거인 감정과 인지적 과정의 현저함, 기분 전환을 목적으로 한 중독 행동 추구, 내성의 발달, 금단 경험, 행동에 대한 엄청난 갈등, 그리고 극도의 노력에도 불구하고 재발하는 등의 특징들은 물질 남용의 특징들과 유사하다. 이 주제에 대해서 DSM 전문가 집단은 입수 가능한 현 증거들에 기초하여 볼 때 인터넷 중독에 대해서는 더 많은 조사가 필요하다고 결정하였고, 이후 연구를 위하여 인터넷 게임 중독을 편람의 부록에 포함시켰다(American Psychiatric Association, 2013). Charles O'Brien 박사가 본서의 서문에서 언급한 바와 같이, 성 중독, 운동 중독, 쇼핑 중독을 포함하는 다른 행동 중독의 하위범주들이 *DSM-5*의 물질 관련 및 중독 장애 부분에 포함되어야 할지에 대해 논의가 많았지만, 이러한 장애들을 새로운 정신 장애로 분류하기 위해 필요한 근거중심 연구들이 부족하기 때문에 *DSM-5*에 포함하지 않기로 결정하였다(American Psychiatric Association, 2013).

본서는 행동 중독에서 공통적인 특성으로 나타나는 충동성과 강박성에 대한 논의에서부터 시작하고자 한다(병적 도벽, kleptomania는 *DSM-5* 충동 조절 장애로 분류될 뿐 아니라, 임상적으로도 행동 중독으로 간주). 그리고 도박, 인터넷(즉, 온라인 게임, 인터넷 중독, 소셜 네트워크 중독), 음식, 성행위, 사랑, 쇼핑(충동구매 장애), 운동 중독을 살펴본다. 우리는 영적 접근에서 유래된 12단계 집단부터 중재와 호흡 기법에 이르는 요가 접근법에 대한 증거도 다룬다. 저자들은 현재 받아들여지고 있는 실증적 연구와 합의에 기초한 준거들을 참고하여 행동 중독을 정의하고(어떤 행동 중독은 다른 행동 중독보다 연구와 합의가 부족하여 더 어려웠지만) 그런 다음 현재의 역학 및 이론적 문헌과 평가, 치료에 대한 현대의 '최선의 실무적 접근'에 대해 논의한다.

2. 행동 중독의 정의와 기준

미국 정신의학협회(American Psychiatric Association, 2013), 세계보건기구(World Health Organization, 2008), 미국 중독의학협회(American Society for Addiction Medicine, 2010)는 유사한 임상 기준을 공유하면서 그 정도가 서로 다른 행동 중독의 존재를 인식했다. 본서의 저자 중의 한 명인 Mark Griffiths(2005)는 현저성, 기분 변화, 내성, 금단 증상, 갈등, 재발이라는 여섯 가지 주요 구성요소들로 행동 중독을 정의했는데 이는 다른 연구자들에게도 합의를 얻고 있다. *현저성(salience)*은 특정 행동이 한 개인의 삶에서 가장 중요한 활동이 됨을 뜻하고, 이 행동은 사고, 감정, 행동을 지배하는 경향이 있다. *기분 변화(mood modification)*는 특정 행동이 개인의 기분에 미치는 영향을 뜻하는 것으로, 문제 행동이 종종 개인이 경험하는 급속한 "충동(rush)"이나 감각이나 정서의 마비에서 벗어날 수 있도록 해주는 대처 전략 또는 "탈출구" 역할을 하는 것으로 보고된다. *내성(tolerance)*은 이전의 감정 변화 효과를 달성하기 위한 행동의 양이 점점 증가하는 과정으로, 종종 특정 행동을 하는 데에 더 많은 시간을 할애하는 것과 행동의 강도, 무모함, 파괴성, 그리고 자아-비친화적(ego-dystonic) 본질이 확대되기를 원하는 상태를 뜻한다. *금단 증상(withdrawal symptoms)*은 특정 행동을 하지 못할 때에 발생하는 불쾌한 감정의 상태와 신체적 영향(예를 들어, 떨림, 변덕스러움, 성급함)을 뜻한다. *갈등(conflict)*은 중독 행동에 너무 많은 시간을 허비하는 것과 관련하여 발생하는 한 개인과 그를 둘러싼 사람들 간의 불화(대인관계 갈등), 다른 활동과의 갈등(사회생활, 취미, 흥미), 또는 자기 자신 내부의 갈등(정신 내부의 갈등과 통제감을 상실하는 주관적인 느낌)을 뜻한다. *재발(relapse)*은 과도한 이전 행동 양식으로 반복적으로 돌아가는 상태로, 일반적으로 조절이 가능했던 기간 직전의 극심했던 행동 양식으로 돌아가는 경향성을 말한다.

본서의 장들은 이런 요인들의 미묘한 차이들에 대해 다룬다. 이 요인들에 대해 더욱 자세히 살펴보고자 한다면 소셜 네트워킹에 대한 6장을 참고하기 바란다. 또한 13장에서는 운동 중독에 관하여 논하면서 행동 중독의 신경생물학적, 심리학적, 행동적 원인론들을 자세히 구분 지어 설명하고 있다. 특히, 행동 중독에서 나타나는 행동의 부적 강화에 대해 이해하기 쉽고 유용한 구분들을 저자들의 논의를 통해 제공하고 있다.

행동, 더 정확히 말해, 과도해 보이는 행동을 *중독(addiction)*이라고 정의 내리도록 해주는 기준은 무엇일까? 알코올과 물질을 남용하는 환자들을 우리는 남용 또는 중독이라고 정의하기도 하지만, 그들에게서도 중독의 기준인 내성과 금단 증상이 나타나지 않는 경우가 종종 있다. 많은 행동 중독 환자들이 자신은 의사, 부모, 배우자, 경찰 등과 같은 타인에 의해 부당하게 낙인찍힌 사람이며, 단지 건강하고 열정적인 사람일 뿐이라고 스스로의 행동을 옹호한다. 이런 문제를 더욱 복잡하게 만드는 것은 행동 중독이 고도로 보상적이며 강화적이고 동시에 "정상적" 욕구인 성관계, 음식, 사랑, 돈과 관련한 행동 양식을 포함한다는 것이고, 이것들은 그 행동의 지나침이나 자해가 어느 정도에 도달했을 때에만 중독으로 간주된다.

12단계 자조 단체는 중독이 행동에 대한 통제가 부족하고 감당할 수 없는 상태임을 강조하고 "물질 또는 행동 사용의 비율, 빈도, 또는 지속기간에 대한 통제력을 잃은 사람이 고통을 경감시키거나 쾌감을 증대시키기 위한 목적으로 이를 사용하는 것, 그리고 그 결과 그들의 삶은 점진적으로 감당할 수 없는 상태가 되는것"으로 단순하게 정의한다(Denizet-Lewis, 2009, p. 8에서 인용). 본서의 저자들은 "건강한 열성가와 중독자의 차이는 건강한 열성가는 그 행동을 통해 삶에 가치 있는 것을 더하는 반면, 중독자는 삶을 깎아내리는 것"이라고 그 핵심을 반복하여 말하고 있다(Griffiths, 2005, p. 195). 문제성 온라인 게임에 관한 제4장의 저자들은 추가 연구 결과들에 대해 논의하고, 특정 행동에 참여하지 않음으로 인해 불만족감이 커지고 거기서 벗어나기 위한 강박적인 충동의 결과인 행동 중독의 과정과, 특정 행동에 참여함을 통해 개인의 능력이 증대되고 열정이 더 커지는 경우가 어떻게 구분되는지에 대한 주제를 더욱 심도 있게 다루고 있다.

또한 미디어를 통해 일부 정치인들이나 유명 연예인들의 불미스러운 행동들에 대한 소식을 더욱 많이 접하면서, "저 사람들도 중독에 빠져 있는가?"라는 의문이 모든 사람들의 머릿속에서 떠나지 않게 되었다. 중요한 점은 과도한(또는 몇몇의 경우에 도덕적으로 비난받을 만한 부끄러운) 행동이라고 해서 반드시 행동 중독으로 진단되는 것은 아니며, *부정적 결과에도 불구하고 그 활동을 줄일 수 없는 것*이 보다 중요한 중독 과정의 특징이라 할 수 있다는 것이다.

요약하면, 중독 행동과 과정 중독(process addictions)은 쾌락을 생성하고, 정서적 또는 신체적 불쾌감으로부터 도피를 제공하며, 무능감(즉, 행동을 조절할 수 없음)과 감당할 수 없음(즉, 행동의 결과로 야기된 심각하게 부정적인 결과)이 그 특징이다(Goodman, 1990). 이런 개념은 중독 연구에서 오랫동안 지지되었고, 자조 운동을 통해서도 확인되었다.

하지만 전문가의 의견으로만 논의를 한정 지어서는 안될 것이다. 저자들은 본서 전체에 걸쳐 임상가들이 환자와의 임상적 상담과 환자 개개인에 필요한 정보를 제공하기 위해 주로 사용하는 진단도구나 연구를 위한 평가척도들도 비판적으로 상세히 살펴본다(Sullivan, 1954). 비록 이 척도들이 완벽하지는 않으나, 특정 행동 중독을 구별하는 기준에 대한 합의가 여전히 부족하여 많은 사람들이 어려움을 경험하고 있기 때문에, 가능한 다양한 평가방법들을 소개하여 장애의 임상적 기준과 연구 및 실제에서 환자를 어떻게 평가하는지 이해할 수 있도록 도울 것이다. 성 중독에 관한 장에서 설명된 바와 같이, 중독은 흔히 동시에 발생하고 상호작용하여 서로 영향을 미친다. 이런 경우, Carnes와 그의 동료들(2005)이 만든 용어이자 제9장에서 상술될 중독 상호작용 장애(Addiction Interaction Disorder)로 환자를 설명하는 것이 최선일 수 있다.

3. 행동 중독을 지지하는 이론과 증거

1) 생물심리사회적 모델

우리는 *생물심리사회적 모델(biopsychosocial model)*의 관점을 통해 행동 중독을 이해한다. 이 모델은 행동 중독을 생물학적(유전적 성향, 중독으로 인한 뇌의 영향), 심리학적(정서적, 행동적, 인지적 요인들), 사회적(개인의 가족, 친구, 그리고 더 넓은 문화적 영향) 요인들의 상호작용으로써 이해한다. 이 모델은 행동 중독 분야에서 급격히 성장하고 있는 관점일 뿐만 아니라 약물 중독의 영역에서도 널리 수용되고 있는 모델이다(Donovan & Marlatt, 2005; Griffiths, 2005).

2) 신경과학 연구

기능적으로 볼 때, 중독 주기에 대한 신경과학적 모델에는 적어도 세 가지가 있고, 각각은 뇌 기능의 다른 측면들을 강조한다.

1. *보상/실행 기능 모델(The Reward/Executive Function model)*은 중뇌변연계(mesolimbic system)와 내측 전전두피질에서의 변화가 중독 주기를 영구화시키는 결과를 초래한다는 이론에 기초하고 있다. 중격의지핵으로 연결되는 복측 피개부(Ventral Tegmental Area, VTA)의 도파민계 뉴런의 활성화가 기분 좋은 상태를 만들어 내고 그래서 중독이 시작된다고 보는 모델이다. 남용될 만큼 이러한 기제에 반복적으로 노출되는 것은 글루타민이 전전두엽 피질로 더 많이 작용해 들어가게 하고, 점차 신경구조, 유전자 표현, 시냅스 전달체계를 바꾸며, 중독 반응을 야기하는 신경구조를 구축한다. 중독에 빠진 설치류의 전전두엽 피질 활동과 인간의 중독된 뇌 활동이 유사하다는 뇌영상 연구와 신경가소성(neuroplasticity) 연구는 중독의 비용이 이득에 비해 훨씬 크다는 것을 명확하게 인식할 능력이 있는 인간이 왜 지속적인 자해적 갈망을 멈출 수 없는지 설명해준다(O'Brien, Volkow, & Li, 2006).
2. 신경심리학적 연구 문헌들은 유기체의 의사결정 과정의 취약성과 기능 부전이 중독의 원인이 될 수 있다는 모델들을 제공했다. 신경심리학자 Redish, Jensen, 그리고 Johnson(2008)은 빠른 보상 기반의 네트워크가 느리고 민감성이 더욱 높은 네트워크를 대신할 때에 중독이 발달된다는 광범위한 계산적 모델을 발전시켰다. 이 학술 논문은 중독자들이 학습되고 지속적으로 실행되어 온 역기능적이고 빠른 신경연결들의 영향하에 놓여 있다고 제안한다. 관련 이론은 완전한 몰두와 열정적인 집중의 정신상태를 일컫는 *최적 몰입(optimal flow)*이라는 단어를 만들어 낸 긍정 심리학자 Mihály Csíkszentmihályi(1990)에게서 나왔다. Csíkszentmihályi는 *몰입(Flow: Psychology of Optimal Experience)*이라는 그의 저서에서 인간이 "최적 몰입"에 들어간 상태는 정신적 에너지가 특정 질서에 사로잡히고, 완전히 그리고 깊이 몰두하고 열중해서 시간 가는 줄 모르는 상태이며 운동선수 등 정신적으로 매우 집중하는 사람들에게서 흔히 관찰될 수 있다고 제안했다. Carnes는 이 이론을 발전시켜 중독 주기—갈망에서부터 준비과정에 걸쳐, 물질의 조달 또는 남용의 과정—동안 환자가 부적응적이고 파괴적인 형

태의 "최적 몰입"에 빠진 것으로 보는 개념을 제안하였다(Rosenberg, Carnes & O'Connor, 2013에서 인용).

3. 셋째로, 관련된 현대 신경생물학적 이론에는 *세포 기억(cellular memory)*이 포함된다. 단백질 키나아제 M 제타(PKMzeta)는 장기 강화작용(long-term potentiation, LTP)과 장기기억 저장의 유지에 필수불가결한 물질이다(Sacktor, 2011). 측위 신경핵에서 PKMzeta 활동은 보상 단서를 기억하고 유지하는 데 대단히 중요한 세포적 기제이다. 이 세포기억 과정을 방해하였을 때 쥐는 장기간의 중독과 관련된 단서들을 "잊어" 버렸다. 쥐의 세포 측위 신경핵에서 단백질 키나아제 C 동형 PKMzeta를 억제하자 모르핀, 코카인, 고지방 음식(아편 금단 증상은 아님)과 이전에 짝을 이뤘던 환경적 단서들을 잊어 버렸다(Li et al., 2011). PKMZeta 세포 활동의 변화가 약물에 대한 갈망의 감소를 가져온 기억의 소거 과정과 관련 있다는 점은 이러한 세포 활동이 중독과 관련이 깊다는 증거가 될 수 있다(Xue et al., 2012).

중독의 신경과학을 비판하는 사람들도 있다. 정신과 의사 Sally Satel은 뇌 과학이 과학적인 것과 거리가 멀다고 주장한다(Satel & Lilienfeld, 2010). 그녀는 중독자들의 의지력 및 감옥에 갈지 모른다는 위협이 중독 행동을 그만두게 하고 단념시키며 더 나아가 예방할 수 있게 한다는 사실을 바탕으로 중독과 관련된 신경심리학적 모델이 주장하는 모든 관점에 대해 의문을 제기해야 한다고 주장한다. 그녀의 주장이 정당하긴 하지만, 우울증과 강박 장애와 같은 대부분의 비정신증적(nonpsychotic) 정신 장애의 임상적 징후는 위협이나 외부 영향력에 의해 일시적으로 제지되거나 극복될 수 있고, 생물학적 이론은 심리학적, 환경적 요인들로부터의 영향을 배제하지 않는다는 점도 고려해 볼 필요가 있다.

행동 중독의 지지자들은 다양한 약물 중독의 현대적 모델들이 중독 행동에 마찬가지로 적용된다고 본다. Potenza(2006) 및 Tao와 동료들(2010)은 문제성 도박과 인터넷 중독 장애에 대해 각각 유사한 신경생물학적 모델을 제안한다. Potenza(2006)는 문제성 도박에 관한 염색체 연결 연구에서 D2 도파민 수용기 유전자의 D2A1 대립유전자 이상성에 주목하며, 병리적 도박자들 간의 중뇌변연계 구조의 낮은 정상 활동성에 대한 보상결핍 모델의 증거를 발견했다. Grant와 Odlaug는 본서의 제3장에서 문제성 도박을 자세히 다루고, 인터넷 중독 장애와 이와 관련된 논란은 제5장에서 살펴본다.

제9장에서 저자들은 성 중독의 신경과학에 대해 살펴본다. 이 저자들은 인용된 많

은 연구들 중에서 문제성 도박을 하는 225명의 환자들 중 19.6%에서 강박적인 성 행동이 있었고, 이 두 가지 중독 행동과 유사한 생물학적, 심리학적 과정이 관련되었음을 발견한 Grant와 Steinberg(2005)의 연구에 주목한다. 동시에 두 장애를 가진 사람들 중 70.5%에서 강박적 성 행동은 문제성 도박에 앞서 나타났는데, 이는 성 중독과 문제성 도박이 유사한 근본적 뇌 기능 장애를 공유할 수도 있음을 제안한다. 특발성 파킨슨을 치료하기 위해 도파민계 물질을 처방한 환자들에서 공통적으로 병리적 도박과 성적 강박성이 새롭게 발병되었다는 사실이 이 단일 가설을 더욱 지지한다(Bostwick et al., 2009).

음식 중독의 신경생물학은 제7장과 8장에서 다뤄진다. 이 장의 저자들은 Gearhardt 외(2010)와 Wang, Ding 외(2004), 그리고 매우 맛있고 쾌락적이며 강화적인 음식들이 취약한 개인들에게서 중독을 야기할 수도 있다고 제안한 이외 저자들의 연구에 대해서도 살펴본다. Gearhardt 외(2010)는 설탕에 대한 간헐적인 접근이 주어진 동물들에게서 행동적이고 신경생물학적인 금단과 내성에 대한 지표가 보이고, 많은 설탕과 지방을 소비한 쥐의 식습관이 약물 중독과 관련되는 보상 기능 장애를 입증함을 예로 들었다. Johnson과 Kenny(2010)는 비만인 쥐로 약물 남용과 음식 중독 간의 유사성을 연구했다. 이들은 일상적인 사용에서 강박적인 약물 사용으로의 전환을 촉진하는 데에 비만이 결정적이고, 코카인 또는 헤로인 남용자들에게서 발견되는 변화와 유사한 신경보상 반응에서의 점진적인 결핍과 관련이 있음을 발견했다. 저자들은 화학적으로 중독된 사람들에게서 발견되는 것과 유사하게 비만 쥐의 선조체 도파민 수용기의 하향조절을 발견하였고, 뇌 보상 회로의 적응 반응이 맛있는 음식의 과소비를 촉발시키고 동물들이 강박적으로 음식을 섭취하도록 만든다는 것을 발견했다. 인간의 경우, 선조체 도파민 수용기의 이용성이 줄어드는 것과 선조체 기능 장애는 비만(Wang et al., 2001)과 체중 증가(Stice et al., 2008)와 연관이 있다.

운동 중독에 관한 제13장에서 저자들은 운동의 영향에 대한 몇몇의 만연한 생물학적 이론을 상세히 살펴본다. 즉, 격한 운동 후에 베타 엔도르핀이 방출된다는 *격한 운동 후의 도취감(runner's high) 가설;* 운동과 관련된 부드러운 체온의 상승을 강조하는 *발열 조절 가설(thermogenic regulation hypothesis);* 운동이 스트레스 반응을 감소시킨다는 *카테콜아민 가설(the catecholamine hypothesis)*이다. 저자들은 이 가설들과 이외 이론들을 통해, 취약한 개인들에게서 운동이 어떻게 건강한 여가활동을 해로운 강박으로 전환될 수 있는지 설명하고자 한다.

사랑 중독에 대한 제10장에서 저자는 측위 신경핵과 배쪽 창백핵에서 각각 옥시토신과 바소프레신의 방출과 연관되는 남녀 결합에 대한 생물학적 욕구가 어떻게 로맨틱한 사랑에 대한 이유로 여겨질 수 있는지 설명한다. 이 저자는 도파민에 의해 중재되는 남녀 결합의 점진적인 발전과 일부일처제에 대한 욕구를 상세히 열거한다. 이 저자는 로맨틱한 사랑이 행동 중독의 모든 재료를 가지고 있고 이것을 "심오한 사회적, 경제적, 심리학적, 유전학적 결과(이롭고 불리한 결과 모두)를 가지고 있을 수 있는 정상적인 중독"으로 볼 수 있다고 말한다. 성공적인 사랑은 거의 문제시되지 않으며, 실패한 사랑, 정신적 외상, 부정, 이혼, 거절로 복잡해진 사랑이 역기능적 신경 네트워크와, 저자가 소위 "거절 중독"이라고 부르는 것의 기초를 만들 수 있다.

3) 심리학적 기초

중독의 주요 치료 접근인 동기강화 상담(Motivational Interviewing)과 인지행동(cognitive behavioral) 이론의 관점들을 이해하는 것은 대단히 중요한데, 정신역동적 원리들도 이에 못지않게 행동 중독의 심리학적 기초를 이해하는 데 많은 도움이 된다. 본서 전체에 걸쳐 정신역동적 요인들이 거론되고 여기에서도 상세히 설명되지만, 현재의 근거중심 접근들 대부분은 인지행동 치료(CBT) 연구의 형식을 취해 왔다.

제2장에서 Cuzen과 Stein은 행동 중독을 설명하는 데에 어떻게 강박성과 충동성이 연관되는지 더욱 상세히 설명하고 있는데, 이 요인들이 충동성-강박성 스펙트럼에서 서로 반대의 각 끝에 위치해 있다기보다, 서로 교차하는 요인들로 더욱 잘 이해되는 구조라는 점에 주목할 필요가 있다. 저자는 이에 대해 정서, 행동 중독, 인지적 조절들이 서로 어떻게 얽혀 있는지를 보여주는 여러 연구들을 인용하며 "ABC 모델"의 개요에 대한 설명뿐 아니라, 병적 도벽에 대한 논의를 통해서도 이 관계를 분명히 보여준다. 저자들은 정서, 특히 부정적 정서와 우울증이 중독 모델의 과정과 본질 모두에 연관되어 있다는 여러 연구들을 언급한다.

행동 중독에 대한 다양한 동기와 성격 요인들이 사회심리학과 성격심리학의 측면에서 본서의 전체에 걸쳐(특히 온라인과 인터넷 관련 장애에 관한 장에서) 논의된다. 여기서 충동성과 강박성이 종종 중독 이론의 원인임을 시사하기 때문에, 이와 같은 특징들에 가장 많은 초점을 둔다(Brewer & Potenza, 2008). 본서의 많은 저자들은 높은 정도의 충동성이 이후의 부정적 결과를 인식함에도 불구하고, 즉각적인 쾌락 및 강화 보상(예를 들어, 매우 맛있는 음식, 성행위, 게임이나 도박에서 얻는 쾌락)이 더 많은 행동을 촉진시키며 중독 과정을 촉발시키는 작용을 할 수 있다고 제안한다. 이 주기는 부정적인 결과와 영향(예를 들어, 후회나 우울증, 갈망과 같은 부정적 감정)을 피하거나, 합법적, 관계적, 정신내부의, 직업상의, 또는 이외 결과들로부터의 주의전환을 제공하는 데에 도움을 줄 수 있는 행동을 계속하려는 강박으로 더욱 강화된다.

비록 정신역동 또는 정신분석적 배경을 가진 모든 심리학자들이 이와 같은 중독이 있는 사람들에게서 충동성과 강박성의 역할에 대해 숙고하는 것은 아니지만, Dodes(2002)는 그의 저서 *The Heart of Addiction*에서 이런 성격적 성향 관점에 대해 이의를 제기했고, 결과적으로 이 논의를 확대시켰다. Dodes는 중독된 사람들의 충동적 특징이 필연적으로 그들의 행동의 이유가 되는 것이 아니라 흔히 그들이 촉발된 시점 이후로 중독적인 행동을 하려는 시도를 미룰 수 있기 때문에, 오히려 행동을 하게 하는 충동성은 정신역학적으로 "특정 시기에서의 내적 갈등의 결과"로 더욱 잘 설명할 수 있다고 주장한다(p. 101).

Essig(2012)는 또한 인터넷 중독 및 과도한 게임과 관련하여 이런 내부 갈등을 보다 널리 적용시킬 수 있도록 연구한 정신분석 학자이다. 그는 증상의 *의미*로부터 증상을 구분하고 행동 중독을 "실패한 해결책"으로 설명한다(Essig, 2012). 그는 이러한 활동을 하며 방출되는 도파민의 보상 효과에 주목할 뿐 아니라, 과도한 행동에 휩싸여 심리적 갈등에 잘못된 반응을 보이는 것에 주목하여 정신역동뿐 아니라 신경생물학 역시 인정한다. 이 저자는 중독자들은 무언가(예를 들어, 부정적 영향)를 피하려고 중독 행동을 시도하고, 또한 Essig와 그의 대인관계 이론가 동료들은 진실한 인간 상호작용만을 통해 진정으로 얻을 수 있다고 생각하는 대인관계의 필요를 중독 행동(인터넷 사용, 온라인 게임)이 충족시킬 것이라고 믿으며 스스로를 속이는 것이라 주장한다. 그는 후자 현상을 "시뮬레이션 함정수사(simulation entrapment)"라고 묘사했고(Essig, 2012, p. 1177), 행동 중독을 겪는 매우 많은 사람들에게 만연한 수치심을 언급했다. 역동의 의미에서 수치심은 중독 행동의 결과로 보일 뿐 아니라, 몇몇 환자들에게서 계속적인 중독 행동과 관계있는 피학적이고 자기기만적 성격 특징을 암시할 수도 있다.

이런 사고들은 개인의 부적응적 대응 목적 그리고 본서 전체에 걸쳐 언급된 행동 중독의 심리학적 핵심 주제인 *정서 조절 장애(affect dysregulation)*로서 중독의 본질과 과정에 대해 생각하게 한다.

행동 중독에 걸친 공통 주제는 몇몇 인격 장애뿐 아니라 기분 및 불안 장애와 동시에 발생한다. 본서의 각 장에서는 특정 행동 중독에서 나타나는 동반이환을 다룬다. 또한 강박적 구매 장애(CBD)에 대한 제13장은 이 범주의 장애 범위에서 흔히 나타나는 요소인 낮은 자존감이 강박적 구매 장애에 어떤 역할을 할 수 있는지에 주목한다. 비록 원인론에서 서로 겹치는 부분이 명확한 것은 아니지만, 일반 심리학적 부분으로서의 정서 조절 장애는 행동 중독을 이해하는 데에 있어 널리 받아들여진다. 통제하지 못하거나 부정적 감정을 억누르지 못하는 환자들의 특징들이 스스로 감정을 통제하도록 돕는 중독 행동에 사로잡히도록 만든다. 근본적으로 사람들은 감정의 강도를 줄이거나 이런 감정들을 완전히 없애기 위해 중독을 사용한다(McDougall, 2001).

Bromberg(2001)와 이외 정신분석 학자들은 감정 조절의 어려움이 자신의 다른 측면을 과거와 현재의 사고, 기분, 경험의 형태로 의식 밖으로 두게 하는 *분열(dissociation)*을 야기한다고 설명한다. 이는 흔히 중독 과정을 부채질하는 현실 도피나 감각을 마비시키고자 하는 바람과 밀접하게 연결되어 있고, 개인 발달상의 다양한 정신적 외상의 결과일 수 있다.

4) 사회적 요인

생물심리사회적 모델의 측면들을 구성하는 다양한 사회적, 정신적, 문화적 요인에 관한 상세한 논의는 행동 중독에 대해 개론하는 이 장의 범위를 넘어서는 것이다.

하지만 이런 요인들은 행동 중독을 이해하는 데에 늘 연관성이 있고, 더욱이 사회문화적 맥락 내에서 각 환자들을 알아보고 이해할 때에 중요하다는 것을 언급할 필요가 있다.

본서는 헝가리에서 영국, 인도, 이스라엘, 남아프리카 등 세계 각지에 기초한 국제적인 저자들 그리고 특히 미국의 저자들을 포함하여 더욱 견고해졌지만, 행동 중독에도 여전히 역설이 있다. 미국은 감당할 수 없을 만큼 다양한 음식이 있고, 즉각적인 만족감 문화에 흠뻑 취해 있으며, 온갖 종류의 제품에 대한 광고가 넘쳐나는 풍부함의 땅이자 대표적인 포르노그래피의 생산국이지만, 여전히 미국의 청교도 설립자들에게 영향을 받는 문화적 도덕성이라는 배경이 있는 나라이다.

음식 중독, 인터넷 중독, 강박적 구매 장애의 저자들을 포함하여 많은 저자들이 본서에 걸쳐 이런 역동에 대해 암시했다. 또한 Denizet-Lewis(2009)는 *America Anonymous*에서 프랑스에서 성 중독과 음식 중독은 널리 수용되지 않는 현상인 반면, 중국에는 인터넷 또는 비디오 게임 중독을 "처벌을 요하는 도덕적 실패"(p. 9)로 바라보는 관점이 만연하고, 이는 핵심 목표로서의 진정한 치료 없이 이런 중독 행동들을 다루기 위한 노동 수용소와 집중적인 활동들을 일으켰음을 언급하며 행동 중독에 내재한 문화적 요소들을 강조했다.

미국은 행동 중독의 개념을 빨리 받아들였고 광범위한 12단계 회복운동(제14장 참고)을 사회 구조 내에 통합시켰지만, 미국 및 다른 나라에서 의지력 부족 또는 이외 성격의 실패들이 흔히 행동 중독의 원인으로 지목되어 왔다. 나아가 중독 행동의 치료에서 생물심리사회적 힘의 미묘한 차이에 대한 이해를 촉진하기보다, 이와 관련된 낙인과 수치심을 부채질하였다(Coleman, 1992; Denizet-Lewis, 2009).

4. 중독 행동 치료의 지도지침

본서는 행동 중독을 다루기 위한 치료 안내지침들 중 본질적으로 통합적인 접근을 지지한다. 이는 공중보건에 대한 이해와 훈련 배경을 공유한 정신의학 연구자, 심리학자, 영양학자가 팀을 이뤄 음식 중독을 주제로 한 연구 및 치료 문헌들을 다룬 제7장 음식 중독에서 특히 강조된다. 개인, 집단, 가족(또는 합동가족) 치료(제11장에서 자세히 언급); (필요한 경우) 약물 관리; 자조집단이나 명상과 같은 마음챙김 기술(제14장에서 언급) 등의 부가치료를 가능하게 하는 목표화된 다모델적, 학제적 치료들이 생물심리학적 모델을 따르기 위한 가장 결합적이고 효과적인 방법일 것이며, 환자들이 행동 중독으로부터 회복하도록 도울 것이라는 점이 우리의 의견이다.

"절제에 기초한" 모델들(Carnes, 2010; Carnes, Carnes & Bailey, 2011 참고) 또는 폐해 감소(harm reduction)에 의지하는 접근법(Marlatt, 1998; Tatarsky, 2002 참고)의 치료는 서로 다를 수 있다. 행동 중독에서 절제를 정의하는 것은 매우 복잡하다. 환자가 일반적으로 완전히 물질을 피하는 화학적 중독과는 다르게, 행동 중독은 각 회복 환자가 피해야만 하는 자신만의 특정 행동(즉, 12단계 모임에서 "기준선 행동"이라고 부르는 것 같은)들이 있을 수 있다. 예를 들어, 금주자는 축하를 건네는 건배 행동을 피할 필요가 있다. 금욕하는 성 중독자는 TV에서 포르노 채널 옵션을 막아야 할 필요가 있을 것이다. 반대로, 성 중독자의 금욕은 성행위를 완전히 피하는 것을 의미하지 않는다[이렇게 하는 것은 모두 성적 무욕(sexual anorexia)의 범위에 들어간다]. 그보다, 역기능적인 성행위를 피하는 것을 의미한다. 많은 음식 중독자들의 경우, 빵이나 이외 음식을 메뉴에서 제외하는 것(그리고 문자 그대로 식탁에 놓지 않는 것)을 의미할 수도 있다.

폐해 감소는 전형적으로 중독 영역에서 더욱 위험한 방법으로 여겨졌고, 환자가 절제 기반의 모델을 고수하기 거절할 때에 사용하는 치료법이기도 하다. 폐해 줄이기 관점에서 볼 때, 사회적 네트워크 중독을 완화하고자 노력하는 환자는 문제 사이트로 접근할 수 있는 시간과 빈도에 제한을 두기로 동의할 수 있다. 음식 중독자는 중독을 촉발하는 탄수화물의 소비를 일주일에 한 번으로 제한할 수 있다. 성 중독자들이 매춘부를 계속 찾아가겠지만 그 빈도를 줄이고 안전한 예방책을 사용하겠다고 주장하는 상황은 많은 임상가들에게 매우 어려움을 주기도 한다. 치료 계약과 접근법들은 본서의 전체에 걸쳐 논의된다. 무엇이 회복인지에 대한 정의에 동의하는 것이 바로 심리 치료의 기술이고, 이런 과정은 환자에게 반드시 필요하며 치료자도 편안하게 느낄 수 있도록 환자와 상황에 따라 개별적으로 조정되어야 한다.

구체적인 심리 치료에 관하여, 개인, 집단 모두 치료 방식과는 상관없이, 높은 수준의 양가감정을 갖는 초기단계 중독 치료에는 동기강화 상담(Miller & Rollnick, 2002)이 흔히 도움이 된다. 이 접근법은 임상가들로 하여금 환자와 계속 팀으로 있도록 한다. 그리고 처벌적이고 권위적인 인물과 환자의 삶을 우려하여 환자에게 변하라고 말하는 사람들 때문에 자신을 방어하는 위치로 환자를 몰아넣기보다는, 환자가 자신의 건강과 관련된 결단과 회복 과정에서 주도권을 가지고 권한을 갖는 경험을 할 수 있도록 돕기 위해 "저항과 함께 구르기"를 하도록 권장한다. 동기강화 상담에는 다양한 기술들이 있지만, 행동에 대한 긍정적인 영향과 결과들에 대해 탐색해 보고 차이를 강조하는 것이 핵심이다.

인지행동 치료(CBT)는 행동 중독에서 가장 많은 지지를 받는 치료법으로, 가장 많이 연구되었으며 근거에 기초한다. 이 방법은 치료자와 환자가 부적응적 사고와 행동들을 중독 행동의 맥락에서 논의하고, 경쟁 전략들을 생각해 내며, 이것들을 더 깊은 주제와 핵심 인지들과 연결시키는 것을 포함한다(Ryan, 2013 참고). 환자는 남용과 중독의 패턴들을 확인하고, 높은 위험이 있는 상황을 피하거나 더 잘 대처하게 하며, 대안적이고 보다 적응적인 대체 행동들을 하도록 노력한다. 학습 경험으로써 "실수"들도 탐색하고, 일단 행동에 차도가 있으면 이득을 강화하고 이후의 퇴보를 방지하기 위해 재발 예방 모듈 또한 추가한다(Marlatt & Donovan, 2005 참고). 변증법적 행동 치료(Linehan, 1993 참고)도 함께 활용되거나 CBT와 통합된다. 이는 음식 중독에 관한 제7장에서 더욱 자세히 논의한다.

특히 대인관계/관계 지향의 정신역동적 정신분석은 환자 증상의 의미뿐 아니라 감정 조절의 문제를 다루고, 앞서 언급된 바와 같이 어떻게 이것들이 순전히 타인과의 갈등들을 협상하기 위해 "실패한 해결책"으로 기능하는지를 다룬다(Essig, 2012). 더 구체적으로, Petrucelli와 Stuart(2001)는 *Hungers and Compulsions: The Psychodynamic Treatment of Eating Disorders*의 서론에서 강박적이거나 중독된 사람은 자기 조절이 어렵고 특정 관계와 대인관계의 어려움을 피하기 위해 취한 방법이 분열이었기 때문에 세상에서 그들의 위치는 취약하고 저항적이었고, 따라서 이를 더욱 대인관계적 영역으로 전환할 수 있게 배우는 도구로서의 정신역동 치료를 강조한다. 중독의 근원과 의미를 이해하기 위해 중독 경험의 "자세한 탐구"를 사용하므로(Sullivan, 1954), 환자는 증상을 경험하고, 새롭고 더욱 적응적인 전략과 대처 기술들을 개발하는 것을 배운다. 전부는 아니더라도 행동중독에 대한 대부분의 정신역동 치료가 인지행동과 재발예방 치료 모델의 유용한 기술들을 포함하여 완전히 통합되어야 한다는 점이 중요하다(Connors, 2001).

본서에 걸쳐, 저자들은 전통적인 항우울제, 항강박성 약물, 항정신성 약물, 기분 안정제, 항불안제, 주의력 결핍 약물과 같은 정신의학 약물의 사용을 제안한다. 몇몇 저자들은 해당 정신의학 장애를 치료하는 관련 정신의학 약물에 더하여, 화학적 중독에도 도움이 되는 것으로 알려진 아세틸시스테인(N-acetylcysteine, NAC), 글루타메이트 조절물질(glutamate-modulating agents)과 같은 항중독 약물들의 사용을 제안한다. 저자들은 $GABA_B$ 작용제 바클로펜, 글루타메이트 길항제 물질, 항경련 토피라메이트와 같은 이외 항중독 약물과 결합하여 사용하는 것을 고려해 볼 때, 가장 유망한 항행동중독 약물은 아편 길항제 날트렉손과 날메펜일 것이라고 말하는데, 이는 짐작건대 보상의 중앙경로를 방해하는 작용을 할 것이기 때문이다(음식 중독, 과식, 비만의 치료에 관한 제8장에서 이 주제를 더욱 자세히 다룬다).

5. 사회적 문제와 법적 문제

정신 장애로써 행동 중독을 정당화하는 것에 관한 우려 중의 하나는 바로 행동 중독으로 범죄 행동을 사면하거나 벌을 감해주는 것과 관련한 것이다. 제15장에서, 한 미국 변호사가 이런 가능성에 대해 간략히 설명하고, 행동 중독이 있는 것으로 여겨지는 환자를 대변하여 법원에서 증언하는 의학 및 정신건강 전문가에 대한 안내지침을 제시한다(역서에서는 미국법과 관련한 부분을 제외함).

다수의 사람들은 여전히 행동 중독에 대한 이 책이 나쁜 행동으로 분류되는 특정 행동에 대해 의학적 낙인을 찍을 수 있는 새로운 정신 장애를 만들도록 조장할 수 있다고 우려하고 있다. 행동 중독이 광범위하게 받아들여진다면 절도를 병적 도벽이 있는 것으로 진단할 수 있게 되는 것인가? 무책임하게 빚을 축적하는 것을 강박적 구매로 진단하는가? 재정적인 무모함을 도박으로 진단하는가? 아동 포르노를 보는 것을 사이버섹스 중독으로 보는가? 이와 같은 질문들이 제기될 수 있다. 이러한 질문들은 반드시 중요하게 받아들여져야 하며 깊이 숙고할 가치가 있는 물음들이다. 현실에서는, 적어도 성과 관련하여 나타나는 중독적 반복 행동이 법적인 처벌을 더욱 연장하고 강화하는 경향이 있다. 예를 들어, 가장 엄격한 징역형 중의 하나가 아동 포르노를 다운로드하는 것으로, 많은 사례에서 10년의 징역형을 받았는데, 이와 같은 판결은 같은 지역 내에 있는 아동을 성추행한 사람들에 대해서는 보통 더 엄격하게 적용된다. 따라서 이런 증거는 적어도 성 중독의 경우 임상적 진단이 투옥을 피하는 데에 도움이 되지 않는다는 사실을 보여 준다고 할 수 있다.

성 중독 진단이 미칠 영향을 예로 든다면, 성 중독 진단이 범죄자를 사면할 것 같지는 않고, 역으로 사회를 보호하는 데에는 도움이 될 수 있는 것으로 보인다. 1980년 이래로, 투옥된 환자들을 자주 치료했던 존 홉킨스 대학의 Fred Berlin과 그의 동료들은 성 중독에 대한 진단과 적절한 치료가 제공되는 경우에는 성 범죄의 위험을 미리 알 수 있도록 해주는 이점이 있음을 입증하였다(Berlin, 1981).

하지만 정신건강 전문가로서 우리는 행동 중독이 정신 장애로 분류되면서 관련된 범죄 행동에 대한 법적 처벌이 변화될 수 있다는 우려에 동의한다. 사실, 외도를 한 남편들은 자신이 성 중독이라고 주장하기도 하고 무책임한 쇼핑객은 돈을 갚지 못하는 이유에 대해 자신이 강박적 구매자이기 때문이라고 말하기도 한다. 행동 중독 진단에 의한 사회적 영향은 끊임없는 우려를 자아내고 있고, 이에 대해서 우리는 계속해서 관심을 쏟아야 할 것이다.

요약하면, 우리는 기존의 연구, 본서, 그리고 이후의 연구들이 행동 중독에 대한 이해에 더욱 기여하고 철저한 연구와 치료들을 촉진하여 과학적 방법과 의학적 모델의 한계점까지 파헤치게 되기를 바란다. 궁극적으로 지금도 여전히 고립감, 수치심, 무시 속에 고통받고 있는 세계 각지의 수많은 행동 중독을 경험하고 있는 사람들에게 도움이 될 수 있기를 바란다.

6. 참고문헌

American Psychiatric Association. (2000). *Diagnostic and statistical manual of mental disorders* (4th ed.). Washington, DC: Author.

American Psychiatric Association. (2013). *Diagnostic and statistical manual of mental disorders* (5th ed.). Washington, DC: Author

American Society for Addiction Medicine.(2010). *Public policy statement on treatment for alcohol and other drug addiction.* Adopted: May 1, 1980, Revised: January 1, 2010.

Berlin, F. S., & Meinecke, C. F. (1981). Treatment of sex offenders with antiandrogenic medication: Conceptualization, review of treatment modalities and preliminary findings. *American Journal of Psychiatry*, 138, 601-607.

Bostwick, J. M., Hecksel, K. A., Stevens, S. R., Bower, J. H., & Ahlskog, J. E. (2009). Frequency of new-onset pathologic compulsive gambling or hypersexuality after drug treatment of idiopathic Parkinson Disease. *Mayo Clinic Proceedings*, 84, 310-316.

Brewer, J. A., & Potenza, M. N. (2008). The Neurobiology and genetics of impulse control disorders: Relationships to drug addictions. *Biochemical Pharmacology*, 75(1), 63-75.

Bromberg, P. M. (2001). Out of body, out of mind, out of danger: Some reflections on shame, dissociation and eating disorders. In J. Perrucelli & C. Stuart (Eds.), *Hungers and compulsions: The Psychodynamic treatment of eating disorders and addictions* (pp. 65-80). New Jersey: Jason Aronson Inc.

Carnes, P. (2010). *Facing the shadow: Starting sexual and relationship recovery.* Carefree, AZ: Gentle Path Press.

Carnes, P., Carnes, S., & Bailey, J. (2011). *Facing addiction: Starting recovery from alcohol and drugs.* Carefree, AZ: Centle Path Press.

Carnes, P., Murray, R., & Charpentier, L. (2005). Bargains with chaos: Sex addicts and addiction interaction disorder. *Sexual Addiction & Compulsivity*, 12, 79-120.

Coleman, E. (1992). Is your patient suffering from compulsive sexual behavior? *Psychiatric Annals*, 22(6), 320-325.

Connors, M. E. (2001). Integrative treatment of symptomatic disorders. *Psychoanalytic Psychology*, 18(1), 74-91.

Csíkszenmihályi, M. (1990). *Flow: The psychology of optimal experience.* New York: Harper and Row.

Denizet-Lewis, B. (2009). *America anonymous: Eight addiction in search of a life.* New York, NY: Simon & Schuster Paperbacks.

Dodes, L. M. (2002). *The heart of addiction.* New York: Harper Collins Publishers.

Donovan, D. M., & Marlatt, G. A. (Eds.) (2005). *Assessment of addictive behaviors* (2nd ed.). New York, NY: The Guilford Press.

Essig, T. (2012). The addiction concept and technology: Diagnosis, metaphor, or something else? A psychodynamic point of view. *Journal of Clinical Psychology: In Session*, 68(11), 1175-1184.

Gearhardt, A. N., Grilo, C. M., DiLeone, R. J., Brownell, K. D., & Potenza, M. N. (2010). Can food be addictive? Public health and policy implications. *Addiction*, 106, 1208-1212.

Goodman, A. (1990). Addiction: definition and implications. *British Journal of Addiction*, 85, 1403-1408.

Grant, J. E., & Potenza, M. N. (2006). Compulsive aspects of impulse-control disorders.

Psychiatric Clinics of North America, 29, 539-550.
Grant, J. E., & Steinberg, M. A. (2005). Compulsive sexual behavior and pathological gambling. *Sexual Addiction & Copulsivity*, 12, 235-244.
Griffiths, M. D. (2005). A 'components' model of addiction within a biopsychosocial framework. *Journal of Substance Use*, 10, 191-197.
Hekster, O. (2002). *Commodus: An emperor at the crossroads (Dutch monographs on ancient history and archaeology)*. Amsterdam: Brill Academic Publishers.
Johnson, P. M., & Kenny, P. J. (2010). Dopamine D2 receptors in addiction-like reward dysfunction and compulsive eating in obese rats, *Nature*, 13, 635-641.
Li, Y. Q., Xue, Y. X., He, Y. Y., Li, F. Q., Xue, L. F., Xu, C. M., et al. (2011). Inhibition of PKM in nucleus accumbens core abolishes long-term drug reward memory. *Jourmal of Neuroscience*, 31, 5436-5446.
Linehan, M. M. (1993). *Skills training manual for treating borderline personality disorder*. New York, NY: The Guilford Press.
Marlatt, G. A. (Ed.). (1998). *Harm reduction: Pragmatic strategies for managing high risk behaviors*. New York, NY: The Guilford Press.
Marlatt, G. A., & Donovan, D. M. (2005). *Relapse prevention: Maintenance strategies in the treatment of addictive behaviors* (2nd ed.). New York, NY: The Guilford Press.
McDougall, J. (2001). The psychic economy of addiction. In J. Petrucelli & C. Stuart (Eds.), *Hungers and compulsions: The psychodynamic treatment of eating disorders and addictions* (pp. 3-26), New Jersey: Jason Aronson Inc.
Miller, W. R., & Rollnick, S. (2002). *Motivation interviewing: Preparing peaple for change* (2nd ed.). New York, NY: The Guilford Press.
O'Brien, C. P., Volkow, N., & Li, T. -K. (2006). What's in a word? Addiction versus dependence in DSM-V. *American Journal of Psychiatry*, 163, 764-765.
Petrucelli, J., & Stuart, C. (Eds.) (2001). *Introduction. In Hungers and compulsions: The psychodynamic teratment of eating disorders and addictions* (pp. xvii-xxix). New Jersey: Jason Aronson Inc.
Potenza, M. N. (2006). Should addictive disorders include non-substance relate conditions? *Addiction*, 101(s1), 142-151.
Redish, A. D., Jensen, S., & Johnson, A. (2008). A unified framework for addiction: Vulnerabilities in the decision process. *Behavioral and Brain Sciences*, 31, 415-487
Rosenberg, K. P., Carnes, P., & OConnor, S. (2013). Evaluation and treatment of sex addiction. *Journal of Sex & Marital Therapy*, Published online: 21 Jun 2013.
Rush, B. (1812). *Medical inquiries and observations upon the diseases of the mind*. Philadelphia: Kimber & Richardson.
Ryan, F. (2013). *Cognitive therapy for addiction: Motivation and Change*. Malden, MA: Wiley-Blackwell.
Sacktor, T. C. (2011). How does PKMzeta maintain long-term memory? *Nature Reviews Neuroscience*, 12, 9-15.
Satel, S., & Lilienfeld, S. O. (2010). Singing the brain disease blues. *AJOB Neuroscience*, 1(1), 46-

54.
Stice, E., Spoor, S., Bohon, C., & Small, D. H. (2008). Relation between obesity and blunted striatal response to food is moderated by Taq1A A1 allele. *Nature*. 322, 449-452.
Sullivan, H. S. (1954). *The psychiatric interview*. New York, NY: W. W. Norton & Company.
Tao, R., Huang, X., Wang, J., Zhang, H., Zhang, Y., & Li, M. (2010). Proposed diagnostic criteria for Internet addiction. *Addiction*, 105, 556-564.
Tatarsky, A. (Ed.). (2002). *Harm reduction psychotherapy: A new treatment for drug and alcohol problems*. Northvale, NJ: Jason Aronson Inc.
Wang, E. T., Ding, Y.-C., Flodman, P., Kidd, J. R., Kidd, K. K., Grady, D. L., & Moyzis, R. K. (2004). The genetic architecture of selection at the human dopamine receptor D4(DRD4) gene locus. *American Jourmal of Human Genetics*, 74, 931-944.
Wang, G. J., Volkow, N. D., Logan, J., Pappas, N. R., Wong, C. T., Zhu, W., Netusil, N., & Fowler, J. S. (2001). Brain dopamine and obesity. *Lancet*, 357, 354-357.
Wang, G. J., Volkow, N. D., Thanos, P. K., & Fowler, J. S. (2004). Similarity between obesity and drug addiction as assessed by neurofunctional imaging: A concept review. *Journal of Addictive Diseases*, 23(3), 39-53.
World Health Organization. (2008). *ICD-10: International statistical classification of diseases and related heath problems* (10th Rev. ed.). New York, NY: Author.
Xue, Y. X., Luo, Y. X., Wu, P., Shi, H. S., Xue, L. F., Chen, C., et al. (2012). A memory retrieval-extinction procedure to prevent drug craving and relapse. *Science*, 336, 241-254.

CHAPTER 2

행동 중독: 충동성과 강박성의 결합

Natalie L. Cuzen, Dan J. Stein

1. 서론

이 장의 목표는 충동성과 강박성의 구조를 제시하고, 이런 구조들이 행동 중독과 어떻게 관련되는지 살펴보는 것이다. 이 논의는 "충동성"과 "강박성"으로 해석되는 것이 무엇인지에 대한 간단한 개요와 이 구조들의 관련성을 살펴보는 과정으로 시작한다. 이러한 목적을 염두에 두고, 저자는 충동성과 강박성의 경계선에 있는 행동 중독의 개념에 대해 소개하고 있다. 여기에서 행동 중독 중의 하나이면서 충동성과 강박성이 동시에 관찰되는 병적 도벽을 두 특성 간의 공통부분을 조명하기 위한 예로 사용했다. 마지막으로, 이런 질환의 치료에 실제로 영향력이 있는 강박-충동 행동의 ABC 모델에 관한 현재의 인지-정서 임상 신경과학 문헌들도 간략하게 소개한다.

2. 충동성과 강박성이란 무엇인가?

*충동성(impulsivity)*은 다면적인 구조를 가지는 것으로 간주되기 때문에 가능한 정의 또한 다양하다(Robbins, Curran, & de Wit, 2012). 충동성의 주요 요소는 빠른 반응에 대한 부적응적 성향, 운동이나 반응 억제의 감소, 욕구나 충동에 대한 자동 반응, 지체되는 것을 아주 싫어하는 것, 지연된 보상에 대한 무감각, 의사결정시 신중하지 못하는 것 등을 포함한다. 이런 다양한 충동적 행동들은 전형적으로 "허점투성이로 고안되고, 조급하게 표현되며, 과도하게 위험하거나, 또는 상황에 부적절하고 … 흔히 원치 않은

결과를 낳는다."(Evenden, 1999, p.1). 건강한 개인일지라도 충동적인 특성을 가질 수 있지만, 과도한 충동성은 다양한 신경정신의학적 상태를 정의하는 주요한 특징이다. 이러한 상태에는 주의력 결핍 과잉 행동 장애, 물질 사용 장애, 반사회적 행동과 병적 도박과 도벽을 포함하는 다양한 행동 장애가 포함된다(Dalley, Everit, & Robbins, 2011; Robbins, Gillan, Smith, de Wit, & Ersche, 2011).

한편, *강박성(compulsivity)*은 상황에 부적절하고 전반적인 목표와 명백한 관련이 없는 지속적이거나 집요한 행동을 뜻한다. 이런 행동들은 흔히 습관적이거나 정형화된 방법으로 불쾌하게 반복되고 행해진다(Chamberlain, Fineberg, Blackwell, Robbins, & Sahakian, 2006). 강박적 행동들은 보통 개개인에게 손해를 끼침에도 불구하고 오랜 기간 동안 계속되는 두드러지는 지속성을 보인다. 강박성은 여러 정신의학적 질환들에서 나타나는 특징이고 강박 장애(OCD)에서 가장 현저히 관찰된다. 강박적 특징들이 있는 이 외 질환은 강박 및 관련 장애, 섭식 장애, 물질 의존뿐 아니라 강박적 인터넷 사용과 같은 여러 충동 조절 장애와 행동 중독들을 포함한다. 강박성은 충동성과 유사하게 반응 억제 또는 "하향식" 조절의 실패, 과대 자극된 욕구상태, 또는 이런 요인들의 결합으로 야기될 수 있다(Grant, Brewer, & Potenza, 2006; Stein & Hollander, 1995).

충동성과 강박성은 몇 가지 공통 특성들을 공유한다. 예를 들어, 이 두 가지는 모두 다면적이라고 간주될 수 있을 만큼 그 구조가 복잡하고(Fineberg et al., 2010), 감각 추구, 위험 감수, 의사결정을 포함하는 다양한 인격 및 인지적 차원들과의 관계를 공유할 수도 있다(Leeman & Potenza, 2012). 한편, 충동성과 강박성은 여러 가지 면에서 근본적인 차이를 나타내기도 한다. 예를 들어, 강박적 행동들은 종종 행동의 본래의 목적과 관계없이 발생하고 그 방식은 습관과 유사하다. 더욱이, 충동성이 보상을 얻고자 하는 목적을 가지고 성급히 행동할 조짐을 보이는 것이 특징인 반면(Patterson & Newman, 1993), 강박적 행동은 전형적으로 보상에 대한 관심이 적다(하지만 항상 그렇지는 않다. 예를 들어, 항상성이나 균형을 유지하기 위한 강박증은 이것이 만족되었을 때에 보상이 될 수도 있다)(Everitt & Robbins, 2005; Fontenelle, Oostermeijer, Harrison, Pantelis, Yücel, 2011).

3. 충동성과 강박성은 어떻게 연관되는가?

전통적으로 충동성과 강박성은 집요함과 부적응적 특성 및 장애 스펙트럼의 상반되는 끝단에 놓이는 것으로 본다. 부적절한 조절, 행동의 탈억제, 위험 추구가 특징인 질환들은 이 스펙트럼의 "충동적" 측면 끝 단에 군집해 있고, 폐해 회피와 위험 혐오가 특징인 질환은 "강박적" 측면 끝 단에 있다(Skodol & Oldham, 1996; Stein, Hollander, Simeon, & Cohen, 1994). 한 끝 단의 주요 강박 장애와 다른 한 끝 단의 주요 충동 장애 간의 신경화학적 및 기능적 신경해부학적 차이를 살펴보았을 때 충동성-강박성에 대한 단일차원은 근거가 있는 합당한 것으로 보인다. 특히, 주요 충동 장애들은 세로토닌과 전두엽 부위의 활동성의 *감소*가 특징인 반면, 주요 강박 장애들은 세로토닌과 전두엽의 활동성이 *증가*하는 것이 특징이다(Ebstein, Benjamin, & Belmaker, 2000). 그럼에도 불구하고, 현상적 데이터와 정신생물학적 데이터를 자세히 살펴보면, 단일차원의 연속체로 바라보는 스펙트럼상의 관점은 지나치게 단순화된 것이라고 생각할 수밖에 없는 여러 이유들을 발견할 수 있다.

첫째, 단일차원적 접근법은 암암리에 충동성이 강박성의 정반대되는 것이고, 이 두 가지 구조들이 상호 배타적이라고 제안한다(Yi, 2013). 임상적 관찰을 해 보면 이러한 주장은 사실이 아님을 쉽게 알 수 있다. 주요 충동적 정신질환이 있는 환자(예를 들어, 병리적 게임)는 강박적 특징을 보일 수 있는 반면, 주요 강박적 정신질환이 있는 환자(예를 들어, OCD)는 충동성 평가의 점수가 더 높고 충동적-공격적 증상 또는 동반이환의 충동 조절 장애를 가질 수 있다(Stein & Lochner, 2006). 더욱이, 투렛 장애와 발모광과 같은 장애의 범위는 전형적으로 충동성과 강박성 특징을 모두 가진다(Stein, 2000).

둘째, 서로 중복되는 충동성과 강박성 특징은 같은 장애에서도 다르게 발전할 수 있다. 특히, 충동성과 강박성 특징은 같은 장애에서 동시에 발생할 수도 있지만, 다른 시기에 발생할 수도 있다. 하나의 장애에서 충동성과 강박성이 보이는 서로 다른 방향은 임상가가 이 장애를 어떻게 치료할 것인지뿐만 아니라, 이 장애를 어떻게 이해할 것인지에 대한 문제를 더욱 복잡하게 한다(Grant & Potenza, 2006). 충동성과 강박성을 더욱 현실적으로 보는 관점은 양극의 성질이라기보다 장애의 범위에서 교차하는 요인으로 보는 것이다. 즉, 충동성과 강박성은 서로 독립적일 수도, 종속적일 수도 있는 것이다. 충동성과 강박성을 장애들에 걸친 교차 요인으로 간주할 때, 같은 질환으로 진단된 환자들이 충동성 또는 강박성의 특징에서 상당한 개인적 다양성을 보인다는 점을 염두에 두는 것이 중요하다. 예를 들어, 몇몇 OCD 환자들은 높은 정도의 강박성과 충동성을 보일 수도 있는 반면, 다른 환자들에게서는 그 정도가 낮을 수 있다.

4. 물질 사용 장애의 충동성과 강박성

물질 사용 장애(substance use disorder, SUD)는 강박성과 충동성에 대한 중대한 논의의 창을 열어준다. 현 심리생리학적 모델은 SUD를 충동성과 강박성 행동 간의 전환으로 이해한다(Dalley et al., 2011; Koob & Volkow, 2010). SUD에서 충동성은 단기 보상(약물)을 추구하고자 하는 경향성의 근원이고 초기 단계의 SUD(즉, 물질 남용)에서 강력히 나타나는 기제이다(Fernández-Serrano, Perales, Moreno-López, Pérez-García, & Verdejo-García, 2012; Verdejo-Gracía, Lawrence, & Clark, 2008). 보상 기반의 학습은 약물의 사용이 쾌락적이고 긍정적 강화로 경험되는 질병 초기에서 약물을 반복적으로 사용하게 한다.

오랜 기간에 걸쳐 규칙적으로 약물을 사용하게 되면서, 이러한 학습 기제는 과도해지는 경향으로 나타나고 결과적으로 강박적인 습관을 만들어 낸다. 습관적 약물 투여에는 두 가지 주요 특징이 있다. (1) 명확한 목적/보상에 의해서가 아닌, 조건화에 의해 촉발시키는 자극에 의해 행동을 시작하고, (2) 당사자 개인은 반복적인 행동 양식을 변화시킬 수 없게 되며 결국 강박적으로 약물을 사용하게 된다. 물질 남용에서의 자발적 행동이 더 습관적이거나 강박적인 물질 의존으로 전환되는 것은, 신경생물학적 용어로 말한다면, 반응에 대한 통제가 전두엽 피질에서 선조체(striatal control)로 옮겨지는 것으로 보인다. 이와 같은 통제의 전환은 임상적으로 물질 남용에서의 보상 추구를 동기로 하여 정적 강화가 이루어지는 행동에서, 물질 의존에서의 금단 증상을 피하는 것을 동기로 하여 부적 강화가 이루어지는 행동으로 향하는 것과 관계있다(Everitt & Robbins, 2005).

요약하면, 충동성은 SUD의 초기 단계(물질 남용)에서 중요한 역할을 하는 반면, 부적응적 학습 과정과 습관의 형성은 SUD의 진행 단계(물질 의존)에서 강박적 행동을 발달시킨다.

5. 충동성과 강박성의 경계에 있는 행동 중독

우리는 행동 중독이 강박성과 충동성의 경계선에 놓여 있다고 본다. 행동 중독의 상태들은 강박성과 충동성 두 가지 모두로 특징지을 수 있고, 따라서 충동-강박 장애라고 불리기도 한다. SUD의 사례에서와 같이 중독 행동의 시작 시기에는 충동성 특징이 중요한 역할을 하고, 이후에 강박적 특성을 발전시킨다고 말할 수 있다(Dell'Osso, Altamura, Allen, Marazziti, & Hollander, 2006).

어떤 점에서 병적 도벽은 가장 기본적 형태의 행동 중독이고, 따라서 충동성과 강박성을 이해하기 위해 행동 중독의 체계를 사용하는 경우의 장점과 단점을 잘 살펴볼 수 있는 기회를 제공한다. 이 논의는 *정신 장애의 진단 및 통계 편람 4판(Diagnostic and Statistical manual of Mental Disorder, forth editions, DSM-IV)*(American Psychiatric Association, 2000)에서 충동 조절 장애로 분류되고, 최신 *DSM-5*(American Psychiatric Association, 2013)에서는 파괴적, 충동 조절, 및 품행 장애 내에 분류된 병적 도벽에 초점을 맞춘다. 비록 병적 도벽이 최신 *DSM*에서 충동 조절 장애로 그 분류를 유지하지만, *DSM-5*는 병리적 도박을 (*DSM-IV*에서 분류된 것과 같이) 충동 조절 장애로부터 물질 관련 및 중독 장애의 범주로 이동시켰다. 병적 도벽은 기존 분류 체계를 유지하고 병리적 도박에 대해서는 다른 체계로 분류를 변화시킨 것에는 여러 가지 이유가 있을 수 있다. 예를 들어, 병리적 도박의 경우 충동 조절 장애와 유사한 특징들이 나타나지만, 병리적 도박과 충동 조절 장애들(예를 들어, 방화벽, 간헐적 폭발 장애, 병적 도벽) 자체 간의 연관성에 대한 증거는 거의 없다(Petry, Blanco, Auriacombe, Borges, Bucholz, & Crowley, 2013). 병적 도벽을 물질 관련 및 중독 장애로 분류하는 것과 관련하여 문제를 제기하는 다른 증거들은 이후에 살펴보기로 한다.

6. 병적 도벽 행동

1) 배경

병적 도벽은 1800년대 후반, 몇몇 들치기(상점에서 물건을 훔침) 사례들에서 환자들이 행동을 저지르고자 하는 유혹에 저항할 수 없었고, 따라서 이러한 행동이 비자발적인 것으로 간주될 수 있다는 사실이 발견되면서 그 존재가 명확하게 드러났다(Abelson, 1989). *들치기(shoplifting)*는 이 행동의 동기와 상관없이 상점 절도로 정의된다. 대조적으로 *병적 도벽(kleptomania)*은 들치기와는 구분되는 정신의학적 진단이고, 개인적인 사용이나 재정적인 가치로 꼭 필요한 것이 아닌 물건(즉, 물건을 구매

할 수 있는 능력이 있거나 훔친 물건이 필요하지 않다)들을 훔치고자 하는 충동을 저지하는 데 계속 실패하는 것이 특징이다(Blanco et al., 2008; Dell'Osso et al., 2006). 병적 도벽은 그 순간에는 즐겁지만 이후에는 괴로움과 역기능을 가져오는 행동을 하고자 하는 충동이 특징이다(Aboujaoude, Gamel, & Koran, 2004). 이 질환은 보통 청소년기에 발병하지만, 치료의 평균 나이는 여성의 경우 35세, 남성의 경우 50세 정도이다(Talih, 2011).

병적 도벽의 주요 특징은 *DSM-5*에서 개괄적으로 서술한 바와 같이, (1) 개인적으로 쓸모가 없거나 금전적으로 가치가 없는 물건을 훔치려는 충동을 저지하는 데 반복적으로 실패, (2) 훔치기 직전에 고조되는 긴장감, (3) 훔쳤을 때의 기쁨, 충족감, 안도감, (4) 훔치는 것이 분노나 복수를 나타내는 것이 아니고, 망상이나 환각에 대한 반응도 아니며, (5) 훔치는 것이 품행 장애, 조증 삽화, 또는 반사회성 인격 장애에 의해 잘 설명되지 않는다(*DSM-5*; American Psychiatric Association, 2013).

2) 병적 도벽은 얼마나 만연한가?

병적 도벽은 미국 내 들치기 사례의 약 5%에 해당하는데, 이는 연간 100,000명이 체포되고, 미국 경제에 대략 5억 달러의 직접 비용이 발생함을 의미한다(Hollinger & Davis, 2003; McElroy, Pope, Hudson, Keck, & White, 1991). 이외 충동 조절 장애와 비교하여, 병적 도벽은 과학적 문헌에서 거의 주목받지 못했고, 현재까지 어떤 역학 연구도 이 질환에 초점을 두고 진행되지 않았다. 입수 가능한 정보로 살펴보았을 때, 병적 도벽의 유병률은 일반 인구의 0.5%에서 1% 사이에 있다고 추정된다. 또한 임상적 표본에서 병적 도벽의 유병률이 증가하고 있음을 보여준다. 일반 정신의학 입원환자에 대한 최근 연구에서 7.8%가 병적 도벽에 대한 현 증상을 인정하였고, 9.3%가 일생에 걸친 병적 도벽의 병력을 보고하였다(Grant, Levine, Kim, & Potenza, 2005). 이 장애에 대한 현재와 일생 전체에 걸친 유병률이 크게 차이 나지 않는다는 점은 이 장애가 치료되지 않은 상태로 방치된다면 보통 만성이 됨을 암시한다(Grant, 2006). 특정 임상 집단에 대한 다른 연구에서 주요 우울증, 알코올 의존, 또는 병리적 도박의 질환이 있는 환자에게서 병적 도벽의 동반이환율은 순서대로 각각 3.7%, 3.8%, 5%였다(Lejoyeux, Feuché, Loi, Solomon, & Adès, 1999; Lejoyeux, Arbaretaz, McLaughlin, & Ades, 2002; Specker, Carlson, Christenson, & Marcotte, 1995). 병적 도벽은 여성에게서 더 많이 발견되지만 (63%에서 81% 사이), 이런 성별의 차이는 남성의 일탈 행동을 범죄적 측면에서 설명하는 반면, 여성의 일탈 행동에 대해서는 정신의학적으로 설명하는 법적 체계의 경향성 때문에 부풀려졌을 수도 있다(Aboujaoude et al., 2004).

3) 병적 도벽은 중독과 어떻게 같고 또 다른가?

병적 도벽은 여전히 연구 중에 있고 이 질환에 대한 병리생리학은 대체로 잘 알려지지 않았다(Talih, 2011). 그렇지만 SUD와 병적 도벽을 포함하는 다양한 행동 중독은 다수의 특징을 공유한다. (1) 관련된 부정적 결과에도 불구하고 계속 행동하고자 하는 욕구, (2) 행동을 하기 전 긴장감 상승, (3) 행동을 하고 난 뒤 즉각적이고 단기간 동안 긴장감 감소, (4) 행동 후 다시 행동을 하고자 하는 충동이 점진적으로 되돌아옴, (5) 행동에 대한 독특한 외적 단서(예를 들어, 상점과 같은 장소에 있는 것), (6) 외적 또는 내적 단서(예를 들어, 불쾌감 또는 따분한 느낌)로 2차 조건화, (7) 질환 초기의 쾌락적 기분(Marks, 1990)이다. 앞서 언급한 바와 같이, SUD에서 병적 도벽의 비율이 증가하는 것에 더하여(즉, 일반 인구에서는 0.5~1%인 데 비해 알코올 의존에서는 3.8%), 병적 도벽이 있는 사람들에게서 SUD의 일생 발병률은 더 높아진다(배경 인구는 15%인 데 반해, 병적 도벽의 사례는 29~50%)(Kessler, Berglund, Demler, Jin, Merikangas, & Walters, 2005). SUD는 또한 병적 도벽을 가진 사람들의 1촌 친척들에게서 비교적 흔하게 나타나는데, 이는 이 장애에 대한 취약성을 공유할 가능성을 제시한다(Grant & Potenza, 2004).

병적 도벽과 SUD 간에 유사하게 나타나는 현상들과 동반이환 패턴에 대한 증거들은 두 장애들이 공통 기제를 어느 정도 지니고 있다고 볼 근거가 되고, 중독 스펙트럼 내에 병적 도벽을 포함하는 것을 지지하는 근거가 될 수 있다. 그렇지만 중독과 병적 도벽 간의 밀접한 관계에 대해 의문을 제기하는 다른 연구들도 있다. 예를 들어, 비록 한 연구가 병적 도벽에서 훔친 물건의 가치에 대한 "내성"의 증거(대부분의 사람들에게서 이 질환의 경과에 따라 훔친 물건의 가치가 증가했음)를 보고했음에도 불구하고, 병적 도벽에 대한 신체적 내성이나 금단의 증거는 찾을 수 없었다. 둘째, 그리고 가장 중요하게는 병적 도벽과 중독 간의 연결을 지지하는 정보가 다소 제한적이고, 따라서 이런 질환들이 공유하는 부분에 관한 이론들은 더 확실한 증거가 있을 때까지는 결론을 보류해야만 할 것으로 보인다.

4) 병적 도벽은 강박 구매 장애와 어떤 연관이 있는가?

병적 도벽은 강박 구매 장애(또는 제12장에서 다루는 쇼핑 중독)와 상당히 많은 부분을 공유한다. 이 두 질환들은 임상적으로 유사하고 비슷한 패턴의 동반이환을 갖는데, 여기에는 물질 중독, 기분 장애, 강박 장애가 있다(Black, 2007). 병적 도벽과 강박 구매 장애는 모두 후기 청소년기 또는 초기 성인기에서 병리적 행동이 시작되고, 두 장애 모두 여성에게서 더 자주 발견된다(하지만 이 성별 간의 차이는 두 사례 모두에서 부분적으로 인위적일 수도 있다)(Talih, 2011). 임상적인 면에서, 두 장애들은 모두 필요한 것이 아닌 물건들을 습득하기 위해 집착하는 것이 그 특징이다. 이 두 장애 중 한 가지 장애라도 영향을 받는 사람들은 이 행동을 할 때에는 보상을 느낄 수도 있지만, 흔히 행동의 결과로 상당한 후회를 하거나 삶의 기능이 방해받는 것을 경험한다(Black, 2001). 병적 도벽과 강박 구매 장애에서 볼 수 있는 명백하면서도 중요한 차이점은, 병적 도벽이 있는 사람들은 원하는 물건을 훔치는(즉, 돈을 내지 않는) 반면, 강박 구매 장애를 가진 사람들은 상품에 대해 돈을 지불한다는 사실이다. 흥미로운 사실은, 비록 병적 도벽과 강박 구매 장애가 지불의 측면에서는 그 양상이 서로 다르지만, 전자의 절도 행위와 후자의 구매 행위가 이 행동을 지속하게 하는 유사한 전율(즉, 정적 강화)을 제공한다는 점에서는 비슷해 보인다.

5) 병적 도벽은 OCD와 어떻게 같고 또 다른가?

병적 도벽의 한 종류인 들치기(shoplifting)는 저항할 수 없고 통제되지 않는 욕구를 갖는다. 이러한 욕구의 본질은 강박 장애에서 나타나는 흔히 과도하고 불필요하며 원치 않은 의식행위(rituals)를 연상시킨다(Grant, 2006). 더욱이 병적 도벽이 있는 사람들은 OCD에서 나타나는 것과 비슷한 사재기 증상을 흔히 호소한다(Grant & Kim, 2002). 병적 도벽은 높은 수준의 감각 추구와 충동성, 행동을 예견하는 갈망의 상태, 그리고 행동을 하는 동안의 쾌락을 경험하는 것과 관련된다는 점에서 OCD와 구별된다. OCD의 의식적 행위(ritualistic behavior)가 어떤 경우에서는 기쁨을 끌어내기도 하지만, 강박 행동의 일반적인 동기는 이러한 감각 추구와는 반대되는 위험 회피(harm avoidance)이다(Hollander, 1993).

OCD와 병적 도벽 간의 동반이환에 관한 증거들은 일관적이지 않다. 몇몇 연구들은 높은 동시 발병률(45~60%; McElroy et al., 1991; Presta, Marazziti, Dell'Osso, Pfanner,

Pallanti, & Cassano, 2002)을 제시하는 반면, 다른 연구들은 동반이환에 대한 증거가 거의 나타나지 않거나 없다고 보고한다(0~65%; Baylé, Caci, Millet, Richa, & Olié, 2003; Grant, 2003a). 이 장애들이 공유하는 유전적 취약성에 대한 연구조사 역시 서로 이질적이다. 두 건의 비통제 연구에서는 병적 도벽을 가진 사람의 가족 구성원 7~35%에서 OCD의 발병을 보고했지만, 통제 집단을 포함한 한 연구는 이 통제 집단과 비교하여 병적 도벽을 가진 사람들의 친족에게서 OCD에 대한 위험이 증가되는 것을 발견하지 못했다. 유사하게, 비록 초기 보고서들은 병적 도벽이 OCD의 일반적 치료인 선택적 세로토닌 재흡수 억제제(SSRI)를 처방했을때 효과를 보일 수도 있음을 제안했지만, 최근의 보고서는 이와 상충되는 결과를 보여주었다(Grant & Potenza, 2004). 이와 같은 병적 도벽의 치료반응에 대한 상충되는 결과는 이 장애의 이질성으로 설명될 수도 있다. 이는 오직 몇 가지 형태의 병적 도벽만이(몇몇 유형의) OCD와 유사할 수도 있음을 암시하고, 이러한 관점으로 두 장애 간의 공통성을 광범위하게 확인하고자 하는 연구들에서 나타나는 불일치를 설명할 수도 있다(Grant, 2006). 현재 입수 가능한 제한적인 정보들은 병적 도벽과 OCD 간의 강한 관계를 명확하게 뒷받침하지는 않는다.

요약하면, (OCD와 같은 장애에서 증명된) 강박성, (간헐적 폭발 장애와 같은 장애에서 나타나는) 충동성이라는 개념, (SUD와 행동 중독 모두에서 나타나는) 강박-충동 장애는 병적 도벽과 같은 장애를 설명하는 데에는 적절할 수도 있으나 임상적 문헌을 통해 지속적으로 연구, 발전되어야 할 분야이다. 또한 동물 실험 연구와 인간 영상학 연구를 포함하는 인지-감정 신경과학 문헌이 발전하고 있고, 이러한 중독 행동의 신경생물학적 이해와 치료에 대한 새로운 관점들을 제공한다. 다음으로는, 병적 도벽의 구체적인 사례를 보며 강박-충동 행동에서 실용적이고 유용한 ABC 모델에 대한 임상적이고 과학적 문헌 몇 가지를 요약한다.

7. 강박-충동 장애를 다루고 관리하기 위한 ABC 모델

강박-충동 행동을 A(affect, 정동)-B(behavioral addiction, 행동 중독)-C(cognitive control, 인지적 조절) 관점에서 이해하는 것은 장애를 더욱 적절히 분류하고 효과적인 치료방법을 선택하는 것에 도움이 된다.

사례 일화

병적 도벽

Case Vignette

앤은 32세 여성으로 들치기로 법정 소송 사건에 연루된 후 정신과 의사에게 의뢰되었다. 상점은 그녀를 기소하지 않기로 결정하였지만, 앤은 들치기 문제가 있었기 때문에 정신과 의사를 만나도록 권고받았다. 그녀는 정신과의사에게 그녀가 훔친 물건(대부분 세면 및 화장품류)이 실제로 필요가 없었지만 훔치는 행위가 그녀에게 만족감을 제공한다는 것을 발견했다고 말했다. 그녀는 훔치고 싶은 충동은 왔다 갔다 하지만, 그녀가 직장에서 스트레스를 받는 동안에 특히 강해지는 것 같다고 했다. 그녀는 이런 시기에 특정 상점을 방문하고 여러 가지 화장용품들을 갖고자 하는 강한 충동을 경험한다는 것을 알아냈다. 그녀는 의례적인 방법으로 특정 물건을 골랐고 이 행동을 준비하고 훔치는 동안에 긴장감이 상승하곤 했다고 표현했다. 물건을 훔친 후 상점을 나갈 때에는 굉장한 안도감을 느꼈다고 했다. 그녀는 적절하게 사용할 수 있는 양보다 훨씬 많은 것들을 모았기 때문에, 자신의 화장실에 세면용품과 화장품류를 비축해 두었다. 비록 앤은 다른 정신의학적 문제는 없었지만, 기분 증상에 대해 물었을 때, 직장에서 스트레스를 받으면 의기소침하게 느껴지고 식욕을 잃거나 불면증과 같은 몇 가지 우울증의 증상들을 겪곤 했다고 말했다. 앤의 몇 가지 기분 증상들을 고려하여, 정신과의사는 약물 치료를 처방하지 않기로 결정했지만, 대신 인지-행동 치료에 위탁하기로 했다.

1) 강박-충동 행동의 정동

다수의 연구들이 강박-충동 장애를 촉발하는 데에 부적 정동이 핵심적인 역할을 한다는 것을 증명하였다(Di Nicola et al., 2010; Presta et al., 2002). 이 증거는 부적 정동이 물질 중독의 시작과 유지 단계 모두에 깊이 연관되어 있다는 것을 보여주는 많은 연구 결과들과도 이러한 관점에서 일치한다(Kassel et al., 2007). 간략히 말해, 물질은 스트레스 대처(Wills & Shiffman, 1985)와 자가 처방 모델(Khantzian, 1997)에서 나타난 것처럼 주로 기분을 조절하기 위해 사용된다. 우울증이 주로 물질 사용에 선행하고 약물 개시에 위험 요소로 간주될 수 있음을 나타내는 연구 결과들이 이 모델을 뒷받침한다. 더 나아가, 다른 연구들은 물질 사용과 우울증이 상호적으로 강화하는 상호 관계를 제안한다(Brown, Lewinsohn, Seeley, & Wagner, 1996). 중독(물질 또는 행동)이 부적 정동을 통제하고자 하는 욕구로 촉발될 수 있기 때문에, 유사한 기제가 강박-충동 장애와도 관련이 있을 가능성이 높고, 이는 정서의 조절을 개선하는 물질(예를 들어, SSRI) 들이 물질 중독과 강박-충동 장애의 치료에서 유용할 수도 있음을 제안한다.

2) 강박-충동 행동의 중독 생물학

세로토닌과 도파민 시스템의 변화를 이해하는 것은 다양한 강박-충동 행동들을 이해하는 데에 중요하다. 첫째, 신경생물학적 연구들은 강박-충동 장애와 같은 충동 조절 능력의 손상이 특징인 장애를 가진 사람들에게서 세로토닌 체계가 바뀌었음을 보고했다. 여기에서, 이와 같은 변화는 전두엽 억제의 손상을 동반할 수도 있는데, 이는 욕구를 조절할 수 있는 능력을 감소시키고, 따라서 충동적 행동을 야기한다(Schlosser, Black, Repertinger, & Freet, 1994). 둘째, 물질 중독의 신경생물학이 강박-충동 행동들과 관련이 있을 가능성이 있다. 물질 중독은 복측 피개부와 측위 신경핵, 또는 복부 선조(ventral striatum)를 연결하는 중뇌 변연계 경로에서 도파민과 관련된 변화와 연관된다. 특히, 도파민 시스템(때로 "보상 결핍 증후군"으로 특징지어지는)에서의 변화는 보상에 대해 민감성을 고조시킬 수 있으므로, 보상 중심의 행동을 촉진하고 다양한 물질 중독과 강박-충동 행동의 위험을 증가시킨다(Blum, Cull, Braverman, & Comings, 1996; Nestler and Aghajanian, 1997). 기능적 신경영상법 연구들은 식욕을 돋우는 음식(Wang et al., 2004), 도박(Breiter, Aharon, Kahneman, Dale, & Shizgal, 2001), 쇼핑(Knutson, Rick, Wimmer, Prelec, & Loewenstein, 2007), 비디오 게임을 하는 것(Hoeft, Watson, Kesler, Bettinger, & Reiss, 2008)의 영상이 약물 갈망을 통해 결정적으로 활성화되는 해부학적 영역(특히, 중뇌변연계와 확장된 편도)을 활성화시킴을 보여 주었다(Volkow & Fowler, 2000; Volkow, Wang, Fowler, Tomasi, & Baler, 2012). 이외 기능성 신경영상 연구 결과들을 살펴보면 코카인 의존과 병리적 도박에서 모두 복부 선조의 활성화가 감소되는 것으로 나타났는데, 이는 화학적 의존과 강박-충동 행동의 메커니즘이 유사한 경로를 공유할 수도 있음을 제안한다(Karim & Chaudri, 2012; Potenza, 2006). 간단한 신경생물학적 용어로 말하면, 만약 신경회로 체계가 불법 약물에 노출되었기 때문에 달라질 수 있다면, 아마도 이와 같은 회로들이 강박-충동 행동에 의해서도 마찬가지로 바뀔 수 있다는 것이다. 그렇다면, 이는 유사한 약리학적 치료가 물질 중독과 강박-충동 행동 모두에 적용될 수도 있음을 암시한다(Holden, 2001). 특정 행동 중독에 관한 신경생물학적 연구와 치료의 결과는 본서 전체에 걸쳐 논의되고 있다.

현재에는 강박-충동 행동의 치료에 대해 승인된 약물이 없다. 그러나 약물 중독에서 사용이 승인된 몇몇 약물들이 강박-충동 행동을 효과적으로 치료하는 것으로 나타난다. 아편과 알코올 사용 장애의 치료에 승인된 날트렉손, 뮤오피오이드(mu-opioid) 수용기 길항제는 병리적 도박과 병적 도벽에 관한 통제 임상 실험에서 효과성을 나타냈고, 강박적 성 행동, 강박적 구매, 인터넷 중독, 병리적 피부 뜯기에 관한 개방연구에서도 어느 정도의 가능성을 보였다(Arnold, Auchenbach, & McElroy, 2001; Bostwick & Bucci, 2008; Grant, 2003b; Grant, Desai, & Potenza, 2009; Kim, Grant, Adson, & Shin, 2001). 이 연구들은 뮤오피오이드 수용기들이 아마 중뇌변연계에서 도파민 활동성 톤을 조절하므로 물질 중독과 강박-충동 행동에서 유사하게 기능할 수도 있음을 제안한다. 유사하게, 글루타메이트 길항제이자 항경련제인 토피라메이트는 알코올, 담배, 코카인 중독뿐 아니라, 병적 도박, 강박적 구매, 강박적 피부 뜯기를 포함하는 물질 중독과 강박-충동 행동의 비통제 연구에서 모두 가능성을 보여 주었다(Johnson, Swift, Addolorato, Ciraulo, & Myrick, 2005; Johnson et al., 2007; Kampman et al., 2004; Roncero, Rodriguez-Urrutia, Grau-Lopez, & Casas, 2009). 두 연구에서 보인 토피라메이트에 대한 유사한 반응성은 측위 신경핵에서의 도파민의 글루탐산성 변조가 물질 중독과 강박-충동 행동 모두에서 중요한 역할을 할 수 있음을 암시한다.

3) 강박-충동 행동의 인지적 조절과 정신사회 치료

충동성은 물질 중독과 강박-충동 행동 모두에서 특징적이다. 이 장애들에서 충동성은 전두엽 피질 회로의 조절 장애 때문에 일어날 수 있다(Jentsch & Taylor, 1999). 이런 충동성은 (앞서 논의한 바와 같이) 억제 조절의 전달을 타협하여, 충동성의 증가를 야기하는 전두엽 피질의 글루타메이트와 도파민 기능에서의 변화 때문일 가능성이 있다(Kalivas & O'Brien, 2008). 물질 사용과 강박-충동 행동의 충동성에 대응하기 위해 인지적 조절을 강화하는 것이 심리사회적 전략의 핵심이다. 이런 심리사회적 치료는 일반적으로 세 가지 단계를 사용하여 절제하도록 하는 재발방지 모델에 의존한다. 이 세 단계는 (1) 남용의 양상 확인하기, (2) 고위험의 상황을 피하거나 관리하기, (3) 대안적이며 더욱 건강한 행동 선택하기이다. 재발방지 모델을 사용하는 구체적인 심리사회적 치료는 동기강화, 인지행동 치료, 12단계 자조 접근법을 포함한다. 이 전략들은 병적 도벽, 병적 도박, 강박적 성 행동, 병적 피부 뜯기, 강박적 구매를 포함하는 다양한 강박-충동 행동에서 그 효과성이 증명되었다(Mitchell, Burgard, Faber, Crosby, & de Zwaan, 2006; Petry et al., 2006; Teng, Woods, & Twohig, 2006; Toneatto & Dragonetti, 2008).

8. 결론

충동성과 강박성은 행동 중독에 각각 중요한 원인이 된다. 특히, 충동성은 주로 행동중독의 시작에서 역할을 하는 반면, 강박성은 이 질환이 유지되도록 영향을 준다. 이 장에서는 행동 중독의 구체적인 예로 병적 도벽을 사용하여, 충동성과 강박성이 행동 중독 내에서뿐만 아니라 이외 관련 질환들에서도 중복될 수 있음을 살펴보았다. 물질 중독에 관한 문헌들과 천천히 성장하고 있는 행동 중독 관련 연구들이 결합하여, 이 장애들의 충동적, 강박적 측면들을 다루기 위한 기초를 제공한다. ABC 모델은 부분적으로 물질 중독의 원칙에 기초하여, 이런 질환들의 정서, 행동 중독, 인지 조절의 임상적 특징을 표적으로 하는 충동성 및 강박성 장애들의 치료를 안내하는 체계로써 제공된다.

9. 참고문헌

Abelson, E. S. (1989). *When ladies go a-thieving: Middle-class shoplifters in the Victorian department store*. New York, NY: Oxford University.

Aboujaoude, E., Gamel, N., & Koran, L. M. (2004). Overview of kleptomania and phenomenological description of 40 patients. *Primary Care Companion to the Journal of Clinical Psychiatry*, 6, 244–247.

American Psychiatric Association. (2000). *Diagnostic and statistical manual of mental disorders* (4th ed.). Washington, DC: Author.

American Psychiatric Association. (2013). *Diagnostic and statistical manual of mental disorders* (5th ed.). Washington, DC: Author.

Arnold, L. M., Auchenbach, M. B., & McElroy, S. L. (2001). Psychogenic excoriation. Clinical features, proposed diagnostic criteria, epidemiology and approaches to treatment. *CNS Drugs*, 15, 351–359.

Baylé, F. J., Caci, H., Millet, B., Richa, S., & Olié, J. P. (2003). Psychopathology and comorbidity of psychiatric disorders in patients with kleptomania. *American Journal of Psychiatry*, 160, 1509–1513.

Blanco, C., Grant, J., Petry, N., Simpson, H., Alegria, A., Liu, S. M., et al. (2008). Prevalence and correlates of shoplifting in the United States: Results from the National Epidemiologic Survey on Alcohol and Related Conditions (NESARC). *American Journal of Psychiatry*, 165, 905–913.

Black, D. W. (2001). Compulsive buying disorder: Definition, assessment, epidemiology and clinical management. *CNS Drugs*, 15, 17–27.

Black, D. W. (2007). A review of compulsive buying disorder. World Psychiatry, 6, 14–18.

Blum, K., Cull, J. G., Braverman, E. R., & Comings, D. E. (1996). Reward deficiency syndrome. *American Scientist*, 84, 132–145.

Bostwick, J. M., & Bucci, J. A. (2008). Internet sex addiction treated with naltrexone. *Mayo Clinic Proceedings*, 83, 226–230.

Breiter, H. C., Aharon, I., Kahneman, D., Dale, A., & Shizgal, P. (2001). Functional imaging of neural responses to expectancy and experience of monetary gains and losses. *Neuron*, 30, 619–639.

Brown, R. A., Lewinsohn, P. M., Seeley, J. R., & Wagner, E. F. (1996). Cigarette smoking, major depression, and other psychiatric disorders among adolescents. *Journal of the American Academy of Child & Adolescent Psychiatry*, 35, 1602–1610.

Chamberlain, S. R., Fineberg, N. A., Blackwell, A. D., Robbins, T. W., & Sahakian, B. J. (2006). Motor inhibition and cognitive flexibility in obsessive-compulsive disorder and trichotillomania. *American Journal of Psychiatry*, 163, 1282–1284.

Dalley, J. W., Everitt, B. J., & Robbins, T. W. (2011). Impulsivity, compulsivity, and topdown control. *Neuron*, 69, 680–694.

Dell'Osso, B., Altamura, A. C., Allen, A., Marazziti, D., & Hollander, E. (2006). Epidemiologic and clinical updates on impulse control disorders: A critical review. *European Archives of Psychiatry and Clinical Neuroscience*, 256, 464–475.

Di Nicola, M., Tedeschi, D., Mazza, M., Martinotti, G., Harnic, D., Catalano, V., et al. (2010). Behavioural addictions in bipolar disorder patients: Role of impulsivity and personality dimensions. *Journal of Affective Disorders*, 125, 82–88.

Ebstein, R. P., Benjamin, J., & Belmaker, R. H. (2000). Personality and polymorphisms of genes involved in aminergic neurotransmission. *European Journal of Pharmacology*, 410, 205–214.

Evenden, J. L. (1999). Varieties of impulsivity. *Psychopharmacology* (Berl), 146, 348–361.

Everitt, B. J., & Robbins, T. W. (2005). Neural systems of reinforcement for drug addiction: From actions to habits to compulsion. *Nature Neuroscience*, 8, 1481–1489.

Fernández-Serrano, M. J., Perales, J. C., Moreno-López, L., Pérez-García, M., & Verdejo-García, A. (2012). Neuropsychological profiling of impulsivity and compulsivity in cocaine dependent individuals. *Psychopharmacology*, 219, 673–683.

Fineberg, N. A., Potenza, M. N., Chamberlain, S. R., Berlin, H. A., Menzies, L., Bechara, A., et al. (2010). Probing compulsive and impulsive behaviors, from animal models to endophenotypes: A narrative review. *Neuropsychopharmacology*, 35, 591–604.

Fontenelle, L. F., Oostermeijer, S., Harrison, B. J., Pantelis, C., & Yücel, M. (2011). Obsessivecompulsive disorder, impulse control disorders and drug addiction: Common features and potential treatments. *Drugs*, 71, 827–840.

Grant, J. E. (2003a). Family history and psychiatric comorbidity in persons with kleptomania. *Comprehensive Psychiatry*, 44, 437–441.

Grant, J. E. (2003b). Three cases of compulsive buying treated with naltrexone. International *Journal of Psychiatry in Clinical Practice*, 7, 223–225.

Grant, J. E. (2006). Understanding and treating kleptomania: New models and new treatments. *Israel Journal of Psychiatry and Related Sciences*, 43, 81–87.

Grant, J. E., Brewer, J. A., & Potenza, M. N. (2006). The neurobiology of substance and behavioral addictions. *CNS Spectrums*, 11, 924–930.

Grant, J. E., Desai, R. A., & Potenza, M. N. (2009). Relationship of nicotine dependence, subsyndromal and pathological gambling, and other psychiatric disorders: Data from the National Epidemiologic Survey on Alcohol and Related Conditions. *Journal of Clinical Psychiatry*, 70, 334–343.

Grant, J. E., & Kim, S. W. (2002). Clinical characteristics and associated psychopathology in 22 patients with kleptomania. *Comprehensive Psychiatry*, 43, 378–384.

Grant, J. E., Levine, L., Kim, D., & Potenza, M. N. (2005). Impulse control disorders in adult psychiatric inpatients. *American Journal of Psychiatry*, 162, 2184–2188.

Grant, J. E., & Potenza, M. N. (2004). Impulse control disorders: Clinical characteristics and pharmacological management. *Annals of Clinical Psychiatry*, 16, 27–34.

Grant, J. E., & Potenza, M. N. (2006). Compulsive aspects of impulse-control disorders. *The Psychiatric Clinics of North America*, 29, 539–549.

Hoeft, F., Watson, C. L., Kesler, S. R., Bettinger, K. E., & Reiss, A. L. (2008). Gender differences in the mesocorticolimbic system during computer game-play. *Journal of Psychiatric Research*, 42, 253–258.

Holden, C. (2001). Behavioral addictions: Do they exist? *Science*, 294, 980–982.

Hollander, E. (1993). Obsessive-compulsive spectrum disorders: An overview. *Psychiatric Annals*, 23, 355–358.

Hollinger, R. C., & Davis, J. L. (2003). *National retail security survey final report.* Gainesville, FL: Security Research Project.

Jentsch, J. D., & Taylor, J. R. (1999). Impulsivity resulting from frontostriatal dysfunction in drug abuse: Implications for the control of behavior by reward-related stimuli. *Psychopharmacology*, 146, 373–390.

Johnson, B. A., Rosenthal, N., Capece, J. A., Wiegand, F., Mao, L., Beyers, K., et al. (2007). Topiramate for treating alcohol dependence. *Journal of the American Medical Association*, 298, 1641–1651.

Johnson, B. A., Swift, R. M., Addolorato, G., Ciraulo, D. A., & Myrick, H. (2005). Safety and efficacy of GABAergic medications for treating alcoholism. *Alcoholism: Clinical and Experimental Research*, 29, 248–254.

Kalivas, P. W., & O'Brien, C. (2008). Drug addictions as a pathology of staged neuroplasticity. *Neuropsychopharmacology*, 33, 166–180.

Kampman, K. M., Pettinati, H., Lynch, K. G., Dackis, C., Sparkman, T., Weigley, C., et al. (2004). A pilot trial of topiramate for the treatment of cocaine dependence. *Drug and Alcohol Dependence*, 75, 233–240.

Karim, R., & Chaudri, P. (2012). Behavioral addictions: An overview. *Journal of Psychoactive Drugs*, 44, 5–17.

Kassel, J. D., Veilleux, J. C., Wardle, M. C., Yates, M. C., Greenstein, J. E., Evatt, D. P., et al. (2007). Negative affect and addiction. In M. Al'Absi (Ed.), *Stress and addiction: Biological and psychological mechanisms* (pp. 171-189). Burlington, MA: Academic Press.

Kessler, R. C., Berglund, P., Demler, O., Jin, R., Merikangas, K. R., & Walters, E. E. (2005). Lifetime prevalence and age-of-onset distributions of DSM-IV disorders in the National Comorbidity Survey Replication. *Archives of General Psychiatry*, 62, 593-602.

Khantzian, E. J. (1997). The self-medication hypothesis of substance use disorders: A reconsideration and recent applications. *Harvard Review of Psychiatry*, 4, 231-244.

Kim, S. W., Grant, J. E., Adson, D. E., & Shin, Y. C. (2001). Double-blind naltrexone and placebo comparison study in the treatment of pathological gambling. *Biological Psychiatry*, 49, 914-921.

Knutson, B., Rick, S., Wimmer, G. E., Prelec, D., & Loewenstein, G. (2007). Neural predictors of purchases. *Neuron*, 53, 147-156.

Koob, G. F., & Volkow, N. D. (2010). Neurocircuitry of addiction. *Neuropsychopharmacology*, 35, 217-238.

Leeman, R. F., & Potenza, M. N. (2012). Similarities and differences between pathological gambling and substance use disorders: A focus on impulsivity and compulsivity. *Psychopharmacology (Berl)*, 219, 469-490.

Lejoyeux, M., Arbaretaz, M., McLaughlin, M., & Ades, J. (2002). Impulse control disorders and depression. *Journal of Nervous and Mental Disease*, 190, 310-314.

Lejoyeux, M., Feuche, N., Loi, S., Solomon, J., & Ades, J. (1999). Study of impulse-control disorders among alcohol-dependent patients. *Journal of Clinical Psychiatry*, 60, 302-305.

Marks, I. (1990). Behavioural (non-chemical) addictions. *British Journal of Addiction*, 85, 1389-1394.

McElroy, S. L., Pope, H. G., Hudson, J. I., Keck, P. E., & White, K. L. (1991). Kleptomania: A report of 20 cases. *American Journal of Psychiatry*, 148, 652-657.

Mitchell, J. E., Burgard, M., Faber, R., Crosby, R. D., & de Zwaan, M. (2006). Cognitive behavioral therapy for compulsive buying disorder. *Behaviour Research and Therapy*, 44, 1859-1865.

Nestler, E. J., & Aghajanian, G. K. (1997). Molecular and cellular basis of addiction. *Science*, 278, 58-63.

Patterson, M., & Newman, J. P. (1993). Reflectivity and learning from aversive events: Toward a psychological mechanism for the syndromes of disinhibition. *Psychological Review*, 100, 716-736.

Petry, N. M., Ammerman, Y., Bohl, J., Doersch, A., Gay, H., Kadden, R., et al. (2006). Cognitive-behavioral therapy for pathological gamblers. *Journal of Consulting and Clinical Psychology*, 74, 555-567.

Petry, N. M., Blanco, C., Auriacombe, M., Borges, G., Bucholz, K., & Crowley, T. J. (2013). An overview of and rationale for changes proposed for pathological gambling in DSM-5. *Journal of Gambling Studies*, [Epub ahead of print].

Potenza, M. N. (2006). Should addictive disorders include non-substance-related conditions? *Addiction*, 101, 142-151.

Presta, S., Marazziti, D., Dell'Osso, L., Pfanner, C., Pallanti, S., & Cassano, G. B. (2002). Kleptomania: Clinical features and comorbidity in an Italian sample. *Comprehensive Psychiatry*,

43, 7-12.

Robbins, T. W., Curran, H. V., & de Wit, H. (2012). Special issue on impulsivity and compulsivity. *Psychopharmacology*, 219, 251-252.

Robbins, T. W., Gillan, C. M., Smith, D. G., de Wit, S., & Ersche, K. D. (2011). Neurocognitive endophenotypes of impulsivity and compulsivity: Towards dimensional psychiatry. *Trends in Cognitive Sciences*, 16, 81-91.

Roncero, C., Rodriguez-Urrutia, A., Grau-Lopez, L., & Casas, M. (2009). Antiepileptic drugs in the control of the impulses disorders. *Actas Españolas de Psiquiatría*, 37, 205-212.

Schlosser, S., Black, D. W., Repertinger, S., & Freet, D. (1994). Compulsive buying: Demography, phenomenology, and comorbidity in 46 subjects. *General Hospital Psychiatry*, 16, 205–212.

Skodol, A. E., & Oldham, J. M. (1996). Phenomenology, differential diagnosis, and comorbidity of the obsessive–compulsive spectrum disorders. In J. M. Oldham & J. M. Ehaes (Eds.), *Impulsivity and compulsivity* (pp. 1–36). Washington, DC: American Psychiatric Press.

Specker, S. M., Carlson, G. A., Christenson, G. A., & Marcotte, M. (1995). Impulse control disorders and attention deficit disorder in pathological gamblers. *Annals of Clinical Psychiatry*, 7, 175–179.

Stein, D. J. (2000). Neurobiology of the obsessive-compulsive spectrum disorders. *Biological Psychiatry*, 47, 296–304.

Stein, D. J., Hollander, E., Simeon, D., & Cohen, L. (1994). Impulsivity scores in patients with obsessive-compulsive disorder. *Journal of Nervous and Mental Disease*, 182, 240–241.

Stein, D. J., & Hollander, E. (1995). Obsessive-compulsive spectrum disorders. *Journal of Clinical Psychiatry*, 56, 265–266.

Stein, D. J., & Lochner, C. (2006). Obsessive-compulsive spectrum disorders: A multidimensional approach. *Psychiatric Clinics of North America*, 29, 343–351.

Teng, E. J., Woods, D. W., & Twohig, M. P. (2006). Habit reversal as a treatment for chronic skin picking: A pilot investigation. *Behavior Modification*, 30, 411–422.

Talih, F. R. (2011). Kleptomania and potential exacerbating factors: A review and case report. *Innovations in Clinical Neuroscience*, 8, 35–39.

Toneatto, T., & Dragonetti, R. (2008). Effectiveness of community-based treatment for problem gambling: A quasi-experimental evaluation of cognitive-behavioral vs. twelve-step therapy. *American Journal on Addictions*, 17, 298–303.

Verdejo-García, A., Lawrence, A. J., & Clark, L. (2008). Impulsivity as a vulnerability marker for substance-use disorders: Review of findings from high-risk research, problem gamblers and genetic association studies. *Neuroscience & Biobehavioral Reviews*, 32, 777–810.

Volkow, N. D., & Fowler, J. S. (2000). Addiction, a disease of compulsion and drive: Involvement of the orbitofrontal cortex. *Cerebral Cortex*, 10, 318–325.

Volkow, N. D., Wang, G. J., Fowler, J. S., Tomasi, D., & Baler, R. (2012). Food and drug reward: Overlapping circuits in human obesity and addiction. In J. W. Dalley & C. S. Carter (Eds.), *Brain imaging in behavioral neuroscience* (pp. 1–24). Berlin, Heidelberg: Springer.

Wang, G. J., Volkow, N. D., Telang, F., Jayne, M., Ma, J., Rao, M., et al. (2004). Exposure to appetitive food stimuli markedly activates the human brain. *Neuroimage*, 21, 1790–1797.

Wills, T. A., & Shiffman, S. (1985). *Coping and substance use.* New York, NY: Academic Press.
Yi, S. (2013). Heterogeneity of compulsive buyers based on impulsivity and compulsivity dimensions: A latent profile analytic approach. *Psychiatry Research*, 208, 174–182.

CHAPTER 3 도박 장애의 진단과 치료

Jon E. Grant, Brian L. Odlaug

1. 서론

도박은 미국 카지노에서 연간 총 340억 달러 이상의 이익을 내는 수익 산업이다(American Gaming Association, 2012). 도박을 하는 사람들 중 대다수는 기분전환으로 도박을 하기 때문에 재정적인 손실이나 행동 조절의 어려움 같은 문제를 겪지 않는다. 전 세계적으로 0.4~5.3%에 해당하는 사람들만이 기능의 손상, 삶의 질 하락, 높은 파산율 및 이혼율과 같은 부적응적 도박 행동으로 발전한다(National Opinion Research Center, 1999; Petry, 2005; Shaffer, Hall, & Vander Bilt, 1999). 이러한 형태의 도박 행동은 미국정신의학회(American Psychiatric Association)의 *정신 장애의 진단 및 통계 편람 제5판*에서 도박 장애(Gambling Disorder)로 분류된다(APA, 2013). 이에 따라 도박 장애 치료에 대한 효과성이 확인된 여러 가지 치료적 개입이 개발되어 왔다(Stea & Hodgins, 2011).

Emil Kraepelin(1856~1926)과 Eugen Bleuler(1857~1939)에 의해 알려지게 되었지만, 장애가 있는 도박 행동은 *DSM-III*에서 처음으로 병리적 도박으로 공식 인정되었다(Black & Grant, 2013). 이러한 양상은 최근까지도 충분한 경험적 검증이 이루어지지 않았기 때문에 병적 도벽, 방화벽, 발모광과 같은 장애와 함께 '달리 분류되지 않은 충동 조절 장애'의 하나로 범주화되어 있었다. 이 장애는 *DSM-5*에서 물질 사용 장애에 해당하는 한 장에 포함되어 있는데, 왜냐하면 동반이환율이 높고 몇몇 증상들이 유사하게 발현되며, 유전적 및 생리적 요소의 중복률이 높기 때문이다.

전 세계적 도박 장애의 유병률은 국가차원 조사(National Survery)에 기반을 두고 있다. 과거 도박 장애 유병률을 보면 노르웨이가 0.2%, 홍콩 5.3%, 미국이 약 0.4~3%

에 달한다(Hodgins, Shea, & Grant, 2011). 유병률의 차이는 도박 기회에 대한 접근성과 가능성뿐 아니라 선별 도구의 차이, 시기의 차이, 실행 형식, 응답률과 같은 설문조사 방법의 영향 때문일 가능성이 있다(Hodgins et al., 2011).

2. 임상적 특징

도박 장애는 주로 청소년기 혹은 성인 초기에 발병하며, 남성의 경우 어린 나이에 시작하는 경향이 있다(Ibáñez, Blanco, & Sáiz-Ruiz, 2002; Shaffer, Hall, & Vander Bilt, 1999). 비록 남성이 상대적으로 이른 나이에 시작하고 도박 장애에서 더 높은 발병률을 보이지만, 여성의 경우 도박 장애의 32%를 차지하며 병리적 상태로 발전되는 속도가 남성보다 빠르다(Grant, Odlaug, & Mooney, 2012).

도박 장애는 사회적 · 직업적 기능의 심각한 손상과 관련이 있다(Soberay, Faragher, Barbash, Brookover, & Grimsley, 2013). 많은 사람들이 가정과 일에 대한 집중력을 저하시키는(Grant & Kim, 2001) 침투적 사고와 도박에 대한 충동, 결근이나 낮은 수행능력 등 일과 관련된 문제들을 보고한다(National Opinion Research Center, 1999). 게다가 고혈압, 비만, 불면증과 같은 건강문제의 비율이 높을 뿐 아니라(Black, Shaw, McCormick, & Allen, 2012; Germain et al., 2011; Parhami, Siani, Rosenthal, & Fong, 2012), 부부 문제, 친밀감 저하, 가정 내에서의 신뢰감 저하(Grant & Kim, 2001) 등과 같은 문제와도 관련이 깊다. 도박 장애 치료를 받기 위해 찾아온 사람들은 대부분 파산, 신용카드 채무 불이행, 압류, 은행 대출금 연체와 같은 재정적인 문제들을 겪고 있다(Grant, Schreiber, Odlaug, & Kim, 2010; Ledgerwood, Weinstock, Morasco, & Petry, 2007).

도박 장애에서 정신의학적 질환의 동반이환은 예외가 아닌 일반적 현상이며(Chou & Afifi, 2011) 이런 동반이환은 동시에 또는 일정 시간 간격을 두고 치료되어야 한다. 도박 장애는 니코틴 의존과 같은 물질 사용 장애, 불안 장애, 우울증과 함께 일어나는 비율이 높다(Erbas & Buchner, 2012; Lorains, Cowlishaw, & Thomas, 2011). 연구 결과에 따르면, 도박 장애는 높은 비율의 자살 관념이나 자살 시도와도 관련이 있다(Ledgerwood & Petry, 2004; Wong, Chan, Conwell, Conner, & Yip, 2010). 일반적으로 이러한 동반이환에 대한 연구들은 보통 동반이환 장애의 원인이 도박 장애의 부차적 결과인지, 도박의 촉발 원인인지, 또는 이와 독립된 문제인지에 대해서는 밝히지 않고 있다.

임상가는 자살 관념에 대해 확인해 보고, 필요한 경우 도박 장애를 치료하기 전에 이를 먼저 다뤄야 한다. 약물이나 알코올 사용은 의사결정에 부정적 영향을 미칠 수 있고, 종종 충동성을 악화시키며 도박 치료에 순응하지 못하게 만든다. 우울증이나 양극성 장애가 동시에 나타나는 경우, 우울 증상이나 조증 증상이 도박 치료를 방해할 수도 있다(예를 들어, 약속에 나오지 않거나, 숙제를 하지 않는 것 등). 따라서 임상가는 치료 기간뿐만 아니라 초기 평가 때에도 환자의 기분과 물질 사용에 대해 평가해야 한다. 기분 장애와 물질 사용은 입원, 의학적 개입, 해독, 거주 치료 등의 방법을 통해 다뤄져

사례 일화

마이클

Case Vignette

마이클은 35세의 유부남이고 회계사이다. 정신과 병력은 길지 않지만 20대에 알코올을 남용했었음을 인식하고 있고 지난 5년 동안은 금주했다고 보고했다. 그는 자신의 아버지가 "혼자서 스스로 아무것도 하지 않는 알코올 중독자"였다고 말했다. 최근 마이클은 직장에서의 책임과 스트레스가 증가하고 있다는 것을 느꼈다. 몇 년 전, 직장에서 스트레스를 많이 받을 때에는 맥주 한두 잔을 마셔서 긴장을 풀었다. 현재는 단주한 상태로, 퇴근 후 스트레스 해소를 위해 운동을 한다. 그러나 최근 그는 아내가 아이를 낳고 난 뒤부터 운동할 시간이 없어졌다고 했다. 특히 스트레스가 많은 주간을 보내고 최근 더해진 재정적 책임감을 느낀 뒤, 광고판의 카지노 광고를 보고 근처에 있는 카지노에 가기로 결정했다. 슬롯 앞에 앉아서 한 시간 만에 225달러를 딴 그는 집에 가서 스트레스로부터 해방된 행복한 자신의 모습을 발견했다. 그 다음 주 마이클은 다시 도박을 떠올리며 금요일에 또 도박을 하러 카지노에 가기로 결심했다. 그러나 이번에는 150달러를 잃었고, 단순히 "운이 없었다"고 느꼈다. 그는 의사와의 약속이 있다는 거짓말로 일찍 퇴근해서 주중에 다시 카지노로 갔다. 5시간을 카지노에서 보냈으며 400달러를 잃었지만, 결국에는 돈을 따서 이 돈을 갚게 될 것이라고 생각했다. 그의 도박 행동은 일주일에 평균 3회를 넘어섰고, 2년 동안 빚은 계속해서 쌓여갔다. 그의 아내는 마이클이 늦은 밤까지 밖에서 돌아오지 않고 은행계좌에서 이유를 알 수 없는 금액이 인출되는 것, 신용카드 현금 지급이 점점 많아지는 것 때문에 남편이 바람을 피우고 있다고 의심을 했고, 이 때문에 밤늦게까지 부부싸움을 하게 되었다. 더욱 돈이 절박해진 마이클은 도박에 투자할 자금을 마련하기 위해 회사 돈까지 횡령하지만, 자신이 잃은 돈을 되찾아 회사에 돌려줄 생각이었다고 말한다. 그는 이제 도박에 대한 충동을 조절할 수 없으며, 돈을 잃고 집으로 돌아갈 때 자살에 대한 생각을 자주 한다고 한다. 이것이 마이클이 도움을 요청하기 위해 병원에 찾아온 경위이다.

야 할 수도 있다. 이와 같이 도박 장애가 신체적 고통과 관련된 동반이환율이 높다는 점을 고려했을 때, 임상가는 내담자가 의료 서비스를 통해 만성적 건강상태에 대한 검사를 받아 보도록 권장해야 한다.

3. 임상평가

도박 장애는 전에는 "달리 분류되지 않는 충동 조절 장애"에 속했지만, 최근 *DSM-5*에서는 물질 사용 장애와 함께 재편성되었다. 주요 연구들에 의하면 도박 장애를 겪는 사람들 중 극히 일부만이 정식 치료를 찾는다. 도박 장애가 중독으로 분류되었기 때문에 이 장애에 대한 인식이 개선될 것이고, 특히 도박 문제에 대한 높은 위험성을 가진 물질 남용자들을 위한 치료의 요구가 높아질 것이다.

기존에는 병리적 도박이라 불렸지만, *병리적*이라는 단어 때문에 발생하는 낙인을 줄이기 위해 도박 장애로 바뀌었다. 게다가 진단에서 요구되는 핵심 증상의 수가 10개 중 5개에서 9개 중 4개로 줄었다(이전에 포함되었던 불법 행동에 대한 항목이 삭제됨). 미국정신의학회(American Psychiatric Association, 2013)에 의해 출판된 *DSM-5*에 의하면, 다음의 9가지 증상 중 4가지에 해당하는 경우에 도박 장애로 진단된다.

1. 도박에 집착한다.
2. 돈의 액수가 점점 커진다(내성).
3. 도박 행동을 조절하거나 줄이거나 중지하려고 노력했다.
4. 도박을 할 수 없을 때 안절부절못하거나 신경과민이 된다.
5. 기분전환을 위해 도박을 한다.
6. 돈을 잃고 나서 이를 만회하기 위해 다시 도박을 한다("손실 뒤쫓기").
7. 도박 행동에 대해 타인에게 거짓말을 했다.
8. 도박 때문에 중요한 관계나 기회를 상실했다.
9. 도박 때문에 발생한 경제적 스트레스 요인을 다른 사람이 해결해야 했다.

도박 장애의 가능성이 있는 사람을 평가할 때에는 조증이 있을 때에 도박을 하는 것이나 물질의 영향하에 있을 때에 과도하게 도박을 한 것과 같이 잠재적으로 도박에 기여하거나 또는 도박을 야기했을 수 있는 모든 정신건강상 문제들을 먼저 확인해야 한다. 동반 이환일 경우, 임상가는 이를 동시에 다룰 것인지, 아니면 시간을 두고 다룰 것인지 결정해야 한다. 평가를 할 때에는 도박의 정도, 삶에 미치는 문제의 파급효과(재정, 사회, 심리, 가족), 변화에 대한 준비도, 도박을 조절하는 정도에 대해 상세히 이해해야 한다.

4. 선별/진단 도구

임상가가 진행하는 도구뿐 아니라 자기보고식으로 진행되는 타당성이 입증된 여러 도구들이 도박 장애의 진단에 사용된다(표 3.1). 도구를 선택할 때에는 환자가 사용하기 쉽고, 임상가가 해당 진단 도구로부터 얻을 수 있는 정보에 기초하여 선택한다(진단 및 선별 도구에 대해서는 Stinchfield, Govoni, & Frisch, 2007 참고). 표 3.1에서 평가 도구를 간략히 설명하고 있다.

도박 중독을 진단하는 도구들이 *DSM-IV*의 병리학적 도박의 기준을 바탕으로 하고 또 이에 의해 타당성이 확인되었다고 하더라도 이 도구들은 최근의 진단적 목적에 부합할 수 있도록 수정을 거쳐야 할 것이다. 예를 들어, 표에 실린 진단적 인터뷰들은 *DSM-IV*를 기반으로 하기 때문에 임상전문가는 *DSM-5*의 도박 중독(gambling disorder)으로 환자를 적절히 진단하기 위해 요구되는 준거들의 총 수에서 불법 행위와 관련한 질문들을 제외시켜야 할 것이다. Michael의 사례에서 볼 수 있듯이, 절도와 같은 불법행위들은 초기 진단 평가 과정에서 참고해야 할 중요한 요소이지만 *DSM-5*의 진단 기준에 속하지는 않는다. 또한 자기보고식 측정 도구는 개별 면접 평가로 확인되어야 하는데, 이는 알코올 및 약물 사용의 상황이나 경조증이나 조증 삽화 동안에만 나타나는 도박 행동들을 제외시키도록 하기 위해서이다.

5. 치료 선택

연구에 따르면, 도박 장애와 관련된 막대한 개인적 손실에도 불구하고 도박 장애를 겪는 사람들 중 적은 수만이 정식 치료를 받는 것으로 밝혀졌다(Slutske et al., 2009;

〈표 3.1〉
병리학적 도박의 선별 및 진단 도구

출처	도구	요약
자기보고식		
Lesieur & Blume (1987)	*South Oaks Gambling Screen(SOGS)*	일생의 도박활동에 관한 20개의 항목으로 이루어진 자기선별도구로, 총 5점 이상일 때 병리학적 도박의 가능성을 나타내는 것으로 본다(최신판에서는 최근 3개월의 활동에 대하여 선별한다).
Toneatto(2008)	*Gamblers Anonymous 20 questions(GA-20)*	7점 이상은 문제성 도박 중독자로 간주된다.
Shaffer, LaBrie, Scanlan, & Cummings (1994)	*Massachusetts Gambling Screen(MAGS)*	총 14개 항목(이 중 7개만 채점)으로 구성된 자기선별보고서로, 청소년과 성인의 도박문제의 가중치를 적용한 점수를 활용하여 3단계로 구분한다(문제없음, 문제성으로 이행하는 상태, 병리학적 도박 중독자).
Johnson et al. (1988)	*Lie/Bet Questionnaire*	총 2개 항목의 자기선별 형식: (1) 당신에게 의미 있는 사람에게 자신의 도박액수에 대해 거짓말을 한 적이 있습니까? (2) 도박판돈을 더 올려야겠다고 생각한 적이 있습니까?
Sullivan(1999)	*Early Intervention Gambling Health Test (EIGHT)*	일반 의사들을 위하여 개발된 선별도구로, 4점 이상이면 도박문제 가능성이 있는 것으로 본다.
임상가용		
Grant, Steinberg, Kim, Rounsaville, & Potenza(2004)	*Structured Clinical Interview for Pathological Gambling*	*DSM-IV*에 기반을 둔 진단면담으로, 10가지 포함 기준과 "조증 삽화에 의해서 더 잘 설명될 수 없는" 배제 기준을 모두 평가한다.
Winters, Specker, & Stinchfield (2002)	*Diagnostic Interview for Gambling Schedule*	구조화된 면담으로 일생과 과거 1년에 대한 20개의 진단증상 항목과, 도박문제 관련 치료경험, 처음으로 도박을 시작한 나이, 가족과 사회적인 기능의 정도를 포함한다.
National Opinion Research Center	*National Opinion Research Center DSM-IV Screen for Gambling Problems*	*DSM-IV*의 진단 기준을 기반으로 둔 17개 문항의 면담방법. 저위험 도박 중독자, 위험 도박 중독자, 문제성 도박 중독자, 병리학적 도박자로 분류한다.

Suurvali, Hodgins, Toneatto, & Cunningham, 2011). Suurvali와 동료들(2008)에 따르면, 실제로 문제성 도박 중독자들의 단 6%만 정식 치료를 받는 것으로 알려졌다. 스스로 문제를 해결하려고 하는 바람이나, 치료에 대한 지식이 부족한 점, 수치심과 같은 것들이 낮은 치료율에 기여하는 것으로 나타났다(Suurvali, Cordingley, Hodgins, & Cunningham, 2009).

비록 문제성 도박에서 자연스럽게 회복되는 경우가 약 35%라고 추정되지만(Slutske, 2006), 대부분의 도박자들은 시간이 지남에 따라 증상의 심각성이 격변하면서 만성의 과정을 겪는 것으로 보고한다(Petry, 2005). 그러므로 도박 장애가 있는 사람들의 대다수가 이런 문제를 스스로 극복하는 것은 어려운 일이며, 이는 근거중심 치료의 필요성을 나타낸다. 다행스럽게도 도박 장애를 가진 사람들에게 효과가 있는 여러 치료들이 연구를 통해 뒷받침되고 있다.

최근의 도박 장애 치료에는 입원치료, 집중 통원치료, 개인 또는 집단 인지행동 치료, 약물 치료와 같은 여러 선택사항들이 있다. 하지만 모든 치료가 동일하게 설득력 있는 근거로 뒷받침되는 것은 아니다(Hodgins, Stea, & Grant, 2011; Pallesen, Mitsem, Kvale, Johnsen, & Molde, 2005; Odlaug, Stinchfield, Golberstein, & Grant, 2012). 도박 장애와 관련된 주거 프로그램의 활용을 지지하는 증거들은 아직 없다. 이러한 치료 선택은 도박 장애와 물질 사용 장애가 동시에 나타나 해독이 필요한 경우에 유용할 수 있다. 대신에 이런 증거들은 도박 장애의 통원 치료를 뒷받침한다. 아직까지는 도박 장애 치료에 대한 합의된 돌봄의 기준은 없지만, 가장 많이 연구된 치료방법은 인지행동 치료(CBT)의 형태 혹은 아편계 길항제를 사용하는 것이다.

6. 심리 치료

도박 장애와 관련하여 인지행동 치료(CBT), 단서 노출(Cue Exposure), 동기강화 상담(MI), 가족 치료 등 다양한 심리사회 치료법들이 검토되었다. 아마도 가장 많이 연구된 방법은 인지 및 행동적 접근법의 유형들이다. 인지 전략들은 전형적으로 인지 재구조화, 심리교육, 도박 충동에 대한 이해, 비합리적인 사고를 인식하는 연습 등을 말한다. 행동적 접근방법은 도박을 촉발하는 요인들을 확인하는 것뿐 아니라 도박 행동의 강화 요인과 경쟁할 수 있는 대안 행동을 개발하는 것에 초점을 맞춘다.

1) 인지/인지행동 치료

도박 장애의 인지 재구조화의 효과성에 관한 통제 실험들이 이루어졌다. 한 연구(n = 40)에서는 각 피험자에게 인지 치료와 재발방지 전략을 결합한 방법을 적용하였다(Sylvain, Ladouceur, & Boisvert, 1997). 12개월의 시점에서 치료 집단은 도박 빈도수에서 뚜렷한 감소를 보였고 도박 행동에 대해 스스로 인식하는 통제력이 증가했다. 같은 인지 치료 기법을 재발방지 전략과 결합하여 88명의 병적 도박 중독자들로 구성된 3개월의 대기자 통제 집단과 비교했다. 치료 집단은 3개월의 시점에서 증상이 개선됨을 경험하였고, 이 효과는 12개월 시점의 추적검사에서도 지속되었다(Ladouceur et al., 2001). 집단에 대해 수정된 인지 치료의 유형(매주 2시간씩)도 도박 장애를 가진 71명을 대기자 통제 집단과 비교하여 실험하였다(Ladouceur et al., 2003). 치료 10회기 후, 대기자 집단에서는 20%만이 변화를 보였지만, 인지행동 치료 집단은 88%가 더 이상 병리학적 도박 중독의 진단 기준에 충족되지 않았다. 24개월 후 추적검사에서도 CBT 치료 집단의 68%는 여전히 진단 기준에 해당되지 않았다. 비록 개인과 집단의 인지 치료 모두에서 도박 장애에 대한 치료의 가능성을 보였지만, 이 연구들에서 치료의 중단율은 최대 47%로 높았다.

가장 일반적이고 엄격하게 설계된 실험에서 혼합 인지행동 치료 모델을 평가했다. 슬롯머신을 하는 도박자들을 대상으로 이루어진 CBT 무작위 실험에서는 피험자를 다음의 네 집단 중 한 곳에 배정했다. (1) 반응 방지를 사용하는 개별 자극 조절 및 실제 노출법; (2) 인지 재구조화 집단; (3) (1)과 (2)의 결합; 또는 (4) 대기자 집단(치료가 이루어지지 않은 대조군)이다(Echeburúa, Baez, & Fernández-Montalvo, 1996). 12개월의 추적검사 시, 도박을 절제하거나 최소한의 도박만 하는 비율이 개인 치료에서 69%로 나타났기 때문에 인지 재구조화(38%)와 결합 치료(38%)보다 높았다. 같은 연구자들이 6주의 개인 치료 프로그램을 완료한 대상자들에 대한 개인 및 집단 재발방지 프로그램을 평가했다. 후속치료를 받지 않은 참여자들 중 52%가 재발하지 않은 것에 비해, 12개월의 시점에서 개인 재발방지 프로그램을 받은 대상자들의 86%와 집단 재발방지 프로그램을 받은 대상자들의 78%가 재발하지 않았다(Echeburúa, Fernández-Montalvo, & Baez, 2001).

Milton과 그의 동료들(2002)은 CBT와 매뉴얼화된 개인 치료 8회기를 받은 40명의 대상자들에게서 치료 순응도를 개선시키기 위해 고안된 개입법이 결합된 CBT를 비교했다. 이 개입에는 정적 강화, 변화의 장애물 확인하기, 문제해결 기술 적용하기가 포함되었다. CBT만을 받은 집단은 35%만이 치료를 완료한 데에 반해, CBT와 동기강화 적 개입이 결합된 치료를 받은 집단은 65%가 치료를 완료했다. 9개월의 추적검사 시, 치료들의 결과에는 차이가 없었다(Milton, Crino, Hunt, & Prosser, 2002).

Melville과 그의 동료들(2004)은 결과를 개선시키기 위해 세 가지 주제(불규칙성에 대한 이해, 문제해결, 재발방지)를 목표로 하는 시스템을 사용하는 두 연구를 보고했다.

첫 번째 연구에서 13명의 피실험자들은 8주 동안 진행되는 인지행동 치료 집단, 문제집중 치료를 병행하는 인지행동 치료 집단, 대기자 집단들 중의 한 곳에 배정되었다. 두 번째 실험에서 19명의 피실험자들은 8주 동안 진행되는 문제집중 치료 집단 혹은 대기자 명단에 배정되었다. 문제 표적화 CBT 집단에 있던 대상자들의 경우, 치료 이후에 그리고 6개월 후 추적검사 시점에서 유의미한 개선이 유지되었다(Melville, Davis, Matzenbacher, & Clayborne, 2004).

또 다른 연구는 8회기로 구성된 매뉴얼화된 형태의 CBT로, 231명의 피실험자들을 매주 1회 진행되는 개인 상담사와의 치료, 워크북 형태의 치료, 또는 단도박 모임(Gamblers Anonymous)에 무작위 할당하였다(Petry et al., 2006). 비록 모든 집단에서 도박 행동이 줄었지만, 개인 치료 또는 자조 워크북에 배정된 대상자들이 단도박 모임에 의뢰된 대상자들에 비해 더 큰 효과를 보였다(Petry et al., 2006).

치료의 양가감정을 해결하고 유지율을 개선시키기 위해 도박과 관련된 CBT를 동기강화 상담 기법과 결합하는 방법인 인지동기행동 치료(CMBT)의 예비연구를 진행했다. 9명의 대상자들이 매뉴얼화된 치료를 받았으며, 이 집단을 일반적인 치료(TAU)를 받은 12명의 통제 집단과 비교했다. TAU 집단에서는 8명의 피실험자들(66.7%)만이 치료를 완료했지만, CMBT 집단에서는 9명의 모든 피실험자들(100%)이 치료를 완료했다(Wulfert, Blanchard, Freidenberg, & Martell, 2006).

14명의 피실험자들로 구성된 단기 집단 CBT 연구에서 대기자 통제 집단의 42.9%가 향상된 것에 비해, 치료 집단의 85.7%가 치료 후 도박 증상들에서 유의미한 치료 효과를 경험했다는 것을 발견하였다(Myrseth, Litlerè, Støylen, & Pallesen, 2009). 하지만 또 다른 종속변수인 '지난 한 주 동안 도박에 소비한 금액' 항목에서는 CBT 집단과 대기자 통제 집단 모두에서 28.6%의 개선을 경험하였기 때문에 집단 간의 유의미한 차이는 없었다.

비록 통제 연구는 아니지만, 최근의 한 연구에서 471명의 도박자들을 대상으로 8주간의 인터넷 기반 CBT 프로그램을 실험했다. 치료 프로그램 후에, 도박과 관련된 문제, 도박에 대한 욕구, 도박에 대한 손상된 통제력, 도박과 관련된 인지적 오류에서 유의미한 변화가 있었다(Castrén et al., 2013).

이러한 연구 결과들이 희망적 결과를 보였음에도 불구하고, 도박 장애의 치료에서는 어느 정도의 위약 효과(플라시보)가 분명히 있음을 보여준다. 이러한 효과는 연구들의 단기적 결과가 장기적 결과에 비해 더 양호해 보이는지에 대한 이유를 설명해준다. 최근 Cochrane의 보고서(Cowlishaw et al., 2012)에서는 총 14건의 연구(n = 1245)들을 비교했는데, 이들 중 11건의 연구는 CBT를 대기자 명단과 단도박 모임 의뢰와 비교했다. CBT는 치료 후 0~3개월의 시점에서, 보통에서 높은 정도의 치료 효과성을 나타냈다. 그렇지만 CBT의 장기적(즉, 9~12개월의 추적 검사) 이점에 대한 연구에서는 더 이상 의미가 없을 정도로 효과성이 미비했다. 이 보고서는 CBT가 치료 직후 도박 행동을 감소시키는 것에는 효과성이 있지만, 치료에 따른 개선의 지속성에 대해서는 알 수 없다고 결론지었다.

2) 단서노출 기법

고전적 조건형성을 기반으로 한 단서노출 기법은 타당성이 입증된 CBT의 한 유형으로, 공포와 관련된 문제의 치료에 사용되었고(Foa & Kozak, 1986), 결과가 없는 조건화된 자극에 반복적으로 노출되어 학습된 반응을 소거시키는 것이 목표이다.

관련된 자극에 대한 단서 반응성이 특히 부정적 감정이 나타나는 상황에서 중독의 재발에 중요한 요인이 된다는 증거가 있다(Cooney, Litt, Morse, Bauer, & Gaupp, 1997). 도박 장애와 관련된 단서노출 연구들(Kushner et al., 2007; McConaghy, Blaszczynski, & Frankova, 1991)은 지금까지 긍정적인 결과들을 보고했지만, 이는 단지 소수의 무작위 통제 실험의 결과에 불과하다.

첫 무작위 연구는 전통적인 혐오감 치료와 심상적 둔감화(즉, 대상자들은 이완에 대해 배우고 난 뒤, 도박에 대한 촉발 요인들을 경험하고 저항하는 것을 상상하도록 지시받았다)를 비교하였다(McConaghy, Armstrong, Blaszczynski, & Allcock, 1983). 두 치료는 모두 긍정적인 효과를 보였지만, 심상적 둔감화 집단은 도박에 대한 욕구와 행동을 감소시키는 데에 더욱 성공적이었다. 두 번째 연구에서 20명의 피실험자들은 무작위로 심상적 둔감화 또는 심상적 이완을 하도록 배정되어 1주일 동안 14회기를 받았다. 두 집단 모두 치료 후 개선되었지만, 12개월 추적검사 시 치료의 효과가 두 집단 모두에서 유지되지 않은 것으로 나타났다(McConaghy, Armstrong, Blaszczynski, & Allcock, 1988). 규모가 더 큰 연구에서 120명의 피실험자들이 혐오감 치료, 심상적 둔감화, 실제

생활에서의 둔감화, 또는 심상적 이완 집단에 무작위로 배정되었다. 심상적 둔감화에 배정된 피실험자들은 1개월에서 최대 9년 후까지 개선되었다는 결과들을 보고하였다(McConaghy, Blaszczynski, & Frankova, 1991).

Grant와 그의 동료들(2009)은 심상적 둔감화를 사용하고 부적 정서 유도법과 단서 노출을 결합하여 68명의 도박 중독자를 대상으로 6회기 치료 또는 단도박 모임 집단에 배정했다. 부적 정서 유도법은 도박에 대한 욕구가 나타날 때에 문제 행동의 부정적인 결과에 집중하는 것이다. 각 도박 중독자들에게 개별 대본들을 주었고, 여기에는 심상을 통해 각 도박 중독자의 욕구를 활성화시키고자 하는 의도를 가진 도박 관련의 단서들이 포함되어 있다(녹음된 원고들을 반복적으로 듣게 된다). 이 대본들은 도박 삽화가 발생하기 이전과 진행되는 동안 그리고 그 후에 경험하는 생각과 감정을 포함한 내적인 사건들을 강조하였다(예를 들어, 도박 이전과 도박을 하는 행복감, 도박을 한 후의 불쾌감과 불안감). 이 연구에서는 대본의 쾌락적 측면들(즉, 도박을 기대하는 것과 초기의 흥분감) 후에 각 도박 중독자들에게 독특한 도박의 부정적 결과들이 뒤따라왔다. Grant와 그의 동료들은 6회기의 CBT 프로그램의 일부로 심상적 노출과 부적 정서 유도법을 받은 참여자들의 64%가 1개월간 도박의 절제를 유지할 수 있었던 것에 반해, 단도박 모임에 배정된 도박 중독자의 17%만 도박을 절제할 수 있었다는 것을 발견했다. 부적 정서 유도법에 심상적 노출이 더해진 CBT 집단의 경우, 6회기 후 치료에 반응했던 참여자들 가운데 77%가 그 효과를 6개월 동안 유지할 수 있었다(Grant, Donahue, Odlaug, & Kim, 2011).

3) 동기강화 상담

동기강화 상담(Motivational Interviewing)은 행동 변화에 대한 자기 효능감을 증진시키기 위해 내담자의 강점을 사용하는 공감 기반의 상담기법이다. 동기강화 상담은 CBT와 결합하여 사용되기도 했고, 단독으로 단기개입으로써 또는 집단 형식에서도 사용되었다. 최근 도박 치료에 대한 Cochrane의 보고서(Cowlishaw et al., 2012)는 도박 장애의 치료에서 동기강화 상담을 통해 얻을 수 있는 이점에 관한 예비 증거들을 발견했다. 그렇지만 이 결과들은 제한된 연구에 기초하고 있다는 점을 염두에 두어야 할 것이다.

한 연구에서 Dickerson, Hinchy, 그리고 England(1990)는 29명의 대상자들을 워크북 혹은 워크북과 단일 심층 상담이 결합된 집단에 무작위로 배정했다. 워크북 집단에는 CBT와 동기 향상 기술들이 포함되었다. 두 집단은 모두 6개월 후 추적연구 결과, 도박에서 유의미한 감소를 보고했다.

Hodgins과 그의 동료들(2001)은 102명의 도박 중독자들을 CBT 워크북, 워크북과 전화를 통한 동기 향상 개입 또는 대기자 집단에 무작위로 배정했다. 6개월 후 추적연구 결과, 도박의 빈도와 도박에서 잃은 금액은 동기강화 개입 집단에서 더 낮았지만, 단도박 비율에서 집단 간의 차이는 없었다. 워크북만 단독으로 진행된 집단과 비교했을 때, 동기강화식 개입과 워크북이 함께 이루어진 경우, 2년간의 추적연구에 걸쳐 도박이 감소한 것으로 나타났다. 특히, 추적연구 표본 전체에 해당하는 77%가 2년 후의 평가에서 개선된 것으로 나타났다(Hodgins, Currie, el-Guebaly, & Peden, 2004).

또 다른 연구에서 한 회기의 동기강화 상담과 자조 워크북을 함께 하는 것과 워크북과 30분 동안 상담자와 도박에 대해서 이야기하는 것을 비교했다(Diskin & Hodgins, 2009). 12개월 시점의 추적 검사 시, 동기강화 상담과 워크북을 함께 받은 사람들에게서 도박이 줄었고 워크북만 한 집단보다 도박에 돈을 적게 쓰는 것으로 나타났다(Diskin & Hodgins, 2009).

뿐만 아니라 동기강화 상담은 집단 형식에서도 사용되었다. Oei와 그의 동료들(2010)은 102명의 도박 중독자들을 6주간의 동기강화 상담을 적용한 개인 또는 집단 CBT에 무작위로 배정했다. 치료 후, 그리고 6개월 후 추적 결과, 집단 CBT와 대기자 통제 집단과 비교했을 때 도박 민감도의 측면에서 개인 CBT 프로그램을 완료한 대상자들에게서 더 나은 결과가 유지되었다(Oei, Raylu, & Casey, 2010).

314명의 병리적 도박자들로 구성된 연구에서 두 가지 자기 주도식 동기강화 개입을 6주의 대기자 통제 집단과 워크북 단독의 통제 집단과 비교했다. 단기 동기강화 상담에는 전화 동기강화 상담과 우편을 통한 자조 워크북 개입이 포함되었다. 단기 동기강화의 촉진(motivational booster) 치료에는 전화 동기강화 상담과 워크북, 그리고 9개월에 걸쳐 치료를 촉진하는 6번의 전화가 포함되었다. 단기와 단기 촉진 치료 참여자들 모두 6주 후, 통제 집단에 배정된 사람들보다 도박을 적게 하는 것으로 보고되었다. 두 치료 참여자들은 특히 첫 6개월의 추적기간 동안 워크북 참여자들보다 유의미하게 도박을 적게 했다. 하지만, 단기 촉진 치료 집단의 참여자들은 단기 치료 참여자에 비교했을 때, 그 개선의 정도가 더 크지 않았다(Hodgins, Currie, Currie, & Fick, 2009).

동기강화 상담과 CBT를 결합하여 사용하는 방식은 사람들이 온라인의 회복 자료들을 사용할 수 있도록 치료자가 전화로 지지를 제공하는 웹 기반 형식으로도 유사하게 적용되었다(Carlbring & Smit, 2008). 대기자 명단 통제 집단은 e메일과 매주 15분 미만의 전화통화를 통해 치료자와 최소한으로 접촉하는 8주간의 인터넷 기반 CBT 프로그램과 비교되었다. 인터넷 기반 개입은 도박, 불안, 우울증 그리고 삶의 질에서 긍정적인 변화를 나타냈다. 치료 집단을 대상으로 6개월, 18개월, 36개월을 추적한 결과 치료효과가 지속되는 것으로 나타났다.

현재 도박 문제가 있거나 도박 병리현상이 있는 약 150명의 자발적 연구대상자들은 4회기의 개인 동기강화 상담, 8회기의 CBT 집단상담, 혹은 치료를 받지 않은 대기자 통제 집단으로 무작위 배정되었다. 치료가 이루어진 경우, 통제 집단에 비해 몇 가지 항목에서 우수함을 보였지만, 결국 어느 시점에서든 동기강화 상담과 CBT 집단상담 사이의 차이점은 없었다. 한편, 12개월 후 추적연구 결과, 두 개입은 대부분의 결과 측정에서 집단 내 유의미한 감소가 있었다(Carlbring, Jonsson, Josephson, & Forsberg, 2010).

10분 동안의 1회기 행동적 조언, 1회기의 동기증진 치료(motivational enhancement therapy) 혹은 동기증진 치료 한 회기와 CBT 3회기가 결합된 형태를 도박 문제 또는 병리적 도박이 있는 117명의 대학생들을 대상으로 무작위 통제 연구를 한 결과, 모든 치료에서 동일하게 도박이 감소하는 효과를 발견했다(Petry, Weinstock, Morasco, & Ledgerwood, 2009). 두 번의 실험에서는 CBT에 동기강화 상담을 추가하는 것이 치료 소모를 줄이고 결과를 개선시켰다(Diskin & Hodgins, 2009; Wulfert, Blanchard, & Freidenberg, 2006). 일반적으로, 심리사회적 치료를 중도에 포기하는 비율이 높기 때문에, 환자들이 치료를 계속하도록 하는 개입들은 잠재적으로 그 가치가 크다고 볼 수 있다.

4) 가족 치료

도박 중독자들의 가족은 종종 도박 장애와 관련된 속임 때문에 극심한 불만을 토로하고 서로간의 신뢰가 부족함을 느낀다(Mazzoleni, Gorenstein, Fuentes, & Tavares, 2009). 물질 중독을 위한 알아논(AL-ANON)을 본따 만들어진 가족을 위한 익명의 단도박 모임(Gambler's Anonymous), 일명 GAM-ANON은 강박적 도박자들의 가족과 친구들이 도박 문제로 발생하는 상호간의 폐해와 감정을 이해하고 대처할 수 있도록 만들어진 프로그램이다(Vander Bilt & Franklin, 2003). Zion, Tracy, 그리고 Abell(1991)은 단도박 모임에 포함된 배우자나 중요한 타인과 도박 재발과 관련하여 GAM-ANON에서의 가족 개입의 영향(n = 43)을 평가하는 연구에서 GAM-ANON의 개입과 내담자 재발 간의 연관성이 없음을 발견했다.

도박 중독자를 위해 수정된 공동체 강화와 가족 치료(Community Reinforcement

and Family Therapy, CRAFT) 모델의 자조 워크북은 두 가지 무작위 통제 실험에서 평가되었다(Hodgins, Toneatto, Makarchuk, Skinner, & Vincent, 2007; Makarchuk, Hodgins, & Peden, 2002). CRAFT에서 가족 구성원들은 자신의 도박 문제를 다루지 않는 사람들에게서 도박 이외의 행동을 강화하기 위해 행동 원칙들을 사용할 수 있도록 훈련을 받는다. 비록 두 실험에서 모두 도박 중독자의 가족 구성원과 도박을 하는 친인척들에게서 긍정적인 효과가 나타났지만, 이 행동 원칙들은 가족 구성원들이 치료자의 지원 없이 이행하기에 너무 복잡하다(Hodgins et al., 2007).

알코올 문제를 위해 개발된 대처기술 훈련 프로그램이 도박에 대해서도 평가되었다. 이 프로그램은 더욱 효과적인 대처기술을 가르치기 위한 10주의 개인 회기로 구성된다. 대처기술 훈련 프로그램과 지연된 치료 조건을 비교하는 작은 규모(n = 23)의 무작위 대조군 연구에 따르면, 도박 중독자들의 동반자들에게서 불안과 우울한 감정을 다루는 능력이 개선된 것으로 나타났다. 이 기간 동안에 동반자의 도박 증상은 두 조건 모두에서 감소하였으나, 이들 간의 차이는 없었고, 동반자들이 도움을 구하는 측면에서도 차이가 없었다(Rychtarik & McGillicuddy, 2006).

7. 약물요법

비교적 높은 유병률에도 불구하고, 미국 내 또는 전 세계적으로 도박 장애 치료에 승인된 약물은 현재 없다. 하지만, 지금까지 진행된 이중 맹검법의 플라시보 통제 연구들은 특정 약물이 도박 장애와 관련된 충동, 사고, 행동을 다루는 데 있어서 유익할 수도 있음을 제안한다.

1) 아편계 길항제

지금까지 도박 장애에 대해 가장 많이 연구되고 효과적인 치료 약물군은 아편계 길항제(opioid antagonists)이다. 날트렉손(알코올 의존과 아편 의존의 치료에 대해 FDA 승인을 받은 치료약), 날메펜과 같은 아편 길항제는 뮤오피오이드 수용기들을 막아 중뇌피변연 경로 내에 있는 도파민 전달을 변경한다. 첫 번째 날트렉손의 이중 맹목법의 플라시보 통제 연구는 도박 장애가 있는 45명을 대상으로 11주 동안 진행되었다. 치료의 후반부에는 75%의 날트렉손 피실험자들과 24%의 플라시보 피실험자들이 도박 충동, 도박 사고와 도박 행동과 관련하여 상당한 개선을 보였다. 뿐만 아니라, 개별 피실험자 분석에 따르면, 연구 접수 시 도박에 대해 더욱 극심한 충동을 보였던 도박 중독자들이 날트렉손에 더욱 강력한 반응을 보이는 것으로 드러났다. 이 연구에서 언급된 효과적인 평균 복용량은 188mg/일인데, 이는 알코올과 아편 의존에 대한 FDA 승인 복용량보다 더 높다.

77명의 도박 중독자들을 18주 동안 날트렉손 혹은 플라시보 집단에 무작위로 할당한 연구에서는 플라시보 집단과 비교했을 때 날트렉손 집단이 도박 충동, 사고, 행동에서 훨씬 크게 감소하였음을 보여주었다. 또한 날트렉손은 피실험자들의 단도박을 돕는 데에 효과적이었으며, 연구가 종료되기 적어도 1개월 전 도박의 절제율이 플라시보의 경우 10.5%인 반면, 날트렉손의 경우 40% 가까이 나타나 도박의 절제를 돕는 데에도 효과적이었다(Grant, Kim, & Hartman, 2008).

날메펜 또한 미국에서 시행된 두 건의 대규모의 다중심, 이중 맹목법의 플라시보 통제 연구를 통해 도박 중독의 치료에서 가능성을 보였다. 첫 번째 연구에서 207명의 도박 중독 피실험자들은 16주에 걸쳐 다량의 날메펜 혹은 위약을 처방받았다. 치료기간 종료시점에 날메펜 집단의 59%가 도박 충동, 사고, 행동에서 유의미한 감소를 보인 데에 반해, 플라시보 집단은 34%에 머물렀고, 이는 통계적으로 유의미한 차이를 보여준다(Grant, Potenza et al., 2006). 233명의 도박 중독자들을 대상으로 한 두 번째 연구에서 날메펜과 플라시보 집단 간의 유의미한 차이는 없었다. 하지만 사전 · 사후 분석은 적어도 1주 동안 40mg/일의 적정량을 복용한 대상자들의 경우 플라시보 집단과 비교했을 때, 도박의 심각성에서 유의미하게 큰 감소를 보였다(Grant, Odlaug, Potenza, Hollander, & Kim, 2010).

이러한 아편계 길항제 연구들은 현재까지 임상가와 환자들에게 가장 유망한 약물치료요법을 제공한다.

2) 글루탐산성 물질(Glutamatergic Agents)

글루타민을 조절하는 물질인 엔-아세틸시스테인(N-acetylcysteine, NAC)은 코카인, 담배, 대마초 남용과 같은 이외 중독 장애들의 치료에도 도움이 된다고 여겨져 왔고((Berk, Malhi, Gray, & Dean, 2013), 도박 중독에서도 가능성을 보였다(Grant, Kim, & Odlaug, 2007). 27명의 도박 중독자를 대상으로 진행된 8주간의 연구에서, 전체 피실험자들에게 전체 치료기간 동안 NAC를 투약했다. 8주 후 반응을 보이는 것으로 분류된 피실험자들(대상자들의 59%)은 추가적으로 이중 맹검법 NAC 치료 또는 이에 필적하는 플라시보 치료를 받는 집단에 무작위로 배정되었다. 연구자들은 6주간의 이중 맹목법 실험 기간이 끝나는 시점에서 플라시보 집단에서는 28%만 반응한 것에 비해 NCA 집단에서는 83%가 반응한 것으로 분류되는 것을 발견하였다(Grant, Kim, & Odlaug, 2007).

3) 항우울제

낮은 수준의 세로토닌 대사물질 5-하이드로옥시인돌초산(5-hydroxyindole acetic acid, 5-HIAA)과 복내측 전전두엽 피질(entromedial prefrontal cortex, vmPFC)에서의 세로토닌에 대한 무딘 반응성이 충동적 행동과 관련이 있다는 것이 발견되었으며, 그 결과로서 항우울제가 도박 장애의 잠재적 치료제로 검토되어 왔다.

한 연구에서 60명의 대상자들을 6개월의 기간에 걸쳐 세르트랄린(sertraline) 처방 집단 또는 플라시보 집단에 무작위로 배정하여 세르트랄린의 효과를 실험했다. 치료 종료 시 세르트랄린을 처방받은 경우와 위약을 복용한 집단 사이에 유의미한 차이는 나타나지 않았다(Saiz-Ruiz et al., 2005).

도박 장애 치료의 파록세틴(paroxetine) 효과를 알아보기 위해 이중 맹목법으로 진행된 두 건의 실험은 서로 엇갈리는 결과를 보였다. 첫 번째 연구는 53명의 도박 중독자들을 8주 동안 파록세틴 혹은 플라시보를 받도록 무작위로 배정했다. 그 결과, 위약에 배정된 집단에서는 28%만이 도박 증상이 개선된 데에 반해, 파록세틴을 복용한 집단에서는 61%의 환자들이 유의미하게 도박 증상에서 개선되었다(Kim, Grant, Adson, Shin, & Zaninelli, 2002). 하지만 더 많은 대상자($n = 76$)를 포함하고 더 오랜 기간(16주) 동안 진행된 연구에 따르면, 플라시보와 파록세틴 간의 유의미한 차이는 나타나지 않았다(Grant et al., 2003).

두 건의 개별적 플라시보 통제 실험에서 조사한 것과 마찬가지로, 플루복사민(fluvoxamine) 또한 두 번의 실험에서 엇갈리는 결과가 나타났다. 15명의 피실험자로 구성된 첫 번째 연구에서 대상자들은 16주 동안의 플루복사민 투약 혹은 플라시보 집단 중 하나로 무작위로 배정되었고, 실험 결과(Hollander et al., 2000) 플루복사민의 효과가 플라시보에 비해 상당히 뛰어나다는 것이 발견되었다. 하지만 같은 방법으로 더 많은 대상자($n = 32$)를 포함하고 더 오랜 기간(6개월) 동안 진행된 두 번째 연구에서는 두 집단들 간 주목할 만한 유의미한 차이를 발견하지 못했다(Blanco, Petkova, Ibáñez, & Sáiz-Ruiz, 2002).

또 다른 연구에서 도박 장애와 불안 장애가 함께 나타나는 13명의 환자들에 대해 항우울제 에스시탈로프람으로 12주간의 공개 연구와 8주간 이중 맹목법으로 투약 중단기간 연구를 진행하였다(Grant & Potenza, 2006). 거의 절반(13명 중 6명)에 해당하는 피실험자들은 공개 연구 진행의 종결 단계에 도박과 불안 증상의 감소 측면에서 반응자로 분류되었고, 이후 에스시탈로프람 치료(n = 3)를 계속하거나 플라시보(n = 3)를 받도록 무작위로 배정되었다. 더 나아가, 플라시보를 받은 집단은 도박과 불안 증상을 다시 보인 반면, 에스시탈로프람 집단은 이 증상들에 대한 개선을 계속 유지했다.

한 플라시보 통제 연구에서 도박 장애에 대한 도파민성 및 노르아드레날린성 항우울제 부프로피온(bupropion)을 실험했다. 이 연구에서 도박 장애를 가진 39명의 대상자들을 12주의 치료기간 동안 부프로피온 혹은 플라시보를 받도록 무작위로 배정했다. 치료 종결 시에 두 집단 간 주목할 만한 차이는 없었고, 치료 중단율이 44%로 꽤 높았다(Black et al., 2007).

비록 위와 같은 약물군들이 도박 장애 치료에서 가장 보편적으로 연구되었으나, 이 문헌들이 현재 도박 장애에 대한 일선의 치료책으로서 항우울제 약물의 사용을 지지하는 것은 아니다.

4) 리튬과 항간질제

지효성 탄산리튬에 대한 10주간의 플라시보 통제 연구는 양극 스펙트럼 장애와 도박 장애를 가지고 있는 40명을 대상으로 진행되었다. 연구자들은 리튬(평균 0.87meq/liter)이 도박 장애와 관련된 도박에 대한 생각과 충동을 감소시킨다는 것을 발견했다. 하지만 한 주당 도박 사건의 횟수, 도박 사건당 소비한 시간, 또는 도박에서 잃은 액수에서는 유의미한 차이가 없었다(Hollander, Pallanti, Allen, Sood, & Baldini Rossi, 2005).

Berlin과 그의 동료들은 도박 장애가 있는 42명의 환자들을 14주 동안 토피라메이트(topiratmate) 투약 집단 또는 플라시보 집단에 무작위로 배정하여 실험했다. 치료 종료 시점에 두 집단 간의 유의미한 차이는 없었다(Berlin et al., 2013).

5) 비정형 항정신병 약물

이중 맹목법의 플라시보 통제 연구 두 건에서 도박 장애의 치료에 대한 비정형 항정신병 약물인 *올란자핀(olanzapine)* 효과에 대해 부정적인 결과가 나왔다(Fong, Kalechstein, Bernhard, Rosenthal, & Rugle, 2008; McElroy, Nelson, Welge, Kaehler, & Keck, 2008). 첫 번째 실험은 21명의 비디오 포커게임 도박 장애 환자들을 대상으로 7주 동안 실시되었다. 연구자들은 올란자핀 집단과 플라시보 집단 사이에 도박 충동 및 행동에 유의미한 차이가 없다는 것을 발견하였다(Fong, Kalechstein, Bernhard, Rosenthal, & Rugle, 2008). 두 번째 이중 맹목법 연구에서는 더 긴 12주의 치료기간 동안 더 많은 수의 환자 집단(n = 42)에서 실험하였으나, 이 또한 Fong과 그의 동료들(2008)의 연구 결과와 마찬가지로 집단 간의 유의미한 차이는 발견하지 못했다(McEloy et al., 2008). 이 두 연구 모두에서 부정적인 결과들이 나타나고 비정형 항정신병 약물

사례 일화

마이클의 치료

Case Vignette

앞서 언급했듯이, 마이클은 2년 전부터 도박 문제를 겪고 있는 35세 남성이다. 마이클은 병적 도박과 관련된 구조적 임상 면담을 거쳤고, 10점 만점의 DSM-Ⅳ기준에서 8점을 받았다(*DSM-5* 도박 장애의 기준에서 불법 행위에 관한 항목을 삭제했기 때문에 *DSM-5*의 경우 9점 만점 중 7점이 된다). 임상가가 활용할 수 있는 치료 방법을 평가할 때에, 도박과 정신의학병력의 두 요소 때문에 임상가는 반드시 약물과 치료법을 결합하여 사용하도록 해야 한다. 첫째, 마이클은 알코올 남용에 대한 개인력과 가족력을 모두 가지고 있다. 연구를 통해 알코올 남용 또는 의존의 가족력을 가진 병리적 도박자들은 날트렉손과 같은 아편계 길항제에 우선적으로 반응한다는 것이 밝혀진 바 있다. 나아가 마이클이 말하는 도박에 대한 강력한 욕구는 이와 같은 약물군의 목표대상이 된다. 둘째, 다른 병리적 도박자들과 같이, 마이클은 인지왜곡(손실 뒤쫓기, "행운"의 기계가 있는 것, 이 기계가 곧 돈을 "보상"해 줄 것 같은 느낌 등)이 있다고 보고했다. 이는 인지 치료로 다뤄질 수 있다. 또한 마이클이 직면하고 있는 상당한 심리사회적 스트레스 요인들을 고려할 때, 인지행동 치료, 그리고 이후 그의 아내와 함께하는 가족 치료가 도박을 제어하는 데에 도움이 될 수 있다. 마지막으로, 직장에서 마이클이 범한 불법행동들을 고려하여, 법적 조언을 구할 수 있도록 격려해야 하고 또한 임상가가 이런 불법 행위를 직접 다루지 않는 것이 중요하다.

의 사용과 관련된 이상 사례(의약품 등을 사용할 때에 나타날 수 있는 의도하지 않은 징후, 증상 또는 질병)가 많았다는 것을 고려할 때, 이 약물군은 도박 장애에 대한 일선의 치료책으로 간주되지 않는다.

동료검토의 문헌들 이외에 참고할 수 있는 추가 자료들의 목록은 다음과 같다.

- National Center for Responsible Gaming(NCRG) and their associated Centers of Excellence at the University of Chicago(Dr. Jon Grant) and Yale University (Dr. Marc Potenza). 더 많은 정보는 http://www.ncrg.org를 참고하라.
- Ontario Problem Gambling Research Center. 더 많은 정보는 http:// www. gambl ingresearch.org를 참고하라.

8. 결론

도박 장애에 대해 전 세계적으로 동의에 이른 정신치료 및 약물 치료 개입의 기준은 없지만, 다양한 성공적인 개입들이 있다는 근거가 있다. 치료 약물과 심리 치료가 모든 도박 장애를 가진 사람들에게 효과가 있는 것이 아니라는 점을 고려할 때, 어떤 사람에게든지 적용할 수 있는 가장 최선의 치료는 무엇인지에 대한 의문들이 많이 남아있다.

예를 들어, 더욱 집중된 치료를 위해 환자들을 분류하도록 확인할 수 있는 예측변수들(임상적, 유전적 등)이 있는가? Grant와 그의 동료들(2008)은 알코올 중독의 가족력이 있는 도박 장애 환자들이 아편계 길항제에 유의미하게 더욱 우선적으로 반응했음을 발견했다. 이것은 도박 장애에서 치료를 찾고 반응을 유지하는 비율이 모두 낮기 때문에, 치료에 환자들을 참여하도록 하는 관점에서 볼 때 매우 중요하다. 나아가 이 예측변수들을 확인하고 보급함으로써 지역사회에서 문제적 도박을 하는 사람들에게 치료를 구하도록 더욱 권장할 수 있다.

둘째로, 유사하게 어떤 인지행동 치료의 유형이 이 치료에 가장 성공적이며, 환자들은 몇 번의 치료 회기에 참여해야 하는가? 몇몇 연구들은 도박 장애의 치료를 위해 20회 정도가 필수적이라고 주장하는 반면, 다른 연구들에서는 단기 개입법도 또한 동일한 효과성을 가지는 것으로 나타났다. 인지행동 치료의 어떤 측면이 효과적인지, 단기개입 또는 장기개입(형식화된 다중회기 CBT)에는 어떤 환자가 이상적인지를 확인하는 것은 환자들의 참여를 더욱 권장할 뿐만 아니라 치료제공자의 비용을 낮춰준다.

또 다른 중요한 문제는 바로 도박 장애에서 종종 볼 수 있는 정신의학적 또는 신체적 건강 문제들이 동시에 발생하는 것과 그 영향에 관한 것이다. 무엇보다도 도박 장애에 있어서 정신의학적 동반이환을 겪는 것은 예외적인 일이 아니라 일반적인 현상이다. 그렇지만 동반이환 질환이 치료의 결과와 증상의 심각성에 미치는 영향은 매우 다양하다. 예를 들어, 치료 효과성에 관한 몇몇 연구에서 니코틴 의존성이 치료 결과에 부정적인 영향을 미친다고 했지만(Grant, Donahue, Odlaug, & Kim, 2011), 반대의 결과도 있다(Odlaug, Stinchfield, Golberstein, & Grant, 2013). 이는 또한 물질 사용 장애를 가진 도박 중독자들에게도 동일하게 적용된다(Champine & Petry, 2010; Hodgins & el-Guebaly, 2000). 치료 개입과 치료의 성공, 치료 효과의 유지에 동반이환이 미치는 실제적인 영향을 평가하는 것은 매우 중요하고, 도박 장애의 연구에서 비교적으로 신생하고 있는 연구 분야이다.

끝으로, 도박 장애에 있어서 가장 논쟁적인 질문은 단도박이 모든 도박 장애 치료의 주된 치료 목표가 되어야 하는지에 대한 문제이다. 특정 환자들에게는 도박을 조절하거나 줄이는 것과 같은 치료 선택권을 주어야 하는가? 알코올 의존에 대한 연구에 따르면, 유럽에서는 전국적으로 알코올 소비의 양을 세계보건기구(WHO)가 치료의 핵심 목표로써 권장하는 '폐해 줄이기'의 수준까지 감소시키는 것을 점점 받아들이고 있다(WHO, 2001). 결과적으로, 도박 장애를 가진 사람에게 치료에 대해 제시할 때에 유연성을 제공하는 것(즉, 절제, 도박 줄이기, 더욱 통제적인 유형)은 소모를 감소시키는 동시에 가설적으로 치료를 찾는 행동들을 증가시키게 될 것이다. Ladouceur와 그의 동료들(2009)은 도박 장애 치료를 위한 14회기 인지행동 치료 프로그램에 참여한 환자들의 66%가 12회기의 치료를 진행하는 동안 자신들의 목표를 도박을 제어하는 것에서 완전한 절제로 바꾸었다고 보고한다. 그러나 중도 하차율과 치료의 효과성은 도박 조절 집단과 단도박 치료 집단에서 비슷하게 나타났다. 이러한 결과는 특정 환자들, 특히 도박의 심각성이 경미한 수준에서 보통의 수준에 이르는 환자들에게서 통제된 또는 감소된 도박이 더욱 적절한 반면, 도박 장애의 증상(중요한 동반이환을 포함)이 더욱 심각한 환자들에게서 단도박 목표가 더욱 적합할 것인지에 대한 의문을 가져온다. 이와 같은 질문들에 더하여 도박 장애에 대한 이해를 더욱 높이고 적절한 시기의 치료와 치료의 질을 향상시키기 위한 이외의 질문들을 탐색하는 더 많은 연구들이 필요할 것이다.

9. 참고문헌

American Gaming Association. (2012). *Gaming revenue, 10-year trends*. Retrieved February 15, 2011 from http://www.americangaming.org/industry-resources/research/factsheets/gaming-revenue-10-year-trends.

American Psychiatric Association. (2013). *Diagnostic and statistical manual of mental disorders* (5th ed.). Washington, DC: Author.

Berk, M., Malhi, G. S., Gray, L. J., & Dean, O. M. (2013). The promise of N-acetylcysteine in neuropsychiatry. *Trends in Pharmacological Sciences*, 34, 167–177.

Berlin, H. A., Braun, A., Simeon, D., Koran, L. M., Potenza, M. N., McElroy, S. L., et al. (2013). A double-blind, placebo-controlled trial of topiramate for pathological gambling. *World Journal of Biological Psychiatry*, 14, 121–128.

Black, D. W., Arndt, S., Coryell, W. H., Argo, T., Forbush, K. T., Shaw, M. C., et al. (2007). Bupropion in the treatment of pathological gambling: A randomized, double-blind, placebo-controlled, flexible-dose study. *Journal of Clinical Psychopharmacology*, 27, 143–150.

Black, D. W., & Grant, J. E. (2013). *DSM-5 guidebook: The essential companion to the Diagnostic and Statistical Manual of Mental Disorders*. Washington, DC: APPI.

Black, D. W., Shaw, M., McCormick, B., & Allen, J. (2012). Pathological gambling: Relationship to obesity, self-reported chronic medical conditions, poor lifestyle choices, and impaired quality of life. *Comprehensive Psychiatry*, 54, 97–104.

Blanco, C., Petkova, E., Ibáñez, A., & Sáiz-Ruiz, J. (2002). A pilot placebo-controlled study of fluvoxamine for pathological gambling. *Annals of Clinical Psychiatry*, 14, 9–15.

Carlbring, P., Jonsson, J., Josephson, H., & Forsberg, L. (2010). Motivational interviewing versus cognitive behavioral group therapy in the treatment of problem and pathological gambling: A randomized controlled trial. *Cognitive Behaviour Therapy*, 39, 92–103.

Carlbring, P., & Smit, F. (2008). Randomized trial of Internet-delivered self-help with telephone support for pathological gamblers. *Journal of Consulting and Clinical Psychology*, 76, 1090–1094.

Castrén, S., Pankakoski, M., Tamminen, M., Lipsanen, J., Ladouceur, R., & Lahti, T. (2013). Internet-based CBT intervention for gamblers in Finland: Experiences from the field. *Scandinavian Journal of Psychology*, 54, 230–235.

Champine, R. B., & Petry, N. M. (2010). Pathological gamblers respond equally well to cognitive-behavioral therapy regardless of other mental health treatment status. *American Journal on Addictions*, 19, 550–556.

Chou, K. L., & Afifi, T. O. (2011). Disordered (pathologic or problem) gambling and axis I psychiatric disorders: Results from the National Epidemiologic Survey on Alcohol and Related Conditions. *American Journal of Epidemiology*, 173, 1289–1297.

Cooney, L., Litt, M. D., Morse, P. A., Bauer, L. O., & Gaupp, L. (1997). Alcohol cue reactivity, negative-mood reactivity, and relapse in treated alcoholic men. *Journal of Abnormal Psychology*, 106, 243–250.

Cowlishaw, S., Merkouris, S., Dowling, N., Anderson, C., Jackson, A., & Thomas, S. (2012). Psychological therapies for pathological and problem gambling. *Cochrane Database System Reviews*, 11:CD008937.

Dickerson, M., Hinchy, J., & England, S. L. (1990). Minimal treatments and problem gamblers: A preliminary investigation. *Journal of Gambling Studies*, 6, 87–102.

Diskin, K. M., & Hodgins, D. C. (2009). A randomized controlled trial of a single session motivational intervention for concerned gamblers. *Behaviour Research and Therapy*, 47, 382–388.

Echeburúa, E., Baez, C., & Fernández-Montalvo, J. (1996). Comparative effectiveness of three therapeutic modalities in psychological treatment of pathological gambling: Long term outcome. *Behavioural and Cognitive Psychotherapy*, 24, 51–72.

Echeburúa, E., Fernández-Montalvo, J., & Baez, C. (2001). Predictors of therapeutic failure in slot-machine pathological gamblers following behavioural treatment. *Behavioural and Cognitive Psychotherapy*, 29, 379–383.

Erbas, B., & Buchner, U. G. (2012). Pathological gambling: prevalence, diagnosis, comorbidity, and intervention in Germany. *Deutsches Arzteblatt International*, 109, 173–179.

Foa, E. B., & Kozak, M. J. (1986). Emotional processing of fear: Exposure to corrective information. *Psychological Bulletin*, 99, 20–35.

Fong, T., Kalechstein, A., Bernhard, B., Rosenthal, R., & Rugle, L. (2008). A double-blind, placebo-controlled trial of olanzapine for the treatment of video poker pathological gamblers. *Pharmacology, Biochemistry,and Behavior*, 89, 298–303.

Germain, C., Vahanian, A., Basquin, A., Richoux-Benhaim, C., Embouazza, H., & Lejoyeux, M. (2011). Brief report: Coronary heart disease: An unknown association to pathological gambling. *Frontiers in Psychiatry*, 2, 11.

Grant, J. E., Donahue, C. B., Odlaug, B. L., & Kim, S. W. (2011). A 6-month follow-up of imaginal desensitization plus motivational interviewing in the treatment of pathological gambling. *Annals of Clinical Psychiatry*, 23, 3–10.

Grant, J. E., Donahue, C. B., Odlaug, B. L., Kim, S. W., Miller, M. J., & Petry, N. M. (2009). Imaginal desensitisation plus motivational interviewing for pathological gambling: Randomised controlled trial. *British Journal of Psychiatry*, 195, 266–267.

Grant, J. E., & Kim, S. W. (2001). Demographic and clinical characteristics of 131 adult pathological gamblers. *Journal of Clinical Psychiatry*, 62, 957–962.

Grant, J. E., Kim, S. W., & Hartman, B. (2008). A double-blind, placebo-controlled study of the opiate antagonist naltrexone in the treatment of pathological gambling urges. *Journal of Clinical Psychiatry*, 69, 783–789.

Grant, J. E., Kim, S. W., & Odlaug, B. L. (2007). N-acetyl cysteine, a glutamate-modulating agent, in the treatment of pathological gambling: A pilot study. *Biological Psychiatry*, 62, 652–657.

Grant, J. E., Kim, S. W., Potenza, M. N., Blanco, C., Ibanez, A., Stevens, L., et al. (2003). Paroxetine treatment of pathological gambling: A multi-centre randomized controlled trial. *International Clinical Psychopharmacology*, 18, 243–249.

Grant, J. E., Odlaug, B. L., & Mooney, M. (2012). Telescoping phenomenon in pathological gambling: Association with gender and comorbidities. *Journal of Nervous & Mental Disease*, 200, 996–998.

Grant, J. E., Odlaug, B. L., Potenza, M. N., Hollander, E., & Kim, S. W. (2010). Nalmefene in the treatment of pathological gambling: Multicentre, double-blind, placebo-controlled study. *British Journal of Psychiatry*, 197, 330–331.

Grant, J. E., & Potenza, M. N. (2006). Escitalopram treatment of pathological gambling with co-occurring anxiety: An open-label pilot study with double-blind discontinuation. *International Clinical Psychopharmacology*, 21, 203–209.

Grant, J. E., & Potenza, M. N. (2007). Commentary: Illegal behavior and pathological gambling. *Journal of the American Academy of Psychiatry and the Law*, 35, 302–305.

Grant, J. E., Potenza, M. N., Hollander, E., Cunningham-Williams, R., Nurminen, T., Smits, G., et al. (2006). Multicenter investigation of the opioid antagonist nalmefene in the treatment of pathological gambling. *American Journal of Psychiatry*, 163, 303–312.

Grant, J. E., Schreiber, L. R. N., Odlaug, B. L., & Kim, S. W. (2010). Pathological gambling and bankruptcy. *Comprehensive Psychiatry*, 51, 115–120.

Grant, J. E., Steinberg, M. A., Kim, S. W., Rounsaville, B. J., & Potenza, M. N. (2004). Preliminary validity and reliability testing of a structured clinical interview for pathological gambling. *Psychiatry Research*, 128, 79–88.

Hodgins, D. C., Currie, S., & el-Guebaly, N. (2001). Motivational enhancement and self-help treatments for problem gambling. *Journal of Consulting and Clinical Psychology*, 69, 50–57.

Hodgins, D. C., Currie, S., el-Guebaly, N., & Diskin, K. M. (2007). Does providing extendedrelease prevention bibliotherapy to problem gamblers improve outcome? *Journal of Gambling Studies*, 23, 41–54.

Hodgins, D. C., Currie, S., el-Guebaly, N., & Peden, N. (2004). Brief motivational treatment for problem gambling: a 24-month follow-up. *Psychology of Addictive Behaviors*, 18, 293–296.

Hodgins, D. C., Currie, S. R., Currie, G., & Fick, G. H. (2009). Randomized trial of brief motivational treatments for pathological gamblers: More is not necessarily better. *Journal of Consulting and Clinical Psychology*, 77, 950–960.

Hodgins, D. C., & el-Guebaly, N. (2000). Natural and treatment-assisted recovery from gambling problems: A comparison of resolved and active gamblers. *Addiction*, 95, 777–785.

Hodgins, D. C., Stea, J. N., & Grant, J. E. (2011). Gambling disorders. *Lancet*, 378, 1874–1884.

Hodgins, D. C., Toneatto, T., Makarchuk, K., Skinner, W., & Vincent, S. (2007). Minimal treatment approaches for concerned significant others of problem gamblers: A randomized controlled trial. *Journal of Gambling Studies*, 23, 215–230.

Hollander, E., DeCaria, C. M., Finkell, J. N., Begaz, T., Wong, C. M., & Cartwright, C. (2000). A randomized double-blind fluvoxamine/placebo crossover trial in pathologic gambling. *Biological Psychiatry*, 47, 813–817.

Hollander, E., Pallanti, S., Allen, A., Sood, E., & Baldini Rossi, N. (2005). Does sustainedrelease lithium reduce impulsive gambling and affective instability versus placebo in pathological gamblers with bipolar spectrum disorders? *American Journal of Psychiatry*, 162, 137–145.

Ibáñez, A., Blanco, C., & Sáiz-Ruiz, J. (2002). Neurobiology and genetics of pathological gambling. *Psychiatric Annals*, 32, 181–185.

Johnson, E. E., Hammer, R., Nora, R. M., Tan, B., Eistenstein, N., & Englehart, C. (1988). The lie/bet questionnaire for screening pathological gamblers. *Psychological Reports*, 80, 83–88.

Kim, S. W., Grant, J. E., Adson, D. E., Shin, Y. C., & Zaninelli, R. (2002). A double-blind placebo-controlled study of the efficacy and safety of paroxetine in the treatment of pathological gambling. *Journal of Clinical Psychiatry*, 63, 501–507.

Kushner, M. G., Abrams, K., Donahue, C., Thuras, P., Frost, R., & Kim, S. W. (2007). Urge to gamble in problem gamblers exposed to a casino environment. *Journal of Gambling Studies*, 23, 121–132.

Ladouceur, R., Lachance, S., & Fournier, P. M. (2009). Is control a viable goal in the treatment of pathological gambling? *Behaviour Research and Therapy*, 47, 189–197.

Ladouceur, R., Sylvain, C., Boutin, C., Lachance, S., Doucet, C., & Leblond, J. (2003). Group therapy for pathological gamblers: A cognitive approach. *Behaviour Research and Therapy*, 41, 587–596.

Ladouceur, R., Sylvain, C., Boutin, C., Lachance, S., Doucet, C., Leblond, J., et al. (2001). Cognitive treatment of pathological gambling. *Journal of Nervous and Mental Disease*, 189, 774–780.

Ledgerwood, D. M., & Petry, N. M. (2004). Gambling and suicidality in treatment-seeking pathological gamblers. *Journal of Nervous and Mental Disease*, 192, 711–714.

Ledgerwood, D. M., Weinstock, J., Morasco, B. J., & Petry, N. M. (2007). Clinical features and treatment prognosis of pathological gamblers with and without recent gambling-related illegal behavior. *Journal of the American Academy of Psychiatry and the Law*, 35, 294–301.

Lesieur, H. R., & Blume, S. B. (1987). The South Oaks Gambling Screen (SOGS): A new instrument for the identification of pathological gamblers. *American Journal of Psychiatry*, 144(9), 1184–1188.

Lorains, F. K., Cowlishaw, S., & Thomas, S. A. (2011). Prevalence of comorbid disorders in problem and pathological gambling: Systematic review and meta-analysis of population surveys. *Addiction*, 106, 490–498.

Makarchuk, K., Hodgins, D. C., & Peden, N. (2002). Development of a brief intervention for concerned significant others of problem gamblers. *Addictive Disorders and Their Treatment*, 1, 126–134.

Mazzoleni, M. H., Gorenstein, C., Fuentes, D., & Tavares, H. (2009). Wives of pathological gamblers: Personality traits, depressive symptoms and social adjustment. *Revista Brasileira Psiquiatria*, 31, 332–337.

McConaghy, N., Armstrong, M. S., Blaszczynski, A., & Allcock, C. (1983). Controlled comparison of aversive therapy and imaginal desensitization in compulsive gambling. *British Journal of Psychiatry*, 142, 366–372.

McConaghy, N., Armstrong, M. S., Blaszczynski, A., & Allcock, C. (1988). Behavior completion versus stimulus control in compulsive gambling: Implications for behavioral assessment. *Behavior Modification*, 12, 371–384.

McConaghy, N., Blaszczynski, A., & Frankova, A. (1991). Comparison of imaginal desensitization with other behavioural treatments of pathological gambling: A two- to nine-year follow-up. *British Journal of Psychiatry*, 159, 390–393.

McElroy, S. L., Nelson, E. B., Welge, J. A., Kaehler, L., & Keck, P. E., Jr. (2008). Olanzapine in the treatment of pathological gambling: A negative randomized placebo-controlled trial. *Journal of Clinical Psychiatry*, 69, 433–440.

Melville, C. L., Davis, C. S., Matzenbacher, D. L., & Clayborne, J. (2004). Node-link-mapping-enhanced group treatment for pathological gambling. *Addictive Behavior*, 29, 73–87.

Milton, S., Crino, R., Hunt, C., & Prosser, E. (2002). The effect of compliance-improving interventions on the cognitive-behavioural treatment of pathological gambling. *Journal of Gambling Studies*, 18, 207–229.

Myrseth, H., Litlerè, I., Støylen, I. J., & Pallesen, S. (2009). A controlled study of the effect of cognitive-behavioural group therapy for pathological gamblers. *Nordic Journal of Psychiatry*, 63, 22–31.

National Opinion Research Center. (1999). *Gambling Impact and Behavior Study: Report to the National Gambling Impact Study Commission*. Chicago: National Opinion Research Centeratthe University of Chicago. Available at http://www.norc.uchicago.edu/new/gamb-fin.htm.

Najavits, L. M. (2003). How to design an effective treatment outcome study. *Journal of Gambling Studies*, 19, 317–337.

Odlaug, B. L., Stinchfield, R., Golberstein, E., & Grant, J. E. (2013). The relationship of tobacco use with gambling problem severity and gambling treatment outcome. *Psychology of Addictive Behaviors*, 27(3), 696–704.

Oei, T. P., Raylu, N., & Casey, L. M. (2010). Effectiveness of group and individual formats of a combined motivational interviewing and cognitive behavioral treatment program for problem gambling: A randomized controlled trial. *Behavioural & Cognitive Psychotherapy*, 38, 233–238.

Pallesen, S., Mitsem, M., Kvale, G., Johnsen, B. H., & Molde, H. (2005). Outcome of psychological treatments of pathological gambling: A review and meta-analysis. *Addiction*, 100, 1412–1422.

Parhami, I., Siani, A., Rosenthal, R. J., & Fong, T. W. (2012). Pathological gambling, problem gambling and sleep complaints: An analysis of the National Comorbidity Survey: Replication (NCS-R). *Journal of Gambling Studies*, 29(2), 241–253.

Petry, N. M. (2005). *Pathological gambling: Etiology, comorbidity, and treatment*. Washington, DC: American Psychological Association.

Petry, N. M., Ammerman, Y., Bohl, J., Doersch, A., Gay, H., Kadden, R., et al. (2006). Cognitive-behavioral therapy for pathological gamblers. *Journal of Consulting and Clinical Psychology*, 74, 555–567.

Petry, N. M., Weinstock, J., Morasco, B. J., & Ledgerwood, D. M. (2009). Brief motivational interventions for college student problem gamblers. *Addiction*, 104, 1569–1578.

Rychtarik, R. G., & McGillicuddy, N. B. (2006). Preliminary evaluation of a coping skills training program for those with a pathological-gambling partner. *Journal of Gambling Studies*, 22, 165–178.

Saiz-Ruiz, J., Blanco, C., Ibáñez, A., Masramon, X., Gómez, M. M., Madrigal., M., et al. (2005). Sertraline treatment of pathological gambling: A pilot study. *Journal of Clinical Psychiatry*, 66, 28–33.

Shaffer, H. J., Hall, M. N., & Vander Bilt, J. (1999). Estimating the prevalence of disordered gambling behavior in the United States and Canada: A research synthesis. *American Journal of Public Health*, 89, 1369–1376.

Shaffer, H. J., LaBrie, R., Scanlan, K. M., & Cummings, T. N. (1994). Pathological gambling among adolescents: Massachusetts gambling screen (MAGS). *Journal of Gambling Studies*, 10, 339–362.

Slutske, W. S. (2006). Natural recovery and treatment-seeking in pathological gambling: Results of two U.S. national surveys. *American Journal of Psychiatry*, 163, 297–302.

Slutske, W. S., Meier, M. H., Zhu, G., Statham, D. J., Blaszczynski, A., & Martin, N. G. (2009). The Australian Twin Study of Gambling (OZ-GAM): Rationale, sample description, predictors of participation, and a first look at sources of individual differences in gambling involvement. *Twin Research and Human Genetics*, 12, 63–78.

Soberay, A., Faragher, J. M., Barbash, M., Brookover, A., & Grimsley, P. (2013). Pathological gambling, co-occurring disorders, clinical presentation, and treatment outcomes at a University-based counseling clinic. *Journal of Gambling Studies*, [Epub ahead of print].

Stea, J. N., & Hodgins, D. C. (2011). A critical review of treatment approaches for gambling disorders. *Current Drug Abuse Reviews*, 4, 67–80.

Stinchfield, R., Govoni, R., & Frisch, G. R. (2007). Assessment of problem and pathological gambling. In G. Smith, D. Hodgins & R. Williams (Eds.), *Research & measurement issues in gambling studies* (pp.207–231). SanDiego: ElsevierPress.

Sullivan, S. (1999). *Development of the "EIGHT" problem gambling screen*. Unpublished doctoral thesis. Auckland University, Auckland, New Zealand (Philson Ref W4 S952–1999).

Suurvali, H., Cordingley, J., Hodgins, D. C., & Cunningham, J. (2009). Barriers to seeking help for gambling problems: A review of the empirical literature. *Journal of Gambling Studies*, 25, 407–424.

Suurvali, H., Hodgins, D., Toneatto, T., & Cunningham, J. (2008). Treatment seeking among Ontario problem gamblers: Results of a population survey. *Psychiatric Services*, 59, 1343–1346.

Suurvali, H., Hodgins, D. C., Toneatto, T., & Cunningham, J. A. (2011). Hesitation to seek gambling-related treatment among Ontario problem gamblers. *Journal of Addiction Medicine*, 6(1), 39–49.

Sylvain, C., Ladouceur, R., & Boisvert, J. M. (1997). Cognitive and behavioral treatment of pathological gambling: A controlled study. *Journal of Consulting and Clinical Psychology*, 65, 727–732.

Toneatto, T. (2008). Reliability and validity of the Gamblers Anonymous Twenty Questions. *Journal of Psychopathology and Behavioural Assessment*, 30(1), 71–78.

Vander Bilt, J., & Franklin, J. (2003). Gambling in a familial context. In H. J. Shaffer, M. N. Hall, J. Vander Bilt & E. M. George (Eds.), *Futures at stake: Youth, gambling, & society* (pp.100–125). Reno, NV: University of Nevada Press.

Winters, K. C., Specker, S., & Stinchfield, R. (2002). Measuring pathological gambling with the Diagnostic Interview for Gambling Severity (DIGS). In J. J. Marotta, J. A. Cornelius & W. R. Eadington (Eds.), *The downside: Problem and pathological gambling* (pp.143–148). Reno, NV: University of Nevada. (Reno.

Wong, P. W., Chan, W. S., Conwell, Y., Conner, K. R., & Yip, P. S. (2010). A psychological autopsy study of pathological gamblers who died by suicide. *Journal of Affective Disorders*, 120, 213–216.

World Health Organization. The world health report 2001—Mental health: New understanding, new hope. Retrieved February 2013 from http://www.who.int/whr/2001/en/.

Wulfert, E., Blanchard, E. B., Freidenberg, B. M., & Martell, R. S. (2006). Retaining pathological gamblers in cognitive behavior therapy through motivational enhancement. *Behavior Modification*, 30, 315–340.

Zion, M. M., Tracy, E., & Abell, N. (1991). Examining the relationship between spousal involvement in GAM-ANON and relapse behaviors in pathological gamblers. *Journal of Gambling Studies*, 7, 117–131.

CHAPTER 4 문제성 온라인 게임

Orsolya Király, Katalin Nagygyörgy,
Mark D. Griffiths, Zsolt Demetrovics

1. 온라인 게임의 역사와 유형

온라인 비디오 게임은 1990년대에 등장해 널리 인기를 얻게 되었고 접근성도 좋아졌다. 오늘날 온라인 비디오 게임은 문화, 연령, 성별 차이를 넘어 누구나 할 수 있는 오락 활동 중 하나로 퍼져나갔다. 이와 더불어 온라인 게임을 일상 생활을 영위하는 데 문제가 될 정도로 사용할 위험성이 생기기 시작했다. 비디오 게임은 컴퓨터, 비디오 게임기, 휴대용 게임기, 스마트폰과 같은 다양한 기기를 사용하여 접근할 수 있으며, 이 기기들은 모두 인터넷을 통해 접속해야 한다. 이런 비디오 게임들을 지칭하는 단어들이 많이 있지만(예를 들어, 온라인 비디오 게임, 인터넷 비디오 게임), 이 장에서는 단순하게 '온라인 게임'이라는 단어를 사용하기로 한다. 단, 여기서 말하는 온라인 게임은 더 많은 돈을 따기 위해 게임 중 돈을 거는 행위가 없다는 점에서 온라인 도박과 구별된다는 것에 유의해야 한다.

비디오 게임은 게이머(gamer)의 행동에 어떠한 영향을 끼치는지에 따라 주로 온라인 비디오 게임과 오프라인 비디오 게임의 두 집단으로 나눌 수 있다. 오프라인 게임은 항상 그런 것은 아니지만 대부분 혼자 하는 게임으로 게임의 시작과 끝이 정해져 있다. 그리고 게이머는 다른 사람의 도움 없이 게임의 목적을 스스로 이룰 수 있다. 반면, 온라인 게임은 보통 서로 실시간 소통이 가능한 다른 게이머들과 동시에 게임을 하고, 이 게이머들은 원하는 대로 서로 경쟁하거나 협동하기도 한다. 이와 같은 인터넷의 구조적 특징 때문에 게임이 끝나는 시간은 거의 정해져 있지 않다. 이에 더하여 시간이 흐름에 따라 게임 개발자나 운영자들은 새롭게 수행하고 탐색할 과업들을 추가할 수도 있다. 이런 과업에 대한 실제적인 손실은 없고, 과업 수행을 여러 번 반복할 수도 있다. 몇몇 목표들은 혼자 이룰 수 있기도 하고 다른 게이머들과 함께 협동해서 이뤄야만 하는 것들도 있다. 다른 게이머들과 경쟁하는 것도 가능한데, 이로부터 파생되는 우열 상태는 즉각적으로 사회적 비교를 가능케 한다(Griffiths, 2010b; Kim & Kim, 2010; Williams, Ducheneaut, Xiong, & Yee, 2006). 따라서 사회적 속성은 온라인 게임과 오프라인 게임을 구분시키는 중요한 속성이라 할 수 있다(Charlton & Danforth, 2007; Choi & Kim, 2004; Kim & Kim, 2010). 비록 앞에서 언급한 특징들이 혼합되어 있는 게임도 있지만 대부분은 온라인이나 오프라인 게임으로 뚜렷하게 분류된다. 그리고 이런 특징들 때문에 게임 유형에 따른 대중적 인기는 큰 차이를 보이고 있다. De Prato 외(2010)는 게이머의 70%가 오프라인 게임보다 온라인 게임을 선호한다고 보고한다.

온라인 게이머들은 오프라인 게이머들보다 더 오랜 시간 동안 게임을 하는데, 이는 대부분 온라인 게임의 사회적 속성 때문이다. 온라인 게이머들은 온라인 게임이 오프라인 게임보다 더 재미있고 만족을 준다고 생각하며 때로는 실제 삶의 활동보다 게임을 선호한다(Ng & Wiemer-Hastings, 2005). 이런 동기는 온라인 게임이 오프라인 게임보다 문제성 사용을 더 많이 촉발시킨다는 연구 결과를 뒷받침한다(Griffiths, Davies, & Chappell, 2004; Griffiths & Meredith, 2009; Rehbein, Psych, Kleimann, Mediasci, & Mossle, 2010).

온라인 게임의 가장 첫 번째 원형이 된 것은 1970년대에 등장한 문자 기반의 가상세계인 다사용자영역, MUD(multi-user domains)였다(Bartle, 2003). MUD는 사용자들이 존재하는 영속적인 디지털 세계로서, 사용자들은 이 공간에서 그래픽 대신 자신들의 상상력을 통해 상호 교류했다. 이러한 새로운 환경은 실시간 대화, 게이머들 간의 상호작용, 협동, 경쟁, 사회적 비교와 같은 새롭고 다양한 가능성을 만들어 냈다. 인터넷 사용자의 수가 증가하면서 MUD에 대한 인기도 지속적으로 상승했다. 이때 RPG(롤 플레잉 게임: role-playing games)라는 게임이 등장했는데, 테이블 위에서 주사위를 던지고 그 결과에 따라 지도 위에 피겨들을 이동시키는 게임이었다. MUD나 RPG와 같은 유형의 게임의 경우, 게이머들은 위험한 야수들로 가득 찬 지하 감옥에서 함께 싸우기 위해 필요한 기술과 특성을 가진 캐릭터를 만들어 내고, 마법의 아이템들을 획득하는 것을 목표로 한다(Barnett & Coulson, 2010).

문자 기반의 가상세계와 테이블 위에서 펼쳐지는 롤 플레잉 게임으로부터 놀라울 만큼 복잡한 2-3차원 그래픽의 가상 세계가 등장하게 되었는데, 이것은 오늘날 MMOG(massively multiplayer online games), 또는 줄여서 MMO로 알려져 있다. MMOG에서 '거대하다(M; massively)'는 것은 수백 혹은 수천 명의 사용자들이 가상의 게임공간에 동시 다발적으로 존재함을 의미한다. 그리고 '멀티플레이어(M; multiplayer)'는 사람들이 개별적이 아닌, 공통된 온라인 세계에서 동시에 게임을 할 수 있음을 의미한다. 또한 '온라인(O; online)'은 이 게임이 인터넷 연결이 가능한 플랫폼에서만 실행될 수 있음을 의미한다(Barnett & Coulson, 2010). 이 세 단어는 MMOG가 얼마나 복잡한 구조인지를 알게 해준다. 앞으로도 당분간, MMOG는 가장 복잡한 게임으로 남아 있을 것이고, 게임 속에 있는 방대한 게임 플레이어들에게 영속적인 가상공간을 제공할 것이다. 다중사용자 온라인 게임(MOG)은 확실히 더 간단하다. MOG 또한 게이머들이 그룹을 지어 함께 하는 게임이지만 동시에 발생하는 공간을 제공하지는 않으며 게임을 할 수 있는 인원이 매우 제한적이다(4~16명). 온라인 게임(online game, OG)은 단순히 이러한 게임들이 인터넷 기반의 환경에서 실행될 수 있다는 뜻이지만, 다중사용자 모드가 이 용어의 조건인 것은 아니다. MMO는 게임의 내용, 도전 과제, 환경에 따라 다양하지만, 모든 MMO는 다른 종류의 게임으로부터 구분되는 여섯 가지의 기술 및 디자인 특징들을 공유한다. 바로 지속성, 물질성, 아바타에 의한 간접 조종, 연속성, 영속성, 사회적 교류이다(Chan & Vorderer, 2006). *지속성(persistence)*이란 게이머가 게임을 하고 있지 않을 때(즉, 게임 플레이어가 키보드에서 멀리 떨어져 있을 때)에도 게임세상은 계속 존재하고 심지어 변화한다는 사실을 말한다. 따라서 두 게임 시즌 간에 게임세계가 변경될 수도 있다. *물질성(physicality)*은 게임이 물리적인 규칙을 일관되게 가지는 현실 세계를 모방한다는 것을 의미한다. 예를 들어, 게임 플레이어의 캐릭터는 벼랑 끝에서 떨어지면 죽는다. *아바타에 의한 간접 조종*을 가능하게 하는 캐릭터나 아바타는 게이머가 다른 게이머들이나 게임세상과 더불어 소통할 수 있도록 해준다. *게임의 연속성(vertical game play)*과 *영속성(perpetuity)*은 혼자 하는 게임과 달리 MMO가 완료될 수 없고, 거의 무한하게 게임을 할 수 있음을 뜻한다. 가장 높은 레벨에 도달했을 때에도, 플레이어는 게임세계에 여전히 남아 있을 수 있고, 더 많은 도전들을 완료하거나 또는 단순히 게임을 통해 사회활동에 참여할 수도 있다. 또한 게이머가 혼자 게임을 이용할 수 있더라도 게이머들 간의 *사회적 교류*, 협동이나 경쟁은 개개인의 게임 플레이에도 필수적인 부분을 형성하고(Chan & Vorderer, 2006), 물리적 거리나 그 밖의 한계점을 극복하는 다양하게 특화된 소통 채널을 통해 친구들을 사귈 기회를 제공한다.

MMO는 세 개의 주된 그룹과 또 "다른" 하나의 그룹으로 분류될 수 있다(Nagygyörgy et al., 2012; Rice, 2006).

1. MMORPG(massively multiplayer online role-playing games)와 그 변형: 전통적인 롤 플레잉 게임과 같이 게이머들은 아바타를 조종해 가상의 또 다른 자기 자신을 만든다. 게이머들은 역할과 능력을 결정 짓는 직업을 선택하기도 한다. 아바타들은 게임에서의 과제와 임무를 이행하기 위해 성장하고('레벨 업'이라는 수직적 발달) 아바타들 간에 등급을 구별하기 위한 소중한 물건들을 획득하기도 한다.
2. MMOFPS(massively multiplayer online first person shooters)와 그 변형: 이 게임들은 기술을 요하는 액션 게임으로 플레이어가 1인칭 시점에서 아바타를 조종한다. 승패가 반응하는 시간과 집중하는 능력에 의해 거의 좌우되며, 개인 혹은 그룹 차원에서 게이머들 간에 여러 방향의 협동과 경쟁의 장을 제공한다.
3. MMORT(massively multiplayer online real-time strategy)와 그 변형: 앞의 두 게임 유형과는 다르게 가상세계에서 전쟁에 참여하거나 다른 게이머들과 동맹을 맺음으로써 거대한 영토나 부대를 관리한다. 이러한 임무를 성공적으로 해내면, 게이머들은 게임세계에서 지위를 얻게 되고 다른 게이머들로부터 존경을 받는다.
4. 그 외 온라인 게임들: 이 분류에는 스포츠, 경주 게임, 음악/리듬 게임, 멀티플레이어 온라인 소셜 게임과 같은 여타의 온라인 게임이 모두 포함된다. 여러 게임이 혼합된 범주이기 때문에 각 게임만이 가지는 구체적이고 고유한 특성을 모두 서술할 수는 없다. 나머지 세 부류의 게임에 비해 게이머들의 관심은 적지만 여성 사용자의 비율이 훨씬 높다는 특징이 있다(Nagygyörgy, Urbán et al., 2012).

최근의 연구는 온라인 게이머들의 79%가 특정 게임에 대한 뚜렷한 선호도가 있음을 보여준다. 따라서 특정 게임이 특정한 심리적 필요를 충족시켜 준다고 볼 수도 있다(Nagygyörgy, Urbán et al., 2012).

2. 문제성 온라인 게임의 정의

문제성 온라인 게임을 다루는 경험적 연구는 점점 늘어나고 있지만, 안타깝게도 이 현상에 대해 합의된 정의는 부족한 실정이다(Blaszczynski, 2008; Griffiths & Meredith, 2009; Wood, 2007). 한 연구 집단은 문제성 온라인 게임의 특정 병리적 특징들을 조사하는 시작점을 비디오 게임으로 보는 반면(Charlton & Danforth, 2007; Griffiths, 2005a; Griffiths & Meredith, 2009; Peters & Malesky, 2008), 다른 연구자들은 인터넷을 온라인 게임을 포함하는 다양한 인터넷 활동 중독을 통합하는 주요 플랫폼으로 간주한다(Van Rooij, Schoenmakers, Vermulst, Van den Eijnden, & Van de Mheen, 2011; Young, 2009b). 최근의 연구들은 이 두 가지 접근을 통합하고자 노력한다(Demetrovics et al., 2012; Kim & Kim, 2010). 따라서 문제성 온라인 게임은 비디오 게임 중독의 특정 유형, 인터넷 중독의 변이 중 한 형태, 또는 하나의 독립된 진단명으로 볼 수 있다. 이어지는 내용에서 각 접근에 대해 자세히 살펴볼 것이다.

Griffiths(2005a)는 각 중독마다 고유한 특징이 있음에도 불구하고, 중독 행동에 대한 공통된 병인을 반영한다는 점에서 차이점보다는 공통점이 더 많다고 말한다. 그는 생물심리사회적 틀(2005a)로 살펴본 자신의 중독 "구성요소" 모델을 근거로 하여 온라인 게임 중독을 병적 도박의 비재정적 유형으로 범주화되는 비디오 게임 중독의 특정 형태로 간주한다(Griffiths, 2005b). Griffiths(2010a)는 Brown(1991, 1993)의 여섯 가지 중독 기준을 수정하여 비디오 게임 중독 이론의 구성요소들을 개발했다. 첫 번째 구성요소는 *현저성(salience)*으로 비디오 게임이 한 사람의 삶에서 가장 중요한 활동이 되고 그 사람의 사고(즉, 인지적 왜곡이나 집착), 감정(즉, 갈망), 행동(즉, 사회적 행동의 악화)을 지배하는 것을 말한다. 두 번째 요소는 *기분 변화(mood modification)*로, 사람들이 비디오 게임을 하는 결과로 얻는 주관적 경험(자극적인 "들뜸"이나 "고취됨", 또는 역설적으로 안정되는 느낌 및 고통스러운 기분의 "탈출" 혹은 "감각을 마비시키는 것")을 말한다. 세 번째는 *내성(tolerance)*으로, 전에 했던 비디오 게임에서 경험한 효과를 얻기 위해 필요한 게임의 시간이 증가하는 과정을 말한다. 즉, 비디오 게임을 하는 사람들은 온라인에 투자하는 시간을 점점 늘려간다는 것이다. 네 번째는 *금단 증상(withdrawal symptoms)*으로, 비디오 게임을 멈추거나 그 시간을 줄였을 때 떨림, 무감각, 침울함, 짜증과 같은 불쾌한 기분이나 신체적 증상이 나타남을 말한다. 다섯 번째는 *갈등(conflict)*으로, 비디오 게임에 지나치게 많은 시간을 소비하는 것 때문에 나타나는 주위 사람들 간의 갈등(대인관계적 갈등), 다른 활동들(예를 들어, 학업, 사회생활, 취미나 흥미)과의 갈등 혹은 자기 자신과의 갈등(정신내적 갈등 혹은 통제력을 상실한 주관적 느낌)을 말한다. 여섯 번째는 *재발(relapse)*이다. 이것은 게임을 중단하거나 통제하고 있는 기간 중, 이전에 비디오 게임을 하던 패턴으로 반복적으로 돌아가거나 혹은 과도한 게임 이용에서 나타나는 가장 극심한 패턴으로 빠르게 돌아가는 것을 말한다. Charlton과 Danforth(2007, 2010)는 여기서 논의된 여섯 가지 항목을 분석하고 내성, 기분 변화, 인지적 현저성이 과도하게 게임을 하는 현상의 지표임을 발견했다. 반면 금단 증상, 갈등, 재발, 행동적 현저성과 같은 이외 요소들은 중독으로 발전하는 데에 핵심적인 역할을 했다.

Porter 외(2010)는 문제성 비디오 게임의 사용과 문제성 온라인 게임의 사용을 구분하지 않는다. 이들은 문제성 비디오 게임을 한 가지 혹은 그 이상의 비디오 게임을 과도하게 하기 때문에 그 결과 비디오 게임에 집착하고 게임에 대한 통제력을 상실하고 심리사회적, 신체적으로 부정적인 다양한 결과들을 야기하는 것이라고 개념화했다. 문제성 비디오 게임 사용에 대한 기준에는 보통 의존이나 중독과 관련되는 내성이나 신체적 금단 증상과 같은 이외 특징들이 포함되어 있지 않다. 이는 문제성 비디오 게임 사용이 이런 현상과 관련되었다는 명확한 증거가 없다는 의견을 반영한 것이다.

인터넷 중독 장애(Internet Addiction Disorder, IAD)는 *DSM-5*에 포함될 듯 했으나 과학적 타당성이 아직 부족하였기 때문에 배제되었다. 그러나 온라인 게임 중독은 IAD의 특정 유형으로 입증되어 왔고, 따라서 *DSM-5*의 III편(추가 연구가 필요한 진단 상태를 포함하는 부록) "인터넷 게임 장애"로 분류되었다(American Psychiatric Association, 2013b).

온라인 게임을 인터넷 활동의 하위 유형으로 보는 접근으로 가장 잘 알려진 사람은 Young(1998a)이다. 그녀는 *DSM-IV*의 병리적 도박 진단 기준(American Psychiatric Association, 1994)에 기초한 자신의 인터넷 중독 기준으로부터 문제성 온라인 게임의 이론적 틀을 발전시켰다. 이 이론은 온라인 게임 중독자들이 점차적으로 게임에 대한 통제력을 상실함으로써 게임에 소비하는 시간을 줄일 수 없게 되고, 동시에 특정한 오락 활동만 지속함으로써 결국 실제 삶에서 문제를 경험하게 된다고 말한다(Young, 2009b). 인터넷 중독 점수와 게임에 소비하는 시간의 양(Han, Hwang & Renshaw, 2010; Van Rooij et al., 2011)을 결합하여 인터넷 및 온라인 비디오 게임 중독을 평가할 수 있다는 생각 또한 이런 접근법을 반영한 것이다.

1) 독립된 진단으로서의 문제성 온라인 게임

통합적인 접근은 앞에서 논의된 두 가지 접근을 모두 고려하고자 한다. 예를 들어 Kim과 Kim(2010)은 첫 번째 접근법이나 두 번째 접근법이 모두 MMORPG들과 같은 온라인 게임의 고유한 특성을 정확히 잡아내지 못하기 때문에 통합적인 접근이 반드시 필요하다고 주장한다. 또한 "인터넷 중독자들은 알코올 중독자들이 술병에 중독되는 것이 아니듯 인터넷 자체에 중독되는 것은 아니다."라고 주장한다(p. 389). 다시 말하면, 인터넷은 사람들이 원하는 것, 예를 들어, 도박, 쇼핑, 채팅, 섹스와 같은 콘텐츠에 접근하게 해주는 하나의 채널일 뿐이고, 따라서 인터넷 사용자들은 인터넷이라는 채널 그 자체에 중독된다기보다 인터넷이 제공하는 특정한 콘텐츠나 서비스에 중독된다는 의미이다. 반면, 온라인 게임은 다른 게이머들과 상호작용이 가능하도록 하는 롤플레잉과 같은 차원이나 사회적 기능의 차원과 같은 중요한 측면이 있다고 볼 때 오프라인 비디오 게임과 같이 혼자 하는 게임과 다르다. 다차원적인 문제성 온라인 게임 사용(Problematic Online Game Use, POGU) 모델은 이와 같은 통합된 접근을 상당히 잘 반영하고 있다. 이 모델은 Armstrong, Phillips, Saling(2000), Brown(1991, 1993), Caplan(2002), Charlton과 Danforth(2007), Griffiths(1998), Lee와 Ahn(2002), Young(1999)과 같은 학자들의 연구와 이론에 기초해 발전되었고, 희열감, 건강문제, 갈등, 자기통제의 실패, 가상관계의 선호라는 다섯 가지 기본 차원들을 제안했다. Demetrovics 외(2012)는 또한 통합적인 접근을 지지하며 게임의 장르와 가능한 게이머 집단을[예를 들어, 널리 연구된 MMORPG 플레이어뿐 아니라 온라인 실시간 전략(RTS) 게임을 하는 사람과 온라인 일인칭 시점의 사수(FPS) 게임을 하는 사람들을] 비교하기 위해 중독 모델에 모든 유형의 온라인 게임을 포함해야 할 필요가 있다고 강조한다. 이들의 모델에 따르면, 문제성 온라인 게임 현상을 설명하는 데에는 여섯 가지의 차원이 존재한다. 이는 사로잡힘(preoccupation), 과다 사용(overuse), 몰두(immersion), 사회적 고립(social isolation), 대인관계 갈등(interpersonal conflict), 금단(withdrawal)이다.

2) 행동 중독으로서의 문제성 온라인 게임

경험적 증거를 종합해 보면 온라인 게임 중독이 행동 중독의 한 유형으로 정의될 수 있다는 주장도 일면 타당해 보인다(Demetrovics & Griffiths, 2012; Grant, Potenza, Weinstein, & Gorelick, 2010). 행동 중독은 *DSM-IV*(American Psychiatric Association, 2013a) 혹은 *ICD-10*(World Health Organization, 1994)에서는 정신 및 행동 장애의 구체적인 한 분류로 지정되지 않았었지만, 최근 *DSM-5*(American Psychiatric Association, 2013a)에서 물질 관련 및 중독 장애의 두 번째 부분에 포함되었다. 현재까지 행동 중독의 새로운 범주 안에 유일하게 속한 행동 유형은 문제성 도박 장애이다. 그렇지만 *인터넷 게임 장애(internet gaming disorder)*도 이번 장에 걸쳐 논의된 요소들과 비슷한 진단 기준 목록과 함께 *DSM-5*의 제3장(American Psychiatric Association,

2013b)에 포함되어 있다. 이는 이후에 온라인 게임 장애라는 특정 질환을 이 편람에 추가해야 하는지의 여부를 결정할 수 있도록 이에 관한 연구들을 장려하기 위해 포함된 것이다.

그럼에도 불구하고, 이번 장의 저자들은 *문제성 온라인 게임(problematic online gaming)*이라는 용어를 사용할 것을 제안한다. 그 이유는 이 용어가 의존 또는 장애라는 개념을 피하면서 이 현상의 전형(즉, 행동이 과도할 뿐 아니라 게임과 관련된 문제들이 있을 것이라 예상되는 것)들을 포함하고 있기 때문이다. 또한 *DSM-5*에 기초하여 이후 정의와 진단 기준들을 분명히 하고 이에 대한 합의가 아직 더 필요하기 때문이다.

3. 증상과 그 결과

문제성 온라인 게임의 경우, 증상과 그 결과들이 상당히 중복되어 나타나기 때문에 이 장에서 두 측면을 함께 살펴볼 것이다. 임상적 관점에서 살펴보면, 문제성 온라인 게이머들은 온라인 게임들(또는 대부분의 경우 단 하나의 게임)을 하는 데에 대부분의 시간을 소비한다(예: Chappell, Eatough, Davies, & Griffiths, 2006; Griffiths, 2008; Porter et al., 2010). 게임에 소비되는 시간을 스스로 예측할 수 있는 것은 아니지만(Griffiths, 2005a, 2010b), 문제성 게이머들은 보통 일반적인 게이머에 비해 더 많은 시간을 게임에 소비한다(예: Gentile, 2009; Grusser, Thalemann & Griffiths, 2007; Hussain & Griffiths, 2009). 게임을 할 수 없을 때, 이들은 일상적인 활동을 하는 것 대신 게임에 대해 생각하거나 게임에 대한 공상을 펼친다. 심지어 게임이나 게임을 하는 꿈을 꿀 수도 있다(Griffiths, 2008; Porter et al., 2010). 이런 활동들은 강박적 특성을 갖게 한다. 다시 말해 게이머가 게임을 그리워하고, 이런 기분은 점차 더욱 극심해지고 내면의 긴장감을 상승시키며, 결국 게이머는 안절부절못하거나, 성마르거나, 기분 변화가 심해지는 상태가 된다(Chappell et al., 2006; Griffiths, 2008; Grusser et al., 2007; Hussain & Griffiths, 2009).

가장 극심한 경우에는, 상승된 내적 긴장감이 공격적인 행동으로 나타날 수도 있다. 이러한 불쾌감을 줄이기 위해서 게이머들은 계속해서 게임을 하게 되고, 내성으로 인해 게임시간은 계속 늘어나게 된다(Griffiths, 2008; Hussain & Griffiths, 2009). 이런 사람들은 보통 자신의 활동을 통제할 수 없게 되고, 삶에서 문제를 야기하고 있다는 점을 깨닫기 시작한다(Hussain & Griffiths, 2009; Porter et al., 2010). 문제 행동을 그만두기 위한 노력도 하지만 보통 같은 강도로 게임을 다시 하게 된다(즉, 재발한다)(Chappell et al., 2006; Griffiths, 2008; Hussain & Griffiths, 2009). 문제성 게이머들은 점차적으로 다른 오락 활동에 흥미를 잃게 되고 일상의 의무를 무시하기 시작하며, 결국 학업이나 직업 수행에 있어 저조한 성과를 낳는다(Cappell et al., 2006; Gentile, 2009; Griffiths, 2008; Kim & Kim, 2010; Peng & Liu, 2010). 게임이 삶의 절대적인 우선순위가 되기 때문에 대인관계에서나 내면에서 갈등이 나타난다. 그 결과 실제 생활의 관계가 악화되거나 단절되고(Chappell et al., 2006; Griffiths, 2008; Peng & Liu, 2010; Porter et al., 2010), 이런 게이머들은 결국 홀로 남게 된다(Kim & Kim, 2010; Lemmens, Valkenburg, & Peter, 2011; Van Rooij et al., 2011). 어떤 게이머들은 갈등을 피하기 위해 온라인에서 자신들의 활동이나 게임에 소비한 시간에 대해 거짓말을 하기도 한다(Griffiths & Meredith, 2009; Young, 2009b).

문제성 온라인 게이머들은 심리적 증상에 더하여 신체적 증상도 있다. 이런 증상들은 먹고, 자는 것이나 개인위생과 같은 기본적인 생물학적 필요들을 무시하는 것(Griffiths & Meredith, 2009; Peng & Liu, 2010; Porter et al., 2010)에서부터 체중 증가 또는 감소, 안구 건조증, 두통, 요통, 손목골 증후군, 반복성 긴장 장애(Repetitive Strain Injuries, RSL), 그리고 일반적인 피로, 탈진과 같은 건강문제(Griffiths & Meredith, 2009; Peng & Liu, 2010; Porter et al., 2010)까지 다양하다.

1) 질병의 경과

사례 연구와 진단면담(Allison, von Wahlde, Shockley, & Gabbard, 2006; Chappell et al., 2006; Griffiths, 2010a; Young, 2010)을 통해 문제성 온라인 게임이 다른 중독이나 문제성 행동들과 마찬가지로 점차 발전한다는 사실을 알아냈다. Young(2010)은 이러한 중독의 발전을 "하향곡선(downward spiral)"이라고 부른다. 초기에는 게임 중독 행동이 단순히 재미있는 오락 활동으로 시작되지만, 게이머는 서서히 그 행동이 문제를 일으킬 때까지 빠져든다. Young(2009b)의 의견에 따르면, 중독 과정은 게임에 대해 사로잡히는 것으로부터 시작한다. 게이머들은 오프라인에서 다른 활동들에 집중해야 할 때에도 게임에 대해 생각한다. 이런 현상은 시간이 지나면서 더욱 심해지고 일상의 의무와 다른 여가 활동을 대체하는 유일한 우선순위가 되는 시점까지 서서히 이끌어 간다. 이때, 내성, 금단 증상, 대인관계/내적 갈등과 같은 문제들도 나타난다. 지금까지 문제성 사용의 지속기간에 관한 연구로는 단 한 건의 종단연구가 있었다. Gentile과 그의 동료들(2011)은 대부분의 어린이(84%)에게서 2년 후 문제성 행동이 여전히 존재하였으며, 초기의 정보수집 이후에 여전히 문제성 게이머로 고려되는 것을 발견했다. 2년의 연구기간 동안, 단 1%의 어린이만 문제성 게이머가 되었고, 따라서 이 연구자들은 문제성 게임이 대부분의 아이들이 거쳐 가는 단순한 '단계'가 아닐 수도 있다고 간주하였다(Gentile et al., 2011: pp. e325).

회복과 관련하여, 어떤 사례들(Chappell et al., 2006; Young, 2010)은 다른 중독과 마찬가지로 문제성 온라인 게이머들이 문제 자체를 의식하게 되고 변화시키고자 결심하게 되는 바닥을 치는 경험을 한다는 것을 암시한다. 이러한 경우에 그들은 전문가와 같은 외부의 도움을 구하거나 스스로 극복하고자 노력한다. 그러나 중독의 잠재된 속성 때문에, 재발 또한 빈번하게 나타난다(Chappell et al., 2006; Young, 2010).

4. 측정

문제성 온라인 게임의 측정과 관련한 연구들은 여러 가지 측정 방법을 소개하고 있다. 따라서 앞서 언급된 바와 같이 문제성 온라인 게임의 정의는 차이가 있고 불명확하다는 것을 계속 염두에 두어야 한다. 대부분의 연구자들은 이론적인 접근을 적용한다. 여러 사례에서 연구자들은 주의 깊게 심리측정을 분석하지 않고서 여타 행동 중독을 측정하기 위해 개발된 척도들을 수정하여 새로운 척도를 만들어 냈다. 예를 들어, Young(1998a, 1999)이 인터넷 중독을 측정하기 위해 개발한 20개 항목의 인터넷 중독 테스트/척도(Internet Addiction Test, IAT/Internet Addiction Scale, IAS)는 본래 척도의 심리측정의 특성들이 모호함에도 불구하고, 다양한 범위의 연구들에서 온라인 게임 중독을 측정하기 위한 기초로 사용되었다(Billieux et al., 2011; Jeong & Kim, 2011; Kim, Namkoong, Ku, & Kim, 2008; Kim et al., 2010; King, Delfabbro, & Griffiths, 2010a; Snodgrass, Lacy, Dengah, & Fagan, 2011; Wang & Chu, 2007; Whang, Heo, & Hur, 2004). 다른 사례에서 연구자들은 문제성 온라인 게임을 인터넷 중독 점수와 인터넷 비디오 게임에 한 주 동안 사용한 시간을 반영한 점수 둘을 결합하여 평가하였다(Han et al., 2010; Van Rooij et al., 2011). 이번 장의 저자들은 이 접근법에도 문제가 있다고 생각한다. 그 이유는 게이머들이 온라인 게임을 인터넷 활동으로 여기지 않고, "게임을 하는 것"으로 보기 때문이다. 이는 실제보다 인터넷 중독의 점수를 낮추는 결과를 낳을 수 있다.

다른 연구자들은 채널이 아니라 내용이 중요하기 때문에 문제성 비디오 게임과 문제성 온라인 게임을 구분하는 것에 반대한다. 이런 접근법의 경우, 병리적 도박에 대한 기준들을 척도 개발의 시작점으로 사용한다(Charlton & Danforth, 2007; Gentile, 2009; Gentile et al., 2011; Lemmens, Valkenburg, & Peter, 2009; Lemmens et al., 2011; Porter et al., 2010).

앞서 언급된 접근법 외에 통합적 접근법에 기반을 둔 측정법들도 있다. 다시 말해, 비디오 게임의 구체적인 특징과 그 채널(즉, 인터넷)의 특징들을 고려하는 측정법들이다. 이것들은 문제성 온라인 게임 사용 척도(Problematic Online Game Use Scale, POGU)(Kim & Kim, 2010), 온라인 게임 중독 진단 척도(Lee & Han, 2008), 문제성 온라인 게임 질문지(Problematic Online Gaming Questionnaire, POGQ)와 그 축약형(Pápay et al., 2013)으로 부록 4-1에 포함되어 있다. 언급된 이 척도들은 모두 심리측정의 특성을 잘 반영하고 있다(표 4.1 참고).

5. 역학

1) 온라인 게이머 인구의 유병률과 인구통계학적 특성

현재 문제성 온라인 게임의 유병률을 측정하는 것은 온라인 게임에 대한 정의가 불명확하고, 심리측정의 특성이 잘 반영되지 않은 측정법들을 사용하고 있으며, 연구들이 서로 다른 표본과 다른 연구방법론들을 적용시켜 왔기 때문에 상당히 어렵다. 다수의 표본을 대상으로 한 연구들은 일반적으로 발병률이 10% 이하라고 보고한다. 미국에서 10대들을 대상으로 전국적으로 대표될 수 있는 표본에 대해 진행된 연구(Gentile, 2009)와 싱가포르 어린이들을 대상으로 한 연구(Gentile et al., 2011)는 문제성 인터넷 사용을 약 9%로 보고하고 있다. 독일에서의 한 연구 결과는 남학생의 3%, 여학생의 0.3%를 비디오 게임 의존으로 진단하였고, 또 다른 연구에서는 남학생의 4.7%와 여학생의 0.5%가 의존의 위험에 있다고 보고한다(Rehbein et al., 2010). 헝가리에서 더 큰 표본의 온라인 게이머들을 대상으로 한 연구에 의하면, 게이머들의 3.4%가 문제성

〈표 4.1〉

문제성 온라인 게임 측정

참고문헌	측정도구	문제성 온라인 게임의 정의	문항수	요인	연구대상, 연구방법	신뢰도/타당도
Young (2009a)	강박적 온라인 게임 사용자 - 진단 질문지	인터넷 기반 접근	8	자료 없음	자료 없음	자료 없음
Charlton & Danforth (2007, 2010)	중독 - 참여 질문지	비디오 게임 접근	29/24	**1.** 중독 **2.** 참여	442명(2007); 300명(2010), 온라인 설문조사	EFA*(2007), 크론바흐 알파(2010)
Gentile (2009)	병리적 - 중독 척도	비디오 게임 접근	11	자료 없음	8~18세 미국인 청소년 1,178명, 국민 대표 집단, 온라인 설문조사	수렴/확산 타당도 분석
Lemmens et al.(2009)	청소년용 게임 중독 척도	비디오 게임 접근	7	단일 요인	독립된 두 집단의 네덜란드 청소년 ($N_1 = 352$, $N_2 = 369$), 자기 기입식 설문조사	EFA, 수렴/ 목표 타당도 분석
Porter et al.(2010)	비디오 게임 사용 질문지	비디오 게임 접근	33	단일 요인	1,945명, 온라인 설문조사	자료 없음
Kim & Kim (2010)	문제성 온라인 게임 사용 척도	통합적 접근	20	**1.** 희열 **2.** 건강 문제 **3.** 갈등 **4.** 자기 통제 실패 **5.** 가상 관계 선호	한국 학생 5학년 1,422명, 중학교 2학년 199명, 고등학교 2학년 393명, 자기 기입식 설문조사	EFA, CFA**, 신뢰도 분석, 수렴/확산 타당도 분석

(계속)

참고문헌	측정도구	문제성 온라인 게임의 정의	문항수	요인	연구대상, 연구방법	신뢰도/타당도
Lee & Han (2007)	온라인 게임 중독 진단 척도	통합적 접근	30	1. 심리적 의존 2. 일상생활에서의 장해 3. 온라인 지향적 대인관계 4. 내성 5. 부정적 행동과 감정 6. 정신 질환 7. 신체적 질병	한국 초등학생 2,317명, 자기 기입식 설문조사	EFA, 목표 타당도 분석
Zhou & Li (2009)	온라인 게임 중독 지수(OGAI)	통합적 접근	12	1. 조절 장애 2. 갈등 3. 부상, 피해	학생 195명 (18~24세), 자택 설문	EFA
Demetrovics et al. (2012)	문제성 온라인 게임 질문지 (POGQ)	통합적 접근	18	1. 사로잡힘 2. 과다 사용 3. 몰두 4. 사회적 고립 5. 대인관계 갈등 6. 금단	온라인 게임 사용자 3,415명(평균 나이 21세, 표준편차 5.9), 온라인 설문조사	EFA, CFA
Pápay et al.(2012)	문제성 온라인 게임 질문지 축약형(POGQ-SF)	통합적 접근	12	1. 사로잡힘 2. 과다 사용 3. 몰입 4. 사회적 갈등 5. 대인관계 갈등 6. 금단	헝가리 일반 중학교 9~10 학년과 직업 학교 학생 2,774명(평균 나이 16.4세, 표준편차 0.9), 전국 대표 집단	CFA, 목표 타당도 분석

* EFA = 탐색적 요인 분석(Exploratory Factor Analysis)

**CFA = 확인 요인 분석(Confirmatory Factor Analysis)

게임의 고위험군에 속해 있으며, 15.2%는 중간 위험군에 속한다(Demetrovics et al., 2012). 국가 표본에 속한 헝가리 청소년들(대략 16세)의 4.6%는 고위험 사용자로 분류되었다(Pápay et al., 2013)(표 4.2 참고).

온라인 게이머들의 유형을 파악하기 위해 실시된 온라인 설문조사(n = 4374)(Nagygyörgy, Urbán et al., 2012)에 따르면, 이들의 평균 나이는 21세였고 참여자 대부분은 미혼(66%) 남성(91%)이었다. 주당 게임 평균 시간은 7시간 이하(10%)에서 42시간 이상(10%) 사이였고, 대부분의 게이머들은 매주 15~27시간(35%)을 게임에 소비했다. 더하여 모든 게이머들의 16%가 전문적으로 게임을 했다(즉, 대회에 참가하고 이기는 경우 상금을 받는다). 표본의 대부분(79%)은 게임에 대한 선호도가 명확했고, 따라서 대부분의 시간 동안 한 가지 유형의 게임을 했다(예를 들어, MMORPG/MORTS/MMOFPS/그 밖의 온라인 게임).

주요 사용자 집단의 세 가지 유형에 대한 자료는 집단 간의 미묘한 차이를 보여준다. 여성 게임 사용자들은 MMOFPS(massively multiplayer online first-person shooter) 게임에서 가장 낮은 비율을 차지한 반면(1~2%; Jansz & Tanis, 2007; Nagygyörgy, Urbán et al., 2012; Yee, 2006a), MMORPG(massively multiplayer online role-playing game)에서는 가장 높은 비율을 보였다(15~30%; Cole & Griffiths, 2007; Nagygyörgy, Urbán et al., 2012; Yee, 2006a). MMOFPS를 하는 사람들은 나이가 가장 어린 반면(18~19.8세; Jansz & Tanis, 2007; Nagygyörgy, Urbán et al., 2012), MMORTS(22세; Nagygyörgy, Urbán et al., 2012)와 MMORPG 모두를 하는 사람들(21~27세; Nagygyörgy, Urbán et al., 2012; Yee, 2006a)은 나이가 유의미하게 더 많았다. 세 집단 중 MMORPG 게이머들이 가장 많은 시간을 게임하는 데 사용한다(Nagygyörgy, Urbán et al., 2013). MMORPG가 가장 많이 연구된 게임분야이기 때문에, 이 게임의 플레이어들에 대해서는 다른 유형의 게임에서는 알려지지 않은 추가적인 정보가 있다. 예를 들면, MMORPG 게임 사용자들의 절반은 전일제 직업을 가지고 있으며, 22.2%는 학생이고 14.8%는 전업 주부(이들 중 89.9%는 여성)이다. 게다가 36%는 결혼을 했으며, 그 중 22%는 자녀가 있다(Yee, 2006a, 2006d). 전반적으로 보아 MMORPG 사용자들의 인구통계학적 구성은 상당히 다양하며, 아마도 MMORTS와 MMOFPS 사용자 집단과 비교했을 때 더욱 다양하다고 볼 수 있다. 하지만 이는 경험적으로 뒷받침되어야 할 것이다.

〈표 4.2〉

문제성 온라인 게임의 유병률

참고문헌	지역	연구대상[평균 나이(M), 표준편차(SD)]	연구방법	측정	문제성 사용 기준	일생 유병률 값
Yee(2006)	미국, 캐나다	3,166명, MMORPG 게임 사용자	온라인 설문조사	직접적 질문("당신이 MMORPG에 중독되었다고 생각하십니까?" 예/아니오 질문)	직접적 질문에 대한 '예' 응답	50%
Grüsser, Thalemann & Griffiths(2007)	독일	7,069명 (M:21,1세, SD:6.4)	온라인 설문조사	WHO의 *ICD-10*에서 말하는 의존 증후군의 6가지 주요 진단 기준	3개 이상의 진단 기준 충족	11.9%
Gentile(2009)	미국	1,178명, (8~18세 청소년)	국가적 대표 온라인 설문조사	병적 비디오 게임 사용	6개 이상의 '예' 응답	8.5%
Porter et al.(2010)	미국, 캐나다, 유럽, 호주, 뉴질랜드, 아시아, 중앙 및 남아메리카	1,945명, 14세 이상 게임 사용자	온라인 설문조사	비디오 게임 사용 질문지(VGUQ), 10가지 진단 기준: 3(사로잡힘), 7(부정적 결과), 예/아니오 질문	2개 이상의 진단 기준(사로잡힘) + 3개 이상의 진단 기준(부정적 결과)	8%
Van Rooij et al.(2011)	네덜란드	4,559명(M:14.4세, SD:1.2)(T1) 3,740명(M:14.3세, SD:1.0)(T2)	자기 기입식 설문조사	강박적 인터넷 사용 척도(CIUS) + 주간 평균 온라인 게임 시간	잠재 프로파일 분석	1.6%(T1), 1.5%(T2) ~ 1.5%
Gentile et al.(2011)	싱가포르	3,034명, 초등학생과 중학생	2년의 종단 연구, 자기 기입식 설문조사	병리적 비디오 게임 사용	5개 이상의 "예" 응답	7.6~9.9%

(계속)

참고문헌	지역	연구대상[평균 나이(M), 표준편차(SD)]	연구방법	측정	문제성 사용 기준	일생 유병률 값
Lemmens, Valkenburg, & Peters(2011)	네덜란드	543명, 청소년 게임 사용자 (M:13.9세, SD:1.4) 15,169명, 9학년 학생 (M:15.3세, SD:0.69)	종단적 자기 기입식 설문조사	게임 중독 척도	3점 이상	6%(T1), 4%(T2)
Rehbein et al.(2010)	독일	15,168명, 9학년 (M:15.3세, SD:0.69)	국가적 대표 설문조사	비디오 게임 의존 척도 (KFN-CSAS-II)	42점 이상 점수는 게임 사용 의존; 31~41점은 위험군	의존: 남자 3%, 여자 0.3%; 위험군: 남자 4.7%, 여자 0.5%
Thomas & Martin(2010)	호주	2,031명 (대학생 705명, 중등 및 전문대학교 학생 1,326명)	자기 기입식 설문조사	컴퓨터 게임에 대한 YDQ 각색	5점 이상	5%
Jeong & Kim (2011)	한국	600명 (12~18세)	국가적 대표, 자기 기입식 온라인 설문조사	'인터넷'이란 단어를 '게임'으로 대체하여 수정된 인터넷 중독 테스트	80점 이상	2.2%
Demetrovics et al.(2012)	헝가리	3,415명, 온라인 게임 사용자 (M:21, SD:5.9)	온라인 설문조사	POGQ	잠재 프로파일 분석	고위험 문제성 온라인 게임 사용자: 3.4%, 중간위험 수준의 문제성 사용자: 15.2%
Pápay et al.(2012)	헝가리	5,045명, 일반 및 직업 중학교 학생 (M:16.4, SD:0.9)	국가적 대표 설문조사(자기 기입식 설문조사)	POGQ-SF	잠재 프로파일 분석	4.6%

2) 동반이환

문제성 온라인 게이머들은 오락으로 게임을 하는 사람들보다 주의력 결핍 장애(ADD 또는 ADHD) 유형의 진단을 받을 확률이 두 배 더 높다(Batthyany, Muller, Benker, & Wolfling, 2009; Bioulac, Arfi, & Bouvard, 2008; Chan & Rabinowitz, 2006; Gengile et al., 2011; Han et al., 2009). 몇몇 연구에서는 우울증 또한 이 장애와 함께 나타난다고 보고되었다(Gentile et al., 2011; Peng & Liu, 2010). MMORPG 사용자들의 경우, 우울증 증상(예를 들면, 슬픔, 무력감, 울기, 불면증, 집중력 문제)들은 습관적으로 밤 시간(오후 10시에서 오전 6시 사이)에 컴퓨터 게임을 하는 것과 관련이 있다(Lemola et al., 2011). 아직까지 문제성 온라인 게임이 정신의학적 증상들의 원인인지 아니면 그 결과인지는 명확하지 않다(Gentile, 2009). 비록 종단연구 자료에서 추적연구 기간 동안 정상적인 게이머들보다 병리적 게이머들이 높은 수준의 우울, 불안, 사회공포증을 보인다고 보고하지만, 이 인과관계는 상호적일 수도 있다(Gentile et al., 2011).

6. 병인론

다른 유형의 중독과 마찬가지로, 온라인 게임은 다양한 요인들이 통합적으로 작용하여 나타난다. 여기에서는 학술 자료에서 제시된 이 문제성 행동의 출현 및 유지에 기여하는 게임의 주요 측면들에 대해 살펴본다.

1) 신경생물학적 측면

뇌 영상법은 행동 중독 연구에서 가장 새로운 분야이기 때문에 아직은 초기 단계에 있다고 할 수 있다. 초기 연구들은 신호로 유발된 게임의 충동이 병적 도박의 경우에는 도박으로, 물질 사용 남용자들의 경우에는 물질 사용으로 활성화되는 영역과 동일한 뇌의 영역들(즉, 배측면 전두엽 피질, 안와전두 피질, 해마방회, 시상)을 활성화시킴을 보여준다(Han et al., 2011; Ko et al., 2009). 다른 연구 결과들은 과도한 온라인 게임이 작업기억(working memory)에 미치는 영향은 물질 의존자에게서 발견되는 것과 유사할 수 있음을 시사한다(Kim et al., 2012). 결과적으로, 연구자들은 문제성 온라인 게임이 병적 도벽과 물질 의존과 동일한 신경생물학적 기제를 공유할 수도 있다고 추측한다(Kuss & Griffiths, 2012c). 그러나 이 분야에 관한 더 많은 연구들이 있어야 할 것이다.

2) 성격적 측면

비록 "중독적 성격"이란 것이 없다고 주장할 수 있겠지만, 일부 성격 특징들이 문제성 게임 사용으로 발전할 가능성은 존재하는 것으로 보인다. 예를 들어 몇몇 연구들은 이러한 주제와 관련하여 Big 5 성격 특성과 문제성 게임의 관계를 조사하였고 낮은 정서적 안정성(Charlton & Danforth, 2010; Mehroof & Griffiths, 2010; Nagygyörgy, Mihalik, & Demetrovics, 2012; Peters & Malesky, 2008), 낮은 친절함(Charlton & Danforth, 2010; Peters & Malesky, 2008), 낮은 외향성(Charlton & Danforth, 2010)이 중독 현상과 관련이 있음을 발견했다. 낮은 친절함과 외향성의 관련성은 신경증적 성격이 갖는 연관성만큼 강력한 연관을 보이지는 않았다. 이러한 결과는 문제성 게이머들이 낮은 사회적 기술이나 정서적 안정성 때문에 위협적으로 보이는 현실의 사회적 상황을 피하기 위해 게임에 더 많은 시간을 쏟는 것으로 설명할 수 있다. 이런 사람들의 경우, 온라인 환경은 현실보다 안전하게 느껴지고 따라서 현실보다 선호될 수 있다. 그렇지만 이는 저자의 추측이고 따라서 경험적 연구를 통해 이런 가설들을 조사해 볼 필요가 있다.

성격적 특성에 더해 그 밖의 특성들도 검토되어 왔다. 사회적 기술에 대해 조사한 한 연구는 온라인 게임에 쓰는 시간이 늘어날수록 사회적 불안은 증가하고 대인관계의 질은 저하되는 것을 발견했다(Lo, Wang, & Fang, 2005). 문제성 게임은 오프라인의 사회적 자기 효능감과 부적 상관관계가 있고, 온라인의 사회적 자기 효능감과 정적 상관이 있었다(Jeong & Kim, 2011). 이 결과는 문제성 게이머들이 온라인에서 사람과 만나는 것을 더 편하게 여기고 현실에서는 친구가 거의 없다는 연구 결과와 일관된다(Porter et al., 2010). 또한 문제성 온라인 게이머들은 부적절한 자기 통제(Seay & Kraut, 2007), 낮은 자존감(Ko, Yen, Chen, Chen, & Yen, 2005; Lemmens et al., 2011), 낮은 감성 지능(Herodotou, Kambouri, & Winters, 2011), 평균 이상의 불안 상태 및 특성(Mehroof & Griffiths, 2010), 외로움의 증가(Lemmens et al., 2011; Seay & Kraut, 2007), 자기애적 성격(Kim et al., 2008), 공격성(Kim et al., 2008; Mehroof & Griffiths, 2010)과 상관관계가 있다는 것이 밝혀졌다. 추가 연구들은 문제성 온라인 게이머들이 다른 게이머들과 비교해 봤을 때, 낮은 삶의 만족도(Ko et al., 2005; Wang, Chen, Lin,

& Wang, 2008)와 낮은 심리사회적 행복감을 가지는 것으로 보고했다(Lemmens et al., 2011).

이런 연구에서 얻어진 결과들은 모두 사실상 상관관계이기 때문에, 인과관계에 대해서는 알려주는 바가 없다. 따라서 Lemmens 외(2011)의 종단 연구는 이 주제에 대해 다뤘다. 이 연구자들은 결과 분석을 통해 사회적 유능감이 감소되고 자존감이 낮으며, 외로움이 커지는 것은 6개월 후 문제성 게임의 증가를 예측한다는 것을 발견했다. 따라서 심리사회적 행복감이 저하되는 것은 청소년 게임 사용자들에게서 문제성 게임을 촉발하는 요인이라고 볼 수 있을 것이며, 이 연구는 더 나아가 외로움이 문제성 게임의 결과였음을 보여 주었다. 이러한 결과는 문제성 온라인 게임 사용이 실제 삶의 사회적 교류를 대체할 때 기존의 인간관계를 악화시키게 되고, 왜 청소년들에게서 외로움이 증가하는지를 설명할 수 있을 것이다.

3) 동기적 측면

경험적인 연구들은 게임을 하는 것이 또한 문제성 온라인 게임으로 발전하고 유지되는 데에 중요한 역할을 하는 것을 암시하고 있다(Demetrovics et al., 2011; Kuss & Griffiths, 2012a, 2012b). 온라인 게임은 다양한 사람들에게 다르게 보상이 될 수 있는 다양한 강화 요인을 포함하고 있다. 게임 디자이너들은 게임이 제공하는 다양한 보상 중에서 몇 개라도 게이머들에게 매력적으로 느껴지기를 바라는 마음에 많은 강화 요인을 한 번에 제공한다. 이것을 '부엌 싱크대 접근법'이라고 부를 수 있다(Griffiths, 2010a). 게임 개발자들은 게이머들에게 내재된 다양하고 많은 종류의 심리적 욕구를 가능한 한 많이 충족시키고, 다양한 특성을 가진 게이머 집단이 게임을 계속하도록 동기를 부여하는 것을 목표로 한다.

동기적 측면의 첫 번째 이론적 모델은 Bartle(1996)에 의해 개발되었다. 그는 초기 문자 기반 가상세계(multiple user dungeon, MUD) 이용자들을 연구했다. 그에 따르면 MUD 사용자들은 성취자, 탐험가, 사교자, 살인자와 같은 네 가지 동기 유형으로 분류될 수 있다. 먼저, 성취자들은 게임과 관련된 목표를 충족시키는 것으로 동기화되고, 탐험가들은 가상세계에서 자신들이 할 수 있는 한 많은 것을 찾아내려 하며, 사교자들은 다른 게임 사용자들과 만나고 서로 친구가 되는 것을 즐기고, 살인자들은 타인에게 고통을 주는 것을 선호한다.

Bartle의 이론적 모델은 Yee(2006c)에 의해 MMORPG 사용자들 사이에서 경험적으로 검증되었다. 이 연구에서는 탐색적 요인 분석으로 성취, 사교, 몰입이라는 세 가지 주요 요인에 속하는 10가지의 동기적 구성 요소를 확인했다. 성취 요인에 속하는 요인들로는 발전, 기술, 경쟁이 있다. 사교적 요인에 속하는 요인들로는 사람들과 사귀는 것, 관계, 협동이 포함되며, 몰입의 측면에는 역할의 수행, 개인화, 현실 도피가 있다. 이 10가지의 동기적 차원들이 게임 상황에 따라 서로 억제되는 것이 아니라 보완적 역할을 한다는 것 또한 중요하다. Yee(2006c)는 현실 도피와 발전의 하위 요인들이 Young(1998b)의 진단 질문지 수정본에서 측정하는 문제성 사용과 연관된다는 것을 밝혀냈다. 현실 도피에 대한 동기는 현실의 문제를 회피하기 위해 온라인 환경을 사용하는 것을 말한다. 발전은 권력을 얻고 빠르게 진보하며 게임에서의 지위와 물질을 축적하기 위한 욕구로 설명된다. Yee의 연구는 유럽 인구 집단(프랑스, 영국, 이탈리아; Dauriat et al., 2011)과 헝가리의 온라인 MMORPG 집단(Nagygyörgy, Mihalik et al., 2012)을 대상으로 반복하여 실험하였는데, 비슷한 결과(즉, 현실 도피와 발전의 주 요인이 문제성 온라인 게임과 가장 강력한 관계가 있음)를 보여 주었다. 이 모델들은 서로 다른 유형의 온라인 게이머들을 비교하기에는 적합하지 않다. 따라서 Demetrovics 외(2011)는 경험적으로 근거한 동기 측정용 도구, 온라인 게임 동기 질문지(Motives for Online Gaming Questionnaire, MOGQ)를 개발했다. 이 측정 도구는 총 일곱 가지 요인(즉, 사회, 현실 도피, 대응 방식, 환상, 기술 개발, 오락, 경쟁)으로 구성되어 있으며 온라인 게이머들의 비교를 가능하게 한다(부록 4-2 참고).

앞서 언급된 모든 질문지는 온라인 게임(특히 MMORPG)의 구조적인 특징을 질문지의 시작점으로써 포함한다. Ryan과 동료들(2006)은 또 다른 하나의 접근법을 제안했다. 그는 개개인이 가지는 이해 준거의 차이가 클수록, 이런 범주들 또는 유형분류체계는 모든 잠재적 게이머와 게임의 유형에 걸쳐 게임을 시작하고 지속하게 하는 내재된 또는 근본적인 동기와 만족 요인들을 발견하게 해주기보다는 현 게임의 내용과 구조를 크게 반영할 수 있다고 제안했다. 따라서, 이 연구자들은 진정한 동기 이론은 특정 게임이 갖는 구조에 제한된 행동 분류에 초점을 두어서는 안 되며, 그보다는 게임의 플레이어와 장르 전체에 걸쳐 즐거움, 지속성과 관련된 요인을 밝히고 조종성, 구조, 콘텐츠에서 다른 게임과는 차별화되는 게임이 어떻게 사람의 기본적인 동기적 성향과 심리적 필요들을 만족시켜 매력적으로 느껴지는지를 파악해야 한다고 주장한다.

이에 따라, 이 연구자들은 운동이나 그 밖의 여가 활동과 같이 자율성, 유능성, 관계성과 같은 인간의 기본적 욕구가 가져오는 내재적 동기에 대한 연구에 사용되는 인지평가이론(Cognitive Evaluation Theory, CET)을 적용했다. 그 결과는 비디오 게임이 주는 즐거움과 게임을 또다시 하고 싶어지는 욕구는 게임을 할 때 경험할 수 있는 자율성, 유능성, 관계성과 상당히 높은 단계의 연관을 보인다는 주장을 뒷받침하는 것이었다(Przybylski, Ryan, & Rigby, 2009; Ryan et al., 2006). 하지만, 인간의 세 가지 기본적 욕구와 문제성 온라인 게임의 관계에 관한 연구는 아직까지 없다.

Wan과 Chiou(2006)는 Maslow의 인간 욕구 위계 이론을 시작점으로 삼아 또 다른 접근법을 개발했다. 그 결과 여타의 경험적 연구에 적용된 일차원적인 접근보다 만족과 불만족이라는 두 가지 차원을 포함한 2요인 이론이 온라인 게이머들의 심리적 욕구와 더 밀접함을 보여 주었다. 인간의 욕구 중 낮은 위계에 속한 것은 신체, 안전, 소속감, 자존감에 대한 욕구를 포함한 "욕구 불만족(dissatisfactory needs)"을 의미한다. 높은 위계를 차지하는 인간 욕구는 자아실현과 자기초월로 구성된 "욕구 만족(satisfactory needs)"을 의미한다. 게임 중독자들의 욕구 만족감은 불만족 요인의 특징과 비슷했다. 다시 말해, 온라인 게임을 하지 않는 것은 불만족감을 만들어 낼 가능성이 높고, 중독자들의 강박적인 온라인 게임의 사용이 만족을 추구하는 것이라기보다 불만족의 해방감에서 비롯된다는 것이다. 이와 반대로, 온라인 게임은 중독되지 않은 이용자들에게 불만족감보다 만족감을 주는 경향이 있다. 이러한 결과는 Wang과 Chu(2007)의 결과와 일치한다. 이들은 온라인 게임에 대한 조화 및 강박적 열정을 차별화했는데, 강박적 열정만이 문제성 온라인 게임과 관련된다는 것을 발견했다. 이때 강박적 열정이라 함은 게이머가 게임을 스스로 통제하는 것이 아니라 게임 플레이어의 활동에 의해 제어되는 상태를 말한다. 비록 조화의 열정을 가진 게이머들은 게임을 즐기고 좋은 기분을 느끼게 되지만, 강박적 게이머들은 광적인 모습을 보이며 게임을 할 수 없을 때 분노나 불안을 경험한다. Griffiths(2010b)의 사례 연구는 또한 과도한 게임 이용자의 사례 두 가지를 소개하는데, 하나는 재미와 오락을 위해 게임을 즐기는 건강한 게임 마니아의 사례이고, 다른 하나는 삶의 문제를 회피하고 게임에 대한 억제할 수 없는 욕구를 덜기 위해 게임을 하는 게임 중독자의 사례이다.

4) 문제성 온라인 게임에서 구조적 특징의 역할

도박과 관련한 연구의 많은 학자들은 다양한 도박 활동의 서로 다른 구조적 특징(즉, 슬롯 머신)이 문제성 도박 행동의 시작과 발전, 유지에 중요한 역할을 하는 것으로 보고 이에 대해 연구했다(Griffiths, 1993, 1999; Parke & Griffiths, 2007). 이와 비슷하게 온라인 게임의 구조적 특징에 대한 연구 또한 제안되었다(King et al., 2010a; King, Delfabbro, &

Griffiths, 2010b). Wood 외(2004)의 초기 연구에서는 대부분의 게이머들이 높은 수준의 현실감(현실적인 사운드, 그래픽, 환경 등), 급격한 몰입률, 캐릭터 성장, 게임을 개별적으로 맞춤화할 수 있는 능력, 다중이용자 구조, 승패, 규칙적으로 게임을 저장할 수 있는 능력을 비디오 게임의 핵심적인 특징으로 여긴다는 것이 밝혀졌다.

King과 동료들(2010b)은 도박 문헌에 기초한 Wood 외(2004)의 목록을 확대하고 체계화하고자 노력했고, 다섯 가지의 주요 집단으로 구성된 이론적 모델을 만들었다.

- *사회적 특징:* 비디오 게임이 다른 게이머들과의 소통을 가능하게 하고 협력 혹은 경쟁 구도를 만든다는 점에서 사회화적인 측면을 말한다.
- *조작과 통제적 특징:* 게이머가 물리적인 통제 계획을 사용해 게임 상의 재산을 관리하고 서로 상호작용하는 것을 말한다.
- *담화와 정체성의 특징:* 허구의 인물을 사용하거나 캐릭터를 만듦으로써 게임 상에서 또 다른 정체성을 갖게 됨을 말한다.
- *보상과 처벌의 특징:* 게이머들이 승리에 대한 강화 혹은 패배에 대한 처벌을 경험하게 됨을 말한다.
- *연출 특징:* 비디오 게임에서 심미적인 요소가 작용해 게임의 소리나 이미지가 나타나는 것을 말한다.

추적 경험 연구에서는 점수 획득이나 희귀한 게임 아이템을 찾는 것, 그리고 빠른 로딩 시간과 같은 보상과 처벌 특징이 비디오 게이머들에게 가장 재미있고 중요한 측면임이 드러났다. 문제성 비디오 게이머들은 게임에서 자원을 관리하는 것과 점수를 얻는 것, 게임을 완전히 익히는 것에서 재미를 느낀다고 한다. 이러한 특징들은 다른 특징들에 비해 획득하기까지 더 많은 시간이 걸린다. 게다가 문제 집단은 "레벨업"이나 보상을 획득하는 것(예를 들어, 성취), 그리고 빠른 로딩과 같은 특징이 다른 게이머들보다 자신들의 게임 행동에 상당한 영향을 미친다고 밝혔다(King, Delfabbro et al., Griffiths, 2011).

보상 및 처벌과 문제성 사용의 관계는 이론적 연구에서도 강조되어 왔다. 예를 들어, Shavaun Scott(2007)은 MMORPG를 "누구도 상상하지 못했던 믿을 수 없을 만큼 복잡한 스키너의 박스들"이라고 표현한다(이와 관련해 Clark & Scott, 2009, pp. 84-89에서 더 많은 내용을 확인할 수 있다). 온라인 게임 개발자들은 슬롯 머신과 비슷하게 부분적인 강화 효과(Partial Reinforcement Effect, PRE)의 원칙을 적용함으로써 게이머들이 게임을 지속하게 한다. 강화는 즉각적이지만 간헐적이어서 게이머들로 하여금 강화가 주어지지 않을 때 또 다른 강화가 곧 주어질 것이라는 기대감을 갖게 하는데, PRE는 게임 중독의 심리적인 요소로서 핵심적인 역할을 한다. 높은 점수를 얻는 것과 같은 강화의 규모 또한 중요하다. 거대한 보상은 반응을 빠르게 불러일으키고 소멸에 대해 더욱 강력히 저항하게 한다. 즉, "중독"이 강화된다고 볼 수 있다(Griffiths, 2010a). 조작적 조건 형성의 효과성은 게이머가 게임을 계속하는 것뿐만 아니라, 게임에서 재미를 더 이상 느끼지 못함에도 게임 시간을 늘리는 현상을 설명한다(Yee, 2006b). 이러한 상태는 곧 문제성 게임의 시작으로 이어진다.

5) 게임 이용 시간과 문제성 온라인 게임의 관계

비록 몇몇 연구에서 게임 이용 시간과 문제성 사용 간의 강력한 상관관계를 보고해 왔지만(예를 들어, Dauriat et al., 2011; Gentile, 2009; Grusser et al., 2007; Hsu, Wen, & Wu, 2009; Porter et al., 2010), 과도하게 게임을 하는 것이(중독이라는 단어가 일상에서 흔히 사용됨에도 불구하고) 중독이나 문제성 게임의 충분조건은 아니다. Griffiths(2005a, pp. 195)는 "과도하지만 건강한 열성과 중독의 차이는 건강한 열성은 삶에 더해지는 것이지만 중독은 삶을 앗아가는 것"이라고 말한다. 즉, 행동을 문제성 또는 "중독"으로 분류하기 위해서는 중독 때문에 나타나는 추가적인 부적 결과가 제시되어야 한다. 그러나 문제성 게임 행동의 발전은 과정이라는 것을 감안하여 과도한 게이머들이 문제성 행동을 발전시키는 데에 있어 일반 게이머들에 비해 더 높은 위험군에 있는 것으로 나타난다. 따라서 이들에 대한 특별한 주의를 반드시 기울여야 한다.

7. 예방과 치료

1) 예방

예방에 관한 논문들(Griffiths, 2003, 2008; Griffiths & Meredith, 2009)은 가족 구성원이나 친구들에게 게임, 게임 사용자, 그리고 게임 사용자가 가상공간에서 좋아하는 모든 것에 대한 진심 어린 관심을 보이면서 과도한 또는 문제성 게이머들과 직접적인 대화를 시도할 것을 권장한다. 이런 것들이 흔히 게이머들이 즐겁게 이야기할 수 있는 유일한 주제이기 때문에, 게이머와 소통하고 정서적 애착을 만들도록 촉진해 준다. 또한 게임에 익숙해지면서 상호간에 수용이 가능한 규칙을 만들 수 있게 해준다. 만약 게이머가 어린이나 청소년이라면, ESRB 등급과 같이 연령에 맞는 공식적 등급 체계를 사용해 부모, 또는 다른 가족 구성원과 함께 아이에게 적합한 게임을 선택할 것을 적극 권장한다. 게임들은 내용(예를 들어, 폭력적인 것이나 성적 내용을 피할 수 있게 한다)이 아이들에게 적합한 것이어야 하고, 동시에 즐거움을 줄 수 있어야 한다. 부모들은 현실의 친구들과 함께 게임을 할 수 있게 격려해야 한다. 왜냐하면 함께 게임을 하는 것이 대인관계를 발전시킬 수 있게 도와주기 때문이다. 이러한 방법을 통해 온라인에서 습득한 소통과 협력의 기술을 실제 상황으로 쉽게 전이시킬 수 있을 것이다.

또한 매일 혹은 매주 게임하는 시간을 서로 합의하여 결정하는 것은 정해진 것을 더 잘 준수하도록 돕기 때문에 가치가 있다. 또한 모니터의 밝기, 모니터로부터의 거리, 짧은 시간 동안의 휴식과 그 횟수, 피로감이 느껴질 경우 게임을 중단할 것 등에 관한 게임 제작자의 권고사항을 지키는 것도 중요하다. 또한 게이머가 게임이 아닌 운동과 같은 다른 오락적 활동을 찾고 즐기는 것도 매우 중요하다. 만약 게이머들이 적당한 시간 동안 게임을 한다면, 자존감 향상, 반사신경, 즐거운 시간, 기억력, 논리적이고 전략적인 사고, 사회적 소통 기술 등의 영역에서 긍정적인 효과를 경험할 수 있을 것이다 (Griffiths, 2008, 2010a).

2) 치료

치료 기법들은 기본적으로 행동 중독에 성공적으로 적용되는 기법에 기초하고 있지만, 온라인 게임만의 특성을 반영한다(Griffiths, 2008; Griffiths & Meredith, 2009). 문제성 온라인 게임과 이에 대한 치료 가능성을 다루기 위한 여러 유형의 포럼들이 있다. 이런 포럼에는 (1) 문제성 게이머의 부모 그리고 다른 가족 구성원들에 의해 운영되고, 이들이 주로 문제의 본성에 대해 토론하고 자신들의 경험을 공유하며 서로 격려하는 유형, (2) 자조 집단 포럼으로, 비슷한 주제에 대해 게이머들 스스로가 토론하며 서로 격려하는 유형, (3) 전문적인 기관에 의해 설립되고 운영되는 것으로, 기관에서 이 문제에 관한 일반적인 정보를 제공하고, 자가 평가를 위한 몇 가지 기준을 제공하고, 전문가와 연결될 수 있게 도와주는 유형이 있다(Griffiths, 2008; Griffiths & Meredith, 2009). 이러한 포럼에서 제공하는 조언의 대부분은 행동적 보상과 처벌 체계에 기초하고 있다. 익명의 온라인 게임 중독자 모임(On-Line Gamers Anonymous Organization)은 익명의 알코올 중독자 모임과 도박 자조 집단(Alcoholics Anonymous and Gamblers Anonymous)과 같은 집단에서 사용하는 12단계의 미네소타 모델 체계에 기반을 둔 인터넷 기반의 치료 접근을 제공한다(Griffiths, 2008; Griffiths & Meredith, 2009).

몇몇 나라(예를 들어, 미국, 중국, 한국, 영국)들은 중독을 전문으로 하는 치료 기관이 있지만, 학술적 연구가 이루어진 치료 프로그램은 거의 없다. 대부분의 치료 기관은 다양한 영역의 개입을 적용하는데, 이 프로그램들은 주로 두 가지 접근법을 따른다. 하나는 완전 중단 모델(예: 잉글랜드의 서머셋에 위치한 Broadway Lodge 치료 센터)이며, 다른 하나는 완전한 중단을 요구하지 않고 절제와 균형을 향상시키는 폐해 감소 모델(예: 캘리포니아의 Woog Laboratories)이다. 또한 Young(Center for On-Line Addiction)과 Orzack(Computer Addiction Services) 같은 개인적 치료사가 있는데, 이들은 완전한 중단이나 절제를 강조하지 않고 다양한 요소를 사용한다(Griffiths, 2008). 모든 치료 프로그램의 목표는 사회적 활동과 실생활의 활동을 통해 게임 중독자들의 친사회적 기술을 늘리는 것이다. 이 프로그램들은 또한 우울증이나 불안과 같이 감추어진 문제나 동반이환을 다루기 위해 심리 치료도 제공한다. 치료 프로그램은 중독자들이 자신들의 행동을 통제할 수 있도록 목표 설정이나 시간 지키기와 같은 관리 기술을 통합하여 제공된다(Griffiths, 2008).

더욱 구체적인 개입을 위해서 행동 치료, 인지행동 치료(CBT), 동기강화 상담과 같은 치료 기법이 다른 행동 중독의 영역에도 적용된다. 예를 들어, CBT는 중독자들이 자신들의 근본적인 문제를 발견하고 해결하도록 하고 재발을 방지하기 위한 기술을 가르친다. 하지만, CBT의 효과성에도 불구하고 온라인 게임 중독이 다양한 모델의 치료적 개입을 필요로 하는 생물심리학적인 촉발 요인을 갖기 때문에 CBT만으로 게임 중독을 치료하기란 어렵다. 따라서 CBT는 (온라인에서 혹은 현실에서) 지지 집단 또는 약물 치료가 수반되어야 한다. 문제 행동을 통해 완화되었던 근본적인 필요를 만족시키는 대안 방법을 찾는 것 또한 재발을 방지하는 데에 중요하다(Griffiths, 2008). Young(2010)은 치료를 통해 내담자가 온라인 게임 회기를 구조화하고 조율하며, 컴퓨터로부터 멀어지게 하는 대안적인 활동들(예: 가족과 더 많은 시간 보내기, 취미 활동이나 운동하기 등)을 개발할 수 있도록 돕는 시간 관리 측면의 기술들이 사용되어야 한다고 말한다. 또한 Young(2007)에 따르면, 온라인 게이머들은 보통 내향성이나 사회불안과 같은 대인관계의 어려움을 호소하는데, 이러한 특성은 게이머들이 게임이나 가상의 대인관계를 선호하게 만들기 때문에 치료 동안 다루어져야 한다.

Griffiths(2008)는 CBT와 기술 훈련, 그리고 인간중심 기법에 기초한 치료 기법을 통합한다. CBT는 사회 공포증, 불안, 우울과 같이 근본적인 심리적 문제를 다루는 데에 사용된다. 기술 훈련은 시간 관리, 다른 보상활동 찾기, 이외 핵심적인 일상생활 기술

사례 일화

제레미

Case Vignette

제레미는 38세의 회계사로 결혼한 지 13년이 되었으며, 두 명의 자녀가 있다. 그는 1년 반 동안, 매일 저녁 3~4시간 온라인 게임(에버퀘스트 1과 2)을 하다가 게임 시간이 최대 14시간까지 늘어났다. 그는 부부관계가 깨지고 있고, 자녀들과 시간을 거의 보내지 못했으며 게임을 더 하기 위해서 계속 직장에 병가를 낸다고 말했다. 또한 그는 온라인 게임을 할 때면, "삶의 걱정이 사라진다"고 말했다. 게임을 그만두기 위해 몇 번 노력해 보았지만 며칠 이상 지속하지 못했고, 아내가 자신을 떠나겠다고 위협할 때에도 다시 게임을 하고 싶은 욕구에 저항하지 못했다.

온라인 게임을 그만두는 것은 금연보다 어려우며, 게임을 할 수 없을 때에는 "극도로 기분이 요동하고, 불안하며, 우울하고 짜증이 난다"고 말했다. 몇 달 후, 제레미의 상황은 더욱 악화되었다. (비록 그의 회사 동료들은 제레미의 온라인 게임 문제를 모르고 있었지만) 과도한 게임 때문에 직장에서 신뢰를 잃었고 생산성이 떨어진다는 이유로 해고되었다. 직장을 잃고 난 뒤, 아내도 결국 그를 떠났다. 이러한 상황은 제레미가 "매일 하루 종일" 게임을 하도록 만들었다. 과도한 온라인 게임이 모든 문제를 만들어 냈지만, 여전히 기분을 풀어주고 삶의 스트레스에서 해방되기 위해 그가 할 수 있는 것은 온라인 게임을 하는 것이었다. 악순환이 계속 되풀이되는 것이었다.

제레미의 행동은 전형적인 중독의 많은 특징적 징후들을 충족시킨다. 제레미의 경우, 온라인 게임은 그의 생활에서 가장 중요한 우선순위가 되었으며, 기분이 좋아지기 위한 방법은 게임을 하는 것뿐이었다(즉, 삶의 다른 것들로부터 도피). 게임에 대한 내성으로 게임하는 시간을 3~4시간에서 최대 14시간까지 늘려야 했다. 게임을 할 수 없을 때에는 금단 증상들을 겪었다(예를 들어, 극도로 기분변화가 심하다든지, 불안, 우울하거나, 짜증이 나는 것).

온라인 게임을 과도하게 한 결과, 그의 삶에서 갈등(예를 들어, 해고당하거나 가족을 잃는 것)을 경험하게 되었고, 끊으려고 노력해도 게임에 대한 저항할 수 없는 욕구 때문에 며칠을 가지 못하고 매번 재발했다. 가족과 재결합하기 위한 노력의 일환으로, 제레미는 결국 자신의 의사에게 인지행동 치료를 전문으로 하는 심리학자에게 자신을 위탁해 줄 것을 요청했다. 그러나 우리가 아는 바에 따르면 그의 아내는 현재 제레미와 이혼한 상태에 있고, CBT 치료는 여전히 진행 중에 있다.

개발하기와 같은 활동을 사용한다. 관계중심 치료는 대인관계 기술과 사회적 기능을 개발하기 위해 사용된다. 마지막으로, 부부나 가족 치료는 온라인 게임 행동 때문에 발생한 부부나 가족 간의 문제들을 다룬다.

그 밖의 치료적 접근에는 중국이나 한국에서 진행되는 군대 신병훈련소 형식의 캠프가 포함된다. 이런 프로그램들은 자연환경 속에서 고강도의 신체적 활동을 통해 문제 게이머들을 일상생활로 복귀시키고 사이버세계에서 얻을 수 있는 흥분에 대한 대안을 찾을 수 있도록 하는 것을 목표로 한다(Fackler, 2007; Griffiths, 2008). 안타깝게도, 이러한 방법이 온라인 게임 중독을 치료하는 데에 효과적인지에 대한 경험적인 증거나 사례는 없는 상태이다.

3) 약물요법

Hen 외(2010; 2012)는 약물요법에 관한 몇몇 성공 사례들을 소개했다. 부프로피온(bupropion)을 처방하고 중단하는 치료를 6주(Han et al., 2010)와 12주(Han & Renshaw, 2012) 동안 한 연구들에 의하면 문제적 게이머들은 문제 행동이 줄어들고 우울 점수가 감소하는 등의 유의미한 개선을 보였다. 이 연구에서 사용된 약물은 병적 도박과 같은 행동 중독과 물질 의존의 신경학적인 활동이 서로 비슷하다는 것에 기반을 두고 선택되었다(Han et al., 2011; Ko et al., 2009; Kuss & Griffiths, 2012).

8. 참고문헌

Allison, S. E., von Wahlde, L., Shockley, T., & Gabbard, G. O. (2006). The development of the self in the era of the Internet and role-playing fantasy games. *American Journal of Psychiatry*, 163(3), 381–385.

American Psychiatric Association. (1994). *Diagnostic and statistical manual of mental disorders* (4th ed.). Washington, DC: Author.

American Psychiatric Association. (2013a). *Substance-related and addictive disorders*. Retrieved July 10, 2013, from http://www.dsm5.org/Documents/Substance%20Use%20Disorder%20Fact%20Sheet.pdf.

American Psychiatric Association. (2013b). *Internet gaming disorder*. Retrieved July 10, 2013, from http://www.dsm5.org/Documents/Internet%20Gaming%20Disorder%20Fact%20Sheet.pdf.

Armstrong, L., Phillips, J., & Saling, L. (2000). Potential determinants of heavier Internet usage. *International Journal of Human-Computer Studies*, 53, 537–550.

Barnett, J., & Coulson, M. (2010). Virtually real: A psychological perspective on massively multiplayer online games. *Review of General Psychology*, 14(2), 167–179.

Bartle, R. (1996). *Hearts, clubs, diamonds, spades: Players who suit MUDs*. Retrieved October 17, 2013, from http://www.mud.co.uk/richard/hcds.htm.

Bartle, R. (2003). *Designing virtual worlds*. Indianapolis: New Riders Press.

Batthyany, D., Muller, K. W., Benker, F., & Wolfling, K. (2009). Computer game playing: clinical characteristics of dependence and abuse among adolescents. *Wien Klinische Wochenschrift*, 121(15–16), 502–509.

Billieux, J., Chanal, J., Khazaal, Y., Rochat, L., Gay, P., Zullino, D., et al. (2011). Psychological predictors of problematic involvement in massively multiplayer online role-playing games: Illustration in a sample of male cybercafé players. *Psychopathology*, 44, 165–171.

Bioulac, S., Arfi, L., & Bouvard, M. P. (2008). Attention deficit/hyperactivity disorder and video games: A comparative study of hyperactive and control children. *European Psychiatry*, 23(2), 134–141.

Blaszczynski. (2008). Commentary: A response to "problems with the concept of video game 'addiction': Some case study examples." *International Journal of Mental Health and Addiction*, 6(2), 179–181.

Brown, R. I. F. (1991). Gaming, gambling and other addictive play. In J. H. Kerr & M. J. Apter (Eds.), *Adult play: A reversal theory approach* (pp.101–118). Amsterdam: Swets & Zeitlinger.

Brown, R. I. F. (1993). Some contributions of the study of gambling to the study of other addictions. In W. R. Eadington & J. A. Cornelius (Eds.), *Gambling behavior and problem gambling* (pp.241–272). Reno, NV: University of Nevada.

Caplan, S. E. (2002). Problematic Internet use and psychological well-being: Development of a theory-based cognitive-behavioral measurement instrument. *Computers in Human Behavior*, 18, 553–575.

Chan, E., & Vorderer, P. (2006). Massively multiplayer online games. In P. Vorderer & J. Bryant (Eds.), *Playing video games: Motives, responses, and consequences* (pp.77–88). Hillsdale, NJ: Erlbaum.

Chan, P. A., & Rabinowitz, T. (2006). A cross-sectional analysis of video games and attention deficit hyperactivity disorder symptoms in adolescents. *Annals of General Psychiatry*, 5, 16.

Chappell, D., Eatough, V., Davies, M., & Griffiths, M. D. (2006). EverQuest—It's just a computer game right? An interpretative phenomenological analysis of online gaming addiction. *International Journal of Mental Health and Addiction*, 4(3), 205–216.

Charlton, J. P., & Danforth, I. D. W. (2007). Distinguishing addiction and high engagement in the context of online game playing. *Computers in Human Behavior*, 23(3), 1531–1548.

Charlton, J. P., & Danforth, I. D. W. (2010). Validating the distinction between computer addiction and engagement: Online game playing and personality. *Behaviour & Information Technology*, 29(6), 601–613.

Choi, D. S., & Kim, J. (2004). Why people continue to play online games: In search of critical design factors to increase customer loyalty to online contents. *Cyberpsychology & Behavior*, 7(1), 11–24.

Clark, N., & Scott, P. S. (2009). *Game addiction: The experience and the effects*. Jefferson, NC: McFarland & Company, Inc.

Cole, H., & Griffiths, M. D. (2007). Social interactions in massively multiplayer online role-playing gamers. *Cyberpsychology & Behavior*, 10(4), 575–583.

Dauriat, F. Z., Zermatten, A., Billieux, J., Thorens, G., Bondolfi, G., Zullino, D., et al. (2011). Motivations to play specifically predict excessive involvement in massively multiplayer online roleplaying games: Evidence from an online survey. *European Addiction Research*, 17(4), 185–189.

De Prato, G., Feijóo, C., Nepelski, D., Bogdanowicz, M., & Simon, J. P. (2010). Born digital/grown digital: Assessing the future competitiveness of the EU video games software industry. *JRC Scientific and Technical Reports*, Publication office of the European Union.

Demetrovics, Z., & Griffiths, M. D. (2012). Behavioral addictions: Past, present and future. *Journal of Behavioral Addictions*, 1(1), 1–2.

Demetrovics, Z., Szeredi, B., & Rózsa, S. (2008). The three-factor model of Internet addiction: The development of the Problematic Internet Use Questionnaire. *Behavior Research Methods*, 40(2), 563–574.

Demetrovics, Z., Urban, R., Nagygyorgy, K., Farkas, J., Zilahy, D., Mervo, B., et al. (2011). Why do you play? The development of the motives for online gaming questionnaire (MOGQ). *Behav Res Methods*, 43(3), 814–825.

Demetrovics, Z., Urbán, R., Nagygyörgy, K., Farkas, J., Griffiths, M. D., Pápay, O., et al. (2012). The development of the Problematic Online Gaming Questionnaire (POGQ). *PLoS ONE*, 7(5), e36417.

Fackler, M. (2007). *In Korea, a boot camp cure for web obsession*. Retrieved October 17, 2013, from New York Times http://www.nytimes.com/2007/11/18/technology/18rehab.html?pagewanted=1&ei=5087&em&en=ae5b633804a5ee6b&ex=1195621200.

Gentile, D. A. (2009). Pathological video-game use among youth ages 8 to 18: A national study. *Psychological Science*, 20(5), 594–602.

Gentile, D. A., Choo, H., Liau, A., Sim, T., Li, D. D., Fung, D., et al. (2011). Pathological video game use among youths: A two-year longitudinal study. *Pediatrics*, 127(2), 319–329.

Grant, J. E., Potenza, M. N., Weinstein, A., & Gorelick, D. A. (2010). Introduction to behavioral addictions. *American Journal of Drug and Alcohol Abuse*, 36, 233–241.

Griffiths, M. D. (1993). Fruit machine gambling: The importance of structural characteristics. *Journal of Gambling Studies*, 9(2), 101–120.

Griffiths, M. D. (1998). Internet addiction: Does it really exist? In J. Gackenbach (Ed.), *Psychology and the Internet: Intrapersonal, interpersonal, and transpersonal implications* (pp.61–75). San Diego: Academic Press.

Griffiths, M. D. (1999). Gambling technologies: Prospects for problem gambling. *Journal of Gambling Studies*, 15(3), 265–283.

Griffiths, M. D. (2003). Video games: Advice for teachers and parents. *Education and Health*, 21,

48–49.

Griffiths, M. D. (2005a). A 'components' model of addiction within a biopsychosocial framework. *Journal of Substance Use*, 10(4), 191–197.

Griffiths, M. D. (2005b). Relationship between gambling and video-game playing: A response to Johansson and Gotestam. *Psychological Reports*, 96(3 Pt 1), 644–646.

Griffiths, M. D. (2008). Diagnosis and management of video game addiction. *New Directions in Addiction Treatment and Prevention*, 12, 27–41.

Griffiths, M. D. (2010a). Online video gaming: What should educational psychologists know? *Educational Psychology in Practice*, 26(1), 35–40.

Griffiths, M. D. (2010b). The role of context in online gaming excess and addiction: Some case study evidence. *International Journal of Mental Health and Addiction*, 8(1), 119–125.

Griffiths, M. D., Davies, M. N. O., & Chappell, D. (2004). Online computer gaming: A comparison of adolescent and adult gamers. *Journal of Adolescence*, 27(1), 87–96.

Griffiths, M. D., & Meredith, A. (2009). Videogame addiction and its treatment. *Journal of Contemporary Psychotherapy*, 39(4), 247–253.

Grusser, S. M., Thalemann, R., & Griffiths, M. D. (2007). Excessive computer game playing: Evidence for addiction and aggression? *Cyberpsychology & Behavior*, 10(2), 290–292.

Han, D. H., Bolo, N., Daniels, M. A., Arenella, L. S., Lyoo, K. I., & Renshaw, P. F. (2011). Brain activity and desire for Internet video game play. *Comprehensive Psychiatry*, 52(1), 88–95.

Han, D. H., Hwang, J. W., & Renshaw, P. F. (2010). Bupropion sustained release treatment decreases craving for video games and cue-induced brain activity in patients with Internet video game addiction. *Experimental and Clinical Psychopharmacology*, 18, 297–304.

Han, D. H., Lee, Y. S., Na, C., Ahn, J. Y., Chung, U. S., Daniels, M. A., et al. (2009). The effect of methylphenidate on Internet video game play in children with attention-deficit/hyperactivity disorder. *Comprehensive Psychiatry*, 50(3), 251–256.

Han, D. H., & Renshaw, P. F. (2012). Bupropion in the treatment of problematic online game play in patients with major depressive disorder. *Journal of Psychopharmacology*, 26(5), 689–696.

Herodotou, C., Kambouri, M., & Winters, N. (2011). The role of trait emotional intelligence in gamers' preferences for play and frequency of gaming. *Computers in Human Behavior*, 27(5), 1815–1819.

Hsu, S. H., Wen, M. H., & Wu, M. C. (2009). Exploring user experiences as predictors of MMORPG addiction. *Computers & Education*, 53(3), 990–999.

Hussain, Z., & Griffiths, M. D. (2009). Excessive use of massively-multi-player online roleplaying games: A pilot study. *International Journal of Mental Health and Addiction*, 7, 563–571.

Jansz, J., & Tanis, M. (2007). Appeal of playing online first person shooter games. *Cyberpsychology and Behavior*, 10, 133–136.

Jeong, E. J., & Kim, D. H. (2011). Social activities, self-efficacy, game attitudes, and game addiction. *Cyberpsychology, Behavior and Social Networking*, 14(4), 213–221.

Kim, E. J., Namkoong, K., Ku, T., & Kim, S. J. (2008). The relationship between online game addiction and aggression, self-control and narcissistic personality traits. *European Psychiatry*, 23(3), 212–218.

Kim, J. W., Han, D. H., Park, D. B., Min, K. J., Na, C., Won, S. K., et al. (2010). The relationships between online game player biogenetic traits, playing time, and the genre of the game being played. *Psychiatry Investigation*, 7(1), 17–23.

Kim, M. G., & Kim, J. (2010). Cross-validation of reliability, convergent and discriminant validity for the problematic online game use scale. *Computers in Human Behavior*, 26(3), 389–398.

Kim, S. M., Han, D. H., Lee, Y. S., Kim, J. E., & Renshaw, P. F. (2012). Changes in brain activity in response to problem solving during the abstinence from online game play. *Journal of Behavioral Addictions*, 1(2), 41–49.

King, D., Delfabbro, P., & Griffiths, M. D. (2010a). The role of structural characteristics in problem video game playing: A review. *Cyberpsychology: Journal of Psychosocial Research on Cyberspace*, 4(1), article 6.

King, D., Delfabbro, P., & Griffiths, M. D. (2010b). Video game structural characteristics: A new psychological taxonomy. *International Journal of Mental Health and Addiction*, 8(1), 90–106.

King, D., Delfabbro, P., & Griffiths, M. D. (2011). The role of structural characteristics in problematic video game play: An empirical study. *International Journal of Mental Health and Addiction*, 9(3), 320–333.

Ko, C. H., Liu, G. C., Hsiao, S. M., Yen, J. Y., Yang, M. J., Lin, W. C., et al. (2009). Brain activities associated with gaming urge of online gaming addiction. *Journal of Psychiatric Research*, 43, 739–747.

Ko, C. H., Yen, J. Y., Chen, C. C., Chen, S. H., & Yen, C. F. (2005). Gender differences and related factors affecting online gaming addiction among Taiwanese adolescents. *Journal of Nervous and Mental Disease*, 193(4), 273–277.

Koronczai, B., Urban, R., Kokonyei, G., Paksi, B., Papp, K., Kun, B., et al. (2011). Confirmation of the three-factor model of problematic Internet use on off-line adolescent and adult samples. *Cyberpsychology, Behavior and Social Networking*, 14, 657–664.

Kuss, D. J., & Griffiths, M. D. (2012a). Internet gaming addiction: A systematic review of empirical research. *International Journal of Mental Health and Addiction*, 10(2), 278–296.

Kuss, D. J., & Griffiths, M. D. (2012b). Online gaming addiction in children and adolescents: A review of empirical research. *Journal of Behavioral Addictions*, 1(1), 3–22.

Kuss, D. J., & Griffiths, M. D. (2012c). Internet and gaming addiction: A systematic literature review of neuroimaging studies. *Brain Sciences*, 2, 347–374.

Lee, C., & Han, S. (2007). Development of the scale for diagnosing online game addiction. Mathematical Methods and Computational Techniques in Research and Education. In P. Dondon, V. Mladenov, S. Impedovo, C. Cepisca & J. Lloret (Eds.), *Mathematical Methods and Computational Techniques in Research and Education. Proceedings of the 9th WSEAS International Conferenceon Mathematical Methods and Computational Techniques in Electrical Engineering (MMACTEE '07)* (pp.362–367). Arcachon: WSEAS Press.

Lee, H. C., & Ahn, C. Y. (2002). Development of the Internet game addiction diagnostic scale. *The Korean Journal of Health Psychology*, 7, 211–239.

Lemmens, J. S., Valkenburg, P. M., & Peter, J. (2009). Development and validation of a game addiction scale for adolescents. *Media Psychology*, 12, 77–95.

Lemmens, J. S., Valkenburg, P. M., & Peter, J. (2011). Psychosocial causes and consequences of pathological gaming. *Computers in Human Behavior*, 27(1), 144–152.

Lemola, S., Brand, S., Vogler, N., Perkinson-Gloor, N., Allemand, M., & Grob, A. (2011). Habitual computer game playing at night is related to depressive symptoms. *Personality and Individual Differences*, 51(2), 117–122.

Lo, S. K., Wang, C. C., & Fang, W. C. (2005). Physical interpersonal relationships and social anxiety among online game players. *Cyberpsychology & Behavior*, 8(1), 15–20.

Mehroof, M., & Griffiths, M. D. (2010). Online gaming addiction: The role of sensation seeking, self-control, neuroticism, aggression, state anxiety, and trait anxiety. *Cyberpsychology, Behaviorand Social Networking*, 13(3), 313–316.

Nagygyörgy, K., Mihalik, Á., & Demetrovics, Z. (2012). Az online játékok pszichológiai vonatkozásai. In E. Gabos (Ed.), *A média hatása a gyermekekre és fiatalokra VI* (pp.242–248). Budapest: Nemzetközi Gyermekmentő Szolgálat Magyar Egyesülete.

Nagygyörgy, K., Pápay, O., Urbán, R., Farkas, J., Kun, B., Griffiths, M. D., & Demetrovics, Z. (2013). [Problematic online gaming: a review of the literature] [Hungarian]. *Psychiatria Hungarica*, 28(2), 122–144.

Nagygyörgy, K., Urbán, R., Farkas, J., Griffiths, M., Zilahy, D., Kökönyei, G., et al. (2012). Typology and socio-demographic characteristics of massively multiplayer online game players. *International Journal of Human-Computer Interaction*, doi:10.1080/10447318.2012.702636.

Ng, B. D., & Wiemer-Hastings, P. (2005). Addiction to the Internet and online gaming. *Cyberpsychology & Behavior*, 8(2), 110–113.

Pápay, O., Urbán, R., Griffiths, M. D., Nagygyörgy, K., Farkas, J., Elekes, Z., et al. (2013). Psychometric properties of the Problematic Online Gaming Questionnaire Short-Form (POGQ-SF) and prevalence of problematic online gaming in a national sample of adolescents. *Cyberpsychology, Behavior and Social Networking*, 16, 340–348.

Parke, J., & Griffiths, M. D. (2007). The role of structural characteristics in gambling. In G. Smith, D. Hodgins & R. Williams (Eds.), *Research and measurement issues in gambling studies* (pp.211–243). New York: Elsevier.

Peng, W., & Liu, M. (2010). Online gaming dependency: A preliminary study in China. *Cyberpsychology, Behavior and Social Networking*, 13(3), 329–333.

Peters, C. S., & Malesky, L. A. (2008). Problematic usage among highly-engaged players of massively multiplayer online role playing games. *Cyberpsychology & Behavior*, 11(4), 480–483.

Porter, G., Starcevic, V., Berle, D., & Fenech, P. (2010). Recognizing problem video game use. *Australian and New Zealand Journal of Psychiatry*, 44, 120–128.

Przybylski, A. K., Ryan, R. M., & Rigby, C. S. (2009). The motivating role of violence in video games. *Personality and Social Psychology Bulletin*, 35(2), 243–259.

Rehbein, F., Psych, G., Kleimann, M., Mediasci, G., & Mossle, T. (2010). Prevalence and risk factors of video game dependency in adolescence: Results of a German nationwide survey. *Cyberpsychology, Behavior and Social Networking*, 13(3), 269–277.

Rice, R. A. (2006). *MMO Evolution*. Raleigh, NC: Lulu Press.

Ryan, R. M., Rigby, C. S., & Przybylski, A. (2006). The motivational pull of video games: A self-determination theory approach. *Motivation and Emotion*, 30(4), 347–363.

Scott, S. (2007). *Electronic game addiction? Part 3 of 4. Interview with Shavaun Scott psychotherapist.* Retrieved July 10, 2013, from http://www.youtube.com/watch?v=QoDLN6gGd_g&list=PL9ECB0D59EF3A32C5.

Seay, A. F., & Kraut, R. E. (2007). Project massive: Self-regulation and problematic use of online gaming. In *Paper presented at the CHI 2007: Proceedings of the ACM Conference on Human Factors in Computing Systems*. CA, USA: San Jose.

Snodgrass, J. G., Lacy, M. G., Dengah, H. J. F., & Fagan, J. (2011). Enhancing one life rather than living two: Playing MMOs with offline friends. *Computers in Human Behavior*, 27(3), 1211–1222.

Van Rooij, A. J., Schoenmakers, T. M., Vermulst, A. A., Van den Eijnden, R. J., & Van de Mheen, D. (2011). Online video game addiction: Identification of addicted adolescent gamers. *Addiction*, 106(1), 205–212.

Wan, C. S., & Chiou, W. B. (2006). Psychological motives and online games addiction: A test of flow theory and humanistic needs theory for Taiwanese adolescents. *Cyberpsychology & Behavior*, 9(3), 317–324.

Wang, C. C., & Chu, Y. S. (2007). Harmonious passion and obsessive passion in playing online games. *Social Behavior and Personality*, 35(7), 997–1005.

Wang, E. S., Chen, L. S., Lin, J. Y., & Wang, M. C. (2008). The relationship between leisure satisfaction and life satisfaction of adolescents concerning online games. *Adolescence*, 43(169), 177–184.

Whang, L. S. M., Heo, S. J., & Hur, M. Y. (2004). The online game addiction as a luxury syndrome: An immersion of digital world as a consumption of digital product. *Cyberpsychology & Behavior*, 7(3), 318.

Williams, D., Ducheneaut, N., Xiong, L., & Yee, N. (2006). From tree house to barracks—The social life of guilds in World of Warcraft. *Games and Culture*, 1(4), 338–360.

Wood, R. T. A. (2007). The problem with the concept of video game "addiction": Some case examples. *International Journal of Mental Health & Addiction*, 6, 169–178.

Wood, R. T. A., Griffiths, M. D., Chappell, D., & Davies, M. N. O. (2004). The structural characteristics of video games: A psycho-structural analysis. *Cyberpsychology & Behavior*, 7(1), 1–10.

World Health Organization. (1994). *BNO-10: International Statistical Classification of Diseases and Health Related Problems*. Geneva, Switzerland: Author.

Yee, N. (2006a). The demographics, motivations and derived experiences of users of massively-multiuser online graphical environments. *PRESENCE: Teleoperators and Virtual Environments*, 15, 309–329.

Yee, N. (2006b). The labor of fun—How video games blur the boundaries of work and play. *Games and Culture*, 1(1), 68–71.

Yee, N. (2006c). Motivations for play in online games. *Cyberpsychology & Behavior*, 9(6), 772–775.

Yee, N. (2006d). The psychology of MMORPGs: Emotional investment, motivations, relationship formation, and problematic usage. In R. Schroeder & A. Axelsson (Eds.), *Avatars at work and play: Collaboration and interaction in shared virtual environments* (pp.187–207). London: Springer.

Young, K. S. (1998a). *Caught in the Net: How to recognize the signs of Internet addiction and a winning strategy for recovery*. New York: Wiley.

Young, K. S. (1998b). Internet addiction: The emergence of a new clinical disorder. *Cyberpsychology and Behavior*, 1, 237–244.

Young, K. S. (1999). Internet addiction: Symptoms, evaluation, and treatment. In L. Vande Creek & T. Jackson (Eds.), *Innovations in clinical practice: A source book*. Sarasota, FL: Professional Resource Press. (pp.17, 19–31).

Young, K. S. (2007). Cognitive behavioral therapy with Internet addicts: Treatment outcomes and implications. *Cyberpsychology & Behavior*, 10, 671–679.

Young, K. S. (2009a). *Are you an obsessive online gamer?*. Retrieved April 12, 2013, from http://www.netaddiction.com/index.php?option=com_content&view=article&id=80%3Agamer&catid=42%3Arecovery-resources&Itemid=84.

Young, K. S. (2009b). Understanding online gaming addiction and treatment issues for adolescents. *American Journal of Family Therapy*, 37, 355–372.

Young, K. S. (2010). *When gaming becomes an obsession: Help for parents and their children to treat online gaming addiction*. Retrieved October 17, 2013, from http://www.netaddiction.com/articles/Online%20Gaming%20Treatment.pdf.

Zhou, Y., & Li, Z. (2009). Online game addiction among Chinese college students measurement and attribution. *Studies in Health Technology and Informatics*, 144, 149–154.

부록 4-1

문제성 온라인 게임 질문지(Problematic Online Gaming Questionnaire, POGQ)

온라인 게임에 관한 아래의 문장을 읽으십시오. 이 질문지는 오직 온라인 게임에만 해당합니다. 그러나 편의를 위해, 온라인 게임은 각 문장에서 "게임"으로 표기되었습니다.

각 문장을 읽고, 당신이 해당하는 곳에 1에서 5점 척도로 표시하십시오.

	전혀 그렇지 않다	거의 그렇지 않다	가끔 그렇다	자주 그렇다	거의/항상 그렇다
1. 게임을 하지 않을 때 얼마나 자주 게임에 대해 생각하거나, 게임할 때의 느낌에 대해 생각하십니까?	1	2	3	4	5
2. 원래 계획했던 것보다 게임을 오래하는 경우는 얼마나 자주 있습니까?	1	2	3	4	5
3. 게임을 하지 않을 때 우울하거나 짜증이 나고, 게임을 시작하면 이러한 느낌이 사라지는 경우가 얼마나 자주 있습니까?	1	2	3	4	5
4. 게임을 줄여야겠다는 생각을 얼마나 자주 하십니까?	1	2	3	4	5
5. 당신이 게임을 많이 하는 것에 대해 주변 사람들이 얼마나 자주 불평합니까?	1	2	3	4	5
6. 게임을 하느라 친구와의 약속을 지키지 못한 것은 얼마나 자주 있습니까?	1	2	3	4	5
7. 게임하는 공상을 얼마나 자주 하십니까?	1	2	3	4	5
8. 얼마나 자주 시간 가는 줄 모르고 게임하십니까?	1	2	3	4	5
9. 하고 싶은 만큼 게임을 하지 못할 때 얼마나 자주 짜증나거나 불안하거나 초조해지십니까?	1	2	3	4	5

(계속)

	전혀 그렇지 않다	거의 그렇지 않다	가끔 그렇다	자주 그렇다	거의/항상 그렇다
10. 게임하는 시간을 줄이려는 시도에 얼마나 자주 실패하십니까?	1	2	3	4	5
11. 게임 때문에 부모님이나 배우자와 얼마나 자주 다투십니까?	1	2	3	4	5
12. 게임 때문에 다른 활동을 무시하는 경우가 얼마나 자주 있습니까?	1	2	3	4	5
13. 게임을 하는 동안 시간이 멈춘 것처럼 느껴지는 것은 얼마나 자주 있습니까?	1	2	3	4	5
14. 며칠 동안 게임을 할 수 없다면 얼마나 자주 짜증이나 초조함을 느끼십니까?	1	2	3	4	5
15. 게임 때문에 삶의 문제가 생겼다고 얼마나 자주 느끼십니까?	1	2	3	4	5
16. 사람들과 외출하기보다 게임을 선택하는 일이 얼마나 자주 있습니까?	1	2	3	4	5
17. 얼마나 자주 끼니를 잊고 게임에 몰두합니까?	1	2	3	4	5
18. 게임을 할 수 없을 때 짜증이 나거나 화가 나는 것을 얼마나 자주 경험하십니까?	1	2	3	4	5

	사로잡힘	몰입	금단	과다 사용	대인관계 갈등	사회적 고립
POGO-18	1, 7	2, 8. 13. 17	3, 9, 14, 18	4, 10, 15	5, 11	6, 12, 16
POGO-12	1, 7	2, 8	3, 14	4, 10	5, 11	6, 12

참고: 점수 계산과 해석에 관한 자세한 사항은 Demetrovics 외(2012)와 Pápay 외(2013)에서 찾아볼 수 있습니다.

부록 4-2

온라인 게임 동기 질문지(Motives for Online Gaming Questionnaire, MOGQ)

사람들이 온라인 게임을 하는 이유는 다양합니다. 아래의 몇 가지 이유들 중 얼마나 자주 그 이유를 느끼는지 표시해 주십시오. '절대/거의 아니다'는 (1), 가끔 (2), 절반 정도 (3), 대부분 (4), 거의 항상 그렇다는 (5)에 표시해 주십시오. 게임을 하는 동기를 알아보고자 하는 설문이니 정답은 없습니다.

내가 온라인 게임을 하는 이유는	전혀/거의 아니다	가끔	절반 정도	대부분	거의/항상 그렇다
1. 새로운 사람들을 알아갈 수 있기 때문이다.	1	2	3	4	5
2. 게임을 할 때 바쁜 일상의 일을 잊을 수 있기 때문이다.	1	2	3	4	5
3. 다른 사람들과 경쟁하는 것이 재미있기 때문이다.	1	2	3	4	5
4. 게임하면 기분이 더 좋아지기 때문이다.	1	2	3	4	5
5. 감각적으로 생생해지기 때문이다.	1	2	3	4	5
6. 실제로 할 수 없거나 하면 안 되는 것들을 할 수 있기 때문이다.	1	2	3	4	5
7. 오락성을 위해서 한다.	1	2	3	4	5
8. 다양하고 많은 사람들을 만날 수 있기 때문이다.	1	2	3	4	5
9. 현실을 잊을 수 있기 때문이다.	1	2	3	4	5
10. 이기는 것이 좋기 때문이다.	1	2	3	4	5
11. 스트레스를 해소시켜 주기 때문이다.	1	2	3	4	5
12. 게임 기술을 향상시킬 수 있기 때문이다.	1	2	3	4	5
13. 나 자신이 다른 누구인 것처럼 느껴지기 때문이다.	1	2	3	4	5

(계속)

내가 온라인 게임을 하는 이유는	전혀/거의 아니다	가끔	절반 정도	대부분	거의/항상 그렇다
14. 재미있기 때문이다.	1	2	3	4	5
15. 사회적 경험으로써 좋기 때문이다.	1	2	3	4	5
16. 현실에서 도피할 수 있기 때문이다.	1	2	3	4	5
17. 다른 사람들보다 내가 더 낫다고 느낄 때 기분이 좋기 때문이다.	1	2	3	4	5
18. 나의 공격성을 쏟을 수 있기 때문이다.	1	2	3	4	5
19. 집중력을 향상시켜 주기 때문이다.	1	2	3	4	5
20. 잠시동안 다른 사람이 될 수 있기 때문이다.	1	2	3	4	5
21. 게임하는 것을 좋아하기 때문이다.	1	2	3	4	5
22. 친구를 만나게 하기 때문이다.	1	2	3	4	5
23. 불쾌한 것들을 잊을 수 있기 때문이다.	1	2	3	4	5
24. 다른 사람을 이기는 것의 즐거움 때문이다.	1	2	3	4	5
25. 긴장감을 줄여주기 때문이다.	1	2	3	4	5
26. 협동하는 기술을 키워주기 때문이다.	1	2	3	4	5
27. 또 다른 세계에 존재할 수 있기 때문이다.	1	2	3	4	5

사회	도피	경쟁	대처	기술 개발	판타지	오락
1, 8, 15, 22	2, 9, 16, 23	3, 10, 17, 24	4, 11, 18, 25	5, 12, 19, 26	6, 13, 20, 27	7, 14, 21

참고: 점수 계산과 해석에 관한 자세한 사항은 Demetrovics 외(2011)에서 찾아볼 수 있습니다.

CHAPTER 5

인터넷 중독 장애: 개관과 논의

Aviv Weinstein, Laura Curtiss Feder,
Kenneth Paul Rosenberg, Pinhas Dannon

1. 서론: 인터넷 중독 장애와 치료

문제성 인터넷 사용(Problematic Internet Use, PIU) 혹은 인터넷 중독 장애(Internet Addiction Disorder, IAD)는 과도하게 인터넷을 사용하거나 혹은 인터넷 사용을 적절하게 제어하지 못하는 사로잡힘, 충동, 또는 행동이 특징이다. 그 결과 장해 또는 고통을 야기한다. 지난 15년 동안 인터넷의 사용이 급증하면서 IAD는 이 분야의 연구자들과 임상가들에게 주목을 받아왔다. Young(1998)과 Griffiths(1998, 2000)는 처음으로 IAD를 규정했고 광범위한 연구를 해왔다.

대중매체와 연구자들 사이에서 인터넷 중독을 다루는 범위는 늘어나고 있으며, 컴퓨터의 사용과 인터넷의 접근성이 높아지면서 인터넷 중독에 대한 관심도 높아졌다(Shaw & Black, 2008). 현상학적 측면에서 봤을 때 IAD는 적어도 세 가지 형식으로 나타난다. 지나친 게임 도박, 성적 집착(사이버섹스), e메일이나 문자를 포함하는 사회화 또는 소셜 네트워킹이다. 인터넷 중독자들은 일정 시간 이상 인터넷을 하면서 다른 종류의 사회적 접촉으로부터 스스로를 고립시킨다. 또한 폭넓은 생활에 집중하기보다는 인터넷에 온 관심을 기울인다. 인터넷 사용에 문제가 있는 청소년들은 학교와 가정에서 일어나는 문제들을 대처하는 데 어려움을 보이거나 대인관계가 좋지 않았다(Milani, Osualdella, & Di Blasio, 2009). IAD는 또한 "현실을 회피"하고자 하는 욕구로도 설명할 수 있는데, 인터넷 게임을 과도하게 하는 것도 이와 같은 이유로 설명될 수 있을 것이다(Kwon, Chung, & Lee, 2011).

IAD와 관련해서는 다양한 설명들이 있다(Dell'Osso, Altamura, Allen, Marazziti, & Hollander, 2006). 어떤 연구자들은 IAD를 충동 조절 장애 혹은 강박 장애 모델의 한 부

분으로 간주한다. 이 모델들은 뇌 영상법과 약리학적(SSRI) 치료 연구에 근거를 둔다. 또한 IAD는 행동 장애의 스펙트럼에 속한 것으로도 여겨진다. 그 이유는 IAD가 부정적인 결과에도 불구하고 과도하게 사용하는 것, 금단 현상, 그리고 많은 물질 사용 장애에서 나타나는 내성이라는 특징을 보이기 때문이다. 그러나 이런 주장을 뒷받침하는 증거들은 아직 충분하지 않다. 다양한 질환의 증상들과 IAD가 빈번히 함께 발견되기 때문에 그 인과관계에 대해서도 연구해야 할 많은 의문점들이 있다.

2. 진단 및 임상 기준

IAD를 *DSM-5*에 포함시키기 위해 필수적인 네 가지 진단 기준이 제시되었다(Block, 2008). (1) 시간에 대한 감각이 없어지거나 기초적인 욕구들을 무시하는 것과 관련되는 과도한 인터넷의 사용, (2) 컴퓨터를 할 수 없을 때에 분노, 긴장, 우울과 같은 기분을 포함하는 금단 현상, (3) 더 좋은 컴퓨터 장비, 더 많은 소프트웨어를 구입하거나 컴퓨터 사용 시간을 늘리고자 하는 욕구를 포함하는 내성, (4) 논쟁, 거짓말, 저조한 학업 또는 직업 성과, 사회적 고립, 피로감과 같은 부정적 결과들이 이에 해당된다.

IAD에 대한 진단 기준을 만들고, 일반 인구를 대상으로 그에 대한 타당도와 신뢰도를 평가하기 위해서 주요 연구가 진행되었다(Tao et al., 2010). 진단 기준은 증상 기준(IAD의 일곱 가지 임상적 증상), 임상적으로 중요한 장애 기준(기능적, 사회심리학적 장애), 경과 기준(최소한 매일 여섯 시간의 불필요한 인터넷 사용이 적어도 3개월 이상 지속), 그리고 배제 기준(정신병적 장애로 인한 의존성의 배제)으로 구성되었다. IAD를 2013년 *DSM-5*에 포함시키려는 움직임이 있었지만 아직까지는 장애로 인정받지 못하고 있다. 그러나 인터넷 게임 장애는 이후의 포함 여부를 더욱 고려하고 이에 대한 연구를 장려하기 위해 *DSM-5* 부록에 포함되었다.

3. 인터넷 중독의 평가

IAD 진단용 설문지에는 물질 의존용 진단 설문지 문항들뿐 아니라 인터넷 중독과 관련한 새로운 문항들도 포함되어 있다. 일반적으로 가장 많이 쓰이는 진단용 설문지는 Young의 인터넷 중독 진단(Internet Addiction Test, IAT)(Young, 1998)이다. 이 설문지는 이 장의 마지막에 부록으로 첨부되었다. IAT는 다음의 여러 연구를 통해 타당성이 입증되었다(Barke, Nyenhuis, & Kröner-Herwig, 2012; Bernardi & Pallanti, 2009; Chong, Isa, Hashim, Pillai, & Harbajan Singh, 2012; Ghamari, Mohammadbeigi, Mohammadsalehi, & Hashiani, 2011; Han et al., 2009; Jelenchick, Becker, & Moreno, 2012; Korkeila, Kaarlas, Jaaskelainen, Vahlberg, & Taiminen, 2009; Widyanto & McMurran, 2004). 인터넷 중독 척도(IAS)는 Griffiths(1998)가 개발하고 Nichols와 Nicki(2004) 그리고 Canan, Ataoglu, Nichols, Yildirim과 Ozturk(2010)가 그 타당성을 입증했다. 다른 진단용 설문지로는 첸 인터넷 중독 등급(Chen Internet Addiction Scale, CIAS)(Yen et al., 2012), 인터넷 관련 경험 설문(Questionnaire of Experiences Related Internet)(Beranuy, Chamarro, Graner, & Carbonell, 2009), 강박적 인터넷 사용 등급(Compulsive Internet Use Scale, CIUS)(Khazaal et al., 2012; Meerkerk, Van Den Eijnden, Vermulst, & Garretsen, 2009), 문제성 인터넷 사용 진단서(Problematic Internet Use Questionnaire, PIUQ)(Demetrovics, Szeredi, Rãzsa, 2008), 인터넷 관련 문제 등급(Internet-Related Problem Scale, IRPS)(Widyanto, Griffiths, & Brunsden, 2011)이 있다. 이 진단용 설문지들을 검토한 Beard(2005)는 이러한 설문지들 덕분에 IAD를 위한 선행 연구가 이루어질 수 있었지만, 서로 다른 이론적 근거에 기반을 두었고 근본적인 차원에 대한 합의도 없기 때문에 활용하는 데에 문제가 따른다고 언급했다.

4. 유병률

인터넷 중독의 국제적 유병률은 세계적으로 1.5%에서 8.2%로 다양하며(Petersen, Weymann, Schelb, Thiel, & Thomasius, 2009), 미국은 0.3%에서 0.7%(Shaw & Black, 2008), 4%(Christakis, Moreno, Jelenchick, Myaing, & Zhou, 2011), 6%(Greenfield, 1999)이고, 남부 미국 대학생들 중에서는 25%(Forston, Scotti, Chen, Malone, & Del Ben, 2007)까지 이르는 것으로 나타났다. Moreno, Jelenchick, Cox, Young, 그리고 Christakis(2011)의 보고서를 참고하면 도움이 된다. 유럽의 경우, 독일에서는 3%(Woelfling, Buhler, Lemenager, Mairsen, & Mann, 2009), 이탈리아에서는 5.4%

와 5%(Pallanti, Bernardi, & Quercioli, 2006; Poli, & Agrimi, 2012), 그리스에서는 10.4%(Tsitsika et al., 2009), 영국에서는 18.3%(Niemz, Griffiths, & Banyard, 2005)로 다양하다. 11개의 유럽 국가에서 실시한 주요 조사에서는 4.4%의 유병률을 보였다(Durkee et al., 2012).

그동안 인터넷 중독은 극동 아시아 지역에서 가장 많이 연구되었다. 중국의 경우, 중간 정도의 사용자들은 10.2%이고 심각하게 중독된 사람들은 0.6%를 차지했다(Lam, Peng, Mai, & Jing, 2009). 후난성에서는 2.4%와 5.52%(Cao, Su, Liu, & Gao, 2007; Deng, Hu, Hu, Wang, & Sun, 2007), 산시성에서는 6.44%(Ni, Yan, Chen, & Liu, 2009), 홍콩에서는 6.7%(Fu, Chan, Wong, & Yip, 2010), 상하이에서는 8.8%(Xu et al., 2012)로 유병률이 다양하다. 대만에서는 학생의 17.9%가 중독으로 분류되었다(Tsai et al., 2009). 한국 중학생들의 16%가 잠재적인 위험군에 속해 있는 이용자이고, 3.1%는 고위험 이용자이다(Seo, Kang, & Yom, 2009). 한국에서 진행된 다른 연구들은 1.6%(Kim et al., 2006), 3.5%(Whang, Lee, & Chang, 2003), 4.3%(Jang, Hwang, & Choi, 2008), 10.7%(Park, Kim, & Cho, 2008), 그리고 20.3%(Ha et al., 2007)의 청소년이 인터넷 중독이라고 보고한다.

5. 정신질환 동반이환

환자 표본에서 진행된 횡단연구들은 인터넷 중독이 정동 장애, 불안 장애(예를 들어, 범불안 장애, 사회 불안 장애), 그리고 주의력 결핍 및 과잉 행동 장애(ADHD)와 같은 정신질환과 높은 동반이환율을 갖는다고 보고했다.

표 5.1은 인터넷 중독과 동시에 나타나는 다양한 정신 장애와 증상들을 보여주는 연구목록들을 열거하고 있다. 이 표는 연구대상에 따라 성인과 청소년으로 나뉘어 있다.

Dong, Lu, Zhou와 Zhao(2011)는 중독에 앞서 IAD를 촉발시킬 수 있는 병리적 특성을 포함하여 인터넷 중독자의 정신상태에 대해 조사했다. 이들은 인터넷에 중독되기 전, 연구 참여자들의 비정상적 강박성 정도를 발견했다. Cho 외(2012)는 한국 남성들에게서 금단, 불안/우울과 미래의 인터넷 중독 간의 관계성을 발견했다. 마지막으로 문제성 인터넷 사용(PIU)과 정신질환의 상관관계에 대한 20개의 연구를 검토한 결과, 우울증(75%), 불안(57%), ADHD 증상(100%), 강박 증상(60%), 적개심/공격성(66%)이 PIU

과 유의미한 상관관계가 있음을 발견하였다(Carli et al., 2013).

〈표 5.1〉

인터넷 중독 – 다른 정신질환과의 동반이환과 증상

동반이환의 임상적 진단명	연구	국가
성인		
우울증	Te Wildt, Putzig, Zedler, & Ohlmeier(2007)	독일
우울 정서 장애	Morrison & Gore(2010) Liberatore, Rosario, Colón-De Martí, & Martínez(2011) Alavi et al.(2010) Cho, Sung, Shin, Lim, & Shin(2012)	영국 푸에르토리코 이란 한국
불안	Kratzer & Hegerl(2008) Alavi et al.(2010) Cho et al.(2012)	독일 이란 한국
알코올 남용	Yen, Ko, Yen, Chen, & Chen(2009)	대만
실감정증 & 아동 학대	Yates, Gregor, & Haviland(2012)	미국
충동 조절 장애	Mazhari(2012)	이란
공격성	Alavi et al.(2010)	이란
청소년		
성격 장애: 경증, 기분 변조증, 강박증, 경계선 성격 장애, 회피성 성격 장애	Bernardi & Pallanti(2009)	이탈리아
실감정증, 해리성 경험, 충동 조절 장애	De Berardis et al.(2009)	이탈리아
실감정증	Dalbudak et al.(2013)	터키
해리증상	Canan, Ataoglu, Ozcetin, & Icmeli(2012)	터키
품행 장애 & 과잉 행동	Kormas, Critselis, Janikian, Kafetzis, & Tsitsika(2011)	그리스

(계속)

동반이환의 임상적 진단명	연구	국가
우울증	Tsitsika et al.(2011)	그리스
	Ha et al.(2007)	한국
	Kim et al.(2006)	한국
	Park, Park, Lee, Kwon, & Kim(2012)	한국
	Yen, Ko, Yen, Wu, & Yang(2007)	대만
	Xiuqin et al.(2010)	중국
	Cheung & Wong(2011)	홍콩
	Guo et al.(2012)*	홍콩
	Morrison & Gore(2010)	영국
사회공포증	Yen et al.(2007)	대만
	Wei, Chen, Huang, & Bai(2012)	대만
체성통	Wei et al.(2012)	대만
주의력 결핍 및 과잉 행동 장애(ADHD)	Yen et al.(2007)	대만
	Yen, Yen, Chen, Tang, & Ko(2009)	대만
강박증(OCD)	Xiuqin et al.(2010)	중국
불면증	Cheung & Wong(2011)	홍콩

* 아동 대상

6. 인터넷 중독과 약물, 알코올 사용의 관계

알코올과 약물 사용은 문제성 인터넷 사용과 연관이 있는 것으로 밝혀져 왔다. 핀란드에서 대마 사용은 인터넷 중독과 관련이 있었고(Korkeila et al., 2009), 그리스 청소년들의 물질 사용은 문제성 인터넷 사용과 관련이 있었다(Fisoun, Floros, Siomos, Geroukalis, & Navridis, 2012). 더하여 인터넷 중독은 대만 학생들에게서 유해한 알코올 사용과 관련이 있었다(Yen, Ko, Yen, Chang, & Cheng, 2009). 부모의 문제성 음주는 남자아이의 경우 불안, 우울증, 공격성을 통해, 여자아이의 경우 가족 기능과 공격성을 통해 인터넷 중독과 연관되었다(Jang & Ji, 2012).

7. 인터넷 중독의 현상학

이 책의 다른 부분에서 언급되었듯이 인터넷 중독에 영향을 미칠 수 있는 요소들은 다양하다. 스트레스에 대한 대처능력(Grusser, Thalemann, Albrecht, & Thalemann, 2005), 사회적 네트워크 확장(Campbell, Cumming, & Hughes, 2006), 더 많은 통제와 사회 불안을 보이는 것(Kuss, & Griffiths, 2011; Lee, & Stapinski, 2012), 발달상의 도전과제들에 대한 대처능력(Ko et al., 2006; Israelashvili, Kim, & Bukobza, 2012), 그리고 가상의 "이상적 자아"를 만드는 것과 현실 도피(Achab et al., 2011; Billieux et al., 2011; Li, Liau, & Khoo, 2011; Zanetta et al., 2011)가 이런 요소들에 포함된다. 성 중독은 사람들이 인터넷에서 사이버섹스를 추구하도록 만들기 때문에 또 다른 기여 요소가 될 수 있다(Brand et al., 2011; Ross, Månsson, & Daneback, 2012; Southern, 2008). 문제성 인터넷 사용자들 중에서 신체 이미지를 회피하고자 하는 시도의 일부로써 인터넷에 의존하는 사람이 있다는 가설에 근거한 연구가 있었다. Rodgers, Melioli, Laconi, Bui, 그리고 Chabrol(2013)은 인터넷 중독 증상과 신체 이미지에 대한 회피가 여성들 사이에서 섭식 장애의 중요한 예측변수였다는 것을 발견했다.

8. 인터넷 중독 장애와 관련된 성격적, 심리사회적 요인

연구를 통해 인내심의 부족(Mottram & Fleming, 2009), 정신증(Tosun & Lajunen, 2009), 신경증, 감각 추구, 공격성(Mehroof & Griffiths, 2010)과 같은 성격 요인들이 인터넷 중독과 관련성이 있다는 것을 알아냈다. Shi, Chen, 그리고 Tian(2011)은 중국의 인터넷 사용자들 중에서 감각 추구의 성향이 있다는 것을 보고했다. Ha 외(2007), 그리고 June, Sohn, So, Yi, Park(2007)의 한국인 대상 연구에서는 높은 위험 회피(HA), 참신함의 추구(NS), 보상 의존(RD), 낮은 자기주도성과 낮은 협동심에 대해 보고했다. 대만에서는 높은 참신함의 추구, 높은 위험 회피, 낮은 보상 의존이 IAD가 있는 청소년들의 많은 비율에서 예측변수가 되었다(Ko et al., 2006). 그러나 Cho, Kim, Lee, 그리고 Kim(2008)이 진행한 한 연구는 낮은 참신함의 추구가 IAD와 관계있다는 것을 발견하여 엇갈리는 결과를 보였다.

인터넷 중독은 또한 친구와의 상호작용에서 인식하는 불만(Liu & Kuo, 2007), 부모의 양육 태도 문제, 가족 간의 의사소통, 가족 결속력, 가정폭력(Park et al., 2008)과 같은 대인관계 요소들과 정적인 관계에 있다.

연구 문헌에서 이외의 심리사회적 요인들도 언급되었다. IAD는 낮은 자존감(Fioravanti, Dèttore, & Casale, 2012; Stieger & Burger, 2010), 가정 내 불만과 최근의 스트레스를 느낀 사건(Lam et al., 2009), 적은 사회적 친구, 선생님 또는 학생들과의 원만하지 못한 관계, 가족 관계의 갈등(Wang et al., 2011)과 관련이 있다. Yen, Ko, Yen, Wu와 Yang(2008), 그리고 Yen, ko, Yen, Chang과 Cheng(2009)의 연구에 따르면, 인터넷 중독은 학교와의 부적절한 연결성, 가족과의 잦은 충돌, 낮은 가족 기능, 물질과 알코올 사용, 농촌 지역에서의 생활 등과도 상호 관련이 있으며, Lin, Ko와 Wu(2011)는 연구를 통해 우울 증상, 높은 충동성, 학업 성적에 대한 낮은 만족감, 남성, 불안정한 애착 유형도 IAD와 관련이 있다는 것을 발견했다. 또한 불안과 회피성 애착 형태 그리고 우울증과 공포증도 IAD와 관련이 있다는 것을 Shin, Kim과 Jang(2011)의 연구에서 밝혀냈다.

9. 문제성 인터넷 사용과 관련된 인지 요인

몇 가지 인지 요인들이 문제성 인터넷 사용과 관련이 있다는 것이 발견되었다. Sun 외(2009)는 IAD가 결함이 있는 보상기반의 의사결정과 관련이 있음을 알아냈다. Ko 외(2010)는 연구 참여자들이 보상기반의 의사결정에는 결함이 없었으나, IAD를 가진 대상자들에게서 앞서 언급한 바와 같이 새로움을 추구하는 경향이 높았다고 보고했다.

연구는 손상된 수행통제 능력이 IAD를 이해하는 것과 관련이 있음을 암시한다. Dong, Zhou, 그리고 Zhao(2011)는 색 단어와 관련된 스트룹 검사(Stroop task)를 하는 동안 사건관련 뇌전위(ERP)를 측정하였는데, 인터넷에 중독된 사람들은 스트룹 검사에서 반응시간이 더 길었고 반응 오류들이 더 많았다. 또한 내측 정면 음성도가 낮았다. 이는 수행통제 능력이 손상되었음을 보여준다. Zhou, Yuan, 그리고 Yao(2012)는 인터넷 게임 중독자 중에서도 장기간 사용자들이 정신 유연성과 반응 억제와 관련된 인지적 편견 및 수행기능의 구조들이 더욱 악화되어 있음을 발견했다. Park 외(2011)는 또한 오랜 기간 IAD를 겪고 있는 사람들의 경우 집중과 관련된 수행능력이 손상되었다는 것을 알아냈다.

10. 신체 및 정신적 건강의 위험 요소

지금까지 알려진 인터넷 중독과 관련된 건강의 위험 요소로는 수면 부족과 수면 방해가 있다. 인터넷 중독에 빠진 한국 고등학생의 경우, 과도한 주간 졸음증 유병률이 37.7%나 되는데, 이는 중독될 가능성이 있는 학생들(13.9%)과 중독되지 않은 학생들(7.4%)과 매우 비교되는 수치이다. 불면증, 코골이, 무호흡증, 이갈이, 악몽의 유병률은 중독될 가능성이 있는 사람들과 중독되지 않은 사람들과 비교했을 때 인터넷 중독자들에게 현저히 높게 나타났다(Choi et al., 2009). Mittal, Dean, 그리고 Pelletier(2012)는 지속적인 인터넷 사용과 정신병과 같은 경험과의 연관성에 대해 기술했다.

습관을 형성하는 인터넷의 본질과 인터넷 남용에 대한 잠재성에 대해서는 잘 알려지지 않았다. 인터넷이 집, 학교, 직장 생활에 점차 스며들면서, 결혼생활, 학업, 직업 관련 문제들을 만들어 낼 수 있다(Yellowlees & Marks, 2007; Young, 2004, 2007). 소규모 표본으로 구성된 이탈리아 성인 인터넷 중독자를 대상으로 한 연구에서는 삶에 장해가 되고, 특히 가정생활에서 더욱 그러한 것으로 나타났다(Bernardi & Pallanti, 2009). 이 연구에서는 해리 증상이 매우 두드러지고 IAD의 심각성의 수치, 주관적인 장해, OCD 증상들과 강한 연관성이 있음을 보여 주었다.

11. 치료

IAD의 치료는 주로 물질 사용 장애의 치료에 사용되었던 개입법과 전략들에 기초를 두고 있다. King, Delfabbro, Griffiths, 그리고 Gradisar(2011)는 인터넷 중독의 치료들에 대해 검토했다. Winkler, Dörsing, Rief, Shen, 그리고 Glombiewski(2013)는 인터넷 중독의 약리학 및 심리적 치료 연구에 대해 메타 분석을 진행했다. 이들은 16개의 연구에 기초하여 심리적 및 약리학적 개입이 인터넷 중독자들의 인터넷 사용 시간의 양을 감소시킬 뿐 아니라 우울증과 불안 증상을 줄이는 데에 매우 효과적이었음을 보여주고 있다.

1) 심리사회적 접근

심리사회적 접근은 현 치료 연구의 중추를 이루고 있는 반면, 약리학적 치료에 대한 연구는 매우 적다. 오스트리아, 독일, 이탈리아의 12~15세 학생들을 대상으로 한 "initiated abstinence" 프로그램(Kalke & Rashke, 2004)과 홍콩의 상담 프로그램(Shek, Tang, & Lo, 2009)이 성공적이었다는 기초적 증거들이 있다. 인지행동 치료를 받고 있는 114명의 환자를 대상으로 한 연구의 예비 결과에서는 대부분의 내담자들이 현존하는 불만들을 8회기가 될 때쯤 스스로 다룰 수 있었고, 6개월 후 추적연구에서도 증상을 관리할 수 있는 능력을 계속 유지하고 있었음을 보여 주었다(Young, 2007).

Du, Jiang, 그리고 Vance(2010)는 청소년의 인터넷 중독을 치료하기 위해 집단 인지행동 치료(CBT)를 연구했다. 인터넷 중독을 겪고 있으며, Beard의 인터넷 중독 진단 기준에 부합하는 56명의 12~17세 청소년들은 적극치료 집단(n = 32), 임상적 통제 집단(n = 24)에 무작위로 배정되었다. 적극치료 집단에 있던 사람들은 8회기의 다양한 학교기반의 집단 CBT 치료를 받았다. 반면 임상적 통제 집단에 있던 참여자들에게는 어떤 개입도 제공되지 않았다. 연구 시작 전 기초선에서, 개입 후 즉시, 그리고 6개월 후 추적연구에서 두 집단의 인터넷 사용, 시간 관리, 정서적, 인지적, 행동적 척도들을 평가했다. 그 결과 두 집단 모두에서 인터넷의 사용은 감소한 반면, 다양한 학교기반의 집단 CBT의 경우에서만 시간 관리능력과 정서적, 인지적, 행동적 증상들이 개선되었다. 이 연구자들은 다양한 학교기반의 집단 CBT가 인터넷에 중독된 청소년들에게 효과가 있고, 정서적 상태와 규제능력, 그리고 행동 및 자기 관리 양식을 개선하는 데에 특히 효과가 있다고 제안한다. 특정한 사례에서 부부 치료나 가족 치료도 도움이 될 수 있다. 더 나아가 온라인 자조 서적들과 테이프들도 활용할 수 있다. 마지막으로 몇몇 상황에서는 컴퓨터 사용과 인터넷 접근에 대한 자율적 단절도 필요할 수 있다(Shaw & Black, 2008).

2) 약물 치료

인터넷 중독 장애 치료에 관한 약학 연구들은 이전에 ADHD나 OCD와 같은 장애들의 치료를 위해 주로 사용되었던 물질들을 사용했고, 주로 IAD의 하위유형인 온라인 게임 중독을 다뤘다. 한국에서 ADHD를 동반한 인터넷 비디오 게임 중독이 있는 아이들을 대상으로 메틸페니데이트를 사용하는 공개 치료 연구가 진행되었다. 8주의 치료 후, 인터넷 사용과 인터넷 사용 지속기간이 상당히 감소되었고, 이와 같은 개선점은 주의력 척도에서의 개선과 정적 상관관계에 있었다(Han et al., 2009).

다른 연구는 충동-강박적 인터넷 사용과 OCD가 공존하는 사람들을 대상으로 에스시탈로프람과 같은 세로토닌 재흡수 억제제(SSRIs)가 인터넷 중독 치료에 유용할 수 있는지를 실험했다. 충동-강박적 인터넷 사용자를 대상으로 에스시탈로프람을 사용한 공개 치료 연구에서 치료 첫 단계 동안 인터넷 사용 시간에서 상당한 감소를 보였지만, 그 이후에는 그렇지 않았다(Dell'Osso, Altamura, Hadley, Baker, & Hollander, 2007).

마지막으로, 니코틴과 물질 의존 치료에 사용하는 부프로피온, 도파민, 그리고 노르에피네프린 억제제가 인터넷 비디오 게임 중독을 치료하는 데에 사용되었다(Han, Hwang, & Renshaw, 2010). 6주 동안의 부프로피온의 치료 이후, 인터넷 비디오 게임 중독자에게서 인터넷 비디오 게임을 하고자 하는 갈망, 인터넷 게임을 한 총 시간, 단서유발 뇌활성이 감소했다. 이후 Han과 Renshaw(2012)의 연구는 부프로피온이 과도한 인터넷 비디오 게임(excessive online video game playing, EOP)과 주요 우울 장애(MDD)가 있는 집단에게서 인터넷 중독 점수, 온라인 게임의 평균시간, 벡의 우울 척도(BDI) 점수를 감소시켰음을 보여 주었다. IAD를 치료하는 기존의 약리적 치료는 Camardese, De Risio, Di Nicola, Pizi, 그리고 Janiri(2012)에서 살펴볼 수 있다.

3) 그 외 치료법

Zhu 외(2012)는 인터넷 중독이 있는 환자들을 대상으로, 인지적 기능과 사건관련 전위(ERP)에 전기 침술요법과 심리적 개입을 결합하여 적용하는 치료를 연구했다. 치료 후 모든 집단에서 IA 점수가 확연히 낮아졌고, 단기기억 능력 점수와 단기기억의 지속시간이 큰 폭으로 증가했다. 반면에, 종합적 치료 집단에서 감소한 IA의 점수는 다른 두 집단의 점수 감소보다 더 현저히 나타났다.

12. 결론

인터넷 중독에는 적어도 세 가지의 하위유형이 있다. 즉, 과도한 게임, 성적 집착, 사회화(즉, e메일 또는 문자메시지)이다. 이 하위유형들은 모두 다음의 네 가지 구성요소를 공유한다. (1) 시간에 대한 감각이 없어지거나 기초적인 욕구들을 무시하는 것과 관련되는 과도한 인터넷의 사용, (2) 컴퓨터를 할 수 없을 때에 분노, 긴장, 우울과 같은 기분을 포함하는 금단 현상, (3) 더 좋은 컴퓨터 장비, 더 많은 소프트웨어를 구입하거나 컴퓨터 사용 시간을 늘리고자 하는 욕구를 포함하는 내성, (4) 논쟁, 거짓말, 저조한 학업 또는 직업 성과, 사회적 고립, 피로감과 같은 부정적 결과이다. 인터넷 중독 장애가 하나의 독립적 진단이 될 수 있는지 아니면 인터넷 중독 장애는 불안, 우울증, ADHD, 또는 충동 조절 장애와 같은 기존의 여타 장애들의 산물인지에 대한 논쟁이 있다. 인터넷 중독이 행동 중독이라는 증거들이 늘어나고 있지만, 인터넷 중독의 기저를 이루는 병리생리학적 기제는 여전히 연구 중에 있다. IAD와 관련하여 발표된 몇몇 치료 연구들은 물질 사용 장애의 치료를 인터넷 중독에 맞추어 수정한 개입법과 치료들에 기초하고 있다. 비록 인터넷 중독 치료에 관한 근거중심의 치료를 추천하기에는 아직 시기상조일 수 있지만, 여러 예비조사들은 인지행동 치료와 같은 심리 치료 그리고 부프로피온 또는 SSRI와 같은 약리적 개입들이 가지는 가능성을 제안하고 있다. 또한 현재 이 영역에서 진행되는 연구와 이후의 연구들은 행동 중독 분야에 큰 도움을 줄 것이다.

13. 참고문헌

Achab, S., Nicolier, M., Mauny, F., Monnin, J., Trojak, B., Vandel, P., et al. (2011). Massively multiplayer online role-playing games: Comparing characteristics of addict vs nonaddict online recruited gamers in a French adult population. *BMC Psychiatry*, 11, 144.

Alavi, S. S., Alaghemandan, H., Maracy, M. R., Jannatifard, F., Eslami, M., & Ferdosi, M. (2010). Impact of addiction to Internet on a number of psychiatric symptoms in students of Isfahan universities, Iran, International. *Journal of Preventive Medicine*, 3(2), 122–127.

Barke, A., Nyenhuis, N., & Kröner-Herwig, B. (2012). The German version of the Internet addiction test: A validation study. *Cyberpsychology Behavior and Social Networking*, 15(10), 534–542.

Beard, K. W. (2005). Internet addiction: A review of current assessment techniques and potential assessment questions. *Cyberpsychology and Behavior*, 8(1), 7–14.

Beranuy, F. M., Chamarro, L. A., Graner, J. C., & Carbonell, S. X. (2009). [Validation of two brief scales for Internet addiction and mobile phone problem use.]. *Psicothema*, 21(3), 480–485 [Article in Spanish].

Bernardi, S., & Pallanti, S. (2009). Internet addiction: A descriptive clinical study focusing on comorbidities and dissociative symptoms. *Comprehensive Psychiatry*, 50(6), 510–516.

Billieux, J., Chanal, J., Khazaal, Y., Rochat, L., Gay, P., Zullino, D., et al. (2011). Psychological predictors of problematic involvement in massively multiplayer online role-playing games: Illustration in a sample of male cybercafé players. *Psychopathology*, 44(3), 165–171.

Block, J. J. (2008). Issues for DSM-V: Internet addiction. *American Journal of Psychiatry*, 165, 306–307.

Brand, M., Laier, C., Pawlikowski, M., Schächtle, U., Schöler, T., & Altstötter-Gleich, C. (2011). Watching pornographic pictures on the Internet: Role of sexual arousal ratings and psychological-psychiatric symptoms for using Internet sex sites excessively. *Cyberpsychology Behavior and Social Networking*, 14(6), 371–377.

Camardese, G., De Risio, L., Di Nicola, M., Pizi, G., & Janiri, L. (2012). A role for pharmacotherapy in the treatment of "Internet addiction.". *Clinical Neuropharmacology*, 35(6), 283–289.

Campbell, A. J., Cumming, S. R., & Hughes, I. (2006). Internet use by the socially fearful: Addiction or therapy? *Cyberpsychology and Behavior*, 9(1), 69–81.

Canan, F., Ataoglu, A., Nichols, L. A., Yildirim, T., & Ozturk, O. (2010). Evaluation of psychometric properties of the Internet addiction scale in a sample of Turkish high school students. *Cyberpsychology Behavior and Social Networking*, 13(3), 317–320.

Canan, F., Ataoglu, A., Ozcetin, A., & Icmeli, C. (2012). The association between Internet addiction and dissociation among Turkish college students. *Comprehensive Psychiatry*, 53(5), 422–426.

Cao, F., Su, L., Liu, T., & Gao, X. (2007). The relationship between impulsivity and Internet addiction in a sample of Chinese adolescents. *European Psychiatry*, 22(7), 466–471.

Carli, V., Durkee, T., Wasserman, D., Hadlaczky, G., Despalins, R., Kramarz, E., et al. (2013). The association between pathological Internet use and comorbid psychopathology: A systematic review. *Psychopathology*, 46(1), 1–13 doi: 10.1159/000337971.

Cheung, L. M., & Wong, W. S. (2011). The effects of insomnia and Internet addiction on depression in Hong Kong Chinese adolescents: An exploratory cross-sectional analysis. *Journal of Sleep Research*, 20(2), 311–317.

Cho, S. C., Kim, J. W., Kim, B. N., Lee, J. H., & Kim, E. H. (2008). Biogenetic temperament and character profiles and attention deficit hyperactivity disorder symptoms in Korean adolescents with problematic Internet use. *Cyberpsychology and Behavior*, 11(6), 735–737.

Cho, S. M., Sung, M. J., Shin, K. M., Lim, K. Y., & Shin, Y. M. (2012). Does psychopathology in childhood predict Internet addiction in male adolescents? *Child Psychiatry and Human Development*, 44(4), 549–555.

Choi, K., Son, H., Park, M., Han, J., Kim, K., Lee, B., et al. (2009). Internet overuse and excessive daytime sleepiness in adolescents. *Psychiatry and Clinical Neurosciences*, 63(4), 455–462.

Chong, G. N., Isa, S. M., Hashim, A. H., Pillai, S. K., & Harbajan Singh, M. K. (2012). Validity of the Malay version of the Internet addiction test: A study on a group of medical students in Malaysia. *Asia Pacific Journal of Public Health*, [Epub ahead of print].

Christakis, D. A., Moreno, M. M., Jelenchick, L., Myaing, M. T., & Zhou, C. (2011). Problematic Internet usage in US college students: A pilot study. *BMC Medicine*, 22(9), 77.

Dalbudak, E., Evren, C., Aldemir, S., Coskun, K. S., Ugurlu, H., & Yildirim, F. G. (2013). Relationship of Internet addiction severity with depression, anxiety, and alexithymia, temperament and character in university students. *Cyberpsychology Behavior and Social Networking*, 16(4), 272–278.

De Berardis, D., D'Albenzio, A., Gambi, F., Sepede, G., Valchera, A., Conti, C. M., et al. (2009). Alexithymia and its relationships with dissociative experiences and Internet addiction in a nonclinical sample. *Cyberpsychology and Behavior*, 12(1), 67–69.

Dell'Osso, B., Altamura, C., Allen, A., Marazziti, D., & Hollander, E. (2006). Epidemiological and clinical updates on impulse control disorders: A critical review. *European Archives of Psychiatry and Clinical Neurosciences*, 256, 464–475.

Dell'Osso, B., Altamura, A. C., Hadley, S. J., Baker, B. R., & Hollander, E. (2007). An openlabel trial of escitalopram in the treatment of impulsive-compulsive Internet usage disorder. *European Neuropsychopharmacology*, 16, S82–S83.

Demetrovics, Z., Szeredi, B., & Rãzsa, S. (2008). The three-factor model of Internet addiction: The development of the Problematic Internet Use Questionnaire. *Behavior Research Methods*, 40(2),563–574.

Deng, Y. X., Hu, M., Hu, G. Q., Wang, L. S., & Sun, Z. Q. (2007). An investigation on the prevalence of Internet addiction disorder in middle school students of Hunan province. *Zhonghua Liu Xing Bing Xue Za Zhi*, 28(5), 445–448 [Article in Chinese].

Dong, G., Lu, Q., Zhou, H., & Zhao, X. (2011). Precursor or sequela: Pathological disorders in people with Internet addiction disorder. *PLoS One*, 6(2), e14703 doi: 10.1371/journal.pone.0014703.

Dong, G., Zhou, H., & Zhao, X. (2011). Male Internet addicts show impaired executive control ability: Evidence from a color-word Stroop task. *Neuroscience Letters*, 499(2), 114–118.

Du, Y. S., Jiang, W., & Vance, A. (2010). Longer term effect of randomized, controlled group cognitive behavioural therapy for Internet addiction in adolescent students in Shanghai. *Australia and New Zealand Journal of Psychiatry*, 44(2), 129–134.

Durkee, T., Kaess, M., Carli, V., Parzer, P., Wasserman, C., Floderus, B., et al. (2012). Prevalence of pathological Internet use among adolescents in Europe: Demographic and social factors. *Addiction*, 107(12), 2210–2222.

Fioravanti, G., Dèttore, D., & Casale, S. (2012). Adolescent Internet addiction: Testing the association between self-esteem, the perception of Internet attributes, and preference for online social interactions. *Cyberpsychology Behavior and Social Networking*, 15(6), 318–323.

Fisoun, V., Floros, G., Siomos, K., Geroukalis, D., & Navridis, K. (2012). Internet addiction as an important predictor in early detection of adolescent drug use experience-implications for research and practice. *Journal of Addiction Medicine*, 6(1), 77–84.

Forston, B. L., Scotti, J. R., Chen, Y. C., Malone, J., & Del Ben, K. S. (2007). Internet use, abuse, and dependence among students at a southeastern regional university. *Journal of American College Health*, 56(2), 137–144.

Fu, K. W., Chan, W. S., Wong, P. W., & Yip, P. S. (2010). Internet addiction: Prevalence, discriminant validity and correlates among adolescents in Hong Kong. *British Journal of Psychiatry*, 196(6), 486–492.

Ghamari, F., Mohammadbeigi, A., Mohammadsalehi, N., & Hashiani, A. A. (2011). Internet addiction and modeling its risk factors in medical students, Iran. *Indian Journal of Psychological Medicine*, 33(2), 158–162.

Greenfield, D. N. (1999). Psychological characteristics of compulsive Internet use: A preliminary analysis. *Cyber psychology and Behavior*, 2(5), 403–412.

Griffiths, M. (1998). Internet addiction: Does it really exist? In J. Gackenbach (Ed.), *Psychology and the Internet* (pp.61–75). New York: Academic Press.

Griffiths, M. (2000). Internet addiction—Time to be taken seriously? *Addiction Research*, 8, 413–418.

Grusser, S. M., Thalemann, R., Albrecht, U., & Thalemann, C. N. (2005). [Excessive computer usage in adolescents—Results of a psychometric evaluation.]. *Wien Klinische Wochenschrift*, 117(5–6), 188–195 [Article in German].

Guo, J., Chen, L., Wang, X., Liu, Y., Chui, C. H., He, H., et al. (2012). The relationship between Internet addiction and depression among migrant children and left-behind children in China. *Cyberpsychology Behavior and Social Networking*, 15(11), 585–590.

Ha, J. H., Kim, S. Y., Bae, S. C., Bae, S., Kim, H., Sim, M., et al. (2007). Depression and Internet addiction in adolescents. *Psychopathology*, 40(6), 424–430.

Han, D., Lee, Y., Na, C., Ahn, J., Chung, U., Daniels, M., et al. (2009). The effect of methylphenidate on Internet video game play in children with attention-deficit/hyperactivity disorder. *Comprehensive Psychiatry*, 50(3), 251–256.

Han, D. H., Hwang, J. W., & Renshaw, P. F. (2010). Bupropion sustained release treatment decreases craving for video games and cue-induced brain activity in patients with Internet video game addiction. *Experimental and Clinical Psychopharmacology*, 18(4), 297–304.

Han, D. H., & Renshaw, P. F. (2012). Bupropion in the treatment of problematic online game play in patients with major depressive disorder. *Journal of Psychopharmacology*, 26(5), 689–696

Israelashvili, M., Kim, T., & Bukobza, G. (2012). Adolescents' over-use of the cyber world—Internet addiction or identity exploration? *Journal of Adolescence*, 35(2), 417–424.

Jang, K. S., Hwang, S. Y., & Choi, J. Y. (2008). Internet addiction and psychiatric symptoms among Korean adolescents. *Journal of School Health*, 78(3), 165–171.

Jang, M. H., & Ji, E. S. (2012). Gender differences in associations between parental problem drinking and early adolescents' Internet addiction. *Journal of Specialists in Pediatric Nursing*, 17(4), 288–300.

Jelenchick, L. A., Becker, T., & Moreno, M. A. (2012). Assessing the psychometric properties of the Internet Addiction Test (IAT) in US college students. *Psychiatry Research*, 196(2–3), 296–301.

June, K. J., Sohn, S. Y., So, A. Y., Yi, G. M., & Park, S. H. (2007). [A study of factors that influence Internet addiction, smoking, and drinking in high school students. *Taehan Kanho Hakhoe Chi*, 37(6), 872–882 [Article in Korean].

Kalke, J., & Raschke, P. (2004). Learning by doing: 'initiated abstinence', a school-based programme for the prevention of addiction. Results of an evaluation study. *European Addiction Research*, 10(2), 88–94.

Khazaal, Y., Chatton, A., Horn, A., Achab, S., Thorens, G., Zullino, D., et al. (2012). French validation of the compulsive Internet use scale (CIUS). *Psychiatric Quarterly*, 83(4), 397–405.

Kim, K., Ryu, E., Chon, M. Y., Yeun, E. J., Choi, S. Y., Seo, J. S., et al. (2006). Internet addiction in Korean adolescents and its relation to depression and suicidal ideation: A questionnaire survey. *International Journal of Nursing Studies*, 43(2), 185–192.

King, D. L., Delfabbro, P. H., Griffiths, M. D., & Gradisar, M. (2011). Assessing clinical trials of Internet addiction treatment: A systematic review and CONSORT evaluation. *Clinical Psychology Review*, 31(7), 1110–1116.

Ko, C. H., Hsiao, S., Liu, G. C., Yen, J. U., Yang, M. J., & Yen, C. F. (2010). The characteristics of decision making, potential to take risks, and personality of college students with Internet addiction. *Psychiatry Research*, 170(1–2), 121–125.

Ko, C. H., Yen, J. Y., Chen, C. C., Chen, S. H., Wu, K., & Yen, C. F. (2006). Tridimensional personality of adolescents with Internet addiction and substance use experience. *Canadian Journal of Psychiatry*, 51(14), 887–894.

Ko, C. H., Yen, J. Y., Yen, C. F., Chen, C. S., Weng, C. C., & Chen, C. C. (2008). The association between Internet addiction and problematic alcohol use in adolescents: The problem behavior model. *Cyberpsychology and Behavior*, 11(5), 571–576.

Korkeila, J., Kaarlas, S., Jaaskelainen, M., Vahlberg, T., & Taiminen, T. (2009). Attached to the web—Harmful use of the Internet and its correlates. *European Psychiatry*, 25, 236–241.

Kormas, G., Critselis, E., Janikian, M., Kafetzis, D., & Tsitsika, A. (2011). Risk factors and psychosocial characteristics of potential problematic and problematic Internet use among adolescents: A cross sectional study. *BMC Public Health*, 11, 595.

Kratzer, S., & Hegerl, U. (2008). [Is "Internet Addiction" a disorder of its own? A study on subjects with excessive Internet use.]. *Psychiatriche Praxis*, 35(2), 80–83 [Article in German].

Kuss, D. J., & Griffiths, M. D. (2011). Online social networking and addiction—A review of the psychological literature. *International Journal of Environmental Research in Public Health*, 8(9), 3528–3552.

Kwon, J. H., Chung, C. S., & Lee, J. (2011). The effects of escape from self and interpersonal relationship on the pathological use of Internet games. *Community Mental Health Journal*, 47, 113–121.

Lam, L. T., Peng, Z. W., Mai, J. C., & Jing, J. (2009). Factors associated with Internet addiction among adolescents. *Cyberpsychology and Behavior*, 12(5), 551–555.

Lee, B. W., & Stapinski, L. A. (2012). Seeking safety on the Internet: Relationship between social anxiety and problematic Internet use. *Journal of Anxiety Disorders*, 26(1), 197–205.

Li, D., Liau, A., & Khoo, A. (2011). Examining the influence of actual-ideal self-discrepancies, depression, and escapism, on pathological gaming among massively multiplayer online adolescent gamers. *Cyberpsychology Behavior and Social Networking*, 14(9), 535–539.

Liberatore, K. A., Rosario, K., Colón-De Martí, L. N., & Martínez, K. G. (2011). Prevalence of

Internet addiction in Latino adolescents with psychiatric diagnosis. *Cyberpsychology Behavior and Social Networking*, 14(6), 399–402.

Lin, M. P., Ko, H. C., & Wu, J. Y. (2011). Prevalence and psychosocial risk factors associated with Internet addiction in a nationally representative sample of college students in Taiwan. *Cyberpsychology Behavior and Social Networking*, 14(12), 741–746.

Liu, C. Y., & Kuo, F. Y. (2007). A study of Internet addiction through the lens of the interpersonal theory. *Cyberpsychology Behavior*, 10(6), 799–804.

Mazhari, S. (2012). Association between problematic Internet use and impulse control disorders among Iranian university students. *Cyberpsychology Behavior and Social Networking*, 15(5), 270–273.

Meerkerk, G. J., Van Den Eijnden, R. J., Vermulst, A. A., & Garretsen, H. F. (2009). The Compulsive Internet Use Scale (CIUS): Some psychometric properties. *Cyberpsychology and Behavior*, 12(1), 1–6.

Mehroof, M., & Griffiths, M. D. (2010). Online gaming addiction: The role of sensation seeking, self-control, neuroticism, aggression, state anxiety, and trait anxiety. *Cyberpsychology Behavior and Social Networking*, 13(3), 313–316.

Milani, L., Osualdella, D., & Di Blasio, P. (2009). Quality of interpersonal relationships and problematic Internet use in adolescence. *Cyberpsychology and Behavior*, 12(6), 681–684.

Mittal, V. A., Dean, D. J., & Pelletier, A. (2012). Internet addiction, reality substitution and longitudinal changes in psychotic-like experiences in young adults. *Early Intervention in Psychiatry*, 7(3), 261–269.

Moreno, M. A., Jelenchick, L., Cox, E., Young, H., & Christakis, D. A. (2011). Problematic Internet use among US youth: A systematic review. *Archives of Pediatric and Adolescent Medicine*, 165(9), 797–805.

Morrison, C. M., & Gore, H. (2010). The relationship between excessive Internet use and depression: A questionnaire-based study of 1,319 young people and adults. *Psychopathology*, 43(2), 121–126.

Mottram, A. J., & Fleming, M. J. (2009). Extraversion, impulsivity, and online group membership as predictors of problematic Internet use. *Cyberpsychology and Behavior*, 12(3), 319–321.

Ni, X., Yan, H., Chen, S., & Liu, Z. (2009). Factors influencing Internet addiction in a sample of freshmen university students in China. *Cyberpsychology and Behavior*, 12(3), 327–330.

Nichols, L. A., & Nicki, R. (2004). Development of a psychometrically sound Internet addiction scale: A preliminary step. *Psychology of Addictive Behaviors*, 18(4), 381–384.

Niemz, K., Griffiths, M., & Banyard, P. (2005). Prevalence of pathological Internet use among university students and correlations with self-esteem, the General Health Questionnaire (GHQ) and disinhibition. *Cyberpsychology and Behavior*, 8(6), 562–570.

Pallanti, S., Bernardi, S., & Quercioli, L. (2006). The Shorter PROMIS Questionnaire and the Internet Addiction Scale in the assessment of multiple addictions in a high-school population: Prevalence and related disability. *CNS Spectrum*, 11(12), 966–974.

Park, J. W., Park, K. H., Lee, I. J., Kwon, M., & Kim, D. J. (2012). Standardization study of Internet addiction improvement motivation scale. *Psychiatry Investigations*, 9(4), 373–378.

Park, M. H., Park, E. J., Choi, J., Chai, S., Lee, J. H., Lee, C., et al. (2011). Preliminary study of Internet addiction and cognitive function in adolescents based on IQ tests. *Psychiatry Research*, 190(2–3), 275–281.

Park, S. K., Kim, J. Y., & Cho, C. B. (2008). Prevalence of Internet addiction and correlations with family factors among South Korean adolescents. *Adolescence*, 43(172), 895–909.

Petersen, K. U., Weymann, N., Schelb, Y., Thiel, R., & Thomasius, R. (2009). Pathological Internet use—epidemiology, diagnostics, co-occurring disorders and treatment. *Fortschritte der Neurologie Psychiatrie*, 77(5), 263–271 [Article in German].

Poli, R., & Agrimi, E. (2012). Internet addiction disorder: Prevalence in an Italian student population. *Nordic Journal of Psychiatry*, 66(1), 55–59.

Rodgers, R. F., Melioli, T., Laconi, S., Bui, E., & Chabrol, H. (2013). Internet addiction symptoms, disordered eating, and body image avoidance. *Cyberpsychology Behavior and Social Networking*, 16(1), 56–60.

Ross, M. W., Månsson, S. A., & Daneback, K. (2012). Prevalence, severity, and correlates of problematic sexual Internet use in Swedish men and women. *Archives of Sexual Behavior*, 41(2), 459–466.

Seo, M., Kang, H. S., & Yom, Y. H. (2009). Internet addiction and interpersonal problems in Korean adolescents. *Computers Informatics Nursing*, 27(4), 226–233.

Shaw, M., & Black, D. W. (2008). Internet addiction: Definition, assessment, epidemiology and clinical management. *CNS Drugs*, 22(5), 353–365.

Shek, D. T., Tang, V. M., & Lo, C. Y. (2009). Evaluation of an Internet addiction treatment program for Chinese adolescents in Hong Kong. *Adolescence*, 44(174), 359–373.

Shi, J., Chen, Z., & Tian, M. (2011). Internet self-efficacy, the need for cognition, and sensation seeking as predictors of problematic use of the Internet. *Cyberpsychology Behavior and Social Networking*, 14(4), 231–234.

Shin, S. E., Kim, N. S., & Jang, E. Y. (2011). Comparison of problematic Internet and alcohol use and attachment styles among industrial workers in Korea. *Cyberpsychology Behavior and Social Networking*, 14(11), 665–672.

Southern, S. (2008). Treatment of compulsive cybersex behavior. *Psychiatric Clinics of North America*, 31(4), 697–712.

Stieger, S., & Burger, C. (2010). Implicit and explicit self-esteem in the context of Internet addiction. *Cyberpsychology Behavior and Social Networking*, 13(6), 681–688.

Sun, D. L., Chen, Z. J., Ma, N., Zhang, X. C., Fu, X. M., & Zhang, D. R. (2009). Decisionmaking and prepotent response inhibition functions in excessive Internet users. CNS Spectrum, 14(2), 75–81.

Tao, R., Huang, X., Wang, J., Zhang, H., Zhang, Y., & Li, M. (2010). Proposed diagnostic criteria for Internet addiction. *Addiction*, 105, 556–564.

te Wildt, B. T., Putzig, I., Zedler, M., & Ohlmeier, M. D. (2007). Internet dependency as a symptom of depressive mood disorders. *Psychiatrische Praxis*, 34 (Suppl.3), S318–S322 [Article in German].

Tosun, L. P., & Lajunen, T. (2009). Why do young adults develop a passion for Internet activities?

The associations among personality, revealing "true self" on the Internet, and passion for the Internet. *Cyberpsychology and Behavior*, 12(4), 401–406.

Tsai, H. F., Cheng, S. H., Yeh, T. L., Shih, C. C., Chen, K. C., Yang, Y. C., et al. (2009). The risk factors of Internet addiction—A survey of university freshmen. *Psychiatry Research*, 167(3), 294–299.

Tsitsika, A., Critselis, E., Kormas, G., Filippopoulou, A., Tounissidou, D., Freskou, A., et al. (2009). Internet use and misuse: A multivariate regression analysis of the predictive factors of Internet use among Greek adolescents. *European Journal of Pediatrics*, 168(6), 655–665.

Tsitsika, A., Critselis, E., Louizou, A., Janikian, M., Freskou, A., Marangou, E., et al. (2011). Determinants of Internet addiction among adolescents: A case-control study. *Scientific World Journal*, 11, 866–874.

Wang, H., Zhou, X., Lu, C., Wu, J., Deng, X., & Hong, L. (2011). Problematic Internet use in high school students in Guangdong Province, China. *PLoS One*, 6(5), e19660.

Wei, H. T., Chen, M. H., Huang, P. C., & Bai, Y. M. (2012). The association between online gaming, social phobia, and depression: An Internet survey. *BMC Psychiatry*, 12, 92.

Whang, L. S., Lee, S., & Chang, G. (2003). Internet over-users' psychological profiles: A behavior sampling analysis on Internet addiction. *Cyberpsychology and Behavior*, 6(2), 143–150.

Widyanto, L., Griffiths, M. D., & Brunsden, V. (2011). A psychometric comparison of the Internet Addiction Test, the Internet-Related Problem Scale, and self-diagnosis. *Cyberpsychology Behavior and Social Networking*, 14(3), 141–149.

Widyanto, L., & McMurran, M. (2004). The psychometric properties of the Internet addiction test. *Cyberpsychology and Behavior*, 7(4), 443–450.

Winkler, A., Dörsing, B., Rief, W., Shen, Y., & Glombiewski, J. A. (2013). Treatment of Internet addiction: A meta-analysis. *Clinical Psychology Review*, 33(2), 317–329.

Woelfling, K., Buhler, M., Lemenager, T., Mairsen, C., & Mann, K. (2009). Gambling and Internet addiction: Review and research agenda. *Der Nervenarzt*, 80(9), 1030–1039 [Article in German].

Xiuqin, H., Huimin, Z., Mengchen, L., Jinan, W., Ying, Z., & Ran, T. (2010). Mental health, personality, and parental rearing styles of adolescents with Internet addiction disorder. *Cyberpsychology Behavior and Social Networking*, 13(4), 401–406.

Xu, J., Shen, L. X., Yan, C. H., Hu, H., Yang, F., Wang, L., et al. (2012). Personal characteristics related to the risk of adolescent Internet addiction: A survey in Shanghai, China. *BMC Public Health*, 12(1), 1106.

Yates, T. M., Gregor, M. A., & Haviland, M. G. (2012). Child maltreatment, alexithymia, and problematic Internet use in young adulthood. *Cyberpsychology Behavior and Social Networking*, 15(4), 219–225.

Yellowlees, P. M., & Marks, S. (2007). Problematic Internet use or Internet addiction? *Computers in Human Behavior*, 23(3), 1447–1453.

Yen, C. F., Ko, C. H., Yen, J. Y., Chang, Y. P., & Cheng, C. P. (2009). Multi-dimensional discriminative factors for Internet addiction among adolescents regarding gender and age. *Psychiatry and Clinical Neurosciences*, 63(3), 357–364.

Yen, J. Y., Ko, C. H., Yen, C. F., Chen, C. S., & Chen, C. C. (2009). The association between harmful alcohol use and Internet addiction among college students: Comparison of personality. *Psychiatry and Clinical Neurosciences*, 63(2), 218–224.

Yen, J. Y., Ko, C. H., Yen, C. F., Wu, H. Y., & Yang, M. J. (2007). The comorbid psychiatric symptoms of Internet addiction: Attention deficit and hyperactivity disorder (ADHD), depression, social phobia, and hostility. *Journal of Adolescent Health*, 41(1), 93–98.

Yen, J. Y., Yen, C. F., Chen, C. S., Tang, T. C., & Ko, C. H. (2009). The association between adult ADHD symptoms and Internet addiction among college students: The gender difference. *Cyberpsychology Behavior*, 12(2), 187–191.

Young, K. S. (1998). *Caught in the Net*. New York: John Wiley & Sons. http://netaddiction.com/Internet-addiction-test/.

Young, K. S. (2004). Internet addiction: A new clinical phenomenon and its consequences. *American Behavioral Scientist*, 48(4), 402–415.

Young, K. S. (2007). Cognitive behavior therapy with Internet addicts: Treatment outcomes and implications. *Cyberpsychology Behavior*, 10(5), 671–679.

Zanetta, D. .F., Zermatten, A., Billieux, J., Thorens, G., Bondolfi, G., Zullino, D., et al. (2011). Motivations to play specifically predict excessive involvement in massively multiplayer online role-playing games: Evidence from an online survey. *European Addiction Research*, 17(4), 185–189.

Zhou, Z., Yuan, G., & Yao, J. (2012). Cognitive biases toward Internet game-related pictures and executive deficits in individuals with an Internet game addiction. *PLoS One*, 7(11), e48961.

Zhu, T. M., Li, H., Jin, R. J., Zheng, Z., Luo, Y., Ye, H., et al. (2012). Effects of electroacupuncture combined psycho-intervention on cognitive function and event-related potentials P300 and mismatch negativity in patients with Internet addiction. *Chinese Journal of Integrative Medicine*, 18(2), 146–151.

부록 5-1

인터넷 중독 테스트(Internet Addiction Test, IAT)

Kimberly Young 박사

인터넷 중독 테스트(IAT)는 Kimberly Young 박사가 개발한 척도로, 높은 신뢰도와 타당도를 가지고 인터넷 사용 중독에 대해 측정합니다. 이 척도는 총 20문항으로 경미한 수준, 보통 수준, 심각한 수준의 인터넷 중독을 측정합니다.

다음의 척도를 사용하여 자신이 해당하는 항목에 체크하십시오.

0	전혀 그렇지 않다
1	아주 가끔 그렇다
2	가끔 그렇다
3	주기적으로 그렇다
4	자주 그렇다
5	항상 그렇다

	문제	척도					
1	자신이 의도했던 것보다 더 오래 인터넷을 합니까?	1	2	3	4	5	0
2	인터넷을 많이 하기 때문에 집안일 또는 학업을 무시합니까?	1	2	3	4	5	0
3	친구들과 있는 것보다 인터넷을 하는 것을 더 선호합니까?	1	2	3	4	5	0
4	다른 온라인 사용자들과 새로운 관계를 자주 만듭니까?	1	2	3	4	5	0
5	당신이 인터넷에 시간을 많이 사용하기 때문에 다른 사람들이 불평을 합니까?	1	2	3	4	5	0
6	인터넷에 많은 시간을 사용하기 때문에 성적이 나쁘거나 학업을 제대로 하지 못합니까?	1	2	3	4	5	0
7	무슨 일을 하기 전에 먼저 e메일을 확인합니까?	1	2	3	4	5	0
8	인터넷 때문에 공부하는 데에 집중력이나 효율성이 떨어집니까?	1	2	3	4	5	0
9	사람들이 내게 인터넷에서 무엇을 하는지 물어보면 방어하려 하거나 숨기려 합니까?	1	2	3	4	5	0
10	인터넷을 하다 보면 현실의 고통스러운 생각들을 잊게 됩니까?	1	2	3	4	5	0

(계속)

	문제	척도					
11	다시 인터넷에 접속할 때를 기다립니까?	1	2	3	4	5	0
12	인터넷이 없다면 내 인생은 지루하고 공허하며 재미없을 것이라고 생각합니까?	1	2	3	4	5	0
13	인터넷을 할 때 누가 방해하면 기분이 나빠지고 화를 냅니까?	1	2	3	4	5	0
14	인터넷을 하느라고 밤을 샌 적이 있습니까?	1	2	3	4	5	0
15	인터넷을 하고 있지 않을 때에도 인터넷에서 보았던 것들에 대해 생각하거나, 다시 인터넷에 접속하는 공상을 합니까?	1	2	3	4	5	0
16	인터넷을 하면서 "조금만 더, 몇 분만 더" 하면서 계속합니까?	1	2	3	4	5	0
17	인터넷을 하는 시간을 줄이려고 노력했지만 결국엔 실패한 적이 있습니까?	1	2	3	4	5	0
18	자신의 인터넷 사용 시간에 대해 거짓말을 합니까?	1	2	3	4	5	0
19	가족이나 지인들과 어울리기보다는 인터넷을 하는 것을 선택합니까?	1	2	3	4	5	0
20	인터넷을 하지 않으면 우울해지거나 불안하다가도 인터넷을 하면 그런 기분이 사라집니까?	1	2	3	4	5	0

각 항목의 점수를 더하십시오. 점수가 높을수록 중독의 정도도 높습니다.

- 20~49점: 당신은 보통 정도의 온라인 사용자입니다. 가끔 조금 지나칠 정도로 웹서핑을 할 수도 있지만, 스스로가 사용하는 것을 조절할 수 있습니다.
- 50~79점: 당신은 인터넷 때문에 때때로 또는 종종 문제를 겪습니다. 인터넷이 삶에 미치는 전체 영향에 대해 살펴보아야 합니다.
- 80~100점: 당신의 인터넷 사용은 삶에 상당한 문제를 일으키고 있습니다. 인터넷이 당신의 삶에 어떤 영향을 미치고 있는지 평가하고 인터넷 사용 때문에 나타나는 직접적인 문제들을 다뤄야 합니다.

이 자료는 인터넷 과다 사용과 온라인 중독에 관한 Dayu Internet Overuse Solution에서 발췌했으며, 온라인 버전은 http://www.internetoveruse.com/?p=171에서 확인할 수 있습니다.

CHAPTER 6

SNS 중독: 예비결과 개관

Mark D. Griffiths, Daria J. Kuss, Zsolt Demetrovics

1. SNS의 간략한 역사

소셜 네트워크 서비스(SNS) 사이트들은 사용자들이 개인 공개 프로필을 구성하고, 실제 친구들과 상호작용하며, 공통 관심사를 기반으로 다른 사람들을 만나는 가상 커뮤니티이다(Kuss & Griffiths, 2011). Boyd와 Ellison(2008)에 따르면, SNS는 사용자들이 (1) 특정 영역의 시스템 내에서 전체 혹은 부분적으로 공개된 프로필을 만들고, (2) 자신과 연결을 공유하는 사람들을 점차 확장하고 세분화하며, (3) 시스템 내의 다른 사람들에 의해 만들어진 관계의 연결 목록을 보고 찾아다니는 것이 가능하도록 하는 웹 기반의 서비스이다.

SNS 역사를 살펴보면 최초의 SNS(즉, *SixDegrees*)는 1997년에 모든 사용자들이 모든 다른 사용자들과 연결된다는 6단계 분리이론(six degrees of separation)(Boyd & Ellison, 2008)을 기반으로 만들어졌다. 그리고 초기에는 "좁은 세상 문제"라고 불렸다(Milgram, 1967). 2004년에는 하버드 학생들을 위한 폐쇄 가상 커뮤니티(페이스북)가 생겨났다. 이 페이스북은 현재 가장 성공적인 SNS으로 여겨진다. 이 사이트는 굉장히 빠르게 확대되었고 현재 11억 9천만 명 이상의 사용자들이 접속한다. 그 중 50%는 매일 로그인하고 있다(Protalinski, 2013).

SNS 사용패턴에 관한 소비자 조사와 실증연구에 의하면, 정기적으로 SNS를 사용하는 비율이 최근 몇 년간 상당히 증가했다(Kuss & Griffiths, 2011). 이는 활동(예를 들어, SNS)에 대한 접근성과 기회가 늘어나면, 그 활동에 참여하는 사람의 수가 증가한다는 이용 가능성 가설을 뒷받침한다(Griffiths, 2003). 또한 일반 대중과 비교해 볼 때, 십대들 혹은 학생들이 가장 많이 SNS를 사용한다는 것이 연구를 통해 밝혀졌다(Kuss &

Griffiths, 2011).

이전의 SNS는 주로 사회적 목적으로 한 개인과 연관된 오프라인 네트워크를 유지하기 위해 사용되었다(Kuss & Griffiths, 2011). 그러나 최근 연구 자료들에 의하면, 때때로 사람들은 온라인 사회적 네트워크를 유지해야 한다는 압박을 느끼기도 하고, 어떤 경우에는 과도하게 SNS를 사용하게 되기도 한다. 그러므로 이미 형성된 오프라인 네트워크를 유지하는 것 자체가 SNS의 유인 요인이 될 수 있다. Sussman 외(2011)에 따르면, 이런 유인 요인들은 특정 중독들의 원인과 관계있다. 예를 들면, 많은 중독 행동들(알코올 중독, 비디오 게임 중독 등)에서 발견되고 있듯이 중독자와 이 활동에 참여하는 다른 사람들의 사회적 유대는 중독 행동을 유지시키고 중단하기 어렵게 하는 이유로 작용하기도 한다(Griffiths, 1996).

SNS의 위험성과 단점에 대해 제시하는 것에 더하여 이러한 현상 자체가 기본적인 적응 욕구와 함께 발전될 수 있다는 것도 언급해야 할 필요가 있다. 인간은 사회적 존재로서 인류역사 전체에 걸쳐 안전이 보장되는 작고 폐쇄된 공동체 속에서 생활해 왔다. 하지만 최근에는 도시로 이동하는 사람들이 늘어나고 작고 전통적인 공동체가 줄어들면서, 지난 수십 년간은 완전히 새롭고 개인화된 삶의 방식이 형성되었다. 그러나 수백만 년에 걸쳐 발전해 온 안전하고 예측 가능한 사회적 삶에 대한 욕구가 변한 것은 아니다. 이런 이유로 작고 전통적인 공동체를 잃어버린 사람들은 스포츠, 취미, 다양한 사회적 활동들에 참여하면서 자신들이 잃어버린 것들을 보상받으려 한다. 이 중 하나가 SNS 활동이라고 할 수 있다. SNS는 현대의 술집 또는 바와 같이 전통적인 사회 공동체와 매우 유사한 안전하고 예측 가능한 공간을 제공한다. 이런 공간에서 서로의 경험을 공유할 가능성이 있는 사람들을 만날 뿐 아니라, 한 공동체의 일부로 살아가며 사람들과 친밀히 만날 수 있다.

기업의 많은 고용인들이 특히 젊은 사람들 사이에서 SNS 중독이 심각한 문제라고 말한다. 예를 들어, Davies와 Cranston(2008)은 젊은이들을 관리하는 관리자들과 전문가들 120명을 대상으로 설문조사를 했다. 연구 참여자들은 온라인 SNS 사용이 다른 활동이나 사람과 직접 대면하는 사회관계를 대체하게 되는 것을 우려하고 있다고 응답했다. 온라인 SNS와 관련된 특정 위험 요소들을 고르라고 했을 때, 23%가 중독이 걱정된다고 보고하였고, 그 외 학교 폭력의 위험성(53%), 개인 정보 노출(35%), 성 범죄(22%)가 있었다.

행동 중독의 여러 분야에서는 비디오 게임, 인터넷 사용, 성, 운동과 같은 몇몇 과도한 행동들을 중독으로 고려해야 하는지에 관한 논쟁이 계속 있었다. 그리고 SNS 중독에 대해서도 이와 동일한 논쟁이 있다. Griffiths(2005)는 기능적 측면에서 어떤 행동이든지 현저성, 기분전환, 내성, 금단 증상, 갈등, 재발이라는 여섯 가지 핵심 요소가 특징적으로 나타나는 경우, 중독 행동이라고 정의했다. Griffiths는 SNS를 비롯하여 어떤 행동이든지 다음의 여섯 가지 요소를 만족시킨다면 기능적으로 중독이라 정의할 수 있다고 주장한다. SNS와 관련된 여섯 가지 요소는 아래와 같다.

- *현저성:* 현저성은 SNS가 한 사람의 삶에서 독보적으로 가장 중요한 활동이 되는 것을 말한다. 이러한 상황은 사용자의 사고(사로잡힘 및 인지적 왜곡), 기분(갈망), 행동(사회적 행동의 저하)을 지배한다. 예를 들어, SNS를 실제로 하고 있지 않을 때에도 계속해서 다음에 SNS를 하게 되는 것에 대해 생각한다(즉, 완전히 SNS에 사로잡힌 것).
- *기분전환:* 기분전환은 SNS를 사용한 결과에 따른 주관적 경험을 말한다. 그리고 대처 방법으로 보일 수도 있다(즉, 짜릿하거나, 기분이 고조되는 경우, 또는 반대로 감정으로부터 "도피"하거나 감정이 "마비"되는 것 같은 느낌).
- *내성:* 이전과 같은 기분전환 효과를 내기 위해서 이전보다 SNS 활동의 양을 계속 늘려야 하는 과정을 말한다. 이는 기본적으로 SNS에 참여하는 사람이 매일 SNS에 소비하는 시간의 양이 점차적으로 증가하는 것을 의미한다.
- *금단 증상:* 금단 증상은 몸이 아프다거나, 또는 휴가를 보내고 있는 것 등과 같은 이유로 SNS를 할 수 없을 때 나타나는 불쾌한 감정 상태나 신체적 영향(예를 들어, 떨림, 성마름, 짜증)을 말한다.
- *갈등:* 너무 많은 시간을 SNS에 사용하기 때문에 발생하는 한 개인과 그 주변 사람들과의 갈등(대인관계 갈등), 다른 활동들(사회생활, 취미나 관심사)과의 갈등, 또는 개인 내부(내적 갈등, 통제 상실에 대한 주관적 감정)의 갈등을 뜻한다.
- *재발:* 반복적으로 이전의 과도한 SNS 패턴으로 돌아가려고 하는 경향, 그리고 사용을 조절했던 시기 후 가장 극심한 SNS 사용 형태로 빠르게 돌아가려고 하는 경향을 말한다.

Griffiths(2010a)는 하루에 14시간 이상 과도하게 인터넷을 하지만 삶에 부정적인 영향이 거의 없는 사람들(즉, SNS를 하면서 보낸 시간이 항상 문제를 가져오거나 중독을 뜻하는 것은 아님)의 사례 연구를 통해 SNS의 지나친 사용이 필연적으로 중독과 동일시되는 것은 아니라고 주장했다. 이에 더하여, Griffiths는 많은 사례들에서 인터넷에 중독된 것과 인터넷에 있는 것에 중독된 것은 근본적으로 다르다는 것을 강조한 바 있다(예: 2000; Widyanto & Griffiths, 2006).

2. SNS 중독의 원인과 이론

연구자들은 온라인 SNS와 같은 새로운 기술을 지나치게 사용하는 것이 젊은 층에서 문제가 될 수 있다고 주장한다(Echeburua & de Corral, 2010). 중독의 원인론을 설명하는 생물심리사회적 체계(Griffiths, 2005)와 중독 증후군 모델(Shaffer et al., 2004)에 의하면, SNS 사용에 중독된 사람들은 물질 중독과 다른 행동 중독을 겪은 사람들이 경험하는 증상들과 비슷한 증상들을 경험한다(Echeburua & de Corral, 2010). SNS 중독의 치료는 다른 중독의 치료법들과는 다르기 때문에 임상실습이 중요하다. 인터넷이 오늘날 전문적인 영역과 여가생활에서 필수요소이기 때문에 인터넷 사용 자체를 완전히 금지하는 것을 SNS 중독 치료의 목표로 세우기란 사실상 불가능하다(Kuss & Griffiths, 2011). 그보다 궁극적인 치료 목표는 인터넷 사용과 각각의 기능, 특히 SNS 앱의 사용을 조절하는 것이고, 인지행동 치료 내에서 개발된 전략들을 사용하여 재발을 방지하는 것이다(Echeburua & de Corral, 2010). 이에 더하여, 일부 연구자들은 젊고 취약성을 가진 자기애적 성격의 사람들이 SNS에 빠져 중독되기 쉬운 성향을 보인다는 가설을 제기했다(La Barbera, La Paglia, & Valsavoia, 2009). 더 구체적으로 말하면 자기애적 사람들이 자신이 원하는 방향으로 자신을 노출하기 위해 인터넷을 사용하는 데에 있어서 인터넷의 구조적 특징(즉, 자아중심적 구조)이 기여적 영향을 미치는 것 같다.

SNS 중독의 형성에 대해 설명하기 위해 Turel과 Serenko(2012)는 서로 상관이 있을 것 같은 세 가지의 중요한 이론적 관점을 요약했다.

- *인지행동 모델:* '비정상적인' 사회연결망은 부적응적 인지에서 생겨나고 다양한 환경 요인들을 통해 증폭되며, 결국 강박적이고 중독적인 SNS 사용을 야기한다고 강조한다.
- *사회기술 모델:* '비정상적인' 사회연결망은 사람들이 자신을 표현하는 능력이 부족하고, 대면식의 만남보다는 가상에서의 의사소통을 더 선호하기 때문에 나타나며, 그 결과 강박적이고 중독적인 SNS 사용을 야기한다고 강조한다.

- *사회인지 모델:* '비정상적인' 사회연결망은 인터넷 활동을 통해 긍정적인 결과를 얻을 것이라는 기대와 인터넷에서 오는 자기효능감과 제대로 이루어지지 않는 자기규제가 결합되어 발생하며, 결국 강박적이고 중독적인 SNS 사용을 야기한다고 강조한다.

Xu와 Tan(2012)은 세 가지 모델을 기반으로 SNS를 스트레스, 외로움, 우울증을 완화시키기 위한 중요한(또는 심지어 유일한) 수단으로 보는 경우 SNS의 사용이 정상적인 것에서 문제성으로 전환된다고 제안했다. 또한 SNS를 자주 하는 사람들은 현실에서는 별로 사교적이지 못하다고 주장했다. 이러한 사람들의 경우, 소셜 미디어는 자기효능감과 만족감이라는 지속적인 보상을 제공한다. 따라서 그 활동을 더 많이 하게 되고, 많은 문제를 가져오게 된다(예를 들어, 현실의 관계를 무시, 직업/교육 활동과의 갈등). 결과로 나타난 이와 같은 문제들은 원치 않은 기분을 더욱 악화시킬 수도 있다. 그리고 이런 불쾌한 기분 상태를 완화시키기 위한 방법으로 SNS를 더 많이 사용하도록 만들게 된다. 결과적으로, 소셜 네트워크의 사용자가 소셜 미디어를 통해 원치 않은 기분을 완화시키려고 하는 순환 패턴을 반복하면서 SNS에 대한 심리적 의존이 높아지게 된다.

SNS가 급격히 증가하고, 특히 사람들이 온라인에 사용하는 시간의 양이 늘어나면서 특정 사람들에게 과도한 SNS 사용이 중독으로 이어질 수 있다는 주장도 있다(Kuss & Griffiths, 2011). 사람들이 다양한 활동을 하는 온라인에는 중독될 가능성이 있는 것들이 있다. 여기에는 잠재적으로 과도한 SNS의 사용도 포함되어 있다. 소수 인터넷 사용자들은 수단 자체에 중독되기보다는 특정 온라인 활동에 중독된다(Griffiths, 2000). Young(1999)은 (1) *컴퓨터 중독*(즉, 컴퓨터 게임 중독), (2) *정보 과다*(웹 서핑 중독), (3) *넷 강박*(온라인 도박 또는 온라인 쇼핑 중독), (4) *사이버섹스 중독*(온라인 포르노 또는 온라인 섹스 중독), (5) *사이버 관계 중독*(온라인관계 중독)이라는 다섯 가지의 인터넷 중독 유형을 제시했다.

SNS를 사용하는 기본 목적과 주요 동기는 온라인과 오프라인에서 관계를 만들고 유지하는 것이다. 그래서 SNS 중독은 Young이 분류한 인터넷 중독 유형 중에서 사이버 관계 중독 범주에 속한다고 주장할 수 있다. 그렇지만 만일 SNS 중독이 사이버 관계 중독이라면, 페이스북에서 팜빌(*Farmville:* 농업 시뮬레이션 게임)을 하는 것과 같은 활동은 포함되지 않는다는 점을 언급할 필요가 있다(Griffiths, 2012b). 이런 분류 체계에서 팜빌 게임을 하는 것은 Griffiths(2010b)에 따라 "페이스북 중독"이라기보다는 게임 중독으로 분류될 것이다. 이후 페이스북 중독 척도(이후에 언급됨)는 이런 부분을 구분해야 할 필요가 있다. Kuss와 Griffiths(2011)는 임상적 관점으로 보면 삶에 대한 무관심, 정신적으로 사로잡힘, 현실 도피, 기분전환 경험, 내성, 중독 행동을 숨기는 것과 같은 중독 기준들이 SNS를 과도하게 사용하는 몇몇 사람들에게서 나타나는 것으로 보이기 때문에, 구체적으로 "페이스북 중독 장애"(더 일반적으로 말하면 "SNS 중독 장애")라고 말하는 것이 타당할 것이라고 주장한다.

SNS 중독과 같은 행동 중독은 생물심리사회적 관점으로도 볼 수 있다(Demetrovics & Griffiths, 2012; Griffiths, 2005). 물질관련 중독과 마찬가지로, 일부 사람들은 SNS 중독에서 "전형적인" 중독 증상을 경험할 수 있다. 즉, 기분전환(SNS를 할 때 감정 상태가 좋게 바뀌는 것), 현저성(SNS 사용에 대한 행동적, 인지적, 감정적으로 사로잡힘), 내성(시간이 지남에 따라 SNS 사용이 증가하는 것), 금단 증상(SNS 사용을 제한하거나 중단했을 때 나타나는 신체적이고 정서적인 불쾌감), 갈등(SNS 사용에 따른 대인관계 문제 또는 정신내적 문제), 재발(절제기간 후에 과도하게 SNS를 했던 때로 빠르게 되돌아가는 것)이다.

일반적으로 생물학적, 심리적, 사회적 요인이 복합적으로 작용하여 중독의 원인(Griffiths, 2005; Shaffer et al., 2004)이 되는데, 이는 SNS 중독에서도 마찬가지이다. 이처럼 SNS 중독은 다른 물질관련 및 행동 중독과 비슷한 병인의 틀을 공유하고 있다. 하지만 SNS를 하는 것이 (인터넷) 중독의 실제 표현 측면에서 다르기 때문에(즉, 다른 인터넷 앱을 사용하는 것이 아닌 SNS를 병리적으로 사용함), 이 현상은 개별적으로 다뤄져야 한다. 특히, 중독 때문에 여러 부정적 결과를 경험한 사람들에게 미치는 물질관련 및 행동 중독이 가진 잠재적으로 해로운 영향을 고려할 때에는 더욱 그러하다(American Psychiatric Association, 2000).

3. 역학: SNS 중독의 실증 연구

행동 중독 중에서도 SNS 중독에 대한 연구는 상대적으로 수가 많지 않다. 이 행동에 대한 실증 연구는 다음의 네 가지 유형 중 하나에 속한다. (1) SNS 중독의 자기인식에 관한 연구, (2) SNS 중독 척도를 활용한 SNS 중독 연구, (3) SNS와 기타 온라인 중독 간의 관계를 조사하는 연구, (4) SNS 중독과 대인관계 간의 연관성을 조사하는 연구이다.

각 유형에 대한 간단한 설명은 다음과 같다.

1) SNS 중독의 자기인식에 관한 연구

Machold 외(2012)는 11세에서 16세의 아일랜드 청소년 474명을 대상으로 인터넷 사용의 일반적인 패턴을 조사하고, 남용과 중독을 포함하는 온라인에서의 잠재적인 위험을 확인하고자 했다. 연구 표본의 약 3/4(72%)이 SNS를 빈번하게 사용한다고 응답했고, 그 중 대다수(95%)가 페이스북 사용자였다. 또, 표본의 1/3(33%)은 자신이 SNS를 지나치게 많이 사용하고 있다고 느낀다고 응답했다.

Cha(2010)는 SNS 사용에 영향을 주는 요소를 조사했다. 그리고 "빈도"(SNS를 얼마나 자주 사용하는가)와 "양"(얼마나 많은 시간을 SNS에 투자하는가)의 두 가지 차원에 초점을 두었다. 251명의 대학생(평균연령 20.5세)을 대상으로 연구했고, 그 중 98%가 적어도 한 가지의 SNS를 사용하고 있었다. 회귀분석 결과, (1) 대인관계를 형성할 가능성이 높은 사이트, (2) 사용의 용이함, (3) 사생활에 대한 우려가 낮은 것, (4) 더 젊은 연령이 SNS 사용의 빈도가 높아질 것을 예측하는 것으로 나타났다. SNS에 투자하는 시간을 가장 잘 예측하는 것으로는 (1) 대인관계를 형성할 가능성이 높은 사이트, (2) 현실도피 형태의 소셜 네트워킹, (3) 인터넷 경험이 많은 것이었다. 따라서 SNS 사용의 빈도와 양을 모두 결정하는 가장 강력한 요인은 대인관계 교류라는 것이 나타났다.

Cabral(2011)은 소셜 미디어 사용자 313명(대부분 16~30세)을 대상으로 설문조사를 실시했다. 페이스북의 사용자는 표본의 98% 이상, 트위터 사용자는 34%였다. 표본의 2/3(64%)는 소셜 미디어를 하루에 30분에서 90분 동안 사용한다(10%는 하루에 2시간 이상 사용한다고 응답했다). 연구 참여자의 절반 이상(59%)이 자신이 소셜 미디어에 중독된 것 같다고 응답했다. 중독 증상의 잠재적 지표와 관련된 기타 결과를 살펴보면, 응답자의 39%가 자신들이 의도한 것보다 더 많은 시간을 소셜 미디어에 투자한다고 했고(즉, 내성), 80%는 소셜 미디어 사이트를 자주/매우 자주 확인한다고 답했다(즉, 현저성). 또한 23%는 소셜 미디어 사이트에 접속하지 못하면 스트레스를 받거나, 단절감을 느끼거나, 편집증적 증상을 보인다(즉, 금단)고 응답했다. 그리고 17%는 종종 소셜 미디어 사용을 줄이기 위해 노력하지만 실패(즉, 재발)한다고 응답했다.

Olowu와 Seri(2012)는 884명의 나이지리아 대학생들(16~30세)을 대상으로 SNS 행동에 관한 연구를 진행했다. 결과를 살펴보면, 304명(34%)의 연구 참여자들이 SNS를 매우 자주 사용한다고 응답했다. 응답자의 대다수(64%)는 SNS를 사용하는 것을 멈추기 어렵다는 것에 매우 동의했으며, 25%는 "매우 자주" SNS에 자신의 의도보다 많은 시간을 소비한다고 말했다. 유의미한 소수(21%)는 SNS를 사용하지 못할 때 매우 자주 불안을 느낀다고 했으며, 이보다 약간 많은 수의 응답자(27%)들은 그들이 SNS에 중독되어 있다는 것에 강하게 동의했다. 여기에서 진행된 연구들은 모두 자기보고식 정보에 의존하고, 표본의 크기가 작으며, 표본을 편의표출로 모집했기 때문에 방법론적 면으로 보아 심각한 한계가 있다. 더욱이, 자기인식에 관한 연구들은 모두 어떤 평가척도들을 사용하지 않았기 때문에, 실제로 SNS 중독을 측정한 것이 아니다. 게다가 Oluwu와 Seri(2012)와 같은 어떤 연구들은 기초적인 통계적 유의성 검정도 수행하지 않았다.

2) SNS 중독 척도를 활용한 SNS 중독 연구

Pelling과 White(2009)는 잘 설계된 계획행동이론(TPB)의 확장모델을 사용하여 대학생 233명(여학생 64%, 평균 나이 19세)을 대상으로 높은 수준의 SNS 사용 의도와 실제 사용량을 예측하는 연구를 진행했다. 높은 수준의 SNS 사용은 하루에 최소 4시간 이상 SNS를 이용하는 것으로 정의했다. TPB의 변수는 사용하려는 의도, 태도, 주관적 규범, 인지된 행동 통제(PBC)의 정도였다. 이에 더하여 자기 동일성, 소속감, 그리고 과거의 SNS 사용과 잠재된 미래의 SNS 사용을 조사했다. 연구 결과, 과거 행동, 주관적 규범, 태도, 그리고 자기 동일성은 행동 의도뿐만 아니라 실제 행동을 상당하게 예측하는 것으로 나타났다. 자신을 SNS 사용자들과 동일시하는 사람들과 SNS상에서 소속감을 찾는 사람들은 SNS 중독으로 발전될 수 있는 위험에 있는 것으로 나타났다.

Wan(2009)은 19~28세의 중국 대학생 335명을 대상으로 SNS 중독을 평가했다. 특히, 인터넷 중독 테스트(Young, 1998)를 구체적으로 중국의 대표적인 SNS인 Xiaonei.com에 맞게 수정하여 중국인들의 SNS 중독을 평가했다. 8개의 인터넷 중독 테스트 문항 중 5개 이상에 해당하면 중독이라고 분류했다. Wan은 외로움, 사용자의 만족감(사전 표적집단면담의 결과에 기초하여), 사용 태도, 그리고 SNS 사이트의 사용 패턴을 평가했다. 연구 결과를 살펴보면, 전체의 34%가 중독으로 분류되는 것으로 나타났다. 게다가, 외로움은 SNS 중독뿐만 아니라 Xiaonei.com을 사용하는 시간과 빈도와 유의미한 정적 상관관계에 있었다. 사회활동(온라인 대화를 하는 것)과 관계형성(많은 온라인 친구를 만드는 것)이 SNS 중독을 예측하는 것으로 나타났다.

Wilson, Fornasier, 그리고 White(2010)는 호주 대학생 201명(여학생 76%, 평균 나이 19세)을 대상으로 축약형 NEO 성격검사(Costa & McCrae, 1992), SNS 사용시간, 중독 성향 척도[Ehrenberg, et al.(2008)와 Walsh, White, & Young(2007)]를 사용하여 성격 요인들을 평가했다. 중독 성향 척도(Addictive Tendencies Scale)에는 현저성, 통제

상실, 금단을 측정하는 세 항목들이 포함된다. 다중회귀 분석 결과, 높은 외향성과 낮은 성실성 점수가 중독 성향과 SNS 사용시간을 유의미하게 예측하는 것으로 나타났다. 이 연구자들은 외향성과 중독 성향의 관계는 SNS를 사용하는 것이 외향적인 사람들이 갖는 사회화의 욕구를 만족시킨다는 사실로 설명할 수 있다고 주장했다. 성실성의 부족과 관련된 결과는 성실성이 낮은 사람이 성실성이 높은 사람보다 인터넷을 더 자주 이용하는 것으로 나타난 일반적인 인터넷 사용의 빈도와 관련된 이전 연구 결과와 일치한다(Landers & Lounsbury, 2004).

Alabi(2012)는 층화추출표본과 유의표본으로 모집한 1,000명의 나이지리아 대학생들을 대상으로 페이스북 중독을 조사했다. 이 연구에서는 저자들이 고안한 도구로 높은 내적 일치도(Cronbach's Alpha = 0.73)를 보이는 페이스북 중독 증상 척도(Facebook Addiction Symptoms Scale, FASS)를 사용했다. FASS는 Young(1998)의 인터넷 중독 척도의 내용 분류를 모델로 한 15개 항목으로 구성된 척도이다. 응답자들은 1점(전혀 아니다)부터 4점(매우 자주 그렇다)의 리커트 척도 문항에 답한다. FASS는 (1) SNS 사이트에 대한 선호, (2) 통제력 상실, (3) 사로잡힘, (4) 부정적인 삶의 결과, (5) 금단이라는 다섯 가지 분류에서 각각 세 가지의 하위 항목을 포함하고 있다. 연구 결과, 표본의 31%가 매 시간 자신의 페이스북 계정에 접속하는 것으로 나타났다. 이 연구는 비교적 낮은 수준의 페이스북 중독(1.6%)을 보여 주었다. 그러나 Alabi는 나이지리아의 인터넷 접속률이 일반적으로 낮은 것이 이러한 결과에 영향을 미쳤을 것이라고 주장했다.

Cam과 Isbulan(2012)은 1,257명의 터키 대학생(여학생 739명, 남학생 518명, 20~24세)을 대상으로 페이스북 중독의 성차에 대해 연구했다. 이 연구자들은 Young(1998)의 인터넷 중독 테스트를 수정한 페이스북 중독 척도(Facebook Addiction Scale, FAS)라는 새로운 도구를 사용했다. 조사 항목들은 여섯 개의 선택지(적용되지 않음, 거의 없음, 아주 가끔, 가끔, 자주, 항상)의 리커트 척도로 답하게 되어 있다. 이 연구자들이 페이스북 중독을 결정하는 준거 점수를 언급하지 않았음에도 불구하고, 이 척도의 신뢰도는 Cronbach's alpha 0.92로 매우 높게 나타났다. 연구 결과, 남자의 FAS 점수가 여자보다 유의미하게 높았다.

높은 FAS 점수를 받은 사람은 다음과 같은 경향성을 보인다. (1) 연인과 페이스북을 통해 친밀감을 높이는 것에 흥미를 느낀다. (2) 페이스북에 투자하는 시간에 대해 다른 사람들이 불만을 표현한다. (3) 오랜 시간 페이스북을 사용하기 때문에 학업에 영향을 받는다. (4) 다른 일을 시작하기 전에 페이스북 메시지를 먼저 확인한다. (5) 페이스북 사용 때문에 직업상 문제가 발생한다. (6) 누군가 페이스북에서 무엇을 하느냐고 물으면 방어하거나 숨기려고 한다. (7) 다시 페이스북을 하려고 기대하는 자신의 모습을 발견한다. (8) 오프라인 상태에서도 페이스북 생각에 빠져있거나, 페이스북을 하는 듯한 공상에 빠진다. (9) 페이스북 사용시간을 줄이려고 노력하지만 실패한다. (10) 페이스북을 얼마나 오래하는지 숨기려고 한다. (11) 다른 사람들과 실제로 만나는 것보다 페이스북을 하는 데 더 많은 시간을 투자한다. (12) 오프라인 상태가 되면 우울하거나 기분변화가 심하거나, 불안함을 느끼지만, 페이스북을 다시 하면 이런 기분은 사라진다.

Andraessen, Tosheim, BrunBerg, 그리고 Pallesen(2012)은 Griffiths(2005)의 여섯 가지 중독 요인을 기반으로 Bergen 페이스북 중독 척도(Bergen Facebook Addiction Scale, BFAS)를 개발했다. 이 척도는 학생 423명을 대상으로 여러 가지 표준화된 자기보고식 척도(예를 들어, 성격, 페이스북에 대한 태도, 중독 성향 척도 등)와 함께 시행되었다. 이 척도는 성격적 특성(예: 신경성, 외향성)과 정적 상관관계에 있었고, 다른 성격적 특성(성실성)과는 부적 상관관계에 있었다. 또, 높은 BFAS 점수는 늦게 자고 늦게 일어나는 것과도 관련이 있는 것으로 나타났다. 응답자들은 여섯 가지 항목(예를 들어 "페이스북을 사용할 때 더 하고 싶은 충동을 느낀다", "페이스북에 투자하는 시간이 너무 많아서 일, 학업에 부정적인 영향을 미친다")에 대해 "아주 가끔", "가끔", "보통", "자주", "매우 자주"의 다섯 가지로 응답했다. 연구자는 여섯 가지 항목 중 네 항목 이상 "매우 자주" 또는 "자주"로 응답한 경우 페이스북에 중독된 것이라고 설명한다.

Cheak, Goh, 그리고 Chin(2012)은 주로 20~24세의 말레이시아 대학생 343명을 대상으로 SNS 의존과 기분전환 간의 관계에 대해 연구했다. SNS 중독은 인터넷 관련 문제 척도(Internet-Related Problem Scale)(Armstrong, Phillips, & Saling, 2000)의 19문항을 적용하여 측정했다. SNS 의존은 Morahan-Martin과 Schumacher(2000)의 병리적 인터넷 사용 척도(Pathological Internet Use Scale, PIUS)를 수정한 12문항으로 평가했다. 연구 결과, 응답자의 46%가 SNS를 매일 사용했으며, 주요 활동으로는 메시지 확인(68%), 댓글이나 진술(testimony) 확인(54%), 게임(52%) 등이 있었다. 예상대로, SNS 의존과 SNS 중독 간에는 강력한 정적 상관관계(0.68)가 있었고, 기분전환 또한 SNS 중독과 정적 상관관계(0.56)에 있었다.

Floros와 Siomos(2013)는 12~19세의 그리스 고등학생 1,971명을 대상으로 청소년의 소셜 네트워킹(SN)의 동기와 양육 방식, 인터넷 중독 장애(IAD)와 관련된 인지의 관계에 대한 횡단연구를 진행했다. 인터넷 중독(Davis et al., 2002)을 정확히 예측하기 위해 Davis(2001)의 IAD 모델을 기반으로 온라인 인지 척도(Online Cognitions Scale,

OCS)를 고안했다. OCS는 인터넷 중독을 (1) 사회적 안정감, (2) 외로움/우울, (3) 충동조절의 감소, (4) 산만함이라는 네 가지 요인으로 분류하며, 7점 리커트 척도로 36가지 항목을 측정한다. 그 결과, 표본들의 가장 빈번한 온라인 활동은 SNS 참여였다. 또한 SN 활동에 대한 가장 큰 동기는 친구들과 지속적으로 자주 연락하는 것이었다. 또 최적의 양육과 SN 참여 동기, IAD 사이에는 부적 상관관계가 있다는 모델을 지지하는 결과가 나타났으며, 또래보다 인터넷을 먼저 사용하기 시작한 대부분의 청소년 SNS 사용자가 성인이 되어 일상생활을 탈출하기 위해 인터넷을 사용하며, 충동적으로 인터넷을 사용한다는 결과도 있었다. 이 변수들의 조합이 이 연구자들의 이론적 모델의 분산의 1/3(35%) 이상을 설명한다.

Turel과 Serenko(2012)는 SN 웹사이트를 사용하는 19~40세의 194명의 미국 학생(평균 23세)을 대상으로 즐거움의 이중효과에 대해 구조방정식 모델링 기술을 사용하여 분석하고 검증했다. 이 연구자들은 정보 시스템(IS) 사용 습관과 SNS 중독이 정적인 상관이 있을 것이라는 가설을 세웠다. 페이스북 중독은 Charlton과 Danforth(2007)의 온라인 게임 중독 척도를 수정하여 평가했다. 이 중독 척도는 다음과 같은 항목들을 포함했다. "나는 가끔 SNS 사이트에 빠져서 중요한 일들을 하지 않는다." "SNS를 하지 않을 때, 나는 종종 불안하다." 인지된 즐거움은 습관이 되는 주요 선행조건이라는 것을 발견했다. 연구 결과는 인지된 즐거움이 잠정적으로 다른 두 가지 결과들(즉, 습관은 한편으로는 중독의 정도를 높일 수 있고, 다른 한편으로는 높은 참여를 하게 한다는 것)과 연관이 있다는 연구자들의 가설을 뒷받침해 주는 것으로 나타났다.

Sofiah, Zobidah, Bolong, 그리고 Osman(2011)은 19~28세의 말레이시아 여자 대학생 380명을 대상으로 페이스북 중독에 대해 조사했다. 페이스북 중독은 11항목의 자기진단 척도를 통해 평가되었으며, 총 점수가 높을수록 더 중독된 사람으로 간주되었다. 페이스북 중독자로 분류하기 위한 명확한 준거 점수는 제공되지 않았다. 다음은 많은 사람들이 매우 동의한 11개의 문장(비율; 7점 기준 평균점수; 표준편차 명시)이다.

- 페이스북은 내 일상생활의 일부가 되었다. (19%; 5.5; 1.0)
- 의도한 것보다 더 많이 페이스북을 사용한다. (16%; 5.2; 1.2)
- 한동안 페이스북을 하지 않으면 사람들과 관계가 끊긴 것 같은 기분이다. (13%; 5.0; 1.4)
- 페이스북이 없는 인생은 지루할 것이다. (14%; 4.7; 1.5)
- 다른 사람과 어울리는 것보다 페이스북을 하며 더 많은 시간을 보내곤 한다.

(5.5%, 4.0; 1.6)

- 때로 페이스북을 통해 친구와 함께 게임을 한다. (5.5%, 3.7; 1.7)
- 페이스북을 사용하지 않을 때에도 페이스북에 대해 생각하곤 한다. (4%, 3.5; 1.7)
- 늦은 밤 페이스북에 로그인하는 것 때문에 종종 잠이 부족하다. (4%, 3.4; 1.7)
- 페이스북에 더 많은 시간을 쓰기 때문에 일상에서 해야 할 일들을 무시한다. (3%, 3.3; 1.5)
- 다른 일보다 페이스북을 하는 것이 우선이다. (3%; 3.1; 1.7)
- 페이스북을 사용하는 시간 때문에 성적이 계속 떨어지고 있다. (3%; 3.0; 1.6)

연구자는 응답자들의 결과에 기초하여 페이스북 사용의 다섯 가지 동기(사회적 상호작용, 시간 보내기, 오락, 교제, 의사소통)를 확인했다. 그리고 페이스북을 사용하는 다섯 가지 동기와 페이스북 중독은 유의미한 관계가 있다는 것을 발견했다. 회귀 분석 결과, 페이스북 중독에 가장 큰 영향을 미치는 동기 예측변수는 시간을 보내기 위한 방법으로 페이스북을 사용하는 것이었으며 그 다음은 오락과 의사소통이었다. 이 세 가지 동기 요인들은 총 분산의 24%를 차지했다.

Wolniczak 외(2013)는 평균 20세의 페루 대학생 418명을 대상으로 페이스북의 의존과 부적절한 수면 질의 관련성에 대해 연구했다. 연구자들은 인터넷 중독 설문지(IAQ)(Echeburua, 1999)로 페이스북 의존을 평가했다. 사용된 도구는 예/아니오로 응답하는 총 8문항으로 구성되고, 걱정, 염려, 만족, 사용시간, 페이스북 사용을 줄이기 위한 노력, 통제, 페이스북을 통한 다른 활동들에 관한 것에 초점을 두었다. 연구자들은 이전에 Echeburua(1999)가 보고한 의존성 여부를 설정하기 위해, 5점 혹은 그 이상의 점수를 준거 점수로 사용했다. 그 결과 표본의 8.6%가 페이스북에 의존한다고 보고했으며, 55%는 수면의 질이 좋지 않다는 것을 보여 주었다. 이 연구는 페이스북 의존과 수면 부족 사이의 유의미한 연관성을 보여주며, 이것은 연령, 성별, 학년 변수를 조정하고 나면 주로 낮 시간 동안의 기능 장애를 설명한다.

Koc과 Gulyagci(2013)는 터키 대학생 447명을 대상으로 페이스북 중독에 대해 살펴보고 관련된 행동적, 인구학적, 심리학적 건강 예측변수들을 조사했다. 페이스북 중독 척도(FAS)는 페이스북 사용 중독을 평가하기 위해 개발되었으며, 중독의 핵심 요소와 관련이 있는 8문항(인지적 및 행동적 현저성, 다른 활동과의 갈등, 행복감, 통제력 상실, 금단 현상, 재발)으로 구성되었다. 결과를 살펴보면, 페이스북에 사용한 시간은 일주일에 10분에서 70시간까지 다양했고, 평균은 7시간이었다. FAS 점수 평균은 13.66(표준편차 = 5.92; 범위 8~37)점밖에 되지 않았다. 이는 터키 학생들 사이에서 보고한 페이스북 중독 정도가 낮음을 나타낸다. 점수가 높은 응답자들은 학업에 대한 부정적인 영향을 보고했고, 사회적 교류를 위해 자주 페이스북을 사용하는 학생들은 높은 수준의 중독을 보고했다. 회귀분석 결과, 페이스북 중독 분산의 22%가 주간사용 시간, 사회적 동기, 불안감과 불면증, 극심한 우울증이라는 네 가지 주요 예측변수들로 설명되었다. 그리고 모든 변수들은 중독적 사용과 정적인 연관성을 보였다. 이 결과들은 이미 존재하고 있는 정신병을 온라인 중독의 근원으로 가정하는 인지행동 모델을 뒷받침한다.

이와 같은 양적 연구들은 여러 방법론적인 한계가 있다. 이 연구들은 SNS 중독을 측정하고자 했으나, 단순히 중독 성향을 평가하는 것은 실제 병리를 결정하기에는 충분하지 않다. 대부분의 표본들은 작고, 세분화되어 있으며, 자체 선택되고 편의표집되었으며, 젊은 성인과 여성에게 편향되어 있었다. 이러한 사회통계학적 집단들은 다른 집단들에 비해 SNS 중독 성향을 더 많이 보이기 때문에 몇몇 연구에서 보고한 매우 높은 중독 유병률(최대34%)은 이에 영향을 받았을 수 있다.

추후의 실증 연구들은 앞선 연구들이 SNS의 과도한 사용이나 사로잡힘이 아니라 실제 중독을 평가하고 있는지에 대해 살펴봐야 할 것이다.

3) SNS와 다른 온라인 중독들의 관계에 대한 연구

Kittinger, Correia, 그리고 Irons(2012)는 미국 대학생 281명(평균 20세)을 대상으로 페이스북의 사용이 어떻게 문제성 인터넷 사용과 관련이 있는지 조사했다. 연구자들은 20항목의 인터넷 중독 테스트(IAT)(Young, 1998)로 인터넷 중독을 평가했다(제5장 부록 참고). 응답자들은 각 항목에 5점 리커트 척도로 1점(거의 아니다)부터 5점(항상 그렇다)의 범위에서 답했다. 50점에서 79점 사이의 점수는 인터넷 때문에 때때로 또는 자주 문제가 있는 것을 나타내는 것으로 여겨지는 반면, 80점 이상은 더욱 심각한 문제를 나타낸다. 연구자들은 비록 상당한 수의 소수(15%)가 50점 이상이었지만, 응답자의 대부분이 문제성 인터넷 사용의 권장 준거 점수 아래에 있었다고 보고했다. IAT 점수가 50점 이상인 사람들은 페이스북 사용과 관련한 특정 문제들을 보고할 가능성이 유의미하게 더 높았다. IAT 점수는 페이스북을 매일 사용하는 것과, 참여자들이 자신이 중독된 것 같다고 느끼는 자기보고식 응답과 모두 유의미하게 연관성이 있었다. 회귀분석 결과, 연령, 성별, 하루 온라인(페이스북 포함) 사용시간, 그리고 하루에 페이스북 계정에 로그인하는 횟수, 하루에 페이스북에 사용하는 시간이 IAT 분산의 34%를 차지했다. 그 중 온라인 사용시간과 하루 페이스북 사용빈도는 가장 주요한 예측변수들이었다. 이 연구자들은 심지어 통계학적 변수들과 일반적인 온라인 사용패턴을 설명한 후에도, 페이스북 사용빈도가 IAT 점수에 영향을 미친다고 결론을 내렸다.

Zhou(2010)은 18~22세의 중국 대학생 342명을 대상으로 IAT(Young, 1998)에 근거하여 SNS 게임 중독을 측정했다. 이 연구에서 말하는 SNS 게임 중독은 구체적으로 SNS 게임 '해피 팜'에 중독된 것을 의미했다. IAT 항목 8가지 중에서 적어도 5가지 이상에 해당하는 경우 SNS 게임 중독이라고 정의했다. 이 준거 점수를 기초로 하여 응답자 중 약 24%의 학생들이 게임 중독으로 분류되었다. 또한 Zhou(2010)는 SNS 게임의 보상, 외로움, 여가의 권태감, 자존감에 대해서 조사했다. 그 결과, 외로움과 SNS 게임 중독은 약한 정도의 정적 상관관계에 있었고, 여가의 권태감과 SNS 게임 중독 사이에는 중간 정도의 정적 상관이 있다는 것을 발견했다. "(사회 집단에서의) 소속감"과 "(게임에서의) 성취감"의 보상, 여가의 권태감, 그리고 남성이 SNS 게임 중독을 유의미하게 예측하는 변수들이었다.

Karaiskos, Tzavellas, Balta, 그리고 Paparrigopoulos(2010)는 직업과 일상생활에 상당히 영향을 미칠 정도로 SNS를 사용한 24세의 여성의 사례를 보고했다. 그녀는 하루에 적어도 5시간 이상씩 페이스북을 했으며, 일과 중에도 계속 SNS를 확인한다는 이유로 직장에서 해고당하기도 했다. 그 결과 정신과 클리닉에 의뢰되었다. 심지어 치료를 위한 상담 중에도 계속 휴대폰으로 페이스북 사용을 멈추지 않았다. 그녀의 삶의 다양한 영역에서 심각한 장해를 만들 만큼 과도하게 SNS를 사용할 뿐 아니라, 불면증과 같은 불안 증상들도 나타났다. 이는 SNS 중독과 임상적인 관련성을 암시적으로 보여준다. 이러한 극단적인 사례를 통해 몇몇 연구자들은 SNS 중독을 인터넷 스펙트럼 중독 장애로 개념화했다. 이는 첫째, SNS 중독이 더 넓은 범위의 인터넷 중독의 틀 안에서 분류될 수 있고, 둘째, 인터넷 게임 중독(Kuss & Griffiths, 2012a), 인터넷 도박 중독(Kuss & Criffiths, 2012b), 인터넷 성 중독(Griffiths, 2012a)과 같은 다른 중독적 인터넷 영역과 같이 특정 인터넷 중독으로 분류될 수 있음을 보여준다.

이런 특정 질적 사례 연구는 임상적 관점으로 보아 SNS 중독이 전문적 치료가 필요한 정신건강상의 문제라는 것을 나타낸다. 이 장에서 다루었던 다른 양적 연구들과는 달리, 위의 사례 연구는 심신의 상태뿐 아니라 직업생활을 포함하는 다양한 삶의 영역에서 경험하는 상당한 장해를 강조하고 있다. 따라서 추후 연구에서는 양적 연구방법으로 SNS 중독을 조사할 뿐 아니라 과도한 SNS 사용으로 고통받는 사람들의 사례를 분석함으로써 새로운 정신건강상의 문제에 대한 이해를 더욱 넓히도록 해야 한다.

4) SNS 중독과 대인관계에 대한 연구

Elphinston과 Noller(2011)는 이성교제를 하고 있는 18~25세의 호주 대학생 342명을 대상으로 페이스북 침해, 연인관계에서의 질투, 연인관계의 결과에 대한 상관관계를 조사했다. 연구자들의 자가구성척도인 8항목 페이스북 침해 설문지(Facebook Intrusion Questionnaire, FIQ)는 중독의 핵심 요소(Griffiths, 2005)를 기반으로 '페이스북 중독'을 측정하는 것을 목표로 했다. FIQ의 단일 요인 구조(즉, 일차원적 척도)는 근거로 뒷받침되고 있고, 내적 일관성이 높았다. 페이스북 침해는 페이스북 사용시간과는 관계없었지만, 질투를 인식하거나 감시행동 때문에 연인관계의 불만족과는 관계있다는 결과가 나타났다. 연구자들은 높은 수준의 페이스북 침해가 연인관계로 '확산되고' 질투심과 관계의 불만족을 야기할 가능성을 강조한다고 주장한다. 페이스북 침해는 페이스북 사용시간과는 어느 정도만 관련이 있었는데, 이는 온라인의 과도한 사용과 중독은 같지 않다는 Griffith(2010)의 주장을 뒷받침한다.

Porter, Mitchell, 그리고 Grace(2012)는 소셜 미디어를 사용하는 젊은 성인 219명(18~25세)을 대상으로 소셜 미디어 사용, 대인관계 만족도, 중독 사이의 관계를 조사했다. Mitchell과 Beard(2010)가 만든 인터넷 의존 척도(Internet Dependency Scale, IDS)로 소셜 미디어 사용시간과 소셜 미디어 금단 증상을 측정했다. 그 결과, 연구 참여자들은 어느 정도의 시간이 지난 이후에 소셜미디어에 대한 금단 현상을 느낀다고 했다. 이 결과는 소셜 미디어 사용과 대인관계의 만족도가 부적 상관관계에 있을 것이라고 했던 이 연구자들의 가설과는 엇갈린다. 이 장에서 다룬 다른 설문조사 연구들에서와 마찬가지로, 이 두 연구의 표본크기는 작고, 세분화되어 있으며, 편의표집방법을 사용했다.

5) SNS 중독과 페이스북 중독

Griffiths(2012b)는 최근 많은 연구자들이 페이스북 중독과 SNS 중독을 동일시하고 있다는 것을 지적했다. 페이스북은 소셜 네트워킹을 제공하는 많은 사이트들 중 하나일 뿐이다. 그렇기 때문에, BFAS(Andraessen et al., 2012), FAS(Cam & Isbulan, 2012),

FIQ(Elphinston & Noller, 2011)와 같은 척도들은 전체 소셜 네트워킹 그 자체보다는 페이스북이라는 특정 회사가 제공하는 서비스에 관련하여 개발되었다. Griffiths는 사람들이 실제로 무엇에 중독이 되는지, 그리고 새로운 페이스북 중독 도구들이 무엇을 측정하고 있는지에 대해 고민해 보아야 한다고 주장한다. 이는 인터넷 중독(Widyanto & Griffiths, 2006)이나 휴대폰 중독(Choliz, 2010)에서 논의되는 내용과 거의 동일하다.

예를 들어, 페이스북 사용자들은 팜빌과 같은 게임을 하기도 하고(Griffiths, 2010b), 포커 같은 게임으로 도박을 하기도 하며(Griffiths & Parke, 2010), 영상이나 영화를 보기도 하고, 사진을 공유하고 주기적으로 프로필을 업데이트하며, 삶의 소소한 이야기들로 친구들에게 메시지를 보낼 수도 있다(Griffiths, 2012b; Kuss & Griffiths, 2011). 그러므로 '페이스북 중독'은 'SNS 중독'과 동의어가 아니며, 페이스북이 다양한 온라인 활동이 벌어지는 장소이고 다양한 사용자들이 각각 다른 목적을 가지고 사용하기 때문에 페이스북 중독과 SNS 중독은 근본적으로 다르다.

다시 말하면, 페이스북 사용보다는 '소셜 네트워킹 중독'을 구체적으로 측정하는 심리측정학적으로 타당한 척도가 필요하다는 것이다. BFAS와 같은 척도의 경우, 활동으로서의 SNS를 언급하지 않기 때문에, 이 척도를 통해 팜빌 게임에 중독된 것과 페이스북 친구들과 메시지를 주고받는 것에 중독된 것을 구분하기란 어렵다. 그럼에도 불구하고 BFAS는 심리측정 측면에서 가장 근거 있는 척도이다. 또한 BFAS는 행동 중독을 측정하기 위한, 타당도가 검증된 척도를 개발하는 데에 사용된 중독의 구성요소 모델에 기반한 척도이기도 하다(Brown, 1993; Griffiths, 2005). 더 정확한 연구를 위해 '페이스북 사용'이라는 용어 대신 '소셜 네트워킹'이라는 용어를 사용하여 BFAS의 타당도를 재입증하는 것이 필요할 것이다.

사례 일화

마리나 *Case Vignette*

마리나는 19세 영국 여성이다. 그녀는 대학생이고, 최근 자신이 수강하고 있던 모든 과목과 시험에서 낙제하여 유급 판정을 받았다. 마리나의 어머니는 그녀가 "페이스북에 중독"되었고, 현대 언어학에서 낙제한 이유는 모든 시간을 페이스북에서 친구와 온라인 채팅을 하는 데에 사용했기 때문이라고 말했다. 마리나는 휴대폰을 항상 가지고 다니며 일어나 있는 대부분의 시간을 페이스북을 확인하는 데에 쓴다. 그녀는 휴대폰이 바로 옆에 있지 않으면

잠을 자지 못하며 휴대폰 없이는 외출할 수도 없다. 어머니는 딸이 "삶의 전체를 온라인에 소비하는 것처럼 보이며" 심지어 가족과 식사할 때에도 받은 메시지를 보기 위해 끊임없이 휴대폰을 확인한다고 했다. 마리나는 1000명이 넘는 '친구'가 있지만 그 중 대부분은 한 번도 만난 적이 없거나 아주 잠깐 만난 친구일 뿐이다.

어머니는 마리나의 모든 대화가 페이스북에서 알게 된 정보와 소문에 관련된 것이라고 했다. 또, 마리나의 기분은 자신의 상태 업데이트에 사람들이 댓글을 쓰는지에 '완전히 좌우되고' 사람들이 자신이 온라인에서 한 것에 어떻게 반응하는지에 의존한다고 말한다. 마리나는 16살에 페이스북 계정을 처음 만들었고, 아버지 서재의 가족 컴퓨터로만 접속했었다. 그 후, 그녀가 페이스북에서 소비하는 시간은 점차 증가했으며, 방과 후 대부분의 시간을 컴퓨터를 하며 보낼 정도에 이르렀다. 그녀가 17살 때에는 페이스북 사용이 가장 적었는데, 그 6주간 그녀의 부모님이 컴퓨터 사용을 하지 못하게 하고, 가장 중요한 시험을 위해 그녀가 공부를 하도록 강요했기 때문이다. 이 기간 동안 그녀의 어머니는 마리나가 무척 좌절해 있었고 쉽게 짜증을 내며 기분변화가 심했다고 했다. 그 당시 그녀의 어머니는 그 이유가 시험 스트레스 때문이라고 생각했었지만, 지금 생각해 보면 컴퓨터를 하지 못하게 했기 때문이었던 것 같다고 말했다. 시험이 끝나자마자(가족 컴퓨터를 다시 사용하는 것을 허락했다) 그녀의 페이스북 사용은 크게 증가했다(그녀의 어머니는 그녀가 모든 시간을 페이스북에 사용한다고 말했다). 시험이 끝나는 날이자 마리나의 18번째 생일 날, 스마트폰을 선물로 받았다. 이것을 계기로 페이스북 사용은 더 심각하게 되어, 페이스북을 끊임없이 사용하게 되었다.

대학교 입학 후, 마리나의 페이스북 사용은 극에 달해 거의 대부분의 시간을 페이스북을 하는 데에 썼다. 강의를 듣는 중에도 페이스북에 접속해 있었다. 몇 번의 이성 관계에서도 데이트를 하기보다는 페이스북에 더 많은 시간을 쏟았기 때문에 얼마 가지 못해 관계는 끝이 났다. 모든 시험에서 낙제 후, 자신을 위로할 수 있었던 유일한 방법은 친구들과 페이스북에서 대화하는 것이었다.

마리나는 중독의 핵심 요소들을 보인다. 페이스북은 자신의 삶에서 가장 중요한 것이 되었으며, 그것에 완전히 사로잡혀 있다. 그녀는 기분을 완화시키기 위해 페이스북을 사용하고, 페이스북 사용 때문에 관계, 학업, 가정생활 등 삶의 모든 부분에서 갈등이 발생한다. 또한, 시험 공부를 하는 기간에는 페이스북 사용에 대한 금단 현상까지 나타났다. 부모는 지속적으로 마리나의 이러한 페이스북 사용을 크게 걱정하여, 결국 전문적 상담을 받기로 결정했다. 마리나는 심리학자를 만나는 것을 거부하며, 자신은 그저 다른 또래들이 하는 것을 하는 것뿐이라고 말한다. 마리나의 문제를 해결하기 위해서는 동기강화 상담과 함께 인지행동 치료와 같은 개입을 진행하는 것이 가장 효과적인 치료방법일 것이다.

4. SNS 중독의 예방과 치료

비록 인터넷 중독과 관련된 치료 연구가 적용될 수도 있겠지만, 현재까지 SNS 중독 치료에 대한 논문은 없다. Echeburua와 de Corral(2010)은 소셜 네트워킹과 관련하여 가정 및 학교 환경 모두에서 행동 위험 요소와 인구학적 특성을 기반으로 하는 예방 전략이 시행되어야 한다고 강조했다. 또한 이들은 다른 중독의 사례와 달리 이런 유형의 중독 치료의 목표는 사용을 완전히 금지하기보다는 조절해서 사용하는 것이어야 한다고 강조했다. 현대에는 인터넷에 접속할 수 있는 컴퓨터나 휴대폰과 같은 기기의 사용을 금지하는 것이 거의 불가능하기 때문이다. 이 연구자들은 심리 치료를 선택하여 자극을 제어하고 인터넷에 점진적으로 노출되도록 하고, 그 후 재발 방지를 위해 인지행동 개입을 해야 한다고 주장한다. 그러나 여전히 온라인 게임 같은 인터넷 관련 활동을 지속하면서 인터넷에서의 SNS 사용을 그만두는 것이 가능하다. Gupta, Arora, Gupta(2012)는 SNS 중독의 교정 전략은 (1) 콘텐츠 제어 소프트웨어, (2) 상담, (3) 인지행동 치료를 포함하되 이에 국한되어서는 안 된다고 주장한다. 이 연구자들은 내담자들의 SNS 중독을 다루고 치료하기 위해서 다음과 같은 전략을 따라야 한다고 조언한다.

- 페이스북 중독에 대한 신호를 인식하라.
- 페이스북에서 무엇을 하는지에 관한 질문을 시작하라.
- 각각의 사이트에 정확히 어느 만큼의 시간을 소비하는지 기록하라.
- 페이스북의 가치가 무엇인지 결정하라.
- 그날 인터넷을 할 시간을 스스로 정하라.
- 특별한 날 페이스북하는 것을 그만두고, 스스로가 어떻게 지내는지 확인해 보라.
- e메일 알림을 꺼라.
- 미래에 보다 현명한 페이스북 사용을 하기 위한 해결책을 생각해 보라.
- 가능한 한 많은 친구들을 만들기 위한 경쟁을 하지 않도록 주의하라.
- 자동적으로 페이스북하는 것을 삼가라. "페이스북 메시지 보낼게"라는 말을 하고 싶다고 느낄 때마다 스스로를 점검하고, "나중에 보자" 혹은 "전화할게"라고 고쳐서 말하라. 이렇게 하면서 이전에 페이스북 때문에 놓쳤던 시간을 만회하라.
- 페이스북에 대한 생각이 떠오를 때마다 명상하라.

SNS 중독에 관한 더 정확한 정보들이 필요하다는 것은 분명하다. 그리고 가장 적절하면서 효과적인 프로그램도 필요하다. Echeburua와 de Corral(2010)은 또한 젊은 층의 SNS를 포함하여 문제성 인터넷 사용과 관련하여 동기강화 상담과 단기개입 유형의 치료들에 관한 더 많은 연구가 필요하다고 주장했다.

5. 결론

이 장의 목적은 SNS 중독과 관련하여 새롭게 부각되고 있는 실증 연구들에 대해 간략히 살펴보는 것이다. 인터넷 소셜 네트워크의 중독적인 특징들을 다루는 과학적 문헌들은 여전히 부족하지만, 지난 몇 년에 걸쳐 이에 대한 연구의 수가 점차 증가하고 있다.

지난 몇 년간 많은 양질의 논문이 지속적으로 출간되었다. 연구자들은 실용성, 유인(끌림), 의사소통, SNS 사용에 대한 기대를 포함하는 SNS 중독의 독특한 요소들에 대해 측정해야 한다. 왜냐하면 이런 요인들이 중독의 특수한 병리적 틀에 기초하므로 SNS 중독의 병리를 예측할 수 있기 때문이다(Sussman et al., 2011). 이러한 영역에서 SNS 중독의 특수성과 동반이환에 초점을 둔 연구가 부족하기에 더 많은 실증 연구가 필요하다.

SNS 중독이 존재하는지의 여부는 사용되는 중독의 정의에 따라 논란의 여지가 있다. 하지만 SNS 사용자 중 소수가 과도하게 사용한 결과 중독과 유사한 증상들을 경험한다는 증거가 명확히 존재한다. 단지 몇 가지의 잠재적인 중독 기준들을 지지하는 연구들은 임상적으로 중요한 중독 상태를 확립하기에는 충분하지 않다. 이와 비슷하게, 중독을 단순한 남용과 구분하는 상당한 장해와 부정적 결과들은 보통 평가되지 않았다. 따라서 앞으로의 연구들은 현재의 경험적 지식 간의 간격을 메울 수 있도록 보다 나은 방법론적 연구 설계를 적용하고, 더 높은 대표성을 띠는 표본들을 포함하며, 더욱 신뢰할 만하고 타당한 중독 척도를 사용한다면 새로이 나타나는 SNS 중독이라는 새로운 현상을 더 잘 다룰 수 있게 될 것이다.

더 나아가, 연구는 부정적 결과들을 넘어 구체적인 중독 증상들을 다뤄야 한다. 이는 물질 의존 혹은 병적 도박에 대한 *DSM-5*의 진단 기준(American Psychiatric Association, 2013)과 *ICD-10*(World Health Organization, 1992)의 의존 증후군 진단 기준에 근간을 두어야 한다. 즉, (1) 내성 (2) 금단 (3) 사용의 증가 (4) 조절 능력의 상실 (5) 회복 시간의 지연 , (6) 사회적, 직업적, 여가 활동을 희생시키는 것, (7) 부정적 결과에도 불구하고 계속 사용하는 것을 포함한다. 이러한 기준들은 행동 중독을 진단하는 데에 적절한 기준(Griffiths, 2005)으로 여겨져 왔고 따라서 SNS 중독에 적용하기에도 충분한 것으로 보인다. SNS 중독으로 진단되려면, 위에 언급된 기준들 중 최소 세 개(그러나 더 많은 수를 선호)가 같은 12개월 이내에 모두 만족되어야 하며, 반드시 개인에게 상당한 장해를 유발해야 한다.

또한 각 연구의 외적 타당도를 높이기 위하여 보다 광범위하게 모집단을 대표하도록 더 큰 표본을 표집하는 것에 특별히 노력을 기울일 필요가 있다. 결과의 일반화는 SNS에 중독될 위험이 있는 인구를 정하기 위해 필수적이다. 이와 유사하게, 생물학적 관점으로부터 이 현상을 평가하기 위해 더 많은 심리사회적 연구들을 해야 할 필요성이 있는 것으로 보인다. 더 나아가, 명확하고 타당성이 입증된 중독 준거들을 평가할 필요가 있다. 중독에서 단지 몇 가지의 준거들을 평가하는 것으로 연구들을 제한하는 것은 충분하지 않다. 높은 빈도와 문제성 사용으로부터 병리를 구분하려면 국제적 분류 지침서로 설립되어 온 틀을 채택해야 한다. 더욱이, 임상적 증거와 실제에서 SNS 중독자가 남용 혹은 중독 행동의 결과로써 삶의 다양한 영역에서 경험하는 상당한 장해에 초점을 맞추는 것이 필수적이다.

유사하게, 자기보고식 검사에 기초한 자료의 결과는 정확하지 않을 수 있기 때문에 진단에 충분하지 않다. 자기보고식 검사는 구조화된 임상 면담과 사례 연구의 근거뿐 아니라 사용자에게 중요한 타인이 제공하는 보충자료로도 사용될 수 있을 것이다 소셜 네트워킹에 대한 연구가 필요하며, 구체적으로는 임상적 응용 가능성 및 진단 기준에 대한 연구가 필요하다. 더욱이, 여성에게서 유병률이 더 높은 것으로 나타나기 때문에 성차를 조사하는 연구도 필요하다(이는 남성에게서 더 우세한 것으로 나타나는 게임 중독과 같은 이외 문제성 온라인 행동과는 반대이다)(Kuss & Griffiths, 2012a). 이와 같은 연구들은 인터넷 중독이라는 포괄적인 용어보다는 명확한 소셜 네트워킹 중독에 대한 근거를 강화시켜 줄 것이다.

6. 참고문헌

Alabi, O. F. (2012). A survey of Facebook addiction level among selected Nigerian university undergraduates. *New Media and Mass Communication*, 10, 70–80.

American Psychiatric Association. (2000). *Diagnostic and statistical manual of mental disorders—Text revision* (4th ed.). Washington, DC: Author.

American Psychiatric Association. (2013). *Diagnostic and statistical manual of mental disorders—Text revision* (5th ed.). Washington, DC: Author.

Andraessen, C. S., Tosheim, T., BrunBerg, G. S., & Pallesen, S. (2012). Development of a Facebook addiction scale. *Psychological Reports*, 110, 501–517.

Armstrong, L., Phillips, J. G., & Saling, L. L. (2000). Potential determinants of heavier Internet usage. *International Journal of Human-Computer Studies*, 53, 537–550.

Bhandari, A., & Wagner, T. H. (2004). *Self-report utilization: Improving measurement and accuracy.* San Diego: US National Institutes of Health.

Boyd, D. M, & Ellison, N. B. (2008). Social network sites: Definition, history, and scholarship. *Journal of Computer-Mediated Communication*, 13, 210–230.

Cabral, J. (2011). Is Generation Y addicted to social media? *Elon Journal of Undergraduate Research in Communications*, 2(1), 5–13.

Cam, E., & Isbulan, O. (2012). A new addiction for teacher candidates: Social networks. *Turkish Online Journal of Educational Technology*, 11(3), 14–19.

Cha, J. (2010). Factors affecting the frequency and amount of social networking site use: Motivations, perceptions, and privacy concerns. *First Monday*, 15(12). Located at http://firstmonday.org/ojs/index.php/fm/article/viewArticle/2889/2685.

Charlton, J. P., & Danforth, I. D. W. (2007). Distinguishing addiction and high engagement in the context of online game playing. *Computers in Human Behavior*, 23, 1531–1548.

Cheak, A. P. C., Goh, G. G. G., & Chin, T. S. (2012). Online social networking addiction: Exploring its relationship with social networking dependency and mood modification among undergraduates in Malaysia. *Proceedings of the International Conference on Management, Economics and Finance*, 247–262. Sarawak, Malaysia: Global Research.

Choliz, M. (2010). Mobile phone addiction: A point of issue. *Addiction*, 105, 373–374.

Costa, P. T., & McCrae, R. R. (1992). *Revised NEO personality inventory (NEO-PI-R) and the NEO Five-Factor inventory (NEO-FFI): Professional manual.* Odessa, FL: Psychological Assessment Resources.

Davies, T., & Cranston, P. (2008). *Youth work and social networking: Interim report.* Leicester: National Youth Agency.

Davis, R. (2001). A cognitive–behavioral model of pathological Internet use. *Computers in Human Behavior*, 17, 187–195.

Davis, R.A., Flett, G.L., & Besser, A. (2002). Validation of a new scale for measuring problematic internet use: implications for pre-employment screening. *CyberPsychology and Behavior*, 5, 331–345.

Echeburua, E. (1999). *Adicciones... Sin drogas? Las nuevas adicciones: Juego, sexo, comida, compras, trabajo, Internet; Desclee-de-Brouwer, editor.* Bilbao, Espana.

Echeburua, E., & de Corral, P. (2010). Addiction to new technologies and to online social networking in young people: A new challenge. *Adicciones*, 22(2), 91–95.

Ehrenberg, A., Juckes, S., White, K. M., & Walsh, S. P. (2008). Personality and self-esteem as predictors of young people's technology use. *CyberPsychology & Behavior*, 11, 739–741.

Elphinston, R. A., & Noller, P. (2011). Time to face it! Facebook intrusion and the implications for romantic jealousy and relationship satisfaction. *Cyberpsychology, Behavior, and Social Networking*, 14, 631–635.

Floros, G., & Siomos, K. (2013). The relationship between optimal parenting, Internet addiction and motives for social networking in adolescence. *Psychiatry Research*. http://dx.doi.org/10.1016/j.psychres.2013.01.010.

Griffiths, M. D. (1996). Behavioural addictions: An issue for everybody? *Journal of Work place Learning*, 8(3), 19–25.

Griffiths, M. D. (2000). Internet addiction—Time to be taken seriously? *Addiction Research*, 8, 413–418.

Griffiths, M. D. (2003). Internet gambling: Issues, concerns, and recommendations. *CyberPsychology & Behavior*, 6, 557–568.

Griffiths, M. D. (2005). A 'components' model of addiction within a biopsychosocial framework. *Journal of Substance Use*, 10, 191–197.

Griffiths, M. D. (2010a). The role of context in online gaming excess and addiction: Some case study evidence. *International Journal of Mental Health and Addiction*, 8, 119–125.

Griffiths, M. D. (2010b). Gaming in social networking sites: A growing concern? *World Online Gambling Law Report*, 9, 12–13.

Griffiths, M. D. (2012a). Internet sex addiction: A review of empirical research. *Addiction Research and Theory*, 20, 111–124.

Griffiths, M. D. (2012b). Facebook addiction: Concerns, criticisms and recommendations. *Psychological Reports*, 110(2), 518–520.

Griffiths, M. D., & Parke, J. (2010). Adolescent gambling on the Internet: A review. *International Journal of Adolescent Medicine and Health*, 22, 58–75.

Gupta, V. K., Arora, S., & Gupta, M. (2013). Computer-related illnesses and Facebook syndrome: What are they and how do we tackle them? *Medicine Update*, 23, 676–679.

Karaiskos, D., Tzavellas, E., Balta, G., & Paparrigopoulos, T. (2010). Social network addiction: A new clinical disorder? *European Psychiatry*, 25, 855.

Kittinger, R., Correia, C. J., & Irons, J. G. (2012). Relationship between Facebook use and problematic Internet use among college students. *Cyberpsychology, Behavior, and Social Networking*, 15, 324–327.

Koc, M., & Gulyagci, S. (2013). Facebook addiction among Turkish college students: The role of psychological health, demographic, and usage characteristics. *Cyberpsychology, Behavior, and Social Networking*. http://dx.doi.org/10.1089/cyber.2012.0249.

Kuss, D. J., & Griffiths, M. D. (2011). Addiction to social networks on the Internet: A literature review of empirical research. *International Journal of Environment and Public Health*, 8, 3528–3552.

Kuss, D. J., & Griffiths, M. D. (2012a). Online gaming addiction: A systematic review. *International Journal of Mental Health and Addiction*, 10, 278–296.

Kuss, D., & Griffiths, M. D. (2012b). Internet gambling behavior. In Z. Yan (Ed.), *Encyclopedia of*

Cyber Behavior (pp.735–753). Pennsylvania: IGI Global.

Landers, R. N., & Lounsbury, J. W. (2004). An investigation of Big Five and narrow personality traits in relation to Internet usage. *Computers in Human Behavior*, 22, 283–293.

Mitchell, K., & Beard, F. (2010). Measuring Internet dependence among college students: A replication and confirmatory analysis. *Southwestern Mass Communication Journal*, 25(2), 15–28.

Machold, C., Judge, G., Mavrinac, A., Elliott, J., Murphy, A. M., & Roche, E. (2012). Social networking patterns/hazards among teenagers. *Irish Medical Journal*, 105, 151–152.

Milgram, S. (1967). The small world problem. *Psychology Today*, 2, 60–67.

Morahan-Martin, J., & Schumacher, P. (2000). Incidence and the correlates of pathological Internet use among college students. *Computers in Human Behavior*, 16, 13–29.

Olowu, A. O., & Seri, F. O. (2012). A study of social network addiction among youths in Nigeria. *Journal of Social Science and Policy Review*, 4, 62–71.

Pelling, E. L., & White, K. M. (2009). The theory of planned behavior applied to young people's use of social networkting web sites. *CyberPsychology & Behavior*, 12, 755–759.

Porter, K., Mitchell, J., Grace, M., Shinosky, S., & Gordon, V. (2012). A study of the effects of social media use and addiction on relationship satisfaction. *Meta-Communicate*, 2(1). Located at http://journals.chapman.edu/ojs/index.php/mc/article/view/340.

Protalinski, E. (2013). Facebook passes 1.19 billion monthly active users, 874 million mobile users, and 728 million daily users. *The Next Web*, October 30. Located at http://thenextweb.com/facebook/2013/10/30/facebook-passes-1-19-billion-monthly-activeusers-874-million-mobile-users-728-million-daily-users/

Shaffer, H. J., LaPlante, D. A., LaBrie, R. A., Kidman, R. C., Donato, A. N., & Stanton, M. V. (2004). Toward a syndrome model of addiction: Multiple expressions, common etiology. *Harvard Review of Psychiatry*, 12, 367–374.

Sofiah, S., Zobidah, O. S., Bolong, J. N., & Osman, M. (2011). Facebook addiction among female university students. *Public Administration and Social Policy Review*, 2, 95–109.

Sussman, S., Leventhal, A., Bluthenthal, R. N., Freimuth, M., Forster, M., & Ames, S. L. (2011). A framework for specificity of the addictions. *International Journal of Environmental Research and Public Health*, 8, 3399–3415.

Turel, O., & Serenko, A. (2012). The benefits and dangers of enjoyment with social networking websites. *European Journal of Information Systems*, 21, 512–528.

Walsh, S. P., White, K. M., & Young, R. M. (2007). In G. Goggin & L. Hjorth (Eds.), *Young and connected: Psychological influences of mobile phone use amongst Australian youth, Mobile Media 2007. Proceedings of an International Conference on Social and Cultural Aspects of Mobile Phones, Media, and Wireless Technologies, Sydney, 2007* (pp.125–134). Sydney: University of Sydney.

Wan, C. (2009). *Gratifications & loneliness as predictors of campus-SNS websites addiction & usage pattern among Chinese college students.* Hong Kong: Chinese University of Hong Kong.

Widyanto, L., & Griffiths, M. D. (2006). Internet addiction: A critical review. *International Journal of Mental Health and Addiction*, 4, 31–51.

Wilson, K., Fornasier, S., & White, K. M. (2010). Psychological predictors of young adults' use of social networking sites. *Cyberpsychology, Behavior and Social Networking*, 13, 173–177.

Wolniczak, I., Caceres-DelAguila, J. A., Palma-Ardiles, G., Arroyo, K. J., Solıs-Visscher, R., et al. (2013). Association between Facebook dependence and poor sleep quality: A study in a sample of undergraduate students in Peru. *PLoS ONE 8(3)*, e59087. http://dx.doi.org/10.1371/journal.pone.0059087.

World Health Organization. (1992). *The ICD-10 classification of mental and behavioral disorders: Clinical descriptions and diagnostic guidelines*. Geneva, Switzerland: World Health Organization.

Xu, H., & Tan, B. C. Y. (2012). *Why do I keep checking Facebook: Effects of message characteristics on the formation of social network services addiction*. Located at http://elibrary.aisnet.org/Default.aspx?url=http://aisel.aisnet.org/cgi/viewcontent.cgi?article=1216&context=icis2012.

Young, K. S. (1998). Internet addiction: The emergence of a new clinical disorder. *CyberPsychology & Behavior*, 3, 237–244.

Young, K. S. (1999). Internet addiction: Evaluation and treatment. *Student British Medical Journal*, 7, 351–352.

Zhou, S. X. (2010). *Gratifications, loneliness, leisure boredom and self-esteem as predictors of SNS-game addiction and usage pattern among Chinese college students*. Hong Kong: Chinese University of Hong Kong.

CHAPTER 7

음식 중독: 근거, 평가, 치료

Yvonne H.C. Yau, Carrie D. Gottlieb,
Lindsay C. Krasna, Marc N. Potenza

1. 서론

전 세계적으로 비만은 심각한 공중 보건 문제를 일으키고 있으며, 최근 몇 년 동안 사망의 주요 위험 요인으로 급격히 부상했다. 세계보건기구는 비만을 “건강을 해칠 수 있는 비정상적인 또는 과도한 지방의 축적”이라고 정의했다(World Health Organization, 2012, 1문단). 조사된 바에 따르면, 미국 인구의 35.7%가 비만 기준을 충족하는 것으로 추정된다(Ogden, Carroll, Kit, & Flegal, 2012). 비록 산업화된 사회에서 과체중 상태 혹은 비만이 더욱 만연하지만, 비만 문제는 산업화된 국가에만 국한되는 문제는 아니다. 세계보건기구가 조사한 바에 의하면 개발도상국의 1억 1500만 명이 넘는 사람들이 비만과 관련된 문제를 경험하고 있다(World Health Organization, 2012). 또한 세계보건기구에서는 1980년대 이후 비만이 전 세계적으로 두 배 이상 확산되었다고 보고했으며, 2008년에 조사한 바에 따르면 20대 이상의 성인 가운데 적어도 500백만 명 이상이 비만인 것으로 나타났다. 2010년에는 5세 미만의 아이들 가운데 4000만 명 이상이 과체중 혹은 비만인 것으로 확인되었다. 각종 역학 연구 결과들은 비만이 제2형 당뇨, 심혈관 질환, 관절염, 특정 암과 같은, 잠재적으로 생명을 위협하는 건강 문제를 일으키는 주요한 위험 요인 또는 기여 인자라는 사실을 밝히고 있다(Joranby, Pineda, & Gold, 2005; Mokdad, Marks, Stroup, & Gerberding, 2003; Must et al., 1999). 비만과 관련된 문제들은 미국에서 예방 가능한 사망의 두 번째 주요 원인이며(Danaei et al., 2009; Mokdad et al., 2004), 전 세계적으로 매년 280만 건이 넘는 사망의 원인이 되고 있다(World Health Organization, 2012).

사람들에게 체중을 감량하고 건강한 신체 습관을 유지할 수 있도록 돕는 치료법을 제공하려는 여러 다양한 시도들이 있었다. 이러한 시도들 가운데에는 건강한 음식을 선택하고 주기적으로 운동하는 것을 권장하는 체중 감량 캠페인과 같은 예방적인 개입부터 약학적인 개입, 비만 치료를 위한 수술과 같은 것들이 있다. 하지만 안타깝게도 대부분의 비만 치료들은 많은 환자들이 5년 내에 체중이 다시 증가했기 때문에 지속적으로 체중 감량을 유지하는 결과를 가져오지 못했다(Astrup, Meinert Larsen, & Harper, 2004; Geloneze, Mancini, & Coutinho, 2009; Maciejewski et al., 2011; Wadden, Butryn, Byrne, 2004).

하나의 증후군이면서 동시에 이질성도 높다는 비만의 특성 때문에 만연해 있는 비만을 감소시키고 치료하는 데에는 어려움이 있다(Karelis, St-Pierre, Conus, Rabasa-Lhoret, & Poehlman, 2004). 비만은 사회적, 환경적 요인들, 개인적 생활양식의 선택, 섭식 행동을 포함하는 다양한 원인들로부터 나타날 수 있다(Adam & Epel, 2007). 음식, 특히 아주 맛있는 음식들이 약물 남용과 비슷한 방식으로 "중독적"일 수 있다는 개념이 최근 몇 년간 과학계와 유명 매체에서 많은 호응을 얻고 있다(Avena & Gold, 2011; Volkow, Wang, Fowler, Tomasi, & Baler, 2012). 이러한 기사들에서 나타나는 일반적인 관점은 병적 도박과 같은 행동 중독과는 달리 음식 중독이 약물 중독과 비슷하다는 관점을 취한다. 그 이유는 뇌에 신경화학적 효과를 미치는 신체적 요인의 측면에서 비슷하다는 것이다. 과거 몇 십 년간 시판되고 있는 "특수 가공된" 음식들을 소비하고자 하는 중독적 특성을 포함한 "조절 능력 상실"은 비만이 만연하게 된 현상에 대해 설명할 수도 있다. 만일 이러한 관점이 유효하다면, 국가의 개입과 정책 제정에 중대한 영향을 줄 수 있을 것이다. 이 장에서는 현재의 음식 중독 개념에 대해 검토하고, 이 현상에 대해 최근 제시된 근거들을 기술한다. 또한 만연한 비만을 치료하는 음식 중독의 틀이 함축하는 의미에 대해 논의해 볼 것이다.

2. 기준과 정의

음식 중독 분야의 연구는 아직 초기 단계에 있지만 지난 몇 십 년간 음식 중독과 관련된 학술지 간행물이 발간되는 수가 상당히 증가하고 있다(Gearhardt, Davis, Kuschner, & Brownell, 2011). 같은 기간 동안 중독을 바라보는 관점에 변화가 있었다. 다양한 기회에 의해 감염되는 하나의 증후군으로 보아야 한다는 관점에서, 보상을 제공하는 것이 무엇인지에 상관없이(즉, 물질 사용, 도박, 음식 소비) 행동에 대한 통제력의 상실과 쾌락에 대한 부적응적 갈망으로 재구성된 것이다(Potenza, 2006; Shaffer et al., 2004). 먹는 것에 대한 보상 경험은 신진대사에 필요하지 않은 때에도 음식을 섭취하는 것으로 이어질 수 있다. 최근 연구는 약물에 의존하는 사람이 약물을 찾는 행동은 비만인 사람이 음식을 찾는 행동과 유전자 표현형이 서로 비슷하고(즉, 비슷한 특징들을 공유하고) 유사한 신경회로적 특징을 보인다는 사실을 밝혔다(Gearhardt, Corbin, & Brownell, 2009a; Volkow & O'Brien, 2007). 이는 결과적으로 "약물과 같은 음식"이라는 개념으로 이어진다(Davis & Carter, 2009).

하지만 "음식 중독"이라는 개념에 관한 논란이 계속되고 있으며 그 타당성은 과학계 내에서 상당한 논쟁거리가 되고 있다. 음식 중독과 물질 사용 장애를 비교하는 것은 몇 가지 이유에서 논란이 된다. 먼저 약물 사용과 달리 음식 섭취는 생존에 필요한 정상적인 행동이기 때문이다. 이러한 논쟁은 공식적인 정의가 없고 엄격한 과학적 기준을 사용하여 음식의 "중독적" 속성을 정의하려는 시도가 거의 없었기 때문에 극대화되었다. 몇몇 연구자들은 최근 음식 중독이라는 개념을 지지하는 것이 부적절하다는 것을 보여주는 근거가 있다고 주장했고, 의회는 이러한 모델을 정책 제정에 사용하는 것을 강하게 반대하고 있다(Ziauddeen, Farooqi, & Fletcher, 2012a, 2012b; Ziauddeen & Fletcher, 2013). 다른 연구자들은 이 개념이 비만인 사람들 가운데 폭식 장애(binge eating disorder, BED)와 같이 특정한 하위집단에 속하는 사람들과 특히 관련이 있을 수 있다고 주장하며 음식 중독의 개념화를 성급하게 막으려는 시도에 대하여 우려를 표했다(Avena, Gearhardt, Gold, Wang, & Potenza, 2012). *DSM-IV*에서는 폭식 장애가 "달리 분류되지 않은 섭식 장애"라고 진단되었으나, *DSM-5*에서는 공식적으로 폭식 장애라는 하나의 독립적인 진단으로 자리하게 되었다(American Psychiatric Association, 2013). 이와 같이 명시되지는 않았지만, 폭식 장애를 진단하는 몇 가지 기준은 물질 사용 장애를 진단하는 기준과 비슷하다. 음식 섭취에 대한 통제력의 감소도 이에 포함된다(American Psychiatric Association, 2000, 2013). 임상가들의 25% 이상이 폭식 장애에 대하여 중독에 기초한 치료법을 상당히 빈번하게 사용하고 있다고 보고했다(von Ranson & Robinson, 2006). 이는 폭식 장애가 물질 사용 장애와 현상학 및 임상적으로 유사하다는 것을 암시한다. 음식 중독과 폭식 장애 두 가지 개념 모두 체질량 지수(BMI; Gearhardt, White, & Potenza, 2011)의 증가를 초래하는 과도한 음식 섭취를 특징으로 한다. 최근의 한 연구에서는 폭식 장애 환자 가운데 57%가 음식 중독의 기준을 충족했다고 발표했다(Gearhardt et al., 2012). 또한 부정적 기분, 섭식 장애와 같이 폭식과 관련된 요인들이 폭식의 빈도를 예측하지는 못했지만, 높은 음식 중독 점수는 더 잦은 폭식 삽화와 관련이 있었다(Gearhardt et al., 2012). 이러한 자료들은 폭식 장애와 음식 중독이 각각 고유하지만 공통적으로 나타나는 특성이 있다는 사실을 보여준다. 하지만 모든 비만을 음식 중독으로 설명할 수는 없으며, 어떤 사람들에게 있어서 과식은 자유로운 간식 섭취, 많은 양의 음식 섭취, 신체적 비활동성의 형태를 취하는 상대적으로 수동적인 행동 양식일 뿐이라는 사실에 주목해야 한다(Avena, Bocarsly, Hoebel, & Gold, 2011; Marcus & Wildes, 2009).

음식 중독 구조의 임상적 유용성을 조사하기 위해 최근 예일대학교의 연구자들은 *DSM-IV-TR*에 제시된 약물 의존의 진단 기준을 음식 섭취(특히 고지방, 고당분 음식)에 적용함으로써 음식에 대한 중독의 측면을 개념화하고 확인하기 위한 도구를 개발했다(Gearhardt, Corbin, & Brownell, 2009b). 25문항의 예일 음식 중독 자기보고서(Yale Food Addiction Scale, YFAS; 이 장의 부록에 수록되어 있으며 온라인을 통해서도 이용할 수 있다. http://www.midss.ie/content/yale-food-addiction-scale-yfas)는 두 가지 채점 옵션을 제공한다. 첫째는 음식 중독의 "특징"을 측정하는 것이며 둘째는 *DSM-IV-TR*에 있는 약물 의존의 진단 기준을 바탕으로 음식 중독의 "진단"을 제공한다. 예비 자료들은 YFAS의 내적 신뢰도가 좋으며, 특히 폭식과 같은 섭식 병리 검사와의 높은 수렴 타당도를 지니고 있음을 나타낸다. 따라서 연구를 목적으로 음식에 중독적 경향을 보이는 잠재적 후보군을 확인하는 것뿐 아니라 임상가들이 환자에게서 음식 사용 관련 장애를 찾아내는 데에 도움이 되는 유용한 도구로 쓰일 수 있을 것이다(Davis et al., 2011; Gearhardt et al., 2009b).

3. 역학

Gearhardt, Corbin, 그리고 Brownell(2008)이 YFAS를 통해 음식 중독 환자들에게서 가장 흔히 나타나는 것으로 조사한 증상들은 다음과 같다. (1) 음식 섭취를 줄이려는 시도의 반복적인 실패[73.3%], (2) 문제에도 불구하고 지속적인 사용[28.3%], (3) 음식을 획득하고 섭취하며, 이로부터 회복하는 데에 많은 시간을 소비[24.0%]이다. 이러한 세 가지 특징들은 폭식 장애가 있는 비만인 사람들에게서 흔히 나타난다(Gearhardt et al., 2012). Merlo, Klingman, Malasanos, 그리고 Silverstein(2009)의 연구에 따르면 과체중 어린이 가운데 15.2%가 "종종", "자주" 또는 "항상" 음식에 중독되어 있다고 생각한다. 더욱이, 음식 중독의 특징은 과식, 조절되지 않는 음식 섭취, 감정적 섭취, 음식에 대한 집착, 몸매에 대한 과도한 걱정, 칼로리에 대한 인식 및 조절과 상관이 있었다(Merlo et al., 2009). 정상체중인 성인 중 11.4%가 YFAS의 음식 중독 기준에 부합한다(Gearhardt et al., 2009). 비만인 사람들의 음식 중독 진단의 유병률 측정치는 비만이 아닌 사람들의 두세 배에 달하며, 25%에서 27.5%가 YFAS의 음식 중독 기준을 충족한다(Davis et al., 2011; Meule, 2011). 최근까지 음식 중독의 유병률에 관한 연구는 거의 없고, 대규모의 연구 또한 부족한 실정이다. 따라서 이러한 유병률 측정치는 현 상황에서 가장 유용하게 여겨지지만 아직은 임시적인 정보일 뿐이다.

4. 음식 중독에 대한 근거

1) 음식 소비와 남용에 대한 생리학적 고찰

앞서 논의한 바와 같이 음식 중독이 물질 중독과 공유하는 기분 향상 효과와 갈망에 대해서는 초기에 논의가 이루어졌지만(Rogers & Smit, 2000), 이 두 가지의 생물학적 유사성에 대한 근거는 최근에서야 제시되었다. 탄탄한 물질 중독 관련 문헌과 잘 통제된 동물 연구 덕분에 신경생물학적 연구는 점점 더 많은 관심을 얻고 있으며, 지금까지 음식 중독의 가장 강력한 경험적 근거를 제시해 왔다.

고칼로리의 음식을 규칙적으로 섭취하는 것은 신경적 변화를 수반할 것이며, 현재 음식과 약물의 남용은 도파민과 오피오이드에 반응하는 아편계 시스템을 포함하여 뇌의 비슷한 회로를 이용한다는 근거가 제시되고 있다(Koob & Volkow, 2010; Volkow et al., 2012). 비록 도파민의 방출이 중독적인 성향과 분명한 관련이 없더라도, 도파민은 음식과 약물 중독에 대한 보상 민감도, 조건화 및 제어와 밀접한 관련이 있다고 알려져 있다. 음식과 음식 신호에 대한 반응으로 도파민의 방출량이 증가된다는 사실이 보고되었으며(Di Chiara & Imperato, 1988), 두 가지 모두 음식 섭취의 중요한 측면들이라 할 수 있다(Volkow, Wang, & Baler, 2011). 도파민 보상 회로에 대한 반복적인 자극은 신경생물학적 적응을 유발하여, 그 결과 강박적인 행동이 증가하도록 촉진할 수 있다고 여겨진다(Everitt et al., 2008). 더 나아가 실험용 쥐에게 도파민 길항제를 투약하거나 뇌의 도파민 시스템 부분을 절제했을 때, 음식에 대한 쥐의 반응이 약화되었고, 고당분 음식이나 약물의 남용에 대한 보상 가치가 약화되었다(Avena & Hoebel, 2003; Colantuoni et al., 2002; Wise & Rompre, 1989).

물질 중독에서와 같이(Koob & Volkow, 2010), [^{11}C]라클로프라이드 PET를 사용한 연구는 D2와 같은 도파민 수용기의 이용률이 비만인 쥐(Geiger et al., 2008; Huang et al., 2006)와 사람(Wang, Volkow, Thanos, & Fowler, 2009)에게서 감소되었음을 보여준다. 비만인 사람들에게 D2와 같은 도파민 수용기 이용률은 체질량 지수와 부적 상관이 있었다(Wang et al., 2001). 항정신성 약물을 사용하여 D2와 같은 도파민 수용기를 막는 것은 음식 섭취를 증가시키고 비만의 위험성을 증가시킬 수 있다(Allison et al., 1999). 중요한 것은 선조체의 D2 유사 도파민 수용기 이용률 감소는 중독과 관련된 보상 결핍과 연관되며, 비만상태 설치류(Johnson & Kenny, 2010)의 강박적인 음식 섭취와도 관련이 있고 비만인 인간의 안와전두 피질과 전방 대상 피질의 감소된 신진대사 활동과도 관련이 있다는 것이다(Volkow et al., 2001). 또한 도파민 중뇌변연계 회로의 몇몇 영역은 먹는 동기(자극)와도 연관되어 있다(Rolls, 2004). 마른 사람들과 비교해 비만인 사람들의 영상 연구에서는 음식과 관련된 자극에 노출되었을 때 복측면 내측전전두 피질과 배측면 전두엽 피질의 활동이 상당히 증가했다(Gautier et al., 2000; Miller et al., 2007). 단서-유도 연구들과는 달리, 음식의 섭취는 비만인 사람들 사이에서 뇌의 보상 체계의 감소된 활동과 연관되어 왔다. Stice, Spoor, Bohon, Veldhuizen, Small(2008)은 마른 사람들에 비해 비만인 여자 청소년들이 아주 맛있는 음식이 예상되거나 실제로 섭취했을 때에 대한 반응으로 미상의 활동성이 감소되었다고 보고했다. 연구자들은 이것이 잠재적으로 도파민 수용기 이용률의 감소를 반영하는 것이라고 주장했다. 도파민 중뇌변연계 회로의 하향조정은 과식을 하게 함으로써 일시적으로 자극이 낮아진 보상 체계를 자극하여 음식 중독으로 이어지게 될 수도 있다.

동시에, 에너지 균형을 조절하는 렙틴, 인슐린, 오렉신, 그렐린 등과 같은 말초 항상성 조절자(peripheral homeostatic regulators) 또한 비항상성 행동들을 조절하고 음식의 보상적 속성을 조절한다는 근거가 제시되었다(Volkow, Wang, & Baler, 2011; Yau, Yip, & Potenza, in press). 신경펩티드(neuropeptide)들은 복측 피개영역(VTA) 도파민 뉴런에 있는 유사한 수용기들을 통해 도파민 시스템과 상호작용하며 음식 섭취 조절과 연관될 수 있다. 도파민 뉴런들은 중격의지핵(NAc)뿐 아니라 전두엽과 대뇌변연계 영역에도 도파민을 방출하는데, 이러한 뇌의 보상 체계 부분들은 물질 남용과 관련이 있다(Clark, 2012; Volkow et al., 2012).

오피오이드 또한 중독 행동과 관련이 있다. 아편계 시스템에서 나타나는 신경 적응은 코카인(Zubieta et al., 1996), 알코올 의존(Heinz et al., 2005)과 같은 물질 사용 장애에서 보고되어 왔다. 이와 유사하게, 내인성 오피오이드의 방출은 음식, 특히 고당분의 음식 소비와 연관되지만(Kelley et al., 2002), 그 영향의 정확한 원인은 불분명하다. 내인성 아편계 시스템은 약물 남용이나 아주 맛있는 음식(Yeomans & Gray, 1997)의 보상 특징의 기저를 이루며, 날트렉손과 같은 오피오이드 수용기 길항제는 의존적인 사람들에게서 강화 가치를 감소시키거나 알코올에 대한 갈망을 감소시킬 수 있다(O'Malley, Krishnan-Sarin, Farren, Sinha, & Kreek, 2002). 또 다른 오피오이드 수용기 길항제인 날록손(naloxone)을 다량 복용하면 당분 섭취와 아편과 같은 금단 증상을 증가시킨다. 이 금단 현상은 십자형 미로 실험에서 설탕을 과다 섭취한 쥐가 당분을 섭취하지 않은 채 일정기간이 지나면 이를 딱딱 맞부딪힘, 머리 흔들기 등의 행동을 보이며 불안이 상승하는 것과 같다(Avena, Bocarsly, Rada, Kim, & Hoebel, 2008; Avena, Rada, & Hoebel, 2009; Colantuoni et al., 2002). 최근 Bocarsly, Berner, Hoebel, 그리고 Avena(2011)의 고지방 식단 연구에서는 같은 결과가 반복되지 않았다는 것이 흥미롭다. 고지방 식단이 제공된 쥐들은 날록손을 복용했을 때나 음식을 먹지 않은 기간 동안 아편과 같은 금단 증상의 징후를 보이지 않았다. 이와 같이 기존의 연구와 반대되는 결과를 통해 고지방 음식이 중독과 같은 효과를 보일 뿐 아니라, 뇌의 아편계 시스템은 다른 영양소를 과도하게 섭취하면 다양한 영양소들이 각각의 종류에 따라 다른 방식으로 뇌의 오피오이드 시스템에 영향을 미칠 수 있음을 보여준다. 따라서, 이 결과는 특정 영양소의 효과를 이해하는 것이 중요하다는 것을 시사한다.

2) 음식 중독의 새로운 임상적 근거

비만이라는 상태는 여러 다른 하위유형이 있다. 어떤 자료는 폭식 장애(BED)를 경험하는 사람들이 더 많은 음식 중독의 특징을 보임을 나타낸다. BED는 반복되는 폭식(주로 굶거나 음식을 먹지 않은 후에 짧은 시간 동안 비정상적으로 많은 음식 섭취를 한다)과, 이것을 상쇄하는 체중 감량을 위한 노력(예를 들어 구토)의 부재를 특징으로 한다. BED와 SUD가 비슷하게 보이는 특징들은 일시적인 조절능력 저하, 과다 섭취, 섭취를 조절하는 능력 또는 의지의 감소이다(Avena, 2010; Davis & Carter, 2009; Von Ranson & Cassin, 2007). BED는 다양한 행동적 측면, 신체 이미지, 심리적 및 정신질환적 특징에서 다른 형태의 비만 및 섭식 장애와 차이가 있을 것이다(Allison et al., 1999; Grilo,

Masheb, & White, 2010). 과체중의 BED 대상자는 BED가 아닌 과체중, 또는 마른 사람과 비교해서 그가 특별한 반응을 보이는 자극 음식에 대한 단서가 제시되었을 때 보상 민감도가 상승하고 내측 안와전두피질(medial OFC)의 반응이 증가했다(Schienle, Schäfer, Hermann, & Vaitl, 2009). 유사하게, BED인 사람과 BMI가 비슷하지만 BED가 아닌 비만인 사람, 또는 마른 사람들과 비교했을 때, 스트룹 색깔 단어 간섭 활동 과업에서 복내측 시상하핵 전전두엽 피질(vmPFC), 하전두회, 뇌도에서 상대적으로 낮은 활동성을 보였다(Balodis, Molina et al., 2013). 또, 동일한 연구 집단은 금전적 보상지연(Monetary Incentive Delay, MID) 과업 중에 BED를 가진 비만인 사람들이 선행단계에서 상대적으로 복측 선조 활동이 감소된 반면, BED가 아닌 비만인 사람들은 마른 사람들보다 복측 선조 vmPFC 반응이 높아진 것을 발견했다(Balodis, Kober et al., 2013). 이러한 결과들은 BED가 있는 사람들이 BED 없이 비만인 사람들과 비교하여 보상 민감도와 인지적 조절에서의 신경적 변화가 있을 수 있다는 것을 암시한다. BED와 음식 중독은 유사하지만, 서로 독특하면서도 중복되는 특징들이 있다는 사실을 기억해야 한다. 예를 들어 BED인 사람 중 43~50%가 YFAS의 음식 중독 기준에 충족되지 않으며, 약 30%의 음식 중독 집단은 임상적으로 유의미한 폭식가가 아니다(Davis et al., 2011; Gearhardt et al., 2012). 또, 음식 중독이라고 분류되지 않은 환자들과 비교하여 음식 중독 기준에 포함되는 몇몇 BED 환자들은 상당히 높은 수준의 부정적 정서, 심각한 감정 조절 장애, 낮은 자존감, 그리고 더 많은 섭식 장애 정신질환을 가지고 있다(Gearhardt et al., 2013). 이러한 결과를 통해 우리는 약물 중독과 유사하게 폭식이 통제력의 상실, 과다 섭취, 의존성으로 연결되는 소비의 형태뿐만 아니라, 과도한 섭취의 한 형태라는 것을 알 수 있다.

"음식 중독"에 대한 생물학적 근거들이 늘어나고 있지만, 지금까지 의존의 행동적 지표에 관하여 인간을 대상으로 하는 엄격한 연구는 거의 이루어지지 않았다. 현재까지는 신경 촬영 연구만이 음식 중독에 대해 직접적으로 접근하고 있는 유일한 연구이다(Gearhardt, Yokum, Orr, Stice, Corbin, & Brownell, 2011). 마르거나 비만인 젊은 여성들 중 음식 제공이 예상될 때의 반응으로 전대상 피질(ACC), 내측 안와전두피질, 편도체가 활성화되는 것은 음식 중독 점수와 정적인 상관관계가 있었다. 또, 낮은 YFAS 점수를 받은 사람에 비해 높은 점수를 받은 여성들은 음식을 제공받는 것이 예측될 때 배외측 전전두피질(dlPFC)과 미상에서 상당한 활동성을 보였지만, 음식을 제공받았을 때에는 안와전두피질(OFC)의 활동이 감소하는 것을 보였다. 흥미롭게도, YFAS 점수와 BMI 사이의 뚜렷한 상관관계가 나타나지 않았다. 이는 음식 중독과 비만이 동시에 나타나는 경우가 빈번함에도 불구하고 음식 중독과 관련된 신경적 기능은 다양한 체중의 범위에서 나타날 수 있다는 점을 의미한다.

3) 음식 중독의 잠재적 위험 요인

(1) 고당분, 고지방 음식

거의 모든 음식의 섭취가 보상 경험이 될 수 있지만, 특정한 음식들은 중독적 특징이 더 크다는 가설이 있다. 많은 연구에서 당분 의존을 포함하는 동물 모델이 주목을 받아 왔고, 계속적으로 긍정적인 결과들을 보고하고 있다. 식단-유도 비만 모델(diet-induced model of obesity)에 기초하여, 고당분 식단을 먹은 쥐들은 비통제 식단을 받은 쥐들에 비교해 봤을 때, 음식을 섭취하지 않은 지 36시간 후에 대뇌 측좌핵(NAc)에서 도파민 분비가 감소했다(Avena et al., 2008). 고당분 식단에 장기간 노출된 동물들은 매일 점점 더 많은 음식을 섭취할 뿐 아니라 엄청난 양을 소비하는 패턴을 발전시켰으며, 다시 비통제 식단으로 돌아왔을 때 금단 증상을 보였다(Avena & Hoebel, 2003). 이 결과는 아주 맛있고(Johnson & Kenny, 2010), 고지방(Lutter & Nestler, 2009)인 음식이 포함된 식단들을 사용한 연구로 확장되고 반복되었다. 예를 들어, 이러한 비통제 식단과 비교하여 영양적으로 적절하지만 단조로운 식단을 섭취하는 건강한 성인은 그들이 좋아하는 음식 단서에 반응할 때 해마, 뇌도(insula), 미상에서 높은 활동성을 보였다(Pelchat, Johnson, Chan, Valdez, & Ragland, 2004).

(2) 비만

음식 중독이 다양한 체중 범위에서 나타날 수 있지만(Gearhardt, Yokum et al., 2010), 비만 상태가 된다는 점은 음식 중독의 위험에 일정 영향을 미치는 것으로 보인다. 폭식 경향이 있는 것으로 분류된 쥐들은 그렇지 않은 쥐들에 비해 아주 맛있는 음식과 고지방, 고당분의 고칼로리 음식을 섭취했으며(Oswald, Murdaugh, King, & Boggiano, 2011), 그 음식을 얻기 위해 상당히 높은 수준의 전기 충격을 견뎠는데, 이는 강박의 발달을 의미한다(Everitt et al., 2008). Alsiö 외(2010)는 비통제 집단 쥐들에 비해 고지방 식단을 제공받은 쥐들이 18일 동안 금단 증상 이후 복측피개영역(VTA), 대뇌 측좌핵(NAc), 안와전두피질(PFC)에서 D1과 D2 도파민 수용기의 활동이 감소함을 발견했다. 게다가 비만 경향성이 있는 쥐들은 비만-저항 쥐들에 비해 고칼로리 식단의 제공이 중단된 이후 두 번째 금단 주간 동안 음식에 대한 갈망과 불안이 증가했다(Pickering, Alsiö, Hulting, & Schiöth, 2009). 사람을 대상으로 한 연구에서, 비만인 사람들은 통제 집단에 비해 저칼로리 음식보다 고칼로리 음식의 사진에 대한 반응으로 물질 중독의 단서-관련 열망과 연관된 전대상피질(ACC), 선조체, 뇌도, 배외측 전전두피질(dlPFC)과 같은 영역에서 더욱 큰 활성화를 보였다(Rothemund et al., 2007; Stice, Spoor, Ng, & Zald, 2009; Stoeckel et al., 2008). 또한 비만인 사람들은 마른 사람들에 비해 유도된 fMRI 작업에서 좋아하는 음식 단서와 스트레스 단서를 인식하면 피질 변연계 선조영역(corticolimbic-striatal)의 활동이 증가하는 것이 나타났다(Jastreboff, Sinha, Lacadie, Small, Sherwin, & Potenza, 2013). 동일한 연구에서, 마른 사람들과 달리 비만인 사람들의 인슐린 저항성의 측정치는 좋아하는 음식, 스트레스, 중립적 이완 단서에 대한 뇌의 국부적 활동과 정적 상관관계를 보였고, 특히 비만인 사람들의 시상에서의 뇌의 국부적 활동은 인슐린 저항성과 좋아하는 음식 단서에 의해 유도된 갈망 사이의 관계를 중재하는 역할을 했다. 결론적으로, 이 결과들은 비만인 혹은 비만의 경향이 있는 동물이나 사람들이 마르거나 비만에 저항성이 있는 사람들에 비해 신경적 변화를 보일 수 있고, 음식 단서에 대해 과민하게 반응하며, 중독과 같은 행동에 더 취약한 특성을 보인다는 점을 시사한다.

(3) 성격 특성

음식 중독은 부정적 정서, 기분 장애, 감정 조절 장애, 스트레스 취약성, 낮은 자존감 점수와 연관이 있다(Davis et al., 2011; Gearhardt et al., 2012). 이러한 발견은 음식 중독이 있는 사람들이 높은 정서적 고통에 대처하기 위한 전략으로 과도한 음식 섭취를 할 수 있음을 나타낸다. 이것은 물질 사용 장애를 가진 사람들에게서 우울과 불안이 약물 사용을 유발하는 것과 비슷하다(Holahan, Moos, Holahan, Cronkite, & Randall, 2001; Nunes & Rounsaville, 2006; Thorberg & Lyvers, 2006). 개개인의 정신 상태가 약물에 대한 반응을 조절할 것이다. 예를 들어, 부정적 정서와 불안은 뇌에서 도파민 수준의 증가와 정신자극제 약물인 메틸(methylphenidate)에 대한 반응으로 더 큰 주관적 행복감과 정적인 상관이 있었다(Volkow et al., 1994). 이러한 연구 결과가 아주 맛있는 음식까지 확장되는지의 여부는 이후의 연구들에서 알아보아야 할 것이다. 또한 주목할 만한 것은 음식 중독과 높은 수준의 충동성의 관계이다(Davis et al., 2011; Gearhardt et al., 2012). 지금까지의 연구들은 약물 및 행동 중독과 충동성의 강한 연관성을 보고하고 있다(Brewer & Potenza, 2008). 강한 충동성은 나중에 일어날 부정적인 결과를 알고 있음에도 약물과 매우 맛있는 음식의 섭취와 같이 즉각적인 보상을 위한 행동을 촉진시킨다. 충동성은 아주 맛있고 다양한 음식들이 풍부한 현재의 음식 환경에서 특히 문제가 될 수 있다. 더욱이 이런 음식들은 식품회사에 의해 홍보되고 최대한 편리하게 포장되어 나온다. 흥미롭게도, Guerrieri, Nederkoorn, 그리고 Jansen(2008)의 연구는 충동성이 단조로운 식단의 음식 섭취에는 영향을 미치지 않지만 음식이 다양할 때, 더 강한 충동성을 가진 집단이 충동성이 낮은 집단에 비해 상당히 많은 칼로리를 섭취했다는 점을 발견했다.

4) 가족력 및 유전적 영향

유전적 요인에 관한 몇몇 연구들에서 비만의 전반적인 위험 요소들의 60%가 유전적 요인에서 기인할 수 있다고 밝혔다(Volkow & Wise, 2005). 게다가 비만율은 2촌 이내의 비만 가족이 있는 사람들에게서 10배 더 높게 나타났다(Segal & Allison, 2002). Kampov-Polevoy, Garbutt, 그리고 Khalitov(2003)에 의하면 알코올 의존 병력이 있는 부모를 가진 사람들이 단 음식에 대한 선호도가 더 높다는 것을 보고했다. 이는 비슷한 유전적 메커니즘이 알코올과 당분 중독 모두에 기여할 수 있음을 암시한다. 하지만 같은 환경을 공유하는 것이 유전적 요인과 음식 중독 사이의 관계를 완화시키는 정도에 대해서는 더 많은 연구가 필요하다. 동물 모델에서, 임신한 쥐가 아주 맛있고 고당분, 고지방, 고칼로리의 식단을 유지할 때, 통제된 식단을 제공받은 쥐에 비해 그들의 새끼들은 당분과 지방에 대해 더 높은 선호도를 보였다(Vucetic, Kimmel, Totoki, Hollenbeck, & Reyes, 2010). 또한 중격의지핵, 안와전두피질, 시상하부를 포함하는 보상과 관련된 뇌의 영역에서 도파민과 오피오이드 수용기의 발화가 증가되었다(Vucetic et al., 2010).

사람들은 보상과 관련된 뇌 영역의 기능 저하를 보상하기 위해 과식을 할 것이며, 이는 이 영역의 도파민 신호를 약화시키는 유전적 다형성을 지닌 사람들에게 더욱 분명하게 나타날 것이다. 음식 제공에 대한 선조체의 반응과 BMI 사이의 부적 관계(Stice, Spoor, Bohon, Veldhuizen et al., 2008)는 도파민 D2 수용체(*DRD2*) 유전자의 Taq1A1 다형성을 가진 사람들에게서 더 강력하게 나타났고, 이러한 대립 형질은 미래의 신체 질량(body mass)의 증가를 예측했다(Stice, Yokum, Bohon, Veldhuizen et al., 2008). 같은 연구에서, 밀크쉐이크와 맛이 없는(tasetelss) 액체를 제공받을 때 좌측 미상의 활성화와 BMI의 부적 관계가 Taq1A1 대립 형질에 의해 조절된다는 사실을 발견했다

(Stice, Spoor, Bohon, & Smalll, 2008). 더욱이 BED 및 비만인 사람들은 도파민 수용체(*DRD2*) 유전자의 Taq1A1 대립 형질에서 낮은 빈도를 보였고 뮤오피오이드 수용체 유전자의 G118 대립 형질에서 높은 빈도를 보였다(*OPRM1*; Davis et al., 2009). 하지만 도파민 수용체(*DRD2*) 유전자의 Taq1A1 대립 형질보다 더욱 밀접하게 중독 행동을 설계하는 유전자인 *Ankk1* 유전자 Taq1A1 대립 형질이 연관 불균형 상태에 있듯이, 연구 결과가 DRD2와 직접적으로 연결되지 않을 수도 있다(Dick et al., 2007). 세로토닌 전달체(*5HTTLPR*) 유전자의 유전적 다형성 또한 연관되었음을 보여준다. 짧은 대립 형질 변형체를 가진 청소년들은 동형의 긴 변형체를 가진 청소년들보다 높은 BMI 지수를 보였고, 과체중일 확률이 더 높았다(Sookoian et al., 2007).

현재로서는 직접적으로 음식 중독을 조사하는 어떤 유전적 연구도 수행되지 않았다는 사실에 주목할 필요가 있다. 즉, 앞선 연구 결과들이 음식 중독과 어느 정도 연관되는지는 여전히 명확하지 않다.

5. 치료

앞서 언급했듯이, 물질 중독과 음식 중독 사이에는 유사점이 있다. 실제적인 영향은 음식 중독 모델로부터 추론할 수 있으며, 이는 충동적 과식의 효과적인 치료 개발에 유용한 틀을 제공할 것이다. 하지만, 음식 중독만의 고유한 문제점이 있다. 바로 음식은 다른 약물과 달리 생존을 위해 필수적이라는 것이다. 예를 들어, 많은 중독 치료 프로그램은 재발의 주요 요인으로 여겨지는 약물의 잠재적 효과의 위험성을 피하기 위해 금욕 정책을 지지한다(Shaham, Shalev, Lu, De Wit, & Stewart, 2003). 하지만 음식에 대하여 이와 비슷한 효과들을 얻기는 힘들다. 음식의 섭취는 생존에 필수적이고 오랜 기간 금식하는 것은 건강에 심각한 손상을 주기 때문이다. 하지만 고당분, 고지방인 아주 맛있는 음식과 같이 유혹적이고 건강에 불필요한 특정 음식을 피하는 전략은 충동적 과식을 유발하는 점화 효과를 줄이는 데에 도움이 될 것이다.

몇몇 물질 중독을 위한 행동 치료와 약물 치료는 상대적으로 기반이 잘 다져진 반면, 음식 중독 분야는 최근에서야 시작되어 치료의 효과성이 체계적으로 검토되지 못하고 있다. 이어지는 내용은 행동 수정으로 유익한 결과를 기대할 수 있는 치료법에 대한 것이다. 그리고 예시들은 상대적으로 방대한 BED 관련 문헌들에서 가져온 것들이다. 하지만 두 가지 조건이 서로 다르기 때문에, 이러한 연구의 결과가 음식 중독 치료의 효과를 반드시 뒷받침한다고 할 수는 없다(Gearhardt et al., 2012, 2013).

1) 약물 치료

최근 물질 사용 장애에 대한 약물에서 수정된 약물 치료는 현재 개발 중이거나 임상 실험 중이다. 언급한 바와 같이, 임상 전의 연구들에 의해 도파민과 내분비 오피오이드와 같은 것들이 음식에 대한 갈망, 강박적 과식, 폭식을 줄이는 데에 잠재적 효과가 있다는 것이 밝혀졌다. 하지만 이 결과는 사람을 대상으로 체계적으로 검증되지 않았고, 나타날 수 있는 잠재된 부작용들에 대해 알려진 바가 없다. 비록 효과나 지속 여부 등이 명확하진 않지만(Devlin, Goldfein, Petkova, Liu, & Walsh, 2007; Guerdjikova et al., 2008; Leombruni et al., 2006, 2008), 선택적 세로토닌 재흡수 억제제가 폭식, 정신질환, 체중 관련 특징들을 대상으로 작용한다는 것을 뒷받침하는 근거들이 발견되었다. 음식 중독과 비만에 대한 약물 치료는 8장에서 더 자세히 다룬다.

2) 심리 치료

(1) 인지행동 치료

인지행동 치료(CBT)는 강박적 행동을 다루기 위한 반구조적 문제 중심의 심리 치료 기술로 SUD에서 주목할 만한 결과를 보였다(Aharonovich, Nunes, & Hasin, 2003; Maude-Griffin et al., 1998; Waldron & Kaminer, 2004). CBT는 목적 지향적이며 체계적인 과정을 통해 역기능적 감정과 부적응적 행동을 적응적 행동과 인지적 과정으로 대체하는 것을 목표로 한다. 구체적인 치료 기술은 환자의 유형이나 문제에 따라 다양하지만, 보통 일상의 중요한 사건과 관련된 감정, 사고, 행동에 대한 일기쓰기, 인지와 가정, 평가, 부적응적 신념 기록하기, 행동과 반응의 새로운 방식 시도하기가 있다. CBT는 BED를 치료하기 위해 잘 구성된 심리 치료이며(Wilson, Grilo, & Vitousek, 2007) 최근에는 질적 연구의 주제(Mitchell, Devlin, de Zwaan, Crow, & Peterson, 2008)와 몇몇 체계적인 연구의 대상(Brownley, Berkman, Sedway, Lohr, & Bulik, 2007; Sysko & Walsh, 2008)이 되기도 했다. 하지만 우리가 아는 바로는 현재까지 음식 중독을 치료하기 위한 CBT는 없다. 87%에 달하는 대부분의 임상심리학자들은 섭식 관련 장애를 갖고 있는 환자들에게 CBT 기술을 자주 사용한다고 보고한다(von Ranson & Robinson, 2006). 그리고 CBT는 종종 다른 치료들과 비교하는 기준 역할을 한다.

BED를 위한 모델은 신경성 과식증을 위한 Fairburn(1981)의 CBT 모델에서 수정되었다. 비록 건강하지 않고 무질서한 BED의 식생활이 폭식증보다 덜 구속적이며(Masheb & Grilo, 2000, 2006) 비만과 함께 공존하는 것이 자주 발견되지만, BED를 위한 모델은 기존의 구조를 대부분 유지하고 있다. BED를 위한 CBT는 20회기에 이르는 세 단계로 구성되어 있다(Fairburn, Wilson, & Schleimer, 1993). 첫 단계는 환자와 함께 치료적 관계를 수립하는 것과 CBT 접근에 기초해 환자를 교육하는 것이다. 두 번째 단계는 폭식을 안정적이고 규칙적인 식습관으로 대체하고, 더 나아가, 음식 섭취의 모든 형태를 다룰 수 있도록 초점을 확장하는 것이다. 다양한 문제는 몸매, 체중과 같은 신체적 이미지에 대한 염려에서부터 이분법적 사고, 낮은 자존감, 지나친 완벽주의와 같은 인지적 왜곡에 이른다. 마지막 세 번째는 종결하는 단계로, 미래의 계획과 재발에 대해 토론함으로써 치료 과정에 진전이 있음을 확신하도록 하는 것이다.

결과적으로, 집단 CBT와 개인 CBT 모두 폭식하는 날과 횟수가 감소했으며, 몸매, 음식 섭취, 체중에 대해 과하게 걱정하는 BED 환자들의 정신병리적 특성들이 개선되었다(Devlin et al., 2007; Munsch et al., 2007; Vocks et al., 2010; Wilson et al., 2007). 그러나 이러한 효과는 몇 가지 긍정적인 결과도 있지만(Hilbert et al., 2012), 치료가 종결된 후 오래 지속되지 못했고, BED 환자에게서 전형적으로 문제시되는 체중에는 거의 영향을 미치지 못했다(Berkman et al., 2006; Vocks et al., 2010). 추후의 연구에서는 음식 중독에 관한 CBT 모델의 효과성을 검증해야 할 필요가 있다.

(2) 변증법적 행동 치료

변증법적 행동 치료(dialectic behavior therapy, DBT)는 경계선적 성격 장애(BPD) 치료를 위해 Marsha Linehan이 처음 개발했다. 그리고 우울증, 물질 남용, 섭식 장애와 같은 다양한 정신 건강 문제를 치료하기 위해 사용되어 왔다(Lynch, Chapman, Rosenthal, Kuo, & Linehan, 2006). DBT는 BED를 겪는 사람들이 자신의 감정 상태에 대처하는 기술이 부족할 수 있고, 따라서 이런 감정적인 고통을 피하거나 벗어나기 위한 수단으로 음식을 이용할 것이라고 가정한다(Wiser & Telch, 1999). DBT는 환자들에게 더 적응적인 감정 조절 및 고통 인내 기술을 가르치는 것을 목표로 한다. 따라서 음식에 대한 의존성과 이런 목적을 위해 음식을 섭취하는 것을 줄이거나 중단하도록 한다(Telch, Agras, & Lienham, 2000; Wiser & Telch, 1999).

DBT는 교훈적인 치료로 집단이나 개인 치료의 형태로 진행될 수 있다. BED를 위한 DBT(DBT-BED)에는 마음 챙김 기술, 감정 조절, 고통 인내와 같은 것들이 포함된다. 마음 챙김은 감정을 회피하려는 경향에 대항하기 위한 시도로서, 개인이 순간의 경험을 인식하는 수준을 향상시키는 기술을 포함한다. 감정 인식 기술은 환자들이 자신의 감정을 발견하고 이해하도록 도움으로써 감정적인 취약성을 감소시키는 것에 목표를 둔다. 즉, 누가, 무엇을, 언제, 어디서 그 사건이 일어났는지 확인하고 신체의 감각들과 신체의 언어, 감정 기능을 확인한다(Linehan, 1993). 감정 인식 연습에는 음식관련 잡지들과 그 외 다른 종류의 일지(Logs)들이 활용된다. 고통 인내 기술은 환자들이 고통스러운 감정 상태를 더 잘 견딜 수 있도록 가르치고 부적응적 대처 기술들을 감소시킨다. Linehan(1993)은 "고통을 참고 견디는 능력은 정신 건강에 필수적이다"라고 주장한다. 고통 인내 기술의 핵심은 수용 전략이다. 즉, 환자들에게 고통스러운 상황을 참거나 받아들이기보다는, 감정적으로 그리고 행동적으로 이런 고통스러운 상황과의 싸움을 어떻게 멈추는지 가르친다. 전형적인 DBT는 또한 대인관계 효과성에 대한 기술들도 포함되지만, BED-DBT에는 포함되어 있지 않다(Telch et al., 2000).

현재까지 DBT-BED의 효과성에 관한 연구는 거의 없다. 예비조사 및 예비연구들은 DBT-BED가 폭식증 삽화를 줄이는 데에 효과적이라고 보고한다(Safer, Robinson, & Jo, 2010). 특히, DBT-BED는 환자들의 전반적인 감정 조절 수준을 향상시키는 데에 효과적이고 폭식을 절제하는 부분에서 CBT보다 더 우수할 수 있다(Telch et al., 2000). 치료로써 DBT-BED의 효과성에 관한 더 많은 연구들이 필요하다. 특히, 치료의 유지와 재발률 감소라는 측면에서의 효과성에 대한 연구뿐 아니라, 다른 형태의 치료와 비교하는 연구들이 필요할 것이다. 실증 연구 자료들이 부족한 실정에도 불구하고, DBT는 BED와 음식 중독이 있는 환자들을 치료하는 데에 계속 일반적으로 사용될 것이다.

(3) 관계중심 심리 치료

관계중심 심리 치료(interpersonal psychotherapy, IPT)는 CBT의 대안 심리 치료기법으로 여겨졌으며, 정신역동 심리 치료와 현대적 CBT 접근법 모두에 기반을 두고 구성되었다. IPT는 일반적으로 현 증상과 인간관계와 같은 대인관계 문제에 초점을 두고, 내담자의 상태가 대인관계 문제 때문에 지속된다고 가정한다(Markowitz & Weissman, 2004). 그렇기 때문에, 치료의 목표는 BED의 특징을 직접 수정하는 것이라기보다는 사회적 관계와 대인관계 내의 결함을 발견하고 수정하는 것에 있다. IPT는 특히 우울증 및 기분 장애들과 같은 다양한 정신 장애들에 대해 경험적으로 검증된 치료법이다

(Weissman, 1994). 그러나 SUD 치료를 위해 IPT를 수정하여 사용할 것을 제안하였음에도 불구하고, 연구 분야에서 많은 관심을 받지 못했다(Brache, 2012; Markowitz & Weissman, 2004).

IPT는 12~16회기에 걸쳐 구성된다. CBT와 유사하게, IPT에는 세 가지 치료 단계가 있다. 첫 번째 단계는 대상을 진단하고 문제가 발생하는 관계의 맥락을 확인하는 것이다. IPT가 초점을 두는 관계 문제의 주된 네 가지 유형은 "애도-혼란스러운 사별(예: 사랑하는 사람의 죽음)", "역할 논쟁(예: 의미 있는 사람과의 갈등)", "역할 변화"(예: 중요한 삶의 변화를 겪는 것)이다. 그리고 이러한 유형이 발견되지 않는 경우, 사회적 교류가 없는 다양한 종류의 관계적 어려움으로 기술되는 "관계기술 부족"에 기본적으로 초점을 둔다. 두 번째 단계 동안, 치료자와 내담자는 함께 현 문제, 인간관계의 어려움, 변화를 위한 전략을 탐색한다. 이러한 전략들은 세 가지 목적을 달성하고자 한다. (1) 중독적, 강박적인 행동을 중단할 필요성 인정하기, (2) 충동성과 즉각적인 만족의 지연 관리하기, (3) 과식이 일어나는 맥락 인식하기(Brache, 2012)이다. 마지막으로 세 번째 단계는 성취한 과업을 되돌아보고 이뤄낸 변화를 강화하는 단계이다.

BED에 대한 IPT 치료에서 53%에서 96%에 이르는 폭식 삽화의 감소를 보이며 그 효과성이 입증되었다(Carter & Fairburn, 1998; Nauta, Hospers, Kok, & Jansen, 2000; Peterson et al., 1998; Ricca et al., 2001; Wilfley et al., 2002; Wilson, Wilfley, Agras, & Bryson, 2010). 무작위화 실험에서 IPT는 폭식, 섭식 장애, 정신의학적 증상들의 초기 감소에서 CBT와 동일하게 효과적이라는 것을 발견했다. 하지만 몸무게는 아주 약간만 감소되었다(Hilbert et al., 2012; Wilfley et al., 2002; Wilson et al., 2010). 이러한 개선은 IPT 치료 종결 후, 1년이 지난 추적연구(Wilfley et al., 2002)와 4년이 지난 추적연구(Hilbert et al., 2012)에서 대략 60%의 환자들이 폭식의 절제를 유지하고 있다는 결과를 통해 뒷받침되었다. 또한 비록 낮은 자존감과 높은 정도의 섭식 장애 정신질환이 CBT의 장기 효과와 체중 감량 치료 결과를 악화시켰지만, 이러한 요소들이 IPT의 효과를 감소시킨 것은 아니었다(Wilson et al., 2010).

IPT는 BED 및 BED 관련 정신질병을 치료하는 데에 효과적인 치료법이다. 어떤 치료적 접근법을 선택할 것인지 결정할 때 임상가와 내담자는 함께 IPT, CBT, 그리고 그 밖의 치료 방법의 장단점을 모두 고려해 보아야 한다. IPT는 낮은 자존감과 높은 섭식 장애 질환을 가진 환자군에 더욱 적합할 수 있다(Wilson et al., 2010).

(4) 관계 치료

관계 치료 접근법에 따르면, 중독 행동은 개인이 감정적 고통을 회피하고자 하는 욕구와 삶에서 의미 있는 대인관계를 맺지 못하거나 꺼리기 때문에 일어난다(Stuart, 2001). 특히, 섭식 장애를 가진 사람들은 음식을 통해 세상과 관계하는 법을 배우며 음식은 감정과 의미 있는 관계를 대체하게 된다(Brisman, 2001). 관계 치료는 기본적으로 지금까지 언급된 다른 치료보다 장기간 진행되고 덜 직접적이며, 변증법적이다. 또, 내담자가 역기능적인 관계 패턴을 인식하고 감정을 더욱 인식할 수 있게 도움으로써 내담자의 초점을 음식에서 관계로 바꾸는 것이 치료의 목표이다(Petrucelli, 2004). 현재 음식 중독과 BED를 위한 관계 치료의 효율성은 여전히 검증을 거쳐야 하는 단계에 있다. 관계 치료가 강박적 과식에서 어떤 결과를 가져올지에 대해서는 더 많은 연구가 필요하다.

(5) 가족 치료

가족 치료는 대인관계를 다룬다는 점에서 IPT 및 관계 치료와 개념적으로 비슷하다. 하지만 가족 치료는 구체적으로 가족 구성원들과 주요 타인과의 관계에 초점을 둔다. 즉, 이런 관계가 심리적 건강에 있어 중요한 요인임을 강조하고 보통 치료 과정에 많은 가족 구성원을 동반한다. 여러 가족 요소들이 중독과정과 치료 간의 관계를 조정할 수 있다. 이 요소들은 (1) 가족의 붕괴, 스트레스, 상실, (2) 중독 행동이 지속되도록 "자격부여" 행동을 하는 가족 구성원, (3)적절하지 못한 자녀 양육법과 부모 감시가 부족한 것이다(Stanton & Shadish, 1997). 치료사들은 흔히 인지행동, 정신역동, 애착, 대상관계 접근법에 기반을 둔 다양한 상담과 치료 기법들을 사용한다(Lebow, 2005). 물질 남용에서 가족 치료기법의 장점은 그리 크지 않은 것으로 보고되어 왔다(Edwards & Steinglass, 1995; Liddle et al., 2001). 가족 역동을 다루고 개선하는 것은 아주 맛있는 음식의 폭식과 과식을 완화시키는 데에 도움이 될 수 있다.

3) 자가치료

섭식과 관련된 문제로 치료를 원하는 사람들은 증상의 빈도와 그 내용에서 매우 다양하다. 치료를 찾는 많은 환자들은 BED의 진단 기준에 충족되지 않을 수 있고, 여러 진단 사이를 오가는 것이 거의 대부분이다(Fairburn, Cooper, & Shafran, 2003). 비록 심리 치료가 폭식증 증상을 줄이는 데에 특히 유익한 것으로 나타났지만, 이런 유형의 개입은 비용이 많이 들고 어떤 사람들에게는 필요 이상으로 강도가 높은 치료일 수 있다

(Fairburn et al., 1993). 자가치료는 치료가 필요한 더 많은 사람들이 치료를 이용하도록 조장할 수 있고, 비디오테이프를 활용하는 집단치료 형식(Peterson et al., 1998), 자가치료 서적(Kessler, 2009), 전화(Wells, Garvin, Dohm, & Striegel-Moore, 1997), 인터넷(Ljotsson et al., 2007)과 같은 다양한 매체를 통해 활용될 수 있을 것이다.

몇몇 연구에서는 순수 자가치료나 보조를 받는 자가치료 형식에 사용되는 인지행동치료 기술이 폭식 횟수의 감소를 나타내고 자아개념, 우울증, 몸매 만족의 영역이 향상되어 주목할 만한 영향을 이끌 수 있었으나(Carter & Fairburn, 1998; Ghaderi & Scott, 2003; Grilo & Masheb, 2005; Loeb, Wilson, Gilbert, & Labouvie, 2000; Peterson et al., 1998; Wells et al., 1997), 심리 치료기법에서와 마찬가지로 유의미한 체중 변화를 가져오지 못했음을 발견했다. Ljotsson 외(2007)는 이러한 긍정적인 효과가 치료 후 6개월의 추적연구에서도 유지되었다고 보고했다. 비록 음식 중독 치료와 재발 방지의 효과성에 대해서는 체계적으로 검증되지 않았지만, "설탕 중독"(Bennett, 2007; DesMaisons, 2001)이라는 주제로 쓰인 유명한 자가치료 관련 책들이 발간되었다.

일반적으로 치료사에 의해 이루어지는 BED를 위한 CBT 치료는 높은 비율로 폭식을 절제하고 폭식의 빈도가 상당히 감소하는 것을 포함하여 더 나은 단기 결과를 가져올 수 있겠지만(Grilo, 2007), 집단 자가치료 또한 치료 후(Peterson et al., 1998) 그리고 6개월과 12개월의 추적연구(Peterson, Mitchell, Crow, Crosby, & Wonderlich, 2009)에서 치료자가 직접 진행하거나 보조하는 CBT와 견줄 만한 결과를 나타냈다. 종합하면, 이 연구 문헌들은 자가치료가 폭식 문제를 가진 사람들에게 실행할 만한 가치가 있음을 보여준다. 자가치료는 과식 문제가 있는 대다수의 사람이 단계적으로 진행하는 치료에서 일차적인 개입으로 고려할 수 있을 것이다(Wilson, Vitousek, & Loeb, 2000).

4) 동료 지지치료(12단계 프로그램)

음식 중독 모델에 기초한 가장 대표적인 치료 프로그램 중의 하나가 익명의 과식자들 모임(Overeaters Anonymous, OA)이다. 이는 음식 중독을 비롯한 음식 관련 문제를 가진 사람들을 위한 12단계의 자조 프로그램이다. OA는 건강한 체중을 얻고 이를 유지하도록 한다. OA에 참여할 수 있는 잠재적인 구성원을 변별해 내기 위해, "배고프지 않을 때 음식을 먹거나, 혹은 몸이 영양분을 필요로 할 때 먹지 않는 일이 있습니까?" "음식에 지나치게 많은 생각과 시간을 쏟습니까?"와 같은 15항목의 질문을 사용한다. 이 질문 몇 가지에 동의하는 것은 강박적인 음식 섭취나 과식 문제를 가지고 있거나, 그럴 성향이 있다는 것을 보여준다(Overeaters Anonymous, 2013). 이 과정은 물질 남용을 위한 12단계 프로그램에서 수정되었다. 그리고 음식에 대한 통제력이 없음을 인정하고, 자신보다 더 큰 힘(영적)의 존재를 인정하며, 지난 과오들을 살펴보고(스폰서나 경험이 있는 멤버들의 도움을 받기도 한다), 규칙을 만들고, 새로운 행동을 통해 새로운 삶을 사는 법을 배우며, 다른 강박적 과식자들에게 메시지를 전달하고 이들을 돕는 것을 포함한다(American Psychological Associations, 2007; Overeaters Anonymous Inc. Staff, 1993). 익명의 알코올 중독자 모임(Alcoholics Anonymous, AA)과 같은 SUD 12단계 프로그램은 완전한 금주 또는 금약을 강조하지만, OA에서 절제는 강박적 섭취나 비이성적인 음식 행동을 유발할 수 있는 "촉발 음식"(예: 초콜릿, 치즈, 튀김 음식)을 제한하는 형태를 취한다. 이와 같이 OA에서 오랫동안 "촉발 음식"으로 여겨진 것들은 음식 중독에 관한 기존의 연구문헌들에서 논의된 아주 맛있는 음식들과 매우 유사하다.

몇몇 질적 연구들은 섭식 장애 증상들을 다루는 효과적인 방법들을 제시했다(Ronel & Libman, 2003; Westphal & Smith, 1996). 하지만 체중 감소나 혈압, 혈당량과 같은 생리적 증상 측면에서 OA의 치료적 이점에 대한 체계적인 연구는 부족한 상황이다. 따라서 음식 중독을 위한 12단계 프로그램의 효과성은 여전히 명확하지 않다. 물질 중독에서와 마찬가지로 음식 중독도 오랜 절제(즉, 아주 맛있는 음식을 제한) 기간이 있는 만성적인 상태와 재발(즉, 강박적 섭취)을 보일 수 있다. 따라서 지속적인 관심이 필요하다. 치료를 위해 많은 사람들이 OA를 찾는 것을 고려할 때, 음식 중독 치료와 그 밖의 중독 문제 치료에서 12단계의 효과성에 관한 더 많은 연구가 필요하다.

5) 영양 상담

앞서 언급된 치료들과 마찬가지로, 음식 중독과 BED의 영양 상담 효과에 대한 과학적 연구는 드문 실정이다. BED와 음식 중독에서 관련이 있을 수 있는 영양학적, 의학적으로 공유되는 문제들을 고려할 때, BED 치료를 위한 영양 개입은 음식 중독을 겪는 사람들에게 도움이 될 수도 있다.

공인 영양사(Registered Dietitians, RD)와 같이 섭식의 심리학적 측면에 대한 지식이 있는 영양 전문가들은 영양 상태, 음식에 대한 신념, 먹는 행동 등과 관련된 정보를 다룰 수 있으며 이들의 음식 중독이 있는 사람들에게 건강한 행동의 변화를 지지하고 촉진하도록 식사 계획을 조절하게 도울 수 있다(Setnick, 2013; Waterhous & Jacob, 2011). 공인 영양사들은 강박적 섭취를 유발할 수 있는 음식들을 확인하고, 음식 영양

성분표를 읽고, 흔히 폭식자들이 왜곡하기도 하는 1회 제공량을 명확히 할 수 있도록 환자들을 도울 수 있다(Herrin, 2003). 영양 전문가들은 또한 과식을 유발하지 않는 동시에 맛의 선호도를 만족시키며 영양학적으로 적절한 대체음식들을 찾도록 도울 수 있다(Peeke & Van Aalst, 2012).

앞서 논의된 바와 같이, 고열량 및 고당분의 음식들은 음식 중독에 대한 잠재적 위험 요소로 받아들여져 왔다. 따라서 이런 종류의 음식들을 넣지 않은 식단이 도움이 된다. 음식 중독 연구 교육(Food Addiction Research Education, 2009)에 따르면, 음식 중독이 있는 사람들은 가공 식품, 인공 감미료, 밀가루, 글루텐, 수소화학물질로 가공된 제품, 트랜스지방과 같이 잠재적 중독성을 가진 식품을 지양하고, 이런 것들을 양질의 단백질, 단순하고 불포화지방의 음식, 복합탄수화물, 과일, 채소와 같은 식품으로 대체해야 한다. 카페인과 액체 형태의 열량 식품을 섭취하지 않는 것이 음식에 대한 갈망을 억제해 준다. 고열량 고당분의 음식을 영구적으로 혹은 임시적으로 섭취하지 않아야 하는지는 여전히 논란이 되고 있다. 음식 중독 회복을 촉진하고 유지하기 위한 더욱 효과적인 접근법을 정립하기 위해 더 많은 연구들이 필요할 것이다(Setnick, 2013).

다량 영양소(즉, 탄수화물, 단백질, 지방)의 균형, 식사 시간, 포만감을 인식하거나 받아들이는 능력이 부족할 수 있는 음식 중독이 있는 사람들과 같이, BED를 겪는 사람들에게는 식사 계획(Waterhous & Jacob, 2011)을 세우는 것 또한 도움이 된다. 열량이 적절하고, 개인에게 맞춰진 식사 계획은 BED 또는 음식 중독 환자들에게 필요한 체계를 더해줄 수 있다(Setnick, 2013). 음식 중독이 있는 사람들과 마찬가지로, BED 환자들은 자신의 과식을 상쇄하기 위해 일정 기간 동안 음식 섭취를 제한하려고 한다. 하지만 음식 섭취를 제한하여 나타나는 신체적, 심리적 결핍 상태는 음식에 대한 자기통제 능력을 약하게 만들고, 결과적으로 이후의 식사에서 과식이나 포만감 신호를 무시하는 성향을 악화시키게 된다. 더 나아가, 이러한 과식이나 폭식 삽화는 음식 중독적 행동을 하는 섭식 패턴에서 동반되는 죄책감이나 수치심을 심화시킬 수 있고 "제한적 섭취가 해결책이라는 잘못된 생각을 강화"할 수 있다(Herrin, 2003, p. 156). 균형 잡힌 다량 영양소의 섭취, 적절한 배합, 규칙적인 식사 시간을 촉진하는 잘 짜인 식사 계획은 이런 유형의 사람들의 입맛을 "다시 길들이고" 특히 필요한 영양소를 규정식으로 섭취하도록 돕는다. 또한 강박적 섭취나 폭식에 대한 생리적 기반의 충동을 줄이도록 도울 수 있다(Herrin, 2003).

한 연구에서는 촉발 음식이 한 번 제거되고 나면, 역기능적 행동이 다른 음식에 대해 나타나는 것이 관찰되었다. 이는 건강하지 않은 행동을 절제하는 것에 기초한 영양 치료가 특정 한 가지 음식을 피하는 것보다 더 효과적일 수 있음을 암시한다(Setnick, 2013). 음식 중독의 증상들을 줄이는 데에 도움이 될 수 있는 행동 수정 전략에는 먹는 동안 다른 활동을 하는 것을 삼가기, 남은 음식 버리기, 장보기 목록 만들기, 배고플 때 장보는 것을 피하기, 1인분으로 먹기, 준비가 필요한 음식 구입하기, 적은 액수의 돈만 들고 다니기, 다른 사람들과 식사하기, 식후에 양치하기 등이 있다(Fairburn, 1995; Setnick, 2013). 또한 음식 중독 연구 교육(2009)에서는 실용적인 전략으로 의식하며 먹는 기술, 촉발하지 않는 음식들로 주방 채우기, 운동하기, 적절한 수면시간 지키기 등을 제안했다.

자기감독 전략은 음식에 대한 환자의 자각을 일깨워 주며, BED 환자의 경우 폭식 빈도를 감소시키는 것으로 나타났다(Herrin, 2003). 따라서 음식 중독과 싸우고 있는 사람들을 돕는 데에 잠재적인 효과성이 있음을 암시한다. 예를 들어, 음식 일기 쓰기는 섭식 장애의 치료에서 주로 사용되는 자기감독 방법이다. 음식 일기 쓰기는 매일 섭취하는 음식, 배고픔-포만감 정도, 먹는 것과 관련된 감정 상태를 매일 기록하는 것이다. 이는 폭식이나 과식의 순간에 간과할 수 있는 자신의 감정적 상태를 포괄적으로 이해할 수 있도록 나중에 자신의 감정을 다시 생각하게 도와준다. 따라서 환자가 신체적인 배고픔과 심리적인 배고픔을 구분할 수 있게 해준다(Herrin, 2003). 예를 들어, 특정한 음식을 먹은 후에 자주 죄책감을 호소하는 사람은 음식과 섭취와 관련되지 않은 다른 죄책감에 대해 치료사와 함께 탐색해 볼 수 있다(Setnick, 2013). 결론적으로, 음식 일기 쓰기는 내담자들이 과식이나 폭식을 유발하는 것들을 확인하고, 대처하며, 또한 피할 수 있도록 도울 수 있다.

6) 통합 치료

중독을 치료하는 것은 쉽지 않은 과정이다. 따라서 증상뿐 아니라 중독 행동에 기여하고 유지하는 근본적인 역동을 다루는 데에 초점을 두는 더욱 포괄적인 치료 방법을 만들기 위해 여러 치료 방법들을 통합적으로 활용할 수 있다. 예를 들어, CBT, DBT, 관계 치료를 통합하여 음식 중독의 증상과 폭식 삽화를 줄이는 것뿐 아니라, 관계상의 문제와 애착 양상들을 탐색하는 데에 초점을 둘 수 있다(Gottlieb, 2013). 또한 영양 치료, 약물 치료, 의학적 관리와 개입을 함께 포함시키는 것도 중요하며, 이는 상호 이득이 될 수 있다.

음식에 중독된 많은 사람들은 자신들의 역기능적인 행동을 상쇄하고자 음식 섭취

사례 일화

환자 F

Case Vignette

F는 40대 중반의 백인 여성으로 보좌관으로 일하고 있다. 폭식 장애를 치료하고 기분과 불안을 더 잘 다루기 위해 치료를 받았다. 치료를 시작할 때 F의 키와 몸무게는 165센티미터에 110킬로그램이었다.

F는 오랫동안 음식 중독이 있었으며, 청소년 시기부터 자신의 체중과 폭식으로 힘들어하며 체중을 감량하지 못해 좌절했다. 여러 치료들을 시도했지만 실패로 돌아갔고, 자신의 섭식행동은 "통제력을 상실"했다고 표현했다. 그녀는 스트레스를 받거나 불안함을 느낄 때 먹었고, 폭식 삽화를 멈출 수 없다고 느꼈다. 이런 감정 상태는 음식에 중독된 환자들에게서 나타나는 것과 같았다. 폭식이나 과식을 할 때면 탄수화물과 단 음식에 끌렸고, 이러한 행동은 며칠 동안 지속되었으며, 의식적인 식습관 패턴으로 굳어지게 되었다. 이처럼 음식에 대해 전부 혹은 전무의 형태를 취하는 양극단의 패턴은 물질 남용이나 다른 유형의 중독 환자들에게서 잘 나타나는 것이다.

음식 중독은 다른 행동 중독과 마찬가지로 감정과 행동의 요인들이 결합되어 나타나는 복잡한 문제이다. 따라서 F의 증상을 치료하는 데에 CBT, DBT와 여타의 심리 치료를 통합한 접근 방식이 사용되었다. 또한 F는 1년 동안 병원에서 진행하는 체중 감량 프로그램에 참여했으며, 그 프로그램을 통해 영양 관리를 받고 지지 집단 모임에 참여할 수 있었다. F가 받은 치료 프로그램은 감정 인식, 고통 인내, 그리고 이외 관계 문제들을 다루는 데 초점을 두었다.

- 감정 인식: F에게 계속 어떻게 느끼는지에 대해 말해 보도록 했다. 그리고 음식이 감정 상태를 와해시키거나 차단하여 결국 무감각과 폭식을 지속하게 한다는 것을 알게 되었다. 회기 밖의 현실에서도 자신의 감정과 행동을 자각하기 위해 생각 일기 및 음식 일기 쓰기를 하도록 했다.
- 감정 수용/고통 인내: F는 감정들을 확인하게 되었을 때, 이런 감정 상태를 견디는 것이 상당한 불안을 만들어낼 뿐 아니라 섭취/폭식하도록 하는 충동을 만들어 냈다. 치료에서는 이런 경험과 욕구들을 정상화하도록 했고 또한 압도당하는 것처럼 느껴질 때에 감정을 다룰 수 있는 전략들을 세우게 했다. F는 친구에게 전화하기, 산책하기, 일기 쓰기 전략들을 가장 좋아했다. 또, 자신이 경험하는 감정 상태가 일시적으로 지속될 뿐이며 곧 지나갈 것이라 믿으면서 "견뎌내는 것"이 중요했다. 이것은 일명 "충동 파도 타기"라고 불리며, 물질 남용 환자들에게도 흔히 적용되는 전략이다 (Lloyd, 2008).

- 관계 문제: 치료가 진행되면서, F가 갖는 관계의 문제가 나타났다. 그녀는 거절을 하지 못하거나 자신을 과장해서 표현하는 습관이 있다는 것을 인정하기 시작했다. 그 결과, F는 스트레스를 받고, 분개하며, 필요한 자기 돌봄의 시간이 부족하다고 느꼈다. 이러한 행동은 직장, 가정, 친구 관계에 걸쳐서 나타났다. 그녀가 자신의 관계패턴들을 인식하고 주변 사람들 사이에 더 분명한 경계를 설정하는 법을 배우는 것에 치료의 초점을 두었다.

결론

F는 1년의 병원기반 프로그램을 완료했을 때, 이전 프로그램 참여자들을 위해 마련된 지지집단에 참여하기 시작했다. 음식과 생각 일기 쓰는 것을 계속했다. 폭식 삽화는 눈에 띄게 줄었고, 정상적인 상태로 빠르게 돌아갈 수 있었다. 비록 느리고 간헐적이었지만, 체중도 계속해서 조금씩 줄여 나갔다. 이 책이 발간되는 동안에도 F는 자신이 얻은 결과를 계속 유지하기 위해 격주로 치료에 참여했다.

를 조절하는 경우가 있지만, 이러한 패턴은 결국 체중의 감소와 증가가 반복되는 요요 현상으로 나타나게 된다. 다양한 이론의 근본적인 관점은 다른 중독 또는 섭식 장애 행동들과 마찬가지로 음식 중독이 감정을 조절하는 수단으로서 작용한다는 것이다(Conners, 2010; Whiteside et al., 2007). 음식이 일시적으로 부정적 감정을 '마비'시키거나 고통스러운 감정으로부터 주의를 전환시킨다고 가정한다. 결과적으로, 다양한 치료적 전략을 통합하는 것은 환자가 조금 더 적응적인 대응 기술을 개발하도록 돕기 때문에 자신들의 감정적 상태를 더욱 잘 인식하고, 관리하고, 또한 견딜 수 있도록 한다.

6. 예방: 공공 보건과 정책

중독 예방은 오랜 노력이 필요하고, 의학계, 산업계, 정부 부서들이 서로 협력해야 하는 분야이다. 지난 한 세기 동안 공중 보건 차원에서 가장 성공적으로 이루어진 예방 개입은 금연 장려였다. 1972년 미국의 성인 흡연율은 43%였으나, 2012년 20%로 감소했다(Gallup, 2012). 이러한 극적인 감소는 흡연이 건강에 미치는 부정적인 영향에 대한 정보를 제공하는 교육 캠페인의 효과적인 시행을 그 이유로 볼 수 있고, 또한 의학계 차원에서 흡연자들을 진단하고 치료하는 것의 중요성을 인식하기 시작한 것도 중요한 역할을 했다(Backinger et al., 2003). 공공장소에서의 흡연 금지, 담뱃값 인상, 청소년들의 담배 구입을 제한하는 법률 제정 및 시행과 같은 금연 장려 정책도 흡연율의 감소에 영향을 미쳤을 것이다.

니코틴과 같은 약물 중독에 대한 이와 같은 개입이 성공적이었다는 것은 음식 중독률을 낮추기 위한 효과적인 캠페인을 고안하는 데에 도움이 될 수 있다(Gearhardt, Grilo, DiLeone, Brownell, & Potenza, 2011). 비록 다른 치료법들이 여전히 진행되고 있지만, 운동과 영양의 중요성을 간과해서는 안 될 것이다. 또한 평생 지속되는 건강한 식습관을 만들기 위해 일찍부터 아이들에게 음식의 효과(특히, 아주 맛있는 음식들)에 대한 과학적인 지식을 포함하는 건강한 식습관, 규칙적인 운동의 중요성에 대한 교육을 시작하는 것이 중요하다. 소아과 의사와 가정의학과 의사들이 치료에 참여하는 것은 어린이와 청소년들의 음식 중독을 이른 시기에 발견하고 치료할 수 있게 할 것이다. 의학계는 음식 중독을 간과하지 않도록 주의해야 할 뿐 아니라, 이를 발견하고 평가하고, 치료하도록 노력해야 한다.

금연 캠페인은 스포츠나 엔터테인먼트 행사에서부터 모자, 셔츠 등에 담배 브랜드 로고가 찍힌 상품을 사고 파는 바자회에 이르기까지 다양하며 담배 사용을 낮추는 데에 공헌했다(FDA, 2012d). 반대로, 저렴하고 영양 상태가 좋지 않으며 열량과 당분이 높은 대표적인 식품은 가장 빈번하게 시판되고 있으며 어린이나 청소년을 대상으로 만들어지기도 했다(Powell, Szczypka, Chaloupka, & Braunschweig, 2007). 이런 음식들이 약물의 남용과 유사한 뇌의 반응들을 만들어 낼 수 있는 가능한 위험 요소들과 어떻게 상호작용하는지에 대해서는 아직 많은 이목을 끌지 못하고 있다. 잠재적 중독성이 있는 음식 광고를 제한하는 것은 건강관리 차원에서 중요한 전략이 될 것이다. 나아가, 식품 산업이 더욱 건강하고 매력적인 음식을 만들어 낼 수 있도록 광고와 가격 인하를 통해 장려해야 한다. 또한 담배 상품과 마찬가지로 학교, 직장, 휴게소, 그 밖의 공공장소는 자판기와 식당에서 패스트푸드를 없애도록 노력해야 한다. 하지만 이러한 개혁은 자신의 음식을 스스로 선택할 수 있다는 식품 산업계의 반대 주장에 부딪혀 왔다. 식품 산업은 건강 단체와 협력관계를 형성하기도 했다. 그 중 유니세프 캐나다는 개발도상국을 대상으로 영양 관리 프로그램을 후원하는 기관으로 캐드배리 초콜릿 바와 협력하고 있다(Freedhoff & Hebert, 2011). 이러한 협력관계를 통해 식품 산업은 비만의 원인이 되는 것은 고열량의 식품 섭취가 아닌 낮은 활동성과 같은 다른 요소라고 주장한다. 예를 들어, 예방 약품 연구 기관(Preventative Medicine Research Institute)의 회장인 Dean Ornish 박사는 마스(Mars Inc.)의 홈페이지에서 "우리가 먹는 것과 운동 사이의 균형을 찾는 것이 중요하다. 다양한 종류의 음식을 먹으면서 간식을 즐기는 균형을 찾는 것 또한 중요하다."고 말했다(Mars Inc., 2010).

가장 많이 논란이 있는 억제 정책으로는 "소다세(Soda tax)"가 있다. 이 법은 인공감미료가 들어 있는 음료에 세금을 부과함으로써 건강하지 않은 식품 섭취를 권장하지 않는 것이 목적이다. 앞서 언급된 바와 같이, 연구자들은 고당분의 식품이 중독적일 것이라고 설명한다(Avena, Bocarsly, & Hoebel, 2012). 또한 인공감미료가 첨가된 음료에는 설탕이 가장 많이 함유되어 있다고 단정한다(Brownell et al., 2009; Brownell & Frieden, 2009). 예일대학교 Rudd Center for Food Policy and Obesity의 Brownell과 그의 동료들은 2004년에 처음으로 이 개념을 도입했으며, 가격이 평균 10% 인상될 때마다 소비는 7.8% 감소할 것이며[다른 연구자들은 더 낮은 수치를 보고했다(Fletcher, Frisvold, & Tefft, 2010). 동시에 건강관리 서비스를 사용하기 위한 소비를 증가시키는 데에 도움이 될 수 있을 것이라고 제안했다(Brownell & Frieden, 2009; United States Department of Agriculture, 2010). 소다세 정책은 현재 40개 주에서 채택되었으며 인공감미료가 들어간 음료와 스낵에 약간의 세금을 부과한다(Brownell & Frieden, 2009). 뉴욕 주는 최근 세금을 더 부여하는 것에 대해 논의했으나 음료 산업계의 강력한 반대에 부딪혔고 결국 무산되었다. 흥미롭게도, 미시시피주는 2011년에 미국에서 가장 높은 비만율(34.9%)을 기록했는데(CDC, 2011), 2013년 3월 21일에 주정부가 음식의 사이즈를 제한하지 못하도록 하는 법을 통과시켰다.

또, 음식의 영양 성분을 포장지에 표기하도록 하는 것과 같은 정책들도 균형 잡히고 건강한 식습관을 장려하는 데에 도움이 된다. 미국식품의약청(Food and Drug Administration, FDS)은 재료와 영양 성분 표시를 위한 표준화 작업을 실행하도록 하는 몇 개의 법안(Nutrition Labeling and Education Act of 1994, NLEA; Dietary Supplement Health and Education Act of 1994, DSHEA)을 최근에 통과시켰다. 하지만 회사들은 이러한 법을 지속적으로 준수하지 않고 있다. FDA는 2009년, NLEA 법을 어긴 제품을 생산한 17개의 식품 회사를 적발했으며(FDA, 2012b), 2011년부터 2012년까지 이루어진 감사에서는 740개에 가까운 회사가 "우수 제조 과정"을 거치지 않았다는 것을 발견하였다(FDA, 2012a, 2012c). 규제를 어기는 것은 인증되지 않은 영양분을 포함하는 것과 '건강한(healthy)'과 같은 단어를 부적절하게 사용하는 것을 말한다. 더욱이 회사들은 종종 소비자에게 실제 제공되는 것보다 훨씬 더 적은 제공량을 표기하거나 제안하며 하루 권장량에 대한 정보는 성인 남성을 기준으로 제공한다. 다양한 법적, 규제적 접근들은 단호한 시행과 분명한 제품 안내를 중요시해야 한다. 예를 들어, 포장지 앞에 라벨표기를 하는 것 등이다. 하지만 사회적, 법적, 재정적, 대중적 인식의 장벽이 이러한 노력을 제한한다.

7. 결론

최근 음식 중독 사례가 많이 발견되었다. 음식 중독 모델의 다양한 요인을 뒷받침하는 여러 요소들은 보상 민감성, 조건적 학습, 인지 조절과 같은 SUD에서 흔히 볼 수 있는 중립적 특징들에서 나왔다. 특히, 특정 음식(즉, 탄수화물이나 지방 함유량이 많은 맛있는 음식)들은 약물 남용과 유사한 방식으로 강화된 동기적 성향을 가지고 있을 수 있고, 중독적 섭식 양상을 이끌어 낼 가능성이 있다. 이러한 결과는 환자들에게서 음식 중독의 개념을 입증하고, 음식에 대한 만성적인 갈망, 강박적 과식 또는 폭식에 대한 심리 치료, 심리교육, 약학치료의 필요성을 알려준다.

특히, 음식 소비에 대한 행동적이고 정신병리적인 반응을 탐구하는 음식 중독과 비만의 관계에 대한 연구는 체중 감량과 비만 예방에 대한 유용한 정보를 제공할 것이다. 음식 중독을 선별하기 위해 YFAS와 같은 표준화된 자가보고식 척도를 사용하면 체중 조절을 어렵게 하는 식습관을 가진 사람들을 확인할 수 있다(Davis et al., 2011; Gearhardt et al., 2009b). 비록 YFAS가 신뢰도 및 타당도가 있는 음식 중독 척도임이 입증되었지만, 임상 현장에서는 종종 음식 중독을 간과하기 때문에 YFAS가 널리 사용되지 않고 있다. 음식 중독을 위한 큰 규모의 예방과 치료 프로그램은 (물질 중독과 마찬가지로) 의학계의 참여를 필요로 한다. 그러나 안타깝게도 외과의사, 의사, 심리학자, 그리고 이외 임상가들은 현재 과식 행동을 다루기 위한 훈련을 거의 받지 않고 있는 실정이다.

음식 중독의 개념을 거부하는 것은 시기상조이다. 현재까지 이루어진 연구에 더하여 더 많은 역학적이고 임상적인 연구들이 이루어져야 한다. 또, 경험적으로 입증되고, 효과적이며 적절한 치료가 개발되어야 한다. 이러한 과정은 근본적인 음식 중독의 메커니즘에 대해 이해하고 결과들을 조정 및 중재하는 요인들을 확인하게 될 때에 더욱 촉진될 것이다. 추후의 연구는 사람을 대상으로 하는 음식 중독에 초점을 두어야 하고,

반드시 개선된 예방 및 치료책을 개발하고 정책상의 노력을 포함해야 한다.

동료검토 이외의 추가 자료들은 다음의 참고문헌 목록에서 확인할 수 있다.

- Yale Rudd Center for Food Policy & Obesity
  http://www.yaleruddcenter.org/
- Obesity and Food Addiction Summit
  http://www.foodaddictionsummit.org/

8. 참고문헌

Adam, T. C., & Epel, E. S. (2007). Stress, eating and the reward system. *Physiology & Behavior*, 91(4), 449–458.

Aharonovich, E., Nunes, E., & Hasin, D. (2003). Cognitive impairment, retention and abstinence among cocaine abusers in cognitive-behavioral treatment. *Drug and Alcohol Dependence*, 71(2), 207–211.

Allison, D. B., Mentore, J. L., Heo, M., Chandler, L. P., Cappelleri, J. C., Infante, M. C., et al. (1999). Antipsychotic induced weight gain: A comprehensive research synthesis. *American Journal of Psychiatry*, 156(11), 1686–1696.

Alsiö, J., Olszewski, P. K., Norbäck, A. H., Gunnarsson, Z. E. A., Levine, A. S., Pickering, C., et al. (2010). Dopamine D1 receptor gene expression decreases in the nucleus accumbens upon long-term exposure to palatable food and differs depending on diet-induced obesity phenotype in rats. *Neuroscience*, 171(3), 779–787.

American Psychiatric Association. (2000). *Diagnostic and statistical manual of mental disorders* (4th ed., text rev.). Washington, DC: Author.

American Psychiatric Association.(2013). *Diagnostic and statistical manual of mental disorders* (5th ed.). Washington, DC: Author.

American Psychological Association. (2007). *APA dictionary of psychology*. Washington, DC: Author.

Astrup, A., Meinert Larsen, D. T., & Harper, A. (2004). Atkins and other low-carbohydrate diets: Hoax or an effective tool for weight loss? *Lancet*, 364(9437), 897–899.

Avena, N. M. (2010). The study of food addiction using animal models of binge eating. *Appetite*, 55(3), 734–737.

Avena, N. M., Bocarsly, M. E., & Hoebel, B. G. (2012). Animal models of sugar and fat bingeing: Relationship to food addiction and increased body weight. In F. H. Kobeissy (Ed.), *Psychiatric disorders*: Vol.829. (pp.351–365). Humana Press.

Avena, N. M., Bocarsly, M. E., Hoebel, B. G., & Gold, M. S. (2011). Overlaps in the nosology of substance abuse and overeating: The translational implications of "food addiction". *Current Drug Abuse Reviews*, 4(3), 133–139.

Avena, N. M., Bocarsly, M. E., Rada, P., Kim, A., & Hoebel, B. G. (2008). After daily bingeing on a sucrose solution, food deprivation induces anxiety and accumbens dopamine/acetylcholine imbalance. *Physiology & Behavior*, 94(3), 309–315.

Avena, N. M., Gearhardt, A. N., Gold, M. S., Wang, G.-J., & Potenza, M. N. (2012). Tossing the baby out with the bathwater after a brief rinse? The potential downside of dismissing food addiction based on limited data. *Nature Reviews Neuroscience*, 13(7), 514–514.

Avena, N. M., & Gold, M. S. (2011). Variety and hyperpalatability: Are they promoting addictive overeating? *American Journal of Clinical Nutrition*, 94(2), 367–368.

Avena, N. M., & Hoebel, B. G. (2003). A diet promoting sugar dependency causes behavioral cross-sensitization to a low dose of amphetamine. *Neuroscience*, 122(1), 17–20.

Avena, N. M., Rada, P., & Hoebel, B. G. (2009). Sugar and fat bingeing have notable differences in addictive-like behavior. *Journal of Nutrition*, 139(3), 623–628.

Backinger, C. L., Fagan, P., Matthews, E., & Grana, R. (2003). Adolescent and young adult tobacco prevention and cessation: Current status and future directions. *Tobacco Control*, 12(Suppl.4), IV46–53.

Balodis, I. M., Kober, H., Worhunsky, P. D., White, M. A., Stevens, M. C., Pearlson, G. D., et al. (2013). Monetary reward processing in obese individuals with and without binge eating disorder. *Biological Psychiatry*, 73(9), 877–886.

Balodis, I. M., Molina, N. D., Kober, H., Worhunsky, P. D., White, M. A., Sinha, R., et al.(2013). Divergent neural substrates of inhibitory control in binge eating disorder relative to other manifestations of obesity. *Obesity*, 21(2), 367–377.

Bennett, C. (2007). *Sugarshock!: How sweets and simple carbs can derail your life—and how you can get it back on track*. New York, NY: Penguin Group.

Berkman, N. D., Bulik, C. M., Brownley, K. A., Lohr, K. N., Sedway, J. A., Rooks, A., et al.(2006). Management of eating disorders. *Evidence Report Technology Assessment (Full Rep)*, 135, 1–166.

Bocarsly, M. E., Berner, L. A., Hoebel, B. G., & Avena, N. M. (2011). Rats that binge eat fat-rich food do not show somatic signs or anxiety associated with opiate-like withdrawal: Implications for nutrient-specific food addiction behaviors. *Physiology & Behavior*, 104(5), 865–872.

Brache, K. (2012). Advancing interpersonal therapy for substance use disorders. *American Journal of Drug and Alcohol Abuse*, 38(4), 293–298.

Brewer, J. A., & Potenza, M. N. (2008). The neurobiology and genetics of impulse control disorders: Relationships to drug addictions. *Biochemical Pharmacology*, 75(1), 63–75.

Brisman, J. (2001). The instigation of dare: Broadening therapeutic horizons. In J. Petrucelli & C. Sturat (Eds.), *Hungers and compulsions: The psychodynamic treatment of eating disorders and addictions* (pp.53–64). Northvale, NJ: Jason Araonson Inc.

Brownell, K. D., Farley, T., Willett, W. C., Popkin, B. M., Chaloupka, F. J., Thompson, J. W., et al. (2009). The public health and economic benefits of taxing sugar-sweetened beverages. *New*

England Journal of Medicine, 361(16), 1599–1605.

Brownell, K. D., & Frieden, T. R. (2009). Ounces of prevention—The public policy case for taxes on sugared beverages. *New England Journal of Medicine*, 360(18), 1805–1808.

Brownley, K. A., Berkman, N. D., Sedway, J. A., Lohr, K. N., & Bulik, C. M. (2007). Binge eating disorder treatment: A systematic review of randomized controlled trials. *International Journal of Eating Disorders*, 40(4), 337–348.

Carter, J. C., & Fairburn, C. G. (1998). Cognitive-behavioral self-help for binge eating disorder: A controlled effectiveness study. *Journal of Consulting and Clinical Psychology*, 66(4), 616–623.

CDC. (2011). Overweight and obesity. Retrieved March 21, 2013, from http://www.cdc.gov/obesity/data/adult.html.

Clark, A. M. (2012). Reward processing: A global brain phenomenon? *Journal of Neurophysiology*, 109(1), 1–4.

Colantuoni, C., Rada, P., McCarthy, J., Patten, C., Avena, N. M., Chadeayne, A., et al. (2002). Evidence that intermittent, excessive sugar intake causes endogenous opioid dependence. *Obesity Research*, 10(6), 478–488.

Conners, M. E. (2010). Symptom-focused dynamic psychotherapy. *Journal of Psychotherapy Integration*, 20, 37–45.

Danaei, G., Ding, E. L., Mozaffarian, D., Taylor, B., Rehm, J., Murray, C. J., et al. (2009). The preventable causes of death in the United States: Comparative risk assessment of dietary, lifestyle, and metabolic risk factors. *PLoS Med*, 6(4), e1000058.

Davis, C., & Carter, J. C. (2009). Compulsive overeating as an addiction disorder. A review of theory and evidence. *Appetite*, 53(1), 1–8.

Davis, C., Curtis, C., Levitan, R. D., Carter, J. C., Kaplan, A. S., & Kennedy, J. L. (2011). Evidence that 'food addiction' is a valid phenotype of obesity. *Appetite*, 57(3), 711–717.

Davis, C. A., Levitan, R. D., Reid, C., Carter, J. C., Kaplan, A. S., Patte, K. A., et al. (2009). Dopamine for "wanting" and opioids for "liking": A comparison of obese adults with and without binge eating. *Obesity*, 17(6), 1220–1225.

DesMaisons, K. (2001). *Your last diet!: The sugar addict's weight-loss plan*. Toronto, ON: Random House.

Devlin, M. J., Goldfein, J. A., Petkova, E., Liu, L., & Walsh, B. T. (2007). Cognitive behavioral therapy and fluoxetine for binge eating disorder: Two-year follow-up. *Obesity (Silver Spring)*, 15(7), 1702–1709.

Di Chiara, G., & Imperato, A. (1988). Drugs abused by humans preferentially increase synaptic dopamine concentrations in the mesolimbic system of freely moving rats. *Proceedings of the National Academy of Science USA*, 85(14), 5274–5278.

Dick, D. M., Wang, J. C., Plunkett, J., Aliev, F., Hinrichs, A., Bertelsen, S., et al. (2007). Familybased association analyses of alcohol dependence phenotypes across DRD2 and neighboring gene ANKK1. *Alcoholism: Clinical and Experimental Research*, 31(10), 1645–1653.

Edwards, M. E., & Steinglass, P. (1995). Family therapy treatment outcomes for alcoholism. *Journal of Marital and Family Therapy*, 21(4), 475–509.

Everitt, B. J., Belin, D., Economidou, D., Pelloux, Y., Dalley, J. W., & Robbins, T. W. (2008).

Review. Neural mechanisms underlying the vulnerability to develop compulsive drug-seeking habits and addiction. *Philosophical Transactions of the Royal Society B: Biological Sciences*, 363(1507), 3125–3135.

Fairburn, C. (1981). A cognitive behavioural approach to the treatment of bulimia. *Psychological Medicine*, 11(4), 707–711.

Fairburn, C. (1995). *Overcoming binge eating*. New York: The Guilford Press.

Fairburn, C. G., Cooper, Z., & Shafran, R. (2003). Cognitive behaviour therapy for eating disorders: A "transdiagnostic" theory and treatment. *Behaviour Research and Therapy*, 41(5), 509–528.

Fairburn, C. G., Wilson, G. T., & Schleimer, K. (1993). *Binge eating: Nature, assessment, and treatment*. New York: Guilford Press.

FDA. (2012a). Current Good Manufacturing Practices (CGMPs)/Compliance. Retrieved March 20, 2013, from FDA http://www.fda.gov/Drugs/GuidanceComplianceRegulatoryInformation/Guidances/ucm064971.htm.

FDA. (2012b). Front-of-package labeling initiative questions & answers. Retrieved March 20, 2013, from http://www.fda.gov/Food/IngredientsPackagingLabeling/LabelingNutrition/ucm202734.htm.

FDA. (2012c). Inspections, compliance, enforcement, and criminal investigations. Retrieved March 20, 2013, from FDA http://www.fda.gov/ICECI/EnforcementActions/WarningLetters/2012/default.htm.

FDA. (2012d). Regulations restricting the sale and distribution of cigarettes and smokeless tobacco. Retrieved March 20, 2013, from http://www.fda.gov/TobaccoProducts/ProtectingKidsfromTobacco/RegsRestrictingSale/.

Fletcher, J. M., Frisvold, D., & Tefft, N. (2010). Can soft drink taxes reduce population weight? *Contemporary Economic Policy*, 28(1), 23–35.

Food Addiction Research Education. (2009). How do I heal from a food addiction. Retrieved March 20, 2013, from http://foodaddictionresearch.org/question-and-answer/ifim-addicted-to-food-what-can-i-do.

Freedhoff, Y., & Hebert, P. C. (2011). Partnerships between health organizations and the food industry risk derailing public health nutrition. *Canadian Medical Association Journal*, 183(3), 291–292.

Gallup. (2012, & July 9 2012). Gallup Poll social series: Consumption habit. Retrieved March 19, 2013, from http://www.gallup.com/file/poll/156842/Smoking_120822.pdf.

Gautier, J. F., Chen, K., Salbe, A. D., Bandy, D., Pratley, R. E., Heiman, M., et al. (2000). Differential brain responses to satiation in obese and lean men. *Diabetes*, 49(5), 838–846.

Gearhardt, A., Davis, C., Kuschner, R., & Brownell, K. (2011). The addiction potential of hyperpalatable foods. *Current Drug Abuse Reviews*, 4(3), 140.

Gearhardt, A., White, M., & Potenza, M. (2011). Binge eating disorder and food addiction. *Current Drug Abuse Reviews*, 4(3), 201–207.

Gearhardt, A. N., Corbin, W. R., & Brownell, K. D. (2008). Instruction Sheet for the Yale Food Addiction Scale. Retrieved February 28, 2013, from http://www.yaleruddcenter.org/resources/

upload/docs/what/addiction/FoodAddictionScaleInstructions09.pdf.

Gearhardt, A. N., Corbin, W. R., & Brownell, K. D. (2009a). Food addiction: An examination of the diagnostic criteria for dependence. *Journal of Addiction Medicine*, 3(1), 1–7.

Gearhardt, A. N., Corbin, W. R., & Brownell, K. D. (2009b). Preliminary validation of the Yale Food Addiction Scale. *Appetite*, 52(2), 430–436.

Gearhardt, A. N., Grilo, C. M., DiLeone, R. J., Brownell, K. D., & Potenza, M. N. (2011). Can food be addictive? Public health and policy implications. *Addiction*, 106(7), 1208–1212.

Gearhardt, A. N., White, M. A., Masheb, R. M., & Grilo, C. M. (2013). An examination of food addiction in a racially diverse sample of obese patients with binge eating disorder in primary care settings. *Comprehensive Psychiatry*, 54(5), 500–505.

Gearhardt, A. N., White, M. A., Masheb, R. M., Morgan, P. T., Crosby, R. D., & Grilo, C. M. (2012). An examination of the food addiction construct in obese patients with binge eating disorder. *International Journal of Eating Disorders*, 45(5), 657–663.

Gearhardt, A. N., Yokum, S., Orr, P. T., Stice, E., Corbin, W. R., & Brownell, K. D. (2011). Neural correlates of food addiction. *Archives of General Psychiatry*, 68(8), 808–816.

Geiger, B. M., Behr, G. G., Frank, L. E., Caldera-Siu, A. D., Beinfeld, M. C., Kokkotou, E. G., et al. (2008). Evidence for defective mesolimbic dopamine exocytosis in obesity-prone rats. *FASEB Journal*, 22(8), 2740–2746.

Geloneze, B., Mancini, M. C., & Coutinho, W. (2009). Obesity: Knowledge, care, and commitment, but not yet cure. *Obesidade*, 53(2), 117–119.

Ghaderi, A., & Scott, B. (2003). Pure and guided self-help for full and sub-threshold bulimia nervosa and binge eating disorder. *British Journal of Clinical Psychology*, 42(3), 257–269.

Gottlieb, C. (In press). Come together: The blending of CBT, DBT, and interpersonal psychotherapy in the treatment of eating disorders. In J. Petrucelli (Ed.), Body-states: Interpersonal/relational perspectives on the treatment of eating disorders. New York/ London: Routledge.

Grilo, C. M. (2007). Guided self-help for binge-eating disorder. In J. D. Latner & G. T. Wilson (Eds.), *Self-help for obesity and eating disorders* (pp.73–91). New York, NY: Guilford.

Grilo, C. M., & Masheb, R. M. (2005). A randomized controlled comparison of guided self-help cognitive behavioral therapy and behavioral weight loss for binge eating disorder. *Behavior Research and Therapy*, 43(11), 1509–1525.

Grilo, C. M., Masheb, R. M., & White, M. A. (2010). Significance of overvaluation of shape/weight in binge-eating disorder: Comparative study with overweight and bulimia nervosa. *Obesity*, 18(3), 499–504.

Guerdjikova, A. I., McElroy, S. L., Kotwal, R., Welge, J. A., Nelson, E., Lake, K., et al. (2008). High-dose escitalopram in the treatment of binge-eating disorder with obesity: A placebo-controlled monotherapy trial. *Human Psychopharmacology: Clinical and Experimental*, 23(1), 1–11.

Guerrieri, R., Nederkoorn, C., & Jansen, A. (2008). The interaction between impulsivity and a varied food environment: Its influence on food intake and overweight. *International Journal of Obesity*, 32(4), 708–714.

Heinz, A., Reimold, M., Wrase, J., Hermann, D., Croissant, B., Mundle, G., et al. (2005). Correlation of stable elevations in striatal mu-opioid receptor availability in detoxified alcoholic patients with alcohol craving: A positron emission tomography study using carbon 11–labeled carfentanil. *Archives of General Psychiatry*, 62(1), 57–64.

Herrin, M. (2003). *Nutrition counseling in the treatment of eating disorders*. New York: Routledge.

Hilbert, A., Bishop, M. E., Stein, R. I., Tanofsky-Kraff, M., Swenson, A. K., Welch, R. R., et al. (2012). Long-term efficacy of psychological treatments for binge eating disorder. *British Journal of Psychiatry*, 200(3), 232–237.

Holahan, C. J., Moos, R. H., Holahan, C. K., Cronkite, R. C., & Randall, P. K. (2001). Drinking to cope, emotional distress and alcohol use and abuse: A ten-year model. *Journal of Studies on Alcohol*, 62(2), 190–198.

Huang, X. F., Zavitsanou, K., Huang, X., Yu, Y., Wang, H., Chen, F., et al. (2006). Dopamine transporter and D2 receptor binding densities in mice prone or resistant to chronic high fat diet-induced obesity. *Behavioral Brain Research*, 175(2), 415–419.

Jastreboff, A. M., Sinha, R., Lacadie, C., Small, D. M., Sherwin, R. S., & Potenza, M. N. (2013). Neural correlates of stress- and food cue-induced food craving in obesity: Association with insulin levels. *Diabetes Care*, 36(2), 394–402.

Johnson, P. M., & Kenny, P. J. (2010). Dopamine D2 receptors in addiction-like reward dysfunction and compulsive eating in obese rats. *Nature Neurosciene*, 13(5), 635–641.

Joranby, L., Pineda, K. F., & Gold, M. S. (2005). Addiction to food and brain reward systems. *Sexual Addiction & Compulsivity*, 12(2–3), 201–217.

Kampov-Polevoy, A. B., Garbutt, J. C., & Khalitov, E. (2003). Family history of alcoholism and response to sweets. *Alcoholism: Clinical and Experimental Research*, 27(11), 1743–1749.

Karelis, A. D., St-Pierre, D. H., Conus, F., Rabasa-Lhoret, R., & Poehlman, E. T. (2004). Metabolic and body composition factors in subgroups of obesity: What do we know? *Journal of Clinical Endocrinology & Metabolism*, 89(6), 2569–2575.

Kelley, A. E., Bakshi, V. P., Haber, S. N., Steininger, T. L., Will, M. J., & Zhang, M. (2002). Opioid modulation of taste hedonics within the ventral striatum. *Physiological Behavior*, 76(3), 365–377.

Kessler, D. A. (2009). The end of overeating: Taking control of the insatiable American appetite. New York, NY: Rodale.

Koob, G. F., & Volkow, N. D. (2010). Neurocircuitry of addiction. *Neuropsychopharmacology*, 35(1), 217–238.

Lebow, J. L. (2005). *Handbook of clinical family therapy*. New Jersey: Wiley.

Leombruni, P., Piero, A., Brustolin, A., Mondelli, V., Levi, M., Campisi, S., et al. (2006). A 12 to 24 weeks pilot study of sertraline treatment in obese women binge eaters. *Human Psychopharmacology*, 21(3), 181–188.

Leombruni, P., Piero, A., Lavagnino, L., Brustolin, A., Campisi, S., & Fassino, S. (2008). A randomized, double-blind trial comparing sertraline and fluoxetine 6-month treatment in obese patients with binge eating disorder. *Progress in Neuropsychopharmacology and Biological Psychiatry*, 32(6), 1599–1605.

Liddle, H. A., Dakof, G. A., Parker, K., Diamond, G. S., Barrett, K., & Tejeda, M. (2001). Multidimensional family therapy for adolescent drug abuse: Results of a randomized clinical trial. *American Journal of Drug and Alcohol Abuse*, 27(4), 651–688.

Linehan, M. M. (1993). *Cognitive behavioral treatment of boderline personality disorder*. New York: Guilford Press.

Ljotsson, B., Lundin, C., Mitsell, K., Carlbring, P., Ramklint, M., & Ghaderi, A. (2007). Remote treatment of bulimia nervosa and binge eating disorder: A randomized trial of Internet-assisted cognitive behavioural therapy. *Behaviour Research and Therapy*, 45(4), 649–661.

Lloyd, A. (2008). *Cognitive behavior therapy: Applying empirically supported techniques in your practice* (2nd ed.). Hoboken, NJ: John Wiley & Sons Inc.

Loeb, K. L., Wilson, G. T., Gilbert ,J. S., & Labouvie, E. (2000). Guided and unguided self-help for binge eating. *Behavioral Research Therapy*, 38(3), 259–272.

Lutter, M., & Nestler, E. J. (2009). Homeostatic and hedonic signals interact in the regulation of food intake. *Journal of Nutrition*, 139(3), 629–632.

Lynch, T. R., Chapman, A. L., Rosenthal, M. Z., Kuo, J. R., & Linehan, M. M. (2006). Mechanisms of change in dialectic behavior therapy: Theoretical and empirical observations. *Journal of Clinical Psychology*, 62, 459–480.

Maciejewski, M. L., Livingston, E. H., Smith, V. A., Kavee, A. L., Kahwati, L. C., Henderson, W. G., et al. (2011). Survival among high-risk patients after bariatric surgery. *Journal of the American Medical Association*, 305(23), 2419–2426.

Marcus, M. D., & Wildes, J. E. (2009). Obesity: Is it a mental disorder? *International Journal of Eating Disorders*, 42(8), 739–753.

Markowitz, J. C., & Weissman, M. M. (2004). Interpersonal psychotherapy: Principles and applications. *World Psychiatry*, 3(3), 136–139.

Mars Inc. (2010). Feeling good. Retrieved November 6, 2010, from http://marshealthyliving.com/feeling-good.

Masheb, R. M., & Grilo, C. M. (2000). Binge eating disorder: A need for additional diagnostic criteria. *Comprehensive Psychiatry*, 41(3), 159–162.

Masheb, R. M., & Grilo, C. M. (2006). Eating patterns and breakfast consumption in obese patients with binge eating disorder. *Behavioral Research Therapy*, 44(11), 1545–1553.

Maude-Griffin, P. M., Hohenstein, J. M., Humfleet, G. L., Reilly, P. M., Tusel, D. J., & Hall, S. M. (1998). Superior efficacy of cognitive-behavioral therapy for urban crack cocaine abusers: Main and matching effects. *Journal of Consulting and Clinical Psychology*, 66(5), 832–837.

Merlo, L. J., Klingman, C., Malasanos, T. H., & Silverstein, J. H. (2009). Exploration of food addiction in pediatric patients: A preliminary investigation. *Journal of Addiction Medicine*, 3(1), 26–32.

Meule, A. (2011). How prevalent is 'food addiction'? *Frontiers in Psychiatry*, 2, 61.

Miller, J. L., James, G. A., Goldstone, A. P., Couch, J. A., He, G., Driscoll, D. J., et al. (2007). Enhanced activation of reward mediating prefrontal regions in response to food stimuli in Prader-Willi syndrome. *Journal of Neurology, Neurosurgery, & Psychiatry*, 78(6), 615–619.

Mitchell, J. E., Devlin, M. J., de Zwaan, M., Crow, S. J., & Peterson, C. B. (2008). *Binge-eating disorder: Clinical foundations and treatment.* Cambridge, UK: Cambridge University Press.

Mokdad, A. H., Ford, E. S., Bowman, B. A., Dietz, W. H., Vinicor, F., Bales, V. S., et al.(2003). Prevalence of obesity, diabetes, and obesity-related health risk factors, 2001. *Journal of the American Medical Associatiion*, 289(1), 76–79.

Mokdad, A. H., Marks, J. S., Stroup, D. F., & Gerberding, J. L. (2004). Actual causes of death in the United States, 2000. *Journal of the American Medical Associatiion*, 291(10), 1238–1245.

Munsch, S., Biedert, E., Meyer, A., Michael, T., Schlup, B., Tuch, A., et al. (2007). A randomized comparison of cognitive behavioral therapy and behavioral weight loss treatment for overweight individuals with binge eating disorder. *International Journal of Eating Disorders*, 40(2), 102–113.

Must, A., Spadano, J., Coakley, E. H., Field, A. E., Colditz, G., & Dietz, W. H. (1999). The disease burden associated with overweight and obesity. *Journal of the American Medical Association*, 282(16), 1523–1529.

Nauta, H., Hospers, H., Kok, G., & Jansen, A. (2000). A comparison between a cognitive and a behavioral treatment for obese binge eaters and obese non-binge eaters. *Behavioral Therapy*, 21, 441–461.

Nunes, E. V., & Rounsaville, B. J. (2006). Comorbidity of substance use with depression and other mental disorders: from Diagnostic and Statistical Manual of Mental Disorders, (4th ed.). (DSM-IV) to DSM-V. *Addiction*, 101, 89–96.

O'Malley, S., Krishnan-Sarin, S., Farren, C., Sinha, R., & Kreek, M. (2002). Naltrexone decreases craving and alcohol self-administration in alcohol-dependent subjects and activates the hypothalamo–pituitary–adrenocortical axis. *Psychopharmacology (Berlin)*, 160(1), 19–29.

Ogden, C. L., Carroll, M. D., Kit, B. K., & Flegal, K. M. (2012). *Prevalence of Obesity in the United States: National Center for Health Statistics*, U.S. Department of Health and Human Services.

Oswald, K. D., Murdaugh, D. L., King, V. L., & Boggiano, M. M. (2011). Motivation for palatable food despite consequences in an animal model of binge eating. *International Journal of Eating Disorders*, 44(3), 203–211.

Overeaters Anonymous. (2013). Is OA for You? Retrieved March 20, 2013, from http://www.oa.org/newcomers/is-oa-for-you/.

Overeaters Anonymous Inc. Staff. (1993). *The Twelve Steps and Twelve Traditions of Overeaters Anonymous*. Rio Rancho, NM: Overeaters Anonymous.

Peeke, P., & Van Aalst, M. (2012). *The hunger fix*. New York: Rodale.

Pelchat, M. L., Johnson, A., Chan, R., Valdez, J., & Ragland, J. D. (2004). Images of desire: Food-craving activation during fMRI. *NeuroImage*, 23(4), 1486–1493.

Peterson, C. B., Mitchell, J. E., Crow, S. J., Crosby, R. D., & Wonderlich, S. A. (2009). The efficacy of self-help group treatment and therapist-led group treatment for binge eating disorder. *American Journal of Psychiatry*, 166(12), 1347.

Peterson, C. B., Mitchell, J. E., Engbloom, S., Nugent, S., Mussell, M. P., et al. (1998). Group cognitive-behavioral treatment of binge eating disorder: A comparison of therapist-led versus self-help formats. *International Journal of Eating Disorders*, 24(2), 125–136.

Petrucelli, J. (2004). Treating eating disorders. In R. Coombs (Ed.), *Handbook of addictive disorders. A practical guide to diagnosis and treatment*. New Jersey: Wiley and Sons.

Pickering, C., Alsiö, J., Hulting, A. L., & Schiöth, H. B. (2009). Withdrawal from free-choice high-fat high-sugar diet induces craving only in obesity-prone animals. *Psychopharmacology (Berlin)*, 204(3), 431–443.

Potenza, M. N. (2006). Should addictive disorders include non-substance-related conditions? *Addiction*, 101(1), 142–151.

Powell, L. M., Szczypka, G., Chaloupka, F. J., & Braunschweig, C. L. (2007). Nutritional content of television food advertisements seen by children and adolescents in the United States. *Pediatrics*, 120(3), 576–583.

Reas, D. L., & Grilo, C. M. (2008). Review and meta-analysis of pharmacotherapy for binge-eating disorder. *Obesity (Silver Spring)*, 16(9), 2024–2038.

Ricca, V., Mannucci, E., Mezzani, B., Moretti, S., Di Bernardo, M., Bertelli, M., et al. (2001). Fluoxetine and fluvoxamine combined with individual cognitive-behaviour therapy in binge eating disorder: A one-year follow-up study. *Psychotherapy Psychosomatics*, 70(6), 298–306.

Rogers, P. J., & Smit, H. J. (2000). Food craving and food "addiction": A critical review of the evidence from a biopsychosocial perspective. *Pharmacology Biochemistry and Behavior*, 66(1), 3–14.

Rolls, E. T. (2004). The functions of the orbitofrontal cortex. *Brain Cognition*, 55(1), 11–29.

Ronel, N., & Libman, G. (2003). Eating disorders and recovery: Lessons from Overeaters Anonymous. *Clinical Social Work Journal*, 31(2), 155–171.

Rothemund, Y., Preuschhof, C., Bohner, G., Bauknecht, H. C., Klingebiel, R., Flor, H., et al. (2007). Differential activation of the dorsal striatum by high-calorie visual food stimuli in obese individuals. *NeuroImage*, 37(2), 410–421.

Safer, D. L., Robinson, A. H., & Jo, B. (2010). Outcome from a randomized controlled trial of group therapy for binge eating disorder: Comparing dialectic behavior therapy adapted for binge eating to an active comparison group therapy. *Behavior Therapy*, 41, 106–120.

Schienle, A., Schäfer, A., Hermann, A., & Vaitl, D. (2009). Binge-eating disorder: Reward sensitivity and brain activation to images of food. *Biological Psychiatry*, 65(8), 654–661.

Segal, N. L., & Allison, D. B. (2002). Twins and virtual twins: Bases of relative body weight revisited. *International Journal of Obesity & Related Metabolic Disorders*, 26(4), 437–441.

Setnick, J. (2013). Using addiction concepts to treatment overating. Retrieved March 21, 2013, from http://www.eatrightli.org/webinarregistration.html.

Shaffer, H. J., LaPlante, D. A., LaBrie, R., Kidman, R. C., Donato, A. N., & Stanton, M. V. (2004). Toward a syndrome model of addiction: Multiple expressions, common etiology. *Harvard Review of Psychiatry*, 12, 367–374.

Shaham, Y., Shalev, U., Lu, L., De Wit, H., & Stewart, J. (2003). The reinstatement model of drug relapse: History, methodology and major findings. *Psychopharmacology (Berlin)*, 168(1–2), 3–20.

Sookoian, S., Gemma, C., García, S. I., Gianotti, T. F., Dieuzeide, G., Roussos, A., et al. (2007). Short allele of serotonin transporter gene promoter is a risk factor for obesity in adolescents. *Obesity*, 15(2), 271–276.

Stanton, M. D., & Shadish, W. R. (1997). Outcome, attrition, and family–couples treatment for drug abuse: A meta-analysis and review of the controlled, comparative studies. *Psychological Bulletin*, 122(2), 170–191.

Stice, E., Spoor, S., Bohon, C., & Small, D. M. (2008). Relation between obesity and blunted striatal response to food is moderated by TaqIA A1 allele. *Science*, 322(5900), 449–452.

Stice, E., Spoor, S., Bohon, C., Veldhuizen, M. G., & Small, D. M. (2008). Relation of reward from food intake and anticipated food intake to obesity: A functional magnetic resonance imaging study. *Journal of Abnormal Psychology*, 117(4), 924–935.

Stice, E., Spoor, S., Ng, J., & Zald, D. H. (2009). Relation of obesity to consummatory and anticipatory food reward. *Physiology & Behavior*, 97(5), 551–560.

Stice, E., Yokum, S., Bohon, C., Marti, N., & Smolen, A. (2010). Reward circuitry responsivity to food predicts future increases in body mass: Moderating effects of DRD2 and DRD4. *NeuroImage*, 50(4), 1618–1625.

Stoeckel, L. E., Weller, R. E., Cook, E. W., 3rd, Twieg, D. B., Knowlton, R. C., & Cox, J. E. (2008). Widespread reward-system activation in obese women in response to pictures of high-calorie foods. *NeuroImage*, 41(2), 636–647.

Stuart, C. (2001). Addictive economies: Intrapsychic and interpersonal discussion of McDougal's chapter. In J. Petrucelli & C. Sturat (Eds.), *Hungers and compulsions: The psychodynamnic treatment of eating disorders and addictions* (pp.27–38). Northvale, NJ: Jason Araonson Inc.

Sysko, R., & Walsh, B. T. (2008). A critical evaluation of the efficacy of self-help interventions for the treatment of bulimia nervosa and binge-eating disorder. *International Journal of Eating Disorders*, 41(2), 97–112.

Telch, C. F., Agras, W. S., & Lienham, M. M. (2000). Group dialectic behavior therapy for binge eating disorder: A preliminary, uncontrolled trial. *Behavior Therapy*, 31, 569–582.

Thorberg, F. A., & Lyvers, M. (2006). Negative Mood Regulation (NMR) expectancies, mood, and affect intensity among clients in substance disorder treatment facilities. *Addictive Behaviors*, 31(5), 811–820.

United States Department of Agriculture. (2010). *Taxing caloric sweetened beverages: Potential effects on beverage consumption, calorieintake, and obesity*. Washington, DC: USDA Economic Research Service.

Vocks, S., Tuschen-Caffier, B., Pietrowsky, R., Rustenbach, S. J., Kersting, A., & Herpertz, S. (2010). Meta-analysis of the effectiveness of psychological and pharmacological treatments for binge eating disorder. *International Journal of Eating Disorders*, 43(3), 205–217.

Volkow, N. D., Chang, L., Wang, G. J., Fowler, J. S., Ding, Y. S., Sedler, M., et al. (2001). Low level of brain dopamine D2 receptors in methamphetamine abusers: Association with metabolism in the orbitofrontal cortex. *American Journal of Psychiatry*, 158(12), 2015–2021.

Volkow, N. D., & O'Brien, C. P. (2007). Issues for DSM-V: Should obesity be included as a brain disorder? *American Journal of Psychiatry*, 164(5), 708–710.

Volkow, N. D., Wang, G.-J., & Baler, R. D. (2011). Reward, dopamine and the control of food intake: Implications for obesity. *Trends in Cognitive Sciences*, 15(1), 37–46.

Volkow, N. D., Wang, G. J., Fowler, J. S., Logan, J., Schlyer, D., Hitzemann, R., et al. (1994).

Imaging endogenous dopamine competition with [11C]raclopride in the human brain. *Synapse*, 16(4), 255–262.

Volkow, N. D., Wang, G. J., Fowler, J. S., Tomasi, D., & Baler, R. (2012). Food and drug reward: Overlapping circuits in human obesity and addiction. In C. S. Carter & J. W. Dalley (Eds.), *Brain Imaging in Behavioral Neuroscience: Vol.11*. (pp.1–24). Berlin Heidelberg: Springer.

Volkow, N. D., & Wise, R. A. (2005). How can drug addiction help us understand obesity? *Nature Neuroscience*, 8(5), 555–560.

von Ranson, K. M., & Cassin, S. E. (2007). Eating disorders and addiction: Theory and evidence. *Eating Disorders and Weight Loss Research*, 1–37.

Von Ranson, K. M., & Robinson, K. E. (2006). Who is providing what type of psychotherapy to eating disorder clients? A survey. *International Journal of Eating Disorders*, 39(1), 27–34.

Vucetic, Z., Kimmel, J., Totoki, K., Hollenbeck, E., & Reyes, T. M. (2010). Maternal high-fat diet alters methylation and gene expression of dopamine and opioid-related genes. *Endocrinology*, 151(10), 4756–4764.

Wadden, T. A., Butryn, M. L., & Byrne, K. J. (2004). Efficacy of lifestyle modification for long-term weight control. *Obesity Research, 12*(Suppl), 151S–162S.

Waldron, H. B., & Kaminer, Y. (2004). On the learning curve: The emerging evidence supporting cognitive-behavioral therapies for adolescent substance abuse. *Addiction*, 99, 93–105.

Wang, G.-J., Volkow, N. D., Logan, J., Pappas, N. R., Wong, C. T., Zhu, W., et al. (2001). Brain dopamine and obesity. *Lancet*, 357(9253), 354–357.

Wang, G. J., Volkow, N. D., Thanos, P. K., & Fowler, J. S. (2009). Imaging of brain dopamine pathways: Implications for understanding obesity. *Journal of Addiction Medicine*, 3(1), 8–18.

Waterhous, T., & Jacob, M. A. (2011). Nutrition intervention in the treatment of eating disorders. *Journal of the American Dietetic Association*, 111(8), 1236–1241.

Weissman, M. J. C. (1994). Interpersonal psychotherapy: Current status. *Archives of General Psychiatry*, 51(8), 599–606.

Wells, A. M., Garvin, V., Dohm, F.-A., & Striegel-Moore, R. H. (1997). Telephone-based guided self-help for binge eating disorder: A feasibility study. *International Journal of Eating Disorders*, 21(4), 341–346.

Westphal, V. K., & Smith, J. E. (1996). Overeaters anonymous: Who goes and who succeeds? *Eating Disorders*, 4(2), 160–170.

Whiteside, U., Chen, E., Neighbors, C., Hunter, D., Lo, T., & Larimer, M. (2007). Difficulties regulating emotions: Do binge eaters have fewer strategies to modulate and tolerate negative affect? *Eating Behaviors*, 8, 162–169.

Wilfley, D. E., Welch, R. R., Stein, R. I., Spurrell, E. B., Cohen, L. R., Saelens, B. E., et al. (2002). A randomized comparison of group cognitive-behavioral therapy and group interpersonal psychotherapy for the treatment of overweight individuals with binge-eating disorder. *Archives of General Psychiatry*, 59(8), 713–721.

Wilson, G. T., Grilo, C. M., & Vitousek, K. M. (2007). Psychological treatment of eating disorders. *American Psychologist*, 62(3), 199–216.

Wilson, G. T., Vitousek, K. M., & Loeb, K. L. (2000). Stepped care treatment for eating disorders.

Journal of Consulting and Clinical Psychology, 68(4), 564–572.

Wilson, G. T., Wilfley, D. E., Agras, W. S., & Bryson, S. W. (2010). Psychological treatments of binge eating disorder. *Archives of General Psychiatry*, 67(1), 94–101.

Wise, R. A., & Rompre, P. P. (1989). Brain dopamine and reward. *Annual Review of Psychology*, 40, 191–225.

Wiser, S., & Telch, C. F. (1999). Dialectic behavior therapy for binge-eating disorder. *Journal of Clinical Psychology*, 55, 755–768.

World Health Organization. (2012). Obesity and overweight. Retrieved January 29, 2012, from http://www.who.int/mediacentre/factsheets/fs311/en/.

Yau, Y., Yip, S., & Potenza, M. N. (in press). Understanding "behavioral addictions": Insights from research. In D. A. Fiellin, S. C. Miller & R. Saitz (Eds.), Principles of addiction medicine (5th ed.). Philadelphia, PA: Lippincott Williams & Wilkins.

Yeomans, M. R., & Gray, R. W. (1997). Effects of naltrexone on food intake and changes in subjective appetite during eating: Evidence for opioid involvement in the appetizer effect. *Physiology & Behavior*, 62(1), 15–21.

Ziauddeen, H., Farooqi, I. S., & Fletcher, P. C. (2012a). Food addiction: Is there a baby in the bathwater? *Nature Review Neuroscience*, 13(7), 514.

Ziauddeen, H., Farooqi, I. S., & Fletcher, P. C. (2012b). Obesity and the brain: How convincing is the addiction model? *Nature Review Neuroscience*, 13(4), 279–286.

Ziauddeen, H., & Fletcher, P. C. (2013). Is food addiction a valid and useful concept? *Obesity Reviews*, 14(1), 19–28.

Zubieta, J. K., Gorelick, D. A., Stauffer, R., Ravert, H. T., Dannals, R. F., & Frost, J. J. (1996). Increased mu opioid receptor binding detected by PET in cocaine-dependent men is associated with cocaine craving. *Nature Medicine*, 2(11), 1225–1229.

부록 7-1*

예일 음식 중독 척도(Yale Food Addiction Scale)

Gearhardt, Corbin, & Brownell(2009)

이 설문지는 지난해의 당신의 식습관에 대해 묻고 있습니다. 사람들은 가끔씩 특정한 음식의 섭취를 조절하는 데에 어려움을 겪곤 합니다. 그 특정 음식의 예는 다음과 같습니다.

- 아이스크림, 초콜릿, 도넛, 쿠키, 케이크, 사탕과 같은 단 음식
- 흰 빵, 롤 빵(roll), 파스타, 쌀과 같은 녹말(탄수화물)류
- 칩, 프레츨, 크래커와 같은 짠 과자
- 스테이크, 베이컨, 햄버거, 치즈버거, 피자, 감자튀김과 같은 유지식품
- 소다수와 같은 단 음료

다음 질문에서 "특정 음식"이라는 단어가 언급된다면 위에 나열된 음식군과 유사한 종류의 음식 혹은 당신이 *지난해* 문제를 겪었던 종류의 음식이라면 어떤 것이든지 그 음식을 염두에 두고 답해 주시기 바랍니다.

지난 12개월간	전혀	한 달에 1번	한 달에 2~4번	일주일에 2~3번	매일 혹은 일주일에 4번 이상
1. 나는 어떤 특정 음식을 먹기 시작하면, 내가 계획했던 것보다 훨씬 더 많이 먹는 것을 발견하게 된다.	0	1	2	3	4
2. 나는 더 이상 배가 고프지 않음에도 특정 음식을 계속해서 먹고 있는 것을 발견하게 된다.	0	1	2	3	4
3. 내가 신체적으로 고통을 느낄 때까지 먹는다.	0	1	2	3	4
4. 어떤 특정 종류의 음식을 먹지 않는 것이나 줄이는 것에 대하여 걱정이 된다.	0	1	2	3	4
5. 나는 대부분의 시간을 과식 때문에 침체되어 있고 피곤한 상태로 보낸다.	0	1	2	3	4

(계속)

*점수 매기는 방법은 agearchar@umich.edu에서 확인할 수 있습니다.

	지난 12개월간	전혀	한 달에 1번	한 달에 2~4번	일주일에 2~3번	매일 혹은 일주일에 4번 이상
6.	나는 하루 내내 특정 음식을 계속해서 섭취하고 있는 것을 발견한다.	0	1	2	3	4
7.	나는 특정 음식을 얻을 수 없는 상황에서 그것을 얻기 위해 애를 쓴다. 예를 들어, 나는 집에서 다른 음식들을 먹을 수 있음에도 불구하고 특정 음식을 얻기 위해 운전하여 가게로 간다.	0	1	2	3	4
8.	나는 특정 음식을 너무 자주 혹은 너무 많은 양을 먹기 때문에 일하거나, 가족 혹은 친구와 시간을 보내거나, 다른 중요한 활동에 참여하거나 내가 즐기는 오락적인 활동을 하는 것보다 먹는 데에 시간을 쓰는 때가 있다.	0	1	2	3	4
9.	나는 특정 음식을 너무 자주 혹은 너무 많은 양을 먹기 때문에 일하거나, 가족 혹은 친구와 시간을 보내거나, 다른 중요한 활동 또는 좋아하는 오락 활동들을 하기보다는 과식 때문에 나타나는 부정적인 기분을 다뤄야 할 때가 있다.	0	1	2	3	4
10.	나는 과식하게 될 것이 두려워 어떤 특정한 음식이 제공되는 사회적 및 직업적 상황에 참여하지 못한 적이 있다.	0	1	2	3	4
11.	나는 사회적 및 직업적 상황을 어떤 특정한 음식을 섭취할 수 없을 것이기 때문에 피한 적이 있다.	0	1	2	3	4
12.	나는 특정 음식을 먹는 것을 줄이거나 그만 먹었을 때 불안, 염려, 혹은 다른 신체 증상과 같은 금단 증상을 경험한 적이 있다(소다수, 커피, 차, 에너지 드링크와 같은 카페인이 함유된 음료를 줄임으로써 생기는 금단 증상은 포함하지 마십시오).	0	1	2	3	4
13.	나는 점점 커져가는 불안, 염려, 혹은 다른 신체 증상을 막기 위해 특정 음식을 섭취한 적이 있다(소다수, 커피, 차, 에너지 드링크와 같은 카페인이 함유된 음료의 소비는 포함하지 마십시오).	0	1	2	3	4
14.	나는 특정 음식을 먹는 것을 줄이거나 섭취를 중단했을 때 그 음식을 향한 한층 더 고조된 갈망 혹은 충동을 느끼는 것을 발견한 적이 있다.	0	1	2	3	4

(계속)

지난 12개월간	전혀	한 달에 1번	한 달에 2~4번	일주일에 2~3번	매일 혹은 일주일에 4번 이상
15. 음식과 섭취에 관하여 나의 행동은 상당한 괴로움을 일으킨다.	0	1	2	3	4
16. 나는 음식의 섭취 때문에 능률적으로 기능하는 것에 상당한 문제를 경험한다(일상, 직장 혹은 학교, 사회적 활동, 가족 활동, 건강상의 어려움).	0	1	2	3	4
지난 12개월간	**아니오**	**네**			
17. 나의 음식 섭취는 우울증, 불안, 자기혐오, 죄책감과 같은 심각한 심리적 문제를 일으켜 왔다.	0	1			
18. 나의 음식 섭취는 심각한 신체적 문제를 일으키거나, 신체적 문제를 악화시켜 왔다.	0	1			
19. 나는 정신적 혹은 신체적 문제가 있음에도 불구하고 같은 종류의 음식 혹은 같은 양의 음식을 계속해서 섭취해 왔다.	0	1			
20. 나는 시간이 지날수록 부정적인 느낌을 감소시키거나 더 큰 만족감을 얻기 위해 점점 더 많은 양의 음식을 필요로 하는 것을 발견했다.	0	1			
21. 나는 같은 양의 음식을 섭취하는 것이 예전처럼 더 이상 내게 부정적인 느낌을 감소시키거나 더 큰 만족감을 주지 않음을 발견했다.	0	1			
22. 나는 특정 종류의 음식을 줄이거나 그만 먹고 싶다.	0	1			
23. 나는 특정 종류의 음식을 줄이거나 그만 먹기 위해 애쓴 적이 있다.	0	1			
24. 나는 그러한 종류의 음식을 먹는 것을 줄이거나 그만 먹는 것에 성공한 적이 있다.	0	1			
25. 지난 몇 년간 특정 음식을 줄이거나 그만 먹기 위해 노력한 적이 모두 몇 번 정도 됩니까?	1번	2번	3번	4번	5번 이상

(계속)

26. 당신이 문제를 겪고 있는 모든 음식에 동그라미 표시를 해 주십시오.

아이스크림
흰 빵
초콜릿
롤 빵
사과
상추
도넛
브로콜리
쿠키
쌀
케이크
크래커
사탕
칩
프레첼
피자
감자튀김
소다수
당근
파스타
스테이크
딸기
바나나
베이컨
햄버거
치즈버거
해당 사항 없음

27. 위에 제시되지 않은 음식 중 당신이 문제를 겪었던 음식이 있다면 적어 주십시오.

부록 7-2

예일 음식 중독 척도에 대한 설명지

(Gearhardt, Corbin, & Brownell, 2009)

연락처 정보: ashley.gearhardt@yale.edu

예일 음식 중독 척도는 고지방/고당분 음식의 소비를 통해 물질 의존의 특징을 보일 가능성이 있는 사람들을 식별하도록 개발된 척도입니다.

개발

척도의 질문은 *정신 장애의 진단 및 통계 편람 IV-TR*에 명시되었고, *DSM-IV*의 축I 장애를 위한 구조화된 임상면담에서 운용할 수 있는 물질 의존 증상과 비슷한 구체적인 기준의 범주에 속합니다.

1. 의도했던 것보다 더 많은 양과 더 오랜 기간 물질을 섭취
   질문 #1, #2, #3
2. 지속되는 갈망과 끊으려는 노력의 반복된 실패
   질문 #4, #22, #24, #25
3. 얻고, 사용하고, 회복하기 위해 쓰는 많은 시간/활동
   질문 #5, #6, #7
4. 중요한 사회적, 직업적, 혹은 오락적 활동의 포기 혹은 감소
   질문 #8, #9, #10, #11
5. 부정적인 결과를 알고 있음에도 불구하고 계속되는 사용(예: 역할의무 달성의 실패, 신체적으로 위험할 때에도 사용)
   질문 #19
6. 내성(양의 증가, 효과의 감소로 나타남)
   질문 #20, #21
7. 금단 증상의 특성을 보이거나 금당 증상을 달래기 위한 물질의 사용
   질문 #12, #13, #14
8. 물질의 사용이 임상적으로 심각한 손상이나 고통을 일으킴
   질문 #15, #16

준거 점수

다음의 준거 기준들은 계속되는 질문을 위해 개발되었습니다.
0 = 기준이 충족되지 않음, 1 = 기준이 충족됨

다음 질문들은 다음의 점수를 기록합니다. 0 = (0), 1 = (1): #19, #20, #21, #22
다음 질문들은 다음의 점수를 기록합니다. 0 = (1), 1 = (0): #24
다음 질문들은 다음의 점수를 기록합니다. 0 = (0~1), 1 = (2~4): #8, #10, #11
다음 질문들은 다음의 점수를 기록합니다. 0 = (0~2), 1 = (3&4): #3, #5, #7, #9, #12, #13, #14, #15, #16
다음 질문들은 다음의 점수를 기록합니다. 0 = (0~3), 1 = (4): #1, #2, #4, #6
다음 질문들은 다음의 점수를 기록합니다. 0 = (0~4), 1 = (5): #25
다음의 질문들은 점수를 기록하지 않지만 다른 질문을 위한 첫걸음이 될 것입니다: #17, #18, #23

채점

기준에 따라 점수를 나눈 후, 각각의 물질 의존 기준(예: 내성, 금단, 임상적 유의성 등)에 따라 합산합니다. 만약 한 기준의 점수가 1보다 크다면, 그 기준은 충족된 것이며 1점으로 표시됩니다. 만약 점수가 0점이라면, 그 기준은 충족되지 않은 것입니다.

예시

내성: (#20 = 1) + (#21 = 0) = 1, 기준이 충족됨
금단: (#12 = 0) + (#13 = 0) + (#14 = 0) = 0, 기준이 충족되지 않음
포기: (#8 = 1) + (#9 = 0) + (#10 = 1) + (#11 = 1) = 3, 기준이 충족되었고 1점으로 기록

이 척도의 연속 버전의 점수를 채점하기 위해서는, 각 기준(예: 내성, 금단, 부정적 결과에도 불구한 사용)의 점수를 모두 더합니다. 이는 진단 없는 증상 총수와 유사합니다. 이 점수에 임상적 유의성은 더하지 않습니다.

이 점수는 0점부터 7점의 범위에 있습니다(0개의 증상~7개의 증상)

물질 의존의 진단과 유사한 양분선택형 버전의 점수를 기록하기 위해서는 임상적 유의성이 반드시 1인(15번 혹은 16번 문항의 점수가 1점인 경우) 변수를 계산하며, 증상 총수는 3보다 커야 합니다. 이것은 0점 또는 1점이어야 합니다(진단이 없거나 또는 진단이 충족되었을 경우)

기준(학부생)

음식 의존의 진단 — 11.6%
증상 총수 점수의 중간값 — 1.0
금단 증상 — 16.3%
내성 — 13.5%
문제에도 불구하고 사용을 지속 — 28.3%
중요한 활동의 포기 — 10.3%
많은 양의 시간을 소비 — 24.0%
통제력 상실 — 21.7%
줄이려는 노력의 실패 혹은 줄이는 것에 대한 걱정 — 71.3%
임상적으로 유의미한 손상 — 14%

CHAPTER 8

음식 중독, 과식, 비만에 대한 약물 치료의 새로운 방향성

Amelia A. Davis, Paula J, Edge, Mark S. Gold

1. 서론

비만은 신체 용적 지수(체중을 신장의 제곱으로 나눈 비만도 지수)가 30kg/m^{2}보다 큰 것으로 정의된다. 비만의 원인은 갑상선 기능저하, 쿠싱 증후군, 다낭성 난소 증후군과 같은 특정 건강 상태와 코르티코스테로이드류 또는 항간질성의 약물 복용과 같은 약물 치료로 나타나는 경우를 포함하여 매우 다양하다. 다른 원인에는 스트레스와 과식을 유발할 수 있는 감정적 요인, 그리고 비활동적 생활양식과 유전적인 요인들이 포함된다. 게다가 약 3.5%의 성인 여성과 2%의 성인 남성이 최근 *DSM-5*에 포함된 폭식 장애(BED; Hudson, Hiripi, Pope, & Kessler, 2007)를 겪고 있다. 폭식 장애는 서둘러 먹는 것, 의도한 것보다 더 먹는 것, 혼자 먹는 것, 폭식 후 자신에 대한 역겨운 느낌과 죄책감 또는 우울증을 느끼는 것이다(APA, 2000).

지난 30여 년에 걸쳐 비만은 전 세계적으로 증가해 왔다(Fegal, Carroll, Ogden, & Johnson, 2002; Silventoinen et al., 2004). 비만은 미국의 주요 공중위생의 문제로 남아 있고, 유행병처럼 전 세계에 걸쳐 퍼져나가고 있다. 미국 아동들과 청소년들 가운데 비만율은 약 5%에서 16.9%로 세 배 이상으로 증가했고(Ogden, Carroll, Curtin, Lamb, & Flegal, 2010), 현재 미국 인구의 50% 이상이 과체중 또는 비만에 해당된다. 아동기와 청소년기의 비만은 성인기의 비만과 관련이 되는 경향이 있다. 그리고 비만은 당뇨병, 심혈관 질환, 특정 암과 같은 질병의 위험을 높인다("Clinical Guidelines on the identification, evaluation, and treatment of overweight and obesity in adults—the evidence report. National Institutes of Health", 1998). 만약 비만율이 향후 20년간 현재의 속도로 꾸준히 증가하게 된다면, 2030년에는 미국 인구의 51%가 비만이 될 것이고,

2034년에는 모든 아프리카계 미국인 여성의 51%가 비만이 될 것이다(Wang, Beydoun, Liang, Caballero, & Kumanyika, 2008). 이러한 통계들을 고려해 볼 때, 전 세계적으로 만연한 비만을 더 이상 간과해서는 안 될 것이다(그림 8.1 참고).

비만인 사람들은 이런 질병에 대한 비용을 전부 직접 부담하지 않는다. 어느 정도의 비용은 납세자들, 고용주, 그리고 직장 동료들이 지불하게 된다. 예를 들면, 2006년 미국에서는 비만의 의료비용이 총 857억 달러로 추산되었다. 이 중 197억 달러는 노인 의료 보험제도(Medicare)에서, 80억 달러는 저소득층 의료 보장제도(Medicaid)에서, 494억 달러는 건강 보험과 같은 사적 자원에서 충당되었다(Finkelstein, Trogdon, Cohen, & Dietz, 2009). 비만의 유병률이 증가하고 있기 때문에, 비만과 관련된 의료비용 또한 계속 늘어날 것이다. 이와 같이 경제 및 건강상에 미치는 중대한 영향 때문에, 비만에 대한 연구가 필수적이고 또한 비만의 확산을 막기 위해 새롭고 참신한 치료법과 관련 공공 정책이 설립되어야 할 것이다.

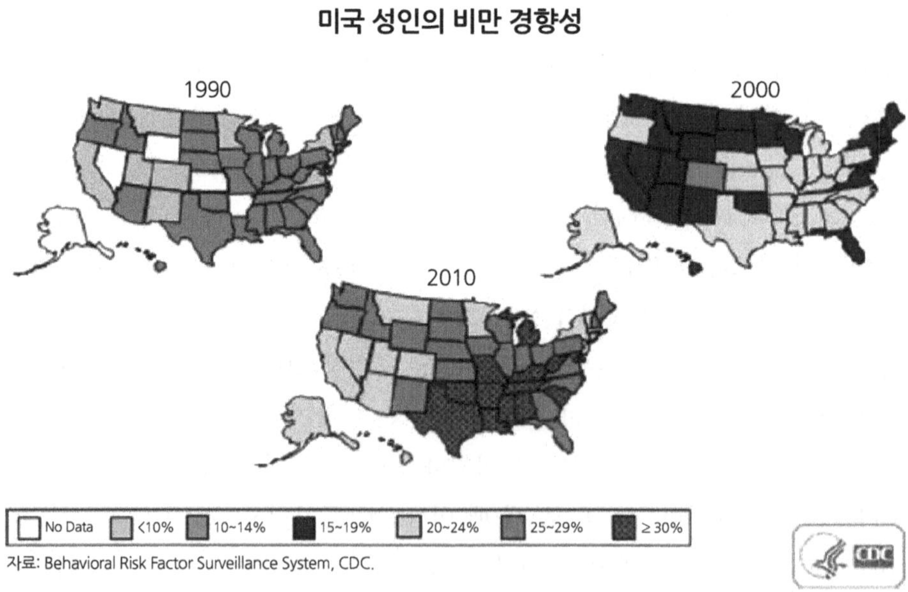

[그림 8.1]

Behavior Risk Factor Surveillance System, CDC에서 연구한 1990년, 2000년, 2010년의 미국 성인 비만율의 동향

2. 과식 충동

음식은 건강과 일상생활, 그리고 심지어 생존과 직결되는 필수적인 부분이다. 음식을 먹는 것은 몸에 필수 영양소들을 전달하여 생존할 수 있도록 한다. 음식의 섭취는 생존처럼 명백한 이유도 가지고 있지만, 진화적인 측면에서도 중요성을 내포한다. 인류의 조상은 성공적으로 짝을 짓고 후손을 양육하기에 충분한 음식을 얻기 위해 노력해야 했다. 임신과 수유 기간 중, 태아와 영아들은 문자 그대로 어머니로부터 영양을 공급받는다. 따라서 어머니는 자녀들에게 충분한 영양분을 공급해야 했다. 진화는 현재보다 음식이 부족했던 환경에서 나타났다. 따라서 인류는 기근에 대비하여 식량을 비축하기 위해, 식량이 풍족한 때에 많은 음식을 소비하도록 하는 과식의 메커니즘을 발전시켰다. 에너지의 원천인 음식은 이후 필요한 때에 사용할 수 있도록 지방 세포 또는 지방 조직에 저장된다. 이런 관점을 통해, 과거에는 진화적인 측면에서 보았을 때 과식이 장점을 지녔음을 알 수 있다.

하지만 오늘날 우리가 먹는 음식들은 과거보다 더 달고, 고열량이다. 또한 1회 제공량의 크기도 늘어났다. 더욱이 현대의 식품가공, 마케팅, 그리고 분배 기술이 세계화되면서 식단은 전 세계적으로 서구화되었다. 이런 요인들이 모두 어우러져 음식 공급 측면에서 급격하고 엄청난 변화가 나타나게 했다. 전통적인 체중 감량 접근들은 그 효과성이 매우 떨어지는 것으로 나타났다. 우리는 현재 비만, 과식, 음식 중독에 대한 새롭고 혁신적인 접근법을 필요로 한다. 이와 같은 장애에 대한 새로운 접근법들을 이해하고 개발하는 것을 돕기 위해서는 지금부터 논의되는 기본 지식에 대해 알아야 할 것이다.

3. 음식 중독

앞서 언급했듯이, 비만의 원인에는 의학적 상태, 특정 유형 약물의 복용, 유전, 생활방식뿐 아니라 스트레스를 받는 시기에 과식을 하는 경우부터 BED 진단을 받은 경우에 이르는 심리적인 요소들이 있다. 일부 연구자들은 몇몇 형태의 비만 그리고 폭식과 같은 비만 관련 행동들이 "음식 중독"에 부차적으로 또는 이와 동반되어 나타날 수 있다는 가설을 제기한다. 이와 같은 몇몇 경우, 비만은 음식에 대한 강박적인 소비, 부정적인 결과에도 불구하고 음식을 더 섭취하는 것을 제한할 수 없는 것, 줄이고자 하는 갈망, 만족감에 도달하는 데 필요한 음식의 양이 증가하는 것이 특징이다. 이는 *DSM-IV-TR*(APA, 2000)의 물질 의존 기준과 유사하다. 물질 의존의 증상은 물질에 대한 집착, 사용의 증가, 그리고 의학적, 심리학적, 또는 사회적 측면의 부정적 결과에도 불구하고 지속적으로 사용하는 것이다. 예를 들어, 간 경변을 앓고 있음에도 불구하고 계속 술을 마시는 알코올 중독자는 진성 당뇨병을 앓거나 과식을 금하는 심각한 의학적 상태에 있음에도 불구하고 계속 과식을 하거나 특정 음식을 먹는 사람들과 유사하다고 할 수 있다.

지금까지 살펴보았듯이, 과식은 심각한 문제이다. 왜냐하면 과식은 비만을 야기할 수 있고, 비만은 당뇨병, 심혈관 질환, 특정 암과 같은 심각한 부정적 결과를 낳기 때문이다. 과식에 관한 한 가지 가설은 고당도, 정제된 탄수화물, 지방이 포함된 가공 식품들이 중독성이 있는 물질이라고 제기한다. 물질 사용 장애를 겪는 사람들이 특정한 물질들에 대해서 행동을 조절할 수 없는 것과 비슷하게, 많은 사람들이 이와 같은 음식들을 섭취하는 것을 조절하지 못한다. 이것이 음식 중독 가설이고, 이런 음식에 대한 조절 능력의 상실이 전 세계적으로 계속 증가하고 있는 비만의 유병률의 원인임을 제시하는 연구들이 많이 있다(Ifland et al., 2009).

1) 음식 중독과 폭식 장애

앞 장에서 논의했듯이, 음식 중독 가설은 상당히 새로운 개념이다. 그리고 비만과 폭식 장애와는 다르게 현재 음식 중독의 유병률을 추정하는 자료는 없는 실정이다. 현재, 음식 중독을 측정하는 데에 가장 널리 사용되는 것은 예일 음식 중독 척도(Yale Food Addiction Scale, YFAS)(Gearhardt, Corbin, & Brownell, 2009b)일 것이다. 초기의 타당화 연구 결과, 주로 정상 체중의 대학생으로 이루어진 표본에서 음식 중독은 다른 섭식 병리보다는 감정적 섭취와 예상되는 폭식 행동과 더욱 관련되는 것으로 밝혀졌다(Gearhardt et al., 2009b). 이 초기 타당화 연구는 비만 성인을 대상으로 음식 중독을 측정하기 위해 YFAS를 사용하여 확장되었다. 그 결과, 음식 중독의 기준에 부합하지 않는 비만 성인의 통제 집단과 비교했을 때, 이 집단은 우울증, 폭식, 강박성 특징이 더 높은 수준으로 나타났다(Davis et al., 2011). 엄청난 양의 음식을 섭취할 때에 조절 능력을 상실하는 강박적 과식이 특징인 BED와는 큰 상관관계가 있었지만, 음식 중독 기준에 부합했던 연구 참여자의 24%가 BED의 기준에는 충족되지 않았다. 이는 음식 중독이 폭식과 구분됨을 나타낸다(Davis et al., 2011). 이와 비슷하게, BED가 있는 환자의 표본에서 더 우울한 정서, 부적절한 감정 조절, 낮은 자존감, 높은 기분 장애 유병률이 음식 중독이 있는 사람들과 관련이 있었다(Gearhardt et al., 2012). 종합해 보면, 음식 중독은 폭식 장애와 구별된다. 그리고 동시에 폭식 장애와 비슷한 요인들을 공유하면서도, 더 넓은 범위의 섭식 장애 병리와 관련 병리적 특성을 나타내는 것으로 보인다(Davis et al., 2011; Gearhardt et al., 2012).

2) 비만과 음식 중독

더욱이 모든 과체중자들이 음식 중독이나 폭식 장애를 겪고 있는 것은 아니다. 이는 가까운 미래에 심리 치료사들이 음식 중독이나 강박적인 섭식의 문제를 겪고 있는 사람들에 대한 치료의 방향을 잡는 데에 도움이 되는 더 나은 진단 도구들을 사용할 수 있게 될 수도 있음을 의미한다. 예를 들면, 음식 중독이 있는 사람들이 물질 사용 장애가 있는 사람들과 비슷하게 12단계 프로그램을 통해 도움을 받을 수 있을 것이다. 다른 한편으로는 비록 지금은 정상 체중이지만 비만의 위험에 있는 사람들이 이후에 비만이 되는 것을 예방하기 위해 이와 같은 진단 도구들을 사용할 수도 있다.

3) 음식 중독의 측정

예일 음식 중독 척도(YFAS)는 약물 의존의 진단 기준을 섭식 장애에 적용하여 측정하도록 개발된 척도이다(Gearhardt et al., 2009b). YFAS의 질문의 내용은 *DSM-IV-TR*(APA, 2000)의 물질 의존 기준에 기초한다. *DSM-IV-TR*은 12개월 내에 7개의 진단 기준 항목의 3가지 또는 그 이상을 경험하고, 임상적으로 유의미한 손상 또는 고통을 야기하는 것을 의존으로 진단한다고 명시하고 있다(APA, 2000). YFAS로부터 도출된 예비적 결과들은 이 척도가 음식 중독이 있는 사람들을 진단하는 데에 유용할 수 있고, 음식 중독 가설에 대한 근거를 제공할 수 있음을 나타낸다.

YFAS를 사용했을 때, 연구 참여자의 17.2%가 7개의 진단 기준의 3가지 또는 그 이상에 응답했고, 참여자의 11.4%는 손상 또는 고통을 포함하는 전체 진단 기준에 부합했다(Gearhardt et al., 2009b). 다른 연구에서는 BMI가 평균 36.1kg/m^{2}이거나 기준을 충족시키지 않은 사람들 중 15%가 YFAS가 제안한 진단 기준에 부합했으며, 35%는 자가 보고된 임상적 고통 또는 손상이 없이 세 가지 또는 그 이상의 증상을 보고하였다(Eichen, Lent, Goldbacher, & Foster, 2013).

비록 해당될 경우에 약물 의존의 기준들을 적용하는 것이 중요하지만, 공공 위생에 중대한 영향을 끼칠 수 있는 음식 중독의 준임상적 증상들을 고려하는 것 또한 중요하다. 알코올과 니코틴의 경우와 유사하게, 환경 요인들은 물질 사용과 관련된 임상적 및 준임상적 문제들의 정도에 중대한 영향을 끼친다. 이는 음식에서도 또한 동일하다. 물질 의존 관점에서 음식 중독을 살펴보는 것은 공공 정책이 가져야 할 방향성을 제시할 뿐 아니라 치료 선택에도 도움이 될 수 있다(Gearhardt, Corbin, & Brownell, 2009a). YFAS에서 규정된 바에 따라 음식 중독으로 진단된 사람들이 모두 과체중이나 비만은 아니다. 다만 과체중 또는 비만의 부분집합을 이룰 뿐이다. 이런 부분집합에 속한 사람들을 다루려면, 음식 중독인 사람과 BED가 있는 사람 그리고 비만이지만 음식 중독이나 BED가 없는 사람들을 도울 수 있도록 구체적으로 고안된 치료 접근법들이 있어야 할 것이다.

4. 보상 결핍 증후군

음식 중독 모델을 뒷받침하는 연구의 수가 점점 늘어나고 있다. 특히 보상 결핍 증후군은 약물 남용과 중독, 도박, 성, 섭식, 그리고 여타 강박적이고 중독적 행동들 사이에 모종의 유사성이 있음을 보여준다. 도파민은 주로 쾌락과 행복을 느끼는 것과 관련된 신경전달물질이다. 도파민은 중뇌변연계 시스템 속의 중격의지핵에서 만들어지며, 이 곳은 뇌에서 보상과 관련된 영역이다. 더욱이 도파민 기능의 저하는 중독적인 행동들과 관련이 있고, 도파민의 부족은 약물 사용, 강박적, 중독적 행동들에 대한 취약성이 높은 것과 관련이 있음을 뒷받침하는 연구들이 많이 있다(Blum et al., 2000). "성, 약물, 로큰롤"은 그저 대중문화에 속한 언어가 아니다(Blum et al., 2012). 흥미로운 것은 잘 알려진 약물 남용뿐만 아니라 도박, 성, 음악, 섭식 모두가 뇌의 보상 영역의 뉴런의 도파민 방출과 관련이 있다는 것이다. 게다가 DC 수용기의 합성을 조절하는 도파민 D2 수용기 유전자는 알코올 중독뿐 아니라 다른 중독들과도 연관성이 있다(Blum et al., 1990; Blum et al., 1996). 1985년에 Dackis와 Gold 및 그의 동료들이 '도파민 고갈 가설'에 대한 연구문헌을 출간했다. 그 당시 Blum은 강박적이고 충동적인 행동들에 대한 유전적 선행 및 성향과 관련되는 저도파민 상태를 만드는 행동들을 포괄하는 용어로 보상 결핍 증후군(reward deficiency syndrome)이라는 용어를 처음 만들었다(Blum et al., 1996). 과식이 이러한 보상 결핍 증후군과 관련되어 있음을 보여주는 근거들이 늘어나고 있다(Blum & Gold, 2011; Blum, Liu, Shriner, & Gold, 2011; Blum, Oscar-Berman et al., 2012).

5. 음식 보상 체계

1) 신경구조

음식으로부터 얻는 보상은 복잡한 신경 체계를 통해 이루어진다. 이 신경 체계는 복부 선조체에 있는 중격의지핵과 복측 창백, 중뇌에 위치하고 중간변인 도파민 시스템을 통과하여 다시 중격의지핵으로 돌아가는 복측 피개부, 전전두엽 피질, 해마, 편도체를 포함한다(그림 8.2 참고). 이는 약물 남용의 보상 체계에서 나타나는 것과 유사하다(Kelley et al., 2002). 더욱이 사람은 맛있는 음식으로부터 얻는 쾌락을 평가하기 위해 전두엽 피질과 대상엽 피질을 사용하는 것으로 보인다(Kringelbach & Berridge, 2010). 알코올, 코카인, 암페타민 중독을 겪고 있는 사람들과 유사하게, BMI가 높은 사람들은 전전두엽 영역의 대사활동이 감소되는 것으로 나타났다(Volkow et al., 1993, 2001, 2007, 2009).

게다가 음식과 관련된 보상은 미각, 시각, 후각, 온도, 질감의 감각 입력들을 포함한다. 이러한 감각 입력들은 먼저 주요 감각 피질들과 주요 체성감각 피질에서, 그 후에 안와전두 피질과 편도체에서 처리된다(Rolls, 2007). 비만인 여아들을 대상으로 한 연구에 따르면, 비만인 여아들이 예상된 혹은 실제 음식 소비에 대한 반응으로 뇌도와 미각 체성감각 피질이 매우 활성화되는 것으로 나타났고, 병적인 수준의 비만을 보이는 대상들은 미각 체성감각 피질에서 높은 수준의 신진대사가 일어나는 것을 발견했다(Wang et al., 2002). 이러한 결과는 비만인 사람들이 음식에 대한 감각적인 특성들에 더 민감하다는 것을 암시한다. 이 연구는 비만인 사람들만을 연구한 것이고, 음식 중독이 있는 사람들에 대한 효과를 구분하지 않았다. 그렇기 때문에, 이 사람들이 필연적으로 음식에 '중독'된 것은 아니지만, 과도한 음식 소비에 기여할 수 있는 변수 중의 하나가 될 수 있다.

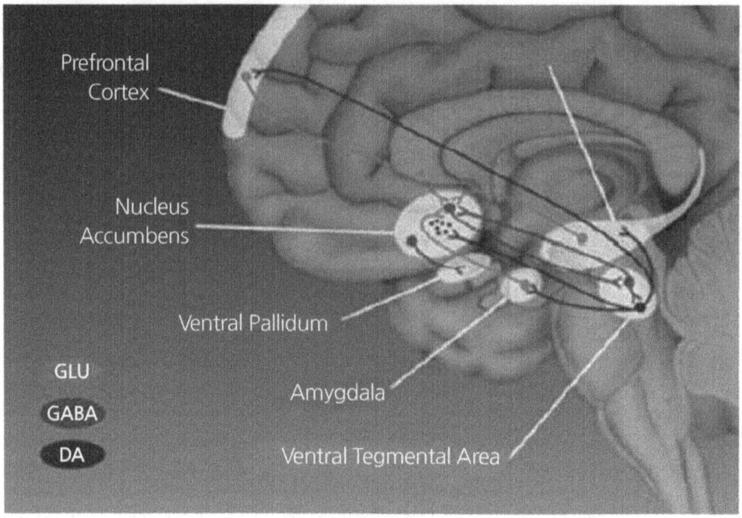

[그림 8.2]
음식 보상 체계에 속해 있는 신경회로 체계

2) 신경화학

도파민과 오피오이드는 약물 음식의 보상 효과와 관련된 신경전달물질들이다. 도파민은 설탕과 자당의 강화를 중재하고(Smith, 2004), 음식 섭취와 자극에 대한 쾌락과 동기적 반응들을 통제하는 것으로 나타났다(Volkow & Wise, 2005). 약물 중독인 사람들과 유사하게, 비만인 사람들도 선조체에 있는 D2 수용기의 이용률과 도파민 이동 이용률이 감소되었는데, 이는 신체질량지수와 반비례 관계에 있는 것으로 나타났다(BMI; Chen et al., 2008; Haltia et al., 2007; Stice, Spoor, Bohon, Veldhuizen, & Small, 2008).

내인성 오피오이드는 대뇌 변연계 체계 전체에 걸쳐 나타나며, 맛있는 음식들은 내인성 오피오이드 유전자 발현을 증가시킨다(Avena & Gold, 2011a; Chen et al., 2008). 더욱이 중격의지핵에 뮤오피오이드 작용제가 투입되면 맛있는 음식의 섭취를 강화시킨다(Will, Franzblau, & Kelley, 2003). 이는 날트렉손과 같은 오피오이드 길항제들에서 더 잘 나타나는데, 오피오이드 길항제들은 허기에 영향을 미치지 않으면서 음식으로부터 얻는 쾌락을 감소시킨다(Woolley, Lee, & Fields, 2006). 오피오이드 시스템은 매우 맛있는 고당도와 고지방 음식들에 대한 선호와 연관이 있고, 이 음식들에 대한 섭취를 증가시킬 수 있다(Avena & Gold, 2011c).

3) 렙틴 부족 증후군

음식은 도파민 보상 체계와 관련될 뿐만 아니라 시상하부에 있는 식욕 조절 네트워크와 에너지 조절 네트워크의 상호작용에 의해 조절된다(Avena & Gold, 2011c). 식욕 조절 네트워크 내에는 궁상핵 속에 있는 신경펩티드 Y, 아구티 관련 펩티드(AgRP), 감마 아미노부티르 산(GABA)을 포함하는 서로 다른 펩티드들이 있다. 여기서 궁상핵은 실방핵과 식욕을 증가시키는 것과 관련된 주변 시상하부 영역들의 신경을 자극한다(Kalra et al., 1999; Yeomans & Gray, 1997). 식욕을 증가시키는 것과 관련된 신경펩티드 Y와 그 밖의 다른 펩티드들의 방출은 식욕을 감퇴시키는 렙틴과 같은 호르몬 신호의 지시에 따른다. 이 렙틴은 주로 백색지방조직과 식욕을 증진시키는 위의 그렐린에 의해 분비된다(Kalra & Kalra, 2006; Yeomans & Gray, 1997).

렙틴은 시상하부에 식욕을 일으키는 충동 삽화에 대한 신호를 주는 것과 관련된 것으로 나타난다. 렙틴은 위에서 그렐린 세로토닌을 억제하고, 시상하부 궁상핵의 그렐린 영향을 상쇄할 뿐 아니라 신경펩티드 Y의 방출을 억제함으로써 신호를 보낸다(Kalra & Kalra, 2006; Pu et al., 1999). 또한 렙틴은 췌장에서부터 인슐린 분비를 억제하고(Kalra, Bagnasco, Otukonyong, Dube, & Kalra, 2003), 글루코오스 대사에 대한 복잡한 통제와 간, 골격근들, 지방조직의 배열에 의해 혈당량을 부여하고, 갈색지방조직에서 떨림 없는 열발생을 활성화시킴으로써 에너지 소비를 촉진시키는 것과 같은 시상하부의 신호들을 조절하는 것과 관련되는 것으로 보인다(Bagnasco, Dube, Katz, & Kalra, 2003; Otukonyong, Dube, Torto, Kalra, & Kalra, 2005).

혈액 속에서 말초적으로 일어나는 렙틴의 전달은 그 영향이 미비하지만, 렙틴이 쥐들의 비강이나 뇌로 유입되었을 때 쥐들의 섭식이 감소했다. 이는 렙틴 유전자 치료가 비만 치료를 위한 새로운 연구의 방향이 될 수 있음을 암시한다(Kalra, 2009; Schwartz, Peskind, Raskind, Boyko, & Porte, 1996). 쥐들의 이상 식욕 항진이 억제된 것뿐 아니라(Kalra, 2008), 지방 증가는 억제되고 에너지 소비가 높아지고(Ueno, Inui, Kalra, & Kalra, 2006), 쥐의 체중이 정상화되었는데, 이는 쥐의 조기사망을 예방하고 수명을 정상화하였다(Kalra, 2008).

4) 유전학

비만과 과식, 음식 중독에 대한 유전자 치료가 오랜 기간 동안 개발되지 않을 것으로 보이지만, 비만의 유전학에 대한 이해는 이 분야의 실천가들과 연구자들이 이러한 장애를 이해하도록 도울 뿐 아니라, 병의 진행과정의 생물학적 기반에 대한 근거를 제공한다. 비만의 유전학을 살펴보면 알코올 또는 약물 중독과 비만을 가진 사람들의 연결성을 보여준다. 이는 과체중인 몇몇 사람들에게 기여하는 중독 과정이 있을 수 있음을 암시하고 음식 중독 가설을 뒷받침한다. 더 나아가, 비만의 유전적 기반을 이해하는 것은 사람의 통제 밖의 영향에 대해 인식하게 하므로, 비만과 관련된 낙인을 줄일 수 있다.

유전학과 비만의 "유전율"은 특정 환경 내에서 40%에서 70% 사이로 추정된다(Kalra, 2009). 이는 일란성 및 이란성 쌍둥이, 양자 및 친자와 부모 간의 비만 일치성을 통해 밝혀졌다. 더욱이, 알코올 의존과 관련된 D2 도파민 수용기 유전자(DRD2)(Boghossian, Ueno, Dube, Kalra, & Kalra, 2007) 또한 비만과 연관이 있는 것으로 나타났다(Blum et al., 1990).

5) 후성유전학

쌍둥이와 입양아에 대한 연구에서 후성유전학 또한 비만의 위험을 높일 수 있는 요인으로 나타났다. 후성유전학은 DNA 염기서열의 독립된 유전자 발현과 같은 유전자 기능의 조절을 의미한다. 예를 들어, 염색질 재배치와 히스톤 변형을 이끄는 DNA 또는 히스톤에서 나타나는 잠재적인 가역적 화학변화로 유전자 발현에서 변형을 유도한다(Noble et al., 1994). 부모의 영양 상태, 산모의 에너지 상태, 산모의 내분비 상태, 산화 스트레스와 같은 환경적 요인들은 *FGF2*, *PTEN*, *CDKN1A*, *ESR1*과 같은 섭식 장애의 특정 유전자의 메틸화 패턴에 영향을 미칠 수 있다(Walters et al., 2010).

쥐에게 임신기간 동안 산모보충제로 제니스테인 규정식을 콩 섭취가 높은 식단을 소비하는 사람과 비슷한 정도로 제공했다. 그 결과, 아쿠티 유전자에서 6개 시토닌 구아닌의 과메틸화가 유도되었고, 이는 이 유전자의 발현을 감소시키고 자녀를 비만 표현형에서 보호하였다(Henikoff & Matzke, 1997).

또 다른 새로운 연구에 따르면, 주산기와 태아기 노출은 자녀의 신진대사 상태뿐 아니라 이후 섭식 행동에 영향을 미치므로 자녀에게서 비만을 발전시키도록 영향을 미칠 수 있는 것으로 나타났다(Dolinoy, Weidman, Waterland, & Jirtle, 2006). 또한 어머니의 높은 식이 섭취는 아이들이 특정 음식을 선호하도록 자극할 수 있다(Brion et al., 2010). Bocarsly 외(2012)는 자궁 내 액상과당(HFCS) 또는 자당에 노출된 아이들은(남여 모두) 성인기에 더 높은 체중을 보였음을 알아냈다. 또한 여아들은 알코올 민감성

(알코올 섭취의 증가로 측정)을 보였고, 남아들은 암페타민-유도 보행성 활동량이 증가되었다(Bocarsly et al., 2012). 이러한 결과는 태아기뿐 아니라 이유기 이전 고지방 및 고당분 음식에 노출되는 것이 체중을 증가시키고 또한 음식이 아닌 물질 남용에 반응하게 한다는 것을 암시한다.

담배에서 얻은 교훈을 살펴보는 것이 매우 유익할 것이다. 우리는 태내 또는 어린 시절에 간접흡연으로 담배에 노출되는 것이 일생에 걸친 담배의 사용이나 중독의 위험을 매우 증가시킨다는 것을 익히 알고 있다. 음식에서도 또한 마찬가지이다. 선호도는 태내와 어린 시기에 결정되고, 고정될 수 있으며 계속 지속된다. 오늘날 하나의 예로서, 액상과당이 함유된 음료의 섭취는 어린이와 청소년의 칼로리 섭취의 10~15%를 차지하는데, 이는 우유 섭취율을 크게 웃돈다. 소다 캔 음료를 하루에 단 한 잔 더 섭취하는 것만으로도 비만 위험률은 60% 증가된다(Gold, 2013).

비만, 과식, 음식 중독에 영향을 미치는 다양한 요인들을 이해하게 되면, 과체중과 관련된 낙인을 줄여야 하는 필요성을 인식할 수 있을 것이다. 서구 사회의 비만은 종종 치료가 필요한 영역이 아니라 수치심과 죄책감과 연관된다. 유사하게, 약물 의존뿐만 아니라 정신 장애의 치료에서 수치심은 환자가 치료를 꺼리고 치료의 순응도를 낮추는 이유이기 때문에 임상적 치료에 장애물이 될 수 있다(Keyes et al., 2010; Semple, Grant, & Patterson, 2005; Vartanian & Smyth, 2013). 또한 환자에게 비만, 과식, 음식 중독의 기여 요인에 관한 정보를 제공하므로 환자가 자신의 상태에 대한 수치심을 줄이도록 도울 수 있다. 그렇기 때문에 음식에 중독된 환자를 치료할 때에는 수용하는 환경을 조성하는 것이 중요하다(Puhl, Peterson, & Luedicke, 2012; Vartanian & Smyth, 2013). 비만이거나, 과식하거나, 음식에 중독된 사람들을 비난하는 것은 역효과를 낳는다. 따라서 수용하는 환경을 일반 대중과 미디어에까지 확장시키는 것이 이상적이다(Vartanian & Smyth, 2013).

6. 외과 치료

비만대사 수술(bariatric surgery)(그림 8.3 참고)은 처음 체중의 15% 또는 그 이상의 체중을 줄이는 장기적 체중 감량 치료이다(Colquitt, Picot, Loveman, & Clegg, 2009). 최근 NIH 지침은 BMI가 40kg/m^2 이상이거나, 제2형 당뇨병, 고혈압, 수면 무호흡증이 동반이환되는 경우 35kg/m² 이상의 사람들을 위한 치료 대안으로 비만대사 수술을 권고한다(NHLBI, 2000).

비만대사 수술은 두 가지 수술로 구성된다. 첫째는 위장의 크기를 줄임으로써 조기 포만감을 이끌어 내는 제한적 수술이다. 또 다른 수술은 소장을 짧게 하고 영양 흡수를 줄임으로써 위장의 흡수를 줄이는 흡수장애 수술이다. 제한적 수술은 복강경 위를 밴딩하는(AGB) 방법이 포함된다. 이 방법은 2001년 FDA의 승인을 받은 후 널리 대중화되었으며 가장 보편적으로 행해지는 수술이다(Schneider & Mun, 2005). 이 수술은 고무 실리콘 밴드를 위 밑에 둘러놓는데, 이 밴드는 피하 포트로부터 염분을 더하거나 제거하므로 조절할 수 있다(Colquitt et al., 2009). 또 다른 제한적 수술은 위절제술(vertical sleeve gastrectomy, VSG)로, 위의 75%를 제거하는 상대적으로 새로운 수술이다(Colquitt et al., 2009).

흡수장애 수술에는 담도췌장 우회술(BPD)이 있다. 이 수술은 150~200cc의 위 소매를 만들어 내기 위해서 위의 일부를 소장의 말단 250cm와 문합하는 것을 말한다(Colquitt et al., 2009). 이 수술을 통해 효과적인 체중 감소를 가져올 수 있지만, 여러 합병증과 연관되기 때문에 50kg/m² 이상의 BMI를 가진 환자들에게서 일반적으로 이루어진다. 이 수술은 미국 비만대사 수술의 단 5% 정도를 차지한다(Colquitt et al., 2009).

루와이 위우회술(Roux-en-Y gastric bypass, RYGB)은 제한적 수술과 흡수장애 수술이 혼합된 것으로, 세계적으로 가장 보편적인 비만대사 수술이다. 이 수술은 고도로

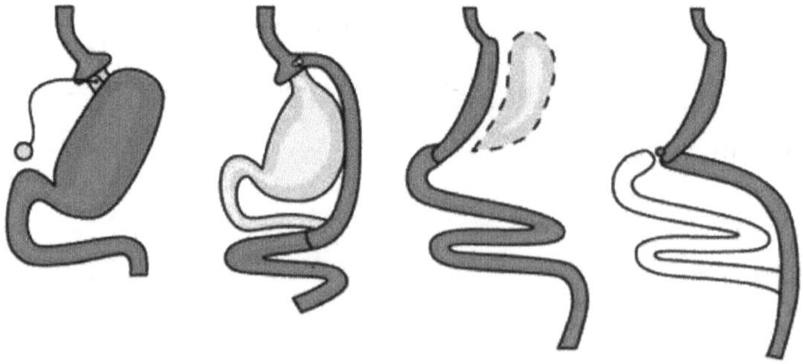

[그림 8.3]
비만대사 수술 과정

비만 환자들에게 표준적인 치료로 여겨진다. 루와이 위우회술의 반 이상이 복강경 수술로 이루어진다(Schneider & Mun, 2005).

1) 비만대사 수술의 단점

비록 비만대사 수술이 초기에 체중을 극적으로 줄여줄 수 있기는 하지만, 수술비용이 비싸고, 위 역류현상(gastric dumping syndrome), 흡수손상으로 인한 영양 악화, 골절 위험의 증가와 같은 부작용이 있을 수 있다(Nakamura et al., 2011; Vetter, Faulconbridge, Williams, & Wadden, 2012). 2012년에 Conason과 그 동료들은 비만 수술 이후 환자들의 물질 사용 위험이 증가할 수 있다고 보고했다(Conason et al., 2012). 이 연구자들은 흡연, 약물 사용, 알코올 사용이 유의미하게 증가하는 것을 발견했다. 또한 루와이 위우회술을 받은 환자들에게서 알코올 사용의 위험이 증가하는 것을 발견했다. 그보다 이른 2010년 Maluenda 외 연구자들은 비만대사 수술(복강경 위절제술) 이후, 동일한 양의 알코올에 대해 더 높고 오랜 혈중알코올 농도를 보이며 알코올 흡수에 상당한 변화가 있음을 발견하였다(Maluenda et al., 2010). Avena와 Gold는 비만대사 수술 이후 알코올에 대한 민감성은 알코올 흡수와 알코올이 뇌에 다다르는 시간에 변화가 있는 것 외에 더 많은 요인과 관련이 있다고 주장했다(Avena & Gold, 2011b). 그들은 음식과 알코올이 뇌의 동일한 강화 영역과 연관이 있다면, 하나를 섭취하게 될 때 나머지 하나의 남용 가능성이 높아질 것이라는 가설을 세웠다(Avena & Gold, 2011b). 비만대사 수술의 결과(부정적 및 긍정적 결과)에 대한 추후 연구가 필요하다. 이런 과정을 알게 되면 음식 중독에 대한 이해는 더욱 높아지게 될 것이다.

7. 비만과 음식 중독에 대한 약물 치료

식욕을 증가시키고, 에너지 소모를 줄이는 역규제적 기제(counter-regulatory mechanisms) 때문에, 저칼로리 식단, 운동, 행동 수정을 통한 체중 감량은 종종 불가능하다. 그러므로 약물 요법은 비만 및 이와 관련된 합병증을 겪고 있는 과체중 환자들을 돕는 보조적 수단으로 사용할 수 있을 것이다(Korner & Aronne, 2004). 비만대사 수술과 비교하여 약물 치료는 BMI가 더 낮은 과체중 또는 비만인 사람에게 권장된다. 비만대사 수술의 경우, BMI 수치가 40kg/m², 합병증이 있는 경우 35kg/m²보다 커야 하는 반면, 약물 치료의 BMI 수치는 30kg/m² 이상, 합병증이 있는 경우 27kg/m² 이상으로 기준이 더 낮다. 약물 치료의 실패가 비만 수술을 받기 위한 선행 조건은 아니지만, 비만이 덜 심각한 경우, 비만대사 수술을 고려하기 전 약물 치료를 먼저 시도해 볼 수 있을 것이다.

음식 중독과 비만에 대한 약물 치료의 역사는 그리 좋지 못하다. 표 8.1에서 볼 수 있듯이, 안전성이 낮고 상대적으로 효과가 미미했기 때문에 허가된 약물 중 상당수가 회수되었다. 가장 먼저 암페타민과 식욕 억제제가, 후에는 지방 차단제가 처방되었다. 회수되지 않은 약물조차 설사를 유발하는 오리스타트(Orlistat)를 제외하고 12주 이하의 단기간 사용에만 승인되었다. 이런 약물들은 많은 부작용과 사용금지 사유들이 있다.

1) 2012년 FDA에서 승인된 항비만 약물

뇌 내의 도파민과 오피오이드 경로가 섭식과 연관이 있음을 뒷받침하는 연구 결과는 비만과 음식 중독에 대한 치료법으로써 기존 물질 남용에 효과가 있는 것으로 알려진 약물을 이용할 수 있는 새로운 길을 열어 주었다. 2012년 FDA가 체중 감량 약물 두 가지를 비만 치료약으로 승인함으로써 현재 비만에 대한 약물의 선택폭이 전보다 넓어졌다. 이 약물들은 FDA가 1999년에 체중 감량 약물을 승인한 이후 처음으로 등장한 새로운 약물이다. 음식 중독과 비만이 동의어는 아니지만, 비만을 대상으로 하는 약물들은 음식 중독의 현재와 미래의 치료에 대해 의의를 가진다.

2) 로카세린

벨빅(Belvig)이라는 이름으로 시판되고 있는 로카세린(lorcaserin)은 2012년 5월 10일 FDA에 의해 승인되었다. 이 약은 뇌의 세로토닌 5HT2C 수용기를 대상으로 작용한다. 이 수용기는 포만감을 유발하여 작용한다고 알려져 있고, 따라서 음식 중독을 목표로 치료하는 데에 이점이 있을 수 있다고 여겨진다. 로카세린은 하루 두 번 10mg을 복용한다. 그리고 8,000명의 과체중, 비만 환자들을 대상으로 52~104주 동안 실시한 세 번의 임상 실험에서 위약 집단에 비해 3.7%의 체중 감량을 보여 주었다(Korner & Aronne, 2004). 전반적으로, 이 약은 부작용이 없는 편이다. 가장 자주 보고되는 부작용은 상기도 감염, 비인두염(비강과 상인두의 염증), 두통이다. 초음파 심장 검사

〈표 8.1〉

2012년 이전 항비만 약물(Anti-obesity Medications)

약물	FDA 승인시기	결과 / FDA 회수 날짜
펜터민(Pentermine)	1959년 5월	식욕 억제제. 단기(4~12주)사용만 승인됨.
펜플루라민 (Fenfluramine)	1973년 6월	1997년 9월. 악명 높은 약물 펜펜(fen-phen)은 심장 판막 손상(82)과 폐충혈을 일으킴.
덱스펜플루라민 (Dexfenfluramine)	1996년 4월	1997년 9월. 리덕스(Redux)는 심장 판막 손상을 일으키지는 않으나 동물 실험에서 뇌 손상을 일으킴.
오리스타트(Orlistat)	199년 4월	지방 차단제. 제니칼(Xenical)처럼 처방되거나 알리(Alli)처럼 처방 없이 구매가능. 과도한 가스, 기름기 많은 대변, 질의 출혈과 같은 불쾌한 부작용. 52주의 기간에 2.75kg(6 lbs.) 체중 감량.
시부트라민 (Sibutramine)	1997년 11월	2010년 10월. 식욕 억제제. 심장 문제와 발작의 위험성이 높아짐.
리모나반트 (Rimonabant)	미국 FDA 승인되지 않음	2006년 6월 유럽에서만 승인됨. 2010년 10월 회수됨.
디에틸프로피온 (Diethylpropion)	1959년 8월	중독성. 부작용이 많으며 음식, 다른 약물과 상호작용하는 식욕 감퇴제.
벤트페타민 (Benzphetamine)	1960년 10월	중독성. 암페타민과 매우 관련이 높음. 식욕 감퇴제. 사용금지 사유가 아주 많음.
펜디메트라진 (Phendimetrazine)	1982년 9월	중독성. 암페타민과 매우 관련이 높음. 식욕 감퇴; 중추신경계 자극제로 심장에 스트레스를 가함. 선명한 환각을 일으킬 수 있음.

의 안전성 자료는 임상 실험에서 심장 판막 장애 위험이 없다고 밝히고 있다. 1997년에는 심장에 영향을 미치는 것과 연관된 세로토닌계 체중 감소 약물인 펜플루라민(fenfluramine)과 덱스펜플루라민(dexfenfluramine)이 회수되었다(FDA, 2012). FDA는 이 약물에 4등급 표(class IV schedule)를 제시했으며, 이를 규제 약물로 규정했다. 또한 이 약물을 섭취한 후 12주 내에 체중이 5% 줄어들지 않는다면 투약을 중단할 것을 권유한다. 그 이유는 약의 효과를 볼 수 없을 가능성이 높고 또한 위험에 노출될 가능성을 줄이기 위해서이다. 이 약물은 세로토닌 증후군의 위험이 있기 때문에, 선택적 세로토닌 재흡수 억제제(SSRI), 세로토닌 노르에피네프린 재흡수 억제제(SNRI), 모노아민

옥시다제(MAO), 트립탄계열 약물(triptans), 부프로피온(bupropion), 덱스트로메트로판제제(dextromethorphan), 세인트 존 워트(St. John's Wort)와 같은 세로토닌계 약물과 함께 섭취할 때에는 극도의 주의를 요한다(Aronne, Brown, & Isoldi, 2007).

3) 큐시미아

FDA가 최근(2012년 7월 17일)에 승인한 또 다른 약물은 큐시미아(qsymia)이다. 이 약물은 FDA에서 승인한 식욕 억제제 펜터민과 간질이나 편두통 처방약인 토피라메이트를 혼합한 약물이다. 이 약은 하루에 한 번 복용하며, 최저 복용량인 펜터민 3.75mg/서방정 토피라메이트 23mg으로 시작하여 권장 복용량인 7.5mg/46mg까지 증가시킨다. 어떤 경우, 환자는 복용량을 최대치인 15mg/92mg까지 높일 수도 있다(Korner & Aronne, 2004). 큐시미아는 약 2,700명의 비만, 과체중 환자들을 대상으로 최대 1년 동안 진행된 두 임상 실험에서 평가되었다. 위약 집단과 비교했을 때 체중 감소는 최저 복용량에서 6.7%, 권장 복용량에서 8.9%였다. 최저 복용량 환자의 62%와 권장 복용량 환자의 70%가 5%의 제충 감량을 이뤘고, 위약 집단의 경우 5%의 체중 감소를 이룬 비율은 20%였다(Aronne, Waitman, & Isoldi, 2008). 만약 환자가 권장 복용량을 섭취하고 12주 후 3%의 체중을 감량하지 못한다면, FDA는 치료를 중단하거나 복용량을 최대치로 높일 것을 권장한다. 만약 추가 12주가 더 지난 후 최대 복용량을 섭취한 뒤에도 적어도 5%의 체중 감소를 이루지 못했다면, 큐시미아 투약을 점차적으로 중단한다. 가장 흔히 보고되는 부작용은 입 마름, 얼얼함, 입맛의 변화, 불면증, 변비이다(FDA, 2012).

두 약물 모두 임신한 상태에서 복용해서는 안 된다. 임신 중 체중 감량은 해롭고 잠재적으로 태아에게 해를 미칠 수 있기 때문이다. 첫 3개월 동안 큐시미아에 노출된 태아는 구순구개열을 갖게 되는 등, 큐시미아는 태아의 결함과 연관되어 있다. 더욱이 이 약물들은 BMI 지수가 30kg/m^2 이상인 환자에게만 사용해야 하며, 고혈압, 제2형 당뇨병, 이상지질혈증(콜레스테롤과 지방 수준의 변화; Korner & Aronne, 2004)이 동반이환하는 경우, BMI 지수가 27kg/m^{2}인 경우에만 사용해야 한다.

8. 시험 단계에 있는 약물

음식 중독의 치료 가능성이 있는 다수의 새로운 항비만 치료 약물이 2차, 3차 시험 단계에 있다(표 8.2 참고). 라클로프라이드(raclopride), 부프로피온(bupropion)과 같이 도파민을 대상으로 하는 약물, 날트렉손(naltrexone)과 같이 오피오이드 시스템을 대상으로 하는 약물, 바클로펜(baclofen)/토피라메이트(topiramate) 합성물과 같이 GABA 시스템을 대상으로 하는 약물과 같은 혼합형 약물들이 있다. 이 약물 또는 혼합 약물의 상당수는 알코올과 약물 중독, 기타 문제성 도박과 같은 행동 중독의 치료에 성공적이었음이 증명되었다.

1) 컨트레이브

컨트레이브(contrave)는 부프로피온과 날트렉의 서방성 제형(sustained-release formulation) 혼합물이며, FDA가 2011년 당시 안정성을 이유로 승인을 거절한 이후 최근에 다시 검토하는 과정 중에 있다. 날트렉손은 오피오이드 길항제이며 알코올과 오피오이드 중독 치료제로 승인을 받았다. 이 약은 뇌의 오피오이드 수용기를 막는 작용을 한다. 또한 이 약물은 알코올, 오피오이드 중독과 더불어 도박 장애의 치료에도 효과성을 보이고 있다(Grant, Kim, & Hartman, 2008; Grant, Odlaug, Potenza, Hollander, & Kim, 2010). 부프로피온은 현재 우울증뿐 아니라 금연 치료에도 승인되었다. 그리고 뇌의 특정한 수용기 내에 도파민 활동을 증가시키는 것으로 알려져 있다. 컨트레이브는 28주와 56주 기간의 치료에서 위약 집단이 체중 감소가 1.3%였던 것에 비해, 6.1%의 체중 감소를 달성하였다(Aronne et al., 2008; Orexigen Therapeutics, 2009b). 날트렉손은 특정 음식이 맛없게 느껴지도록 하고, 부프로피온은 식욕을 떨어뜨린다.

2) 테소펜신

테소펜신(tesofensine)은 혼합된 노르에피네프린-세로토닌-도파민 재흡수 억제제로, 현재 시험 3단계를 거치고 있다. 이 약물은 처음에는 파킨슨병과 알츠하이머병의 치료제로 개발되었으나 그 효과가 제한적이었던 반면, 체중 감량의 부작용이 있는 것으로 나타났다. 2단계 시험 자료에 의하면, 24개월 동안 각각 0.25mg, 0.5mg, 1.0mg의 테소펜신을 투약한 환자들은 평균적으로 6.5%, 11.2%, 12.6%의 체중 감소를 보고했다. 위

〈표 8.2〉
새로운 비만 치료 약물

상표 / 일반명(제조사)	상태(날짜)	신형/혼합	작용 방법	부작용
벨빅/로카세린 (Arena)	12년 10월 5일 FDA 승인	새로운 등급의 선택적 세로토닌 2C 수용기 길항제	포만감과 강한 관련성이 있는 시상하부의 수용기를 자극함.	상기도감염, 비인두염, 두통이 보고됨.
큐시미아 (Vivus)	12년 7월 17일 FDA 승인	펜터민과 토피라메이트 혼합물(두 약물 모두 알코올 의존 치료에 성공적으로 사용됨)	펜터민은 식욕을 억제하고, 토피라메이트는 GABA 시스템에 간섭하여 갈망을 감소시킴.	입마름, 얼얼함, 입맛의 변화, 불면증, 변비가 보고됨.
컨트레이브 (Orexigen)	심장혈관 임상실험(CVOT) 진행 중, 2014년 승인 가능성	부프로피온과 날트렉손의 혼합물	부프로피온은 도파민에 작용하고 쾌락과 음식에 대한 흥미를 감소시켜 식욕을 억제하며 에너지 소비를 증가시킴. 날트렉손은 오피오이드 시스템에 작용하고 갈망을 감소시킴.	메스꺼움, 변비, 두통, 구토, 어지럼증, 불면증, 입마름, 설사가 보고됨.
테소펜신 (NeuroSearch) 처음에는 파킨슨병과 알츠하이머병 치료를 위해 개발되었지만 효과적이지 않았고 체중 감소의 부작용이 나타남.	3단계 실험 진행 중	혼합된 노르에피네프린-세로토닌-도파민 재흡수 억제제	뇌의 화학물질에 영향을 미쳐 식욕을 억제하고 포만감을 증가시킴.	입마름, 두통, 메스꺼움, 불면증, 설사, 변비가 보고됨.
엠파틱 (Orexigen)	2단계 실험 완료	조니사미드(zonisamide)와 부프로피온의 혼합물	부프로피온은 도파민에 작용하고 쾌락과 음식에 대한 흥미를 감소시켜 식욕을 억제하며 에너지 소비를 증가시킴. 조니사미드는 갈망을 감소시킴.	두통, 불면증, 메스꺼움, 두드러기가 보고됨.

약 처치를 받은 환자들은 평균적으로 2%의 체중 감소를 보고했다(Neurosearch, 2009). 일반적인 부작용에는 입 마름, 두통, 메스꺼움, 불면증, 설사, 변비가 있다. 혈압과 심박은 각각 1~3mmHg, 8bpm까지 증가했다. 이 신약은 현재 허가된 항비만 약품보다 체중 감량 효과가 두 배나 높다.

9. FDA의 승인을 받았지만 체중 감량에 대한 FDA의 표시가 없는 약물

어떤 약물들은 체중 감량 약물로 쓰이지만 체중 감량에 대한 사항이 기재되지 않은 경우가 있다. 이 약물은 FDA에서 당뇨병와 같이 체중 감량이 아닌 다른 용도로 허가를 받았지만, 체중 감량의 효과가 있는 것으로 드러났다. 이 약물들은 메트포민(metformin), 엑세나타이드(exenatide), 프람린타이드(pramlintide), 부프로피온(bupropion), 조니사마이드(zonisamide)이다.

1) 메트포민

메트포민(metformin)은 간의 글루코스 생성을 억제시켜 작용하는 항고혈당증 약물이다(Korner & Aronne 2004). 메트포민은 체중을 감량시키며 심장-대사 위험 요소를 개선하지만, 체중 감량에는 승인되지 않았다. 적어도 8주 이상의 기간 동안 진행된 31개의 무작위 통제 실험의 메타 분석에서 메트포민은 위약과 비처치 집단에 비해 당뇨의 위험이 있는 사람의 BMI를 5.3% 감소시켰으며 글루코스와 인슐린을 4.5%, 14.4%, 트리글리세라이드를 5.3%, 저밀도 리포 단백질 콜레스테롤을 5.6%, 증가된 고밀도 리포 단백질 콜레스테롤을 5.0% 감소시켰다(FDA, 2012). 가장 빈번하게 보고되는 부작용으로는 메스꺼움, 체함, 설사, 속이 부글거림, 복부팽창이 있다(Salpeter, Buckley, Kahn, & Salpeter, 2008). 유산증(혈액 내에 과도한 산이 존재하는 것)은 흔하지는 않지만(1/100,000) 심각한 부작용이다(Aronne, 2007).

2) 글루카곤 유사 형태의 펩티드-1 아날로그

엑세나타이트(exenatide)와 리라글루티드(liraglutide)는 글루카곤 유사 형태의 펩티드-1 아날로그를 주입하는 항당뇨병 약물로, 인슐린 분비를 증가시키고 포도당 의존성의 글루카곤 방출을 억제한다(Neff & Aronne, 2007). 엑세나타이트는 유형2 당뇨병이 있고 경구 당뇨약으로 적절한 혈당량 조절에 실패한 환자들에게 FDA 승인된 약물이다. 유형2 당뇨병을 치료하기 위해 쓰이는 엑세나타이트는 혈당량 조절을 개선, 위 내용물 배출, 음식 섭취 감소, 포만감 증가, 체중 감량의 효과가 있다(Johns, 2007). 또한 헤모글로빈 A1C 개선과 더불어, 엑세나타이트 투여에 의존한 집단 중 10μg을 투여한 집단에서는 2.8kg의 체중 감량, 5μg를 투여한 집단에서는 1.6kg 감량이 나타났다(Neff & Aronne, 2007). 가장 잘 알려진 부작용으로는 메스꺼움, 설사, 구토가 있다. 저혈당증에 엑세나타이트가 쓰인 경우는 있었지만, 보통 술포닐요소와 함께 사용되었고, 메트포민과는 함께 사용되지 않았다(Aronne, 2007).

3) 프람린타이드

프람린타이드(pramlintide)는 고혈당증을 예방하는 주입형 물질로 당뇨 유형1과 2에 모두 적용할 수 있으며, 췌장의 호르몬 아밀린과 유사하게 기능하며 인슐린과 함께 식후의 포도당을 조절한다. 아밀린은 작은 펩타이드 호르몬으로 췌장의 β세포에서 인슐린과 함께 분비된다(Jeff & Aronne, 2007). 체중 감량에 대한 FDA의 승인을 받지 않았지만, 포만감을 늘리고 음식 섭취를 줄임으로써 체중 감량을 촉진하는 것으로 나타났다. 비만이지만(2형 당뇨가 있거나 또는 없는) 인슐린을 처방받지 않은 피시험자 204명을 대상으로 실시된 다기관 공동시험 2단계 연구에서는 체중이 3.7% 감소하고 허리둘레가 3.6cm 줄어드는 효과를 보였다(Edelman, Maier, & Wilhelm, 2008). 또한 프람린타이드를 투약받은 환자의 31%가 5%의 감소를 보인 반면, 플라시보 효과 집단은 환자의 2%만이 5%의 체중 감량을 나타냈다(Edelman et al., 2008).

4) 엠파틱

엠파틱(empatic)은 모노아민을 증가시키는 항간질 치료제로 NPY/AgRP 신경세포를 억제하는 것으로 여겨지는 조니사마이드 서방정, 그리고 우울증과 금연 치료에 승인된 약물이자 뇌의 특정 수용기에서 도파민 활성을 증가시키는 것으로 여겨지는 부프로피온 서방정을 혼합한 약물이다. 이 약물은 2단계 시험을 거치고 있다. 이 실험의 결과, 플라시보 효과 집단이 체중의 1.7%를 감량한 것에 비해, 24주 엠파틱 치료를 완료한 환자는 기초선 체중의 9.9%가 감소했다. 가장 흔히 보고되는 부작용으로는 두통, 불면증, 두드러기가 있다(Aronne et al., 2007; Oriexigen Therapeutics, 2009).

10. 약물 남용 모델에 기초한 치료

1) 바클로펜과 날트렉손 혼합 치료

과식을 치료하기 위한 새로운 치료적 접근법들은 입맛보다는 음식 강화 또는 선호를 목표로 하는 치료약을 개발하기 위해 약물 남용의 모델을 사용한다. 섭식과 폭식에서 나타나는 약물 사용과의 유사성을 고려하여, Gold와 Avena(2012)는 몇몇 남용 물질의 섭취를 감소시킬 수 있는 $GABA_B$ 작용물질인 바클로펜을 아편 재발, 대식증, 알코올 재발을 줄일 수 있는 오피오이드 작용물질인 날트렉손과 혼합하여 사용하는 것을 연구했다. 폭식에 관한 쥐 실험에서, 바클로펜과 날트렉손 혼합 약물을 투여받은 실험 쥐의 경우 통제 집단과 비교했을 때, 당분, 지방, 지방-당 혼합의 섭취에서 유의미한 감소가 있었다. 바클로펜과 날트렉손은 식욕을 억제하지는 않지만 음식에 대한 선호를 변화시키거나 강화시킴으로써 체중 감량에 영향을 준다. 이 결과들은 중독 치료에서 성공적인 약물을 사용하여 음식에 중독되거나 과식하는 환자들을 치료하는 새로운 접근법의 가능성을 보여준다(Gold & Avena, 2013).

2) 공공 정책에 미치는 영향

음식 중독은 잠재적으로 공공 정책에 중대한 영향력을 미칠 수 있다. 약물 의존과 달리 음식 중독은 고당분과 고지방의 음식을 어린 나이에 소비하게 되고 때로는 유아기부터 시작되기도 한다. 어린 나이에 이런 음식들을 소비하는 것이 유아의 뇌의 발달을 변화시키고, 따라서 음식 중독에 더욱 민감하게 만들 수 있는가? 약물 중독의 경우에는 그럴 수 있다. 즉, 어린 시기에 알코올과 약물을 사용하는 것은 약물 의존의 위험을 증가

사례 일화

N. M. *Case Vignette*

N.M.은 44세의 백인 기혼 여성으로, 오랫동안 음식과 관련된 문제가 있었다. N.M.이 건강관리 클리닉에 처음 왔을 때 그녀의 키는 167cm였고 몸무게는 BMI 20.9kg/m^{2}에 85kg이었다. 그녀는 비만 문제뿐만 아니라 일코올, LSD, 코카인, 대마, 메타암페타민 가루 등과 같은 다양한 물질 의존도 있었다. 하지만 20년 동안 사용하지 않고 있으며 이를 위해 전문적으로 치료받은 적이 한 번도 없다고 하였다(즉, 약물 재활 프로그램이나 12단계 프로그램을 거치지 않았다). 이 환자의 가족력은 알코올 의존에 중요한 요소였다. 그녀는 초기 진단시, 정신 클리닉에서 범불안 장애과 주요 우울 장애로 플루옥세틴, 부프로피온 XL, 트라조돈을 처방받았다. 그녀는 십대 때에 우울증 때문에 입원을 한 경험이 있다. 우울증 때문에 자살을 시도한 적이 한 번 있고 여러 차례 우울증 치료를 위해 벤라팍신, 세르트랄린, 파록세틴, 리튬, 에스시탈로프람, 노르프라민을 포함하는 다양한 항정신성 물질을 처방받았다.

그녀의 체중의 경우, 21살 때 53kg, MBI 19.3kg/m^{2}로 가장 적게 나갔고, 127kg, BMI 46kg/m^{2}에 이르기까지 체중 변동이 아주 컸다. 그녀는 체중 감량을 위해 몸무게 관리자(weight watcher), 익명의 과체중자 모임(Overeaters Anonymous)과 같은 다양한 프로그램에 참여해 보았고 펜테르민을 복용하는 의학적 관리도 받았다. 하지만 체중을 감량하는 것은 잠깐일 뿐 다시 체중이 불어났다고 했다. 그녀가 건강과 관련하여 가장 많이 걱정하는 것은 관절 손상이다. 실제로 무릎과 어깨를 수술하기도 했다. 이 수술 때문에 운동을 할 수 없고 결국 또다시 체중이 불어나게 되었다.

그녀는 체중에 관한 걱정뿐 아니라 음식과 특이한 관계에 있다고 표현했는데, 이를 걱정했다. 그녀를 처음 만났을 때에는, 한번 폭식할 때마다 6,000kcal에 달하는 음식을 먹었고 폭식은 매일 반복되고 있다고 했다. 이러한 폭식은 때로 불규칙적이기도 했으며, 케첩, 단 음식, 짠 음식, 아이스크림과 같이 단 음식 혹은 패스트 푸드와 같이 평소 잘 먹지 않던 음식을 먹었다. 메스껍게 느껴짐에도 불구하고 먹고, 폭식 후에는 때때로 토하거나 과도한 운동(관절 손상 전)과 같은 보상 행동들을 했다고 말했다. 자신의 신체 이미지에 대해서도 자신이 없었으며 우울하거나 슬플 때 위안을 느끼기 위해 음식을 먹기도 했다. 배고프지 않을 때도 폭식 행동을 했고 죄책감 때문에 몰래 음식을 폭식했다. 그녀는 자신의 십대 딸도 비슷한 행동을 하는 것 같고 딸이 음식을 비축해 두는 것을 발견했다고 말했다. 그녀가 말한 것에 따르면, 그녀는 폭식 장애의 기준에 부합하고, 비록 지금은 보상 행동을 부인하고 있지만 곧 신경성 과식증으로 발전할 수도 있을 것이다.

N.M.은 YFAS(Yale Food Addiction Scale)을 완료하고 7개의 진단 기준 중 6개에 응답했기 때문에 음식 중독에 대한 진단에도 충분히 충족되었다. 그녀는 달고 짜고 지방이 많

은 음식 섭취를 중단하는 것이 어렵다고 했고, 이러한 음식을 그녀의 식단에서 완전히 배제했을 때 금단 증상도 느꼈다고 했다. 또한 그녀는 십대 딸과 남편과 의미 있는 시간을 보내기보다는 몰래 폭식하면서 시간을 보냈기 때문에, 알코올 의존과 다양한 물질 의존과 비슷하게 음식 중독이 자신과 다른 사람의 관계에 영향을 미친다고 했다. 많은 음식을 먹은 다음 더 느릿느릿해지는 기분이 들었기 때문에 간호사 일을 하는 것에도 어려움이 있다고 했다. 부정적인 감정을 느낄 때 음식이 주는 위안감의 정도는 이전에 비해 약해졌고 음식에 대한 내성이 생겼다고 했다. 위산 역류나 과도한 체중 때문에 생기는 관절 통증이 더 심해지는 것과 같은 부정적인 신체적 결과에도 불구하고 적절한 양으로 음식을 먹을 수 없다고 했다.

치료를 위해 익명의 과체중자 모임에 참석하고 후원자를 만나게 된 것과 더불어 매일 25mg의 토피라메이트 치료를 시작했다. 비록 인지적으로 둔감해지는 부작용이 있다고 말하고 약물을 중단하겠다고 결정했지만, 이 치료가 도움이 되는 것 같았다. 이 환자에게 펜테르민은 사용되지 않았다. 물질 사용 병력과 이 물질의 잠재적인 중독 가능성 때문이었다. 플루옥세틴은 폭식 장애를 치료하기 위해 하루에 20mg에서 60mg으로 늘어났다(플루옥세틴이 체중 증가를 유발할 수 있는 약물임을 인식하고 있었다). 이 환자의 폭식 행동은 하루 한 번에서 일주일에 한 번으로 점차 감소했다. 안타까운 점은 그녀가 하루 중 50~70%는 음식에 대해 계속 생각했다는 것과 이 점이 그녀를 고통스럽게 했다는 것이다. 이 시점에서 치료사는 알코올과 아편 중독 치료를 위해 사용되는 약물이자 부프로피온과 결합하여 사용될 때에는 콘트라브라는 이름으로 알려진 날트렉손을 처방할 것을 고려했다. 체중 감량을 촉진하는 시너지 효과가 있을 수 있다. 다른 치료 선택은 날트렉손과 바클로펜 처방을 고려하는 것이었다. 바클로펜은 $GABA_B$ 작용제로 약물 남용뿐 아니라 폭식 치료에도 도움이 되는 것으로 알려져 있다. YFAS 점수가 높은 것과 물질 중독에 대한 개인력 및 가족력을 고려했을 때, 폭식 장애뿐 아니라 음식 중독도 있었다. 그녀는 이 책을 집필할 당시 날트렉손은 거절하면서 추가 약물을 더하기 전에 현 약물요법을 계속하고 싶고, 지금은 심리 치료사와 치료를 지속하고 싶다고 했다. 하지만, 이 사례는 음식 중독 문제를 가진 사람을 치료하는 일이 복잡하고, 비만과 폭식 장애를 가진 사람을 치료할 때에 약물 치료를 병행해야 한다는 점을 보여주고 있다.

시키는 것과 관련이 있다. 그리고 앞서 약물 의존과 음식 중독에서 도파민 보상 체계의 유사성에 관해 언급된 것을 고려할 때에, 고지방 및 고당분 음식의 위험으로부터 아이들을 보호하는 공공 정책을 수립해야 할 필요성이 있을 것이다.

오늘날 비만의 유병률이 증가했기 때문에 결과적으로 비만 및 비만 관련 의학적 질병에 대한 건강관리 비용도 늘어나고 있다. 따라서 비만 때문에 발생하는 경제적 부담은 비만 환자만의 문제가 아니다. 따라서 비만은 공공 정책 차원에서 고려되어야 하며, 대중들로 하여금 건강한 음식 섭취를 선택하도록 격려하고 비만과 음식 중독을 예방할 수 있는 프로그램을 개발할 필요가 있다. 또한 어린이들을 대상으로 하는 음식 마케팅의 현 상황에 대해서도 재고해 보아야 한다. 예전에 만화 캐릭터를 사용하여 어린이를 대상으로 했던 담배광고와 비슷하다고 볼 수 있다. 음식에 중독된 사람들은 그렇지 않은 사람들보다 음식이 주는 신호에 훨씬 높은 정도로 반응한다. 음식에 대한 예측 신호들은 식욕뿐 아니라 음식을 찾고 소화하는 행동에도 큰 영향을 미친다(Brownell & Warner, 2009; Gearhardt, Bragg et al., 2012; Gearhardt & Brownell, 2013).

11. 결론

이 장에서는 과식, 비만, 음식 중독이 유전, 환경, 문화, 동반이환 정신질환 문제와 같은 요인과 어떻게 복합적으로 얽혀 있는지를 살펴보았다. 새로운 연구들은 음식 중독과 비만 문제를 가진 환자를 치료하기 위해, 보상 체계의 도파민 결핍에서부터 렙틴 결핍과 세로토닌, 노르에피네프린 결핍에 이르기까지 다양하고 새로운 치료법을 내놓았다. 특히 입맛을 돋우는 음식들이 특정 사람들에게는 물질 의존과 비슷하게 중독적일 것이라는 음식 중독 가설은 연구와 치료 분야에 새롭고 흥미로운 기반을 제공한다. 비록 음식 중독과 비만이 서로 같은 것은 아니더라도, 서로 중복되는 요인들이 있고, 폭식 장애와도 공유되는 부분이 있다.

식욕을 억제하는 기존 약물들은 단기간의 체중 감량에 효과적이었으나 체중 감량을 유지하는 면에서는 효과가 떨어졌다. 약물 치료뿐만 아니라, 비만대사 수술은 BMI가 40km/m^2 혹은 의학적 합병증이 있는 경우 35kg/m^{2}보다 높을 때에 가장 성공적인 치료 중 하나이다. 그러나 수술의 위험과 여러 '단점'이 있다. 현재 다양하고 새로운 약물 치료법이 개발 및 보급되고 있다. 그 중에는 토피라메이트와 소량의 펜테르민이 혼합된 큐시미아, 부프로피온과 날트렉손(오피오이드 길항제이자 중독 치료제)이 혼합된 콘트레이브와 같은 혼합 약물들이 있다. 또 다른 약물인 테소펜신은 노르에피네프린-세로토인-도파민 재흡수 억제제이고, 로카세린은 포만감을 유발하는 것으로 여겨지며 세로토닌 5HT2 수용기를 대상으로 작용한다.

음식 중독, 과식, 비만은 새로운 연구가 많이 필요한 분야이다. 더욱이, 비만은 새로운 치료가 연구되고 개발되어야 할 만큼 전 세계적으로 더 퍼져 나가게 될 것으로 예상된다. 따라서 이와 관련된 공공 정책은 많은 사람들과 다음 세대에 많은 영향을 미치게 될 것이다.

12. 참고문헌

American Psychiatric Association. (2000). *Diagnostic and statistical manual of mental disorders* (4th ed.text rev.). Washington, DC: Author.

American Psychiatric Association. (2013). *Diagnostic and statistical manual of mental disorders* (5th ed.). Washington, DC: Author.

Aronne, L., Fujioka, K., Aroda, V., Chen, K., Halseth, A., Kesty, N. C., et al. (2007). Progressive reduction in body weight after treatment with the amylin analog pramlintide in obese subjects: A phase 2, randomized, placebo-controlled, dose-escalation study. [Clinical Trial, Phase II Multicenter Study Randomized Controlled Trial]. *Journal of Clinical Endocrinology and Metabolism*, 92(8), 2977–2983.

Aronne, L. J. (2007). Therapeutic options for modifying cardiometabolic risk factors. [Review]. *American Journal of Medicine*, 120(3 Suppl 1), S26–34.

Aronne, L. J., Brown, W. V., & Isoldi, K. K. (2007). Cardiovascular disease in obesity: A review of related risk factors and risk-reduction strategies. *Journal of Clinical Lipidology*, 1(6), 575–582.

Aronne, L. J., Waitman, J., & Isoldi, K. K. (2008). The pharmacotherapy of obesity. Retreived from http:///www.Endotext.Org/obesity/obesity15b/obesity15b.Htm.

Avena, N. M., & Gold, M. S. (2011a). Food and addiction—Sugars, fats and hedonic overeating. *Addiction*, 106(7), 1214–1215 discussion 1219–1220.

Avena, N. M., & Gold, M. S. (2011b). Sensitivity to alcohol in obese patients: A possible role for food addiction. *Journal of the American College of Surgeons*, 213(3), 451 author reply 451–452.

Avena, N. M., & Gold, M. S. (2011c). Variety and hyperpalatability: Are they promoting addictive overeating? *American Journal of Clinical Nutrition*, 94(2), 367–368.

Bagnasco, M., Dube, M. G., Katz, A., Kalra, P. S., & Kalra, S. P. (2003). Leptin expression in hypothalamic PVN reverses dietary obesity and hyperinsulinemia but stimulates ghrelin. [Research Support, U.S. Gov't, P.H.S.]. *Obesity Research*, 11(12), 1463–1470.

Blum, K., Braverman, E. R., Holder, J. M., Lubar, J. F., Monastra, V. J., Miller, D., et al. (2000). A biogenetic model for the diagnosis and treatment of impulsive, addictive, and compulsive behaviors. [Research Support, Non-U.S. Gov't Review]. *Journal of Psychoactive Drugs*, 32(Suppl. i–iv), 1–112 Reward deficiency syndrome.

Blum, K., & Gold, M. S. (2011). Neuro-chemical activation of brain reward meso-limbic circuitry is associated with relapse prevention and drug hunger: A hypothesis. *Medical Hypotheses*, 76(4), 576–584.

Blum, K., Liu, Y., Shriner, R., & Gold,M.S. (2011). Reward circuitry dopaminergic activation regulates food and drug craving behavior. *Current Pharmaceutical Design*, 17(12), 1158–1167.

Blum, K., Noble, E. P., Sheridan, P. J., Montgomery, A., Ritchie, T., Jagadeeswaran, P., et al. (1990). Allelic association of human dopamine d2 receptor gene in alcoholism. *Journal of the American Medical Association*, 263(15), 2055–2060.

Blum, K., Oscar-Berman, M., Bowirrat, A., Giordano, J., Madigan, M., Braverman, E. R., et al. (2012). Neuropsychiatric genetics of happiness, friendships, and politics: Hypothesizing homophily ("birds of a feather flock together") as a function of reward gene polymorphisms. *Journal of Genetic Syndrome & Gene Therapy*, 3(112), doi: 10.4172/2157–7412.1000112.

Blum, K., Sheridan, P. J., Wood, R. C., Braverman, E. R., Chen, T. J., Cull, J. G., et al. (1996). The d2 dopamine receptor gene as a determinant of reward deficiency syndrome. *Journal of the Royal Soceity of Medicine*, 89(7), 396–400.

Blum, K., Werner, T., Carnes, S., Carnes, P., Bowirrat, A., Giordano, J., et al. (2012). Sex, drugs, and rock 'n' roll: Hypothesizing common mesolimbic activation as a function of reward gene polymorphisms. [Research Support, N.I.H., Extramural Research Support, U.S. Gov't, Non-P.H.S. Research Support, U.S. Gov't, P.H.S. Review]. *Journal of Psychoactive Drugs*, 44(1), 38–55.

Bocarsly, M. E., Barson, J. R., Hauca, J. M., Hoebel, B. G., Leibowitz, S. F., & Avena, N. M. (2012). Effects of perinatal exposure to palatable diets on body weight and sensitivity to drugs of abuse in rats. *Physiology & Behavior*, 107, 568–575.

Boghossian, S., Ueno, N., Dube, M. G., Kalra, P., & Kalra, S. (2007). Leptin gene transfer in the hypothalamus enhances longevity in adult monogenic mutant mice in the absence of circulating leptin. [Research Support, N.I.H., Extramural]. *Neurobiology of Aging*, 28(10), 1594–1604.

Brion, M. J., Ness, A. R., Rogers, I., Emmett, P., Cribb, V., Davey Smith, G., et al. (2010). Maternal macronutrient and energy intakes in pregnancy and offspring intake at 10 y: Exploring parental comparisons and prenatal effects. [Research Support, N.I.H., Extramural Research Support, Non-U.S. Gov't]. *American Journal of Clinical Nutrition*, 91(3), 748–756.

Brownell, K. D., & Warner, K. E. (2009). The perils of ignoring history: Big tobacco played dirty and millions died. How similar is big food? *Milbank Quarterly*, 87(1), 259–294.

Chen, P. S., Yang, Y. K., Yeh, T. L., Lee, I. H., Yao, W. J., Chiu, N. T., et al. (2008). Correlation between body mass index and striatal dopamine transporter availability in healthy volunteers—A spect study. [Research Support, Non-U.S. Gov't]. *Neuroimage*, 40(1), 275–279.

Clinical guidelines on the identification, evaluation, and treatment of overweight and obesity in adults–the evidence report. National Institutes of Health. (1998). Consensus Development Conference, NIH Guideline Practice Guideline Review. *Obesity Research*, 6(Suppl.2), 51S–209S.

Colquitt, J. L., Picot, J., Loveman, E., & Clegg, A. J. (2009). Surgery for obesity. [Review]. *Cochrane Database of Systematic Reviews* (2), CD003641.

Conason, A., Teixeira, J., Hsu, C. H., Puma, L., Knafo, D., & Geliebter, A. (2012). Substance use following bariatric weight loss surgery. *Archives of Surgery*, 1–6.

Dackis, C. A., & Gold, M. S. (1985). New concepts in cocaine addiction: The dopamine depletion hypothesis. *Neuroscience and Biobehavioral Reviews*, 9, 469–477.

Davis, C., Curtis, C., Levitan, R. D., Carter, J. C., Kaplan, A. S., & Kennedy, J. L. (2011). Evidence that 'food addiction' is a valid phenotype of obesity. *Appetite*, 57(3), 711–717.

Dolinoy, D. C., Weidman, J. R., Waterland, R. A., & Jirtle, R. L. (2006). Maternal genistein alters coat color and protects Avy mouse offspring from obesity by modifying the fetal epigenome. [Research Support, N.I.H., Extramural Research Support, Non-U.S. Gov't]. *Environmental Health Perspectives*, 114(4), 567–572.

Edelman, S., Maier, H., & Wilhelm, K. (2008). Pramlintide in the treatment of diabetes mellitus. [Review]. *BioDrugs: Clinical Immunotherapeutics, Biopharmaceuticals and Gene Therapy*, 22(6), 375–386.

Eichen, D. M., Lent, M. R., Goldbacher, E., & Foster, G. D. (2013). Exploration of "food addiction" in overweight and obese treatment-seeking adults. *Appetite*, 67, 22–24.

FDA. (2012). Medications target long-term weight control. Retrieved from http://www.Fda.Gov/forconsumers/consumerupdates/ucm312380.Htm.

Finkelstein, E. A., Trogdon, J. G., Cohen, J. W., & Dietz, W. (2009). Annual medical spending attributable to obesity: Payer- and service-specific estimates. [Research Support, Non-U.S. Gov't]. *Health Affairs*, 28(5), w822–831.

Flegal, K. M., Carroll, M. D., Ogden, C. L., & Johnson, C. L. (2002). Prevalence and trends in obesity among US adults, 1999–2000. *Journal of the American Medical Association*, 288(14), 1723–1727.

Gearhardt, A. N., Bragg, M. A., Pearl, R. L., Schvey, N. A., Roberto, C. A., & Brownell, K. D. (2012). Obesity and public policy. *Annual Review of Clinical Psychology*, 8, 405–430.

Gearhardt, A. N., & Brownell, K. D. (2013). The importance of understanding the impact of children's food marketing on the brain. [Comment Editorial]. *Journal of Pediatrics*, 162(4), 672–673.

Gearhardt, A. N., Corbin, W. R., & Brownell, K. D. (2009a). Food addiction: An examination of the diagnostic criteria for dependence. *Journal of Addiction Medicine*, 3(1), 1–7.

Gearhardt, A. N., Corbin, W. R., & Brownell, K. D. (2009b). Preliminary validation of the Yale Food Addiction Scale. *Appetite*, 52(2), 430–436.

Gearhardt, A. N., White, M. A., Masheb, R. M., Morgan, P. T., Crosby, R. D., & Grilo, C. M. (2012). An examination of the food addiction construct in obese patients with binge eating disorder. [Research Support, N.I.H., Extramural]. *International Journal of Eating Disorders*, 45(5), 657–663.

Gold, M. S. (2013). From cigarettes to obesity, public health at risk. In O. U. P. Blog & S. Harrington (Eds.), New York: Oxford University Press.

Gold, M. S., & Avena, N. M. (2012). *Effects of baclofen and naltrexone, alone and incombination, on binge eating in rats*. New Orleans, LA: Paper presented at the Society for Neuroscience Annual Meeting.

Gold, M. S., & Avena, N. M. (2013). Animal models lead the way to further understanding food addiction as well as providing evidence that drugs used successfully in addictions can be successful in treating overeating. [Letter]. *Biological Psychiatry*, doi: 10.1016/j.biopsych.2013.04.022.

Grant, J. E., Kim, S. W., & Hartman, B. K. (2008). A double-blind, placebo-controlled study of the opiate antagonist naltrexone in the treatment of pathological gambling urges. [Randomized Controlled Trial Research Support, N.I.H., Extramural]. *Journal of Clinical Psychiatry*, 69(5), 783–789.

Grant, J. E., Odlaug, B. L., Potenza, M. N., Hollander, E., & Kim, S. W. (2010). Nalmefene in the treatment of pathological gambling: Multicentre, double-blind, placebo-controlled study. [Multicenter Study Randomized Controlled Trial Research Support, Non-U.S. Gov't]. *British Journal of Psychiatry: The Journal of Mental Science*, 197(4), 330–331.

Haltia, L. T., Rinne, J. O., Merisaari, H., Maguire, R. P., Savontaus, E., Helin, S., et al. (2007). Effects of intravenous glucose on dopaminergic function in the human brain invivo. [Clinical Trial Randomized Controlled Trial Research Support, Non-U.S. Gov't]. *Synapse*, 61(9), 748–756.

Henikoff, S., & Matzke, M. A. (1997). Exploring and explaining epigenetic effects. [Comment Editorial]. *Trends in Genetics*, 13(8), 293–295.

Hudson, J. I., Hiripi, E., Pope, H. G., Jr., & Kessler, R. C. (2007). The prevalence and correlates of eating disorders in the national comorbidity survey replication. [Research Support, N.I.H., Extramural Research Support, Non-U.S. Gov't]. *Biological Psychiatry*, 61(3), 348–358.

Ifland, J. R., Preuss, H. G., Marcus, M. T., Rourke, K. M., Taylor, W. C., Burau, K., et al. (2009). Refined food addiction: A classic substance use disorder. *Medical Hypotheses*, 72(5), 518–526.

Johns, M. C. (2007). Therapies for diabetes: Pramlintide and exenatide. *American Family Physician*, 75(12), 1831–1835.

Kalra, S. P. (2008). Central leptin insufficiency syndrome: An interactive etiology for obesity, metabolic and neural diseases and for designing new therapeutic interventions. [Research Support, N.I.H., Extramural Review]. *Peptides*, 29(1), 127–138.

Kalra, S. P. (2009). Central leptin gene therapy ameliorates diabetes type 1 and 2 through two independent hypothalamic relays; a benefit beyond weight and appetite regulation. [Research Support, N.I.H., Extramural Review]. *Peptides*, 30(10), 1957–1963.

Kalra, S. P., Bagnasco, M., Otukonyong, E. E., Dube, M. G., & Kalra, P. S. (2003). Rhythmic, reciprocal ghrelin and leptin signaling: New insight in the development of obesity. [Research Support, U.S. Gov't, P.H.S. Review]. *Regulatory Peptides*, 111(1–3), 1–11.

Kalra, S. P., Dube, M. G., Pu, S., Xu, B., Horvath, T. L., & Kalra, P. S. (1999). Interacting appetite-regulating pathways in the hypothalamic regulation of body weight. [Research

Support, U.S. Gov't, P.H.S. Review]. *Endocrine Reviews*, 20(1), 68–100.

Kalra, S. P., & Kalra, P. S. (2006). Neuropeptide y: A conductor of the appetite-regulating orchestra in the hypothalamus. In A. J. Kastin (Ed.), *Handbook of biologically active peptides* (pp.889–894). Amsterdam, The Netherlands: Elsevier Press.

Kelley, A. E., Bakshi, V. P., Haber, S. N., Steininger, T. L., Will, M. J., & Zhang, M. (2002). Opioid modulation of taste hedonics within the ventral striatum. [Research Support, U.S. Gov't, P.H.S. Review]. *Physiology & Behavior*, 76(3), 365–377.

Keyes, K. M., Hatzenbuehler, M. L., McLaughlin, K. A., Link, B., Olfson, M., Grant, B. F., et al. (2010). Stigma and treatment for alcohol disorders in the United States. [Research Support, N.I.H., Extramural Research Support, Non-U.S. Gov't]. *American Journal of Epidemiology*, 172(12), 1364–1372.

Korner, J., & Aronne, L. J. (2004). Pharmacological approaches to weight reduction: Therapeutic targets. [Research Support, U.S. Gov't, P.H.S. Review]. *Journal of Clinical Endocrinology and Metabolism,* 89(6), 2616–2621.

Kringelbach, M. L., & Berridge, K. C. (2010). The functional neuroanatomy of pleasure and happiness. *Discovery Medicine*, 9(49), 579–587.

Maluenda, F., Csendes, A., De Aretxabala, X., Poniachik, J., Salvo, K., Delgado, I., et al. (2010). Alcohol absorption modification after a laparoscopic sleeve gastrectomy due to obesity. *Obesity Surgery*, 20(6), 744–748.

Nakamura, K. M., Haglind, E. G. C., Clowes, J. A., Achenbach, S. J., Atkinson, E. J., Melton, L. J., et al. (2011). Fracture risk after bariatric surgery. *Endocrine Reviews*, 32, (03_Meeting Abstracts), OR 44–45.

Neff, L. M., & Aronne, L. J. (2007). Pharmacotherapy for obesity. [Review]. *Current Atherosclerosis Reports*, 9(6), 454–462.

Neurosearch. (2009). *Tesofensine*. Retrieved from http://neurosearch.Com/default.Aspx? Id+8265.

NHLBI.. (2000). *Obesity education initiative, the practical guide: Identification, evaluation, and treatment of overweight and obesity in adults*. Retrieved from http://www.Nhlbi.Nih.Gov/guidelines/obesity.

Noble, E. P., Noble, R. E., Ritchie, T., Syndulko, K., Bohlman, M. C., Noble, L. A., et al. (1994). D2 dopamine receptor gene and obesity. [Research Support, Non-U.S. Gov't]. *International Journal of Eating Disorders*, 15(3), 205–217.

Ogden, C. L., Carroll, M. D., Curtin, L. R., Lamb, M. M., & Flegal, K. M. (2010). Prevalence of high body mass index in US children and adolescents, 2007–2008. *Journal of the American Medical Association*, 303(3), 242–249.

Orexigen Therapeutics, Inc. (2009a). *Press Release, 07/20/09: Contrave obesity research phase 3 program meets co-primary and key secondary endpoints; exceeds FDA efficacy benchmark for obesity treatments*. http://ir.orexigen.com.

Oriexigen Therapeutics, Inc. (2009b). *Press Release, 09/30/09: Orexigen therapeutics phase 2b trial for empatic meets primary efficacy endpoint demonstrating significantly greater weight loss versus comparators in obese patients*. Retrieved from http://ir.orexigen.com.

Otukonyong, E. E., Dube, M. G., Torto, R., Kalra, P. S., & Kalra, S. P. (2005). Central leptin differentially modulates ultradian secretory patterns of insulin, leptin and ghrelin independent of effects on food intake and body weight. [Research Support, N.I.H., Extramural]. *Peptides*, 26(12), 2559–2566.

Pu, S., Jain, M. R., Horvath, T. L., Diano, S., Kalra, P. S., & Kalra, S. P. (1999). Interactions between neuropeptide y and gamma-aminobutyric acid in stimulation of feeding: A morphological and pharmacological analysis. [Research Support, U.S. Gov't, P.H.S.]. *Endocrinology*, 140(2), 933–940.

Puhl, R., Peterson, J. L., & Luedicke, J. (2012). Fighting obesity or obese persons? Public perceptions of obesity-related health messages. *International Journal of Obesity*, 37(6), 774–782.

Rolls, E. T. (2007). Sensory processing in the brain related to the control of food intake. [Lectures Research Support, Non-U.S. Gov't]. *Proceedings of The Nutrition Society*, 66(1), 96–112.

Salpeter, S. R., Buckley, N. S., Kahn, J. A., & Salpeter, E. E. (2008). Meta-analysis: Metformin treatment in persons at risk for diabetes mellitus. [Meta-Analysis Research Support, Non-U.S. Gov't Review]. *American Journal of Medicine*, 121(2), 149–157.

Schneider, B. E., & Mun, E. C. (2005). Surgical management of morbid obesity. [Review]. *Diabetes Care*, 28(2), 475–480.

Schwartz, M. W., Peskind, E., Raskind, M., Boyko, E. J., & Porte, D., Jr (1996). Cerebrospinal fluid leptin levels: Relationship to plasma levels and to adiposity in humans. [Comparative Study Research Support, U.S. Gov't, Non-P.H.S. Research Support, U.S. Gov't, P.H.S.]. *Nature Medicine*, 2(5), 589–593.

Semple, S. J., Grant, I., & Patterson, T. L. (2005). Utilization of drug treatment programs by methamphetamine users: The role of social stigma. *American Journal on Addictions/American Academy of Psychiatrists in Alcoholism and Addictions*, 14(4), 367–380.

Silventoinen, K., Sans, S., Tolonen, H., Monterde, D., Kuulasmaa, K., Kesteloot, H., et al. (2004). Trends in obesity and energy supply in the WHO Monica Project. [Multicenter Study Research Support, Non-U.S. Gov't Research Support, U.S. Gov't, P.H.S.]. *International Journal of Obesity and Related Metabolic Disorders: Journal of the International Association for the Study of Obesity*, 28(5), 710–718.

Smith, G. P. (2004). Accumbens dopamine mediates the rewarding effect of orosensory stimulation by sucrose. *Appetite*, 43(1), 11–13.

Stice, E., Spoor, S., Bohon, C., Veldhuizen, M. G., & Small, D. M. (2008). Relation of reward from food intake and anticipated food intake to obesity: A functional magnetic resonance imaging study. [Research Support, N.I.H., Extramural]. *Journal of Abnormal Psychology*, 117(4), 924–935.

Ueno, N., Inui, A., Kalra, P. S., & Kalra, S. P. (2006). Leptin transgene expression in the hypothalamus enforces euglycemia in diabetic, insulin-deficient nonobese akita mice and leptin-deficient obese ob/ob mice. [Comparative Study Research Support, N.I.H., Extramural]. *Peptides*, 27(9), 2332–2342.

Vartanian, L. R., & Smyth, J. M. (2013). Primum non nocere: Obesity stigma and public health. *Journal of Bioethical Inquiry*, 10(1), 49–57.

Vetter, M. L., Faulconbridge, L. F., Williams, N. N., & Wadden, T. A. (2012). Surgical treatments for obesity. In K. D. Brownell & M. S. Gold (Eds.), *Food and addiction—A comprehensive handbook* (pp.310–317). New York: Oxford University Press.

Volkow, N. D., Chang, L., Wang, G. J., Fowler, J. S., Ding, Y. S., Sedler, M., et al. (2001). Low level of brain dopamine d2 receptors in methamphetamine abusers: Association with metabolism in the orbitofrontal cortex. [Research Support, U.S. Gov't, Non-P.H.S. Research Support, U.S. Gov't, P.H.S.]. *American Journal of Psychiatry*, 158(12), 2015–2021

Volkow, N. D., Fowler, J. S., Wang, G. J., Hitzemann, R., Logan, J., Schlyer, D. J., et al. (1993). Decreased dopamine d2 receptor availability is associated with reduced frontal metabolism in cocaine abusers. [Comparative Study Research Support, U.S. Gov't, Non-P.H.S. Research Support, U.S. Gov't, P.H.S.]. *Synapse*, 14(2), 169–177.

Volkow, N. D., Wang, G. J., Telang, F., Fowler, J. S., Goldstein, R. Z., Alia-Klein, N., et al. (2009). Inverse association between BMI and prefrontal metabolic activity in healthy adults. [Research Support, N.I.H., Extramural Research Support, N.I.H., Intramural Research Support, U.S. Gov't, Non-P.H.S.]. *Obesity*, 17(1), 60–65.

Volkow, N. D., Wang, G. J., Telang, F., Fowler, J. S., Logan, J., Jayne, M., et al. (2007). Profound decreases in dopamine release in striatum in detoxified alcoholics: Possible orbitofrontal involvement. *Journal of Neuroscience*, 27(46), 12700–12706.

Volkow, N. D., & Wise, R. A. (2005). How can drug addiction help us understand obesity? [Review]. *Nature Neuroscience*, 8(5), 555–560.

Walters, R. G., Jacquemont, S., Valsesia, A., de Smith, A. J., Martinet, D., Andersson, J., et al. (2010). A new highly penetrant form of obesity due to deletions on chromosome 16p11.2. [Research Support, N.I.H., Extramural Research Support, Non-U.S. Gov't]. *Nature*, 463(7281), 671–675.

Wang, G. J., Volkow, N. D., Felder, C., Fowler, J. S., Levy, A. V., Pappas, N. R., et al. (2002). Enhanced resting activity of the oral somatosensory cortex in obese subjects. *Neuroreport*, 13(9), 1151–1155.

Wang, Y., Beydoun, M. A., Liang, L., Caballero, B., & Kumanyika, S. K. (2008). Will all Americans become overweight or obese? Estimating the progression and cost of the US obesity epidemic. *Obesity (Silver Spring)*, 16(10), 2323–2330.

Will, M. J., Franzblau, E. B., & Kelley, A. E. (2003). Nucleus accumbens mu-opioids regulate intake of a high-fat diet via activation of a distributed brain network. [Research Support, U.S. Gov't, P.H.S.]. *Journal of Neuroscience*, 23(7), 2882–2888.

Woolley, J. D., Lee, B. S., & Fields, H. L. (2006). Nucleus accumbens opioids regulate flavor-based preferences in food consumption. [Research Support, Non-U.S. Gov't]. *Neuroscience*, 143(1), 309–317.

Yeomans, M. R., & Gray, R. W. (1997). Effects of naltrexone on food intake and changes in subjective appetite during eating: Evidence for opioid involvement in the appetizer effect. [Clinical Trial Randomized Controlled Trial Research Support, Non-U.S. Gov't]. *Physiology & Behavior*, 62(1), 15–21.

CHAPTER 9 성 중독: 개관

Kenneth Paul Rosenberg,
Suzanne O'Connor, Patrick Carnes

1. 역사적 배경

1812년에 출판된 책, 『마음의 질병에 관한 의학적 질문과 관찰(Medical Inquiries and Observations Upon the Diseases of the Mind)』에서 Benjamin Rush는 '과도한' 성적 취향 때문에 의학적으로 무능한 상태가 될 만큼 심리학적 고통을 받고 있는 어떤 남자의 사례에 대해 서술하고 있다(Rush, 1812). 1886년에 독일 정신의학자 Richard von Krafft-Ebbing은 성에 대한 병적인 집착이 실제로 정신적 질병이라고 주장했다. 그는 다음과 같이 말했다.

> 성은 환자의 생각과 감정에 스며들어 다른 삶의 목표를 가지지 못하게 하고, 발정난 것같이 환자로 하여금 도덕적인 것과 옳은 것을 고려하지 못한 채 충동적이고 탐욕스럽게 계속 성적 즐거움을 추구하게 한다. 이러한 성에 대한 병적인 집착은 환자가 계속 법이나 도덕을 어기거나, 자신의 명예, 자유, 심지어는 삶을 잃게 할 위험에 빠지게 만들기 때문에 끔찍한 재앙이다(Krafft-Ebbing, 1886, 1965).

대략 한 세기 이후, 영국의 심리학자 Jim Orford는 과도한 성욕이 중독 장애의 연속선상에 포함되어야 한다고 주장했다. Jim Orford는 *British Journal of Addictions*에서 다음과 같이 기술했다.

> 의존에 관한 이론에서, 향정신 약물과 관련되지 않은 과도한 욕구 행동의 형태들

> 또한 고려해야 한다는 주장이 계속되어 왔다. 과도한 이성애는 중요하지만 간과되어 왔던 것들 중의 하나이다. 과도한 성욕은 그 자체가 많은 이유로 비판받아 왔다. 개념과 정의에 관한 이러한 문제들은 문제성 음주나 도박 행동과 같은 여타 과도한 행동들에서 논의되는 것과 동일하게 다뤄져야 한다(1978).

Orford는 과잉 성욕 의존(Hypersexual Dependence)에 대한 이론을 주장했음에도 불구하고 성 의존 모델에 대한 세 가지 문제점을 언급했다. 이는 Carnes(1994)도 지적한 문제이고 오늘날에도 여전히 유효하다. "(1) 정상적인 성 행동과 비정상적인 성 행동을 구분하는 것이 쉽지 않다. (2) 조절 능력의 상실이 언제 일어나는지 결정하기 어렵다. (3) 이것에 미치는 문화적 요인을 평가하기 어렵다"(Carnes, 1994에서 재인용).

이 분야에 대한 연구가 미흡하므로 성 중독(Sex Addiction, SA)이나 관련 질병을 진단할 때에는 특히나 주의를 기울여야 한다. 게다가 다수의 성 관계를 가지거나, 난잡하거나, 또는 새로운 성적 표현을 일삼는 사람들 중 대부분은 성적으로 중독되지 않았다. Levine(2010)은 성 중독을 겪고 있는 남성 30명의 성적 양상을 분석하기 위해 관련 사례 차트들을 검토했고, 사례 연구 중 오직 25%만이 중독 양상의 기준을 만족시켰다고 보고했다.

2. 유병률

최근 일반 인구에서 SA(성 중독)의 유병률은 대부분 3%에서 6% 사이라고 추정한다. SA의 발병률은 성별이나, 성적 성향, 나이, 그리고 연구에 사용한 진단 기준에 따라 문헌마다 다양하다(Carnes, 1991). Kinsey, Pomeroy, 그리고 Martin(1948)에 의해 모집된 미국 인구의 임상적 편의 표집 표본에서 보통 일주일에 7번 이상 오르가즘을 느끼는 것으로 정의되는 남성 성욕 과잉은 청소년기와 30세 사이에서 7.6%로 나타났다. Traeen, Spitznogle, 그리고 Beverfjord(2004)는 노르웨이 성인 남성의 음란물 의존 행동을 연구하였는데 그들의 표본에 의하면 1% 정도가 하루에 2번 이상 성인물을 보면서 자위행위를 하고 사정한 것으로 드러났다. 남성과 여성 모두를 대상으로 연구한 스웨덴의 연구에서는 성적으로 왕성한 응답자의 5%에서 10%가 다른 중독, 위험을 감수하는 행동, 고통과 정신과적 증상을 함께 가지고 있는 것으로 보고했다. 이는 대부분의 성적으로 왕성한 사람들의 하위집단에게서 심리사회적 손상이 있을 수 있음을 시사한다 (Langstrom & Hanson, 2006).

3. ICD와 DSM의 성 중독 관련 진단

200여 년 전부터 과도한 성적 행동에 관해 연구하는 심리학적 논문들이 있었지만, 진단을 위한 의학적 지침의 발전은 이에 비해 더디게 진행되었다. 진단 기준을 만들려는 노력은 과학적 근거가 부족했기 때문에 저항에 부딪혔다. 예를 들어, 국제질병분류(International Classification of Disease, *ICD-10*)(World Health Organization, 2007)에서는 "과도한 성적 욕구"라는 진단으로 기재했고 여자의 경우에는 이를 "색정증", 남자의 경우에는 "음란증"으로 세분화했다. 그러나 Vroege 등(1998)에 의하면, *ICD-10* 대책 위원회원들은 다른 성적 기능 장애와 다르게, 과도한 성적 욕구에 대한 문제 행동은 명확한 연구 기준이 없기 때문에 이 범주의 기준에 대한 합의를 이끌어 낼 수가 없었다. Vroege와 그의 동료들은 이후 만들어질 진단 체계에서는 성적인 질병들을 성적 주기의 단계에 따라 세분화해야 한다고 주장했다. 그들은 ICD 질병 분류의 과학적 근거가 부족하며, 과도한 성적 욕구가 흥분이나 오르가즘 기반의 장애가 아니라 주로 욕구 장애라고 언급했다.

미국 정신의학협회의 *DSM-III-R*(American Psychiatric Association, 1987)에서는 성 중독이라는 개념을 "달리 분류되지 않은 성적 장애"라는 범주에 포함시켰다. 하지만 성 중독이라는 용어는 행동 중독의 타당성을 입증할 실증적 연구와 실제 행동 중독으로써 성적 행동을 입증할 만한 합의가 부족하다는 이유로 1997년 4판에서는 아예 삭제되었다 (Kafka, 2010). DSM 최신판의 성 중독에 관한 조항들은 이 장의 후반부에서 다룰 것이다.

대중 매체에 기고하는 심리학자 Patrick Carnes(1991)는 보통 성 중독자들이 보이는 10개의 임상적 증상, 즉 강박적 행동(94%), 조절 능력의 상실(93%), 멈추려는 노력(88%), 시간 소비(94%), 집착(77%), 의무 수행을 하지 못함(87%), 부정적 결과에도 불구하고 지속됨(85%), 단계적 확대(74%), 사회적, 직업적, 오락적 상실(87%), 금단 증상(98%)을 확인했다. Carnes는 성 중독 선별 검사(Sexual Addiction Screening Test, SAST)를 개발했는데 13점이 준거점수로 사용되었을 때, 진단적 면담과 비교하여 13점 이상인 사람 중 3.5%만이 성 중독으로 진단되지 않은 반면, 응답자의 96.5%가 정확하게 성 중독으로 분류되었다. 편의 표집된 남성 성 중독자 772명과 여성 성 중독자 177

명 그리고 141명의 통제 집단 표본에 기초하여 Carnes는 통제 집단보다 성 중독자에게 유의미하게 높은 것으로 나타나는 행동적 하위유형을 소개했다. 이는 판타지 섹스(18%), 관음증(18%), 노출증(15%), 유혹적인 역할 섹스(21%), 침입적(예를 들어, 경계 침해) 섹스(17%), 모르는 사람과의 섹스(18%), 교환하는 섹스(12%), 돈을 주고 하는 섹스(15%), 고통의 교환(16%), 착취하는 섹스(13%)이다. Carnes는 남성 성 중독자들이 여성 성 중독자들보다 관음증, 침입적 섹스, 노출증, 모르는 사람과의 섹스, 돈을 주고 하는 섹스, 착취적 섹스에 빠질 가능성이 더 높다고 보았다. 여성 성 중독자들은 남성 성 중독자들보다 환상적 섹스, 유혹적인 역할 섹스, 교환하는 섹스, 고통을 교환하는 섹스에 빠질 가능성이 더 높았다. 그리고 관음증과 침입적 섹스 영역에서는 남성과 정도가 비슷했다(Carnes, Nonemaker, & Skilling, 1991).

정신의학에서는 성 중독 관련 장애 진단 체계를 구축하려는 임상적인 노력과 연구가 다양하게 시도되었다. 정신과 전문의 Ariel Goodman(1998)은 내성, 금단 증상, 사회적 및 직업적 기능에 대한 간섭과 같은 물질 남용 장애 진단 기준에 근거하여 성 중독에 관한 기준을 제안했다(표 9.1 참고).

〈표 9.1〉

성 중독으로 제안된 진단 기준*

같은 12개월 동안 다음의 기준에 3가지(또는 그 이상)가 나타나는 부적응적 성적 행동.

(1) 내성
- (a) 원하는 결과를 얻기 위해 성적 행동의 강도나 양을 현저하게 증가시켜야 하는 것
- (b) 같은 강도의 성적 행동에 지속적으로 참여할 때에 효과나 만족감이 현저하게 줄어드는 것

(2) 금단
- (a) 성 행동을 중단한 후에 신체적 그리고/또는 심리적 변화로 설명되는 특징적 정신생리학적 금단 증후군
- (b) 금단 증상들을 완화시키거나 피하기 위해 동일한(또는 거의 비슷한) 성 행동을 하는 것

(3) 종종 의도한 것보다 더 긴 기간, 더 많은 양, 또는 더 높은 강도로 성 행동을 한다.

(4) 성적 행동을 줄이거나 조절하려는 지속적인 욕구를 가지고 노력하나 성공하지 못한다.

(5) 성적 행동을 준비, 참여하고 그 영향으로부터 회복하는 데 많은 시간을 소비한다.

(6) 성적 행동 때문에 중요한 사회적, 직업적, 오락적 활동을 포기하거나 줄이게 된다.

(7) 성적 행동으로 유발되고 악화되는 지속적이고 반복되는 심리적, 신체적 문제에도 불구하고 그 행동이 계속된다.

*Goodman, 1998, p.233.

Carnes(1983, 1991, 1994, 2005)는 성 행동에 대한 화학적 중독의 원리 또한 수용하면서 성 중독에 관한 10개의 진단 기준을 제안하였다(표 9.2 참고).

진단을 연구하고 타당성을 입증하기 위해 연구자들은 실험도구들을 개발하기 시작했다. Carnes는 1600개 이상의 사례에 관한 데이터를 축적하여(1991), 25문항 성 중독 선별 검사(Sexual Addiction Screening Test, SAST)와 같은 여러 자가보고식 선별 척도, 그리고 알코올 의존에 대한 4항목 평가척도인 CAGE(음주를 줄이는 것, 음주 때문에 다른 사람들이 간섭하는 것, 음주에 대한 죄책감, 전날의 금단 또는 숙취효과 때문에 아침에 일어나자마자 술을 한 잔 해야 하는 것과 같은 문제를 겪고 있는지를 측정하기 위해 사용된다)(Ewing, 1984)와 비슷한 간이 선별 테스트를 개발했다.

*강박적 성적 행동*과 *충동적 성적 장애*와 같은 용어들은 성 중독과 관련된 행동을 설명하기 위해 만들어졌고, 성적 강박 척도(Sexual Compulsivity Scale)와 같은 척도들이 연구에 사용된다. Coleman, Raymond, 그리고 McBean(2003)은 강박적 성적 장애는 반복적이고 강렬한 성적 충동, 행동, 생각이 특징이라고 서술했다. 이러한 증상들은 기능의 다양한 영역에 걸쳐 상당한 고통을 야기하고, 정신건강 장애 또는 의학적 상태에 의해 더 잘 설명되지 않는다.

〈표 9.2〉

성 중독 진단 기준*

A. 12개월 동안 최소 3가지 기준을 만족시켜야 한다.
   1) 특정한 성적 행동을 하려는 충동에 저항하는 노력이 계속해서 실패한다.
   2) 의도한 것보다 더 많이, 오랜 기간 동안 자주 이러한 행동을 한다.
   3) 성적 행동에 대한 지속적인 갈망 또는 행동을 줄이거나 멈추거나, 조절하려는 노력이 실패한다.
   4) 성 관계를 찾고, 성 관계를 하고, 성적 경험에서 회복하는 데에 과도한 시간을 소모한다.
   5) 성적 행동과 준비 활동에 집착한다.
   6) 종종 직업, 학업, 가정, 또는 사회적 의무를 이행해야 할 때에도 자주 성적 행동에 참여한다.
   7) 이 행동 때문에 야기되고 악화되는 지속적이고 반복되는 사회적, 재정적, 심리적, 또는 신체적인 문제를 인식함에도 불구하고 이런 행동을 지속한다.
   8) 기대되는 효과를 얻기 위해 강도, 빈도, 위험한 행동을 증가시켜야 하거나, 같은 수준의 강도, 빈도, 위험한 행동을 지속할 때에는 효과가 감소되는 것을 경험한다.
   9) 성적 행동 때문에 사회적, 직업적, 오락적인 활동을 포기하거나 제한한다.
   10) 성적 행동을 하지 못하면 고통, 불안, 짜증, 성마름을 경험한다.

B. 심각한 개인적, 사회적인 결과가 있다(예를 들어, 동반자 또는 직업을 잃는다거나, 법적인 문제).

*Carnes(1991; 2005b)에 의해 제안됨.

Mick과 Hollander(2006)는 중독이 시작되는 초기 단계에서 충동적 요소를 보이고, 역기능적 행동이 지속되면서 강박적 요소를 보이는 환자를 위해 '충동-강박 성 행동'이라는 용어를 제안했다.

2010년과 2011년, 미국 정신의학협회의 연구 집단은 *DSM-5*에서 두 가지의 성 중독 관련 진단을 고려했다. 성과 성 역할 정체성 장애 연구 집단은 *과잉 성욕 장애(Hypersexual Disorder)*를 연구하였고, 중독 및 관련 장애 연구 집단은 *인터넷 중독 장애(Internet Addictive Disorder)*를 다루었다. 하지만 결국 두 진단은 모두 *DSM-5*에 포함되지 않았다.

성과 성역할 정체성 장애 연구 집단을 대표하여 글을 쓴 Kafka(2010)는 과잉 성욕 장애의 진단을 제안하였다(표 9.3 참고). 이 진단은 의존, 내성, 금단 증상을 포함하지 않는다. Kafka의 진단 기준은 절제하려는 노력에 실패하거나, 의도한 것보다 더 사용한다거나, 심각한 사회적 및 직업적 결과를 초래하는 것과 같은 중독의 다른 주요 요인만을 포함하고 있다. 결국 *DSM-5* 위원회는 *DSM-5*에 하나의 진단명으로서 과잉 성욕 장애(Hypersexual Disorder)를 포함하기에는 연구가 충분하지 않다고 판단했다.

〈표 9.3〉

제안된 과잉 성욕 장애 진단 기준*

A) 최소 연속 6개월 이상, 반복적이고 격렬한 성적 판타지, 성적 충동, 또는 성적 행동이 다음의 5가지 기준 중 4가지 또는 그 이상에 충족된다.
  1) 성적인 판타지, 충동 또는 성적 행동을 준비하고 참여하는 데에 과도한 시간을 소비한다.
  2) 불쾌한 감정 상태(예: 불안, 우울, 지루함, 불안정함)에 대한 반응으로 이런 성적 판타지, 충동, 행동에 반복적으로 몰두한다.
  3) 스트레스 사건에 대한 반응으로 성적인 판타지, 충동, 행동에 반복적으로 몰두한다.
  4) 이러한 성적 판타지, 충동, 행동을 조절하거나 줄이려는 시도를 반복하지만 실패한다.
  5) 자신이나 타인의 신체적, 감정적 손상의 위험을 무시하면서 반복적으로 성적 활동에 몰두한다.

B) 성적인 판타지, 충동, 행동의 격렬함과 빈도와 관련하여 임상적으로 상당한 사회적, 직업적, 그리고 이외 중요한 기능 영역에서의 개인적인 고통 또는 장해가 있다.

C) 이러한 성적 판타지, 충동, 행동은 외부 물질(예: 물질 남용, 치료약)의 직접적인 생리학적 효과로 나타난 것이 아니다.

D) 연령은 최소 18세 이상이다.

명시해야 하는 사항: 자위, 음란물, 성인의 동의를 받은 성적 행동, 사이버섹스, 폰섹스, 누드 클럽의 경우.
관해기 명시: 비통제 환경에서 고통, 장해, 또는 반복적인 행동이 없거나, 통제된 환경에서 수개월 동안 관해기 상태인 경우.

*Kafka(2010)에 의해 제안됨.

4. 성 중독 선별 도구

2010년, Carnes는 동성애자인 남성과 이성애자인 여성 인구를 평가하기 위해 성 중독 선별 검사(Sexual Addiction Screening Test, SAST)를 개정했다. SAST는 중독의 핵심 요소인 (1) 성에 대한 집착, (2) 문제가 있음에도 조절하지 못함, (3) 성적 행동으로 야기되는 관계 불안, (4) 성적 행동과 관련된 불안 장애와 우울 장애와 같은 정동 장애를 포함한다. 이 도구는 심리 치료 환자, 대학생, 퇴역군인과 같은 여러 집단에서 연구되었으며, 네 개의 연구에서 0.85에서 0.95 범위의 신뢰도를 입증했다(Hook, Hook, Davis, Worthington, & Penverthy, 2010). 성 중독 선별 검사 개정판(the Sexual Addiction Screening Test-Revised, SAST-R)은 20개의 핵심 문항과 하위척도 25문항으로 구성되어 있고 신뢰도가 좋으며, 6점을 기준점수로 하고 있다(Carnes, Green, & Carnes, 2010). SAST와 SAST-R은 높은 내적 일치도와 신뢰도가 입증되었으며, 형사 재판, 치료센터, 교육 프로그램에 사용되고 있다.

SAST-R(45문항)은 피검자가 이를 완료하기까지 오랜 시간이 걸리기 때문에 응급실과 같은 특정 임상적 환경에서는 적합하지 않다. 이러한 환경에서 사용되기 위해서는 간결한 도구이어야 했기 때문에 성 중독이 의심되는 사람을 식별하기 위한 선별 도구 PATHOS가 개발되었다. CAGE(Ewing, 1984)와 유사하게, 이 연상기호 6문항 선별검사(SAST-R에서 발췌한)인 PATHOS는 높은 내적 일치도(0.94~0.77)와 3점의 기준점수를 사용하며, 민감도와 특이성을 입증했다. PATHOS의 문항은 표 9.4에서 살펴볼 수 있다.

〈표 9.4〉

PATHOS 문항

1) 당신은 성적 생각에 사로잡혀 있습니까?(**P**reoccupied)
2) 당신은 다른 사람들에게 당신의 성적 행동을 숨깁니까?(**A**shamed)
3) 당신이 원치 않는 성적 행동에 대해 치료적 도움을 요청한 적이 있습니까?(**T**reatment)
4) 당신의 성적 행동 때문에 누군가가 감정적으로 상처를 받은 적이 있습니까?(**H**urt)
5) 당신은 성적 욕구에 의해 자신이 통제되고 있다고 생각합니까?(**O**ut of control)
6) 당신은 성관계를 가진 후에 우울하다고 느낍니까?(**S**ad)

5. 사이버섹스

문제성 도박 외에 인터넷 게임 장애가 추후 연구할 만한 잠정적인 행동 중독으로 *DSM-5* 부록에 추가되었다. Tao(2010)와 이외 연구자들이 현저성(감정적이고 인지적인 처리과정), 감정 변화, 내성, 금단 증상, 갈등, 재발과 같은 물질 중독의 주요 특징을 공유하는 인터넷 중독 장애(IAD)를 *DSM-5*에 포함시키고자 했던 주장은 결국 채택되지 않았다. Tao(2010)는 IAD의 8가지 기준을 제시했다. (1) 사로잡힘, (2) 금단 증상, (3) 내성, (4) 인터넷 사용을 조절하기 위한 노력의 실패, (5) 부정적 결과에도 불구하고 계속되는 인터넷 사용, (6) 인터넷이 아닌 다른 활동에 대한 흥미를 잃어버림, (7) 불쾌감에서 벗어나기 위한 인터넷 사용, (8) 가족 구성원과 치료자와 같은 다른 사람을 속이는 것이다. 성 중독 분야에서 가장 흥미로운 점 중의 하나는 바로 인터넷 중독 장애가 사이버섹스 하위범주를 포함한다는 것이다. 1990년대 이후로, 성 중독 관련 분야는 음란 영상매체와 관련되어 있을 경우, 인터넷에 잠재적으로 중독될 가능성이 더 크다고 여겨 왔다. SA 문헌에서 사이버섹스는 "성적 강박성의 크랙 코카인"이라고 불렸다. 그 이유는 사용자들을 빠르게 사로잡을 수 있고 장기간 영상매체에 계속 집중하게 만들 수 있는 힘이 있기 때문이다(Cooper, Putnam, Planchon, & Boies, 1999). 여기에 취약한 환자들은 인터넷 음란물을 보지 않겠다는 약속과 노력에도 불구하고 사이트들을 계속 스크롤함으로써 오랜 시간 오르가즘을 연장시키려 하고, 상당한 시간과 돈을 실시간 채팅에 소비하면서 인터넷 음란물의 덫에 빠지게 된다.

6. 성 중독 관련 장애의 동반이환

성 장애 집단에 관한 연구들은 성 중독의 임상 집단에서 복합적인 장애들이 있음을 보여 주었다. 스웨덴에서 일반 인구를 대상으로 한 Langstrom과 Hanson(2006)의 연구에 의하면, 성적으로 가장 활발한 응답자들의 5~10%에서 중독, 위험 감수 행동들, 그리고 정신 장애 증상이 동시에 나타나는 비율이 유의미하게 높다. 또한 동시에 발병하는 정신과적 장애 및 중독 장애들은 성 중독 집단에서 흔하게 나타난다.

성 중독자들은 정서 조절 장애(Samenow, 2010), 우울증과 불안(Bancroft, 2009; Kaplan & Kruger, 2010), 충동성(Miner, Raymond, Mueller, Lloyd & Lim, 2009;

Raymond, Coleman, & Miner, 2003), 외로움(Yoder, Virden, & Amin, 2005), 낮은 자아 존중감과 불안정한 애착 유형(Earle & Earle, 1995; Zapf, Greiner, & Carroll, 2008), 개인적 고통(Kafka & Henna, 1999; Kingston & Firestone, 2008), 약물 남용과 같은 위험 감수 행동들(Kaplan & Kruger, 2010; Sussman, 2007), 자기혐오와 수치심(Kaplan & Kruger, 2010; Kort, 2004; Reid, Harper, & Anderson, 2009)과 연관되어 있다.

'기분과 성에 관한 질문지(Mood and Sexuality Questionnaire)'를 919명의 이성애자 남성들(Bancroft et al., 2003)과 662명의 동성애자 남성들(Bancroft, Janssen, Strong, & Vukadinovic, 2003)을 대상으로 각각 실시한 연구 결과, 표본의 소수(15~25%)만이 우울하거나 불안함을 느낄 때 성적인 생각이나 활동에 더 큰 흥미를 보인다고 보고했다. 이들이 경험하는 고통의 정도는 불안의 문제를 경험하는 사람들의 비율과 비슷한 것으로 보인다(Bancroft & Vukadinovic, 2004).

성 중독 선별 검사(Sexual Addiction Screening Test, SAST)와 친밀 관계 내 경험-개정판(Experience in Close Relationship-Revised, ECR-R)을 이용하여 Zapf, Greiner와 Carroll(2008)은 성 중독에 빠진 성인 남성들의 애착 유형을 검사했다. ECR-R은 성인의 애정을 표현하는 애착 유형을 불안과 회피의 정도에 따라, 안정 애착 유형, 집착 애착 유형, 불안-회피 애착 유형, 부정회피 애착 유형의 네 가지로 나누었다. 52명의 참가자들을 조사한 결과, SAST의 결과에 따라 32명은 성 중독자로 확인되었고, 20명은 중독자가 아닌 것으로 분류되었다. 연구 결과, 중독이 아닌 인구의 40%가 안정 애착 유형이었고, 동시에 성 중독 인구의 8%만이 안정 애착 유형이라고 나타났다. 따라서 ECR-R은 연구자들의 가설을 뒷받침한다. 이와 대조적으로, 성 중독 인구가 더 자주, 더 높은 수준의 회피와 불안을 경험한다고 보고하였고, 따라서 비중독자에 비해 더 높은 집착 애착, 불안-회피 애착, 부정회피 애착 유형을 보인다는 결과가 나왔다.

Reid와 Carpenter(2009)는 남성 과잉 성욕 환자들(n = 152)과 일반 집단의 MMPI-2(Minnesota Multiphasic Personality Inventory-2) 결과의 차이점을 면밀히 조사했다. 그 결과 "거의 모든 타당도와 임상 척도가 정상 표본보다 과잉 성욕 표본에서 더 높았다"는 것을 보여 주었다. 그러나 높은 점수가 대부분 임상적 범위 안에 들어가지 않았고, 검사를 실시한 사람들 중 약 1/3만이 정상 프로파일을 보였다. MMPI-2 임상 척도 중 과잉 성욕 인구에게서 가장 빈번하게 점수가 높았던 항목은 공포증, 강박상태, 충동이나 과도한 불안을 특징으로 하는 7번(강박증), 8번(정신 분열), 일반적 부적응, 사회적 관습과 기준을 아는 것에 반항적임, 충동-조절 문제를 특징으로 하는 4번(반사회성), 그리고 2번(우울증)이었다. 이들은 이 연구에서 중독적 성향 또는 환자를 강박/충동적으로 분류하는 것을 뒷받침하는 근거를 찾지 못했다고 언급했다. 그러나 군집 분석은 "과잉 성욕 환자들은 사람들이 모인 다양한 집단이라는 개념을 뒷받침하는 증거를 제공했다"(p.307). 이러한 결과는 문제적 성 행동을 보이는 사람들의 정신병리 수준에 의문을 제기한 Levine(2010)의 회고적 다중 사례 분석과 비슷하다.

동반이환의 비율은 성 범죄자를 포함하여 성 도착을 가진 88명의 남성들(예: 반사회적이고 공격적인 형태의 성적 충동)과 성 도착-관련 장애를 가진 32명의 남성들(예: 과잉 성욕)로 구성된 적은 수의 편의 표본에서 연구되었다. 성적 도착과 그렇지 않은 집단 간의 동반이환율-기분 장애(71.6%), 기분 부전 장애(55%), 불안 장애(38.3%), 사회 공포 장애(21.6%), 향정신성 물질 남용(40.8%), 알코올 남용(30.0%), 충동 장애 NOS(25%), 난폭 운전(16.7%)에는 차이가 없었다. 그러나 주의력 결핍 장애(ADD)는 뚜렷하게 성적 도착-관련 장애(16.7%)보다 성적 도착 장애(50%)에서 더 높게 나타났다(Kafka & Hennen, 2002).

1,603명의 성 중독자 표본 중, 이성애자 남성의 69%, 이성애자 여성의 79%, 동성애자 남성의 80%가 다른 중독적이고 폭력적인 행동들(가벼운 것에서 심각한 것까지)에 대한 평생 유병률을 보고했다. 이성애자 남성 40%, 이성애자 여성 40%, 동성애자 남성의 60%가 성적 행동화에 관여하고 있는 동시에 다른 중독이나 폭력적인 행동들, 예를 들어 물질 남용, 도박, 섭식 장애와 같은 행동을 하고 있다(Carnes, Murray, & Charpentier, 2005).

병적 도박자에 관한 연구에서 Grant와 Steinburg(2005)는 피험자의 19.6%가 충동적 성적 행동(Compulsive Sexual Behavior, CSB)의 진단 기준에 부합하는 것을 발견했다. 도박과 성적 행동 모두의 기준에 부합하는 70%의 피험자는 충동적 성 행동(CSB)이 그들의 도박 문제 이전에 이미 존재했음을 보고했다.

7. 중독 상호작용 장애

성 중독자 커뮤니티에서 여러 가지 중독이 복합적으로 나타나는 것은 흔한 일이다. 복합적 중독 행동들이 하나의 질병이라는 의미의 *중독 상호작용 장애(Addiction Interaction Disorder)*라는 용어가 있을 정도이다(Carnes, Murray, & Charpentier, 2005). 이러한 행동들은 서로의 일부가 되며 각각에게 강화로 작용하기도 한다. 사실상, 이러한 행동들의 전체가 부분의 합보다 더 커지게 된다. 일반적인 중독 상호작용 장애는 코카인 남용, 알코올 남용과 성적 행동이 결합된 것이다(Rawson, Washton, Domier, & Reiber, 2002). 대부분의 물질 남용 치료 센터에서 이러한 여러 행동들의 치료를 원하는 사람들이 단지 물질 남용과 의존에 대한 치료밖에 받지 못하는 실정이다. 중독 과정의 핵심 부분으로 성 중독이 다뤄지지 않는다면, 물질과 성 중독이 빈번히 재발하게 될 것이다.

8. 성 중독의 신경과학

신경과학 분야가 발달하게 되면서 중독 현상학에 변화가 일어났고, 행동 중독이 중독에 포함되게 되었다. 1장에서 제시한 화학물질 중독에 대한 일반적인 이론은 성 중독을 포함한 다양한 행동 중독의 존재를 뒷받침한다. 보상과 실행 기능에 대한 이론은 중엽변연계와 중앙 전두 피질의 변화가 중독 주기를 영속화한다고 가정한다. 또, 신경심리학적 모델은 중독이 유기체의 의사결정 과정과 주의에 대한 취약성의 결과로 나타난다고 주장한다. 마지막으로, 동시대의 신경생물학적 이론들은 중독을 시냅스 수준에서 통합되며 기억을 관장하는 세포의 기억능력과 관련된 것으로 보는데, 이는 장기 강화 작용(long-term potentiation, LTP)으로 알려져 있다.

성 중독은 문제성 도박(Problem Gambling, PG)과 같은 전형적인 행동 중독에 대해 제안된 것과 비슷한 신경생물학적 메커니즘를 통해 발전된 것으로 생각할 수 있다. Grant와 Steinberg(2005)는 문제성 도박이 있는 환자의 19.6%에서 강박적 성 행동이 나타나는 것을 발견했다. 이는 SA와 PG 모두에 비슷한 생물학적 및 심리학적 과정이 연관되어 있다는 것을 암시한다. 더욱 중요한 것은, 동반이환이 있는 환자들의 70.5%에서 강박적 성 행동은 병리적 도박에 앞서 나타났다. 이는 SA와 PG가 근본적으로 유사한 뇌 조절 장애를 공유하고 있을 수 있음을 암시한다. 특발성 파킨슨병에 도파민 활성화 작용제를 처방받은 환자들이 때로 병리적 도박과 성적 강박성을 새롭게 발전시킨다는 사실로 이 단일 가설이 뒷받침되고 있다(Bostwick, Hecksel, Stevens, Bower, & Ahlskog, 2009). 또한, 차후에 논의하겠지만, PG와 SA는 모두 같은 시험약물인 날트렉손으로 치료될 수도 있다(Bostwick et al., 2009).

현재 성 중독에 관한 신경생물학적 경로를 보여주는 확실한 자료는 없다. Pitchers

등(2010)은 암페타민에 노출된 실험용 쥐를 통해 성 행동에 관한 연구를 진행했다. 암페타민을 1주일간 주지 않았을 때, 성 행동이 암페타민 운동 반응성을 강화시키는 것을 발견했다. 이는 자극제가 성 행동과 함께 상승 작용한다는 개념을 뒷받침해 주는 것이다. 실험 쥐의 뇌를 조사해 보았는데, 1일 뒤에는 변화가 없었지만, 1주일 후에는 성적 접촉 시 뇌의 형태학적 변화를 발견했다. 즉, 중격의지핵의 외피와 중추에서 수상돌기가 증가했다. 그러므로 성적 행동을 금하는 것에 대한 반응으로 형태학적 변화가 유도되거나, 적어도 증가하는 결과를 보인다. 이는 성적 충동, 심지어 성 중독의 메커니즘이 절제 후 어떻게 기억에 저장될 수 있는지를 보여주는 것이다.

성욕 이상성을 궁극적으로 이해하는 데에 유전자 데이터 연구가 도움이 될 것이다. 일란성과 이란성 쌍둥이를 대상으로 한 연구에서, 남여를 모두 포함하여 성적으로 난잡한 행동이 유전될 가능성은 33%로 제안되었다(Zietsch, Verweij, Bailey, Wright, & Martin, 2010). 옥시토신과 바로프레신의 효과는 배우자에 대한 정절과 부부 유대감을 설명하는 데에 도움이 될지도 모른다(Aragona et al., 2006; Carter, 1998; Depue & Morrone-Strupinsky, 2005; Fisher, Aron, Mashek, Li, & Brown, 2002; Insel & Young, 2001; Melis & Argiolas, 1995). 한 연구에서, 바소프레신 1a 유전자(AVPRIA)가 결혼 만족도, 부부 유대감과 연관이 있음을 보여 주었지만(Walum et al., 2008), 다른 연구에서는 그렇지 않았다(CHerkas, Oelsner, Mak, Valdes, & Spector, 2004). 도파민 시스템의 이상은 과도한 성적 행동을 설명하는 데에 도움을 줄지도 모른다. 도파민 전달을 매개하는 유전자, 특히 D4DR 수용기는 새로운 자극을 추구하는 것과 관련되어 있고, 특별히 대립형질에서 7번 혹은 그 이상 반복될 때 새로운 자극을 추구하게 된다(Chen, Burton, Greenberger, & Dmitrieva, 1999; Ding et al., 2002; Harpending & Cochran, 2002; Wang et al., 2004). 긴 대립형질은 주의력 결핍 및 과잉 행동 장애(Li, Sham, Owen, & He, 2006), 알코올 중독(MacKillop, Menges, McGeary, & Lisman, 2007; Ray et al., 2008), 재정적 위험 감수(Dreber et al., 2009), 탈억제와 충동성(Congdon, Lesch, & Canli, 2008), 성적 행동을 시작(Eisenberg, 2007)하는 성향이 있을 수 있다. Garcia 등(2010)은 181명의 젊은 성인에게 이전의 성적 행동에 대한 자기 보고와 구강 세척 유전형 분석을 이용하여, D4DR에 적어도 하나의 7번 반복 대립형질(7R+)이 있는 대상자들이 하룻밤의 정사를 가질 가능성이 높다는 것을 발견하였지만, 여전히 전반적인 성적 부정행위에서의 유의미한 차이는 발견하지 못했다.

성적으로 흥분한 '정상인'을 대상으로 하는 소수의 뇌영상 연구들은 화학적 중독과 관련된 동일한 영역이 연관되는 것으로 보이고 뇌의 전두엽이 후측 보상 센터에 통제를 가하고 원인을 제공할 수 있음을 제안하였다(Georgiadis, 2012; Sescousse, Redouté, & Dreher, 2010). 성적 이형성(dimorphism)은 남성과 여성의 차이에 대해, 특히 성적 행동화의 경우에 나타나는 남녀의 차이에 대해 이해할 수 있도록 도와줄 것이다. 예를 들어, 어떤 성 활동 관련 PET 연구는 남성의 성적 흥분이 심지어 눈을 감았을 때에도 뇌의 시각 담당 영역과 관련되어 있음을 보여 주었다(Georgiadis et al., 2010). 여성의 성적 흥분은 왼쪽 배측 전전두 두정골 부분의 활동과 더욱 관련이 있었고, 이는 운동 전영역과 후두정골 부분을 포함하고 있다(Georgiadis et al., 2009). 오르가즘을 느끼는 동안, 남성과 여성의 뇌 기능은 전엽에 위치한 소뇌충부와 보다 깊은 소뇌핵의 활성화, 그리고 좌배엽 정중의와 안와전두피질 비활성화와 비슷하게 나타났다. 비록 오늘날의 PET 스캔과 fMRI 연구가 유망하고 매력적일지라도, 아직까지 성적 강박성을 치료하는 임상적 지침을 제공하지 못하고 있다.

16명의 남성을 대상으로 한 예비연구에서 Miner 등(2009)은 강박적 성 행동 척도(Compulsive Sexual Behavior Inventory)와 충동 조절 과제를 사용하였고, 확산텐서영상(diffusion tensor imaging)이라고 불리는 MRI 기술을 도입하여 강박적 성 행동을 하는 남성들의 전두엽에서 백질 분열 가능성을 조사했다. 이 신경 이미지 스캔은 아직 결론에 이르지 못했으며, 충동 조절 장애와 신경해부학적인 상관관계와 일치하지 않는다(p.146).

9. 성 중독 치료

1) 심리 치료

이 환자들에게 주어진 강박적, 충동적, 성욕 과다, 또는 중독이라는 꼬리표와는 상관없이, 치료는 보통 물질 중독에서 사용하는 접근법들로 구성되어 있다. 여기에는 동기강화 상담, 문제를 촉발하는 원인을 찾기 위한 인지적 행동적 접근법, 갈망을 다루기 위한 변증법적 행동 기술, 재발 방지 전략, 보다 근본적인 원인을 발견하기 위한 통찰 중심적 치료법, 갈등을 해결하기 위한 가족 치료, 운동과 영양, 동반이환의 정신질환과 중독 치료, 12단계 기반의 회복 모임에 의뢰, 그리고 기능 장애 성 행동을 줄이고, 갈망을 감소시키며 원하는 성적 경험 중 결과를 개선시키며, 관련 정신과적 장애들을 치료하기 위한 정신약리학적 접근법들이 포함된다.

미국 전역에 수많은 입원, 외래 치료 센터는 성적 강박성과 중독을 치료하기 위해 중독 모델을 사용하고 있다. Frances, Miller, 그리고 Mack(2005)이 집필한 *Clinical Textbook of Addictive Disorders*와 같은 기본 중독 서적을 참고하면 중독에 대한 접근들을 이해할 수 있다. Carnes는 성 중독 환자 치료에 적절히 활용할 수 있는 구조화된 워크북을 통한 과제 중심 접근 프로그램들을 개발해 왔다(Carnes, 2005). 이런 워크북들은 치료 첫 1년 동안 과제와 읽을거리들을 제공한다.

때로 임상가들이 놀라는 점 중의 하나는 성 중독 환자들이 보통 성관계를 잘 하지 못한다는 것이다. 그들은 침대에서 성 기능을 제대로 발휘하지 못한다. 성 중독자들은 열광적으로 역기능적인 성 행동을 추구하지만, 일반적으로 친밀하고 건강하며, 장기적인 파트너와의 성 관계에 많은 어려움을 겪는다. 그렇기 때문에 이들에게는 중독 치료뿐만 아니라 성 치료 또한 필요하다. 조루, 발기부전, 성 불감증, "신경성 성욕 부진증"(중독자가 성 활동을 오랜 기간 하지 않을 때)은 흔한 문제들이다(Carnes, 1997). Masters, Johnson, 그리고 Kolodny(1988), Helen Singer Kaplan(1974), 그리고 다른 연구자들은 성적 장애에 대한 성 치료법(Sex Therapy)을 개발했다. 그러나 이러한 행동적 개입은 성 중독 환자들을 치료할 때에는 수정해서 사용해야 한다. 이러한 성 치료는 환자가 자신들의 역기능적 행동을 조절할 수 있게 된 이후에 시작할 수 있다.

또 다른 놀라운 점은 성 중독 치료가 오히려 환자 가족들과 그들의 결혼 생활 또는 연애관계를 더욱 악화시킬 수 있다는 것이다. Steinglass(1980)는 가족 장면에서 알코올 중독자에게 술이 가족들끼리 서로 하나 되고, 역기능적 결혼 생활을 견딜 수 있게 해 주며, 개인적인 문제 또한 피할 수 있게 하는 '풀' 역할을 할 수 있다는 점에 주목했다. 이와 유사하게, 성 중독에서 회복된 사람들은 결혼이나 관계에서 새로운 기대나 요구를 갖게 된다는 것이다. 성 중독자와 가까운 사람들은 신경성 성욕 부진증, 성적 혐오감, 성 기능 장애 때문에 고통받을 수 있는데, 이런 것들이 어떻게 성적 친밀감 없이 사는 것을 '수용'할 수 있었는지를 설명해 준다. 앞서 논의한 바와 같이, 성 중독 환자들도 성적 장애를 가지고 있다. 그러므로 건강한 관계를 촉진시키고, 회복 중에 만족스러운 성관계를 경험하기 위해서는 보통 이런 치료들을 병행하여 시행하는 것이 필요하다.

2) 12단계 동료지지 집단

동료지지 집단은 도움이 된다. 익명의 알코올 중독자 모임(Alcoholics Anonymous)을 본뜬 다섯 가지의 자조 집단이 있다. 이는 익명의 성 모임(Sex Anonymous), 익명의 성 중독자 모임(Sexaholics Anonymous), 익명의 섹스 중독자 모임(Sex Addicts Anonymous), 익명의 성과 사랑 중독자 모임(Sex and Love Addicts Anonymous), 익명의 성 강박증 모임(Sexual Compulsive Anonymous) 등이다. 동반자와 연인들은 성 중독 가족 모임, 성 중독의 공존의존 모임, 익명의 회복 중인 커플 모임에 참여할 수 있다. 이러한 유대감 형성 모임들은 알코올 자조 모임의 12단계와 12전통을 모델로 삼는다. 또한 비록 영적인 부분이 개인마다 다를 수 있지만, 회복은 영적인 각성을 통해서 이루어질 수 있다고 본다. 같은 자조 모임에 속해 있더라도 각 집단은 지역 문화, 참가자들의 성적 성향, 그리고 집단의 금욕, 독신, 자위에 대한 접근법에 따라 매우 다양하다. 그렇기 때문에, 치료를 담당하는 임상가들은 환자에게 이런 모임을 권고하기 전에 해당 집단에 대해 잘 알고 있어야 한다.

3) 약물 치료

약물 치료는 상당한 도움이 될 수 있다. 불안, 기분과 관련된 전통적 약물 치료는 특히 효과적이다. 하지만 치료자들은 성 중독자들을 돕거나 방해할 수 있는 성적 부작용에 대해 알고 있어야 한다.

시탈로프람(citalopram)은 자위하는 것과 포르노 사용을 감소시키는 데에 중간 정도 또는 상당한 효과를 보인다(Muench et al., 2007; Tosto, Talarico, Lenzi, & Bruno, 2008). 공개 실험과 일화 보고들은 선택적 세로토닌 재흡수 억제제(SSRI)와 세로토닌/노르에피네프린 재흡수 억제제(SNRI) 항우울제와 같이 세로토닌을 증가시키는 약물을 사용하는 것이 성욕, 흥분, 오르가즘을 감소시킨다는 사실을 뒷받침한다(Kafka, 2010). 만약 환자에게 부작용이나 약물 사용으로 나타난 조증 삽화의 기록이 있을 경우 약물 사용을 금지한다.

SSRI와 SNRI 이외의 항불안 물질은 불안이 성 행동을 촉발하는 환자에게 효과적이다. 벤조디아제핀(benzodiazepines)을 성 중독 환자들에게 처방할 때에는 신중해야 한다. 왜냐하면 복합 중독을 일으키는 경향이 있기 때문이다. 저자의 임상적 경험에 의하면 부스피론(buspirone) 같은 중독되지 않는 불안 완화제가 도움이 된다. 치료자들은 적어도 전도파민 부스피론이 이론적으로 성욕을 증가시킨다는 것을 알고 있어야 한다.

왜곡된 현실 검증력과 사고 장애, 심각한 흥분/초조 증상이 현저할 때에 항정신병 약물이 사용될 수 있다. 항정신병 약물은 성욕과 흥분, 오르가즘을 줄임으로써 효과를 나타낸다.

성 중독 환자들은 종종 위험이 높고 강도가 높은 성적 행동을 보이기도 하고, 양극성 장애를 암시하는 임상적 형태를 보일 수도 있다. 특히 조증, 충동적 특징들이 현저할 때, 또는 성적으로 문란한 것이 가장 중요한 문제로 나타날 때에 리튬, 벨포르산, 카르비아제핀, 라모트리진과 같은 기분 안정제와 항충동성 약물이 도움이 될 수 있다. 기분 안정제는 성 억제와도 연관이 있기 때문에 성적 부작용에 기인하는 문제에 부분적으로 또는 전체적으로 유용할 수 있다.

주의력 결핍 및 과잉 행동 장애(ADHD)는 종종 성적인 위험감수와 관련이 있다. 특히, 인터넷 포르노와 사이버섹스 활동에 중독된 환자는 ADHD의 특징적인 증상인 산만함과 새로운 자극을 추구하는 모습을 보인다. 메틸페니데이트와 덱스트로암페타민과 같은 자극제는 ADHD의 증상과 같이 고도로 산만한 모습을 보이고 자극을 추구하는 사람들에게 처방될 수 있다(Martin Kafka and Ken Rosenberg의 개인적인 대화, February 2011). 비록 도파민 자극제는 성욕 증가와 중독과 같은 위험 요소가 있지만, 비중독적 약물인 에토모세틴은 도움이 될 수 있다.

화학적 중독의 중독 치료에서 보통 사용되는 날트렉손은 문제성 도박에 효과적인 것으로 보고되어 왔고, 성 중독 환자들에게도 효과적일 수 있다. 강박적 성적 행동으로 날트렉손을 처방받은 19명의 성인 남성들의 회고적 연구 보고서를 보면, 대상자의 89%가 강박적 성 행동 증상이 감소하였음을 볼 수 있다(Raymond, Grant, & Coleman, 2010). 인터넷 중독 장애로 진단된 사람들의 사례 보고서를 살펴보면, 날트렉손으로 치료했을 때, 중독 증상이 감소되는 것으로 보고되었다(Bostwick & Bucci, 2008). Grant와 Potenza(2006)는 아편 길항제 날메펜이 충동적 도박 행위를 줄이는 기타 약물과 동일한 정도로 성적 충동성을 감소시킨다고 언급했다. 보통 날트렉손은 오르가즘의 쾌락적 체험을 감소시켜 주기 때문에 중독 행동들을 감소시키는 데 도움이 되지만, 건강한 성적 관계에는 해로울 수 있다(Holloway, 2012). 처방을 내리는 의사들은 이론적으로 아편 길항제가 테스토스테론과 같은 성 호르몬을 증가시키고, 따라서 성적 충동이 증가할 수 있다는 점에 유의해야 한다(Bostwick et al., 2009).

성적 반응 주기의 모든 단계들을 극적으로 감소시킬 수 있는 항안드로겐 물질은 극단적인 성적 행동 사례(예: 실형을 받은 성 범죄자들)에 처방될 수 있다. Guay(2009)는 다루기 힘든 환자에게 선택적 세로토닌 재흡수 억제제와 항안드로겐을 함께 사용하여 치료하는 것을 제안했다. Berlin과 Meinecke(1981)는 성 범죄자들에게 수십 년간 항 안드로겐을 사용했다. 하지만 이 물질을 사용하는 것은 여전히 논란이 되고 있다.

성 중독 환자들은 성 기능을 강화하기 위한 전성적 약물이 필요할지 모른다. 제시된

사례 일화

임상적 예 *Case Vignette*

환자 1

환자1은 21살 이성애자 대학생으로 '성애 분노가 있다'고 주장했기 때문에 성 중독에 집중한 30일간의 입원치료를 받은 후 입원 재활시설로 의뢰되었다. 청소년기 이전, 이 환자는 범불안 장애 때문에 플로세틴을 처방받았고, ADHD는 메틸페니데이트로 치료받았다. 이 환자는 알코올 중독, 불안, 우울증에 대한 가족력이 있다. 이 환자의 형은 과도한 포르노 사용과 중증도의 사회 불안 병력이 있다.

대학생 시절, 이 환자는 자신의 휴대폰으로 여학생의 샤워 장면을 녹화한 것이 발각되었다. 이 사건으로 바로 학교로부터 정학처분을 받았고, 재활센터에 들어가게 되었다. 지난 5년 동안, 그는 매일 인터넷 포르노를 보면서 자위를 했다. 검사 전 3년 동안 그는 휴대폰으로 여자들이 샤워하는 장면을 녹화하였고, 녹화 장면은 이후에 자위를 할 때 보았다.

비록 이 환자가 여자들 사이에서 꽤 인기가 있었고 장기간의 연애와 성적 관계를 가졌었지만, 이 환자는 자신을 거절할 가능성이 있거나 만날 수 없을 것 같은 여성들을 대상으로는 관음증을 보였다.

이 환자는 재활 센터에서 마리화나를 사용하는 것이 문제시되고, 충동적인 성적 행동을 촉발시켰기 때문에 마리화나 사용을 제재당했지만, 친구들과 술을 마시는 것은 지속했다. 외래 환자가 되어서는 행동 중독을 치료하기 위해 개인 심리 치료와 가족 치료, 집단 치료에 참여하게 되었다. 매우 적극적인 지지를 보이는 가족들은 이 환자의 중독을 좌절시키는 건강한 행동들을 하고 이를 지도했다. 수개월 동안의 자기성찰 후, 이 환자는 여성과 성적인 관계를 다시 시작할 수 있었고 더 이상 건강하지 않은 관음 행동을 하지 않게 되었다. 많은 성적 만남은 알코올을 마신 후에 일어났다. 이중 몇몇은 단순히 알코올을 마신 결과이기도 했다. 이 환자는 비록 더 이상 자신이 관음 행동을 하지는 않지만, 자기 위로와 자기만족을 바탕으로 성관계를 하고, 이는 잘못되고 후회할 만한 복잡한 관계를 초래한다는 것을 인식했다. 남은 치료 기간 동안, 그는 더 이상 은밀하고 착취적이며, 몰래 훔쳐보는 행동을 하지 않았다. 다시 대학으로 돌아갔고, 계속 심리 치료를 받으며, 건강한 관계와 긍정적인 성관계를 위해 노력하고 있다.

환자 2

환자 2는 기혼의 42세 영업사원이며 한 명의 어린 자녀가 있다. 그는 지난 10년간 자신의 성적 만족을 마사지실에서, 그리고 매춘부들을 통해 충족시키며 시간을 보냈다. 그는 최소 일주일에 한 번 돈을 내고 성관계를 했고, 성적 만남을 계획하고 기대하는 데에 많은 시간을 할애했다. 17년을 함께 한 아내가 우연히 e메일을 통해 그의 행동을 발견하게 된 후, 치료를 시작하게 되었다. 성적 의존 척도에 따르면, 이 환자는 10개 중 9개의 성 중독 기준에 해당되었고, 총 16점을 받았다(보통 6점 이상이면 성 중독으로 간주한다). 그는 매주 심리 치료를 받았다. 이 치료사는 환자와 함께 과거의 정신외상, 가족 역동, 그리고 그의 성적 충동에 대해 살펴보았고, 인지 행동 과제들을 했다. 이 환자는 SKY 명상 치료(SKY Meditation Therapy)에 대해서 배웠고(자세한 내용은 14장 참고), 지역 내 익명의 성과 사랑 중독자 모임(Sex and Love Addicts Anonymous, SLAA)에 참여하게 되었다. 그는 불안을 감소시키고 기분을 개선시키며, 강박적 성 행동을 줄이기 위해 하루에 매일 10mg의 플로세틴을 처방받았다. 그는 2년의 치료 기간 동안 단 한 번 마사지 살롱에서 오르가즘을 위해 자위를 하는 실수가 있었던 것을 제외하면, 완전히 금욕하였고 성공적으로 회복했다. 회복에서 가장 힘든 부분은 그의 아내와 건강한 성 관계를 형성하는 일이었다. 결혼기간 동안, 그들은 거의 성관계를 가지지 않았다. 치료를 마칠 때쯤 그는 성적으로 완전히 금욕했다. 그의 아내는 비록 남편의 회복에 매우 열성적이었지만 부부가 함께 성적 문제를 다루는 것에는 매우 저항했다. 이들은 부부상담사에게 의뢰되었고, 아내는 개인 치료를 받을 수 있도록 도움을 받았다.

이러한 임상적인 예들은 성 중독의 평가와 치료에서 볼 수 있는 흔한 모습들이다. 환자들은 종종 이중 진단을 받기도 하지만 뚜렷한 성 중독을 보인다. 생물심리사회적인 중독의 양상을 다루기 위해서는 다중모델을 이용한 더욱 포괄적인 치료법이 필요하다. 12단계 촉진과 명상 훈련 같은 부차적 치료도 도움이 된다. 만약 환자가 치료에 참여하고 있다면, 역기능적 성 행동을 피하는 금욕이 가능하다. 대부분의 다른 중독과 마찬가지로, 가장 어려운 것은 환자들의 중독 행동을 지지하고 촉진시키는 가족과 하위문화의 체계를 변화시키는 것이다. 성 중독의 경우 만족스러운 삶과 장기적 회복에서 가장 달성하기 어려운 부분은 환자의 성적 흥분의 기반을 재프로그래밍하고 환자의 가족이나 동반자를 치료에 참여시키는 것이다.

바와 같이, 성 중독자들 사이에서 장기간의 동반자와의 관계 또는 안정된 관계를 유지하는 경우, 발기부전, 손상된 욕구, 성적 혐오, 신경적 성욕 부진, 성 불감증과 같은 증상들이 발생하는 것은 흔한 일이다. 만약 환자를 자세히 관찰하면, 주요, 부차적, 또는 상황에 따른 발기부전에 대한 발기부전 치료제가 처방될 수도 있다.

10. 요약

미국 중독의학협회(American Society of Addiction Medicine)와 *국제질병분류(International Classification of Diseases)*는 성 중독이 존재한다고 믿는다(ASAM, 2010; World Health Organization, 2007). 미국 정신의학협회와 미국 중독정신의학학술원과 같은 정신의학 단체들은 더욱 신중한 입장을 보이고 있다. 협회와 전문단체들이 논쟁을 벌이는 동안, 많은 임상가들은 중독 모델들이 충동-강박 성 행동, 과잉 성욕 양상, 그리고 가장 강박적인 형태인 성 중독들을 포함하는 연속선상에 존재할 수 있는 환자들에게 적용된다는 것을 발견했다. 정신의학 연구가 우리의 이해를 높여주게 되면서 많은 연구들이 성 중독과 관련 장애들이 고통스럽고 심각한 장애라는 사실을 뒷받침하게 될 것이다.

만병통치의 치료법은 없다. 하지만 건강서비스 제공자는 환자의 정신적, 신체적, 성적 건강의 회복을 위하여 중독 사이클에 초점을 두는 동시에 훌륭한 정신의학적, 의학적, 심리적인 케어를 제공하도록 노력해야 할 것이다.

11. 참고문헌

American Psychiatric Association. (1987). *Diagnostic and statistical manual of mental disorders* Revised, p.296. (3rd ed.). Washington, DC: Author.

Aragona, B. J., Liu, Y., Yu, Y. J., Curtis, J. T., Detwiler, J. M., Insel, T. R., et al. (2006). Nucleus accumbens dopamine differentially mediates the formation and maintenance of monogamous pair bonds. *Natural Neuroscience*, 9, 133–139.

ASAM Public Policy Statement on Treatment for Alcohol and Other Drug Addiction, Adopted: May 01, 1980, Revised: January 01, 2010.

Bancroft, J. (2009). *Human sexuality and its problems* (3rd ed.). New York: Elsevier.

Bancroft, J., Janssen, E., Strong, D., Carnes, L., Vukadinovic, Z., & Long, J. S. (2003). The relation between mood and sexuality in heterosexual men. *Archives of Sexual Behavior*, 32, 217–230.

Bancroft, J., Janssen, E., Strong, D., & Vukadinovic, Z. (2003). The relation between mood and sexuality in gay men. *Archives of Sexual Behavior*, 32, 231–242.

Bancroft, J., & Vukadinovic, Z. (2004). Sexual addiction, sexual compulsivity, sexual impulsivity, or what? Toward a theoretical model. *Journal of Sex Research*, 41(3), 225–234.

Berlin, F. S., & Meinecke, C. F. (1981). Treatment of sex offenders with antiandrogenic medication: Conceptualization, review of treatment modalities and preliminary findings. *American Journal of Psychiatry,* 138, 601–607.

Bostwick, J. M., & Bucci, J. A. (2008). Internet sex addiction treated with naltrexone. *Mayo Clinical Proceedings*, 83(2), 226–230.

Bostwick, J. M., Hecksel, K. A., Stevens, S. R., Bower, J. H., & Ahlskog, J. E. (2009). Frequency of new-onset pathologic compulsive gambling or hypersexuality after drug treatment of idiopathic Parkinson Disease. *Mayo Clinic Proceedings*, 84(4), 310–316.

Carnes, P. J. (1983). *Out of the shadows: Understanding sexual addiction*. Minneapolis, MN: CompCare Publishers.

Carnes, P. J. (1991). *Don't call it love: Recovering from sexual addiction*. New York: Bantam Books.

Carnes, P. J. (1994). *Contrary to love: Helping the sexual addict*. Center City, MN: Hazelden.

Carnes, P. J. (1997). *Sexual Anorexia: Overcoming sexual self-hatred.* Center City, MN: Hazelden.

Carnes, P. J. (2005). *Sexual Addiction: Chapter 18.4. Comprehensive Textbook of Psychiatry, Vol.1. Sadock & Sadock*. Philadelphia, PA: Lippincott, Williams & Wilkins.

Carnes, P., Green, B., & Carnes, S. (2010). The same yet different: Refocusing the Sexual Addiction Screening Test (SAST) to reflect orientation and gender. *Sexual Addiction Compulsivity*, 17(1), 7–30.

Carnes, P. J., Green, B. A., Merlo, L. J., Polles, A., Carnes, S., & Gold, M. S. (2011). PATHOS: A brief screening application for assessing sexual addiction. *Journal of Addiction Medicine*, 6(1), 29–34.

Carnes, P., Murray, R., & Charpentier, L. (2005). Bargains with chaos: Sex addicts and addiction interaction disorder. *Sexual Addiction and Compulsivity: The Journal of Treatment and Prevention*, 12, 79–120.

Carnes, P. J., Nonemaker, D., & Skilling, N. (1991). Gender differences in normal and sexually-addicted populations. *American Journal of Preventative Psychiatry & Neurology*, 3(1), 16–23.

Carter, C. S. (1998). Neuroendocrine perspectives on social attachment and love. *Psychoneuroendocrinology*, 23, 779–818.

Chen, C. S., Burton, M., Greenberger, E., & Dmitrieva, J. (1999). Population migration and the variation of dopamine D4 receptor (DRD4) allele frequencies around the globe. *Evolution and Human Behavior*, 20, 309–324.

Cherkas, L. F., Oelsner, E. C., Mak, Y. T., Valdes, A., & Spector, T. D. (2004). Genetic influences on female infidelity and number of sexual partners in humans: A linkage and association study of the role of the vasopressin receptor gene (AVPR1A). *TwinResearch*, 7(6), 649–658.

Coleman, E., Raymond, N., & McBean, A. (2003). Assessment and treatment of compulsive sexual behavior. *Minnesota Medicine*, 86(7), 42–47.

Congdon, E., Lesch, K. P., & Canli, T. (2008). Analysis of DRD4 and DAT polymorphisms and behavioral inhibition in healthy adults: Implication for impulsivity. *American Journal of Medical Genetics PartB: Neuropsychiatric Genetics*, 147B, 27–32.

Cooper, A., Putnam, D. A., Planchon, L. A., & Boies, S. C. (1999). Online sexual compulsivity: Getting tangled in the net. *Sexual Addiction & Compulsivity*, 6, 79–104.

Depue, R. A., & Morrone-Strupinsky, J. V. A. (2005). A neurobehavioral model of affiliative bonding: Implications for conceptualizing a human trait of affiliation. *Behavioral and Brain Science*, 28(3), 313–395.

Ding, Y., Chi, H., Grady, D. L., Morishima, A., Kidd, J. R., Kidd, K. K., et al. (2002). Evidence of positive selection acting at the human dopamine receptor D4 gene locus. *PNAS*, 99, 309–314.

Dreber, A., Apicella, C. L., Eisenberg, D. T. A., Garcia, J. R., Zamore, R. S., Lum, J. K., et al. (2009). The 7R polymorphism in the dopamine receptor D4 gene (DRD4) is associated with financial risk-taking in men. *Evolution and Human Behavior*, 30, 85–92.

Earle, R. H., & Earle, M. R. (1995). *Sex addiction: Case studies and management*. New York: Brunner/Mazel.

Eisenberg, D. T. A., Campbell, B., MacKillop, J., Modi, M., Dang, D., Lum, J. K., et al. (2007). Polymorphisms in the dopamine D4 and D2 receptor genes and reproductive and sexual behaviors. *Evolutionary Psychology*, 5(4), 696–715.

Ewing, J. A. (1984). Detecting alcoholism: The CAGE questionnaire,. *Journal of the American Medical Association*, 252, 1905–1907.

Fisher, H. E., Aron, A., Mashek, D., Li, H., & Brown, L. L. (2002). Defining the brain systems of lust, romantic attraction, and attachment. *Archives of Sexual Behavior*, 31(5), 413–419.

Frances, R. A., Miller, S. I., & Mack, A. H. (2005). *Clinical textbook of addictive disorders* (3rd ed.). New York, NY: Guilford Press.

Garcia, J. R., MacKillop, J., Aller, E. L., Merriwether, A. M., Wilson, D. S., & Lum, J. K. (2010). Associations between dopamine D4 receptor gene variation with both infidelity and sexual promiscuity. *PLoS One*, 5(11). Retrieved from http://www.plosone.org/article/info:doi/10.1371/journal.prone.0014162.

Georgiadis, J. R. (2012). Doing it... wild? On the role of the cerebral cortex in human sexual activity. *Socioaffective Neuroscience & Psychology*, 2, 17337.

Goodman, A. (1998). *Sexual addiction: An integrated approach*. Madison, CT: International Universities Press.

Grant, J. E., & Potenza, M. N. (2006). Compulsive aspects of impulse-control disorders. *Psychiatric Clinics of North America*, 29(2), 539–550.

Grant, J. E., & Steinberg, M. A. (2005). Compulsive sexual behavior and pathological gambling. *Sexual Addiction and Compulsivity*, 12, 235–244.

Guay, D. R. (2009). Drug treatment of paraphilic and nonparaphilic sexual disorders. *Clinical Therapy*, 31(1), 1–31.

Harpending, H., & Cochran, G. (2002). In our genes. *PNAS*, 99, 10–12.

Holloway, K. S. (2012). Opioid mediation of learned sexual behavior. *Socioaffective Neuroscience & Psychology*, 2, 14874.

Hook, J. N., Hook, J. P., Davis, D. E., Worthington, E. L., & Penberthy, J. L. (2010). Measuring sexual addiction and compulsivity: A critical review of instruments. *Journal of Sex & Marital Therapy*, 36, 227–260.

Insel, T. R., & Young, L. J. (2001). The neurobiology of attachment. *Nature Review Neuroscience*, 2(2), 129–136.

Kafka, M. P. (2010). Hypersexual disorder: A proposed diagnosis for DSM-V. *Archives of Sexual*

Behavior, 39(2), 377–400.

Kafka, M. P., & Hennen, J. (1999). The paraphilia-related disorders: An empirical investigation of nonparaphilic hypersexuality disorders in outpatients males. *Journal of Sex & Marital Therapy*, 25, 305–319.

Kafka, M. P., & Hennen, J. (2002). A DSM-IV Axis I comorbidity study of males (N=120) with paraphilias and paraphilia-related disorders. *Sexual Abuse: Journal of Research and Treatment*, 14, 349–366.

Kaplan, H. S. (1974). *New sex therapy: Active treatment of sexual dysfunctions*. New York: Random House.

Kaplan, M. S., & Krueger, R. B. (2010). Diagnosis, assessment, and treatment of hypersexuality. *Journal of Sex Research*, 47(2–3), 181–198.

Kingston, D. A., & Firestone, P. (2008). Problematic hypersexuality: A review of conceptualization and diagnosis. *Sexual Addiction & Compulsivity*, 15, 284–310.

Kinsey, A. C., Pomeroy, W. B., & Martin, C. E. (1948). *Sexual behavior in the human male*. Philadelphia, PA: W.B. Saunders.

Krafft-Ebing, R. von (1965). *Psychopathia sexualis*. New York: G.P.Putnam's Sons (Original work published 1886, *Neuroscience and Biobehavioral Reviews*, 19, 261–277).

Kort, J. (2004). Covert cultural sexual abuse of gay male teenagers contributing to etiology of sexual addiction. *Sexual Addiction & Compulsivity*, 11, 287–300.

Langstrom, N., & Hanson, R. K. (2006). High rates of sexual behavior in the general population: Correlates and predictors. *Archives of Sexual Behavior*, 35, 37–52.

Levine, S. B. (2010). What is sexual addiction? *Journal of Sex & Marital Therapy*, 36, 261–275.

Li, D., Sham, P. C., Owen, M. J., & He, L. (2006). Meta-analysis shows significant association between dopamine system genes and attention deficit hyperactivity disorder (ADHD). *Human Molecular Genetics*, 15(14), 2276–2284.

MacKillop, J., Menges, D. P., McGeary, J. E., & Lisman, S. A. (2007). Effects of craving and DRD4 VNTR genotype on the relative value of alcohol: An initial human laboratory study. *Behavioral and Brain Function*, 3, 11.

Masters, W. H., Johnson, V. E., & Kolodny, R. C. (1988). *Masters and Johnson on sex and human loving*. Boston: Little, Brown and Company.

Melis, M. R., & Argiolas, A. (1995). Dopamine and sexual behavior. *Neuroscience Biobehavioral Reviews*, 19(1), 19–38.

Mick, T. M., & Hollander, E. (2006). Impulsive-compulsive sexual behavior. *CNS Spectrum*, 11(12), 944–955.

Miner, M. H., Raymond, N., Mueller, B. A., Lloyd, M., & Lim, K. O. (2009). Preliminary investigation of the impulsive and neuroanatomical characteristics of compulsive sexual behavior. *Psychiatric Research: Neuroimaging*, 174, 146–151.

Muench, F., Morgenstern, J., Hollander, E., Irwin, T. W., O'Leary, A., Parsons, J. T., et al. (2007). The consequences of compulsive sexual behavior: The preliminary reliability and validity of the Compulsive Sexual Behavior Consequences Scale. *Sexual Addiction & Compulsivity*, 14, 207–220.

Orford, J. (1978). Hypersexuality: Implications for a theory of dependence. *British Journal of Addiction*, 73, 299–303.

Pitchers, K. K., Balfour, M. E., Lehman, M. N., Richtand, N. M., Yu, L., & Coolen, L. M. (2010). Neuroplasticity in the mesolimbic system induced by natural reward and subsequent reward abstinence. *Biological Psychiatry*, 67, 872–879.

Rawson, R. A., Washton, A., Domier, C. P., & Reiber, C. (2002). Drugs and sexual effects: Role of drug type and gender. *Journal of Substance Abuse Treatment*, 22(2), 103–108.

Ray, L. A., Bryan, A., MacKillop, J., McGeary, J., Hesterberg, K., & Hutchison, K. E. (2008). The dopamine D4 receptor (DRD4) gene exon III polymorphism, problematic alcohol use and novelty seeking: Direct and mediated genetic effects. *Addiction Biology*, 14, 238–244.

Raymond, N. C., Coleman, E., & Miner, M. H. (2003). Psychiatric comorbidity and compulsive-impulsive traits in compulsive sexual behavior. *Comprehensive Psychiatry*, 44, 370–380.

Raymond, N. C., Grant, J. E., & Coleman, E. (2010). Augmentation with naltrexone to treat compulsive sexual behavior: A case series. *Annals of Clinical Psychiatry*, 22(1), 56–62.

Reid, R. C., & Carpenter, B. N. (2009). Exploring relationships of psychopathology in hypersexual patients using the MMPI-2. *Journal of Sex & Marital Therapy*, 35, 294–310.

Reid, R. C., Harper, J. M., & Anderson, E. H. (2009). Coping strategies used by hypersexual patients to defend against the painful effects of shame. *Clinical Psychology and Psychotherapy*, 16, 125–138.

Rush, B. (1812). *Medical inquiries and observation upon the diseases of the mind.* Philadelphia, PA: Kimber & Richardson.

Samenow, C. P. (2010). Classifying problematic sexual behaviors—It's all in the name. *Sexual Addiction & Compulsivity*, 17, 3–6.

Sescousse, G., Redouté, J., & Dreher, J. C. (2010). The architecture of reward value coding in the human orbitofrontal cortex. *Journal of Neuroscience*, 30, 13095–13104.

Steinglass, P. (1980). A life history model of the alcoholic family. *Family Process*, 19(3), 211–226.

Sussman, S. (2007). Sexual addiction among teens: A review. *Sexual Addiction & Compulsivity*, 14, 257–278.

Tao, R., Huang, X., Wang, J., Zhang, H., Zhang, Y., & Li, M. (2010). Proposed diagnostic criteria for Internet addiction. *Addiction*, 105, 556–564.

Tosto, G., Talarico, G., Lenzi, G. L., & Bruno, G. (2008). Effect of citalopram in treating hypersexuality in an Alzheimer's disease case. *Neurological Science*, 29, 269–270.

Træen, B., Spitznogle, K., & Beverfjord, A. (2004). Attitudes and use of pornography in the Norwegian population 2002. *Journal of Sex Research*, 41, 193–200.

Vroege, J. A., Gijs, L., & Hengeveld, M. W. (1998). Classification of sexual dysfunctions: Towards DSM-V and ICD-11. *Comprehensive Psychiatry*, 39(6), 333–337.

Walum, H., Westberg, L., Henningsson, S., Neiderhiser, J. M., Reiss, D., Igl, W., et al. (2008). Genetic variation in the vasopressin receptor 1a gene (AVPR1A) associates with pairbonding behavior in humans. *PNAS*, 105, 14153–14156.

Wang, E., Ding, Y., Flodman, P., Kidd, J. R., Kidd, K. K., Grady, D. L., et al. (2004). The genetic architecture of selection at the human dopamine receptor D4 (DRD4) gene locus. *American*

Journal of Human Genetics, 74(5), 931–944.

World Health Organization. (2007). *International classification of diseases* (10th ed.). Geneva: Author.

Yoder, V. C., Virden, T. B., & Amin, K. (2005). Internet pornography and loneliness: An association? *Sexual Addiction and Compulsivity*, 12, 19–44.

Zapf, J. L., Greiner, J., & Carroll, J. (2008). Attachment styles and male sex addiction. *Sexual Addiction & Compulsivity*, 15, 158–175.

Zietsch, B. P., Verweij, K. J. H., Bailey, J. M., Wright, M. J., & Martin, N. G. (2010). Genetics and environmental influences on risky sexual behaviour and its relationship with personality. *Behavior Genetics*, 40(1), 12–21.

CHAPTER 10

사랑의 포악: 인류학자의 관점에서 본 사랑 중독

Helen E. Fisher

"사랑의 증서를 읽고자 한다면 어디로 향해야 하는가? 살인자의 기념비로."

— 조지 버나드 쇼

일반인들과 과학자들은 오랫동안 로맨틱한 사랑을 초자연적인 것, 또는 12세기 프랑스 음유시인의 작품들에서부터 비롯된 문화적 전통의 결과로 간주해 왔다. 그러나 뇌 영상 촬영(fMRI)을 통해 수집한 최근의 자료에 의하면, 강렬한 사랑의 감정이 주로 중독과 관련되는 영역을 포함하여, 뇌의 보상 체계, 특히 에너지, 집중, 동기, 황홀감, 갈망과 관련되는 도파민 경로의 영역에 영향을 준다는 사실을 보여준다(Acevedo et al., 2011; Aron et al., 2005; Bartels & Zeki, 2000, 2004; Fisher et al., 2003, 2005, 2010a; Ortigue et al., 2007; Xu et al., 2011). 게다가, 열정적으로 사랑하고 있는 남성과 여성은 갈망, 내성, 감정적 및 신체적 의존, 금단 증상, 재발과 같은 중독의 기본 증상들을 모두 보인다(Fisher, 2004 참고).

로맨틱한 사랑은 중독의 특징들과 관련이 있기 때문에, 여러 심리학자들은 로맨틱한 사랑에도 중독될 가능성이 있다고 본다(Griffin-Shelley, 1991; Halpern, 1982; Hunter et al., 1981; Mellody et al., 1992; Peele, 1975; Schaef, 1989; Tennov, 1979). 그러나 대부분의 사람들이 중독을 병적으로 문제가 있는 질병으로 정의하고 있으며(Reynaud et al., 2010), 로맨틱한 사랑이 대부분 긍정적인(즉, 해롭지 않은) 경험이기 때문에 연구자들은 공식적으로 로맨틱한 사랑을 중독으로 분류하는 것을 매우 꺼리고 있다.

하지만 로맨틱한 사랑이 해롭다고 간주되지 않을 때 조차도 강렬한 갈망과 불안과 연관되어 있으며, 사랑하는 사람들이 부적절하거나 심지어는 위험한 행동이나 그런 말을 하고 문제를 직시하지 않게 만들 수도 있다. 더욱이 알코올과 오피오이드, 코카인, 암페타민, 대마초, 담배를 포함하는 모든 형태의 물질 남용은 보상 경로를 활성화시킨다(Breiter et al., 1997; Diana, 2013; Frascella et al., 2010; Koob & Volkow, 2010; Melis et al., 2005; Volkow et al., 2007). 그리고 이와 동일한 보상 경로가 실연당한 사람들뿐 아니라 행복한 사랑에 빠진 남녀 모두에게서 활성화되는 것으로 나타났다(Acevedo et al., 2011; Aron et al., 2005; Bartels & Zeki, 2000, 2004; Fisher et al., 2003, 2005, 2010a; Ortigue et al., 2007; Xu et al., 2011). 그렇기 때문에 공식적인 진단 분류와는 상관없이, 필자는 로맨틱한 사랑이 중독과 동일하게 다루어져야 한다고 생각한다(Fisher, 2004). 즉, 누군가의 사랑이 상호적이고, 중독적이지 않으며 적절한(즉, 연인의 누구도 다른 누구와 결혼하지 않았거나 또는 다른 부적절한 삶의 문제가 없는 것) 경우는 *긍정적* 중독이고, 로맨틱한 사랑의 감정이 부적절하고, 중독적이며, 상호적이지 않거나 공식적으로 거절되었음에도 지속될 때에는 *부정적* 중독으로 다뤄져야 한다고 생각한다(Fisher, 2004).

이 장에서는 로맨틱한 사랑이 4400만 여 년 전부터 시작된, 인류 번식 전략의 특징이었던 연쇄적 사회적 일부일처제와 은밀한 간통이 함께 진화해 오면서 인류의 조상에게 자연적 중독의 형태로 나타난 것(Frascella et al., 2010)이라고 주장한다(Fisher, 1998, 2004, 2011). 로맨틱한 사랑의 목적은 우리 선조들로 하여금 한 번에 한 쌍의 남녀가 결합해 시간과 에너지를 서로에게 집중하도록 하고, 따라서 한 팀으로서 자녀들을 함께 양육하기 위한 부부간의 유대감을 형성하도록 하는 것이었다(Fisher, 1992, 1998, 2011; Fisher et al., 2006, 2011). 이 장에서는 긍정적, 부정적 사랑 중독과 관련된 특징에 대해 다루게 될 것이다. 또한, 사랑 중독의 기원을 찾고, 사랑 중독의 서로 다른 유형에 대한 생물심리학적 근거와 이론을 제시할 것이다. 그리고 거절 중독으로부터 고통받는 사람들을 위해 과학에 근거를 둔 치료법들을 제안할 것이다.

1. 긍정적 중독으로서의 로맨틱한 사랑

정열적 사랑, 강박적 사랑, "사랑을 하고 있는 것"으로도 알려진 인간의 로맨틱한 사랑은 문화를 초월하는 현상이다. Jankowiak와 Fischer(1992)는 166개 사회를 조사하여 147개의 사회에서 로맨틱한 사랑의 증거들을 찾아냈다. 로맨틱한 사랑이 존재하지 않는다고 볼 수 있는 증거들은 발견되지 않았으며, 나머지 19개 문화에서 인류학자들은 연구 목적에 맞는 질문을 찾지 못했다. Jankowiak와 Fischer는 로맨틱한 사랑이 인간 문화에서 거의 보편적인 현상이라고 결론지었다(Jankowiak & Fischer, 1992).

로맨틱한 끌림(romantic attraction)은 일련의 심리학적, 행동적, 신체적 특징과 연관되어 있다(Fisher, 1998; Harris, 1995; Hatfield et al., 1988; Hatfield & Sprecher, 1986; Liebowitz, 1983; Tennov, 1979). 이런 열정은 사랑을 하는 사람이 상대방을 특별하고 유일하다고 생각하면서 시작된다. 그리고 사랑을 받는 사람은 이 "특별한 의미"를 받아들인다. 사랑을 하는 사람은 자신의 관심을 사랑하는 상대에게 집중시키고(현저성), 사랑하는 상대의 더 나은 특징들을 크게 과장하는 동시에 단점들은 간과하거나 축소하게 된다. 사랑을 하는 사람은 사랑이 잘 진행될 때에는 에너지가 증가(경조증)할 뿐 아니라 황홀감을 보이고, 이 관계에서 문제가 나타날 때에는 절망하거나(쾌감 상실), 자신의 역할에 대해, 상대를 어떻게 기쁘게 할 것인지, 사랑하는 사람과 하나가 되는 목표를 어떻게 달성할 것인지에 관한 일반적인 불안을 보인다. 역경과 사회적 장애물은 로맨틱한 열정과 갈망(좌절 매력)을 고조시킨다. 사랑하는 사람은 상대방과 떨어져 있을 때에 고통스러워한다(분리 불안). 그리고 사랑하는 사람과 함께 있을 때에는 땀을 흘리거나, 말을 더듬거나, 두근두근하거나, 심장이 쿵쾅거리거나, 먹거나 자는 데에 어려움이 있는 것을 포함하는 하나 또는 그 이상의 교감신경계 반응을 보인다. 그리고 사랑하는 사람은 감정적 및 물리적으로 의존적이다. 사랑하는 사람들은 또한 현실을 왜곡하고, 사랑하는 사람에게 맞추어 그들의 우선순위와 일상의 습관들을 바꾸며, 성격의 변화도 경험한다(정동 장애). 그리고 종종 이 특별한 상대에게 인상을 남기거나 접촉하기 위해 부적절하거나 위험한 일들을 시도하기도 한다.

사랑에 빠진 사람은 또한 사랑하는 사람에게 높은 공감을 나타낸다. 많은 사람들이 상대방을 위해 희생하고 심지어 목숨을 아끼지 않기도 한다. 이들은 누군가가 이제 막 시작하는 자신들의 관계를 위태롭게 한다고 생각하면 질투를 느낄 수 있고, 사회적으로나 성적으로 매우 강한 소유욕을 보인다(mate guarding; Buss, 2000). 사랑하는 사람들은 또한 상대방에게 대한 강렬한 성적인 욕망을 표현하기도 하지만, 감정적인 연합에 대한 동경이 성적 연합에 대한 갈망을 무색하게 만들기도 한다. 사랑을 하는 사람의 가장 큰 특징은 사랑하는 상대방을 강박적으로 생각하는 것(침투적 사고)이다. 이들은 또한 사랑하는 사람과 밤이나 낮이나 함께 하고자 하는 노력으로 강박적으로 뒤를 쫓아가고, 끊임없이 전화하거나 편지를 쓰거나 예고 없이 찾아가기도 한다. 이러한 경험에서 가장 중요한 것은 상대방을 얻고자 하는 강렬한 동기이다. 로맨틱한 끌림 역시 비자발적이고 조절하기 어렵다.

무엇보다 사랑에 빠진 남녀는 중독의 기본적인 특징을 모두 보인다. 즉, 갈망, 내성(격화되는 것), 금단 증상, 재발이다. 다른 중독자들과 마찬가지로, 사랑하는 사람을 얻고자 하고(갈망), 상대방에 대해 생각할 때에 흥분감이 "솟구치는 것"을 느낀다(취함). 내성이 쌓이면서, 사랑하는 사람들은 상대방과 더 자주 접하기를 원한다. 사랑하는 사람이 갑작스레 관계를 끊으면, 상대방은 약물 금단 증상의 흔한 징후들을 경험하게 된다. 예를 들어, 저항하고, 한바탕 울어대는 것, 무기력함, 불안, 불면증, 또는 수면 과다, 식욕 부진이나 폭식, 화를 내는 것, 만성적인 외로움과 같은 것들이다. 대부분의 중독자들과 마찬가지로, 거절당한 사람은 또한 극단적이 되는데, 심지어는 사랑하는 사람을 되찾기 위해 수치스러운 일이나 신체적으로 위험한 일들을 하기도 한다. 사랑하는 사람들은 약물 중독자들과 같은 방식으로 재발하기도 한다. 관계가 끝난 후 오랜 뒤에, 사건, 사람, 장소, 노래, 자신을 버린 연인과 관련된 다른 외적 단서들이 기억을 촉발시키고 다시 갈망을 일으키게 된다. 그리고 부정적인 결과가 있을 것이라고 생각함에도 불구하고 강박적으로 생각하거나 충동적으로 전화하고, 편지를 쓰고, 사랑의 재연을 바라며 상대방을 찾아가기도 한다.

로맨틱한 사랑에 대한 몇몇 신경 이미지 촬영 연구는 이러한 보편적인 인간 경험의 생리학적인 근거를 보여준다(Acevedo et al., 2011; Aron et al., 2005; Bartels & Zeki, 2000, 2004; Fisher et al., 2003, 2005, 2010a; Ortigue et al., 2007; Xu et al., 2011). 우리는 첫 실험(Aron et al., 2005; Fisher et al., 2003, 2005)에서, 자기 공명 영상(fMRI) 장치를 사용하여 최근에 강렬하고 행복한 사랑에 빠졌던 10명의 여성과 7명의 남성을 대상으로 실험을 실시했다. 이들은 모두 로맨틱한 감정의 강도를 측정하는 자기보고식 정열적 사랑 척도(Passionate Love Scale)에서 높은 점수를 기록했고(Hatfield & Sprecher, 1986), 모든 참가자들은 깨어 있는 시간의 85%를 사랑하는 사람을 생각하는 데에 썼다고 응답했다.

참가자들에게 그들의 애인 사진과, 친밀한 사람의 사진을 번갈아 보여주며 주의-주의전환 과업을 배치했다. (뇌의) 집단 활성(group activation)은 복측피개영역(VTA)과 미상핵을 포함해(Aron et al., 2005; Fisher et al., 2003, 2005), 쾌락, 일반적 흥분, 집중된 관심, 그리고 추구하고 보상을 얻고자 하는 것과 관련되고 도파민 시스템의 활성화(Delgado et al., 2000; Elliot et al., 2003; Schultz, 2000)로 주로 영향을 받는 뇌의 보상 체계뿐 아니라, 불안과 관련된 뇌의 영역인 뇌도(insula)의 여러 영역에서 발생했다. 더욱이 이 17명의 남녀의 주성분 분석에서, 공변인된 중격의지핵과 전두엽 피질에서의 활성화를 뒷받침하는 근거를 발견하였다(아직 출간되지 않은 자료). 보상 체계의 이 영역들은 약물 남용의 많은 연구에서 중독과 직접적인 관련이 있었다(Breiter et al., 1997; Diana, 2013; Frascella et al., 2010; Koob & Volkow, 2010; Melis et al., 2005; Panksepp et al., 2002; Volkow et al., 2007).

우리의 두 번째 fMRI 연구는 17명의 50~60대 남녀(평균 결혼생활 21년)를 대상으로 진행했다. 이들은 여전히 로맨틱한 사랑의 초기 단계의 "황홀감"을 느낀다고 보고했다. 이 연구는 또한 VTA와 중격의지핵, 그리고 보상 체계의 여러 다른 영역에서 집단 활성화를 보여 주었다(Acevedo et al., 2011). 게다가 "사랑에 빠진" 남녀에 대한 또 다른 연구에서, Bartels와 Zeki(2000)는 사랑에 눈 먼 사람들의 뇌 스캔을 아편이나 코카인을 주입하여 행복감을 경험했던 사람들의 뇌 스캔과 비교했다. 그 결과 보상 체계의 여러 동일한 영역이 활성화된 것을 알 수 있었다.

여러 연구에서 얻은 이런 자료들을 통해 행복하게 사랑에 빠진 사람들이 약물 중독과 관련된 신경 영역에서 유사하게 활성화된다는 것을 알게 되었다.

2. 부정적 중독으로서의 로맨틱한 거절

서로 다른 문화에 걸쳐, 남녀 대부분이 일생에서 한 번쯤은 실연의 아픔을 겪게 된다. 미국의 한 대학 단체에서 실시한 조사에 참여한 남녀의 93%가 열정적으로 사랑한 사람으로부터 퇴짜를 맞은 경험이 있다고 응답했고, 95%가 자신을 깊이 사랑하는 누군가를 거절한 적이 있다고 응답했다(Baumeister et al., 1993). 로맨틱한 거절은 매우 깊은 상실감과 부정적인 정서를 야기한다. 이런 실연은 임상적인 우울증을 유발하기도 하고 극단적인 경우에서는 자살이나 살인을 하게 하기도 한다. 실연을 당한 몇몇 사람들은 심지어 우울증 때문에 발생하는 심장 마비나 심근 경색으로 사망에 이르기도 한다(Rosenthal, 2000).

이와 같은 자연적인 상실 상태와 관련된 신경 시스템을 확인하기 위해, 필자와 동료들은 최근에 사랑하던 사람에게 거절을 당했지만 여전히 그들을 열렬하게 사랑하고 있다고 응답한 10명의 여자와 5명의 남자에게 fMRI 연구를 시행했다(Fisher et al., 2010a). 첫 번째 거절 이후 연구에 등록하기까지의 평균 기간은 63일이었다. 참가자들은 모두 로맨틱한 감정의 격렬함을 측정하는 자기보고식 질문지인 열정적인 사랑 척도(Passionate Love Scale)(Hatfield & Sprecher, 1986)에서 높은 점수를 받았다. 모든 참가자가 자신이 깨어있는 시간의 85%를 자신을 거절한 사람을 생각하고, 자신을 버린 그 사람이 다시 돌아오기를 갈망한다고 말했다.

참가자들은 자신을 거절한 사람과 친숙한 사람, 감정적으로 중립적인 사람의 사진을 번갈아 보여주며, 주의전환-집중 과업을 배치했다. 스캐너로 자신을 거절한 사람을 볼 때 그들의 반응에는 로맨틱한 열정, 절망감, 즐겁고 고통스러웠던 기억들, 왜 이런 일이 일어났는지에 대해 숙고하고 그 경험으로부터 잃은 것과 얻은 것에 대한 정신적인 평가가 포함되었다. 로맨틱한 거절과 연관된 뇌 활성은 뇌의 보상 체계의 여러 영역에서 일어났다. 격렬하고 로맨틱한 사랑의 감정과 관련된 VTA, 애착의 감정과 관련된 배쪽 창백, 물리적 통증, 불안, 그리고 물리적 통증으로 인한 고통과 관련된 섬 피질과 전측 대상회, 그리고 열망과 중독뿐만 아니라 손실과 이득을 평가하는 측위 신경핵과 안와전두피질 등이 포함되었다(Fisher et al., 2010a). 앞서 언급했듯, 이런 뇌의 몇몇 영역에서의 활성화는 예전부터 코카인 중독 및 이외 약물 남용과 관련이 있다고 알려져 왔다(Diana, 2013; Frascella et al., 2010; Koob & Volkow, 2010; Melis et al., 2005).

이렇듯, 로맨틱한 거절은 자연스럽고 부정적인 중독의 강도에 가장 크게 기여할 수 있는 생물심리학적 요소를 가지고 있다.

1) 저항

정신과 의사들은 로맨틱한 거절을 두 단계로 나누었다(Fisher, 2004; Lewis Amini & Lannon, 2000). *저항 단계(protest phase)*에 있는 버려진 연인은 강박적으로 사랑하는 사람을 되찾고자 노력한다. *체념/절망 단계(resignation/despair phase)*에 들어서면, 희망을 포기하고 절망에 빠진다.

정신과 의사인 Lewis, Amini, 그리고 Lannon(2000)이 저항 단계는 도파민 시스템의 활성화의 증가뿐 아니라 노르에피네프린 시스템과 밀접하게 관계가 있다고 제안한 것처럼, 거절 중독은 이 단계에서 가장 격렬하게 나타날 수 있다. 더욱이 이들은 인간의 로맨틱한 거절의 저항 단계가 기본적인 영장류의 메커니즘에서 생겨났다고 주장한다. 이 메커니즘은 어떤 형태의 사회 애착이 손상될 때에 흔히 활성화된다. 강아지가 어미로부터 떨어져서 부엌에 홀로 남겨졌을 때를 예로 든다. 강아지는 즉각적으로 달려, 미친 듯이 문 앞에서 뛰고, 짖고, 저항하며 울부짖는다. 홀로 남겨진 새끼 쥐는 끊임없이 초음파 울음소리를 낸다. 새끼 쥐들은 뇌의 각성이 너무 격렬하기 때문에 거의 잠들지 못한다(Panksepp, 1998). 따라서 이 정신과 의사들은 이런 카테콜라민 활동에서의 변화가 기민성을 증가시키고 버려진 새끼 포유동물들이 저항하고, 찾고, 도움을 요청하게 자극시키도록 진화된 적응 기제라고 믿는다.

저항에는 스트레스가 동반된다. 스트레스는 또한 도파민 시스템 활성을 증가시킨다. 포유류가 처음으로 극심한 스트레스를 경험할 때, 신체는 중앙 도파민, 노르에피네프린 시스템의 활동이 증가하고 중추 세로토닌이 억제되는 반응을 보이는데, *스트레스 반응(stress response)*이라고 알려져 있다(Kapit, Macey, & Meisami, 2000). 따라서 로맨틱한 거절의 *저항 단계* 동안 나타나는 이런 스트레스 반응은 잠재적으로 거절을 당한 사람의 중독적 사고나 행동을 지속시키거나 심화시킬 수 있다.

거절은 거절 중독을 지속시키거나 심화시킬 가능성이 있는 다른 뇌의 반응을 촉발시킬 수도 있는데, 이는 *좌절-매력(frustration-attraction)*이라고 알려져 있다(Fisher, 2004, p.16). 연인들이 로맨틱한 감정에 대한 장애물에 마주하면, 이들의 열정은 종종 심화된다. 즉, 역경이 로맥틱한 사랑을 고조시킨다. 좌절-매력도 아마 생물학적 기반이 있을 것이다. 보상이 지연될 때 뇌의 보상 체계의 뉴런들은 활성화를 유지시키며(Schultz, 2000), 따라서 중앙 도파민의 활성을 유지하고, 거절 중독이 되는 것이다.

거절의 *저항 단계* 동안, 남녀 모두 *좌절 공격성(frustration aggression)*을 보일 수 있다. 학자들은 *버려짐에 대한 분노(abandonment rage)*라고 부르기도 한다(Meloy, 1998, 2001). 심지어 거절하는 상대가 연민의 마음을 가지고 떠나거나 친구 또는 양육을 분담하는 부모로서 자신의 책임을 다하며 떠나갈 때에도 버림을 받은 사람들의 많은 수가 비통함과 분노의 감정을 오간다. 이러한 반응도 신경학적 상관 관계가 있다. 초기 분노 시스템은 보상을 기대하는 전두엽 피질과 밀접하게 연결되어 있다(Panksepp, 1998). 그 결과, Lewis, Amini, 그리고 Lannon(2000)은 인간이나 이외 포유류가 기대되는 보상이 위태하거나, 심지어 보상을 받을 수 없다는 것을 인식하기 시작하면, 전두엽 피질의 이 영역들이 편도체를 자극하고 분노를 촉발한다고 제안했다. 충족되지 않은 기대에 대한 분노 반응은 포유류에서 잘 알려져 있는 반응이다. 고양이의 보상 뇌 회로가 인위적으로 자극을 받으면, 고양이는 기쁨을 표현한다. 이 기분 좋은 자극이 철회되면, 고양이는 문다.

로맨틱한 열정과 버려짐에 대한 분노는 공통점이 많이 있다. 두 반응 모두 신체와 정신적 각성과 관련이 있으며, 강박적 사고, 집중된 주의, 동기, 목표 지향적 행동을 만들어 내며, 사랑하는 사람과 다시 연합하고자 하는 강렬한 갈망이나 사랑하는 사람에 대한 분노를 만들어 낸다(Fisher, 2004; Meloy & Fisher, 2005). 게다가, 두 반응은 동시에 작용할 수 있다. Ellis와 Malamuth(2000)는 124쌍의 연인을 대상으로 하는 연구에서,

로맨틱한 사랑과 "화/분노"가 다른 유형의 정보에 반응한다고 보고했다. 사랑하는 사람의 화/분노 수준은 상대방의 불륜, 감정적 헌신의 결여, 그리고/또는 거절과 같은 사랑하는 사람의 목적을 저해하는 사건에 반응하여 변동한다. 대신 사랑하는 사람의 로맨틱한 사랑의 감정은 친척이나 친구들과 함께 시간을 보낼 때에 상대방이 눈에 보이는 사회적인 지지를 보이거나, 사랑 또는 충절에 대해 직접적으로 선언하는 것과 같이 사랑하는 사람의 목표를 증진시키는 경우 변동한다. 따라서 로맨틱한 사랑과 화/분노는 동시에 작용할 수 있기 때문에, 거절 중독의 표현에 복잡성과 강도를 더해준다.

사랑하는 사람으로부터 거절당한 사람에게서 나타나는 중독적 반응은 또 다른 종류의 생물학적 체계가 더해지면서 더욱 복잡해질 수 있는데, 그 원인은 바로 질투이다. 로맨틱한 질투는 여러 문화에 걸쳐 흔하게 나타난다(Buss, 2000; Meloy, 1998; Meloy & Fisher, 2005). 그리고 질투는 종종 상대방에 대한 강렬한 소유욕을 만들어 낸다. 다른 포유류나 조류에게서도 이러한 소유욕을 쉽게 찾아볼 수 있는데, 인류학자들은 이를 짝 보호(mate guarding)라고 부른다(Buss, 2000). 인간의 짝-소유욕에 대한 생물학적 연관성은 밝혀져 있지 않다. 암수가 한 쌍을 이루는 초원 들쥐에 대한 연구 자료에서 짝 보호에 관여할 가능성이 있는 신경화학적 시스템 중의 하나가 바소프레신(vasopressin)이라고 제안하고 있다(Young et al., 1998). 의심할 여지 없이, 많은 뇌 체계가 인간의 질투에 기여한다. 질투와 짝 보호와 연관된 복잡한 신경 시스템은 거절 중독을 겪는 사람들의 강박적 사고와 부적절한 행동들에 기여할 가능성이 있다.

사실, 앞서 언급한 저항, 스트레스 반응, 좌절-매력, 버려짐에 대한 분노, 질투, 그리고 짝 보호를 포함하는 거절과 연관되는 생물학적 기반의 부정적 현상들은 갈망과 금단 증상과 함께 전 세계적으로 높은 열정 범죄 발생률을 야기할 수 있다(Meloy, 1998; Meloy & Fisher, 2005). 많은 중독처럼, 로맨틱한 사랑은 폭력과 범죄로 이어질 수 있다. 많은 중독과 마찬가지로 사랑은, 버려짐에 대한 분노가 심장에 스트레스를 주고, 혈압을 높이며, 면역 체계를 억압하기 때문에 한 사람의 건강을 위태롭게 할 수도 있다(Dozier, 2002).

2) 체념/절망

결국, 버림받은 사람은 사랑하는 상대를 뒤쫓는 것을 그만두게 될 것이다. 이와 같은 로맨틱한 거절의 두 번째 단계는 바로 *체념/절망* 단계이다(Lewis, Amini, & Lannon, 2000). 이 단계는 중독이라기보다는, 중독의 산물이다. 이 단계 동안 버림받은 사람은 체념, 절망, 무기력함, 낙담, 비애, 우울감을 경험한다(Najib et al., 2004; Panksepp, 1998). 이를 *절망 반응(despair response)*이라고 한다(Fisher, 2004; Lewis, Amini, & Lannon 2000; Panksepp, 1998). 지난 8주 내에 연인으로부터 거절을 당한 114명의 남성과 여성을 대상으로 진행한 연구에서, 참여자의 40%가 임상적으로 주목할 만한 우울증을 경험하였다(Mearns, 1991). 또한 사람들은 상실감에 대한 우울증으로 야기된 심근경색이나 뇌졸중으로 죽음에 이를 수 있다(Nemeroff, 1998; Rosenthal, 2002).

이러한 절망감은 도파민 보상 체계의 감소된 활동성을 포함하여, 여러 다른 뇌 연결망과 관련되어 왔다. 우울한 포유류가 보상이 다시는 오지 않을 것이라고 믿기 때문에, 보상 체계의 도파민-생성 세포는 활동성을 감소시킨다(Schultz, 2000). 중앙 도파민의 활동성 감소는 무기력감, 낙담, 우울을 발생시킨다(Panksepp, 1998). 스트레스는 이러한 절망 반응에 기여한다. 단기 스트레스는 도파민과 노르에피네프린의 생산을 활성화시킨다. 그러나 스트레스가 지속되면서, 카테콜아민의 활동을 억제하고, 따라서 우울하게 만든다(Kapit et al., 2000; Panksepp, 1998).

인간에게는 완강하게 특정 대상을 추구하고, 버림받음에 저항하며, 이에 대한 깊은 감정적 및 신체적 반응을 겪을 수 있도록 만들어진 강력한 신경 체계가 있다. 왜 *호모 사피엔스*는 잠재적인 짝짓기 상대에게서 이렇게 강렬한 긍정적 중독과 거절하는 상대에게서 위험한 부정적 중독을 진화시켰을까?

3. 로맨틱한 중독의 진화

사랑하는 사람에게 느끼는 강렬한 긍정적인 로맨틱한 중독과 관련된 신경 체계는 짝짓기 상대를 선택하도록 자극하고, 이 상대와 한 팀으로서 유아기를 포함하여 자녀들을 양육하기에 충분히 오랫동안 관계를 유지하도록 동기를 부여하는 메커니즘으로서, 인간의 짝짓기 성향과 함께 진화했을 가능성이 있다.

남녀관계는 인간의 특징이다. 1980년대에 97개의 사회를 조사한 미국의 인구통계연감의 자료에 의하면, 지난 10년간 대략 여성의 93%와 남성의 91.8%가 그들의 49세 때에 결혼을 한 상태에 있었다고 밝혔다(Fisher, 1989, 1992). 전 세계적으로 결혼율은 그 이후로 계속 감소하고 있는 추세이고, 오늘날 미국의 85%에서 90%의 남성과 여성들이 결혼할 것이라 생각하고 있었다(Cherlin, 2009). 문화에 걸쳐 보았을 때, 대부분의 사람들은 일부일처제를 따른다. 그들은 한 번에 한 사람과 결혼한다. 일부다처제는 인간 사회의 84%에서 허용되고 있다. 하지만 이런 문화의 대부분의 경우, 실제로 단 5%에서 10%의 남성만이 동시에 여러 아내를 두고 있다(Frayser, 1985; van den Berghe, 1979). 게다가 인간의 일부다처제는 보통 계급과 부와 관련되기 때문에, 아마도 긍정적(그리고 부정적) 사랑 중독에 관한 신경 체계가 진화할 가능성이 높은 계급이 없는 사회에서는 일부일처제가 더욱 보편적일 것이다(Daly & Wilson, 1983). (기록에 의하면, 일처다부제는 사회의 0.5% 이하에서 허용되며, 인간의 번식 전략의 주요 방법은 아니다.)

몇몇 자료들은 남녀 결합에 대한 인간의 성향이 생물학적 근거를 가지고 있다고 제안한다. Bowlby(1969, 1973)와 Ainsworth 등(1978)은 인간 애착에 대한 연구를 시작했다. 이들은 영장류들이 어린아이들의 생존을 촉진하기 위해, 아이들이 주 양육자(주로 어머니)로부터 편안함과 안전을 찾을 수 있게 만들어진 선천적 애착 체계를 진화시켰다고 주장했다. 이러한 선행연구 이후, 성인과 다른 동물들에게서 행동, 감정, 신경 메커니즘이 애착 체계와 관련이 있다는 연구가 폭넓게 진행되어 왔다(Eisenberger et al., 2003; Fraley & Shaver, 2000; MacDonald & Leary, 2005; Panksepp, 2003a, 2003b; Tucker et al., 2005). 현재, 연구자들은 생물학적 기반의 애착 체계가 인간의 전 생애에 걸쳐 계속해서 활성화되고 있으며, 자식을 양육하기 위해 한 쌍을 이룬 배우자 사이에 애착의 기초를 제공한다고 믿는다(Hazan & Diamond, 2000; Hazan & Shaver, 1987). Hatfield는 이런 애착 행동과 연관된 인간의 감정을 *우애적 사랑(companionate love)*이라고 했다. 그녀는 이런 사랑을 "삶에서 깊이 당신에게 관여하고 있는 누군가와 함께하는 행복한 연대의 감정"이라고 정의했다(Hatfield et al., 1988, p.191).

한 쌍을 이루는 인간의 성향은 포유류 사이에서는 드문 것이다. 포유류는 단 3%만이 새끼를 낳기 위해 짝을 이룬다(Mock & Fujioka, 1990; Wittenberger & Tilson, 1980). 하지만 조류에서는 흔하다. 8,000종 이상인 조류의 약 90%가 새끼를 낳기 위해 한 쌍을 이룬다(Mock & Fujioka, 1990; Wittenberger & Tilson, 1980). 모든 조류와 포유류의 주요한 번식 전략은 일웅일자제이다. 그리고 이는 상호간의 영역 방어 그리고/또는 둥지를 만드는 것, 상호간의 먹이 주기와 털 손질, 근접성 유지, 친화적 행동, 부모로서의 일 공유를 포함하는 특정한 행동군과 관련이 있다. 게다가, 이러한 행동들은 중격의지핵과 배쪽 창백핵(ventral pallidum)에서 각각 옥시토신과 바소프레신 활성화와 주로 관련이 있다(Lim et al., 2004; Lim & Young, 2004). 가장 유익한 생물학적 연구는 프레리 들쥐에게서 수집되었다. 이 프레리 들쥐들은 짝짓기 적령기 이후 곧 짝을 이루고 전 생애 동안 일웅일자 체제를 유지하며, 한 배에서 난 새끼들을 기른다. 프레리 쥐가 교미를 할 때, 교미는 암컷 중격의지핵의 옥시토신 그리고 수컷 배쪽 창백핵에서 바소프레신 활성화를 촉발한다. 그리고 이 활성화는 이러한 보상 영역에서 도파민 분비를 촉진시키고 암컷과 수컷이 특정 상대를 선호하고, 한 쌍으로 연결되고, 서로에게 애착 행동을 표현하도록 동기화시키게 된다(Carter, 1992; Gingrich et al., 2000; Lim et al., 2004, Lim & Young, 2004).

이러한 자료들은 다른 종에서도 입증된다. 난잡하게 교미하는 흰발 생쥐와 히말라야 원숭이들은 쌍을 형성하거나 특정 상대에게 애착 행동을 표현하지 않는다. 이런 종의 수컷들은 배쪽 창백핵에서 바소프레신 수용기에서 앞서 프레리 들쥐에서 언급된 것과 같은 분비가 일어나지 않는다(Bester-Meredith et al., 1999; Wang et al., 1997; Young, 1999; Young et al., 1998). 게다가 과학자들(Lim & Young, 2004; Pitkow et al., 2001)은 수컷 프레리 들쥐의 암수 쌍을 짓기와 연관이 있는 바소프레신 시스템의 유전자 변형체를 비사교적이고 난잡하게 교미하는 수컷 목초지 들쥐의 배쪽 창백핵에 삽입했다. 그 결과, 바소프레신 수용기가 상향 조절되었고, 이 수컷들은 다른 암컷들에게 접근이 가능한 때조차도 오로지 특정 암컷과 한 쌍으로 정착하기 시작했다(Lim et al., 2004). 이 유전자가 한 상대와 짝짓기를 하지 않고 일웅일자 체제를 유지하지 않는 수컷 쥐에게 삽입되자, 애착 행동을 보이기 시작했다(Young et al., 1999). 배쪽 창백핵의 활성은 또한 인간의 장기적인 남녀의 결합과 관계있다(Acevedo et al., 2011). *호모사피엔스*의 바소프레신 유전자가 프레리 들쥐에게서 발견된 것과 일치하지 않을지라도, 인간은 이 유전적 영역에서 비슷한 대립 유전자를 갖고 있으며(Walum et al., 2008), 이는 관련 생물학적 체계가 인간의 남녀관계 결합에서 역할을 할 것이라 제안한다.

더욱 중요한 것은, 행복하게 사랑에 빠진 사람들에 대한 우리의 연구(Aron et al., 2005; Fisher et al., 2003, 2005)에서, 더 오랜(1~8개월에 반해 8~17개월) 기간 남녀관계에 있는 사람들이 열정적인 로맨틱한 사랑과 관련이 있는 복측피개 영역과 미상핵에서 계속 활성화를 보이면서, 배쪽 창백핵(애착감과 관련)에서 활성화를 보이기 시작하는 것을 발견한 것이다. 따라서 시간이 흐름에 따라, 애착의 감정은 로맨틱한 사람의 감정을 *동반*하기 시작한다. 로맨틱한 사랑과 애착에 대한 기본적인 두 신경계가 인간 남녀 결합의 생물학적 기초가 될 수도 있고, 사랑 중독의 진화에 대한 맥락을 제공할 수도 있다.

남녀 결합은 인류 진화의 어느 시점에서든지 진화했을 수 있다. 그리고 다양한 사랑 중독을 야기했을 수 있다. 하지만, 두 자료는 인간 유대감의 신경회로가 400만 년 전 유인원의 삼림지대/사바나에서의 적응과 더불어 유인원의 기저 방사선에서 진화했을 수 있다고 제안하고 있다(Fisher, 1992, 2011). 현재 이전 440만 년에 존재했던 것으로 추정되는 *아르디피테쿠스 라미두스*는 많은 종들의 짝짓기와 관련된 몇몇 성적 이형의 신체적 특성을 보인다. 따라서 Lovejoy(2009)는 이때까지 인간의 일부일처제가 진화되었다고 말한다. 인류학자들 역시 *오스트랄로피테쿠스 아파렌시스* 화석에서 골격변이를 재측정하였고, 그들은 350만 년까지 오늘날 나타나는 몇몇 신체적, 성적 특성에서 거의 동일한 정도의 성적 이형이 나타난다고 보고한다. 그렇기 때문에 인류학자들은 이 유인원들이 "주로 일부일처"였다는 의견을 제시했다(Reno et al., 2003, p. 1073).

직립보행의 출현은 인류 조상의 짝짓기와 부수적으로 따르는 로맨틱한 사랑(애착) 중독에 대한 신경회로 진화의 주된 요인이었을 수 있다(Fisher, 1992, 2011). 삼림지대/사바나에서 삼림을 헤치며 먹이를 찾는 동안, 직립보행을 했던 아르디피테쿠스 암컷은 어쩔 수 없이 새끼를 등에 업기보다는 팔로 안아야 했을 가능성이 크고, 따라서 수컷이 보호하고 먹이를 공급해야 했을 것이다. 한편, 아르디피테쿠스 수컷들은 이 개방된 삼림지대/사바나에서 암컷의 무리를 보호하고 먹이를 공급하는 데에 상당한 어려움이 있었을 것이다. 하지만 수컷은 대규모 집단과 인접한 거리에서 서로 곁에서 걸으며 아이들 데리고 있는 암컷을 보호하고 그들을 먹여 살릴 수 있었다.

그렇기 때문에 짝짓기 상대에 대한 애착 신경 체계와 관련해서, 삼림지대/사바나에서 유인원이 증가하면서 함께 나타난 직립보행의 위기는 아르디피테쿠스를 *일부일처제*의 한계로 몰아붙였을 수 있다. 따라서 한 쌍으로 결합된 상대에 대한 애착 신경 체계를 선택하게 만들었을 것이다. 그리고 남녀 결합과 애착의 신경 체계의 진화는 격렬한 긍정적 사랑 중독의 뇌 체계를 발생시켰을 것이다. 이 뇌 체계는 남녀가 한 명의 파트너에게 짝짓기 에너지를 쏟아붓고, 아주 어린 자녀들을 공동 양육하는 의무를 함께 시작하고 완료하기에 필요한 애착의 감정을 유발할 만큼 충분히 오래 관계를 유지하도록 하는 기능을 한다(Fisher, 1992, 2004, 2011).

상당한 자료들이 로맨틱한 사랑에 대한 인간의 뇌 체계가 포유류 조상에서 발생했다고 제안하고 있다. 인간과 마찬가지로, 모든 조류와 포유류는 짝에 대한 선호를 보인다. 이 종들은 호감이 있는 잠재적인 짝에게 구애 에너지를 쏟고, 그 외의 것들은 무시하거나 피한다(Fisher, 2004; Fisher et al., 2006). 이러한 현상은 상당히 흔해서 비교행동학 문헌에서는 많은 용어들로 이를 표현하고 있다. 예를 들어, *암컷 선택*, *짝 선호*, *개체 선호*, *호의*, *성적 선택*, *선택적 교태성*(Andersson, 1994), *구애 끌림*(Fisher, 2004) 등이다. 더욱이, 인간의 로맨틱한 사랑과 연관이 있는 대부분의 기본 특성들도 포유류의 구애 끌림(courship attraction) 특징들이다. 예를 들어, 에너지가 증가되고, 주의가 집중되며, 강박적으로 따라다니는 것, 친화적인 몸짓, 독점적인 짝 보호, 목표 지향적 행동들, 그리고 특정 욕구가 지속되는 기간 동안 선호하는 짝을 얻고 지키고자 하는 동기가 있다(Fisher, 2004; Fisher et al., 2002, 2006).

인간의 로맨틱한 사랑에 대한 뇌 체계는 또한 포유류의 구애 끌림 신경계와 유사하다. 실험실에서 관리되는 프레리 들쥐 암컷이 한 수컷과 짝짓기를 할 때, 암컷이 수컷에 대한 분명한 선호도를 형성하였고, 중격의지핵에서 도파민이 50% 증가한 것과 관련이 있었다(Gingrich et al., 2000). 도파민 길항체가 중격의지핵에 주입되었을 때, 암컷은 더 이상 이 짝을 좋아하지 않았다. 그리고 암컷에게 도파민 촉진제가 투여되었을 때, 이 수컷과 짝짓기하지 않았음에도 불구하고, 암컷에게 도파민 촉진제가 투여되었을 때에 같이 있었던 동종(같은 종의 개체)을 좋아하기 시작했다(Gingrich et al., 2000; Wang et al., 1999). 중심 도파민 활성에서의 증가는 또한 암컷 양의 구애 끌림과도 관련이 있다(Fabre-Nys et al., 1997). 수컷 쥐들에게서, 선조체 도파민 분비의 증가 또한 수용적인 암컷 쥐가 있는 것에 반응하는 것으로 나타난다(Montague et al., 2004; Robinson et al., 2002).

인간의 로맨틱한 사랑이 포유류의 구애 끌림이 가지는 행동적, 생물학적 특성들을 많이 공유하기 때문에, 이러한 포유류의 신경적 구애 메커니즘의 형태에서 인간의 로맨틱한 사랑이 발달되었을 가능성이 있다(Fisher, 1998, 2004). 하지만 대부분의 종의 경우 구애 끌림의 기간이 짧다. 몇 분, 몇 시간 또는 몇 주 동안만 지속되는 데에 반해 인간의 구애는 강렬하고, 로맨틱한 사랑의 초기 단계는 12개월에서 18개월 동안(Marazziti et al., 1999), 또는 더 오랜 기간 지속될 수 있다(Acevedo et al., 2011). 따라서 포유류의 구애 끌림의 신경계 활성은 인류의 남녀 결합이 진화됨에 따라 더 격해지고 기간이 연장되어, 오늘날 전 세계에 걸쳐 행복한 사랑에 빠진 남녀들이 경험하는 긍정적 중독이 되었을지도 모른다.

그러나 인간의 남녀 결합에 있어 두 가지 인위적 산물이 *부정적* 사랑 중독에 기여했을 수도 있다. 바로, 외도에 대한 인간의 성향과 이혼에 대한 인간의 성향이다. 이 두 가지 인위적 산물은 불안정한 혼인관계와 거절 중독의 가능성에 기여한다.

4. 외도가 거절 중독을 심화시킨다

일부일처제는 인간의 생식 수단 중 하나일 뿐이며, 외도 또한 널리 퍼져있다(Buunk & Dijkstra, 2006; Fisher, 1992; Tsapelas, Fisher, & Aron, 2010 참고). 시카고 전국 여론 조

사 센터(National Opinion Research Center in Chicago)는 미국 남성의 25%와 미국 여성의 15%가 결혼 기간의 어느 시점에서 외도를 한 적이 있다고 보고한다(Laumann et al., 1994). 미국의 결혼한 부부에 관한 다른 연구들에서는 이성애자인 결혼한 남성의 20~40%와 이성애자인 결혼한 여성의 20~25%가 그들의 일생 동안 한 번의 외도를 한다는 것을 나타냈다(Greeley, 1994; Laumann et al., 1994; Tafoya & Spitzberg, 2007). 다른 연구들에서도 마찬가지로 결혼한 미국 남녀의 30~50%가 간통을 하고 있음을 보여준다(Gangestad & Thornhill, 1997).

*옥스포드 영어 사전*에서는 간통(adultery)을 결혼을 한 사람이 배우자가 아닌 다른 사람과 갖는 성교라고 정의한다. 하지만 연구자들은 이 의미를 성적 외도(사랑 없는 성관계), 낭만적 외도(성관계는 없이 낭만적인 사랑을 나눔), 성적이고 낭만적인 관계를 포함하는 간통으로 확대시킨다(Glass & Wright, 1992). 이러한 간통의 다양성을 고려하게 되면, 통계 자료도 서로 각기 달라진다. 미국의 결혼한 부부 사이의 간통에 대한 12가지 메타분석 연구에서, Thompson(1983)은 남성의 31%와 여성의 16%가 감정적으로 엮이지 않았지만 성교를 한 경험이 있고, 남성의 13%와 여성의 21%가 그들의 배우자가 아닌 다른 누군가와 성교 없이 로맨틱한 관계를 가지며, 남성과 여성의 20%가 성적 및 감정적인 연결 모두를 포함하는 불륜 관계를 가졌다고 보고한다. 현재 미국에서 연애를 하고 있는 연인 사이의 외도 발생률이 70%라고 보고된다(Allen & Baucom, 2006). 외도는 수십 년 전에도 널리 퍼져 있었고, 다른 인류 사회뿐 아니라 짝짓기를 하는 모든 포유류와 조류에도 이를 적용할 수 있다(Tsapelas, Fisher, & Aron, 2010; Westneat et al., 1990 참고).

사실 외도는 일웅일자인 조류와 인간을 포함한 포유류에 널리 퍼져있고 계속해서 나타나기 때문에, 학자들은 이 종들이 *사회적 일웅일자제*를 행하기 때문에, 일웅일자종이라고 언급한다. 사회적 일웅일자제란, 상대가 암수 쌍을 이루는 것과 관련된 다수의 사회적 및 생식 행동들을 보이지만 반드시 성적 정조를 지키는 것은 아닌 경우를 말한다.

무수히 많은 심리학적, 사회학적, 경제적 변수들이 외도의 빈도와 경험에서 중요한 역할을 한다(Tsapelas, Fisher, & Aron, 2010). 그러나 Glass와 Wright(1985)는 외도를 한 미국인들 중 남성의 56%와 여성의 34%가 그들의 결혼을 "행복하다" 또는 "매우 행복하다"고 여긴다는 것을 보고했다. 이것은 외도가 생물학적 근거를 갖고 있다고 암시한다. 유전 연구는 이 가설을 뒷받침한다.

Walum 등(2008)은 552쌍의 커플들을 생물학적, 심리학적, 사회적으로 조사했다.

모든 커플들은 결혼했거나 5년 이상 동거하고 있었다. 바소프레신 체계에서 특정한 대립형질을 가지고 있는 남성들은 배우자 유대감 척도에서 상당히 낮은 점수가 나왔는데, 이는 배우자에 대한 애착 감정이 적은 것을 나타낸다. 게다가 그들의 질문지 점수는 남성들이 갖고 있는 특정한 대립형질의 양에 따라 달라졌다. 두 개의 특정한 대립형질을 갖고 있는 남성들은 애착 감정에 대한 점수가 가장 낮게 나타났고, 단 하나의 대립형질을 가진 남성이 뒤를 이었으며, 이 대립형질을 갖고 있지 않은 남성이 그 뒤를 이었다. 이 유전자를 가진 남성은 지난 한 해 동안 이혼 위기를 포함하여 더 많은 결혼생활의 위기를 경험했다. 이러한 결과는 또한 남성들이 가진 대립형질의 양에 따라 달라졌다. 두 개의 대립형질을 가진 남성은 한 개 또는 유전형질을 전혀 가지지 않은 남성들이 경험한 결혼 위기를 가질 가능성이 약 두 배 더 높았다. 한 개나 두 개의 대립형질을 가진 남성은 또한 결혼하지 않게 될 가능성이 상당히 높았다. 마지막으로, 바소프레신 체계에서 한 개나 두 개의 대립형질을 가진 남성의 배우자들은 결혼 만족도를 측정하는 검사에서 상당히 낮은 점수를 보였다.

이 연구는 외도를 직접적으로 측정한 것은 아니었다. 그보다, 외도에 영향을 미칠 가능성이 있는 몇몇 요인들을 측정했다. 그러나 동물 연구들은 바소프레신 체계의 유전적 변화와 불안정한 관계 사이에 유사한 연관성이 있다는 것을 보여준다. 프레리 들쥐들 중, 바소프레신 체계에서 나타나는 유사한 유전자 다형성은 성적 정절의 정도를 포함하여(Ophir, Wolff, & Phelps, 2008) 일웅일자 관계의 강도의 가변성(Hammock & Young, 2002)에 기여한다. 또 다른 최근 연구(181명의 젊은 성인 대상)에서, Gracia 등(2010)은 더 많은 빈번한 성적 외도뿐만 아니라, 헌신이 없는 하룻밤의 성관계 빈도가 도파민 체계에서의 특정한 대립형질과 직접적인 관계가 있음을 발견해 냈다.

또 다른 생물학적 시스템이 외도에 기여할 수 있다. 고전적인 "땀에 젖은 티셔츠 실험"에서, 여성들은 몇몇 익명의 남성들의 티셔츠를 냄새 맡고 가장 섹시하다고 느낀 티셔츠를 선택하게 했다. 그들은 면역 체계의 특정한 부분인 주조직적합성 복합체(MHC; Wedekind et al., 1995)에서 (자신과) 다른 유전자를 가진 남성의 셔츠를 골랐다. 그 다음 실험에서는, 이 면역 체계에서 자신과 비슷한 유전자를 가진 남성과 결혼한 여성이 더 많은 간통을 저질렀고, 배우자와 비슷한 유전자를 많이 지니고 있을수록 간통 상대자의 수가 더 많았다(Garver-Apgar et al., 2006).

뇌 구조 또한 외도에 기여한다. 필자는 이전에 인류가 짝짓기, 생식, 양육을 위한 세 가지의 광범위하고 기본적이며, 구별되지만 서로 연관된 뇌의 체계를 진화시켰다고 주장했다. 바로 성적 충동, 낭만적 사랑, 배우자에 대한 깊은 애착의 감정과 같은 것들이다(Fisher, 1998). 이러한 세 가지 신경 체계는 상호작용하고, 복잡한 인간 생식 전략을 조율하는 데에 필수적인 인지, 감정, 동기, 행동을 가능하게 만드는 다양하고 유연한 뇌의 다른 체계들과 상호작용한다(Fisher, 2004; Fisher et al., 2002). 이러한 세 가지 뇌 체계가 항상 잘 연결되어 있는 것은 아니지만, 그럼에도 불구하고 한 사람이 다른 누군가에게 애착 감정을 표현하고, 동시에 다른 누군가에게 격렬한 로맨틱한 사랑을 느끼고, 또 동시에 이 두 사람 이외 다른 상대에게 성적 욕구를 느끼는 것을 가능하게 만든다(Fisher, 2004). 이 세 신경계의 상대적인 생물학적 독립은 *호모사피엔스*가 사회적 일부일처제와 은밀한 외도를 동시에 할 수 있게 했다(Fisher, 2004). 그러므로 이 뇌 구조는 외도를 쉽게 수용한다.

불륜은 세계적으로 널리 퍼져있는 현상이다. 그 이유는 불륜을 저지르는 것이 광범위한 심리학적, 사회적 요인들과 연관되어 있고, 여러 생물학적 기반과 상관이 있으며, 불륜을 저지르는 것이 우리와 가장 가까운 유인원, 보노보와 일반 침팬지들의 주요 번식 전략이고, 외도가 심지어 오늘날에는 "행복한" 또는 "매우 행복한" 결혼관계에서도 일어나기 때문이다. 이러한 점들을 미루어 볼 때, 외도는 적응을 위한 인간 생식 전략의 핵심 측면으로, 유인원의 연쇄적, 사회적 일부일처제와 함께 진화해 온 것이다.

많은 과학자들은 외도의 선택적 가치에 대한 가설들을 주장하였다(Buss, 1994 참고). 이러한 가설들 중에 고대의 삼림지대/사바나 같은 생태적 환경에서 불륜을 저지르는 남성과 여성이 불균형적으로 생식을 할 뿐 아니라 유전적으로 더 다양한 자손들을 번식하는 이점이 있었다고 제안하는 가설이 있다(Fisher, 1992; Tsapelas, Aron, & Fisher, 2010). 부정한 여성들은 자신의 상대가 죽거나 그에게 버림을 받으면, 혼외정사를 통해 양육에 대한 지원과 경제적인 자원을 모았을 수 있다(Fisher, 1992). 그렇기 때문에 은밀한 부정(연쇄적 그리고/또는 평생 지속되는 사회적 일부일처제와 함께)은 과거 남녀 모두를 위한 생식적 이득을 가져왔을 수 있고, 따라서 오늘날 남녀 모두에게서 나타나는 외도의 생물학적 근간을 선택했을 것이다.

간통은 남녀 간에 가장 큰 시련이 되는 거절인 불안정성과 버림을 야기하기 때문에, 불륜에 대한 인간의 성향은 사랑 중독의 경험과 사건으로 더욱 심화될 것이다.

5. 이혼이 거절 중독을 심화시킨다

상대방을 향한 부정적인 사랑 중독은 인간의 이혼 경향성과 함께 심화되어 왔다. 인간의 일부일처제가 항상 평생 지속되는 것은 아니다. 미국에서 이루어진 결혼의 거의 절반 정도는 이혼으로 끝난다. 사실, 35세 이하의 미국 여성 중 10%가 세 번 또는 그 이상 결혼을 한 적이 있다고 한다(Cherlin, 2009). 1947년과 1989년 사이의 미국 내 58개의 사회에 관한 인구통계 연감에서 수집된 자료와 주요 민족지학적 연구에 의하면, 이혼과 재혼은 문화와 역사에 걸쳐 흔하게 나타나는 것을 알 수 있다(Fisher, 1989, 1992).

이러한 자료는 세 가지 비교문화적 이혼 양상을 나타낸다. 이혼은 양육 자녀가 한 명인 부부, 가임기 및 양육기가 한창인 부부(25~29세), 결혼기간이 4년차인 부부 사이에서 가장 빈번하게 발생한다(Fisher, 1989, 1992). 왜냐하면 4년의 기간은 수렵/채집 사회에서 일반적인 출산 간격이었고, 일웅일자를 따르는 많은 조류와 포유류 종은 *자신의 새끼가 유아기를 지나는 동안에만* 결합관계를 유지하기 때문에, 다양한 문화에 걸쳐 사람들의 이혼이 가장 높아지는 시기는 유아기의 한 아이가 성장하는 기간(4년) 동안 결합을 유지하는 인류 조상의 생식 전략의 흔적을 보여주는 것일 수 있다(Fisher, 1992). 자녀의 젖떼기와 관련하여 연쇄적, 사회적 일부일처제를 행했던 인류 조상들은 그들의 혈통 안에서 유전적 다양성을 창출해 왔을 것이고, 이는 생물학적 적응 현상이다(Fisher, 1992). 그 결과, 400만 년 이전 인류가 삼림지대, 사바나와 같은 생태 환경으로 진출하면서, (평생의 일부일처제와 반대로) 연쇄적, 사회적 일부일처제는 인류에게 일반적인 현상이 되었을 것이다(Fisher, 1992, 2011). 이러한 남녀 결합의 불안정성은 현재 부정적 낭만 중독과 연관된 많은 특징들의 진화에 영향을 미쳤을 것이다.

6. 거절의 생물심리학적 결과

이는 마치 진화가 로맨틱한 유기에 대한 부정적 반응을 과장한 것처럼 보인다. 그러나 낭만적으로 거절당한 사람은 소중한 구애 시간과 신진대사 에너지를 낭비해 온 것이고, 필수적인 경제적 및 재정적 자원을 잃은 것이다. 그리고 그들의 사회적 동맹은 위협을 받았을 수 있고, 일상적 삶과 습관들이 바뀌었으며, 재산을 잃었을 수도 있다. 그리고 아마도 개인적 행복, 자존감과 명성에 해를 입었을 것이다(Leary, 2001 참고). 가장 중요한 것은, 생식가능 연령에 있는 거절당한 사람은 생식의 기회를 잃었을 가능성이 있고, 심지어는 이미 함께 낳은 자녀들에 대한 양육 파트너를 잃었을 수 있다. 이는 이후 유전적 다양성을 상실한 것과 같다. 사랑 관계에서의 거절은 심각한 사회적, 심리학적, 경제적, 유전적 결과를 낳는다.

이러한 심각한 손실 때문에, 자신의 이후 생식에 매우 필수적인 실패한 관계를 재건하거나 존속시키도록 돕는 매우 강력한 신경 생존 체계를 물려받는다(Fisher, 2004). *저항*과 *스트레스 반응, 좌절-매력*은 사랑하는 사람이 거절하는 사랑-대상을 유인하여 관계를 재개하도록 진화했을 수 있다. *버려짐에 대한 분노(abandonment rage)*는 관계가 소원해진 것을 악화시켜 실망한 사람이 더욱 적합한 짝을 찾아나서는 과정을 시작할 수 있게 진화했을 수 있다. *쾌감 상실, 절망, 체념*과 같은 것들은 거절당한 사람이 친척들과 친구들에게 자신이 심리적, 신체적 고통의 시기를 겪고 있기 때문에(Hagen, 2011) 사회적 지원뿐 아니라, 재생산과 사회적 목표에 대한 다음 단계를 만족스럽게 계획하기 위한 쉬는 시간이 필요하다는 명확하고 솔직한 신호를 보내도록 진화했을 수 있다. 실제로 가볍게 우울한 사람들이 자신과 타인에 대해 보다 명확한 평가를 할 수 있다(Watson & Andrews, 2002).

7. 성격과 사랑 중독

지난 수년 동안, 심리학자들은 성격의 다양성과 특정 신체적 및 심리적 질병에 대한 면역력의 다양성을 관련 지어왔다(Cohen et al., 2003, 2006, 2012; Marsland et al., 2001, 2006; Segerstrom et al., 2010). 필자는 인간이 행동과 사고에 있어 네 가지의 광범위하고 기본적인 형태를 진화시켜 왔고(Brown et al., 2013; Fisher, 2009; Fisher et al., 2010b), 이것들은 도파민과 세로토닌, 테스토스테론, 에스트로겐의 신경 체계와 주로 관련이 있다고 주장한다. 아마 특정한 성격 소인을 지닌 사람들은 특정 유형의 *부정적* 사랑 중독을 표출하는 경향을 지니고 있을 것이다. 여기서 제안되는 것들은 예비단계의 추측들이다.

생물학적 문헌에서 도파민과 관련이 있고 노르에피네프린 신경 회로와 밀접하게 관련이 있다고 여겨지는 인지적 및 행동적 특징들은 새로운 것의 추구, 스릴과 모험의 추구, 충동성, 지루함을 참지 못하는 것, 추상적 지식 탐구, 인지적 유연성, 새로운 경험에 대한 개방성, 호기심, 에너지, 언어 및 비언어적 창조력, 아이디어를 만들어 내는 것들이다. 이러한 특질들이 동시에 나타나는 경우 호기심/활동적(Curious/Energetic) 기질로 간주하게 되었고 주로 이런 기질들이 나타나는 사람들은 *탐색가(the Explorer)*라고 불린다(Brown et al., 2013; Fisher, 2009; Fisher et al., 2010b). 이러한 사람들은 아마도 마약처럼 로맨스(*romance junkies*)에 중독되어 가는 특정한 *부정적* 중독 형태의 소인을 가지고 있을지 모른다(예: 돈 후안증). 이러한 현상은 강렬한 사랑을 느낌에도 불구하고 한 사람에게 헌신할 수 없을 정도로 불안정하고, 장기간 연애에서 극도로 동요하며, 외도를 하는 불균형적 경향성과 새로운 로맨스의 "흥분"을 추구하기 위해 관계가 깊어짐에 따라 상대방을 버리는 경향성을 수반할 수 있다.

생물학적 문헌에서 뇌의 세로토닌 체계와 관련이 있는 행동적, 인지적 특징에는 사회적 규범을 관찰하는 것(인습적), 계획, 방법, 습관을 고수하는 것, 폐해를 피하는 것, 질서정연함, 사교성, 자제력, 성실함, 관리기술(협동 그리고 낮은 자율적 문제 해결), 신중함, 세부적인 것에 관심이 있는 것, 수식과 수적 창의력, 자기 초월성(독실함)이 포함된다. 이러한 특질 조합은 신중함/사회적 규범 순응(Cautious/Social Norm Compliant) 기질로 명명된다. 주로 이런 기질들이 나타나는 사람들은 *건축가(The Builder)*로 불린다(Brown et al., 2013; Fisher, 2009; Fisher et al., 2010b). 이런 기질의 사람들은 아마 다른 종류의 *부정적* 사랑 중독 성향을 가지고 있을지 모른다. 이들은 *애착 중독자*들(*Attachment junkies*)로서 연애 중에 자신을 조절하지 못하는 모습을 보일 뿐 아니라, 이별 후 적절하고, 합리적이거나, 또는 안전한 기간이 지난 후 오랫동안 이별에 계속 저항하고, 거절한 상대를 쫓아다니고, 압박을 가하는 성향을 보이기도 한다.

뇌의 테스토스테론 체계와 연관된 인지적, 행동적 특징들은 시공간적 인지의 발달, 수학/공학/기계적 기술, 음악적 적성, 높은 집중력, 폭넓지는 않지만 깊은 관심사, 낮은 정서 인식, 적은 눈맞춤, 낮은 공감능력, 제대로 발휘되지 못한 언어적 능력, 낮은 사회적 민감도, 사회적 위치에 대한 민감성, 계급에 대한 욕구, 정서적 억제, 높은 자신감, 단도직입적인 것과 적극적인 것을 포함한다. 이러한 특질은 분석적/마음이 강인한(Analytical/Tough-minded) 기질로 명명되며, 주로 이런 기질들을 나타내는 사람들을 *감독자(the Director)*라고 부른다(Brown et al., 2013; Fisher, 2009, 2010b). 이러한 기질을 보이는 사람들 중에는 대개 남성이 많고(Fisher, 2009; Brown et al., in press), 감정의 범람과 이에 수반되는 버려짐에 대한 분노를 느끼게 될 경향이 있으며, 따라서 가정 폭력 사건, 자아도취적 스토킹, 그리고 충동적 자살이나 살인을 포함하는 충동적인 신체적 폭력을 이끌 수 있다. 거절된 뒤 자살을 시도할 가능성이 남성이 여성보다 세 배 더 높고(Hatfield & Rapson, 1996), 자신을 거절한 상대를 스토킹하거나, 심지어 때리거나 죽일 가능성도 남성이 훨씬 더 높다(Meloy, Davis, & Lovette, 2001)는 연구 결과들이 이런 가설들을 뒷받침한다.

에스트로겐 체계와 관련된 인지적, 행동적 특징들에는 맥락적/전체적/종합적 사고, 언어기술 및 대인관계 기술, 친절함, 협동, 마음(직관)이론, 공감, 양육, 관대함, 신뢰, 사회적 애착을 만들고자 하는 욕구, 감정적 경험에 대한 높은 기억, 감정적 표현이 포함된다. 에스트로겐과 밀접한 관계가 있는 옥시토신은 또한 여러 친사회적 특징, 예를 들어, 신뢰, 다른 사람의 감정을 읽는 것, 마음(직관)이론과 관련이 있다. 이러한 특성들은 친사회적/공감적(Prosocial/Empathetic) 기질로 명명되며, 주로 이런 기질들을 나타내는 사람들을 *협상가(The Negotiator)*라고 부른다(Brown et al., 2013; Fisher, 2009; Fisher et al., 2010b). 이러한 기질을 보여주는 사람들은 주로 여성이다(Fisher, 2009; Fisher et al., 2010b). 그리고 이들은 연인관계에 집착하고, 자기성찰적(비생산적) 분석을 할 뿐 아니라, 사랑관계에서의 거절에 대한 반응으로 임상적 우울증과 자살을 시도하기에 더욱 민감한 불균형적 성향이 있을 수 있다. 이런 가설들을 뒷받침하는 정보들이 있다. 거절당한 여자들은 거절된 후 더욱 심각한 우울감(Mearns, 1991)뿐만 아니라, 더욱 심한 만성적 압박을 느끼고 계속 같은 사건을 반복하여 생각한다고 보고한다(Nolen-Hoeksema et al., 1999). 여성들은 또한 자신들이 겪은 정신적 외상에 대해 더 많이 말하기 때문에, 의도치 않게 스스로 이 사건들을 재경험한다(Hatfield & Rapson, 1996).

연구자들은 오랫동안 어린 시절의 경험, 특히 어머니와의 유대관계 유형이 사랑관계에서의 거절에 대한 개개인의 반응에서 중요한 역할을 한다고 주장해 왔다. 그러나 더 자세한 연구들은 부적절한 성적 질투, 짝 보호, 스토킹, 배우자 학대, 사랑에 의한 살인, 사랑에 의한 자살, 임상적 우울증을 포함하는 다양한 사랑 중독이 생물학적인 기반을 두는 성격 차원과도 연관이 있음을 발견했다.

8. 치료의 의의

의사들은 특정 대상에 대한 집착을 포함하여 연인들의 문제를 돕는 데에 많은 치료 전략들을 가지고 있다. 하지만 이 주제는 이 장의 범위를 넘어선다. 하지만 인류학과 신경과학에서 얻은 자료들은 사랑 중독의 신경 연관성뿐 아니라 치료에 관한 몇몇 가설들에 대한 관점을 제공한다.

가장 먼저, 이전의 비교문화적 및 신경화학적 자료들은 연인들이 모든 중독에 일반적으로 기여하는 특징들을 나타내는 것을 보여준다. 이 특징들은 격렬한 주의 집중(현저성), 행복감(중독), 감정 기복, 침투적/강박적 사고, 감정적 및 신체적 의존, 내성, 현실 왜곡, 성격 변화, 사랑관계를 유지하고 지속하기 위해서라면 부적절하거나 위험한 것들을 기꺼이 할 수 있는 의지, 자제력 상실, 그리고 사랑하는 대상과 감정적 및 성적 연합에 대한 갈망이다. 게다가 이 자료들은 로맨틱한 사랑이 도파민의 활성화로 영향을 받는 갈망, 보상, 동기와 관련된 역동적인 뇌 체계와 관련이 있음을 나타낸다. 그리고 도파민 경로는 모든 중독과 연관되었음을 보여준다. 이 자료들은 로맨틱한 사랑이 공식적인 진단 체계의 분류를 떠나, 중독으로서 *치료*되어야 함을 분명히 보여주고 있다(Fisher, 2004).

정신의학자들, 심리학자들, 치료사들과 목회자들 그리고 남을 돕는 직업을 가진 많은 사람들은 적절한 상대와 행복한 사랑을 하는 사람들에게 불안, 집착, 의존, 갈망 그리고 이외 낭만적 열정과 관련된 특징들이 정상적인 반응이라고 확신을 주는 것 외에 특별히 다른 조언을 할 수 없을 것이다. 이들은 또한 *긍정적* 사랑 중독의 모든 특징들에 시달리는 동안, 사회적 판단과 부정적 평가와 연관된 신경 영역들이 활성화되지 않아서(Bartels & Zeki, 2004) 사랑에 빠진 사람이 더욱 합리적인 결정들을 할 수 없게 만들기 때문에, 열광적으로 사랑에 빠진 사람들에게 이런 자연스러운 사랑의 묘약이 시간이 지나면서 수그러질 때까지 삶을 바꾸는 중대한 결정들을 내리지 않도록 권고할 수 있을 것이다.

그러나 인류학 및 신경과학 자료들은 임상가들에게 거절 중독이 있는 사람들을 치료할 때에 도움이 되는 많은 통찰력을 제공할 수 있다. 아마도 가장 중요한 것은 신경 자료를 통해 볼 수 있듯이, 거절당한 사람들은 그들을 버린 사람의 모든 흔적들을 없애야 한다는 것이다. 예를 들어, 카드와 편지, 노래, 사진, 수집품을 버리고 더 이상 그들과 연락을 피해야 한다. 그 이유는 거절한 상대방을 기억나게 하는 것들 그리고 그와 연락하는 것이 로맨틱한 강렬한 감정과 연관된 뇌 회로의 활동을 지속시키며, 그 때문에 회복의 과정이 점점 지체되기 때문이다. 거절한 사람들 중 몇몇은 도덕적으로 책임이 없다고 느끼며 어떤 이들은 죄책감을 느낀다(Baumeister, Wotman, & Stillwell, 1993). 그러나 대부분의 사람들은 거절당한 애인의 슬픔이나 깨져버린 관계에 대한 자신의 감정을 어떻게 다루어야 할지 모른다(Baumeister & Dhavale, 2001). 그렇기 때문에 낙담한 연인에게 연락이 왔을 때 거절한 사람은 친절할 수도 있지만, 대부분은 당황하거나, 짜증내거나, 삶에 침해당했다고 느끼기 때문에 화를 내기도 한다(Baumeister, Wotman, & Stillwell, 1993).

임상가들은 낙담하고 헤어진 연인들에게 12단계 프로그램, 가급적이면 익명의 성과 사랑 중독자 모임(Sex and Love Addicts Anonymous)에 참여하기를 조언할 수 있을 것이다. 이 모임에서 사용되는 많은 기본 슬로건들이 사랑관계에서 거절된 남녀에게 적용될 수 있다. "한 번에 하루씩"이라는 슬로건은 떠난 연인에게 오늘 연락하는 것을 참아야 한다는 것을 말한다. "실수하기 싫다면 실수를 할 수 있는 장소를 피하라"라는 슬로건은 로맨틱한 갈망을 촉발하는 사람, 장소, 음악, 그리고 두 사람의 관계와 연관이 있는 물건을 피하라고 제안한다. "당신을 취하게 하는 것은 첫 잔이다"라는 슬로건은 첫 전화, 첫 e메일, 처음으로 전 연인의 집을 거쳐 운전하는 것을 하지 말라는 것으로 해석할 수 있다. 이런 행동들이 전 연인과 접촉하고자 더 많이 노력하게 할 가능성이 있고, 더 많은 낙담과 고통을 가져올 수 있기 때문이다. "술을 지나서 생각하라"는 슬로건은 사랑 중독자가 어느 형태든지 접촉을 하기 전에, 자신을 버린 연인과 연관된 부정적 사건들에 집중할 수 있게 긍정적인 기억들을 지나서 생각하기를 제안하는 것으로 해석될 수 있다.

옥시토신 작용물질, 프로락틴 작용물질, 노르에피네프린 작용물질을 포함하여 여러 생물학적 화합물들이 거절의 몇몇 증상에 대한 해독제로 제안되어 왔다(Panksepp et al., 2002 참고). 그러나 최근에는 세로토닌을 높여주는 다양한 항우울 치료약물들이 사랑관계 거절과 관련된 우울증을 치료하는 데에 가장 널리 사용되고 있다. 이러한 치료약물들은 신체적 및 정신적 고통과 강박증을 경감시키는 데에 도움이 된다. 몇몇 치료약물들은 뇌의 기억 중추인 해마의 신경세포 성장을 자극하고, 따라서 오랜 기간 지속된 스트레스로 나타나는 몇몇 손상들을 회복시키므로, 거절 때문에 발생한 신체적인 손상들을 바로잡아 줄 수 있다(Goode, Peterson, & Pollack, 2002; Stahl, 2000). 그러나 이런 약물들의 많은 수가 성적 부작용을 가지고 있다(Andrews et al., 2012; Fisher & Thomson, 2007 참고). 많은 약물이 또한 무관심 또는 "감정적 둔마"를 일으킨다(Frohlich & Meston, 2000; Rosenthal, 2002). 만약 거절당한 사람이 심하게 역기능적이라면, 이런 부작용들은 감수할 만할 것이다. 그러나 거절당한 사람들이 나아지기 시작한다면, 이들에게는 잠재적인 새로운 짝을 정확하게 평가하고, 적절한 새로운 짝을 선택하고, 안정적인 새로운 관계를 만들 수 있도록 적극적이고 건강한 감정 체계가 필요할 것이다(Fisher, 2004; Fisher & Thomson, 2007). 따라서 신경과학 자료들은 항우울제들, 특히 선택적 세로토닌 재흡수 억제제(SSRI)는 이외 의학적 목적을 위해 장기간 사용되어야 하는 경우가 아닌 이상, 단기간에만 사용되어야 한다.

신경화학적 관점에서 볼 때, 대화치료법도 거절 중독의 증상을 완화하는 데에 유용하다. 우리의 연구는 거절당한 연인들에게서 이익과 손실에 대한 평가를 하는 것과 관련된 뇌의 영역이 활성화된다는 사실을 보여준다. 이는 거절당한 사람들이 영상촬영 동안 자신이 처한 상황을 통해 무엇인가를 배우려 노력한다는 것을 보여준다(Fisher et al., 2010a). *뇌는 대화치료에 참여할 준비가 되어 있다.* 게다가 심리 치료법은 항우울 약물이 제공할 수 있는 뇌 기능의 동일한 변화들을 제공할 수 있다(Brody et al., 2001; Goleman, 1996; Rosenthal, 2002). 실제로, 대화치료는 몇몇 경우에서 주요 우울 장애 경감에 대한 효과성과 동일하게 효과적일 수 있다(Brody et al., 2001; Goleman, 1996; Rosenthal, 2002).

한 연구에 의하면, 과학자들은 주요 우울 장애의 증상인 무관심, 비관, 절망으로 고통받지만 치료를 받지 않은 24명의 성인과 정신과적 문제가 없는 16명의 성인을 비교했다. 먼저, fMRI를 사용하여 각 사람들의 뇌를 촬영했다. 그 결과, 우울한 남성과 여성은 전두엽 피질, 미상핵, 시상하부 영역의 활성화가 비정상적으로 증가되었지만, 통제집단에서는 이런 신경적 반응이 나타나지 않았음을 보여 주었다. 그리고 낙담한 대상 중 10명에게 세로토닌의 활동을 높여주는 항우울제인 프록세틴이 처방되었다. 나머지 우울한 참여자들은 12회기의 심리 치료 세션에 참석했다. 그런 다음, 모든 우울한 환자들의 뇌를 다시 촬영했다. 두 형식의 치료 이후, 비정상적 활성을 보였던 뇌 영역에서 활성이 감소되었다(Brody et al., 2001). 그러나 심리 치료를 받은 사람들은 뜻밖의 좋은 혜택을 얻었다. 바로 우울감을 억제할 수 있는 미상 영역에서 유의미한 새로운 활동이 나타난 것이다(Brody et al., 2001). 오늘날 보편적으로 행해지는 것처럼, 대화치료와 적절한 (단기) 항우울 약물을 결합하여 사용하는 것이 거절 중독을 치료하는 데에 가장 효과적일지도 모른다.

연구 자료는 실망한 연인들이 그들의 주의를 다른 곳으로 돌릴 수 있을 만큼 바쁘게 지내야 한다고 제안한다(Rosenthal, 2002; Thayer, 1996). 이러한 충고는 상당히 효과적인데, 그 이유는 새로움은 어떤 형태이든지 간에 뇌의 도파민 체계를 활성화시켜 에너지와 낙관성을 만들기 때문이다. 신체적 노력 역시 감정을 고취시킨다(Rosenthal, 2002). 왜냐하면 쾌락을 담당하는 중격의지핵의 도파민 활동을 촉발시키기 때문이다(Kolata, 2002). 운동은 엔도르핀 경로도 활성화시키는데, 고통을 줄여주고 침착함을 높여준다. 마지막으로 몹시 힘든 신체 운동은 기억 중추인 해마에서 새로운 신경세포를 보호하고 만들기 위해 뇌유래 신경영양인자(BDNF)를 증가시킨다. 실제로 몇몇 정신과 의사들은 운동(유산소 또는 무산소)이 심리요법과 항우울제만큼 우울증 치료에 효과적이라고 생각한다(Rosenthal, 2002).

햇빛은 뇌의 송과샘을 자극하여 감정을 고취시키는 방법으로 몸의 리듬을 조절하게 한다(Rosenthal, 2002). 웃음은 얼굴 근육을 사용하므로 기쁜 감정을 자극할 수 있는 뇌의 신경 경로를 활성화한다(Carter, 1998). 명상 또한 여러 신경 체계에 영향을 미치고, 따라서 불안을 감소시키고 집중력을 향상시키고 유지할 수 있게 한다(Davidson et al., 1976; Davidson & Begley, 2012). 아마도 가장 중요한 점은 시간이 지나면서 치유된다는 것이다. 우리의 연구에 의하면, 거절당한 남녀는 거절된 후 오랜 기간이 지나면서 애착의 감정과 관련되는 뇌 영역에서 활동이 낮아졌다(Fisher et al., 2010a).

거절로 낙담한 사람들이 자극을 제거하고 열정이 식고, 12단계 프로그램의 조언들을 따르고, 새로운 일상 습관들을 형성하고, 새로운 사람들을 만나고, 새로운 취미를 가지고, 적절한 약물과 심리 치료사를 찾으며, 오랜 기간 동안 침투적인 생각과 갈망이 끝나기를 기다린다면, 이들의 중독은 결국 수그러들 것이다. 뇌는 스스로 치유되도록 만들어졌다. 특히 우리의 조상들이 번식하고 양육할 적절한 짝 찾기를 다시 시작할 수 있도록 진화된 특징 덕분일 것이다.

9. 결론

연구자들은 도박, 음식, 성 행위와 같은 물질이 아닌 보상에 대한 강박적 추구가 중독으로 분류될 수 있는지에 대해 오랫동안 논의해 왔다(Carnes, 1983; Frascella et al., 2010). 도박, 음식, 성 행위는 강박 상태, 내성, 감정적 및 신체적 의존, 금단 증상, 재발, 그리고 보통 물질 남용에서 나타나는 이외 특징을 일으킬 수 있다. 게다가 이러한 비물질적 보상은 물질 남용과 유사하게 보상 체계의 도파민 경로에서 특정한 활동을 만들어 낸다(Frascella et al., 2010 참고). 이 연구는 이와 같은 비물질적 행동의 무분별한 사용이 중독이라고 제안한다. 로맨틱한 사랑은 한 가지를 제외하고, 중독과 유사하다. (인구의 오직 1%만 폐해를 입는) 다른 중독들과는 달리, 몇몇 형태의 사랑 중독은 현재와 과거의 거의 모든 인간에게서 일어날 수 있다. 거절의 고통을 겪지 않는 사람은 드물다.

로맨틱한 사랑은 거의 모든 인류가 경험하는 "보편적인 변화 상태"(Brown, in Frascella et al., 2010, p.295)로 *자연적인* 중독으로 보인다. 우리 조상들이 구체적인 상대에 짝짓기 에너지를 집중시키고, 따라서 짝짓기 시간과 에너지를 아끼고, 생식을 시작하며, 애착과 공동 양육으로 나타나는 감정들을 유발하며, 자신들의 DNA을 보존시킬 수 있도록 동기화하는 인간의 진화 동안 로맨틱한 사랑도 진화되었다. 관계가 상호적이고, 중독적이지 않으며 적절한 경우는 긍정적 중독이다. 그러나 중독적이고 부정적인 중독은 상호적이지 않으며, 중독성이 있으며, 부적절하거나 공식적으로 거절된 경우이다.

만약 의료계가 로맨틱한 사랑이 진화적 충동이고(Fisher, 2004) 사회적, 경제적, 심리학적, 유전적으로 엄청난 결과를 야기할 수 있는(긍정적 및 부정적 결과) 자연적 중독이라는 것을 이해하게 된다면, 임상가와 연구자들은 이 강력하고 원시적인 신경적 메커니즘을 다루기 위한 더욱 효과적인 절차들을 개발해야 할 것이다. 사랑에는 기쁨도 있지만, 포악도 있다.

10. 참고문헌

Acevedo, B., Aron, A., Fisher, H., & Brown, L. (2011). Neural correlates of long-term intense romantic love. *Social Cognitive and Affective Neuroscience*, doi: 10.1093/scan/nsq092.

Ainsworth, M. D. S., Blehar, M. C., Waters, E., & Wall, S. (1978). *Patterns of attachment: A spsychological study of the strange situation*. Hillsdale, NJ: Erlbaum.

Allen, E. S., & Baucom, D. H. (2006). Dating, marital, and hypothetical extra-dyadic involvements: How do they compare? *Journal of Sex Research*, 43, 307–317.

Andersson, M. (1994). *Sexual selection*. Princeton, NJ: Princeton University Press.

Andrews, P. W., Thomson, J. A., Jr., Amstradter, A., & Neale, M. C. (2012). Primun non nocere: An evolutionary analysis of whether antidepressants do more harm than good. *Frontiers in Evolutionary Psychology*, doi: 10.3389/fpsyg.2012.0011.00117.

Aron, A., Fisher, H. E., Mashek, D. J., Strong, G., Li, H. F., & Brown, L. L. (2005). Reward, motivation, and emotion systems associated with early-stage intense romantic love: An fMRI study. *Journal of Neurophysiology*, 94, 327–337.

Bartels, A., & Zeki, S. (2000). The neural basis of romantic love. *NeuroReport*, 11, 3829–3834.

Bartels, A., & Zeki, S. (2004). The neural correlates of maternal and romantic love. *NeuroImage*, 21, 1155–1166.

Baumeister, R. F., & Dhavale, D. (2001). Two sides of romantic rejection. In M. R. Leary (Ed.),

Interpersonal rejection (pp.55–71). New York: Oxford University Press.

Baumeister, R. F., Wotman, S. R., & Stillwell, A. M. (1993). Unrequited love: On heartbreak, anger, guilt, scriptlessness and humiliation. *Journal of Personality and Social Psychology*, 64, 377–394.

Bester-Meredith, J. K., Young, L. J., & Marler, C. A. (1999). Species differences in paternal behavior and aggression in *Peromyscus* and their associations with vasopressin immunoreactivity and receptors. *Hormones and Behavior*, 36, 25–38.

Bowlby, J. (1969). *Attachment and loss: Vol.1. Attachment*. New York: Basic Books.

Bowlby, J. (1973). *Attachment and loss: Vol.2. Separation*. New York: Basic Books.

Breiter, H. C., et al. (1997). Acute effects of cocaine on human brain activity and emotion. *Neuron*, 19, 591–611.

Brody, A. L., et al. (2001). Regional brain metabolic changes in patients with major depression treated with either paroxetine or interpersonal therapy: Preliminary findings. *Archives of General Psychiatry*, 58(7), 631–640.

Brown, L. L., Acevedo, B., & Fisher, H. E. (2013) Neural correlates of four broad temperament dimensions: testing predictions for a novel construct of personality. *PLoS One*, Nov 13, 2013, doi: 10.1371/journal.pone.0078734.

Buss, D. (1994). *The evolution of desire: Strategies of human mating*. New York: Basic Books.

Buss, D. (2000). *The dangerous passion: Why jealousy is as necessary as love and sex*. New York: The Free Press 2000.

Buunk, A. P., & Dijkstra, P. (2006). Temptation and threat: Extra-dyadic relations and jealousy. In A. L. Vangelisti & D. Perlman (Eds.), *The Cambridge handbook of personal relationships* (pp.533–555). New York: Cambridge University Press.

Carnes, P. (1983). *Out of the shadows: Understanding sexual addiction*. Minneapolis: CompCare.

Carter, C. S. (1992). Oxytocin and sexual behavior. *Neuroscience and Biobehavioral Reviews*, 1(16), 131–144.

Carter, R. (1998). *Mapping the mind*. Los Angeles CA: University of California Press.

Cherlin, A. J. (2009). *The Marriage-Go-Round: The state of marriage and the family in America today*. New York: Alfred A. Knopf.

Cohen, S., Doyle, W. J., Turner, R., Alper, C. M., & Skoner, D. P. (2003). Sociability and susceptibility to the common cold. *Psychological Science*, 14, 389–395.

Cohen, S., Janicki-Deverts, D., Crittenden, C. N., & Sneed, R. S. (2012). Personality and human immunity. In S. Segerstrom (Ed.), *The Oxford handbook of psychoneuroimmunology* (pp.146–169). New York: Oxford University Press.

Cohen, S., & Pressman, S. D. (2006). Positive affect and health. *Current Directions in Psychological Science*, 15, 122–125.

Daly, M., & Wilson, M. (1983). *Sex, evolution and behavior* (2nd ed.). Boston: Willard Grant.

Davidson, R. J., & Begley, S. (2012). *The emotional life of your brain*. New York: Penguin Group 279.

Davidson, R. J., Goleman, D. J., & Schwartz, G. E. (1976). Attentional and affective concomitants of meditation: A cross-sectional study. *Journal of Abnormal Psychology*, 85, 235–238.

Delgado, M. R., Nystrom, L. E., Fissel, C., Noll, D. C., & Fiez, J. A. (2000). Tracking the hemodynamic responses to reward and punishment in the striatum. *Journal of Neurophysiology*, 84, 3072–3077.

Diana, M. (2013). The addicted brain. *Frontiers in Psychiatry*, 4, 40.

Dozier, R. W. (2002). *Why we hate: Understanding, curbing, and eliminating hate in ourselves and our world.* New York: Contemporary Books.

Eisenberger, N. I., Lieberman, M. D., & Williams, K. D. (2003). Does rejection hurt? An FMRI study of social exclusion. *Science*, 302, 290–292.

Elliott, R., Newman, J. L., Longe, O. A., & Deakin, J. F. W. (2003). Differential response patterns in the striatum and orbitofrontal cortex to financial reward in humans: A parametric functional magnetic resonance imaging study. *Journal of Neuroscience*, 23(1), 303–307.

Ellis, B. J., & Malamuth, N. M. (2000). Love and anger in romantic relationships: A discrete systems model. *Journal of Personality*, 68, 525–556.

Fabre-Nys, C. (1997). Male faces and odors evoke differential patterns of neurochemical release in the mediobasal hypothalamus of the ewe during estrus: An insight into sexual motivation. *European Journal of Neuroscience*, 9, 1666–1677.

Fisher, H., Aron, A., & Brown, L. L. (2005). Romantic love: An MRI study of a neural mechanism for mate choice. *Journal of Comparative Neurology*, 493, 58–62.

Fisher, H., Aron, A., & Brown, L. L. (2006). Romantic love: A mammalian brain system for mate choice. *Philosophical Transactions of the Royal Society: Biological Sciences*, 361, 2173–2186.

Fisher, H., Aron, A., Mashek, D., Strong, G., Li, H., & Brown, L. L. (2002). Defining the brain systems of lust, romantic attraction and attachment. *Archives of Sexual Behavior*, 31, 413–419.

Fisher, H., Aron, A., Mashek, D., Strong, G., Li, H., & Brown, L. L. (2003). *Early stage intense romantic love activates cortical-basal-ganglia reward/motivation, emotion and attention systems: An fMRI study of a dynamic network that varies with relationship length, passion intensity and gender.* Poster presented at the Annual Meeting of the Society for Neuroscience: New Orleans, LA, November 11.

Fisher, H. E. (1989). Evolution of human serial pair-bonding. *American Journal of Physical Anthropology*, 78, 331–354.

Fisher, H. E. (1992). *Anatomy of love: The natural history of monogamy, adultery, anddivorce*. New York: W.W.Norton.

Fisher, H. E. (1998). Lust, attraction, and attachment in mammalian reproduction. *Human Nature*, 9, 23–52.

Fisher, H. E. (2004). *Why we love: The nature and chemistry of romantic love*. New York: Henry Holt.

Fisher, H. E. (2009). *Why him? Why her?* New York: Henry Holt.

Fisher, H. E. (2011). Serial monogamy and clandestine adultery: Evolution and consequences of the dual human reproductive strategy. In S. C. Roberts (Ed.), *Applied evolutionary psychology* (pp.96–111). New York, NY: Oxford University Press. doi: 10.1093/acprof:oso/9780199586073.001.0001.

Fisher, H. E., & Thomson, J. A., Jr (2007). Lust, romance, attachment: Do the side-effects of serotonin-enhancing antidepressants jeopardize romantic love, marriage and fertility? In S. M. Platek, J. P. Keenan & T. K. Shakelford (Eds.), *Evolutionary cognitive neuroscience* (pp.245–283). Cambridge, MA: MIT Press.

Fisher, H. E., Brown, L. L., Aron, A., Strong, G., & Mashek, D. (2010a). Reward, addiction, and emotion regulation systems associated with rejection in love. *Journal of Neurophysiology*, 104, 51–60.

Fisher, H. E., Rich, J., Island, H. D., & Marchalik, D. (2010b). The second to fourth digit ratio: A measure of two hormonally-based temperament dimensions. *Personality and Individual Differences*, 49(7), 773–777.

Fraley, R. C., & Shaver, P. R. (2000). Adult romantic attachment: Theoretical developments, emerging controversies, and unanswered questions. *Review of General Psychology*, 4, 132–154.

Frascella, J., Potenza, M. N., Brown, L. L., & Childress, A. R. (2010). Shared brain vulnerabilities open the way for nonsubstance addictions: Carving addiction at a new joint? *Annals of the New York Academy of Science*, 1187, 294–315.

Frayser, S. (1985). *Varieties of sexual experience: An anthropological perspective of human sexuality*. New Haven: HRAF Press.

Frohlich, P. F., & Meston, C. M. (2000). Evidence that serotonin affects female sexual functioning via peripheral mechanisms. *Physiology and Behavior*, 71, 383–393.

Gangestad, S. W., & Thornhill, R. (1997). The evolutionary psychology of extrapair sex: The role of fluctuating asymmetry. *Evolution and Human Behavior*, 18(2), 69–88.

Garcia, R., MacKillop, J., Aller, E. L., Merriwether, A. M., & SloanWilson, D. (2010). Associations between dopamine D4 receptor gene variation with both infidelity and sexual promiscuity. *PLoS One*, 5(11), e14162.

Garver-Apgar, C. E., Gangestad, S. W., Thornhill, R., Miller, R. D., & Olp, J. J. (2006). Major histocompatibility complex alleles, sexual responsivity, and unfaithfulness in romantic couples. *Psychological Science*, 17(10), 830–835.

Gingrich, B., Liu, Y., Cascio, C. Z., & Insel, T. R. (2000). Dopamine D2 receptors in the nucleus accumbens are important for social attachment in female prairie voles (Microtusochrogaster). *Behavioral Neuroscience*, 114, 173–183.

Glass, S., & Wright, T. (1985). Sex differences in type of extramarital involvement and marital dissatisfaction. *Sex Roles*, 12, 1101–1120.

Glass, S., & Wright, T. (1992). Justifications for extramarital relationships: The association between attitudes, behaviors, and gender. *Journal of Sex Research*, 29, 361–387.

Goleman, D. (1996, February 15). Psychotherapy found to produce changes in brain function similar to drugs. *New York Times*, B12.

Goode, E., Petersen, M., & Pollack, A. (2002, June 30). Antidepressants lift clouds, but lose "miracle drug" label. *New York Times*, section A, 1–16.

Greeley, A. (1994). Marital infidelity. *Society*, 31, 9–13.

Griffin-Shelley, E. (1991). *Sex and love: Addiction, treatment and recovery*. Westport, CT: Praeger.

Hagen, E. H. (2011). Evolutionary theories of depression: A critical review. *Canadian Journal of Psychiatry*, 56, 716–726.

Halpern, H. M. (1982). *How to break your addiction to a person*. New York: McGraw-Hill.
Hammock, E. A., & Young, L. J. (2002). Variation in the vasopressin V1a receptor promoter and expression: Implications for inter- and intraspecfiic variation in social behaviour. *European Journal of Neuroscience*, 16, 399–402.
Harris, H. (1995). Rethinking heterosexual relationships in Polynesia: A case study of Mangaia, Cook Island. In W. Jankowiak (Ed.), *Romantic passion: A universal experience?* (pp.95–127). New York: Columbia University Press.
Hatfield, E. (1988). Passionate and companionate love. In R. J. Sternberg & M. L. Barnes (Eds.), *The psychology of love* (pp.191–217). New Haven, CT: Yale University Press.
Hatfield, E., & Rapson, R. L. (1996). *Love and sex: Cross-cultural perspectives*. Needham Heights, MA: Allyn and Bacon.
Hatfield, E., & Sprecher, S. (1986). Measuring passionate love in intimate relationships. *Journal of Adolescence*, 9, 383–410.
Hazan, C., & Shaver, P. R. (1987). Romantic love conceptualized as an attachment process. *Journal of Personality and Social Psychology*, 52, 511–524.
Hazan, C., & Diamond, L. M. (2000). The place of attachment in human mating. *Review of General Psychology*, 4, 186–204.
Hunter, M. S., Nitschke, C., & Hogan, L. (1981). A scale to measure love addiction. *Psychological Reports*, 48, 582.
Jankowiak, W. R., & Fischer, E. F. (1992). A cross-cultural perspective on romantic love. *Ethnology*, 31(2), 149.
Kapit, W., Macey, R. I., & Meisami, E. (2000). *The physiology coloring book*. New York: Addison Wesley Longman Inc.
Kolata, G. (2002, May 21). Runner's high? Endorphins? Fiction, some scientist say. *New York Times*, pp.F1 & F6.
Koob, G. F., & Volkow, N. D. (2010). Neurocircuitry of addiction. *Neuropsychopharmacology*, 35, 217–238.
Laumann, E. O., Gagnon, J. H., Michael, R. T., & Michaels, S. (1994). *The social organization of sexuality: Sexual practices in the United States*. Chicago: University of Chicago Press.
Leary, M. R. (Ed.), (2001). *Interpersonal rejection*. New York: Oxford University Press.
Lewis, T., Amini, F., & Lannon, R. (2000). *A general theory of love*. New York: Random House.
Liebowitz, M. R. (1983). *The chemistry of love*. Boston: Little Brown.
Lim, M. M., Murphy, A. Z., & Young, L. J. (2004). Ventral striatopallidal oxytocin and vasopressin V1a receptors in the monogamous prairie vole (Microtusochrogaster). *Journal of Comparative Neurology*, 468, 555–570.
Lim, M. M., & Young, L. J. (2004). Vasopressin-dependent neural circuits underlying pair bond formation in the monogamous prairie vole. *Neuroscience*, 125, 35–45.
Lovejoy, O. C. (2009). Reexamining human origins in light of Ardipithecus ramidus. *Science*, 326(5949), 74–78.
MacDonald, G., & Leary, M. R. (2005). Why does social exclusion hurt? The relationship between social and physical pain. *Psychological Bulletin*, 131(2), 202–223.

Marazziti, D., Akiskal, H. S., Rossi, A., & Cassano, G. B. (1999). Alteration of the platelet serotonin transporter in romantic love. *Psychological Medicine*, 29, 741–745.

Marsland, A. L., Cohen, S., Rabin, B. S., & Manuck, S. B. (2001). Associations between stress, trait negative affect, acute immune reactivity, and antibody response to hepatitis B injection in healthy young adults. *Health Psychology*, 20, 4–11.

Marsland, A. L., Cohen, S., Rabin, B. S., & Manuck, S. B. (2006). Trait positive affect and antibody response to hepatitis B vaccination. *Brain, Behavior, and Immunity*, 20, 261–269.

Mearns, J. (1991). Coping with a breakup: Negative mood regulation expectancies and depression following the end of a romantic relationship. *Journal of Personality and Social Psychology*, 60, 327–334.

Melis, M., Spiga, S., & Diana, M. (2005). The dopamine hypothesis of drug addiction: Hypodopaminergic state. *International Review of Neurobiology*, 63, 101–154.

Mellody, P., Miller, A. W., & Miller, J. K. (1992). *Facing love addiction*. New York: Harper Collins Publishers.

Meloy, J. R. (Ed.). (1998). *The psychology of stalking: Clinical and forensic perspectives*. San Diego, CA: Academic Press.

Meloy, J. R., & Fisher, H. E. (2005). Some thoughts on the neurobiology of stalking. *Journal of Forensic Sciences*, 50(6), 1472–1480.

Meloy, J. R., Davis, B., & Lovette, J. (2001). Risk factors for violence among stalkers. *Journal of Threat Assessment*, 1, 1–16.

Mock, D. W., & Fujioka, M. (1990). Monogamy and long-term bonding in vertebrates. *Trends in Ecology and Evolution*, 5(2), 39–43.

Montague, P. R., McClure, S. M., Baldwin, P. R., Phillips, P. E., Budygin, E. A., Stuber, G. D., et al. (2004). Dynamic gain control of dopamine delivery in freely moving animals. *Journal of Neuroscience*, 24, 1754–1759.

Murdock, G. P., & White, D. R. (1969). Standard cross-cultural sample. *Ethology*, 8, 329–369.

Najib, A., Lorberbaum, J. P., Kose, S., Bohning, D. E., & George, M. S. (2004). Regional brain activity in women grieving a romantic relationship breakup. *American Journal of Psychiatry*, 161(12), 2245–2256.

Nemeroff, C. B. (1998). The neurobiology of depression. *Scientific American*, 278, 42–49.

Nolen-Hoeksema, S., Larson, J., & Grayson, C. (1999). Explaining the gender difference in depressive symptoms. *Journal of Personality and Social Psychology*, 77, 1061–1072.

Ophir, A. G., Wolff, J. O., & Phelps, S. M. (2008). Variation in the neural V1aR predicts sexual fidelity and space use among male prairie voles in semi-natural settings. *Proceedings of the National Academy of Sciences*, 105, 1249–1254.

Ortigue, S., et al. (2007). The neural basis of love as a subliminal prime: An event-related functional magnetic resonance imaging study. *Journal of Cognitive Neuroscience*, 19, 1218–1230.

Panksepp, J. (1998). *Affective neuroscience: The foundations of human and animal emotions*. New York: Oxford University Press.

Panksepp, J. (2003a). At the interface of the affective, behavioral, and cognitive neurosciences:

Decoding the emotional feelings of the brain. *Brain and Cognition*, 52, 4–14.
Panksepp, J. (2003b). Neuroscience. Feeling the pain of social loss. *Science*, 302, 237–239.
Panksepp, J., Knutson, B., & Burgdorf, J. (2002). The role of brain emotional systems in addictions: A neuro-evolutionary perspective and new 'self-report' animal model. *Addiction*, 97, 459–469.
Peele, S. (1975). *Love and addiction*. New York: Taplinger Publishing Company.
Pitkow, L. J., Sharer, C. A., Ren, X., Insel, T. R., Terwilliger, E. F., & Young, L. J. (2001). Facilitation of affiliation and pair-bond formation by vasopressin receptor gene transfer into the ventral forebrain of a monogamous vole. *Journal of Neuroscience*, 21, 7392–7396.
Reno, P. L., Meindl, R. S., McCollum, M. A., & Lovejoy, C. O. (2003). Sexual dimorphism in *Australopithecus afarensis* was similar to that of modern humans. *Proceedings of the National Academy of Sciences*, 100, 1073.
Reynaud, M., Karila, L., Blecha, L., & Benyamina, A. (2010). Is love passion an addictive disorder? *American Journal of Drug and Alcohol Abuse*, 36(5), 261–267.
Robinson, D. L., Heien, M. L., & Wightman, R. M. (2002). Frequency of dopamine concentration transients increases in dorsal and ventral striatum of male rats during introduction of conspecifics. *Journal of Neuroscience*, 22, 10477–10486.
Rosenthal, N. E. (2002). *The emotional revolution: How the new science of feelings can transform your life*. New York: Citadel Press Books.
Schaef, A. W. (1989). *Escape from intimacy: The pseudo-relationship addictions*. San Francisco: Harper & Row.
Schultz, W. (2000). Multiple reward signals in the brain. *Nature Reviews Neuroscience*, 1, 199–207.
Segerstrom, S. C., & Sephton, S. E. (2010). Optimistic expectancies and cell-mediated immunity: The role of positive affect. *Psychological Science*, 21, 448–455.
Stahl, S. M. (2000). *Essential psychopharmacology: Neuroscientific basis and practical applications*. New York: Cambridge University Press.
Tafoya, M. A., & Spitzberg, B. H. (2007). The dark side of infidelity: Its nature, prevalence, and communicative functions. In B. H. Spitzberg & W. R. Cupach (Eds.), *The dark side of interpersonal communication* (2nd ed.) (pp. 201–242). Mahwah, NJ: Lawrence Erlbaum Associates.
Tennov, D. (1979). *Love and limerence: The experience of being in love*. New York: Stein and Day.
Thayer, R. E. (1996). *The origin of everyday moods: Managing energy, tension and stress*. New York: Oxford University Press.
Thompson, A. P. (1983). Extramarital sex: A review of the research literature. *Journal of Sex Research*, 19, 1–22.
Tsapelas, I., Fisher, H. E., & Aron, A. (2010). Infidelity: Who, when, why. In W. R. Cupach & B. H. Spitzberg (Eds.), *The dark side of close relationships II* (pp.175–196). New York: Routledge.
Tucker, D. M., Luu, P., & Derryberry, D. (2005). Love hurts: The evolution of empathic concern through the encephalization of nociceptive capacity. *Development and Psychopathology*,17, 699–713.
Van den Berghe, P. L. (1979). *Human family systems: An evolutionary view*. Westport, CT:

Greenwood Press.

Volkow, N. D., Fowler, S. J., Wang, G. J., Swanson, J. M., & Telang, F. (2007). Dopamine in drug abuse and addiction: Results of imaging studies and treatment implications. *Archives of Neurology*, 64(11), 1575–1579.

Walum, H., Westberg, L., Henningsson, S., Neiderhiser, J. M., Reiss, D., Igl, W., et al. (2008). Genetic variation in the vasopressin receptor 1a gene (AVPR1A) associates with pair bonding behavior in humans. *Proceedings of the National Academy of Sciences*, 105(37), 14153–14156.

Wang, Z., Toloczko, D., Young, L. J., Moody, K., Newman, J. D., & Insel, T. R. (1997). Vasopressin in the forebrain of common marmosets (*Calithrix jacchus*): Studies with *in situ* hybridization, immunocytochemistry and receptor autoradiography. *Brain Research*, 768, 147–156.

Wang, Z., Yu, G., Cascio, C., Liu, Y., Gingrich, B., & Insel, T. R. (1999). Dopamine D2 receptor-mediated regulation of partner preferences in female prairie voles (*Microtusochrogaster*): A mechanism for pair bonding? *Behavioral Neuroscience*, 113(3), 602–611.

Watson, P. J., & Andrews, P. W. (2002). Toward a revised evolutionary adaptationist analysis of depression: The social navigation hypothesis. *Journal of Affective Disorders*, 72, 1–14.

Wedekind, C., et al. (1995). MHC-dependent mate preferences in humans. *Proceedings of the Royal Society of London*, 260, 245–249.

Westneat, D. F., Sherman, P. W., & Morton, M. L. (1990). The ecology and evolution of extrapair copulations in birds. In D. M. Power (Ed.), *Current ornithology* (pp.331–369). New York: Plenum Press.

Wittenberger, J. F., & Tilson, R. L. (1980). The evolution of monogamy: Hypotheses and evidence. *Annual Review of Ecology and Systematics*, 11, 197–232.

Xu, X., Aron, A., Brown, L. L., Cao, G., Feng, T., & Weng, X. (2011). Reward and motivation systems: A brain mapping study of early-stage intense romantic love in Chinese participants. *Human Brain Mapping*, 32(2), 249–257.

Young, L. J. (1999). Oxytocin and vasopressin receptors and species-typical social behaviors. *Hormones and Behavior*, 36, 212–221.

Young, L. J., Wang, Z., & Insel, T. R. (1998). Neuroendocrine bases of monogamy. *Trends in Neuroscience*, 21, 71–75.

CHAPTER 11

정상으로 돌아가기: 성 중독의 충격을 견뎌낸 배우자와 가족 돕기

Stefanie Carnes, Mari A. Lee

가족 구성원 중의 한 명이 성 중독자였음을 발견하는 것은 가족 전체에 충격을 몰고 오는 엄청난 경험이다. 이 사실에 가족 구성원이나 동반자들은 배신당한 느낌을 받고, 분노하며, 비통해한다. 아이들은 혼란스럽고, 두려워하며, 정신적 외상을 겪게 된다. 부모들은 무력감을 느끼며 종종 아이들을 보호하기 위해 무엇을 할 수 있었는지 궁금해 한다. 이 중독에 대해 알아가는 동안, 확대 가족(친척을 포함하는 대가족)도 수치감, 슬픔, 절망을 경험할 수 있다. 성 중독을 알아가는 것은 다른 중독들에 대해 알게 되는 것과 결코 같지 않다. 사회는 흔히 성 중독에 대한 오해를 만든다. 사회는 때로 성 중독의 존재를 부인하고 성 중독을 난잡한 행동에 대한 변명으로 인식한다. 몇몇 사람들은 성 중독이 치료되지 않는다거나 모든 성 중독자들이 소아성애 장애자 또는 성 범죄자라는 잘못된 가정을 지니고 있다. 이런 생각들은 낙인을 만들고, 성 중독자들의 가족들에게 도박과 같은 다른 과정 중독에는 보통 나타나지 않는 엄청난 수치감을 안겨준다.

제9장에서 논의된 바와 마찬가지로, 성적으로 중독되고 강박적인 환자들을 치료하는 것은 전문적인 훈련을 요하는 임상적으로 엄격한 과정이다. 성적으로 중독된 환자를 지지하기 위해서는 주요 평가, 구체적인 임상적 개입, 집중 치료 계획, 그리고 지역사회의 치료적 지지를 포함하는 다층적 접근법이 필요하다. 성 중독자들에 대한 가장 일반적인 치료방법에는 12단계 지지 접근법, 칸즈 30가지 회복 과업 모델(Carnes Thirty Task Recovery Model), 명상 훈련, 동기강화 상담, 정신적 외상 치료, 애착 기반의 접근법들이 포함된다. 지금까지 중독자를 위한 지지집단을 개발하고, 중독자들이 성적 건강 계획을 성취 및 유지하도록 돕기 위한 자료들을 제공하며 중독자의 치료에 많은 관심을 기울여 왔지만, 안타깝게도 중독자 가족 구성원을 돕기 위해 특화되어 개발된 자원은 매우 적다.

이번 장에서 우리는 성 중독의 가족 치료에 포함되는 몇 가지 특별한 사항들에 대해 다룬다. 여기에는 임상적인 권장사항과 함께, 동반자의 경험을 살펴보는 것이 포함된다. 이번 장의 후반부에서는 아이들에 대한 영향을 논의하게 될 것이다. 비록 성 중독과 근거 중심 치료에 대한 가족 구성원의 반응에 초점을 둔 연구 문헌이 부족하지만, 입수 가능한 제한된 연구들을 포함했다. 관련 읽기 자료들은 부록에서 그 개요를 볼 수 있다.

1. 성 중독자의 동반자 치료: 임상적 영향

이 절에서는 성 중독의 동반자들과 함께 작업할 때에 발생하는 복잡한 역동에 대해 살펴본다. 이 과정에서 우리는 남성과 여성, 동성애자와 이성애자 동반자를 모두 고려한다. 저자들은 일관성을 위하여 성 중독의 배우자 또는 의미 있는 사람을 칭하기 위해 *동반자(partner)*라는 단어를 사용한다. 우리는 성 중독을 발견하면서 받는 충격, 정신적 외상 반응, 임상적 개입들을 논의한다. 회복에 활용되는 과업, 전이, 역전이 문제들도 다룰 것이다.

1) 성 중독의 발견과 그에 따른 정신적 외상 반응

성 중독과 함께 나타나는 강박성은 점진적으로 악화되고 조절할 수 없게 된다. 중독자는 이 과정동안 가족 구성원들에게 많은 비밀을 만들고 거짓말을 하게 된다. 성 중독자들은 보통 중독과 관련된 삶과 그렇지 않은 삶을 구분하는데, 여기에는 엄청나게 충격적인 비밀들이 포함되어 있다. 성 중독을 발견하는 것은 불륜을 알아내는 것과 다르다. 비록 어느 정도의 유사성은 있을 수 있으나, 성 행위의 양이나 다양성에서 정도가 더 크고, 상황에 따라 다르며, 극단적이다. 따라서 동반자들은 엄청난 배신과 거짓말들을 알게 되는데, 알려지지 않은 많은 양의 정보를 담고 있기도 하다. 이런 비밀들은 수년 동안 지속된 불륜, 혼외의 자녀, 계좌가 텅 비어있는 것과 같은 재정적 손해, 성 행위로 전달되는 질병(STDs), 수감과 불법 행위, 직장 상실, 그리고 이외 듣기 매우 고통스러운 행동들을 포함한다. 발견 직후 또는 그 이후의 노출 때문에 동반자가 받는 충격은 대부분 정신적 외상 반응(정신적 외상에 대한 감정적, 신체적, 정신적 반응)을 포함한다. 한 연구에서 동반자들은 성 중독의 발견/노출 후 외상 후 스트레스 장애(PTSD) 증상들과 급성 스트레스 장애의 징후들을 경험하였다(Steffens & Rennie, 2006). 이런 은밀한 행동들을 발견하거나 노출하는 것은 다양한 수준에서 동반자에게 심각한 충격을 줄 수 있다(표 11.1 참고).

〈표 11.1〉

발견 또는 노출이 동반자에게 주는 영향

영향	설명
인지적 손상	동반자는 일상의 과업들에 주의를 기울일 수 없고 건망증을 겪는 기간을 갖게 된다. 성 중독에 관한 정보들을 이해하기 위해 높은 수준의 추론체계가 영향을 받는다.
정서적 영향	동반자는 급성 불안, 두려움, 분노, 슬픔, 우울감에 놓이고 감정적 상태를 조절하지 못한다. 소수의 동반자들의 경우, 자살적 사고, 또는 살인에 대해 생각하는 단계로 악화될 수도 있다. 낮은 자아 가치감, 우울감, 불안의 감정이 뒤따를 수 있다.
전문적/학문적 영향	동반자는 직업상의 과업 또는 교육적 요건들을 수행할 수 없다. 이는 동반자의 경력을 위험에 처하게 하거나 수입 가능성에 영향을 준다.
영적 영향	동반자는 신에게 버림받았다고 느끼거나, 신에게 분노한다. 동반자는 또한 성적으로 중독된 동반자의 행동을 수치스러워하거나 자신이 속한 종교 집단으로부터 멀어지기 시작할 수 있다.
성적 영향	동반자는 성적 매력의 가치감이 결여되는 것을 느낀다. 중독자에게 성적으로 배반당했고 무시당한다고 느낀다. 성 중독자 행동의 행동화 대상(예를 들어, 포르노, 스트리퍼, 성매매업자, 불륜 파트너)에 경쟁심을 느낄 수도 있다. 그리고 성욕, 성 기능, 육욕의 상실을 경험할 수도 있다. 아마 동반자는 중독자의 강박적인 선택 때문에 성병에 걸렸을 수도 있다.
신체적 영향	스트레스는 종종 수면 부족, 식욕의 변화, 편두통, 아픔과 통증, 장 통증, 고혈압, 심계항진, 그리고 이외 건강관련 문제로 나타난다. 더욱이 동반자들은 가슴 확대 또는 성기 확대와 같은 성형 수술을 찾는 것으로 알려져 있다.
행동적 영향	이외 손상들은 음주, 사재기식의 온라인 쇼핑, 과식, 섭식 장애, 과도한 운동, 과도한 TV 시청과 같은 중독 행동들 또는 로맨틱 소설 읽기, 온라인 채팅, 그리고 이외의 위로 행동에 참여하는 것과 같은 현실 도피 행동을 포함할 수 있다.

2. 동반자에게 정신적 외상을 남기는 '지연적 노출'

치료받지 않은 중독자들은 자신들의 행동화에 대해 동반자와 제한된 양의 정보만을 공유하면서 폐해를 조절하려고 시도할 수도 있다. 아마 시간에 걸쳐 자신들의 이야기의 작은 부분들만 전달하여 다 드러나지 않도록 시간을 끌 수 있다. 이런 식으로 속이는 기간은 수개월에서 때로는 수년에 걸쳐 나타나기도 한다. 연구자들은 한 연구에서 이처럼 더딘 폭로 과정이 사례들의 약 60~70%에서 발생한다는 것을 알아냈다(Corley & Schneider, 2003). 폐해를 조절하고자 하는 중독자의 노력은 이런 정직하지 못한 반복의 과정이 관계의 신뢰를 파괴하기 때문에 사실상 역효과를 낳는다. 결과적으로 동반자는 관계에서의 희망과 투자가 종종 격렬한 절망, 거절, 분노, 우울, 그리고 마침내는 감정적 단절로 대체된다.

*지연적 노출(staggered disclosure)*은 Jennifer Schneider와 Deborah Corley 박사가 처음으로 만든 용어이다. 이 두 사람은 모두 성 중독이 동반자에게 미치는 영향에 대한 연구의 선구자들이다. Corely와 Schneider는 다음과 같이 말한다.

> 중독자가 처음에는 자신들이 한 행동의 몇 가지만 밝혀서 폐해를 조절하고자 시도하고 싶은 것은 당연한 것이다. 동반자들 사이에서 계속 되풀이되는 주제는 중독자가 시간을 두고 노출하는 것으로 인한 폐해에 관한 것이다. 동반자들은 중독자가 그 당시에는 관련된 모든 사실을 이야기했다고 주장하지만 사실은 가장 어려운 정보는 나중에 노출하려고 남겨둘 때, 신뢰를 재건하기 어려웠다고 말한다(Corley & Cshneider, 2002, p.66).

표 11.2에서 이 과정을 더욱 자세히 보여주고 있다.

연구를 통해, 성 중독자의 동반자를 치료하는 데에 경험이 있는 치료자들은 그들의 감정적인 반응과 이후 행동들을 그들의 짝이 성 중독이라는 것을 발견한 것 때문에 나타나는 정신적 외상에 의한 외상 후 스트레스 반응으로 바라보며 동반자의 급성 감정 반응을 이해한다(Carnes, 1991; Milrad, 1999; Steffens & Rennie, 2006). 성 중독을 발견하면서 동반자들은 종종 자신들의 주된 관계가 위협을 받고 있는 것처럼 느낀다. 따라서 동반자들은 자신의 동반자의 성 중독을 위험으로 경험하고 인식하며, 따라서 초기 치료에서 싸우거나, 도망치거나, 얼어버리는 대뇌변연계 반응을 보인다. 이런 위협은 직접적으로 느껴지고 안전과 행복에 영향을 미친다. 정신적 외상의 관점을 통해 보면,

통제하기 위한 노력은 투쟁 반응으로 보이고, 얼어붙는 반응으로 감정적인 철회, 그리고 도주 반응으로는 떠나거나 폭로하겠다는 위협으로 나타난다.

관계적 정신외상에 대한 이외 반응은 다음과 같다.

- 감정적 혼란
- 보호 행동으로 나타나는 두려움
- 정신적 외상에 대한 집착
- 이 정신적 외상에 대해 생각하거나 토론하는 것을 회피
- 중독 또는 행동화에 대한 침입적 생각
- 불면/악몽

〈표 11.2〉

속임의 9단계*

단계	기술
1. 의심	동반자는 무언가 잘못되었다고 "느끼는", 가슴이 철렁하고 내려앉는 느낌을 갖게 된다.
2. 직면	동반자는 성 중독자를 비난하며 직면한다.
3. 현실 부정	중독자는 자신의 성적 행동에 대해 공공연하게 또는 은밀하게(동반자에게 이에 대해 말하지 않거나 숨기는 것) 거짓말한다.
4. 조사	의심이 지속되면서, 동반자는 염탐, 중독자를 따라가거나, 주머니를 뒤지거나, e메일을 확인, 문서들을 살펴보거나, 친구들과 면담하거나, 문자를 보거나, 이외 캐묻는 행동들을 시작할 수 있다.
5. 비난	적대적인 비난은 고함지르기, 눈물, 그리고 만약 온전한 사실을 당장 밝히지 않으면 관계를 끝내겠다는 위협을 포함하여 나타난다.
6. 지연적 노출	중독자는 사실에 대한 작은 부분만을 시인하고, 종종 정교한 세부사항에 대해 불필요하게 장황하게 말하지만, 정보를 숨기는 동시에 이외 성적 비밀들에 대해서는 부인한다.
7. 속임/괴롭히기	중독자는 동반자를 통제하는 방법으로 거짓말을 하고, 괴롭히며, 화를 낸다.
8. 최후통첩/타협	중독자 또는 동반자는 마지막으로 변화할 것을 최후통첩하여 타협한다.
9. 약속	중독자는 중독 행동을 멈출 것이라는 거짓 약속을 한다.

*Carnes, Lee, & Rodriguez(2012, p.12)의 허가하에 재인용됨.

더욱이 노출된 것들을 감당하는 정도도 모두 다르다. 노출 과정에서 드러난 특정 정보나 상황들은 다른 것들보다 더욱 충격적일 수 있다. 노출 과정에서 경험된 정신적 외상의 정도는 다음의 특성 몇 가지의 영향을 받을 수 있다.

- 속인 정보의 양
- 속인 기간
- 중독자로부터 야기된 그동안의 감정적 고통 또는 기만당한 정도(폭발 위험성이 높아 가스에 불붙이기(gaslighthing)라 불림)
- 행동화 또는 공격적 행동의 유형(정도가 강한 공격적 행동일수록 정신적 외상의 경험을 더욱 증가시킨다)
- 성적 행동화에 동반자가 노출되는 것
- 공개적인 창피함
- 자녀들에 대한 영향
- 재정에 대한 영향

치료 계획을 발전시킬 때에 동반자 때문에 경험한 정신적 외상의 정도를 고려해야 한다.

종종 동반자들은 정신적 외상으로 발생한 감정을 감당하기가 매우 어렵기도 하다. 대부분의 동반자들은 감정적으로 어떻게 조절하고 앞으로 나아가야 하는지 알지 못한다. 치료받지 않은 동반자들은 종종 망신 주기와 비난하기, 통제와 조작과 같은 방어기제에 의존한다. 이들은 결과적으로 불안정하거나 혼란한 상태를 보일 수도 있다. 어떤 동반자들은 이와 반대로 분리되거나 감정적으로 차단하는 방법으로 대처하기도 한다. 이러한 환자의 감정은 표면적으로 꽤 평화롭게 보일 수 있다. 하지만 이들은 치료 중 수면 위에서는 평온해 보이나 수면 아래에서는 격정적으로 발길질을 하는 "오리들"이다. 활동적이든지 차단했든지 상관없이 두 경우는 모두 동반자들이 고통과 스트레스에서 분리되고자 하는 방법들을 보여준다. 이 내담자들은 치료에 참여하고 집중적인 치유 과정을 촉진시킬 수 있는 숙련된 임상가들과 작업을 할 때까지, 과활동성과 분리 상태 사이를 왔다 갔다 할 것이다.

동반자들에게서 나타나는 충격에 대한 반응 양상은 대단히 다양하다. 정신적 외상의 측면에서 볼 때 광범위한 정도의 반응 양상을 보일 뿐만 아니라, 회복 탄성력과 대처 기술의 차이에 의해서도 매우 다른 양상을 보인다. 많은 동반자들은 고도로 기능적이고 탄력적이어서, 정신적 외상 증상 또는 심지어 적응 장애의 증상들도 경험하지 않으며 이 위기를 헤쳐 나가기도 한다. 이 스펙트럼의 반대편에 있는 몇몇 동반자들의 경우, 감정의 안정성이 급격하게 악화되어 자살이나 살인 관념을 경험하기도 하기 때문에 입원이 필요하다. 치료자들이 동반자의 정서적 안정성, 안전문제, 정신적 외상 반응들에 대해 철저하게 평가하는 것은 그러므로 대단히 중요하다.

특히 진단 가능한 정신 장애를 이미 경험하고 있는 몇몇 동반자들은 자신들의 주요 진단 증상들이 악화되는 것을 경험할 수도 있다. 이런 사례에서는 정신의학적 케어 또는 더 높은 수준의 집중 치료가 필요할 수 있다. 숙련된 임상가들은 초기에 이런 동반자들에게서 경계선 성격 장애, 히스테리성 성격 장애, 또는 양극성 장애의 진단에 대해 PTSD가 혼동되지 않도록 정신적 외상 반응을 반드시 주의 깊게 평가해야 할 것이다.

3. 동반자를 위한 치료

성 중독자의 동반자들을 치료하는 것은 복잡하고 다면적인 과정이다. 이는 보통 위기를 안정화시키고, 안전과 지지를 설립하고, 동반자들이 배반에 대한 감정적인 손상에 대처할 수 있도록 돕는 포괄적인 계획을 개발하는 것을 포함한다. 중독자들이 자신의 회복 과정에서 진전이 있을 때, 흔히 집중 커플 치료와 가족 치료가 수반된다.

1) 위기 관리, 안전 평가와 초기 치료 계획수립 단계

치료 과정 초기에서 가장 중요한 목표는 위기 안정화와 포괄적 평가이다. 안전을 수립하는 것이 그 무엇보다 중요하다. 또한 견고한 치료 동맹을 형성하는 것도 중요하다. 동반자들은 종종 초반에는 수치심 때문에, 모든 재정적 자원을 중독자 치료에 할당하고자 하는 갈망 때문에, 또는 자신에게 미친 중독의 영향을 최소한도로 보기 때문에, 치료에 대해 저항적으로 보일 수도 있다. 표 11.3의 안내지침은 평가와 초기 치료계획을 수립하는 동안 반드시 고려되어야 한다.

초기 치료 동안, 많은 동반자의 치료자는 중독자와 동반자가 회복하는 초반 6개월에서 12개월 동안에는 삶에서 어떤 큰 변화를 주거나 큰 선택을 하지 않는 것이 중요하다는 것을 논하게 된다. 이는 동반자들에게 중독자들이 회복을 받아들이고 치료적 과정에 참여하는지 볼 수 있는 기회를 제공한다. 이런 선택들에는 다음이 포함된다.

- 이혼
- 이사
- 이직
- 성형 수술
- 큰 구매(예를 들어, 집, 차)

이는 동반자의 신체적 또는 감정적 안전이 위험에 있을 때, 또는 자녀들과 부양해야 하는 성인, 또는 집에 상주하는 연로한 가족 구성원에 대한 위험이 있을 때에는 예외이다. 이런 경우, 두 동반자들은 각각 개인 치료, 커플 치료, 그리고 자녀와 가족을 위한 치료에 참여하면서 임상적으로 분리되도록 권고된다. 이런 상황에서는 의무적인 보고가 반드시 고려되어야 한다. 앞서 언급한 바와 마찬가지로, 성 중독자와 동반자들을 치료하는 작업은 매우 복잡하기 때문에, 팀으로 접근하고(치료자, 의뢰기관, 집단 등) 치료자와 내담자를 위해 적절한 자격증명서와 경험이 반드시 필요하다.

2) 촉진된 노출

동반자를 위한 치료의 과정 동안에 촉진된 노출 과정을 경험하는 것은 흔한 일이다. 중독자들이 성적으로 절제하고 있고 안정된 회복세를 보일 때, 동반자들에게 아직 알려지지 않은 성적 행동에 관한 정보는 어떠한 것이든지 공유하는 것이 중요하다. 이는 치료적 환경에서, 계속 관계를 지속하기로 헌신하고 관계를 위해 애쓰고 있는 커플들에게만 진행된다.

촉진된 노출은 지지적인 치료적 환경 속에서 훈련을 받은 치료자에 의해 진행되어야 한다. 동반자와 중독자는 모두 이 노출에 대해 준비되어 있어야 하고 지지 계획이 있어야 한다.

이 노출 과정은 엄격한 정직과 책임이라는 중독자의 개인적인 회복 목표를 지지하고 수치심을 없애도록 도와준다. 동반자의 경우, 촉진된 노출은 사실을 통해 그들에게 권한을 부여하고 이 진실에 기초하여 건강한 선택을 할 수 있게 한다. 커플의 경우, 관계를 재건할 수 있는 정직에 대한 기반을 제공한다. 어렵지만 이와 같은 정직한 경험은 이분된 관계에서 실제로 역설적으로 희망을 촉발시킬 수 있다.

〈표 11.3〉

9가지 평가 및 초기 치료 계획수립 안내지침

단계	활동
1	초기의 전반적인 임상적 평가를 수행한다(적절한 경우). 성 중독자를 포함하거나 중독자의 치료자와 연락한다. (주의: 만약 동반자가 중독자와 이혼하였거나 더 이상 중독자와의 관계를 지속하지 않는 경우는 예외이다)
2	구체적인 안전 계획을 세운다. 여기에는 다음을 포함할 수 있다. a. 자살적 개념화에 대한 주의와 지속적인 관찰 b. 성병을 배제하기 위한 의학적 검사 c. 필요한 경우, 심리학적 또는 정신의학적 평가와 약물 지원 d. 동반자의 지속적인 신체적, 성적 안전을 위한 비타협적인 경계 긋기(즉, 중독자가 치료 중인 동안 성 행위 절제의 기간을 갖는 것, 중독자가 치료를 구하는 동안 임상적으로 분리되는 것, 또는 성병에 대한 보호물 없이 성관계하지 않는 것)
3	살인 또는 자살 사고들에 주의를 기울인다. 여기에는 (타라소프 의사결정에 기초하여) 잠재적인 가능성을 알릴 의무뿐 아니라 치료자가 내담자에게 갖는 보고의 책임들이 무엇인지에 대해 명확하게 나누는 것이 포함된다(가정에서 나타날 수 있는 잠재적 해로부터 아이들을 보호하는 것을 포함한다).
4	접수 과정 동안 철저한 생물심리사회적 평가를 포함한다.
5	가능한 최대의 정신적 외상 평가를 한다.
6	구체적인 목표와 아래와 같은 지지 자원들을 포함하는 상세한 치료 계획을 만든다. a. 워크북 b. 주간 연습 c. 독서 요법 d. DVD, CD, 또는 이외 도구들
7	보조 치료를 권장한다. 여기에는 아래가 포함될 수 있다. a. 성 중독자의 동반자 또는 배우자를 위한 치료지지 집단 b. EMDR 또는 정신외상 전문가 c. 동반자를 위한 12단계 지지 집단(예를 들어, S-Anon, COSA, Al-Anon) d. 만약 이 동반자가 알코올, 약물, 처방전 없이 살 수 있는 약물, 또는 다른 과정 중독으로 마음을 달래는 경우, 물질 남용 치료 e. 더 높은 수준의 돌봄이 필요한 경우, 입원 또는 집중 외래치료 의뢰
8	초기 반응성을 억누르고 감정 조절을 돕는 훈련을 포함하는 인지-행동 치료를 시작한다.
9	성 중독에 관한 심리교육을 제공한다. 만약 동반자가 현재 중독자와 함께 있고 중독자가 자격을 갖춘 치료자와 함께 회복 중에 있다면, 이 동반자가 중독자의 치료 과정에서 기대할 수 있는 것은 무엇인지 논의한다.

촉진된 노출은 종종 동반자들이 이 중독 때문에 얼마나 힘들었는지에 대해 중독자에게 공유하는 동반자의 "영향 진술"이 뒤따른다. 이 과정의 영향은 꽤 상세하고 감정적일 수 있다. 또한 중독자들은 보통 상황을 개선하거나 "감정적 배상"을 위해 노력한다. 이는 장기간의 커플 치료의 시작점이 될 수 있다.

3) 장기 치료의 목표

안정성과 치료적 협력관계가 설립되었을 때, 동반자를 위한 더욱 심도 있는 치료의 기회를 추구할 수 있다. 초기 위기가 가라앉고 난 이후에 동반자들이 더욱 자신을 성찰하는 모습을 보이는 것은 드물지 않다. 이 시점에서 치료는 더욱 통찰 지향적인 과정으로 진보할 수 있다. 가장 일반적인 영역의 임상적 초점에는 다음이 포함된다.

- 원가족 작업
- 커뮤니케이션 기술 훈련
- 분노 관리
- 경계선 교육과 연습
- 슬픔과 상실
- 가능한 상호의존 문제
- 정신적 외상의 재현(지난 정신적 외상의 반복), 배반 유대(굉장히 극심하거나 중요한 상황에서 신뢰 또는 권력의 착취가 있는 것)에 대한 동반자 교육
- 동반자가 건강한 친밀함을 이해하도록 돕기
- 동반자의 성적 가치와 중요성에 대한 주요 상처를 치료하기
- 건강한 성생활을 향한 목표 설립하기

동반자들과 함께 작업할 때 이와 같은 통찰력 지향의 접근법들을 고려하는 것은 가치가 높다. 치료가 위기관리 방법을 단독으로 사용하거나 인지행동 모델을 사용하는 것으로 좁혀지면, 단기 결과로 짧은 기간 동안 동반자의 반응성이 억제될 수도 있지만, 동반자의 자아 존중감에 영향을 주는 더 심도 있는 상처는 잘 다뤄지지 않는다. 논리적인 좌뇌와 감정적인 우뇌 모두를 겨냥하는 개입을 활용하는 포괄적인 치료 접근법은 내적인 감정의 조절을 돕고 관계의 기능과 안정을 개선하도록 한다. 만약 이런 문제들이 다뤄지지 않는다면, 중독자 및 이 체계에서 상호작용하고 있는 사람들에게 부정적

인 상호작용이 지속되고 정신적 외상이 재현되는 결과를 만들 수도 있다.

4) 가능한 임상적 위험

(1) 중독자의 재발

임상가와 치료 팀이 반드시 인식하고 있어야 하는 이외 임상적 초점은 중독자의 지속적인 성적 행동화의 가능성과 이것이 동반자에게서 무엇을 촉발할 수 있는지에 대한 것이다. 집중된 접근법은 교육, 준비, 그리고 동반자에게 중독자 회복의 주요 측면들을 보여준다. 그리고 동반자의 자기보호를 위한 경계선을 지속적으로 평가하고 중독자가 재발할 경우에 대한 두 사람의 계획을 만드는 것이 이런 접근법에 포함된다.

(2) 동반자 치료의 방치

몇몇의 경우, 주요 치료가 중독자에게만 초점을 두게 되면 동반자의 회복을 의도치 않게 방치할 수 있다. 이런 상황이 발생하면, 성 중독을 발견한 감정적인 여파로 동요하고 있는 동반자가 헤어 나오지 못하는 안타까운 결과가 나타난다. 동반자가 적절한 회복을 할 수 있도록 지지를 제공받지 못하면, 자신의 관심, 통제, 감정적인 외상, 희망을 중독자의 회복 결과에 전이시키기 때문에 결국 주요 치료자의 치료 노력과 중독자의 회복 노력을 불안정하게 만들 수 있다. 그렇게 함으로써, 이 동반자는 주의와 치료가 필요할 수 있는 자신의 정신적 외상의 상처와 핵심 문제들을 방치한다.

만약 동반자와 중독자가 회복 지지 또는 커플 치료를 찾을 때, 동반자들의 경험이 치료하는 전문가에 의해 축소화되거나, 구체적이고 적절한 치료 계획으로 다뤄지지 않거나, 치료가 중독자의 회복을 지지하는 것에 집중하는 동안 완전히 무시된다면, 동반자의 심리적 영향은 악화될 수도 있다.

(3) 동반자의 정신적 외상 반응의 병리화

더 나아가, 만약 동반자의 정신적 외상 반응들이 치료자 또는 치료팀에 의해 병리화되면[즉, 동반자가 포르노의 사용에 참여, '개방 결혼'(서로 사회적, 성적 독립을 승인하는 형태) 또는 관계를 경험해 보도록 권장되거나 불감증 또는 연극성으로 분류됨], 이는 동반자가 더욱 큰 정신적 외상을 겪게 만들 수 있고 동반자와 중독자의 치료 과정을 탈선시킬 수 있다. 따라서 동반자들은 복잡한 회복의 여정을 가는 동안 반드시 안전하고 지지하는 장소로 향하는, 자신만의 치료 계획을 가지고 있어야 한다.

(4) 동반자의 자살 위험성

많은 동반자들이 성 중독의 폭로 시에 버려진 기분, 불안, 우울, 그리고 이외 어려운 감정적인 반응들이 수면으로 올라오는 것을 보고한다. 그리고 중독자의 행동과 동반자의 감정적 안녕에 영향을 주거나 손상을 줄 수 있는 삶의 이외 생물학적, 심리학적, 사회적 요인들에 따라, 동반자에 대한 이런 스트레스와 정신적 외상의 증상들이 다시 떠오르거나 심지어 시간이 지남에 따라 더 심각해질 수 있다. 몇몇의 경우, 동반자의 마음에 자살에 대한 생각이 계속 떠오를 수도 있다. 만약 동반자가 친구들과 가족들에게 공유하는 것을 수치스럽게 생각하거나 거절하거나, 치료를 제안받지 않았다면, 이 동반자는 고립된 상태로 홀로 남겨지고 중독자의 회복과 행동에 초점을 두는 강도가 계속 높아지게 될 것이다.

(5) 치료 제공자의 비협력

성 중독자의 1차적 치료자가 동반자를 이해하는 것은 중독자의 전반적인 회복 과정을 지지하는 데에 필수적이다. 각 환자의 회복 과정을 보완하고 보조를 맞추는 화합적인 치료 계획을 개발하는 데에 있어 동반자의 치료자와 함께 작업하는 것은 필수적이다. 환자들(중독자와 동반자 모두)은 각각의 치료 목표가 서로 다른 치료자들 때문에 정반대의 방향으로 끌려가고 있다고 느낄 수 있다. 이런 마찰은 성 중독자와 동반자의 치료 작업을 약화시킨다. 만약 중독자를 치료하는 치료자가 동반자의 치료에 능숙하지 않으면, 정신적 외상 반응에 대하여 익히고 동반자의 회복에 대한 임상적인 측면들을 다루는 것이 현명할 것이다. 보통 동반자와 함께 작업하는 치료자들에게도 이와 똑같이 권고된다. 이 치료팀은 일관되고, 협력적이며, 안전하고 의지할 만한 팀이 되어야 한다.

5) 동반자의 저항 넘어서기: 치료적 지지 재구성하기

중독자와 동반자가 치료자와 처음으로 만났을 때, 동반자가 자신의 치료와 지지에 저항을 보이는 것은 드문 일이 아니다. 동반자들은 이제 막 심각한 배신을 경험했고 자신들의 속 깊은 감정들에 대해 나누며 누군가를 신뢰하는 것을 꺼릴 수 있다. 더욱이 수치심도 치료에 장애물이 될 수 있다. 몇몇 동반자들은 재정적 자원이 제한되어 있고 중독자가 케어를 받는 것이 더욱 중요하다고 느낀다. 몇몇 동반자들은 억울함과 분노의 감정을 나누고, 치료에 참여하는 것을 피하려고 하며 치료의 책임이 중독자에게 있다는 것을 나타내기도 한다.

동반자들로 하여금 자신을 위한 치유 과정에 "동의"하도록 하는 첫 다리놓기 작업은 치료자들이 동반자들의 저항의 일부를 부드럽게 살펴보고 잠재적으로 정상화하며 치료적 지지의 개념을 스스로에게 주는 중요한 선물로 재구성하도록 돕는 것이다. 이 두 작업은 모두 동반자의 정신적 외상을 인정하고, 성 중독자와의 관계에 있는 것에 대한 처벌로서가 아니라, 스스로를 위해 선택하는 것, 받을 자격이 있는 선물로 회복을 구하도록 격려한다. 이는 이전에는 자신들의 세상과 관계에서 안전감에 대한 권한이 아주 적었던 동반자들에게 더 많은 권한을 부여할 수 있다. 치료의 시작 단계에서 치료적 동맹을 발전시키는 것이 중요하다. 지지를 받고 있고, 도움을 얻고 있으며, 회복에 대한 계획이 있다고 느끼게 되면, 많은 동반자들이 치료에 참여하게 된다. 동반자들이 즉각적으로 사용할 수 있는 정보와 자원을 갖고 있는 것이 치료자들로 하여금 동반자의 신뢰를 얻고 역량을 확립하게 하는 데에 도움이 된다.

6) 성 중독자의 동반자를 치료할 때 고려해야 하는 전이

치료하는 임상가가 성 중독자의 동반자와 작업할 때, 특히 회복의 매우 초반 단계에서 임상가는 반드시 동반자를 위한 안전과 견제를 제공할 수 있어야 한다. 이 과정에서 치료자는 전문성과 경험뿐 아니라 치료자의 마음의 산물일 수 있는 문제가 내담자에게 부과되도록 하지 않도록 임상가 자신의 역전이에 주의를 기울일 수 있는 능력을 갖추는 것이 중요하다. 동반자의 정신적 외상의 반응성은 치료실에서 종종 다양한 방법으로 나타난다. 몇몇 가능한 예로는 삽화적 분노, 급성 슬픔, 갈등상태를 통제하기 어려움, 융통성 없는 사고, 자살과 살인의 위협, 중독자의 행동화를 반추, 중독자, 중독자의 치료자, 동반자의 치료자, 12단계 스폰서, 또는 회복지지 집단을 비난하고 수치심을 주는 것, 치료 회기 외에 치료자에게 연락하고자 자주 시도하는 것, 치료자를 성 중독자와 함께 중독 상황의 삼각관계에 넣으려는 시도, 치료 계획을 통제 또는 포기하려는 시도, 중독자의 치료 계획과 치료팀을 통제하려는 시도, 그리고 이외의 감정적 반응성이 포함된다.

동반자 치료 과정에서 나타나는 극적인 밀물과 썰물 반응은 치료의 안정성에 영향을 미칠 수 있기 때문에, 임상가는 반응성을 개인화하거나, 중독자 또는 중독자의 치료자를 향한 분노에 빠지거나, 환자를 오진하거나, 축 II 성격 장애 진단을 섣불리 내리거나 또는 환자를 포기하지 않으면서 내담자의 가능한 전이를 반드시 인식하고 있어야 한다. 만약 1차적 치료자가 동반자에 의해 압도된다고 느끼거나, 정신적 외상, 성 중독의 치료에 대한 지식이 없거나 성 중독자의 동반자와의 치료 작업에 대해 알지 못하면, 이 치료자는 동료에게 자문을 구하거나, 이 부문에 자격을 갖춘 치료자의 감독을 받거나, 전문가에게 의뢰하거나 필요한 경우 환자를 위해 더 높은 수준의 돌봄을 찾는 것이 윤리적으로 반드시 필요하다.

매우 숙련되고 경험이 있는 치료자들에게도 동반자의 전이와 변덕스러움에 촉발되는 현상은 결코 흔치 않은 일이 아니다. 역전이를 다루기 위해 지지적인 지역사회 내에서 작업하는 것이 현명하다. 역전이는 다음과 같은 형태로 나타날 수 있다.

- 세션이 끝난 후에도 연락하여 확고한 임상적 경계들을 유지하지 않으며 과잉 보상하는 것
- 중독자를 향한 분노에 휩싸이는 것
- 동정심의 감퇴를 경험하는 것
- 동반자의 정신적 외상을 축소하는 것
- 중독자의 치료에 대한 노력을 약화시키는 것
- 환자를 양육하는 것
- 환자에게 과진단하는 것
- 환자의 과잉 진찰에 연루되기 시작하는 것

그렇지만 치료자가 환자의 정신적 외상을 이해하고 인식함을 통해(그리고 치료자의 개인사와 어떻게 맞아 떨어지는지 또는 그렇지 아니든지 간에) 자신의 역전이를 다룰 수 있고, 치료에 자신감을 느끼며, 견고한 치료 계획이 준비되어 있을 때, 동반자는 치료자의 역량에 대해 근본적인 신뢰를 느낀다. 그 다음에야 동반자가 중독자에 의한 정신적 외상의 촉발로 압도되지 않으면서 고통의 뿌리를 치유하기 위해 더욱 깊이 나아갈 수 있다.

결국, 안전하고 집중된 치료를 통해 회복하는 동반자들은 감정적으로 안정화될 수 있고, 반응성을 조절하고, 통찰력을 쌓으며, 자신의 치유 과정을 지지하기 위해 치료 과업에 참여하며, 회복하는 중독자와 관계를 지속하기로 선택했든지 아니든지 간에, 자신의 삶에서 앞으로 진보한다.

4. 성 중독자의 자녀들에게 미치는 영향

중독자의 성 중독에 의해 정신적 외상을 입는 것은 동반자뿐만이 아니다. 자녀들도 영향을 받는다. 성 중독자의 동반자와 마찬가지로 자녀들도 유사한 방법으로 정신적 외상을 입을 수 있다. 부모의 성 중독에 대해 알게 되는 것은 자녀들의 나이에 따라 종종 발달적으로 부적절한 성 경험이 된다. *정신 장애의 진단 및 통계 편람(DSM-IV-R)*에 따르면, 발달적으로 부적절한 성 경험은 PTSD 증상을 야기하는 매우 충격적인 사건이 될 수 있다. 발달적으로 부적절한 성적 정보들은 자녀들에게 혼란스러울 수 있고, 수많은 감정을 일으킬 수 있다. 가장 흔한 감정적 반응과 행동은 아래에서 살펴볼 수 있다.

- 특히 성 중독자가 이성일 경우, 자신을 성적으로 여기게 될 것에 대한 두려움
- 중독자의 성적 수치심을 내면화함
- 성 중독자가 범죄자 또는 소아성애 장애자가 될 것에 대한 두려움
- 공개적인 창피함
- 가족 비밀을 두는 것에 대한 분노 또는 절망
- 성생활에 대한 혼란 또는 그들도 성 중독자가 될지 모른다는 두려움
- 부모에 대한 충성심(예를 들어, 동반자를 보호해야 할 필요를 느끼는 것)
- 돌봄 제공 또는 공동의존 행동
- 부모화 또는 감정적 대리 배우자가 되는 것
- 걱정을 끼치는 문제 행동
- 정신적 외상의 반복(성 중독자가 되거나 성 중독자와 짝을 이루는 것)
- 중독 행동

대부분의 부모들은 아이들에게 자신들의 중독을 숨기려고 한다. 그러나 Black, Dillon, 그리고 Carnes(2003)는 부모 중 한 명이 성 중독자이고 이 사실을 알리지 않았던 중독자의 자녀들에게 설문조사를 하였다($n = 89$). 이 연구자들은 표본의 67%가 부모가 말하기 전 이 중독에 대하여 자신들이 이미 알고 있었고, 부모의 노출은 이 사실을 확인시켜 준 것이었음을 발견했다. 그렇지만 알지 못했던 자녀들의 경우 성 중독에 대한 노출은 부정적인 경험이었다.

이 연구자들은 자녀들의 행복을 보호하거나, 세대 간 순환을 끊기 위해, 자녀가 중독자의 행동화에 노출되었을 때와 같이 노출이 임상적으로 권고되는 사례를 제공했다.

몇몇 가족들은 "강압에 의해" 노출을 해야 하는 환경이었을 수 있다. 강압에 의한 노출은 자녀가 대중매체 또는 재판제도의 결과로써, 비양육적인 수단으로 이 중독에 대해 막 알게 되려고 할 때에 발생한다.

Corley와 Schneider(2003)는 공개를 해야 하는지 아닌지의 딜레마에 직면했었던 부모들을 조사했다. 노출하지 않기로 선택했던 부모들은 동반자 또는 자녀와의 관계 상실의 두려움, 자녀들을 다치게 할 것이라는 두려움, 부모에 대한 자녀들의 부정적 반응에 대한 두려움, 또는 아직 준비되었다고 느끼지 않았기 때문을 이유로 들었다. 부모의 노출에 대해 자녀들이 보이는 반응은 다양하고 다음과 같은 예를 포함한다.

- 충격, 불신
- 두려움과 슬픔, 눈물
- 분노
- 자신이 가졌던 의심 또는 알고 있었던 것의 확신
- 이해하는 것으로 보이지만 정보를 차단하고 이후에 다시 알렸을 때 놀람
- 부모를 위로하려고 시도함
- 회복하고자 하는 부모를 칭찬함

유사하게, 노출에 대한 자녀들의 반응의 표현은 다를 수 있다. 이런 이야기를 해준 것을 고맙게 여기는지 물어보았을 때, 29명의 응답자들 중 20명은 긍정적으로 대답을 했지만, 대부분은 노출의 경험이 좋지 않았고 그 정보가 사실이 아니길 바랬다고 보고했다(Black et al., 2003). 그 예로는 다음과 같은 것들이 있다.

- 분노—"나는 그 사람들을 때리고 싶었어요. 하지만 그냥 저기 앉아 있었어요."
- 재정적 영향에 대한 두려움—"우리 아빠는 자신이 성 중독자인 것과 치료와 단계들 그리고 내가 별로 신경 쓰지 않는 것들에 대한 이야기를 계속했고, 그 당시 우리는 고소를 당했기 때문에 *파산*이라는 단어가 튀어나왔는데, 정말로 깜짝 놀랐어요. 그게 나에게 어떤 의미이죠? 제 자전거를 잃게 되나요?"
- 부모가 변태나 아동 성추행자와 같은 "성 중독"이라는 두려움—"역겨웠고 소름 끼쳤어요. 다른 사람들이 무어라 생각할까요? 그 사람이랑 둘이서 집에 있어도 되는 건가요?"
- 가정에 대한 영향을 혼란스러워함—"저는 그 누구와 어떤 것에 대해서도 완전히

정직할 수 없어요. 왜냐하면 부모의 비밀을 지켜주고 있기 때문이에요. 지금 내 삶의 대부분이 거짓말이에요."

- 정서적 준수/돌봄의 행동—"저는 죄책감으로 마음이 찔렸고 우리 아빠를 보호해야 한다는 필요를 느꼈어요."
- 즉각적인 안도/확신—"제가 미친 것이 아니었어요. 모두 다 알고 있었다고요!"

대부분의 경우, 아이들은 성 중독이라는 개념을 이해하기에는 그저 너무 어리지만, 무언가 잘못되었음을 알고 있고 부모들은 이에 대해 설명을 해야 할 필요가 있다고 느낀다. 이런 경우, 가족 구성원들은 아이들에게 성에 관한 "부드러운"노출을 하기로 선택할 수 있다. 즉, 자녀들에게 발달상으로 적절한 단어를 사용하는 것이다. 예를 들어, 만약 아이들이 부모가 지금까지 다투어 왔다는 것을 안다면, "아빠가 엄마에게 거짓말을 했어."와 같은 설명을 할 수도 있다. 또는 자녀가 컴퓨터에 있는 포르노에 노출되었을 때, 중독자는 "아빠가 컴퓨터로 발가벗은 사람들의 사진을 봤어. 그런데 이건 우리의 가치에 맞지 않아. 그래서 우리 컴퓨터를 바꿔서 더 이상 이런 사진이 나타나지 않게 할게."와 같이 말하면서 폭로를 할 수도 있다. 이렇게 발달적으로 적절한 언어들이 아이들에게는 더욱 이치에 맞을 수 있다. 심지어 더 어린 아이들도 부모의 관계가 긴장되어 있다는 것을 알 수 있다. 자녀들에게 무언가 잘못되었지만 부모가 해결하기 위해 노력하고 있다고 인정하는 것이 아이들로 하여금 현실을 보게 하므로 유익하고 안정감을 강화시켜 준다. Black 등(2003)은 부모가 "성 중독"이라는 것을 아이들에게 설명하는 것은 자녀들이 최소 청소년 중기여야 한다고 권고한다.

연구가 부족함에도 불구하고, 각 사례에 기초했을 때 자녀들에게 노출해야 한다는 것은 확실하다. 부모들은 노출하는 것이 왜 아이들에게 최선인지를 분명히 말할 수 있어야 한다. 가장 명백한 이유에는 아이들이 이미 알고 있거나 또는 아이들이 곧 알게 되는 상황(강압에 의한 노출)이 포함된다. 자녀들이 아직 모르고 있고 또한 알게 될 것도 아닌 경우, 자녀들이 성인이 되고 성 중독을 이해할 준비가 될 때까지 기다리는 것이 최선일 수 있다. 성인 자녀들은 가족 내에 중독의 병력이 있다는 것을 아는 것이 유익할 수 있고 심지어 부모들과의 관계를 더욱 돈독히 할 수도 있다.

자녀에게 노출하는 시기도 중요한 문제이다. 연구자들이 발견한 아이들에게 노출하는 최적의 상황은 다음과 같다.

- 중독자가 책임감이 있고/부정하지 않는 경우

- 중독자가 희망을 전할 수 있는 경우
- 중독자가 자신의 행동이 변했다는 것을 증명할 수 있는 경우
- 동반자가 부모로서의 역할을 효과적으로 하는 데에 어려움을 느끼고 이에 대한 설명이 필요한 경우
- 동반자가 초기 충격과 분노 단계를 지난 경우(Black et al., 2003)

부모는 반드시 지금 나눌 것이 무엇인지에 대해 합의를 하고 전략을 짜야 하며, 부모 중 그 누구도 희생자의 역할을 취해서는 안 된다. 자녀를 비밀을 털어놓을 수 있는 절친한 친구로 사용해서는 안 된다. 왜냐하면, 가족 비밀과 수치심을 지속시키기만 하기 때문이다. 마지막으로, 노출은 반드시 중독자가 해야 한다. 동반자는 가능한 한 노출하는 동안에 함께 자리해야 한다.

요약하면, 자녀에게 노출하는 것은 반드시 발달상으로 적절해야 하고 노출하는 것이 자녀들에게 명확하게 이득이 될 때에만 이루어져야 한다. 부모는 이 문제를 둘러싸고 자녀들과 개방된 대화를 유지하도록 해야 한다. 더 나아가, 부모는 자녀들에게 건강한 성생활에 대해 가르치도록 스스로를 준비시켜야 할 것이다. 성 중독이 매우 충격적인 사건이기 때문에, 자녀들 또한 치료 과정에 포함되어 그들을 위한 지원을 받아야 한다. 부모는 결국 자녀들의 상황을 개선해 주어야 하고 자신의 행동이 자녀와의 관계에 영향을 미쳤음에 대해 책임을 져야 한다. 부모는 자신들이 회복 과정에 있음을 자녀들에게 알려 그들을 안심시켜야 한다. 마지막으로 자녀들을 위한 지속적인 개인 치료가 이 정보(부모가 성 중독자라는 사실)에 적응할 수 있도록 하는 중심축이 될 수 있다.

5. 참고문헌

Black, C., Dillon, D., & Carnes, S. (2003). Disclosure to children: Hearing the children experience. *Sexual Addiction & Compulsivity*, 10, 67–78.

Carnes, P. J. (1991). *Don't call it love*. New York: Bantum Books.

Carnes, S., Lee, M., & Rodriguez, A. (2012). *Facing heart break: Steps to recovery for partners of sex addicts*. Carefree, AZ: Gentle Path Press.

Corley, D., & Schneider, J. P. (2002). *Disclosing secrets: When, to whom, & how much to reveal.* Carefree, AZ: Gentle Path Press.

Corley, D., & Schneider, J. P. (2003). Sex addiction disclosure to children: The parent's perspective.

Sexual Addiction & Compulsivity, 10, 291–324.

Milrad, R. (1999). Coaddictive recovery: Early recovery issues for spouses of sex addicts. *Sexual Addiction & Compulsivity*, 6, 125–136.

Steffens, B. A., & Rennie, R. L. (2006). The traumatic nature of disclosure for wives of sexual addicts. *Sexual Addiction & Compulsivity*, 13, 247–267.

부록 11-1

추천도서

중독

Carnes, P., Carnes, S., & Bailey, J. (2011). *Facing addiction: Starting recovery from alcohol and drugs.* Carefree, AZ: Gentle Path Press.

Nakken, C. (1998). *The addictive personality: Understanding the addictive process and compulsive behavior.* Center City, MN: Hazelden.

배신

Carnes, P. (1997). *The betrayal bond.* Deerfield Beach, FL: HCI.

Corley, D., & Schneider, J. (2002). *Disclosing secrets.* Carefree, AZ: Gentle Path Press. Laaser,D. (2008). *Shattered vows.* Grand Rapids: MI: Zondervan.

Schneider, J. (1988). *Back from betrayal.* Center City, MN: Hazelden.

Schneider, J., & Schneider, B. (2001). *Sex, lies and forgiveness.* Center City, MN: Hazelden.

경계

Katherine, A. (1994). *Boundaries—Where you end and I begin: How to recognize and set healthy boundaries.* Center City, MN: Hazelden.

Katherine, A. (2000). *Where to draw the line: How to set healthy boundaries every day.* New York: Fireside Books.

Lerner, R. (1995). *Living in the comfortzone: The gift of boundaries in relationships.* Deerfield Beach, FL: HCI.

커플 회복

Katehakis, A. (2010). *Erotic intelligence: Igniting hot, healthy sex while in recovery from sex addiction.* Deerfield Beach, FL: HCI.

원 가족

Black, C. (2002). *Changing course: Healing from loss, abandonment and fear.* Center City, MN: Hazelden.

Black, C. (2002). *It will never happen to me.* Center City, MN: Hazelden.

Whitfield, C. (1987). *Healing the child with in.* Deerfield Beach, FL: HCI.

성 중독자의 동반자

Carnes, S. (2011). *Mending a shattered heart: A guide for partners of sex addicts.* Carefree, AZ: Gentle Path Press.

Carnes, S., Lee, M., & Rodriguez, A. (2012). *Facing heartbreak: Steps to recovery for partners of sex addicts.* Carefree, AZ: Gentle Path Press.

수치

Bradshaw, J. (2005). *Healing the shame that binds you.* Deerfield Beach, FL: HCI.

CHAPTER 12 강박적 구매 장애

Emma Racine, Tara Kahn, Eric Hollander

1. 서론

2013년 5월에 발간된 *정신 장애의 진단 및 통계 편람 제5판(DSM-5)*과 함께 많은 연구자들은 충동 조절 장애(impulse control disorders, ICDs)를 얼마나 정확하게 분류할 수 있을지에 대해서 많은 논의를 거쳤다. 이러한 장애들은 다른 장애들과 독립적으로 작용하는 독특하고 단일한 것인가? 아니면 주로 다른 장애에 부차적이거나 함께 발생하는 장애인가? 다른 장애들에서처럼 뇌활성화 회로가 중복되거나 유사한가? 이러한 사실들이 분류에 있어 어떤 의미를 가지는가? *정신 장애의 진단 및 통계 편람 제4판 개정판(DSM-IV-TR)*에서 ICD는 "달리 분류되지 않는 충동 조절 장애(ICD Not Otherwise Specified, ICD-NOS)"라는 범주에 속해 있었다(American Psychiatric Association, 2000). 이와 같은 분류는 ICD에 대한 이해가 상당히 다양하고 모호함을 나타낸다. 그러나 ICD-NOS에 속하는 많은 다른 장애들은 구체적이고 이해하기 쉬운 증상들로 구성되어 있다. 이러한 사실은 ICD들이 ICD-NOS라는 범주 안에서 적절하게 제시된 것인지, 아니면 그러한 장애들의 특성을 조금 더 정확하게 나타낼 수 있는 다른 범주로 새롭게 분류되어야 하는 것인지에 대한 질문을 던지게 한다. 이 장에서는 ICD의 한 종류인 강박적 구매 장애(compulsive buying disorder, CBD)에 대해 알아볼 것이다. CBD는 독특하게 나타나는 특징들이 있지만, 동시에 행동 중독과 명백하게 겹치는 부분들도 있다. 이 장에서는 다른 장애들과 특징들을 공유하는 CBD와 같은 장애를 분류하려할 때 나타나는 복잡성을 이해하기 위해 노력할 것이다.

CBD가 어디에 속하는지 설명하기 위한 근거로 정한 상위개념의 장애들 중 가장 흔한 네 가지는 충동 조절 장애, 강박 장애와 관련 장애, 행동 및 물질 중독, 기분 장애이다(Dittmar, 2005). *DSM-IV-TR*에서와 마찬가지로, CBD는 *DSM-5*의 특정 분류집단에 명확하게 속하지 않는다. CBD는 "섹스 중독(sex addiction)", "운동 중독(exercise addiction)"과 같은 하위범주와 함께 *DSM-5*의 행동 중독 파트에서 구체적으로 언급되었지만, 현 시점에서 진단 기준을 세우기 위한 전문가 집단의 검토를 거친 근거들이 충분치 못하고, 이런 행동들을 새로운 정신 장애로써 입증하기에 필요한 과정 기술(course description) 또한 부족하기 때문이다(American Psychiatric Association, 2013).

CBD의 연구가 초기 단계에 머물러 있고, 많은 연구자들이 CBD가 좀 더 넓은 범주의 장애들에 속하는 단일한 징후라는 것에 대해서 동의하고 있긴 하지만, 이 장애들이 어디에 속하는지에 대한 완전한 합의에는 이르지 못하고 있다. 비록 이전에 열거된 네 장애들이 각각 CBD와 겹치는 부분들이 있지만, 강박 관련 장애(obsessive-compulsive related disorder, OCRD)와 행동 및 물질 중독의 유사성은 더욱 연구할 가치가 있다. CBD, OCRD, 중독의 공통점은 이 장애들이 충동/강박 스펙트럼 선상에 놓여 있다고 제안한다. 즉, ICD와 중독은 이 스펙트럼의 충동적 측면에 더 가깝고 OCD는 강박적 측면에 더 가깝게 놓여 있다(Potenza, Koran, & Pallanti, 2011). 중독, ICD, OCD의 공통점과 차이점, 교차점은 Cuzen과 Stein이 앞서 제2장에서 더욱 자세하게 설명했다.

일반적으로 ICDs는 특정한 행동을 하고 싶은 강렬한 충동이 특징으로, ICD의 종류에 따라 의존성이 나타나는 행동이 다르다. CBD에서의 이 행동은 상품이나 서비스를 활발하게 구매할 기회를 찾는 것이다. 이와 같은 행동은 강박적 본성 때문에 방금 행동이 일어나고 난 뒤에도 계속 같은 행동을 하고자 하는 충동이 생기기 때문에 반복적으로 나타난다. 한 사람이 충동에 사로잡히고, 저항할 수 없으며, 충동을 완화시키기 위한 수단으로서 행동을 하는 이러한 행동 양상은 OCD의 행동 양상 순환구조와 매우 유사하다. OCD는 행동을 하고자 하는 충동에 저항하기 어렵거나 할 수 없는 것이 특징이다. CBD를 가진 사람들의 경우, 그들이 느끼는 부정적인 감정을 감소시키기 위한 수단으로서 쇼핑을 하고 싶은 충동에 저항하는 것이 불가능해질 때, 그들의 쇼핑 습관은 충동적인 특성으로 발전하게 된다. 게다가, OCD가 있는 경우와 마찬가지로 때로는 ICD를 가진 경우 역시, 각각의 행동에 참여하는 데에 있어 그 행동이 주는 즐거운 경험보다는 달성했을 때에 오는 불안의 감소로 더욱 동기화된다. 이러한 특정 역동은 반복적으로 강박적인 행동을 함으로써 강한 욕구를 감소시키려고 하는 OCD의 주요 특징이라 할 수 있다(Potenza, Koran, & Pallanti, 2011).

이러한 행동적 순서는 약물 또는 행동 중독의 중독 장애들과 유사하다. 즉, 이와 같은 중독을 겪는 사람들은 약물을 사용하거나 특정 행동을 하고자 하는 압도적인 충동, 그리고 이런 충동에 저항할 수 없다고 표현한다(Potenza, Koran, & Pallanti, 2011). 이들은 충동적 욕구를 충족시키기 위해 약물을 구하고 사용하거나 행동화하는 방법을 알아보는 데에 대부분의 시간을 소비하게 된다. 약물, 행동 중독, 특히 병적 도박(pathological gambling, PG)과 유사하게, 비정상적인 쇼핑 습관을 가진 사람들은 쇼핑에 사로잡히게 되고 상당히 많은 시간을 다음 쇼핑 계획을 세우는 데에 사용한다. 약물 사용과 병적 도박을 가진 사람들과 마찬가지로, 구매 행위는 쇼핑 전에 경험하고 있었던 부정적인 감정을 완화시킨다. 덧붙여서, 강박적 쇼핑 중독자들은 약물 남용자와 병적 도박자들과 비슷하게 동일한 만족이나 쾌감을 얻기 위해 더 많은 돈을 써야만 하는 내성이 나타날 수 있다(Karim & Chaudhri, 2012). 이는 약물이나 도박에 생물학적인 반응을 경험하기 위해 더 많은 약물을 쓰거나 돈을 소비해야 한다는 점에서 약물 남용과 병적 도박을 연상시킨다(Karim & Chaudhri, 2012; Potenza, Koran, & Pallanti, 2011).

CBD가 어떻게 분류되어야 하는지에 대해 생각할 때에 ICD, OCD, 중독과 CBD가 가진 유사점들에 대해 고려해 보는 것이 중요하다. 그리고 CBD를 ICD나 중독으로 분류하는 데에는 모두 장점과 단점이 있다. 여러모로, CBD에서 나타나는 임상적 특징들은 *DSM-5*의 명시되지 않은 파괴적, 충동 조절 및 품행 장애의 범주에 맞을 수 있고, 아마도 이 범주에서 가장 잘 개념화되고, 이해되며, 다뤄질 수 있을 것이다. 그러나 CBD를 ICD로 분류하는 데에는 절대 무시되어서는 안 될 상당한 단점이 있다. *DSM-5*이 발간되면서 다른 장애들을 분류하기 위해 이전에 사용되었던 다양한 분류 집단들이 더 작은 범주들로 나누어졌다. 이와 같이 집단들을 세부적으로 분해하는 것은 CBD를 ICD로 분류하는 데에 이상적이지 않다. 왜냐하면, ICD-NOS 범주는 CBD에서 나타나는 구체적인 징후들을 보이지 않기 때문이다.

유사하게, CBD는 물질과 행동 중독과도 명백한 유사성이 있다. 따라서 행동 중독으로 분류될 때에 틀림없이 장점이 있을 수 있지만, 이렇게 분류하게 되면, 특히 치료 영역에서 한계가 있을 수 있다. 임상가들은 다른 중독 치료에 근거해서 CBD와 같은 장애에 아편 길항제, 자조적 치료를 사용하고 싶은 유혹을 받을 것이다. 그렇지만 이와 같은 치료는 반드시 주의 깊게 이루어져야 한다. 저자의 의견으로는 다양한 중독 장애에 걸쳐 중독 치료가 항상 적합한 것은 아니며, 그 효과도 항상 동일한 것이 아니기 때문이다. 지금까지 살펴보건대, 중독에 대한 이와 같은 치료가 항상 압도적으로 효과적이지는 않았고, 따라서 다른 유사한 장애에 이런 치료들을 적용하는 것이 가장 이로운 접근이 아닐 수도 있다.

CBD가 ICDs와 중독 장애 두 가지 모두와 중복되는 부분이 있다는 점은 분명하다.

그러나 CBD를 둘 중 하나로 분류할 때에는 각각의 이점과 어려움이 있다. CBD를 둘 중 어느 범주에 분류할 것인지와 관련한 가장 긴급한 문제는 지금까지 CDB 분류를 확보해 줄 동료 검토의 자료가 충분하지 않다는 점이다. 이처럼 복잡한 이 장애를 연구할 수 있도록 더 많은 자금들이 확보될 때까지, CBD의 분류를 둘러싼 논란은 앞으로도 불가피할 것이다.

이 장의 나머지 부분에서는 CBD를 OCD와 중독의 변형으로 보지 않고 단일한 장애로 살펴볼 것이다. CBD만을 살펴보면서, 이 장애가 가진 복잡성에 대해 설명하고 CBD와 다른 장애들의 관계에 대한 이해를 더욱 높이기 위해 필요한 부분들을 다룰 것이다.

2. 강박적 구매 장애의 진단적 분류

1) CBD에서 나타내는 임상적 특징

CBD는 일반적으로 10대 후반이나 20대 초에 발병한다(Black, 2011). Dittmar(2005)는 나이뿐 아니라, 이 장애를 경험하는 사람들에게서 나타나는 CBD의 세 가지 주요 특징들이 있다고 주장한다. 즉, 구매 행동을 억누를 수 없는 것(충동), 구매 경향을 조절할 수 없는 것(행동), 구매 행동이 부정적인 결과를 야기함에도 불구하고 계속되는 것(이 활동의 비결과주의적 성질)이다. CBD의 심리적인 원동력뿐만 아니라 CBD의 이러한 세 가지 특징들은 CBD의 세분화된 진단을 충분히 이해하기 위해 더 깊이 있게 알아볼 가치가 있다.

(1) 구매 행동을 억누를 수 없는 것

쇼핑이 흔한 여가 중 하나인 서구 사회에서 단순히 쇼핑을 자주 하는 사람과 쇼핑하는 것을 억누를 수 없는 사람을 구분하는 것은 쉽지 않다. 그러나 Black(2011)은 CBD가 있는 사람을 진단할 때에, 구매 행동을 억누를 수 없는 것이 뚜렷이 나타나는 중요한 차이라고 주장한다. 보통 사람들의 경우 휴일에 종종 보이듯이 특정 시점에 강박적으로 나타난다고 하더라도 단순히 쇼핑을 과하게 한다고 해서 CBD가 나타나는 것은 아니다. CBD로 진단되기 위해서는 반드시 강박적인 방식으로 쇼핑에 몰두해야 한다. 그들은 매주 쇼핑에 몇 시간을 소비할 것이고, 이런 쇼핑 행동은 하나 또는 다수의 물건들을 구매하고 싶은 강한 충동을 동반한다. 이처럼 쇼핑에 대한 피할 수 없는 충동은 압도적이고 억누를 수 없으며, 조절할 수 없는 쇼핑 행동들이 정확하게 나타나야 한다(Black, 2011).

(2) 구매 행동을 조절할 수 없는 것

CBD가 있는 사람들의 경우, 쇼핑에 대한 저항할 수 없는 감정은 조절할 수 없는 구매 행동 그 자체로 나타난다. 앞서 언급했듯이, CBD를 가진 대부분의 사람들은 물건을 구매하고 싶은 충동이 압도적이고, 이런 충동에 저항하는 것에 성공하는 것은 거의 불가능하다. 그러나 충동과 충동의 결과로 나타난 행동이 조증 삽화 동안에 독점적으로 나타나는 것이 아니고 양극성 장애를 배제하는 것이 CBD를 진단할 때에 특히 중요하다는 점을 알아야 한다(Claes et al., 2011). Black(2011)은 Christenson과 동료들이 1994년에 진행한 연구를 인용했다. 그 연구는 CBD를 가진 사람은 물건을 구매하고 싶은 강렬한 충동에 저항하려고 시도하지만 74%의 경우에서 성공하지 못했고, 결국 구매를 하게 되었다는 것이다. Nataraajan과 Goff(1992)는 더 나아가 이런 구매 충동의 역동성을 그들의 모델에서 설명했다. 이 모델은 CBD를 겪는 사람들이 쇼핑을 하고 싶은 높은 충동이 있을 뿐 아니라, 충동 조절 능력이 낮다고 규정한다. 물건을 구매하고 싶은 강한 충동은 낮은 충동 조절과 합쳐져서 더욱 조절 불가능한 구매 행동을 낳는다.

(3) 구매의 부정적 결과

조절할 수 없는 충동적 구매가 재정적, 직업적, 가족을 포함하는 개인의 모든 삶의 영역에서 부정적인 결과를 일으키는 것은 놀라운 일이 아니다. CBD를 가진 사람은 또한 법적인 문제들도 만나게 된다. 가장 자주 나타나는 법적 문제는 파산을 하는 것이나 빚이 쌓이는 것들이고, 자금을 모두 탕진했을 때에는 횡령이나 절도와 같은 훔치는 행동을 하기도 한다(Black, 2011). 강박적 구매의 이와 같은 부정적 결과들은 다른 CBD의 진단에 도달할 때에 저항할 수 없고 조절할 수 없는 충동만큼이나 중요하다. 강박적인 구매가 장애로 간주되기 위해서는 삶의 폐해가 반드시 구매 행동으로 나타난 것이어야 한다. 한 사람의 삶에서 이런 해로운 영향이 구매 행동의 강박적인 본질을 명백히 나타낸다. 구매가 직장을 잃게 하거나, 결혼을 파탄으로 이끌어 가거나, 자녀와의 관계를 망치거나, 법적 문제를 일으킨 이후에도 계속되게 된다면, 그 행동의 강박적 본질이 명확하게 드러난 것이고, 구매 행동은 중독 과정의 일부인 것이다.

(4) CBD의 심리학적 기제

어떤 연구들은 구매 습관이 중독적이고 충동적인 특질로 발전한 사람들을 이해하기 위해 CBD의 기저에 있는 심리학적 요소들을 분석하고 있다. 연구자들은 CBD를 가진 사람들은 마음이 산만하고, 짜증스러우며, 초조해하고, 그들의 일에서 덜 생산적인 경향이 있다고 주장하였다(Schwartz, 2004). Zuckerman의 자극 추구 척도를 이용한 Lejoyeux, Tassain, Solomon, 그리고 Ades(1997)에 따르면 충동적 구매자들은 예상대로 인지, 운동 영역에서 더 충동적이었음(즉, 강박적 구매자들은 비강박적 구매자들보다 경험-추구 영역의 점수가 더 높았다)을 발견했다. 이러한 사람들은 또한 CBD를 가지고 있지 않은 사람들보다 물질주의에 더욱 가치를 두며, 그들의 자존감 수준은 일반적으로 비강박적 구매자들보다 낮았다(Black, 2011).

CBD를 가진 사람들이 낮은 자존감을 가지고 있다는 결과는 중요한 심리학적 특징으로 중독자들이 그들이 살 수 있는 것보다 더 많이 구매하는 이유를 설명하는 데에 도움이 된다. Black(2011)은 낮은 자존감을 가진 사람들이 물질주의를 매우 가치 있게 여기는데, 왜냐하면 그들은 물질이 자신을 더욱 행복하게 해주고 더 나은 자기 가치를 느낄 수 있게 해줄 것이라고 믿기 때문이라고 주장했다. 이런 사람들은 이 물건이 자신을 더 나은 사람으로 만들어 주고 자기감을 향상시켜 줄 것이라는 생각을 가지고 다양한 물건을 구매한다. 광고 산업은 광고하고 있는 물건을 구매한다면 구매자가 다양한 자기 발전을 이룰 것이라고 약속하기 때문에, 이런 사람들에게 특히 영향을 끼칠 수 있다(Benson et al., 2010). Benson, Dittmar, 그리고 Wolfsohn(2010)은 "이 물건을 구매하면 당신이 열망하던 이상적인 사람이 될 수 있다. 그러나 만약 구매하지 못하면 당신은 인생의 축제에서 외톨이가 될 것이다."라고 표현했다(p. 25).

(5) CBD에 제안된 신경학적 요소

물건의 구매가 자신을 더욱 나은 사람으로 느낄 수 있게 할 것이라는 사고 과정은 물건을 무분별하게 사는 동안에 보고된 다양한 감정들로 더욱 뒷받침된다. 강박적 구매자들은 부정적인 감정(예를 들어, 불안, 분노 그리고 자신에 대한 부정적인 감정)들을 물건을 무분별하게 사게 하는 자극으로 설명했는데, 물건을 구매한 직후에 행복감과 부정적 감정의 완화와 같은 다양한 긍정적 감정들이 즉시 따라오는 경향이 있다(Miltenberger et al., 2003). 그러나 이러한 즐거운 느낌이 지속되는 시간은 짧고, 일단 구매를 하고 나면, 긍정적인 감정들은 희미해지고 죄책감, 후회, 수치심이 자리한다(Karim & Chaudhri, 2012). 부정적인 자기 가치에 대한 느낌을 무분별한 쇼핑으로 해결하는 이러한 감정의 순환은 현존하는 부정적인 감정들을 쇼핑을 통해 해결하는 것을 강화하기 때문에 위험하다. 쇼핑이 자신에 대한 부정적인 감정의 탈출구가 되긴 하지만, 일시적이고, 처음 충동적 구매의 원인이 되었던 더 큰 문제를 다루려 하기보다, 쇼핑을 통해 빠르게 부정적인 감정을 다루려고 계속적으로 노력하게 하므로 위험한 감정적 순환을 초래한다. 이러한 부정-긍정-부정적 양상은 구매 습관이 중독적이 되도록 기여하고 해로운 결과를 초래하게 한다(Faber & O'Guinn, 1992).

이러한 순환은 중독 장애에서 나타나는 매우 대표적인 감정적 패턴이다. 이는 CBD와 물질 및 행동 중독의 유사성을 더욱 넓게 보여준다. 중독 장애가 있는 경우와 마찬가지로, 물건을 구경하는 것을 선택하는 것과는 반대로, 밖으로 나가서 실제로 무언가를 계속 구매하는 결정은 뇌의 의사결정 영역에서의 손상을 암시한다(Karim & Chaudhri, 2012). 쇼핑은 약물과 같이 도파민 분비를 야기할 수 있다. 이는 즐거운 활동에 대한 뇌의 일반적인 반응이다. 만약 어떤 사람이 계속해서 더 자주 쇼핑을 하기 시작한다면, 이 도파민 분비 시스템이 과도하게 자극될 수 있고, 이는 이런 도파민 보상 경로에 영속적인 교란을 야기할 수 있다. 이러한 변화를 일컬어 신경적응상태(neuroadaptation)라고 하는데, 이것은 중독의 독특한 특징이다. 더 많은 도파민이 방출되지만 도파민이 결합될 수 있는 수용기들이 더 적기 때문에, 동일한 강도의 긍정적인 기분을 전달하기 위해서는 더 많은 물질 또는 특정 행동들을 필요로 하게 된다. 중독자가 즐거운 경험을 재창조하려고 시도할 때 판단 조절 장애가 발생한다. 중독자는 이전에 경험했던 즐거운 감정에 부응하기 위한 시도로, 심지어 돈이 없을 때에도 쇼핑을 계속하게 된다. 최근의 연구 문헌 자료에 의하면, 약물뿐만 아니라 섹스, 도박, 그리고 이외 다른 몇몇 행동들과 마찬가지로 쇼핑은 과도하게 자극될 수 있다. 즉, 중독과 같은 행동 패턴을 야기할 수 있다(Hartston, 2012). 이러한 신경생물학적 역동은 앞서 기술한 감정적 순환들과 결합하여 CBD와 중독 장애의 유사한 특징들을 매우 강화시킨다.

2) 진단 척도

연구자들은 앞서 언급된 증상들 몇 가지 또는 전부를 나타내는 사람들에게서 CBD를 진단하기 위한 다수의 척도들을 개발해 왔다. CBD의 진단 단계를 더 간단하게 만들기 위해 McElroy, Keck, Pope, Smith, 그리고 Strakowski(1994)는 CBD의 진단 기준들을 개발했다. 그 분류 기준은 다음과 같다.

- 구매 행위에 부적응적으로 사로잡혀 있다.
- 구매, 충동, 또는 행동에 사로잡혀 있는 것은 상당한 고통을 야기하고, 많은 시간을 소비하게 하며, 개인의 사회적, 직업적 기능에 중대한 지장을 주거나 재정적인 문제를 이끌어 낸다.
- 과도한 구매나 쇼핑이 경조증이나 조증 상태와 관련이 없는 상황에서 단독으로 발생한다.

Black(2000)은 이러한 진단 기준을 만들기 시작하였고, 진단에서 어떤 척도를 사용했는지 상관없이, 한 사람의 구매 습관이 문제가 되는 것인지 아닌지를 확인하기 위해서 모든 사람들에게 특정 선별 질문들을 해야 한다고 주장한다. 그러나 이러한 질문들이 너무 불편하게 느껴지지 않도록 반드시 세심하게 제기되어야 한다. 일반적인 선별 질문으로는 "당신은 쇼핑과 소비에 심하게 몰두하고 있다고 느낍니까?", 그리고 "당신은 당신의 쇼핑 행동이 과도하고 부적절하거나, 통제되지 않는다고 느낀 적이 있습니까?"와 같은 것들이 있다. Black(2000)은 이러한 질문들에 긍정적으로 반응한 경우, 각 점수에 관하여 더욱 명확한 질문들을 해야 한다고 제안한다. 이러한 질문들을 제시함으로써 임상가들은 중독자의 쇼핑 행동이 실제로 문제가 되는 것인지, 그리고 다음에서 언급될 척도들로 더욱 포괄적인 분석을 해야 할 것인지를 평가할 수 있다.

척도로 검사를 시행하기 이전에 기준들을 염두에 두고 있어야 한다. 연구자들이 CBD를 진단할 때, Valence, D'Astous, 그리고 Fortier(1988)가 개발한 척도와 Faber와 O'Guinn(1992)이 개발한 척도를 가장 흔하게 사용한다(Dittmar, 2005).

(1) Valence, D'Astous와 Fortier의 강박적 구매 측정 척도

강박적 구매 측정 척도(Compulsive Buying Measurement Scale)는 CBD의 재정적, 심리학적 측면을 모두 다루며, 영국, 유럽, 캐나다에서 주로 사용된다(Dittmar, 2005). 연구자들은 검사를 구성하기 위해서 강박적 구매의 네 가지 특징, 즉 돈을 지출하는 경향, 소비하고 싶은 충동의 경험, 물건을 구매하고 난 뒤의 죄책감, 가족 환경을 확인하였고, 이를 둘러싼 16개의 문항들을 개발했다(Black, 2000). 이 기준에서 몇 가지 예시 문항들을 살펴보면 다음과 같다. "쇼핑몰을 들어서자마자 나는 가게에 들어가서 무언가를 사고 싶다." 혹은 "나는 가끔 내 안의 무언가가 나를 쇼핑하도록 밀어붙이는 것 같은 느낌이 든다."(Dittmar, 2005). 이 척도의 사전 검사 자료에 의하면, 가족 환경에 기초한 문항들은 CBD를 구별하는 데에 효과적이지 않으며, 그러한 문항들은 이 척도의 개정판에는 포함되지 않았다(Black, 2000). 각각 4점 척도로 측정되는 16개의 문항들로 구성된 개정판은 높은 신뢰도와 타당도를 보인다.

(2) Faber와 O'Guinn의 강박적 구매 척도

강박적 구매 척도(Compulsive Buying Scale, CBS)는 Faber와 O'Guinn이 개발한 척도로 미국에서 가장 흔하게 사용되고 있으며, 주로 재정적 관리에 초점을 두고 있다(Dittmar, 2005). 초기의 검사는 이전 연구에서 채택된 29개의 문항들로 구성되어 있었고, 각각의 문항들은 5점 척도로 측정된다. 29개의 항목들은 쇼핑 습관에 초점을 두고 있다. 즉, 더 이상 남은 돈이 없지만 여전히 소비가 필요한 것 같이 느끼는 것, 쇼핑을 하는 동기, 쇼핑 경험을 둘러싼 기분과 같은 것들이다. 스스로 강박적 구매자라고 밝힌 388명으로 이루어진 표본에서 무작위로 292명을 뽑아 통제 집단을 구성한 뒤 CBS를 적용했을 때, Faber와 O'Guinn은 위의 문항 중 7개 문항으로 참여자들의 88%가 CBD를 가진 것을 확인해 냈다. 통계 분석은 또한 CBS가 높은 신뢰도와 타당도를 가지고 있고, 유병률 추정에 있어서도 정확하다는 것을 입증했다(Black 2000). 7개의 주요 문항들로 이루어진 이 척도는 부록 12-1에서 살펴볼 수 있다

(3) 이외 척도들

이외 척도들과 선별 검사 도구들은 CBD를 확인하고 진단하기 위해 개발되었다. Christenson, Faber, 그리고 Zwaan(1994)은 CBD, 병적 도박과 도벽, 그리고 다른 충동조절 장애들을 평가하기 위해 사용되는 반구조적 면담법인 미네소타 충동 장애 면담(Minnesota Impulsive Disorder Interview, MIDI)을 개발했다. 이 척도에서 CBD에 초점을 맞춘 영역은 주요 질문 네 가지와 이차적 또는 부차적 질문 다섯 가지를 포함한다. 처음의 주요 및 이차적 질문을 사용하여 CBD로 밝혀진 경우, 확대된 82개의 질문 모듈을 이용하여 검사할 수 있다. 이 선별 검사 도구의 신뢰도와 타당도는 확립되지 않았지만, 연구자들은 평가자 간 신뢰도가 높고, 이 선별 도구는 구체적으로 연구 환경에서 CBD를 가진 사람들을 확인하는 데에 효과적이라고 보고한다(Black, 2000).

Monahan, Black, 그리고 Gabel(1996)은 연구 환경에서 CBD를 평가할 수 있는 또 다른 척도를 개발했다. 이 연구자들은 임상 실험 동안 개선점을 추적할 수 있는 YBOCS-Shopping 버전(YBOCS-SV)을 개발하기 위해 예일-브라운 강박 충동 척도(Yale-Brown Obsessive Compulsive Scale, YBOCS)를 수정했다(Black, 2000). 이 척도는 쇼핑에 대해 생각하는 데에 얼마나 많은 시간을 쓰는지, 쇼핑에 대한 생각이 문

제가 될 만큼 침입적이거나 고통스러운지, 이런 사고에 저항하는지, 그리고 이런 사고를 조절할 수 있는지와 같은 질문들을 포함하여, CBD를 둘러싼 행동과 사고를 목표로 하도록 개발되었다. YBOCS과 유사하게, YBOCS-SV는 10문항으로 구성되어 있고, 5문항은 강박의 측면을 다루고, 나머지 5문항은 행동과 충동을 다룬다(Monahan et al., 1996). YBOCS-SV는 통계 분석을 통해 신뢰도와 타당도뿐 아니라, 앞서 언급된 바와 같이 임상 실험 동안의 개선점을 측정하는 데에 효과적이라는 점이 입증되었다(Black, 2000).

3. 강박적 구매 장애의 역학

1) 산업화 국가

CBD를 어떻게 분류할 것인지에 대한 논쟁이 있지만, 연구자들은 표현형(phenotype)의 명백한 특징들에 대해서 동의하고 이를 수립해 왔다. CBD는 유병률이 성인 인구의 1%에서 10%의 범위로, 선진 서구 국가에서 가장 흔하게 발견된다(Dittmar, 2005). 이 장애는 미국, 영국, 호주, 캐나다, 독일, 네덜란드, 프랑스, 멕시코, 대한민국, 스페인, 브라질을 포함하여 세계에 걸쳐 선진국들에서 나타난다고 보고되었다(Black, 2011). 발전된 서구 문화에서 이 장애가 발생하는 것은 우연이 아니며, 몇몇의 연구자들은 이러한 사회에서 CBD가 증가하는 것에 대해 사회학적으로 설명한다. Black(2011)은 선택할 수 있는 엄청난 양의 상품들, 이용 가능한 신용서비스, 그리고 자유시간이 CBD의 증가를 이끄는 요인들이라고 가정한다.

Benson, Dittmar, 그리고 Wolfsohn(2010)은 Black의 주장에서 한 걸음 더 나아가 CBD의 비율을 증가시키는 경제활동의 역할을 조사했다. Benson과 그 외 연구자들은 선진 국가들의 경제적 생산성이 실제로 필요한 양보다 더 많은 양의 상품들을 생산하는 정도로 발달되었다는 점에 주의를 기울였다. 과도하게 생산되어 필요하지 않은 상품들이 실제로는 필요하지 않지만 마치 필요한 것처럼 설득하는 목적을 가진 광고 산업을 증대시키는 결과를 가져왔고, 이것은 결국 사람들이 더욱 쇼핑을 하도록 만들었다. 광고가 상품이 필요하다는 생각을 만들어 낼 때, 불안정한 자아 정체감을 가진 취약한 사람들에게 그 물건이 그들에게 커다란 행복을 가져다줄 것이라는 극도의 욕구, 강력한 감정으로 바뀌게 된다(Benson et al., 2010). 광고 산업이 가진 설득력은 Black(2011)이 설명한 요인들과 결합되어, 가난한 나라보다 선진 국가에서 더 높은 CBD의 유병률을 나타냈다(Benson et al., 2010).

2) 성별

연구자들은 성인 인구의 1%에서 10% 범위의 인구가 CBD의 영향을 받는다는 것에 대해서는 동의하지만, CBD를 가장 잘 발전시키는 사람들의 양상에 대해서는 의견을 달리한다. 한 유명한 동향 연구가는 여성들이 CBD 표본에서 과도하게 많은 비율을 차지하는지에 대해 심도 있게 조사했다. CBD의 예측 특징에 대한 Dittmar(2005)의 연구는 여성들이 남성들에 비해 CBD를 발전시킬 가능성이 더 높다는 사실을 발견했다(표 12.1 참고).

Dittmar(2005)는 남녀 CBD 유병률의 차이는 남녀의 쇼핑방법의 차이와 상관이 있다는 것을 발견했다. 여성은 그들의 정체성, 외모와 관련이 있고, 정서 통제에 근간을 두고 물건을 구매하는 경향이 큰 반면, 남성들은 좀 더 충동적이고, 기능성과 독립성과 관련된 소비물품을 사는 경향이 있다(Mueleer et al., 2011). 다시 말하면, 여성들은 호의적인 심리학적 상태와 관련된 물건(예를 들어, 자신에 대해 더 높은 감정이나 더 나은 기분을 들게 하는 것)에 더 이끌린다. 반면에 남성은 그들이 사용할 수 있는 물건을 더 선호한다. 따라서 여성들에게 있어 쇼핑은 즉각적 행복을 가져오는 즐거운 활동(심지어 이런 기분이 지속되지 않더라도)인 긍정성과 연관된다. 남자의 경우 쇼핑은 좀 더 부정적인 태도와 연관된다. 즉, 그들에게 있어서 쇼핑은 해야 할 일이지만 시간을 투자하면서까지 하고 싶은 일은 아니다. 이러한 관계가 불변하는 것은 아니지만(그리고 누가 무엇을 사느냐에 따라 달라질 수 있다), 일반적으로 쇼핑은 여성에게 좀 더 즐거운 경험이다. 따라서 여성들이 정상에서 비정상적인 쇼핑 습관으로 옮겨가는 데에 더욱 취약하다(Dittmar, 2005).

그러나 CBD 유병률에 있어서 확실한 성차가 전 세계적으로 받아들여지는 것은 아니다. Koran, Faber, Aboujaoude, Large, 그리고 Serpe(2006)는 국가적 전화조사에서 5.5%의 남자, 6.0%의 여자가 CBD의 영향을 받는다는 자료를 통해 CBD의 성별 분포가 더욱 동일한 양상을 보인다고 제안한다. 연구자들은 성차의 추정에서 나타나는 불일치에 대해 여러 설명들을 제안하고 있고, 그 대부분은 확인 편향 메커니즘을 강조한다. 예를 들어, Black(2011)은 이러한 차이는 남녀가 그들의 소비 습관을 어떻게 보고하느

〈표 12.1〉

강박적 구매의 예측 요인으로서 성별, 연령, 물질적 가치에 대한 계층적 회귀분석 요약(연구 2, 3을 결합)†, ††

변수	B	SE B	β
단계 2			
개인적 소비	-0.00	0.00	0.01
성별	0.13	0.08	0.08(*)
단계 3			
개인적 소비	0.00	0.00	0.02
성별	0.15	0.07	0.09*
연령 집단	-0.20	0.05	-0.21***
단계 4			
개인적 소비	-0.00	0.00	-0.03
성별	0.16	0.07	0.10*
연령 집단	-0.14	0.04	-0.15***
물질적 가치	0.54	0.06	0.41***

참고: 단계 2에서 $R^2 = .01$ ($p < .10$); 단계 3에서 $\Delta R^2 = .05$ ($p < .001$); 단계 4에서 $\Delta R^2 = .17$ ($p < .001$).

(*) $p < .10$, *$p < .05$, ** $p < .01$, *** $p < .001$.

† 출처: Dittmar(2005, p. 486).

†† John Wiley and Sons의 허가를 받아 *British Journal of Psychology*에서 발췌함.

냐의 차이 때문일 수 있다고 보고 있다. 즉, 여자는 비정상적 쇼핑 습관에 대해 남자보다 좀 더 쉽게 인정할 수 있다. 더 나아가 여자는 남자에 비해 연구에 참여할 가능성이 더 높기 때문에, 쇼핑 중독에 대한 연구 표본으로서 훨씬 많은 수가 사용될 수 있다. 비슷하게, Dell'Osso, Allen, Altamura, Buoli, 그리고 Hollander(2008)는는 일반적으로 여자들은 남자들보다 더 치료받기를 원하는 경향이 있기 때문에, 심지어는 불안이나 우울증과 같이 독립적 질병으로 치료받고 있는 여자들 사이에서도 CBD를 간접적으로 발견하게 될 가능성이 높다고 주장했다.

3) 연령

가장 흔하게 CBD의 영향을 받는 사람들은 20대 초반의 젊은 사람들인 경향이 있다(Black, 2011; 표 12.2 참고).

Dittmar와 그 외 연구자들(2005)은 강박적 구매자의 평균 연령이 보통의 구매자보다 8~11세 정도 젊은 것으로 추정된다고 한다. Benson 외(2010)도 미국, 캐나다, 프랑스, 독일, 영국에서 30세 이하 나이의 집단이 강박적 구매자가 될 가능성이 가장 높다고 설명하며 이러한 결과를 지지한다. Black(2011)은 젊은 나이와 강박적 구매 습관의 관계는 청장년들이 20대 초반이 될 때 습득하게 되는 새로운 독립성에 원인이 있다고 가정했다. 그는 또한 이 시기가 첫 신용거래를 하는 시기(2011)라고 제안하는데, Benson과 동료들(2010)은 많은 젊은이들이 빌리는 것에 있어 낭비하는 습관을 가지고 있으

〈표 12.2〉

CBD를 가진 사람을 대상으로 한 연구**, ***

연구자	장소	대상, *n*	연령, 연수, 평균	% 여성	발병 연령, 연수, 평균	장애 기간, 연수, 평균
O'Guinn and Faber(1989)	Los Angeles, CA	386	37	92	N/A	N/A
Scherhorn 외(1990)	Germany	26	40	85	N/A	N/A
McElory 외(1994)	Cincinnati, OH	20	39	80	30	9
Christensen 외(1994)	Minneapolis, MN	24	36	92	18	18
Schlosser 외(1994)	Iowa City, IA	46	31	80	19	12
Black 외(1994)	Iowa City, IA	33	40	94	N/A	N/A
Ninan 외(2002)	Cincinnati, OH; Boston, MA	42	41	81	N/A	N/A
Koran 외(2002)	Stanford, CA	24	44	92	22	22
Miltenberger 외(2003)	Fargo, ND	19	N/A	100*	18	N/A
Mitchell 외(2006)	Fargo, ND	39	45	100*	N/A	N/A
Muller 외(2008)	Bavaria, Germany	60	41	85	27	14

* 수집된 표본이 여성이었음을 나타냄.

** 출처: Black(2011, p. 201).

*** Oxford University Press의 허가를 받아 *Oxford Handbook of Impulse Control Disorder*에서 발췌함.

며 이것이 그들을 높은 빚을 지는 것으로 이끌 수 있기에 위험하다고 말하는 단계이다. Benson과 동료들(2010)은 지난 20년간 젊은이들이 물질적 대상에 더 높은 가치를 두고, 물질적인 것을 획득함으로써 개인이 더 큰 행복을 얻을 수 있을 것이라고 믿게 되었다는 고등 교육 연구 기관(Higher Education Research Institute)에서 시행한 연구 결과를 인용했다. 물질적인 것에 큰 가치를 두지 않았던 이전 세대로부터 변화된 물질에 대한 이러한 인식은, 발전된 국가에서 신용 서비스의 이용 가능성과 결합되어 젊은 세대들에게 높은 빚과 무책임한 소비 습관, 강박적 구매 습관이라는 결과를 초래하고 있다(Benson et al., 2010).

Dittmar(2005)의 연구 결과는 이러한 주장을 지지한다. 그는 젊은 사람들이 나이 든 사람에 비해 강박적 구매에 더 흔하게 참여한다는 사실과 함께(표 12.1 참고), 다양한 연령, 성별, 교육적 배경, 사회경제적 지위에 거쳐 연령이 지속적으로 강박적 구매 습관을 예측하는 것을 발견했다. Dittmar(2005)는 이러한 연령 패턴을 더 깊게 조사하고 연령이 강박적 구매 경향에 미치는 역할을 평가하기 위해 더 발전된 연구를 시행했다. 그녀는 비정상적인 구매 경향을 가지고 있다고 평가되는 청소년의 비율이 매우 높으며, 이러한 구매 습관은 초기 강박적 구매 증상에 대한 가능성을 암시하므로 세심하게 관찰해야 한다는 결과를 발견했다(표 12.1 참고; Dittmar, 2005).

4) 사회경제적 지위

한 사람이 강박적 구매자가 될 것인지 아닌지를 결정하는 데 있어 사회경제적 지위가 중요한 역할을 할 것이라고 생각한다. 소비 가능한 수입이 많을수록 강박적 쇼핑 습관을 발전시킬 가능성이 더 높을 것이라고 보기 때문이다. 그러나 연구 결과에 따르면 사회경제적 지위는 강박적 구매자가 되는 것에 대한 예측력이 없다. 수입이 적은 사람은 과도한 소비를 단념할 것이라고 생각하지만, Dell'Osso 외(2008)의 연구에서 CBD 경향성을 가진 사람들 중 연간 수입이 50,000달러 이하인 사람들의 비중이 어울리지 않게 높은 수치를 나타낸 것을 보여주듯이 이것은 틀린 예상이다.

Black(2011)은 또한 다양한 사회경제적 배경을 가진 사람들이 CBD로 인해 고통받고 있으며 수입은 CBD에 대한 예측력이 없다고 설명한다. 소비 습관은 수입에 따라 다를 수 있으나, 높은 사회경제적 계층의 사람들은 좀 더 비싼 매장에서 강박적으로 물건을 구매할 것이고 적은 수입을 가진 사람들은 중고매장 같은 조금 저렴한 매장에서 그들의 돈을 소비할 것이다(Black, 2011). Dittmar(2005)는 Black의 결론을 더욱 강화하였고, 교육, 직업, 수입, 신용력은 CBD에 대한 유의미한 예측 변수가 아니라는 것을 발견하였다(표 12.3 참고).

이 연구자들은 연구 참여자들의 사회경제적 상태와 CBD 간에 유의미한 연결점이 없다고 결론 내렸다.

수입에도 불구하고, CBD를 겪고 있는 사람들은 심각한 경제적 문제들과 마주한다.

〈표 12.3〉

강박적 구매의 예측 변수로 성별, 연령, 물질주의적 가치에 대한 계층적 회기분석표(연구 1)†, ††

변수	B	SE B	β
단계 3			
교육	−0.05	0.06	−0.05
직업적 SES	−0.00	0.06	−0.00
개인 수입	0.07	0.07	0.09
신용카드의 개수	−0.02	0.07	−0.02
성별	0.76	0.17	0.26***
단계 4			
교육	−0.09	0.05	−0.10
직업적 SES	0.02	0.06	0.02
개인 수입	0.09	0.06	0.11
신용카드의 개수	0.03	0.07	0.02
성별	0.73	0.17	0.26***
연령	−0.03	0.01	0.27***
단계 5			
교육	−0.03	0.05	−0.04
직업적 SES	0.03	0.05	0.04
개인 수입	0.12	0.06	0.14*
신용카드의 개수	0.05	0.06	0.04
성별	0.77	0.15	0.26***
연령	−0.02	0.01	−0.20***
물질주의적 가치	0.53	0.07	0.39***

참고: 단계 3에서 $R^2 = .06(p < .001)$; 단계 4에서 $\Delta R^2 = .07(p < .001)$; 단계 5에서 $\Delta R^2 = .15$ $(p < .001)$.

*$p < .05$, ** $p < .01$, ***$p < .001$.

† 출처: Dittmar(200, p. 479).

†† John Wiley and Sons의 허가를 받아 *British Journal of Psychology*에서 발췌함.

Dell'Osso 외(2008)는 Gary Christianson과 그의 동료들이 1994년 진행한 연구를 인용했다. 이 연구에서 연구자들은 CB 환자의 58.3%가 상당한 빚을 축적하였고, 41.7%는 빚을 갚을 능력이 되지 않는다고 결론 내렸다. 더욱이 이 환자들의 8.3%는 재정과 관련하여 법적 문제를 마주하고 있었고, 다른 8.3%는 형사법상의 문제가 있었다. 게다가 연구는 미국 내에서 지난 수년 동안 신용카드의 이용성이 증가한 것과 함께, CBD가 있는 사람들에게서 가장 흔하게 보이는 유형의 부주의한 구매 행동들이 증가하였음을 나타냈다. 이런 소비 패턴은 적어도 부분적으로 지난 10년 동안 보인 개인 파산의 수가 증가한 것을 설명할 수 있다(Benson et al., 2010). 이런 개인적인 경제적 어려움은 개인과 사회적 수준에서 매우 문제 되는 반면, 성인 인구의 CBD 유병률 추정에 기여한다. 왜냐하면, 이런 사람들은 보통 어려움에 봉착할 때에 도움을 찾기 때문이다. 이 장애 때문에 고통을 받지만 재정적인 부담을 야기하지 않기 때문에 전혀 도움을 구하지 않는 사람들이 있을 수 있다는 점도 염두에 두어야 한다.

5) 물질주의

앞서 언급된 예측 요소들 그 어느 것들보다도, 물질주의 또는 물질의 고유 가치와 그것을 소유하고자 하는 생각은 CBD의 강력한 예측 요인으로 알려져 왔다. Dittmar(2005)는 이 개별적인 연구들을 진행하였고, 이 세 연구 모두에서 물질주의를 가치 있게 여기는 사람들, 그리고 물질주의가 그들의 가치 체계의 중요한 구성 요인인 사람들이 물질주의를 그리 중하게 여기지 않는 사람들에 비해 강박적인 구매자가 될 경향이 더 높은 것을 발견하였다(표 12.1 참고). Dittmar는 물질주의에 가치를 두는 사람들이 물질적 상품을 그들을 행복하게 해주고 그들의 삶을 더 나은 것으로 만들어 주는, 목적을 이루는 수단으로 보기 때문에 이런 관계가 전혀 놀랄 만한 것이 아니라고 설명한다. 그 결과, 이런 사람들이 삶을 개선하기 위한 목표로 구매 습관을 발전시킬 가능성이 있는 것을 예측할 만하다(Dittmar, 2005).

게다가 물질주의에 가치를 두는 사람들은 그렇지 않은 사람들과 본질적으로 다르다. 더 나은 삶을 얻기 위한 수단으로 물질적 상품을 습득하는 데에 상당한 의미를 두는 사람들은 일반적으로 덜 행복하고 더 불안정한 경향이 있다(Benson et al., 2010). 그 결과, 이런 사람들은 광고에 나오는 메시지에 더욱 예민하고, 특정 상품이 그들을 더 행복하거나 더 나은 사람으로 만들 것이라고 광고하는 상품을 살 경향이 높다(Benson et al., 2010). 광고의 약속들을 내면화함으로써, 이런 사람들은 그들의 가치 체계에 물질주의를 강하게 결합시키고, 이는 앞서 언급한 바와 같이 심리학적으로 자극된 구매를 빠르게 발전시킨다.

4. 동반이환

많은 정신질환에서와 마찬가지로, CBD를 가지고 있는 사람들은 흔히 다양한 동반이환을 나타낸다. CBD와 동반이환에 대한 연구에서, Mueller, Mitchell, Black 외(2010)는 CBD가 있는 사람들이 축 I, 축 II에 해당하는 장애를 동반하는 비율이 높다는 사실을 발견했다. 구체적으로, 이 연구자들은 연구가 진행될 당시 171명의 CBD 환자들 중 90%에서 평생 동안 축 I 장애의 병력이 있었고, 51%에서 연구가 진행될 당시 축 I 장애 기준을 충족했음을 발견하였다(표 12.4 참고; Mueller et al., 2010). 게다가 표본의 21%는 일생에 걸쳐 행동 중독의 병력이 있었다(Mueller et al., 2010). Schlosser, Black, Repertinger, 그리고 Freet(1994)에 의한 개별 연구에서, 이 연구 참여자들의 60%가 성격 장애를 동반하고 있음을 발견했다.

1) 축 I 장애

CBD 환자들에게 가장 흔하게 나타나는 축 I 장애는 기분 장애, 불안 장애, 물질 사용 장애이다(Black, 2011). Mueller 외(2010)의 연구에서 CBD 환자들의 74%가 일생에 걸쳐 기분 장애가 공존하였고, 57%의 환자들이 불안 장애와의 동반이환 병력을, 21%가 충동 조절 장애와의 동반이환 병력을 가지고 있음을 발견하였다(Mueller et al., 2010; 표 12.5 참고).

연구자들은 이러한 연구 결과에 근거하여, 심각한 충동 구매자로 확인된 3분의 1을 구분하여 참여자들을 두 군집으로 나누었다. 더욱 극심한 강박적 쇼핑 습관을 가진 사람들 중 높은 비율이 정신 장애를 동반하고 있다는 것을 이 군집들에 대한 분석을 통해 알 수 있다(표 12.6 참고).

이러한 발견은 더욱 심각한 충동 구매 행동들이 높은 정신질환을 동반한다는 Black, Monahan, Schlosser, 그리고 Repertinger(2001)의 연구 결과들을 뒷받침한다. 구체적으로, 연구자들은 더 심각한 충동적 구매 습관이 더 높은 수준의 OCD, 물질 사용 장애, 우

〈표 12.4〉

평생의 정신의학적 동반이환*, **

진단, 평생	전체 표본		군집 1(CB)		군집 2 (심각한 CB)		군집 1과 군집 2의 비교
	$N = 171$		$N = 107$		$N = 64$		
	N	%	N	%	N	%	P(Chi^2 test)
모든 축 1 장애	153	89.5	90	84.1	63	98.4	0.003
모든 기분 장애	127	74.3	73	68.2	54	84.4	0.019
주요 우울 장애	107	62.6	61	57.0	46	71.9	
1형 양극성 장애	3	1.8	1	0.9	2	3.1	
2형 양극성 장애	5	2.9	1	0.9	4	6.2	
모든 의존	35	20.5	16	15.0	19	29.7	0.021
알코올	24	14.0	13	12.1	11	17.2	
진정제	8	4.7	4	3.7	4	6.2	
대마	11	6.4	3	2.8	8	12.5	
흥분제	4	2.3	2	1.9	2	3.1	
아편제	7	4.1	4	3.7	3	4.7	
코카인	3	1.8	2	1.9	1	1.6	
환각제	3	1.8	1	0.9	2	3.1	
모든 불안 장애	98	57.3	52	48.6	46	71.9	0.003
공황 장애	42	24.6	19	17.8	23	35.9	
사회 공포증	48	28.1	26	24.3	22	34.4	
특정 공포증	33	19.3	14	13.1	19	29.7	
강박 장애	32	18.7	18	16.8	14	21.9	
외상 후 스트레스 장애	23	13.5	9	8.4	14	21.9	
모든 섭식 장애	34	19.9	17	15.9	17	26.6	0.091
신경성 식욕 부진증	3	2.3	1	0.9	3	4.7	
신경성 과식증	13	7.6	8	7.5	5	7.8	
폭식 장애	24	14.0	10	9.3	14	21.9	
모든 충동 조절 장애[a]	30	20.5	16	16.8	14	27.5	0.130
병적 도벽	9	6.2	3	3.2	6	11.8	
간헐적 폭발 장애	16	11.0	9	9.5	7	13.7	
병적 도박	8	5.5	4	4.2	4	7.8	
병적 방화	0	0	0	0	0	0	
발모광	3	2.1	2	2.1	1	2.0	

참고: 다중 비교로 인해 유의 수준이 $p < 0.01$로 확립되었음.

[a] 충동적 구매와 다른 충동 조절 장애.

* 출처: Mueller 외(2010, p. 351).

** 허가를 받아 *Psychiatry Research*에서 발췌함.

〈표 12.5〉

최근의 정신의학적 동반이환*, **

진단, 최근	전체 표본		군집 1(CB)		군집 2 (심각한 CB)		군집 1과 군집 2의 비교
	$N = 171$		$N = 107$		$N = 64$		
	N	%	*N*	%	*N*	%	*P*(Chi² test)
모든 축 I 장애	102	50.9	53	49.5	49	76.6	<0.001
모든 기분 장애	56	32.7	27	25.2	29	45.3	0.007
주요 우울 장애	26	15.2	12	11.2	14	21.9	
1형 양극성 장애	0	0	0	0	0	0	
2형 양극성 장애	2	1.2	0	0	2	3.1	
기분 부전 장애	32	18.7	15	14.0	17	26.6	
모든 남용/의존	3	1.8	1	0.9	2	3.1	0.291
알코올	2	1.2	1	0.9	1	1.6	
진정제	0	0	0	0	0	0	
대마	0	0	0	0	0	0	
흥분제	0	0	0	0	0	0	
아편제	0	0	0	0	0	0	
코카인	0	0	0	0	0	0	
환각제	0	0	0	0	0	0	
모든 불안 장애	76	44.4	37	34.6	39	60.9	0.001
공황 장애	22	12.9	9	8.4	13	20.3	
사회 공포증	39	22.8	18	16.8	21	32.3	
특정 공포증	29	17.0	12	11.2	17	26.6	
범불안 장애	26	15.2	9	8.4	17	26.6	
강박 장애	25	14.6	13	12.1	12	18.8	
외상 후 스트레스 장애	15	8.8	5	4.7	10	15.6	
모든 신체형 장애	15	8.8	6	5.6	9	14.1	0.059
신체화 장애	7	4.1	2	1.9	5	7.8	
통증 장애	9	5.3	5	4.7	4	6.2	
건강 염려증	4	2.3	3	2.8	1	1.6	
신체이형질환	2	1.2	0	0	2	3.1	
모든 섭식 장애	20	11.7	9	8.4	11	17.2	0.084
신경성 식욕 부진증	0	0	0	0	0	0	
신경성 과식증	5	2.9	3	2.8	2	3.1	
폭식증	16	9.4	6	5.6	10	15.6	

(계속)

진단, 최근	전체 표본		군집 1(CB)		군집 2 (심각한 CB)		군집 1과 군집 2의 비교
	N = 171		*N* = 107		*N* = 64		
	N	%	*N*	%	*N*	%	*P*(Chi² test)
모든 충동 조절 장애 (CB를 제외한)[a]	24	16.6	13	13.8	11	21.6	0.231
병적 도벽	7	4.8	2.1	3.2	5	9.8	
간헐적 폭발 장애	15	10.3	8	8.5	7	13.7	
병적 도박	4	2.8	2	2.1	2	3.9	
병적 방화	0	0	0	0	0	0	
발모광	3	2.1	2	2.1	1	2.0	

참고: 다중 비교로 인해 유의 수준이 $p < 0.01$로 확립되었음.
[a] 충동적 구매와 다른 충동 조절 장애.
* 출처: Mueller 외(2010, p. 351).
** 허가를 받아 *Psychiatry Research*에서 발췌함.

〈표 12.6〉

군집 간의 표본 분포*, **

	전체 표본 *N* = 171		군집 1(CB) *N* = 107		군집 2 (심각한 CB) *N* = 64		군집 1과 군집 2의 비교
	N	%	*N*	%	*N*	%	Chi² test
장소(*n* = 2)							
미국	107	62.6	72	67.3	35	54.7	ns
독일	64	37.4	35	32.7	29	45.3	
장소(*n* = 4)							
Fargo	73	42.7	52	48.6	21	32.8	ns(*P* = 0.042)
Minneapolis	14	8.2	11	10.3	3	4.7	
Iowa	20	11.7	9	8.4	11	17.2	
Erlangen	64	37.4	35	32.7	39	45.3	

* 출처: Mueller 외(2010, p. 351).
** 허가를 받아 *Psychiatry Research*에서 발췌함.

울증, 병리적 도박과 상관관계가 있다는 것을 발견했다(Black et al., 2001)

2) 축 II 장애

축 I 장애 외에도 축 II 장애들 또한 CBD 환자들 사이에서 자주 발견된다. Schlosser, Black Repertinger, 그리고 Freet(1994)는 구조화된 면담과 자기보고식 검사를 이용해 46명의 CBD 환자 표본 중 60%가 성격 장애를 가지고 있음을 확인했다. 특히, 연구자들은 22%가 강박성 유형으로 고통받고, 15%가 경계성 유형으로, 15%가 회피성 유형으로 고통받고 있음을 발견했다(Schlosser et al., 1994).

3) 행동 중독

앞서 기술했듯이, Mueller 외의 2010년 연구에서 환자들 중 21%가 일생에 걸친 병적 도벽, 간헐적 폭발성 장애, 병리적 도박, 방화벽, 발모광을 포함한 행동 중독으로 진단받는 것으로 나타났다(Mueller et al., 2010). 게다가 연구 결과들은 더욱 심각한 강박적 구매를 하는 사람들은 덜 심각한 CBD가 있는 참여자들에 비해 행동 중독을 동반하는 비율이 전반적으로 높게 나타난다는 것을 암시한다(Mueller et al., 2010).

4) 유전

연구자들은 일련의 동반이환으로 고통을 받을 뿐만 아니라 CBD가 있는 사람들의 일촌관계에 있는 사람들 중 많은 수에서 축 I과 축 II 장애가 발견된다고 보고하였다(Black, Repertinger, Gaffney, & Gabel, 1998). CBD가 있는 환자들의 친족에 관한 연구에서 Black 외는 CBD 환자의 일촌이 통제 집단 가족들보다 축 I과 축 II 장애가 있을 가능성이 더욱 높다고 보고했다. 통제 집단의 경우 친족의 7%에 미쳤던 것에 반해 CBD 환자의 가족들은 18%가 우울증을 겪고 있으며, 통제 집단의 경우 4%인 것에 반해 CBD 가족의 20%가 알코올 중독을 겪고 있었다(Black et al., 1998).

이러한 자료들은 가족들 간에서 축 I과 축 II 장애가 나타남을 제시하고 있지만, CBD가 유전적 장애임을 나타냄에 있어서 여전히 분명하지는 않다. 그러나 동일한 연구에서 CBD 가족들 중 9.5%가 CBD를 가지고 있음을 발견했고, 이러한 결과는 이 장애가 자연적으로 유전될 수 있다는 것을 제시한다. 하지만 이러한 발견들에도 불구하고,

CBD가 유전적이라는 결론을 내리기에 충분한 연구가 이루어지지는 않았다.

5. 치료

CBD와 충동 조절 장애, 강박-충동 관련 장애, 행동 중독, 정동 장애에서 중복되는 특징을 고려할 때, 강박적 구매 장애를 위한 하나의 합의된 치료법이 없다는 것은 그리 놀랄 만한 사실이 아니다(Benson & Gengler, 2004). 오히려 다양한 치료법을 사용한 다양한 연구들이 긍정적인 결과를 제시했다. 이어질 내용에서 강박적 구매 장애가 있는 사람들에게 성공적이었던 효과적인 약물 및 심리 치료들을 몇 가지 강조하여 살펴볼 것이다.

1) 약물 치료

CBD를 치료하는 데에 다양한 약물을 사용해 왔다. 환자가 경험하는 동반이환에 따라 다른 약물 치료가 여타의 치료보다 더욱 효과적으로 작용하는 것으로 보인다. 한 연구에서 양극성 장애 또는 우울증을 동반한 CBD 환자들은 기분 장애를 치료하는 약물에 더욱 잘 반응했다. 항우울제(부프로피온, 노르트립탈린, 그리고 이외)와 기분 안정제(벨프로에이트, 리튬, 그리고 이외 항정신 약물)를 결합하여 사용하는 것이 CBD에서 나타나는 충동성뿐만 아니라 실제 구매 행동을 줄인다고 보고되고 있다. 흔히 다른 장애들을 치료하기 위해 사용되었던 다수의 약물(트레자돈, 부프로피온, 세르트랄린, 데시프라민, 노르트립탈린, 플루옥세틴과 같은 항우울제)도 CBD 환자들에게서 증상 개선 효과를 보였다. 이는 CBD 환자들에게서 나타나는 동반 기분 장애들을 치료하는 데에 있어서 CBD 증상의 개선이 나타날 것이라고 가정하게 만들었다(Benson & Gengler, 2004).

Black, Monahan, 그리고 Gabel(1997)은 어떠한 동반이환도 없는 CBD 환자들에게, 플루복사민[미국에서 강박 장애 치료를 위해 유통되고 있는 선택적 세로토닌 재흡수 억제제(SSRI)]이 쇼핑에 몰두하는 것, 쇼핑에 소모하는 시간, 쇼핑에 대해 생각하는 시간을 줄이는 데에 효과적인 치료법이라는 것을 발견했다. 이 10명의 대상자들 중 9명은 예일-브라운 강박성 척도-쇼핑 버전(Yale-Brown Obsessive-Compulsive Scale-

Shopping Version) 점수가 감소했기 때문에 플루복사민 치료에 반응한 것으로 여겨졌다. 대상자들은 쇼핑에 대한 충동적 사고를 잘 조절할 수 있고, 쇼핑에 대한 침입적 충동을 더욱 효과적으로 막을 수 있다고 보고했다. 또한 환자들은 매주 쇼핑에서 돈을 덜 사용했고, 심지어는 빚을 갚기 시작할 수 있었다. 이 연구에서 특히 흥미로운 점은 환자들이 플루복사민의 복용을 멈추었을 때 쇼핑에 대한 침입적 사고나 충동이 점진적으로 재발했다는 것이다.

Black, Gabel, Hansen, 그리고 Schlosser(2000)는 추후 연구에서, 원래 연구의 이중맹목법(double-blinded), 위약-통제(placebo-controlled)를 추가한 실험을 실시하였고, 플루복사민을 사용한 집단과 위약 집단 모두 상태가 개선되었음을 발견했다. SSRI를 중단한 집단과 그렇지 않은 집단을 실험한 몇몇 연구에서 SSRI를 계속해서 사용한 환자들의 재발률이 그렇지 않은 집단에 비해 유의미하게 낮다는 결과가 발견되었다. 그럼에도 불구하고, CBD 치료에 SSRI를 사용한 이후의 연구에서 약물과 위약 집단 모두 효과가 있었다는 것을 밝혀냈다(Benson & Gengler, 2004). SSRI가 CBD 환자의 강박적, 충동적 측면, 특히 침투적 사고와 충동에 도움을 줄 수 있는 것으로 보인다. 그러나 위약에 대한 반응성의 비율이 높은 점으로 보아 이에 대한 이후 연구들이 더욱 필요할 것으로 보이며, 몇몇 연구들은 현재에도 진행되고 있다.

뿐만 아니라 본서의 저자들 중 한 사람(EH)이 임상 현장에서 진행한 연구에서 앞서 기술한 SSRI 외에도 아편 길항제(날트렉손), 흥분제(장기간 활성화되는 덱스트로암페타민과 메틸페니데이트), 도파민 재흡수 억제제(부프로피온), 그리고 비전형 항정신증 약물을 사용한 개별 사례에서 CBD가 진전된 것을 볼 수 있었다.

2) 심리 치료

약물 치료 외에도 연구자들과 치료 전문가들은 통찰을 통한 심리 치료의 적용을 통해 치료 효과를 볼 수 있었다. 다양한 종류의 개인 치료뿐만 아니라 집단 치료도 CBD가 있는 사람을 치료하는 데에 효과적이다. 이러한 다양한 치료법들을 더욱 상세히 살펴보자.

(1) 정신역동 개인 치료

CBD 치료를 찾는 사람들의 주된 초점은 그들이 왜 쇼핑 행동을 하게 되는지를 이해하는 것이다. CBD가 있는 사람들의 많은 경우에서 부적절한 자아감, 낮은 자존감, 그리고 자신에 대한 부정적인 인식 모두가 강박적 쇼핑 행동에 기여한다. 강박적 구매를 통해 환자들은 자신의 자아상을 개선하기를 기대한다. 즉 이런 부정적 감정들은 상품을 소비하는 것을 통해 감소하고 *일시적으로* 억제된다. 그렇기 때문에, CBD가 있는 사람들의 경우 그들의 쇼핑 습관은 스스로에 대해 잠시 동안 긍정적인 감정을 제공하므로 불안을 줄여주고 위안을 주는 대처기제를 형성한다(Benson & Gengler, 2004).

그렇다면, 치료자의 경우 목표는 환자가 처음에 위안을 추구한 *이유*가 무엇인지에 대해 이해할 수 있도록 이끌어 가는 것이다. 다시 말해서, 그들의 부정적인 자기상을 직면하게 하고 자기가치에 대해 긍정적인 감각을 재구성하도록 하는 것이다. 정신역동 치료사들의 경우, 환자가 충동적 구매 습관을 발달시키게 된 이유를 가정 환경과 관계 양상에서 찾는다(Benson & Gengler, 2004). 이런 유형의 치료들은 또한 환자들이 우울증과 같은 부정적 기분들을 조절하기 위해 왜 쇼핑 방법을 사용하는지에 중점을 둔다. 그렇다면, 치료의 목표는 자기 정체성의 긍정적인 개념을 발달시키도록 돕고, 따라서 그들 감정에 대해 자신이 조절할 수 있는 더욱 적응적인 방법들을 알게 하는 것이다(Krueger, 1988).

(2) 인지행동 치료

인지행동 치료(CBT)는 CBD가 있는 사람들에게 사전 치료 효과를 가져왔다. Mitchell, Burgard, Faber, Crosby, 그리고 Zwaan(2006)의 연구에서 21명의 실험 참가자들이 CBT 기반의 치료를 완료했다. 참가자들은 10주 과정 동안 12회기 치료에 참석했고 각 회기 전에 읽기 과제와 숙제를 하도록 지시받았다. 치료 회기 동안에 실제 쇼핑 행동 문제, 재정 관리, 구매 행동과 관련된 감정과 느낌, 자존감, 그에 따른 결과들을 포함한 다양한 주제들을 다루었다. 연구자들은 평가 도구에 의한 측정을 통해 CBT 치료를 받은 환자들이 CBT 치료를 받기 전보다 충동 구매 삽화가 현저하게 줄어든 것으로 결론지었다(표 12.7 참고).

(3) 집단 치료

Benson과 Gengler(2004)는 그들이 집단 형태에서 CBD 환자들을 성공적으로 치료한 모델에 관해 폭넓게 저술했다. 개인 치료와 마찬가지로, CBD 집단 치료는 개인의 쇼핑 습관과 그러한 행동에 동반되는 감정들을 이해하는 데에 중점을 두고 있다. 더욱이, CBD 집단 치료는 사람들이 그들의 재정을 통제할 수 있고 쇼핑에 대한 침투적 사고와 충동에 휩쓸리지 않도록 돈에 대한 건강한 관계를 발달시키는 것에 관심을 두고 있다.

〈표 12.7〉

CBT 집단 치료에 무선 할당된 참가자들과 대기 명단 통제 조건(WLC)하에 있었던 참가자들 간의 기초검사 비교*, **

변수	WLC 평균(표준편차) (n = 11)	CBT 평균(표준편차) (n = 28)
연령	44.6(11.2)	45.1(10.2)
BDI	12.6(8.7)	12.9(7.9)
CBS	-4.1(1.8)	-3.4(1.6)
MCS(SF-36)	47.8(13)	41.9(11.9)
Y-BOCS-SV	21.1(7.2)	22.6(7.2)
강박적 구매 삽화(4주)	9.4(5.3)	10.7(8.3)
총 소비 금액(4주)	651(738.7)	722.5(778.6)
총 소비 시간(시간/4주)	7.7(7.8)	11.3(11.5)

* 출처: Mitchell 외(2006, p.1863).

** 허가를 받아 *Behaviour Research and Therapy*에서 발췌함.

집단 치료는 환자들이 더 나은 재정 관계를 수립하는 데에 도움이 되는 대처 기술을 학습할 수 있는 환경을 제공한다. 아마도 집단 치료에서 배울 수 있는 가장 중요한 기술은 쇼핑에 대한 충동을 억제하는 전략일 것이다. 이 전략들은 상점에 돈을 가지고 가지 않는 것, 직불카드나 현금만 가지고 다니는 것, 쇼핑 충동에 휩싸이기 전에 잠시 시간을 가짐으로써 충동이 지나가게끔 하는 것, 지출계획을 세우는 것과 같은 다양한 형태가 있다(Benson & Gengler, 2004). 집단 치료는 사람들이 스스로의 행동에 있어 통제력을 가질 수 있도록 기술을 배우고 발달시키고 습득할 수 있는 안전한 장소를 제공함으로써 그들에게 역량강화를 제공하는 데 효과적이다.

CBD 집단 치료의 가장 중요한 부분은 아마도 중독, 쇼핑에 대한 충동, 충동과 관련된 감정과 같이 자신이 경험하고 있는 것들을 환자들 간에 서로 나누고 소통할 수 있는 환경을 제공하는 것이다. 환자들은 같은 종류의 장애를 가지고 살아가는 사람들과 상호작용하면서 감정적으로 덜 고립되고, 죄책감을 덜 느끼며, 자신의 상태에 대해 덜 수치스럽게 느낀다. 집단 치료가 제공할 수 있는 정서적 지원의 힘은 CBD가 있는 사람의 회복에서 확실히 효과를 나타낸다.

뿐만 아니라 저자들은 CBD 환자들이 다른 의미 있는 활동들을 하면서 바쁘게 지내

사례 일화

C양

Case Vignette

정신보건 사회복지를 전공하는 대학원생인 C양은 24살의 독신 백인 여성이다. 그녀는 오랫동안 지속적인 폭식, 구토, 제한적 식사 양상을 특징으로 하는 섭식 장애로 고통받았다. 그녀는 머리카락, 눈썹, 속눈썹을 뽑는 발모광도 가지고 있다. 발모나 폭식을 한 후에, 스스로가 흉물스러워 보여 집 밖으로 나가지 않는다. 거울 속에 있는 자신의 모습을 보며 패션 잡지 속의 이상화된 아름다운 여자와 자신을 비교한다. C양은 또한 온라인을 통해 화장품, 옷, 액세서리 등을 구입하는 데에 많은 돈을 쓰는 것을 반복한다. 그녀는 이러한 상품을 온라인으로 사기 위해 부모님의 신용카드를 훔쳤다. 이러한 구매 삽화와 그 결과 쌓인 빚 때문에 어머니와 지속적으로 싸움을 하고 있다. 그녀는 폭식, 발모, 신체 이미지에 대한 집착을 치료 목표로 하는 CBT에서 어느 정도 도움을 받을 수 있었지만, 충동적인 쇼핑을 완전히 끊지 못했다. 그녀는 SSRI 치료 때문에 약간의 기분 변화를 경험하고 있다. 그렇지만 SSRI는 충동적 쇼핑에 효과가 없었다. 흥분제를 사용하는 치료도 충동적 쇼핑에 효과가 없었다. 하루 50mg의 아편 길항제 날트렉손을 사용하자 충동적 쇼핑의 빈도와 심각성을 50% 정도 줄일 수 있었다. 그녀는 대학원에서 바쁘게 생활하고, 규칙적인 운동과 영양 계획을 통해 효과를 얻었다. 또한 신용카드에 대한 접근성을 없애는 것으로도 효과를 보았다.

는 것, 구조화되고 일상적인 활동을 유지하는 것, 음주와 약물 사용을 줄이는 것, 운동 계획과 건강한 수면 위생을 유지하는 것, 쇼핑 활동할 수 있는 돈의 접근성을 줄이는 것에 반응할 것이라고 언급해 왔다.

6. 이후 추구해야 할 단계 및 추후 연구

CBD의 역학, 원인론, 진단, 치료에 관해 상당한 양의 예비자료들이 있지만, 이 장애의 복잡성을 충분히 이해하고 정의하기 위해서는 더 많은 연구들이 필요할 것이다. 연구자들이 CBD를 분류하는 것에 대해 여전히 합의에 이르지 못하는 것으로 미루어 보아 CBD의 원인론이 완전히 밝혀지지 않은 것을 알 수 있다. 따라서 추후 연구는 질병의 잠재적 유전적 성질과, OCD, 중독, 다른 충동 조절 장애와의 연결성 등에 집중해야 할 것이다. 이러한 연관성들에 대해 완전히 이해하게 될 때에 CBD로 고통받는 환자들의 수를 줄이기 위한 예방 치료법, 조기 개입, 약물 치료들이 발전할 수 있을 것이다.

이와 같은 맥락에서, 치료법 또한 발전을 거듭해야 할 것이다. CBD의 원인을 더욱 포괄적으로 이해하는 것 자체가 새롭고 효과적인 치료들을 이끌어 낼 수도 있지만, 연구에서의 이와 같은 진보는 기존의 치료법들을 개선한 이후에 이뤄지는 것이다. 현재 존재하는 치료법 적용의 발전 첫 단계는 임상가들이 CBD를 인식하는 방법의 변화에 달려있다. 가장 중요하게, 비록 많은 임상가들이 이런 생각을 공유하는 것은 아니지만, CBD는 반드시 임상가들에게 심각한 장애로 이해되어야 한다(Benson & Gengler). 이 장애에 대한 병리적 개념이 일관되지 않기 때문에, CBD로 고통받는 많은 사람들이 적극적으로 도움을 구하지 않는다. 다른 많은 정신 장애의 사례에서와 마찬가지로, CBD로 고통받는 사람들은 자신들의 구매 행동에 관해, 그 행동의 원인이 무엇인지 이해하지 못하고 수치심을 느낀다. 사회는 이런 행동들을 질환이 아닌 성격 결함으로 오인하는 도덕적 또는 윤리적 체계 안에서 이해하는 사고를 만들어 낸다. Benson과 Gengler(2004)가 지적했듯이, CBD가 있는 많은 사람들은 자신들이 장애를 가진 것으로 보이지 않고, 단순히 물질주의적 사람으로 여겨질 것을 걱정할 수 있다.

임상가, 연구자, 환자, 그리고 환자 가족들이 CBD의 역동뿐 아니라 이외 ICD에 대해 효과적으로 이해하는 것은 많은 연구를 통한 올바른 지식 습득과 그들의 향상된 인식을 통해 가능할 것이다. CBD의 모든 다양한 측면들을 설명하기 위해 엄격한 방법을 적용함으로써, 연구자들은 CBD와 이외 ICD를 더욱 잘 분류하고, 개념화하고, 진단하고, 궁극적으로는 치료할 수 있게 될 것이다.

7. 참고문헌

American Psychiatric Association. (2000). *Diagnostic and statistical manual of mental disorders* (4th ed.). Washington, DC: Author.

Benson, A. L., Dittmar, H., & Wolfsohn, R. (2010). Compulsive buying: Cultural contributors and consequences. In E. Aboujaoude & L. A. Koran (Eds.), *Impulse control disorders* (1st ed., pp.23–33). Cambridge: Cambridge University Press, 2010. *Cambridge Books Online*. Retrieved from http://dx.doi.org/10.1017/CBO9780511711930.

Benson, A. L., & Gengler, M. (2004). Treating compulsive buying. In R. H. Coombs (Ed.), *Handbook of addictive disorders: A practical guide to diagnosis and treatment* (pp.451–491).

Hoboken, NJ: John Wiley & Sons, Inc.

Black, D. W. (2000). Assessment of compulsive buying. In A. Benson (Ed.), *I shop, therefore I am—Compulsive buying and the search for self* (pp.191–216). New York: Aronson.

Black, D. W. (2011). Epidemiology and phenomenology of compulsive buying disorder. In J. E. Grant & M. E. Potenza (Eds.), *The Oxford handbook of impulse control disorders* (pp.196–207). New York: Oxford University Press.

Black, D. W., Gabel, J., Hansen, J., & Schlosser, S. (2000). A double blind comparison of fluvoxamine

versus placebo in the treatment of compulsive buying disorder. *Annals of Clinical Psychiatry*, 12(4), 205–211.

Black, D. W., Monahan, P., & Gabel, J. (1997). Fluvoxamine in the treatment of compulsive buying. *Journal of Clinical Psychiatry*, 58(4), 159–163.

Black, D. W., Monahan, P., Schlosser, S., & Repertinger, S. (2001). Compulsive buying severity: An analysis of compulsive buying scale results in 44 subjects. *Journal of Nervous & Mental Disease*, 189(2), 123–126.

Black, D. W., Repertinger, S., Gaffney, G. R., & Gabel, J. (1998). Family history and psychiatric comorbidity in persons with compulsive buying: Preliminary findings. *American Journal of Psychiatry*, 155(7), 960–963.

Christenson, G. A., Faber, R. J., & de Zwaan, M. (1994). Compulsive buying: Descriptive characteristics and psychiatric comorbidity. *Journal of Clinical Psychiatry*, 55, 5–11.

Claes, L., Bijttebier, P., Van Den Eynde, F., Mitchell, J. E., Faber, R., de Zwaan, M., & Mueller, A. (2010). Emotional reactivity and self regulation in relation to compulsive buying. *Personality and Individual Differences*, 49, 526–530.

Dell'Osso, B., Allen, A., Altamura, C., Buoli, M., & Hollander, E. (2008). Impulsive-compulsive buying disorder: Clinical overview. *Australian and New Zealand Journal of Psychiatry*, 42, 259–266.

Dittmar, H. (2005). Compulsive buying—A growing concern? An examination of gender, age, and endorsement of materialistic values as predictors. British Journal of Psychology, 96, 467–491.

Faber, R. J., & O'Guinn, T. (1992). Money changes everything: Compulsive buying from a biopsychosocial perspective. *American Behavioral Science*, 35, 809–819.

Hartston, H. (2012). The case for compulsive shopping as an addiction. *Journal of Psychoactive Drugs*, 44(1), 64–67.

Karim, R., D.O., & Chaudhri, P. (2012). Behavioral addictions: An overview. *Journal of Psychoactive Drugs*, 44(1), 5–17.

Koran, L. M., Faber, R. J., Aboujaoude, E., Large, M. D., & Serpe, R. T. (2006). Estimated prevalence of compulsive buying behavior in the United States. *American Journal of Psychiatry*, 163(10), 1806–1812.

Kruger, D. W. (1988). On compulsive shopping and spending: A psychodynamic inquiry. *American Journal of Psychotherapy*, 42(4), 574–584.

Lejoyeux, M., Tassain, V., Solomon, J., & Ades, J. (1997). Study of compulsive buying in depressed patients. *Journal of Clinical Psychiatry*, 58(4), 169–173.

McElroy, S. L., Keck, P. E., Pope, H. G., Smith, J. M., & Strakowski, S. M. (1994). Compulsive buying: A report of 20 cases. *Journal of Clinical Psychiatry*, 55(6), 242–248.

Miltenberger, R. G., Redlin, J., Crosby, R., Stickney, M., Mitchell, J., Wonderlich, S., et al. (2003). Direct and retrospective assessment of factors contributing to compulsive buying. *Journal of Behavior Therapy and Experimental Psychiatry*, 34(1), 1–9.

Mitchell, J. E., Burgard, M., Faber, R., Crosby, R. D., & de Zwaan, M. (2006). Cognitive behavioral therapy for compulsive buying disorder. *Behavior Research and Therapy*, 44, 1859–1865.

Monahan, P., Black, D. W., & Gabel, J. (1996). Reliability and validity of a scale to measure change in persons with compulsive buying. *Psychiatry Research*, 64, 59–67.

Mueller, A., Claes, L., Mitchell, J. E., Faber, R. J., Fischer, J., & de Zwaan, M. (2011). Does compulsive buying differ between male and female students? *Personality and Individual Differences*, 50, 1309–1312.

Mueller, A., Mitchell, J. E., Black, D. W., Crosby, R. D., Berg, K., & de Zwaan, M. (2010). Latent profile analysis and comorbidity in a sample of individuals with compulsive buying disorder. *Psychiatry Research*, 178, 348–353.

Nataraajan, R., & Goff, B. G. (1992). Manifestations of compulsiveness in the consumer-marketplace domain. *Psychology & Marketing*, 9(1), 31–44.

Potenza, M. N., Koran, L. M., & Pallanti, S. (2001). Relationship between impulse control disorders and obsessive compulsive disorder. In E. Hollander, J. Zohar, P. J. Sirovatka & D. A. Regier (Eds.), *Obsessive compulsive spectrum disorders* (pp.89–115). Arlington, VA: American Psychiatric Publishing, Inc.

Schlosser, S., Black, D. W., Repertinger, S., & Freet, D. (1994). Compulsive buying: Demography, phenomenology, and comorbidity in 46 subjects. *General Hospital Psychiatry*, 16(3), 205–212.

Schwartz, B. (2004). *The paradox of choice*. New York: Harper Collins.

부록 12-1

강박적 구매 척도(COMPULSIVE BUYING SCALE)*, **

1. 아래 문장을 읽고 자신이 얼마나 동의하는지 표시해 주세요. 당신의 느낌을 가장 잘 나타낸다고 여겨지는 대답의 숫자에 O로 표기해 주세요.

월급 때가 되어 남아있는 돈이 있다면, 나는 이 돈을 사용해야만 한다.

매우 동의	어느 정도 동의	동의하지도 반대하지도 않음	어느 정도 반대	강하게 반대
(1)	(2)	(3)	(4)	(5)

2. 다음에 나오는 것들을 얼마나 자주 하는지 그 빈도를 가장 잘 나타낸다고 여겨지는 대답의 숫자에 O로 표기해 주세요.

a. 나의 소비 습관을 다른 사람들이 안다면 몹시 걱정스러워할 것이다.

매우 자주	자주	가끔	드물게	전혀 없음
(1)	(2)	(3)	(4)	(5)

b. 나는 살 수 있는 여력이 없음에도 물건을 구매한다.

매우 자주	자주	가끔	드물게	전혀 없음
(1)	(2)	(3)	(4)	(5)

c. 나는 계좌에 물건을 살 만큼 많은 돈이 남아 있지 않다는 것을 알면 카드를 쓴다.

매우 자주	자주	가끔	드물게	전혀 없음
(1)	(2)	(3)	(4)	(5)

* 출처: Faber & O'Guinn(1992).

** University of Chicago Press의 허가를 받아 *American Behavioral Science*에서 발췌함.

d. 나 스스로에 대해 좋게 느끼기 위해 무엇인가를 산다.

매우 자주	자주	가끔	드물게	전혀 없음
(1)	(2)	(3)	(4)	(5)

e. 쇼핑을 하지 않은 날에는 불안하고 긴장된다.

매우 자주	자주	가끔	드물게	전혀 없음
(1)	(2)	(3)	(4)	(5)

f. 신용 카드로 최소한의 구매만을 한다.

매우 자주	자주	가끔	드물게	전혀 없음
(1)	(2)	(3)	(4)	(5)

채점기준

채점공식 = −9.69 + (Q1 × .33) + (Q2a × .34) + (Q2b × .50) + (Q2c × .47) + (Q2d × .33) + (Q2e × .38) + (Q2f × .31).

각각의 질문에 대해 1부터 5점의 점수를 대체하여 공식에 대입한다. 만약 질문 1에 2번(자주)를 선택했다면, 공식의 Q1에 2를 대입해 .33을 곱한다.

각각의 문제에 응답했을 때, 각각의 점수를 모두 더하고 총점수를 계산하기 위해 9.69를 뺀다.

총점수가 −1.34보다 작다면(예를 들어, −2.04), 강박적 구매자로 구분된다.

CHAPTER 13

운동 중독

Krisztina Berczik, Mark D. Griffiths, Attila Szabó,
Tamás Kurimay, Róbert Urban, Zsolt Demetrovics

1. 운동 중독의 역사

규칙적인 운동은 건강 증진에 효과가 있을 만큼의 충분한 횟수, 강도, 지속기간을 가지고 하는 계획적, 구조적, 반복적인 복잡한 운동 행위들의 집합으로 개념화될 수 있으며, 질병 예방에 중요한 역할을 한다(Caspersen, Powell, & Christenson, 1985; Waddington, 2000). 그 동안의 연구는 규칙적인 신체 운동이 건강 유지에 도움이 된다고 증명해 왔다(Blair et al., 1989; Paffenbarger, Hyde, Wing & Hsieh, 1986; Royal College of Physicians, 1991; Stephens, 1988; United States Department of Health and Human Services, 1996). 또한 그와 관련하여 (최적 수준의) 습관적인 신체 운동이 아동기나 청소년기의 일반적인 안녕뿐만 아니라(Biddle, Gorely, & Stensel, 2004; Lotan et al., 2005; Piko, 2000; Piko & Keresztes, 2006), 성인 집단의 신체적, 정신적 안녕에도 긍정적 효과들을 가진다는 결과도 발표되었다(Folsom et al., 1985; Lamb, Roberts, & Brodie, 1990; Lotan, Merrick, & Carmeli, 2005; Warburton, Nicol, & Bredin, 2006).

한편에서는 1970년대부터 과도한 운동이 부정적인 결과를 낳을 수 있다는 인식이 발전했다(Berczik et al., 2012). 운동의 긍정적인 효과를 고려하면서, Glasser(1976)는 심리학 연구에서 "긍정적 중독"이라는 개념을 소개했다. Glasser는 부정적 노출-반응 관계를 수반하는 약물 사용 및 다른 중독들과는 대조적으로, 신체 운동의 유익한 효과와 운동과 건강 사이의 긍정적 노출-반응 관계를 정확히 보여 주고자 했다. 하지만, Morgan(1979)은 Glasser의 개념에 의문을 제기했다. 왜냐하면 정신병리학 사례 연구들은 지나친 운동이 신체 손상뿐만 아니라, 업무, 인간관계, 가족생활과 같은 매우 중요한 일상의 책임들에 대한 태만을 야기할 수 있다고 봤기 때문이다. 이러한 극단적인 임상 사례들을 통해서 운동 남용은 새로운 형태의 중독으로 정의될 수 있다(Morgan, 1979). 행동 중독에 관한 더 최근의 보고에서 Griffiths(1996)는 긍정적 중독의 기준에 대한 의문을 제기하였고, Glasser(1976)의 기준이 일반적인 중독의 증상들이나 요소들과 약한 유사성을 가진다고 주장했다.

Morgan(1979)은 전형적인 중독의 증상들, 주로 금단 증상, 유해한 사회적 결과들, 그리고 심리적 기능 장애와 같은 다른 부정적 효과들의 유무 역시 운동 중독에 적용시킬 수 있다고 주장했다. 이러한 부정적 결과들 때문에, Morgan은 Glasser의 긍정적 중독 개념과는 반대로 운동 중독을 행동 장애와 부정적 중독이라고 보았다. 비록 연구에서 가끔 사용되는 용어이기는 하나, 운동 중독은 점점 더 익숙한 전문용어로 사용되고 있다(예, Berczik et al., 2012). 운동 중독 외에, 몇몇 다른 용어들이 대체되어 사용되기도 한다. 이 중 가장 유명한 것은 '운동 의존증'이다(Cockerill & Riddington, 1996; Hoausenblas & Symons Downs, 2002a). 그럼에도, 어떤 학자들은 미디어에서 '강박적 운동'(Dalle Grave, Calugi, & Marchesini, 2008)으로 자주 묘사되는 상태를 '의무적(obligatory) 운동'(Pasman & Thompson, 1988)과 '운동 남용'(Davis, 2000) 같은 상태로 언급하기도 한다.

2. 정의와 진단

운동 중독은 행동 중독으로 정의되어 왔다(Demetrovics & Griffiths, 2012). 그러나 운동 중독은 *DSM-5*에 포함되어 있지 않고(American Psychiatric Association, 2013)(또한) 그 이전 버전에도 포함된 적이 없다. 운동 중독의 증상과 결과들은 중독의 여섯 가지 일반적인 특징(현저함, 기분 변화, 내성, 금단 증상, 개인적 갈등, 재발)으로 개념화되어 왔다(Brown, 1993; Griffiths, 2005). 그러나 과도한 운동 행동의 영향을 받는 개인의 삶에 있어서 1차적 문제인지, 아니면 다른 심리적 장애들로 이어지는 2차적 문제로 나타나는 것인지 분명히 하는 것이 중요하다. 전자는 이러한 장애를 *1차적 운동 중독*으로 분류하고, 후자는 운동 중독이 주로 신경성 식욕 부진이나 신경성 과식과 같은 섭식 장애와 함께 발생하기 때문에 *2차적 운동 중독*으로 분류한다(Bamber, Cockerill, & Carroll, 2000; Blaydon, Lindner, & Kerr, 2000; de Coverley Veale, 1987). 전자의 경우, 개인이 자신의 동기를 전혀 인식하지 못하더라도(Szabo, 2010), 과잉 운동의 동기는 부정적인 요소를 회피하는 방향으로 향하게 된다. 주로 불안감을 주고 지속적이며 조절할 수 없는 스트레스 원인에 대한 회피 반응의 한 형태로 발생한다. 예를 들면, 이런 경우 사람은 그들의 관계 혹은 일과 연관된 갈등들을 직면하는 것을 원치 않고 대신에 과잉 운동으로 그들의 불안을 억누르려고 한다. 그러나 후자의 경우에는 과도한 운동이 체중 감량(매우 엄격한 식이요법에 더하여)의 수단으로 사용된다. 그래서 2차적 운동 중독은 1차적 운동 중독과는 다른 병인론을 가지고 있다. 그럼에도 불구하고, 운동 중독의 많은 증상과 결과들은 운동 중독이 1차적이든 2차적이든 비슷하다는 점에 주목할 필요가 있다. 이 둘을 구분하는 특징을 과도한 운동이 어떠한 목적을 성취하는 데 수단이 되는지 아닌지의 관점에서 볼 때, 1차적 운동 중독은 '운동'이 목적인 반면에 2차적 운동 중독은 '체중 감량'이 목적이 된다.

Bamber, Cockerill, Rodgers, 그리고 Carroll(2003)은 규칙적인 운동을 하는 56명의 여성을 인터뷰했다. 분석 결과에 기초하여, 저자들은 2차적 운동 중독의 진단 기준에서 세 가지 특성들을 발견했다. 세 가지 특성들 중 '섭식 장애 증상의 유무'만이 1차적 운동 중독과 구별되는 점이다. 그 외 다른 두 가지 특성들(역기능적 심리적, 신체적 또는 사회적 행동, 그리고 금단 증상의 유무)은 2차적 운동 중독에만 국한된다고 볼 수 없다. 그러나 Blaydon, Lindner, 그리고 Kerr(2004)는 더 나아가 섭식 장애의 형태나 신체상에 대한 과장된 선입견 등과 관련되어 있던 문제의 주요한 원인에 기초하여 2차적 운동 중독의 하위분류를 시도했다. 이런 분류가 타당해 보이긴 하지만, 현재까지는 이에 대한 실증적 증거가 없다. 게다가 Bamber, Cockerill, Rodgers, 그리고 Carroll(2000)은 질적 연구를 기초로 하여 1차적 운동 중독에 대한 증거를 찾지 못했다. 사실, 그들은 모든 문제성 운동 행동들이 섭식 장애와 연결되어 있다고 믿었다. 그러나 이러한 관점은 학계(Szabo, 2000, 2010)에서 비판적으로 평가받고 있으며, 섭식 장애가 전혀 나타나지 않았다는 사례 연구들(예, Griffiths, 1997) 역시 존재한다.

운동 중독은 종종 금단 증상의 유무로 확인되어 왔다. 예를 들어, Sachs(1981)는 달리기 중독을 "규칙적인 달리기를 함에 있어서 달리기를 하지 않고 24시간에서 36시간이 지난 후에 금단 증상들이 나타나는 심리적, 신체적 유형의 중독이다"(p. 118)라고 정의했다. 이 정의는 논문에서 자주 인용되곤 한다(예, Furst & Germone, 1993; Morris, 1989; Sachs & Pargman, 1984). 그러나 운동 중독에서의 금단 증상은 오로지 행동 중독에서 널리 관찰되는 몇몇 주된 증상들 중 하나일 뿐이다(Brown, 1993; Griffiths, 1997, 2005).

수많은 학자들에 의해 논의되었듯이(예, Griffiths, 1997, 2005; Szabo, 1995, 2010;

Szabo, Frenkl, & Caputo, 1996), 운동 중독 여부를 오로지 금단 증상에 기초하여 판단하는 것은 부적절하다. 결론적으로, 습관적으로 운동하는 대부분의 사람들(또는 습관 형성자들)이 예상치 못한 이유로 운동을 방해받았을 때마다 부정적인 심리적 정서를 보고하였기 때문에, 금단 증상의 형식, 횟수, 강도가 조사될 필요가 있다(Sazabo et al., 1996; Szabo, Frenkl, & Caputo, 1997). 실제로, Szabo 등(1996)은 정상적인 수준의 운동을 하는 사람들까지도 예기치 않은 이유들로 인해 볼링치는 것이 방해될 때 금단 증상을 경험한다고 보고했다. 그러나 이러한 개인들에 의해 기록된 증상의 강도는 에어로빅 댄서들, 웨이트 트레이너들, 크로스 트레이너들, 펜싱 선수들에 의한 기록보다 훨씬 약하다(Szabo et al., 1996). 그러므로 금단 증상의 존재 여부만 가지고 운동 중독에 대한 진단이나 조명을 하기에는 불충분하다는 것을 이해해야 한다. 이러한 존재 여부가 아닌 증상의 강도가 운동 중독자와 운동 애호가를 구분 짓는 핵심적인 특성이다. 그러나 지금까지도 운동 중독의 진단적 기준에 대한 최종적 합의는 없다. 그리고 앞서 언급했듯이, 이 장애는 공식적 진단 체계에는 아직 포함되지 않았다.

3. 평가

몇몇 도구들이 운동 중독의 평가를 위해 개발되고 사용되었다(Allegre, Souville, Therme, & Griffiths, 2006). 비교적 최근의 척도인 달리기 몰두 척도(the Commitment to Running Scale, CRS; Carmack & Martens, 1979)와 부정적 중독 척도(the Negative Addiction Scale, NAS; Hailey & Bailey, 1982)라고 불리는 두 가지 평가 도구는 다방면에서 논의되어 왔던 이론적, 방법론적 단점들로 인해 오래 사용되지는 않았다(예, Szabo et al., 1997). 정신측정학적으로 검증된 도구들 중에는 필수 운동 질문지(the Obligatory Exercise Questionnaire, OEQ; Ackard, Brehm, & Steffen, 2002; Pasman & Thompson, 1988), 운동 의존 척도(the Exercise Dependence Scale, EDS; Hausenblas & Symons Downs, 2002b; Symons Downs, Hausenblas, & Nigg, 2004), 운동 의존 질문지(the Exercise Dependence Questionnaire, EDQ)(Ogden, Veale & Summers, 1997)가 운동 중독의 정도와 증상들을 평가하기 위한 타당하고 신뢰성 있는 진단 도구로 증명되었다(표 13.1).

필수 운동 질문지(OEQ)는 운동을 하고자 하는 욕구를 평가하는 20개 항목의 자기 보고식 설문지이다. 참가자들은 "전혀"부터 "항상"까지의 4점 리커트(Likert) 척도로 각 항목에 응답한다. OEQ는 세 가지 하위척도를 가진다: (1) 운동의 정서적 요소, (2) 운동 빈도 및 강도, (3) 운동 몰입(Steffen & Brehm, 1999). 운동 의존 척도(EDS; Hausenblas & Symons Downs, 2002b)는 물질 남용 또는 중독에 대한 *DSM-IV*의 기준을 바탕으로 운동 의존성을 개념화하는데(American Psychiatric Association, 2000), 실증적인 연구에서는 EDS가 의존적 운동선수와 독립적인 운동선수 사이에서 차이가 발생할 수 있다고 보았다. 또한 생물학적 중독과 그렇지 않은 중독 사이에서도 차이가 발생할 수 있다고 보았다. EDS는 일곱 가지 하위척도를 가지고 있다: (1) 내성, (2) 금단, (3) 의지 효과, (4) 조절의 부족, (5) 시간, (6) 다른 활동의 감소, (7) 연속성. EDS는 몇몇 문화권의 많은 독립적인 연구들 사이에서 타당성을 인정받아 왔다(예, Costa, Cuzzocrea, Hausenblas, Larcan, & Oliva, 2012; Mónok et al., 2012; Symons Downs et al., 2004). EDS의 전문은 이 장의 부록에 수록되어 있다.

EDS와는 다르게, 운동 의존 질문지(EDQ)는 다차원적 구조로 강박적인 운동 행동을 측정하는 데에 목적이 있다. 이것은 다양한 형태의 신체 활동들에서 나타나는 충동을 측정하는 데에 사용될 수 있다. EDQ에는 여덟 가지 하위척도들이 포함된다: (1) 사회/가족/직업생활 방해, (2) 긍정적 보상, (3) 금단 증상, (4) 체중 조절을 위한 운동, (5) 문제의식, (6) 사회적 이유로 인한 운동, (7) 건강을 위한 운동, (8) 상투적인 행동.

빠르고 쉽게 운동 중독을 진단할 수 있는 도구를 만들기 위해, Terry, Szabo, 그리고 Griffiths(2004)는 운동 중독 목록(the Exercise Addiction Inventory, EAI)이라는 운동 중독위험 정도를 확인하는 데에 목적을 둔 간결한 6항목의 도구를 발전시켰다. EAI는 중독적 행동들의 여섯 가지 일반적 증상을 평가한다: (1) 현저성, (2) 기분 변화, (3) 내성, (4) 금단 증상, (5) 사회적 갈등, (6) 재발. EAI는 정신측정학적으로 연구되어 왔고, EDS와 비교적 높은 내적 일관성과 타당성을 가진다(Griffiths, Szabo, & Terry, 2005; Terry et al., 2004). 이 평가 도구 또한 이 장의 부록에서 다시 볼 수 있다.

운동 중독을 평가하기 위한 다른 몇몇 도구들도 존재한다. 그러나 그것들은 신체 활동이라는 구체적인 형태만을 평가하고 있어 연구에서는 드물게 활용된다. 예를 들면, 보디빌딩 의존성 척도(the Bodybuilding Dependency Scale, BDS; Smith et al. 1998)는 보디빌딩의 강박적인 훈련만을 평가하기 위해 개발되었으며 신뢰도는 만족할 만하다(Smith & Hale, 2005; Smith et al., 1998). BDS는 세 가지 척도를 포함한다: (1) 사회적 의존성(체육관에 가야만 하는 것), (2) 훈련적 의존(훈련에 대한 강박), (3) 숙달적 의존(훈련을 통제할 수 있어야만 하는 것). 운동 신념 질문지는 보디빌딩 의존성 척도보다는

〈표 13.1〉

운동 중독 평가도구들

도구	유형	항목 수	하위 척도 수	감춰진 영역 또는 알려진 특징	이론적 토대	실증적 토대	기타사항
필수 운동 질문지(OEQ) (Ackard et al., 2002; Pasman & Thompson, 1988)	4점 리커트 척도	20	3	- 운동 고착 - 운동 횟수 - 운동 전념	평가: 의무적 운동의 심리적 측면들	EFA	평가: 오직 운동 의존의 당연한 측면들
운동 의존 척도(EDS) (Hausenblas & Symons Downs, 2002b)*	6점 리커트 척도	21	7	- 내성 - 금단 증상 - 연속성 - 조절의 부족 - 다른 활동의 감소 - 시간 - 의도	*DSM-IV*	CFA	
운동 의존 질문지(EDQ) (Ogden et al., 1997)	7점 리커트 척도	29	8	- 사회-직업적 피해 - 긍정적 보상 - 금단 증상 - 체중 조절을 위한 운동 - 문제 의식 - 사회적 이유로 인한 운동 - 건강을 위한 운동 - 상투적인 행동		EFA; Cronbach's Alpha: 0.52~0.81	
운동 중독 목록(EAI) (Terry, Szabo, & Griffiths, 2004)*	5점 리커트 척도	6	1	현저성, 감정변화, 내성, 금단 증상, 갈등, 재발	Brown(1993)의 중독의 일반적 요소들	Cronbach's Alpha = 0.84	
보디빌딩 의존 척도(BDS) (Smith & Hale, 2004; Smith, Hale, & Collins, 1998)	리커트 척도	9	3	- 사회적 의존 - 훈련적 의존 - 숙달적 의존		EFA, CFA	보디빌딩에 한정
운동 전념 척도(CES) (Davis, Brewer, & Ratusny, 1993)	정반대의 형용사를 양극에 둔 연속선 또는 4점 리커트 척도	8	2	- 운동의 병리학적 측면들 - 운동의 필수적 측면들	- 운동을 해야만 한다는 심리학적 전념을 측정 - 운동에 대한 차원적 접근	EFA; Cronbach's Alpha = 0.77	2가지 요소의 상관성 = 0.42

참고: EFA = 조사를 위한 특성 분석; CFA = 확증적 특성 분석.

* 이 장의 부록에 포함됨.

좀 더 일반적이지만 잘 사용되지 않는 도구이다. 운동 신념 질문지(the Exercise Beliefs Questionnaire, EBQ; Loumidisa & Wells, 1998)는 개개인의 운동에 관한 사고와 신념을 평가하고, 네 가지 요소, 즉 (1) 사회적 매력, (2) 신체적 외모, (3) 정신적, 정서적 기능, (4) 질병과 노화에 대한 취약성을 기반으로 한다. 실험은 이 도구가 수용할 만한 정신측정학적 특성을 가지고 있음을 보여준다. 또 다른 도구로는 운동 의존 면담(the Exercise Dependence Interview, EWDI; Bamber, Cockerill, Rodgers et al., 2000)이 있다. 이 도구는 강박적 운동뿐만 아니라 섭식 장애들도 평가한다. 평가하는 날로부터 지난 3개월간의 과도한 신체 활동과 그와 관련된 사고, 섭식 행동과의 관련성을 측정한다. 또한 운동 의존성과 운동 습관에 대한 자기 평가를 하게 한다. 그러나 이러한 측정법의 주요한 한계 중 하나는 이전에 보고된 정신측정학적 특성들이 없다는 것이다.

Davis, Brewer, 그리고 Ratusny(1993)에 의해 개발된 또 다른 척도—운동 전념 척도(the Commitment to Exercise Scale, CES)—는 운동의 병리적 측면들(상해에도 불구하고 훈련을 계속하는 경우)과 강박적 활동들(운동을 만족할 만큼 하지 않을 때 느끼는 죄책감)을 평가한다. CES의 신뢰도 수준은 만족할 만하다. 마지막으로, 운동 지도 질문지(the Exercise Orientation Questionnaire, EOQ; Yates, Edman, Crago, & Crowell, 2001)는 운동에 대한 태도와 관련된 행동들을 평가한다. EOQ는 여섯 가지 요소를 갖는다: (1) 자기 조절, (2) 운동 적응, (3) 자기 혐오, (4) 체중 감소, (5) 경쟁 (6) 정체성. 제시된 도구들 중에서 현재 가장 인기 있는 것들은 EDS와 EAI(시간적 간결함과 쉬운 채점 때문에)라는 점에 주목할 필요가 있다. 이 두 가지 평가도구가 같이 쓰일 때, 비슷한 결과들을 가져오는 것을 연구를 통해 확인할 수 있었다(Mónok et al., 2012).

4. 역학

운동 중독의 유병률에 관한 연구들은 거의 대부분이 미국과 영국에서 규칙적으로 운동하는 사람들을 대상으로 수행되어 왔다. 대학생들을 대상으로 한 다섯 가지 연구에서 Hausenblas와 Downs(2002b)는 표본 중 3.4~13.4%가 운동 중독의 고위험군에 해당한다고 보고했다. Griffiths, Sazabo, 그리고 Terry(2005)는 영국의 스포츠 과학과와 스포츠 심리학과 학생들의 3%가 운동 중독의 위험군에 해당한다고 보고했다. 이러한 연구에서 나타난 수치들은 특히 다른 중독들과 비교하였을 때 운동 중독이 *상대적으로*

드물다는 주장(de Coverley Veale, 1995; Szabo, 2000)과 일치한다(Sussman, Lisha, & Griffiths, 2011).

스포츠 분야에 전문적으로 연관된 사람들 사이에서 운동 중독의 유병률은 더 높은 것으로 나타난다. 예를 들면, Sazabo와 Griffiths(2007)는 영국의 스포츠 과학과 학생들의 6.9%가 운동 중독의 위험군에 해당하는 것을 발견했다. 그러나 더 강도 높은 운동가들을 연구한 다른 논문들에서 훨씬 높은 수치들이 일반적으로 나타났다. Blaydon과 Linder(2002)는 철인 3종 경기 선수들의 30.4%는 1차적 운동 중독으로, 다른 21.6%는 2차적 운동 중독으로 진단 내릴 수 있다고 보고했다. 또 다른 연구에서는 남성 달리기 선수 240명 중 26%, 여성 달리기 선수 84명 중 25%가 "의무적 운동가"(운동을 의무적으로 해야만 하는)로 분류되었다(Slay, Hayaki, Napolitano, & Brownell, 1998). Lejoyeux 등(2008)은 프랑스 파리의 피트니스 클럽 회원 중 42%가 운동 중독자로 분류되는 것을 발견하였고, 최근에는 30% 이하로 낮아진 비율을 보고했다. 하지만 95명의 "과격한 마라토너"들(주로 100km를 달리는)을 조사한 연구에서는 그들 중 오직 3명(3.2%)만이 운동 중독의 위험성을 보이는 것으로 보고하였다(Allegre, Therme, & Griffiths, 2007). 성별 또한 이상적 체중 목표와 운동 의존 증상에 영향을 미칠 수 있다(Cook, Hausenblas, & Rossi, 2013). 그러나 이렇게 추정치들이 주목할 만큼 차이가 나는 것은 적용하는 방법과 기준의 차이 외에도 표본의 선택과 작은 표본 크기, 표본 추출 방법 때문일 수 있다. Lejoyeux 등(2012)의 연구(순차 표본 추출법을 적용한)를 제외하면 앞서 언급된 모든 연구들은 편의 표본 추출법을 사용했다. 지금까지 운동 중독을 검사하는 연구 중 유일하게 국가적으로 공인된 연구는 Mónok 등(2012)의 연구이다. 이 연구는 18~64세(n = 2,710)의 헝가리 성인을 모집단으로 하고, EAI와 EDS를 둘 다 사용하여 운동 중독을 평가했다. 결과는 모집단의 6.2%(EDS)와 10.1%(EAI)가 의존 증상을 보이지 않는 운동가로 나타난 반면 0.3%(EDS)와 0.5%(EAI)가 운동 의존성의 위험을 가진 것으로 나타났다.

5. 동반이환

앞서 기록한 것처럼, 운동 중독과 다양한 섭식 장애들 사이에는 강한 상관관계가 존재한다(Sussman et al., 2011). 게다가, 우울과 불안 문제 역시 종종 운동 의존증인 사람에게 나타난다. 몇몇 연구들은 과한 수준의 신체 운동이 자주(항상 그렇지 않다면) 비정상적인 섭식 행동을 수반한다고 보고해 왔다. 그 반대의 경우도 마찬가지로 나타난다. 운동 중독을 겪은 사람들은 종종(항상 그렇지는 않지만) 그들의 신체상, 체중, 식단 조절에 대해 과한 걱정을 한다(Blaydon & Lindner, 2002; Klein et al., 2004; Lyons & Cromey, 1989; Sundgot-Borgen, 1994). 이러한 동반이환 중 어떤 장애가 1차적인지 판단하기는 쉽지 않다. 이런 딜레마는 특성과 성격 중심적 연구를 활용함으로써 실증적으로 연구되었다. 일찍이 논쟁의 대상이 되었던 Yates, Leehey, 그리고 Shisslak(1983)의 연구에서 그들은 장거리 달리기를 하는 중독된 남성이 신경성 식욕 부진 환자와 몇몇의 성격적 측면에서 유사하다고 결론 내렸으며, 이 유사점을 "식욕 부진-유사체"로 범주화했다. 가설을 더 검증하기 위해 Yates와 동료들(1983)은 60명의 남성 의무적 운동가들을 조사하였고 그들의 프로필을 신경성 식욕 부진 환자들과 비교했다. 이 연구가 "식욕 부진-유사" 가설을 뒷받침하지 못했지만, Yates와 동료들은 달리기와 과한 다이어트 둘 다 식욕 부진 또는 운동 중독을 일으킬 위험성이 있다고 주장했다. 이 연구는 근거 부족, 빈약한 방법론, 보편적 달리기 운동가들과의 관련성의 부족, 과장된 사례 또는 개개인에 대한 과한 신뢰, 집단들 사이의 과장된 유사성과 같은 수많은 단점들로 인해 비판받아 왔다(Blumenthal, O'Toole, Chang, 1984). 게다가, 이후의 연구 논문들은 운동 중독의 영향을 받는 사람들과 섭식 장애로 고통받는 사람들 사이의 연관성을 찾는 데 실패했다(예, Blumenthal et al., 1984; Coen & Ogles, 1993). 그러므로, 식욕 부진 유사 가설은 안정적인 실험적 근거가 뒷받침되지 못했기에 실패했다. 수많은 연구들이 운동 중독과 섭식 장애 사이의 관계성을 시험해 왔으나(확인하고 싶다면, Sazabo, 2010 논문 참고) 아직 어떠한 합의점에도 도달하지 못했다. 그 이유 중 하나는 아마도 동반이환이라는 것이 성격 기질부터 운동 중독으로 이어지는 심리 근본적 문제 그리고/또는 섭식 장애의 형태와 정도 사이의 상호성까지를 아우르는 다양한 경우가 있기 때문일 것이다.

6. 원인론

1) 생리학적 설명

달리기 선수를 비롯하여 운동을 하는 많은 사람들 사이에서 운동 중독에 대한 생리학적인 설명으로 가장 오래되고, 유명하며, 논란이 많은 것은 아마도 "러너스 하이(runners' high)" 가설일 것이다. 러너스 하이 가설은 격렬한 달리기 후에, 피로나 지치는 상태가 아닌 격렬한 희열을 느끼는 가설로 알려져 있다. 이것은 날아다니는 듯한 느낌을 가지게 하며, "그 지역"이라고 불리는 목표에 어렵지 않게 도달하게 해준다(Glodberg, 1988). 이 느낌은 뇌에서 베타-엔도르핀의 활동으로 인해 생기며, 연구자들은 사람의 신체가 생산하는 모르핀과 유사한 엔도르핀은 의존성을 유발시키는 것임을 발견했다(Farrell, Gates, Maksud, & Morgan, 1982). 운동 강도와 운동의 지속은 말초적인 베타-엔도르핀 집중에 중대한 요인이다. 사실, 운동은 1인 최대 산소 섭취량의 60%가 넘는 수행을 필요로 한다(VO_2 max; Goldfarb & Jamurtas, 1997). 게다가, 베타-엔도르핀 수준의 변화를 감지하는 데에 최소 3분 이상의 운동 지속이 필요하다(Kjaer & Dela, 1996). 여기에서 딜레마가 나타나는데, 혈장에서 베타-엔도르핀의 변화가 관찰되므로 이것은 말초적 변화이다. 하지만 화학적인 구조 때문에 베타-엔도르핀은 혈액내관문(the blood brain barrier, BBB)을 투과할 수 없는데, 이는 곧 혈장 수준에서의 변화가 뇌의 지속적인 변화를 일으킬 수 없다는 것을 의미한다.

이러한 심각한 딜레마에도 불구하고, 몇몇 연구자들은 혈관 속에 있는 내생의 아편제는 중심적인 역할을 하며, 중추신경계 활동을 추적하는 데에 사용된다고 믿는다(Biddle & Mutrie, 1991). 현재 이 가설은 혈액 내관문(BBB)을 통과할 수 있는 가능성을 지니며, 수정된 메커니즘을 소유하고 있는 내인성 오피오이드, 메트-엔케팔린, 그리고 디아노핀에 대한 두 개의 추측에 의존한다(Sforzo, 1988). 불행하게도, 뇌에서의 직접적인 베타-엔도르핀의 변화에 대한 측정은 뇌 해부 혹은 얇게 자른 조각의 방사면역측정법을 사용해야 한다. 쥐를 사용한 이와 비슷한 연구에서는 오피오이드 수용체의 결합부위가 운동 후에 증가함을 나타냈다(Sforzo, Seeger, Pert, Pert, & Dotson, 1986). 그럼에도 불구하고, 러너스 하이 가설의 증거와 뇌에서의 베타-엔도르핀 수준의 변화에 대한 문제는 미해결된 상태로 남아있다.

또 다른 생리학적 설명은 Tompson과 Blanton(1987)의 연구에 근거한 설명이다. 이는 규칙적인 운동, 특히 달리기 같은 유산소 운동을 일정 기간 지속적으로 수행하면 심장 박동수가 낮아진다고 주장하는데, 이는 운동 효과로 인해 유기체가 운동에 적응하기 때문이다. 운동 효과는 휴식시 교감신경 활성도를 낮추며, 무기력하고 활기가 결여된 낮은 각성 수준을 유지하게 한다. Thomson과 Blanton에 따르면 낮은 각성 수준은 개인이 최적의 기능을 하기 위해 무언가를 하도록 만든다. 운동을 열심히 하는 사람에게 각성 수준을 증가시킬 수 있는 확실한 방법은 다시 운동을 하는 것이다. 그러나 운동 효과는 일시적이므로 최적의 각성 상태를 다시 달성하기 위해서는 추가적인 운동이 필요하게 된다. 게다가 내성과 같은 점진적인 운동 효과 때문에, 빈도뿐 아니라 운동의 강도 또한 지속적으로 증가시켜야 한다.

*열 발생의 규제 가설*은 격렬한 신체 운동이 체온을 증가시킨다는 생리학적 사실에 근거한다. 신체의 온도는 불안을 감소시키며 편안한 상태를 만들어 준다. 결과적으로 신체 운동은 불안을 감소시키고 체온을 증가시켜 휴식에 도움을 준다(De Vries, 1981; Morgan & O'Connor, 1988). 낮은 수준의 불안과 높은 수준의 편안함은 운동을 지속적으로 하게 만드는 정적 강화물, 혹은 유인 동기로 작용한다. 편안하게 휴식을 취하고 있을 때, 그리고 경험하고 있던 불안함이 운동을 통해 해소될 때 긍정적인 심리적 상태를 경험한다. 높은 수준의 불안은 운동에 대한 필요성을 더 많이 느끼게 하고, 격렬한 운동을 더 자주 하도록 만든다. 따라서 스트레스 상황에서는 이러한 스트레스와 불안을 해소하기 위해 운동을 더 자주, 오래 그리고 강하게(내성이 생기기 때문에) 하게 된다.

운동 후 카테콜아민의 순환이 증가함을 경험적 관찰을 통해 알 수 있는데, 이것을 카테콜아민 가설(Cousineau et al., 1977)이라 한다. 카테콜아민은 격렬한 운동에 대한 스트레스 반응 및 교감신경 반응 모두와 관련되어 있다. 이 가설에 따르면, 뇌의 카테콜아민 활성은 운동을 통해서 달라진다. 중심 카테콜아민 수준은 기분 및 정서의 조절과 관련되어 있으며, 보상회로에서도 중요한 역할을 담당한다. 운동 후에 나타나는 뇌의 카테콜아민 수준 변화는 운동 중독의 본질에 대해 그럴듯한 설명을 해주고 있다. 그러나 이 추측에 대한 결정적 증거는 없다. 베타-엔도르핀 딜레마와 비슷하게, 실제로 카테콜아민 수준과 관련된 변화가 뇌의 카테콜아민 수준에 영향을 주는 것인지, 혹은 뇌의 카테콜아민 수준이 카테콜아민 수준과 관련된 변화에 영향을 주는 것인지 불분명하기 때문이다. 더구나 운동 중 인간의 뇌의 카테콜아민 변화에 대한 역학관계는 알려져 있지 않다. 인간의 뇌를 직접 측정하는 것이 불가능하기 때문이다.

2) 심리학적 설명

Szabo(1995)는 운동 중독의 원인을 이해하기 위해 *인지 평가 가설*을 제안했다. 이 이론에 따르면 습관적으로 운동을 하는 사람이 운동을 스트레스를 다스리는 수단으로 사용한다면, 스트레스를 받을 때마다 운동을 필요로 하게 되고 점차 운동에 의존하게 된다고 본다. 또한 학문이나 미디어를 통해 운동이 권장되고 있기 때문에 사람들은 운동이 스트레스를 다스리는 건강한 수단이라고 확신한다. 그래서 사람들은 지나친 운동이 다른 일이나 일상적 활동에 천천히, 점진적으로 피해를 줌에도 불구하고 지나친 운동을 합리화하게 된다. 만약 이런 사람들이 예기치 못한 이유로 운동을 못하게 되거나 운동의 양을 줄이게 된다면, 부정적인 심리적 감정을 보일 것이다. 이는 주로 성급함, 죄책감, 걱정스러움, 게으름 등으로 나타나는데, 운동 부족 때문에 겪게 되는 대표적인 금단 증상에 해당한다.

운동이 스트레스를 다스리는 수단으로 사용될 때, 부정적인 심리적 감정 이외에 대처기제의 손실이라는 문제 또한 존재한다. 운동을 하는 사람들이 일반적으로 운동을 통해 다루던 스트레스 상황에 대한 통제를 상실하는 것이다. 스트레스 조절 부족으로 인한 대처기제의 손실은 운동이 부족하다 생각할 때 발생하는 부정적 감정들로 인해 스트레스에 취약한 인식을 발생시킨다. 압박감은 그들의 일상생활의 다른 의무들을 저버리면서까지 운동을 계속하도록 촉구한다. 분명히 운동은 부정적인 심리적 감정을 순간적으로 감소시키지만, 지나친 운동은 다른 사회적, 직업적 의무를 경시하게 만들 수 있다. 이는 관계의 문제를 발생시키며, 일이나 교육에 악영향을 미치거나, 심지어는 직업을 잃게 만드는 등 스트레스가 더 유발되는 상황을 만든다. 운동 중독자는 운동 그 자체로 인해 발생하는 일련의 문제로부터 오는 스트레스들을 해결하기 위해 다시 또 운동을 필요로 하게 되는 악순환에 빠지게 된다.

*정서 조절 가설*은 운동이 감정에 이중적인 효과를 미친다고 주장한다(Hamer & Karageorghis, 2007). 첫째로, 운동은 긍정적인 *감정*을 증가시킴으로 일반적 *기분*(심리적 감정 상태를 몇 시간 혹은 몇 일 동안 지속시키는 것으로 정의한다) 상태를 개선하는 데에 기여한다고 본다. 둘째로, 운동을 하지 않는 것과 관련된 일시적인 죄책감, 과민성, 게으름, 불안과 같은 부정적 정서를 감소시킨다. 이러한 안정감을 통해서, 운동은 일반적 기분 상태를 개선하는 데에 기여하게 된다(Hamer & Karageorghis, 2007). 그러나 운동의 정서 조절 효과는 일시적이다. 오히려 운동과 운동 사이의 간격이 길수록 부정적 정서의 경험은 늘어나게 된다. 사실, 운동을 장기간 중단한 후에는 심각한 정서적 박탈감, 또는 더 많은 운동을 통해서만 완화될 수 있는 금단 증상을 경험하게 된다. 그러므로 이런 순환이 반복될수록 평소 향상된 기분 상태를 경험하기 위해서는 계속적인 운동량의 증가가 필요한 것이다. 결국, 금단 증상을 피하기 위한 방법으로 운동 사이의 휴지기를 점점 줄이게 된다.

3) 행동주의 관점에서의 원인론

계획된 운동을 수행하려는 의욕과 동기는 운동 중독자와 중독이 아닌 사람을 구분하는 중요한 특징이다. 실제로, 사람들은 다양한 이유로 운동을 한다. 주로 몸매 유지, 멋진 외모, 친구와 함께하는 시간, 건강 유지, 근력 향상, 체중 감량 등과 같은 무형의 보상이 여기에 속한다. 기대했던 보상을 개인적으로 경험했을 때 운동 행동은 더욱 강화된다. 행동주의자들은 모든 인간의 행동이 강화와 처벌을 통해 설명되거나 이해될 수 있다고 상정한다. 역설적으로, 운동 중독은 자기 처벌 행동으로 보인다. 왜냐하면 이것은 상당한 육체적 노력과 강한 의지력이 요구되기 때문에 알코올 중독, 담배 중독 혹은 약물 사용 중독과는 반대로 흔하지 않은 유형이기 때문이다.

운동에 중독된 사람은 정적 강화물[예를 들어 운동을 즐기는 것, 러너스 하이(Pierce, Eastman, Tripathi, Olson, & Dewey, 1993; Szabo, 1995)를 경험하는 것]뿐 아니라 부적 강화물(금단 증상을 피하기 위해)을 통해 강화된다. 부적 강화를 위한 운동은 운동을 즐기고 향상시키고자 하는 열성적 운동가들의 특징이 아니다(Szabo, 1995). 실제로, 열성적 운동가들은 혜택이나 이익을 위해 운동을 지속하기 때문에, 이런 행동은 정적 강화물을 통해 동기화되는 것이다. 그러나 운동 중독자들은 운동을 '해야만 하는' 심리적인 압박이 있어서, 운동을 하지 않았을 때에는 스트레스 대처 불능, 체중 증가, 우울함과 같은 좋지 않은 일들이 발생하게 된다. 사람들이 무언가 부정적이고 나쁘며 즐겁지 않은 것을 피하려고 행동할 때마다, 그 행동의 동기는 부적 강화로 나타나기 시작한다.

이런 상황들에서 그들은 '하고 싶다'가 아니라 '해야만 한다'는 생각에 몰두하게 된다. Duncan(1974)은—약물 중독과 관련해서—약물을 사용함으로써 불쾌하고 고통스러운 감정이 부적으로 강화될 때, 중독은 회피 또는 도피 행동과 거의 동일하다고 말했다. 이 관점에서 보면, 운동에 중독된 사람들은 운동을 일상에서 생기는 귀찮은 일과 스트레스로부터 일시적으로 도피할 수 있게 도와주는 수단—그들이 과거에 안도감을 느꼈던 경험—으로 이용한다. Duncan의 관점에서, 모든 중독은 부적으로 강화된 행동과 유사하다. 또한 Duncan은 부적 강화가 계속해서 나타나는 행동들을 지속시키기 위해 자주 사용되는 강력한 수단이라고 주장한다. 버튼을 누름으로써 유해한 자극이나 상황을 피할 수 있는 동물들은 종종 식사, 수면, 성활동과 같은 본능적인 활동들을 무시할 정도로 그 활동을 할 것이다. 회피 행동은 매우 사라지기 어렵고, 심지어는 마침내 제거되었다고 생각하는 순간 자발적으로 다시 발생하기도 한다. 이런 이유로 인해 중독은 재발률이 높다. Duncan의 관점으로 보면, 중독 행동의 중요한 요소들인 강렬함,

강박성, 재발 경향성은 부적 강화 행동의 결과이다.

7. 치료

적절한 이론적 배경이나 방법론에 근거하여 개발된 운동 중독의 치료 지침은 아직까지 존재하지 않는다. 그 이유는 이런 유형의 중독이 현대사회에서 우리가 사용하고 있는 표준 진단 기준(예를 들면 *DSM-IV-TR*, *DSM-5*, *ICD-10*)에서 뚜렷하게 구별된 질병으로 설명되지 않기 때문이다. 운동 중독의 발생 빈도가 비교적 낮고 중독자들이 전문가에게 도움을 요청하지 않기 때문에 치료 지침의 개발이 더욱 어렵다. 지침을 만드는 것의 어려움에 대한 또 다른 설명은(예전에 논의된 바 있는), 운동 중독을 병리(Blaydon & Lindner, 2002)로 구분할 것인지 아니면 섭식 장애(Bamber, Cockerill, & Carroll, 2000)의 징후와 그에 수반하는 요인으로 볼 것인지 등과 연관된 치료 프로토콜 개발과 관련이 있다. 그러나 발표된 통계에 따르면 운동 중독과 섭식 장애 사이에는 아주 큰 연관성이 있다. 이 두 질병에 의해 고통받고 있는 사람들은 많은 부분에서 유사성을 가지고 있다(Klein et al., 2004; Lyons & Cromey, 1989; Sundgot-Borgen, 1994; Yates et al., 1983). 그러므로 섭식 장애에 대한 치료 지침이 운동 장애 치료 지침의 일부분을 제공해 줄 수도 있다.

동기강화 상담(Miller & Rollnick, 2002)과 인지행동 치료의 개입은 다양한 종류의 약물 혹은 행동 의존 치료에 효과성이 증명되었다. 운동 의존에서의 효용성에 대한 임상적 실험과 조사가 아직 부족하지만, 이 두 가지 방법은 운동 중독의 치료에 효과적인 접근법이 될 것이다. 인지행동 치료는 섭식 장애를 치료하기 위한 가장 효과적인 방법(Fernandez-Aranda et al., 1998; Hay & Bacaltchuk, 2001; Wilson, Fairburn, & Agras, 1997)이라고 증명되었기 때문에 이 접근은 운동 중독 치료에도 효과적일 것이다. 또한 물질과 행동 의존 치료법을 사용하는 것 역시 좋은 방법일 것으로 기대된다.

다른 질병과 동일하게 운동 중독에 있어서도, 정확한 진단과 다른 질병들과의 진단적 차이점을 구분하는 것은 적절한 치료 계획을 수립하는 데 중요하다. 또한 운동 중독과 동시에 발생하는 다른 질병을 인지하는 것 역시 중요하며, 특히 섭식 장애와 같이 발생하면 반드시 두 질병 모두 치료해야 한다. 만약 운동 중독만 치료하게 되면, 자신의 체중을 낮게 유지하기 위해서 폭식중적 행동이나 거식중적 행동을 보일 수도 있다

(Freimuth, Moniz, & Kim, 2011). 불안이나 우울과 같은 동반장애들의 존재는 악순환이 지속되도록 만들며 잠재적으로 상태를 더 악화시킨다. 또한 운동 중독과 강박 장애를 구분하는 것도 중요하다. 과도한 운동이 강박에 의한 것인지 아닌지를 확인하는 것은 필수적이며, 운동 중독의 증상을 보이는 사람이 성격 장애로 고통받고 있는지를 알아보는 것 또한 중요하다. 몇몇 사례를 통해 보았을 때, 성격 장애를 대상으로 한 치료법이 운동 중독을 효과적으로 다루기 위해 필수적일 수도 있을 것이다.

운동은 건강에 많은 유익을 주기 때문에, 운동을 완전히 금지하는 것이 치료의 필수적인 목표는 아니다. 전형적인 목표는 적당하고 조절 가능한 수준의 운동을 할 수 있도록 돕는 것이다. 특별한 경우에, 여러 가지 운동을 하도록 하는 것(Freimuth et al., 2011)이 도움이 될 수 있다. 또는 동기강화 상담(Miller & Rollnick, 2002)을 통해 첫 만남에서 동기를 강화시키는 것도 유용할 수 있다. 도움 받기 원하는 사람들은 과도한 운동이 부정적인 결과를 초래할 수 있으며, 좀 더 적당하고 조절 가능한 수준으로의 변화가 필요하다는 사실을 알아야 한다. 만약 치료에 대한 동기가 강화되었다면, 그 다음 단계는 인지행동 치료이다. 인지 치료의 핵심은 인지적 재구성을 통해 부적응적 행동과 부정적 감정을 일으키는 사고(부정적이며 자동적인)를 확인하고 수정하는 것이다(Beck, 1976, 1995). 부정적 사고의 예로는 운동을 하지 않으면 아무것도 하지 못할 거라는 생각(Johnston, Reilly, & Kremer, 2011)이나, 부정적 기분을 해결할 수 있는 유일한 방법은 운동밖에 없다고 생각하는 것 등이 될 수 있다.

어떠한 효과가 중독적인 성향을 발전시키며, 어떠한 요인이나 상황이 장애를 지속시키는지 명확하게 아는 것은 매우 중요하다. 또한 치료 기간 동안 신체 기능과 운동의 관계를 인지하는 것, 왜곡된 신체에 대한 치료 목표를 설정하는 것도 중요하며, 과도한 운동 행동을 보이다가 조금 더 적응적이고 대안적인 행동의 변화를 이룬 사람과 함께 일하는 것도 효과적이다. 행동 전략으로 수반성 관리(Adams, 2009)가 권장되고 있다. 개인은 정기적으로 그들이 원하지 않는 행동(이 경우에 통제되지 않거나 과도한 운동을 의미한다)을 하지 않는다는 것을 확실히 해야 하며, 테스트를 통과했을 때 보상을 받고 테스트를 통과하지 못하면 처벌을 받으며, 과도한 운동을 대신하는 적응적, 대안적 행동 역시 보상을 받는다. 심각한 사례의 경우에는 자아, 신체, 운동과 관련된 정신적 장애를 불러일으킬 수 있는 역기능적 신념이나 부적응적 도식을 발견하고 수정하는 것이 필수적이다.

교육을 통한 운동 의존 치료도 하나의 효과적인 방법이 될 수 있다(Adams, 2009). Adams와 Kirkby(2001)에 따르면 운동 중독에 빠진 사람들은 과도한 운동이 건강에 미

사례 일화 Case Vignette

조안나

조안나(25세)는 안정적인 가정환경에서 자란 교양 있는 여성으로, 운동을 하면서 자신에게 문제가 생겼다는 것을 인지하게 되었다. 그녀는 주짓수를 할 때마다 지속적으로 팔을 다치는 문제를 제외하면, 자신의 신체적 상태가 완벽하다고 말한다. 아래의 설명은 조안나의 행동과 중독의 주요인을 관련시켜서 보여준다(예를 들어 현저성, 내성, 금단 증상, 감정변화, 갈등, 통제력 상실, 재발, 그리고 행동으로 인한 부정적 결과; Kurimay, Griffiths, Berczik, & Demetrovics, 2013).

- 현저성: 주짓수는 조안나의 삶에서 가장 중요한 활동이다. 심지어 주짓수를 하고 있지 않을 때에도, 조안나는 다음 훈련이나 시합에 대해 생각한다. 그녀는 하루에 약 6시간 정도를(가끔은 그 이상의 시간을) 훈련(웨이트 트레이닝, 조깅, 일반적인 운동)과 관련하여 사용한다고 말했다. 그녀는 다른 지역에서 개최되는 주짓수 대회에 참여하기 위해 대학교 수업 중 한 과목의 시험을 보지 못하기도 했다. 학업에서 뒤처진다고 느낀 조안나는 그 이유가 운동을 해야 하며, 공부할 시간이 없었기 때문이라고 설명했다.
- 내성: 조안나는 십대 때부터 일주일에 한 번씩 주짓수를 하면서 운동을 시작하게 되었고, 5년이라는 기간 동안 조금씩 스스로를 훈련해 왔다. 현재 그녀는 하루도 빠짐없이 운동을 하며, 하루 운동량도 점진적으로 증가시키고 있다(이는 내성을 암시한다). 만약 주짓수를 하지 못하게 되면, 다른 형태의 운동으로 대체해야 하며 이는 교차내성의 형태로 보인다.
- 금단 증상: 조안나는 운동을 하지 못하게 되면 몹시 불안하고 예민해진다고 했다. 팔을 다쳐서 주짓수를 하지 못했을 때에는 팔에 붕대를 두르고 3시간 동안 조깅을 할 정도였으며, 하루 이상 운동을 하지 않으면 두통을 겪거나 메스꺼운 기분이 든다고 말했다.
- 기분 변화: 조안나는 다양한 방법으로 기분의 변화를 경험한다. 주짓수 대회에서 좋은 성과를 거둘 때마다 기분이 고조되는 것을 느끼며, 오랜 시간 훈련을 하거나 힘든 훈련을 할 때에도 이러한 기분을 느낀다고 했다.
- 갈등: 그녀는 심한 운동으로 인해 오랫동안 만났던 남자친구와 헤어졌다. 교제를 하는 동안 남자친구와 보내는 시간이 많지 않았으며, 심지어 남자친구와의 이별에 신경 쓰이지도 않는다고 말했다. 또한 시간이 부족하고 집중이 잘 되지 않아 대학 공부에도 지장을 받고 있었다.
- 통제력 상실: 조안나는 운동에 대한 충동을 느낄 때 운동을 멈출 수 없으며, 한번 운동을 시작하면 최소 몇 시간은 운동을 해야 한다. 또한 강의 시간에 집중을 할 수 없고, 운동을 하지 않는다면 시험공부에도 집중하지 못한다.
- 재발: 운동을 하지 않고는 며칠도 버티기 힘들다. 운동 없는 일상은 견디기 힘들며, 주짓

수 경기를 못하는 날에는 짜증이 난다고 말한다. 메달을 따고 싶다는 생각이 강해서 생각대로 되지 않으면 더욱 심각한 괴로움이 느껴진다고 말한다. 이러한 이유로 운동을 멈추거나 줄여 보려고 노력했지만 번번이 실패했다. 운동을 하지 못할 때 매우 불안해지며 그런 불안을 해소하기 위해 운동을 해야 한다고 말한다. 본인의 삶에서 운동이 차지하는 부분이 지나치게 많다는 것을 알고 있음에도 불구하고 운동을 중단할 수 없다고 말한다.

- 부정적 결과: 조안나는 운동을 지속하기 위해 자신의 분수에 맞지 않게 돈을 소비하고 있다(예를 들면 헬스장과 수영장 입장료 등). 또한 한 곳에 머무르지 않고 여러 도시를 다니기 때문에 회원으로 등록되어 있는 헬스장도 여럿 있다. 조안나는 재정적으로 빚을 지고 있는데, 그 이유는 학생이기 때문이기도 하지만, 전국적으로 열리는 주짓수 대회에 참가하기 위해서 본인의 사비를 사용하기 때문이다. 심지어 그녀는 사회적으로 용납되지 않는 수단(예를 들면 절도 등)에 의존하면서까지 자금을 얻었다. 그녀는 부상당한 팔을 걱정하는데, 주짓수 훈련과 대회에 참여하고 싶은 욕구 때문에 이러한 부상을 충분히 치료할 시간을 갖지 못하고 있다. 그녀의 주치의는 운동을 그만두지 않으면 그녀의 팔이 영구적으로 손상될 수 있을 것이라고 충고했다. 하지만 그럼에도 불구하고 운동을 포기하지 못한다.

조안나가 운동 중독이라는 것은 의심할 여지가 없어 보인다. 그녀는 행동 중독의 주요 요소에 해당하는 모습을 보여주고 있다. 또한 30점 만점의 운동 중독목록(EAI)에서 28점에 해당한다. 조안나는 다른 중독의 모습을 보이지는 않았다. 왜냐하면 그녀는 약물(알코올이나 니코틴)이 신체적 활동에 손상을 줄 것이라고 생각하기 때문이다. 또한 운동에 많은 시간을 투자해야 했기 때문에 행동 중독으로 분류될 만한 다른 활동들을 할 시간이 없었다. 운동은 그녀의 삶에서 가장 중요한 것이며, 이러한 신체적 활동에 투자하는 시간은 5년간 엄청나게 증가해 왔다. 그녀는 운동을 하지 못하는 상황이 오면 금단 증상을 보였고, 운동과 관련된 경험(예를 들면 고된 훈련, 경기에서의 승리)을 통해 병적인 수준의 희열을 느꼈다. 그녀는 삶의 여러 영역에서 운동과 관련된 문제를 겪고 있으며, 자신도 본인에게 문제가 있다는 것을 인정한다. 뿐만 아니라, 그녀는 친구들과의 사이가 멀어졌으며, 남자친구와도 헤어졌고, 학과 성적도 현저히 떨어졌으며 상당한 빚도 지게 되었다. 그녀의 지인들은 그녀가 심리학적인 도움이 필요하다고 조언하지만 그녀는 그 조언을 받아들이지 않았다. 조안나는 (1) 운동의 심리적, 신체적 이익에 대해 매우 확고한 신념을 갖고 있다. 그리고 (2) 운동에 대한 동기가 상당히 높으며, 운동의 단점보다는 장점이 훨씬 크고 대단하다고 믿고 있다. 그녀는 동기강화 상담과 인지행동 치료를 통해 치료받기에 가장 적합한 사례일지도 모른다.

치는 부정적 결과에 대한 이해와 적절한 운동 방법, 운동에 필요한 휴식에 대한 이해가 부족하다고 주장한다. 또한 질적 연구는 중독자가 그들의 행동으로 인해 발생하는 부정적 결과에 대해 이해하지 못하고 있음을 시사한다(Johnston et al., 2011). 그러므로 중독자에게 과도한 운동으로 인해 발생할 수 있는 실제적이고 해로운 결과와 합병증에 대해서 설명해 주는 것은 반드시 필요하며, 건강하고 적절한 운동 양상에 대한 공공적 홍보는 운동 의존의 발생을 감소시킬 것이다.

8. 참고문헌

Ackard, D. M., Brehm, B. J., & Steffen, J. J. (2002). Exercise and eating disorders in collegeaged women: Profiling excessive exercisers. *Eating Disorders*, 10(1), 31–47.

Adams, J. (2009). Understanding exercise dependence. *Journal of Contemporary Psychotherapy*, 39, 231–240.

Adams, J., & Kirkby, R. J. (2001). Exercise dependence and overtraining: The physiological and psychological consequences of excessive exercise. *Sports Medicine,Training and Rehabilitation*, 10, 199–222.

Allegre, B., Souville, M., Therme, P., & Griffiths, M. D. (2006). Definitions and measures of exercise dependence. *Addiction Research and Theory*, 14, 631–646.

Allegre, B., Therme, P., & Griffiths, M. D. (2007). Individual factors and the context of physical activity in exercise dependence: A prospective study of 'ultra-marathoners.' *International Journal of Mental Health and Addiction*, 5, 233–243.

American Psychiatric Association. (2000). *Diagnostic and statistical manual for mental disorders* (4th ed.,text revision). Washington, DC: Author.

American Psychiatric Association. (2013). *Diagnostic and statistical manual of mental disorders* (5th ed.). Washington, DC: Author.

Bamber, D. J., Cockerill, I. M., & Carroll, D. (2000). The pathological status of exercise dependence. *British Journal of Sports Medicine*, 34(2), 125–132.

Bamber, D. J., Cockerill, I. M., Rodgers, S., & Carroll, D. (2000). "It's exercise or nothing": A qualitative analysis of exercise dependence. *British Journal of Sports Medicine*, 34(6), 423–430.

Bamber, D. J., Cockerill, I. M., Rodgers, S., & Carroll, D. (2003). Diagnostic criteria for exercise dependence in women. *British Journal of Sports Medicine*, 37(5), 393–400.

Beck, A. T. (1976). *Cognitive therapy and the emotional disorders*. New York: International University Press.

Beck, J. S. (1995). *Cognitive therapy:Basics and beyond*. New York: Guilford Press.

Berczik, K., Szabo, A., Griffiths, M. D., Kurimay, T., Kun, B., Urban, R., et al. (2012). Exercise addiction: Symptoms, diagnosis, epidemiology, and etiology. *Substance Use and Misuse*, 47(4), 403–417.

Biddle, S. J. H., Gorely, T., & Stensel, D. J. (2004). Health-enhancing physical activity and sedentary behaviour in children and adolescents. *Journal of Sports Sciences*, 22(8), 679–701.

Biddle, S. J. H., & Mutrie, N. (1991). *Psychology of physical activity and exercise: A health-related persective*. London: Springer Verlag.

Blair, S. N., Kohl, H. W., 3rd, Paffenbarger, R. S., Jr., Clark, D. G., Cooper, K. H., & Gibbons, L. W. (1989). Physical fitness and all-cause mortality. A prospective study of healthy men and women. *JAMA*, 262(17), 2395–2401.

Blaydon, M. J., & Lindner, K. J. (2002). Eating disorders and exercise dependence in triathletes. *Eating Disorders*, 10(1), 49–60.

Blaydon, M. J., Lindner, K. J., & Kerr, J. H. (2002). Metamotivational characteristics of eating-disordered and exercise-dependent triathletes: An application of reversal theory. *Psychology of Sport and Exercise*, 3(3), 223–236.

Blaydon, M. J., Lindner, K. J., & Kerr, J. H. (2004). Metamotivational characteristics of exercise dependence and eating disorders in highly active amateur sport participants. *Personality and Individual Differences*, 36(6), 1419–1432.

Blumenthal, J. A., O'Toole, L. C., & Chang, J. L. (1984). Is running an analogue of anorexia nervosa? An empirical study of obligatory running and anorexia nervosa. *JAMA*, 252(4), 520–523.

Brown, R. I. F. (1993). Some contributions of the study of gambling to the study of other addictions. In W. R. Eadington & J. A. Cornelius (Eds.), *Gambling behavior and problem gambling* (pp.241–272). Reno: University of Nevada Press.

Carmack, M. A., & Martens, R. (1979). Measuring commitment to running: A survey of runners' attitudes and mental states. *Journal of Sport Psychology*, 1, 25–42.

Caspersen, C. J., Powell, K. E., & Christenson, G. M. (1985). Physical activity, exercise, and physical fitness: Definitions and distinctions for health-related research. *Public Health Reports*, 100(2), 126–131.

Cockerill, I. M., & Riddington, M. E. (1996). Exercise dependence and associated disorders: A review. *Counselling Psychology Quarterly*, 9(2), 119–129.

Coen, S. P., & Ogles, B. M. (1993). Psychological characteristics of the obligatory runner: A critical examination of the anorexia analogue hypothesis. *Journal of Sport & Exercise Psychology*, 15(3), 338–354.

Cook, B., Hausenblas, H., & Rossi, J. (2013). The moderating effect of gender on ideal-weight goals and exercise dependence symptoms. *Journal of Behavioral Addictions*, 2, (inpress).

Costa, S., Cuzzocrea, F., Hausenblas, H. A., Larcan, R., & Oliva, P. (2012). Psychometric examination and factorial validity of the exercise dependence scale-revised in Italian exercisers. *Journal of Behavioral Addictions*, 1(4), 186–190.

Cousineau, D., Ferguson, R. J., de Champlain, J., Gauthier, P., Cote, P., & Bourassa, M. (1977). Catecholamines in coronary sinus during exercise in man before and after training. *Journal of Applied Physiology*, 43(5), 801–806.

Dalle Grave, R., Calugi, S., & Marchesini, G. (2008). Compulsive exercise to control shape or weight in eating disorders: Prevalence, associated features, and treatment outcome. *Comprehensive Psychiatry*, 49(4), 346–352.

Davis, C. (2000). Exercise abuse. *International Journal of Sport Psychology*, 31, 278–289.

Davis, C., Brewer, H., & Ratusny, D. (1993). Behavioral frequency and psychological commitment: Necessary concepts in the study of excessive exercising. *Journal of Behavioral Medicine*, 16(6), 611–628.

de Coverley Veale, D. M. (1987). Exercise dependence. *British Journal of Addiction*, 82(7), 735–740.

de Coverley Veale, D. M. (1995). Does primary exercise dependence really exist? In J. Annett, B. Cripps & H. Steinberg (Eds.), *Exercise addiction. Motivation and participation in sport and exercise* (pp.1–5). Leicester, UK: The British Psychological Society.

De Vries, H. A. (1981). Tranquilizer effect of exercise: A critical review. *The Physician and Sports medicine*, 9(11), 47–53.

Demetrovics, Z., & Griffiths, M. D. (2012). Behavioral addictions: Past, present and future. *Journal of Behavioral Addictions*, 1(1), 1–2.

Duncan, D. F. (1974). Drug abuse as a coping mechanism. *American Journal of Psychiatry*, 131(6), 724.

Farrell, P. A., Gates, W. K., Maksud, M. G., & Morgan, W. P. (1982). Increases in plasma beta-endorphin/beta-lipotropin immunoreactivity after treadmill running in humans. *Journal of Applied Physiology*, 52(5), 1245–1249.

Fernandez-Aranda, F., Bel, M., Jimenez, S., Vinuales, M., Turon, J., & Vallejo, J. (1998). Outpatient group therapy for anorexia nervosa: A preliminary study. *Eating and Weight Disorders*, 3, 1–6.

Folsom, A. R., Caspersen, C. J., Taylor, H. L., Jacobs, D. R., Jr., Luepker, R. V., Gomez-Marin, O., et al. (1985). Leisure time physical activity and its relationship to coronary risk factors in a population-based sample. The Minnesota Heart Survey. *American Journal of Epidemiology*, 121(4), 570–579.

Freimuth, M., Moniz, S., & Kim, S. R. (2011). Clarifying exercise addiction: Differential diagnosis, co-occurring disorders, and phases of addiction. *International Journal of Environmental Research and Public Health*, 8(10), 4069–4081.

Furst, D. M., & Germone, K. (1993). Negative addiction in male and female runners and exercisers. *Perceptual and Motor Skills*, 77(1), 192–194.

Glasser, W. (1976). *Positive addiction*. New York: Harper & Row.

Goldberg, A. (1988). *The sports mind: A workbook of mental skills for athletes*. Northampton, MA: Competitive Advantage.

Goldfarb, A. H., & Jamurtas, A. Z. (1997). Beta-endorphin response to exercise. An update. *Sports Medicine*, 24(1), 8–16.

Griffiths, M. D. (1996). Behavioural addictions: An issue for everybody? *Journal of Workplace Learning*, 8(3), 19–25.

Griffiths, M. D. (1997). Exercise addiction: A case study. *Addiction Research*, 5, 161–168.

Griffiths, M. D. (2005). A 'components' model of addiction within a biopsychosocial framework. *Journal of Substance Use*, 10, 191–197.

Griffiths, M. D., Szabo, A., & Terry, A. (2005). The exercise addiction inventory: A quick and easy screening tool for health practitioners. *British Journal of Sports Medicine*, 39(6), e30.

Hailey, B. J., & Bailey, L. A. (1982). Negative addiction in runners: A quantitative approach. *Journal of Sport Behavior*, 5(3), 150–154.

Hamer, M., & Karageorghis, C. I. (2007). Psychobiological mechanisms of exercise dependence. *Sports Medicine*, 37(6), 477–484.

Hausenblas, H. A., & Symons Downs, D. (2002a). Exercise dependence: A systematic review. *Psychology of Sport and Exercise*, 3(2), 89–123.

Hausenblas, H. A., & Symons Downs, D. (2002b). How much is too much? The development and validation of the Exercise Dependence Scale. *Psychology & Health*, 17, 387–404.

Hay, P. J., & Bacaltchuk, J. (2001). Bulimia nervosa. *BMJ (Clinical Research Ed.)*, 323(7), 33–37.

Johnston, O., Reilly, J., & Kremer, J. (2011). Excessive exercise: From quantitative categorization to a qualitative continuum approach. *European Eating Disorders Review*, 19(3), 237–248.

Kjaer, M., & Dela, F. (1996). Endocrine response to exercise. In L. Hoffman-Goetz (Ed.), *Exercise and immune function* (pp.6–8). Boca Raton, FL: CRC.

Klein, D. A., Bennett, A. S., Schebendach, J., Foltin, R. W., Devlin, M. J., & Walsh, B. T. (2004). Exercise "addiction" in anorexia nervosa: Model development and pilot data. *CNSS pectr*, 9(7), 531–537.

Kurimay, T., Griffiths, M. D., Berczik, K., & Demetrovics, Z. (2013). Exercise addiction: The dark side of sports and exercise. In D. A. Baron, C. L. Reardon & S. H. Baron (Eds.), *Clinical sports psychiatry: An international perspective* (pp.33–43). West Sussex, UK: Wiley-Blackwell.

Lamb, K. L., Roberts, K., & Brodie, D. A. (1990). Self-perceived health among sports participants and non-sports participants. *Social Science and Medicine*, 31(9), 963–969.

Lejoyeux, M., Avril, M., Richoux, C., Embouazza, H., & Nivoli, F. (2008). Prevalence of exercise dependence and other behavioral addictions among clients of a Parisian fitness room. *Comprehensive Psychiatry*, 49(4), 353–358.

Lejoyeux, M., Guillot, C., Chalvin, F., Petit, A., & Lequen, V. (2012). Exercise dependence among customers from a Parisian sport shop. *Journal of Behavioral Addictions*, 1, 28–34.

Lotan, M., Merrick, J., & Carmeli, E. (2005). Physical activity in adolescence. A review with clinical suggestions. *International Journal of Adolescent Medicine and Health*, 17(1), 13–21.

Loumidisa, K. S., & Wells, A. (1998). Assessment of beliefs in exercise dependence: The development and preliminary validation of the exercise beliefs questionnaire. *Personality and Individual Differences*, 25(3), 553–567.

Lyons, H. A., & Cromey, R. (1989). Compulsive jogging: Exercise dependence and associated disorder of eating. *Ulster Medical Journal*, 58(1), 100–102.

Miller, W. R., & Rollnick, S. (2002). *Motivational interviewing: Preparing people for change*. New York: Guilford Press.

Mónok, K., Berczik, K., Urbán, R., Szabó, A., Griffiths, M. D., Farkas, J., et al. (2012). Psychometric properties and concurrent validity of two exercise addiction measures. *A population wide study*, 13(6), 739–746.

Morgan, W. P. (1979). Negative addiction in runners. *The Physician and Sports medicine*, 7, 57–70.

Morgan, W. P., & O'Connor, P. J. (1988). Exercise and mental health. In R. K. Dishman (Ed.), *Exercise adherence: Its impact on public health* (pp.91–121). Champaign, IL: Human Kinetics.

Morris, M. (1989). Running round the clock. *Running*, 104, 44–45.

Ogden, J., Veale, D. M., & Summers, Z. (1997). The development and validation of the Exercise Dependence Questionnaire. *Addiction Research*, 5(4), 343–355.

Paffenbarger, R. S., Jr., Hyde, R. T., Wing, A. L., & Hsieh, C. C. (1986). Physical activity, all-cause mortality, and longevity of college alumni. *New England Journal of Medicine*, 314(10), 605–613.

Pasman, L. N., & Thompson, J. K. (1988). Body image and eating disturbance in obligatory runners, obligatory weightlifters, and sedentary individuals. *International Journal of Eating Disorders*, 7(6), 759–769.

Pierce, E. F., Eastman, N. W., Tripathi, H. L., Olson, K. G., & Dewey, W. L. (1993). Beta-endorphin response to endurance exercise: Relationship to exercise dependence. *Perceptual and Motor Skills*, 77(3, Pt1), 767–770.

Piko, B. F. (2000). Health-related predictors of self-perceived health in a student population: The importance of physical activity. *Journal of Community Health*, 25(2), 125–137.

Piko, B. F., & Keresztes, N. (2006). Physical activity, psychosocial health, and life goals among youth. *Journal of Community Health*, 31(2), 136–145.

Royal College of Physicians. (1991). *Medical aspects of exercise. Risks and benefits*. London: Royal College of Physicians.

Sachs, M. L. (1981). Running addiction. In M. Sacks & M. Sachs (Eds.), *Psychology of Running* (pp.116–126). Champaign, ILL: Human Kinetics.

Sachs, M. L., & Pargman, D. (1984). Running addiction. In M. L. Sachs & G. W. Buffone (Eds.), *Running as therapy: An integrated approach* (pp.231–252). Lincoln, NE: University of Nebraska Press.

Sforzo, G. A. (1988). Opioids and exercise: An update. *Sports Medicine*, 7, 109–124.

Sforzo, G. A., Seeger, T. F., Pert, C. B., Pert, A., & Dotson, C. O. (1986). *In vivo* opioid receptor occupation in the rat brain following exercise. *Medicine and Science in Sports and Exercise*, 18(4), 380–384.

Slay, H. A., Hayaki, J., Napolitano, M. A., & Brownell, K. D. (1998). Motivations for running and eating attitudes in obligatory versus nonobligatory runners. *International Journal of Eating Disorders*, 23(3), 267–275.

Smith, D. K., & Hale, B. D. (2005). Exercise-dependence in bodybuilders: Antecedents and reliability of measurement. *Journal of Sports Medicine and Physical Fitness*, 45(3), 401–408.

Smith, D. K., Hale, B. D., & Collins, D. (1998). Measurement of exercise dependence in bodybuilders. *Journal of Sports Medicine and Physical Fitness*, 38(1), 66–74.

Steffen, J. J., & Brehm, B. J. (1999). The dimensions of obligatory exercise. *Eating Disorders*, 7, 219–226.

Stephens, T. (1988). Physical activity and mental health in the United States and Canada: Evidence from four population surveys. *Preventive Medicine*, 17(1), 35–47.

Sundgot-Borgen, J. (1994). Eating disorders in female athletes. *Sports Medicine*, 17(3), 176–188.

Sussman, S., Lisha, N., & Griffiths, M. (2011). Prevalence of the addictions: A problem of the majority or the minority? *Evaluation and the Health Professions*, 34(1), 3–56.

Symons Downs, D., Hausenblas, H. A., & Nigg, C. R. (2004). Factorial validity and psychometric examination of the Exercise Dependence Scale-Revised. *Measurement in Physical Education and Exercise Science*, 8(4), 183–201.

Szabo, A. (1995). The impact of exercise deprivation on well-being of habitual exercisers. *Australian Journal of Science and Medicine in Sport*, 27, 68–75.

Szabo, A. (2000). Physical activity as a source of psychological dysfunction. In S. J. Biddle, K. R. Fox & S. H. Boutcher (Eds.), *Physical activity and psychological well-being* (pp.130–153). London: Routledge.

Szabo, A. (2010). *Addiction to exercise: A symptom or a disorder?* New York: Nova Science Publishers Inc.

Szabo, A., Frenkl, R., & Caputo, A. (1996). Deprivation feelings, anxiety, and commitment to various forms of physical activity: A cross-sectional study on the Internet. *Psychologia*, 39, 223–230.

Szabo, A., Frenkl, R., & Caputo, A. (1997). Relationships between addiction to running, commitment to running, and deprivation from running. *European Yearbook of Sport Psychology*, 1, 130–147.

Szabo, A., & Griffiths, M. D. (2007). Exercise addiction in British sport science students. *International Journal of Mental Health and Addiction*, 5(1), 25–28.

Terry, A., Szabo, A., & Griffiths, M. D. (2004). The exercise addiction inventory: A new brief screening tool. *Addiction Research and Theory*, 12(5), 489–499.

Thompson, J. K., & Blanton, P. (1987). Energy conservation and exercise dependence: A sympathetic arousal hypothesis. *Medicine and Science in Sports and Exercise*, 19(2), 91–99.

United States Department of Health and Human Services. (1996). *Physical Activity and Health. A Report of the Surgeon General.* Atlanta, GA: U.S. Department of Health and Human Services Centers for Disease Control and Prevention, National Center for Chronic Disease Prevention and Health Promotion, The President's Council on Physical Fitness and Sports.

Waddington, I. (2000). *Sport, Health, and Drugs: A Critical Sociological Perspective*. London: Spoon Press.

Warburton, D. E., Nicol, C. W., & Bredin, S. S. (2006). Health benefits of physical activity: The evidence. *CMAJ*, 174(6), 801–809.

Wilson, G. T., Fairburn, C. G., & Agras, W. S. (1997). Cognitive-behavioral therapy for bulimia nervosa. In D. M. Garner & P. E. Garfinkel (Eds.), *Handbook of treatment for eating disorders* (pp.67–93). New York: Guilford Press.

Yates, A., Edman, J. D., Crago, M., & Crowell, D. (2001). Using an exercise-based instrument to detect signs of an eating disorder. *Psychiatry Research*, 105(3), 231–241.

Yates, A., Leehey, K., & Shisslak, C. M. (1983). Running—An analogue of anorexia? *New England Journal of Medicine*, 308(5), 251–255.

부록 13-1

운동 중독 평가 척도(Exercise Addiction Assessment Measures)

운동 중독 항목(EAI)	전혀 그렇지 않다	거의 그렇지 않다	가끔 그렇다	거의 그렇다	매우 그렇다
운동하는 것은 나의 삶에서 가장 중요한 것이다.	1	2	3	4	5
내가 하는 운동의 양에 대해 나의 가족/동반자와 갈등이 있었다.	1	2	3	4	5
나는 기분전환(예를 들어 기분을 들뜨게 하는 것, 도피 등)을 위해 운동을 한다.	1	2	3	4	5
나는 하루에 하는 운동의 양을 점차적으로 늘려왔다.	1	2	3	4	5
운동하는 시간을 갖지 못하는 때에는 우울하고 화가 난다.	1	2	3	4	5
나는 운동의 양을 줄이려다가 결국 다시 시작했을 때, 항상 이전에 하던 만큼 다시 하게 된다.	1	2	3	4	5

참고: Terry et al.(2004)와 Mónak et al.(2012)에서 채점과 해석에 대한 더 자세한 내용을 찾아볼 수 있습니다.

운동 의존 척도(Exercise Dependence Scale)

아래 제공된 척도를 사용하여 이어지는 질문에 가능한 한 정직하게 답해 주세요. 이 질문은 최근 석 달 이내에 발생한 현재의 운동에 대한 신념과 태도에 대한 것입니다. 각 질문에 있는 빈 공간에 자신의 답을 기록해 주세요.

1	2	3	4	5	6
전혀 그렇지 않다					항상 그렇다

1. 나는 짜증나는 기분을 막기 위해 운동을 한다. ______
2. 나는 신체적인 문제가 생김에도 불구하고 운동을 한다. ______
3. 나는 원하는 효과/이익을 얻기 위해 운동 강도를 계속해서 증가시킨다. ______
4. 나는 내가 얼마나 오래 운동하는지를 조절할 수 없다. ______
5. 나는 가족/친구와 시간을 보내느니 운동을 하겠다. ______
6. 나는 많은 시간을 운동하는 것에 사용한다. ______
7. 나는 내가 의도한 것보다 더 많이 운동한다. ______
8. 나는 불안함을 느끼는 것을 막기 위해 운동을 한다. ______
9. 나는 부상을 입었을 때 운동한다. ______
10. 나는 원하는 효과/이익을 얻기 위해 운동 횟수를 계속해서 늘린다. ______
11. 나는 내가 얼마나 자주 운동하는지를 조절할 수 없다. ______
12. 나는 학교/직장에 집중해야 할 때에도 운동에 대해 생각한다. ______
13. 나는 대부분의 여가시간을 운동에 사용한다. ______
14. 나는 예상한 것보다 더 오래 운동한다. ______
15. 나는 긴장감을 줄이기 위해 운동한다. ______
16. 나는 지속적인 신체적 문제에도 불구하고 운동을 한다. ______
17. 나는 원하는 효과/이익을 얻기 위해 계속해서 운동시간을 늘린다. ______
18. 나는 운동의 강도를 조절할 수 없다. ______
19. 나는 가족/친구들과 함께 시간을 보내는 것을 피할 수 있기 때문에 운동하기를 선택한다. ______
20. 나는 아주 많은 시간을 운동하는 데에 쓴다. ______
21. 나는 계획한 것보다 더 오래 운동한다. ______

채점

요소	항목 번호
금단 증상	1, 8, 15
지속성	2, 9, 16
내성	3, 10, 17
통제력 부족	4, 11, 18
다른 활동의 감소	5, 12, 19
시간	6, 13, 20
본인 의사에 대한 영향	7, 14, 21

참고: Hausenblas와 Symons Downs(2002b)와 Mónok et al.(2012)에서 채점과 해석에 대한 더 자세한 내용을 찾아볼 수 있습니다.

CHAPTER 14

중독을 위한 명상과 영성 기반의 접근법

Sri Sri Ravi Shankar, Kenneth Paul Rosenberg,
Anju Dhawan, Achar Vedamurthachar

1. 서론

중독은 현 시대가 마주하는 가장 곤란한 사회 및 의학적 문제이다. 중독을 치료하는 데에 약물이 효과적이기는 하지만, 접근성, 비용, 낙인, 부작용이나 건강상의 위험들이 약물을 사용하고자 하는 마음을 가로막고 있다. 마찬가지로, 전문적 심리 치료는 치료에 도움이 되지만 비용이 매우 비싸기 때문에 대부분의 사람들이 쉽게 이용하기 힘들다. 그리고 심지어 경험에 기반을 둔 치료법들을 접할 수 있을 때조차도 재발과 생명의 위협, 이외 병적 상태들이 중독 장애 진단과 치료의 조건이 된다. 그렇기 때문에 중독을 치료하기 위한 새롭고 비용이 적절하면서 실제로 접할 수 있는 치료 옵션들이 절실히 필요하다.

이런 것들을 고려했을 때, "대안적" 또는 보충적 의학 및 영적 접근법들이 유망한 전망을 보이고, 환자들도 이런 방법들을 아주 잘 수용한다. 2001년 미국 인구를 대상으로 한 연구에서 연구 응답자들의 대다수(67.7%)가 일생에 걸쳐 어느 정도 대체 의학적 접근법들을 사용했었다는 것이 드러났다(Kessler et al., 2001). 이런 방법들을 수용하고 활용하는 경향이 점차 증가하고 있는 것으로 보인다(Frass et al., 2012). 이 장에서는 (1) 요가와 명상의 활용을 뒷받침하는 근거를 검토하고, (2) 이후 연구들을 장려하며, (3) 효과성이 나타난 수련법들을 통합하고, (4) 의사들과 환자들에게 임상적 합의와 연구에 기초한 선택안들을 제공하고자 하며, 이를 위해 12단계 프로그램과 요가 및 명상, 대안적이거나 보충적인 형태의 정신과 신체의학을 다룬다.

2. 익명의 알코올 중독자 모임과 12단계 촉진 교육

심리학자 William James(1929)가 그의 유명한 저서 *종교적 경험의 다양성(The Varieties of Religious Experience)*을 집필한 이래로, 전문가들은 영성에 기반을 둔 접근법들을 활용하는 것을 옹호해 왔다. Chitwood, Weiss, 그리고 Leukefeld(2008)는 1997년부터 2006년에 출간된 글들을 체계적으로 검토하였고 높은 수준의 종교성과 영성이 물질 사용의 감소와 관련이 있다는 점을 발견했다. 종교성과 일반적인 건강에 관한 연구에서는 이 두 가지 요인이 긍정적인 건강상의 결과와 관계있다는 것을 보여 주었다. 정신-신체 의학 전문가인 Herbert Bension 박사와 이외 전문가들은 우리의 뇌가 신과 연결되어(hard-wired) 있고(Benson, 1996; Fingelkurts & Fingelkurts, 2009), 그렇기 때문에 영적 접근법들은 타고난 성향들을 활용할 수 있다고 믿는다. 정신건강 분야의 연구들을 살펴보면, 종교에 높은 수준으로 개입하는 것이 심리학적 행복 지표와 정적 관계에 있을 수 있고, 부분적으로 우울증, 자살적 사고, 약물과 알코올 사용이나 남용을 감소시킨다는 것이 입증되었다(Moreira-Almeida, Neto, & Koenig, 2006). 의료기관평가 합동위원회(Joint Commission on Accreditation of Health Organizations, JCAHO)와 같은 특정 기관들이 영성의 평가에 대한 관심을 요구하고 있고, 정신의학과 레지던트 훈련 과정에도 추가되어 왔다(Galanter, 2008).

정신과 의사 Marc Galanter는 Bill Wilson과 Bod Smith 박사가 1935년 설립한 익명의 알코올 중독자 모임(Alcoholics Anonymous, AA) 모델에 기초한 영성 기반의 12단계 프로그램을 연구했다. AA는 회복을 "영적 각성"으로 보고, 많은 행동 및 화학적 중독에 맞춰 재구성되어 왔다. 이를 총괄하여 12단계 촉진(Twelve-Step Facilitation, TSF)이라고 알려져 있다. 이와 같은 단체들은 현재 익명의 도박 중독자 모임(Gambler's Anonymous), 익명의 성 중독자 모임(Sex Addict's Anonymous), 익명의 과식자 모임(Overeaters Anonymous), 성 중독자를 위한 회복중인 익명의 부부 모임(Recovering Couples Anonymous for Sex Addicts)과 같은 행동 중독을 위한 집단들을 포함한다. Galanter는 TSF를 상호보완 치료, 대안 치료나 "영적 단체"의 범주로 본다(Galanter, 2008).

TSF가 영향이 있을까? 이에 대한 답은 무엇을 평가하는지에 달려있다. Project MATCH는 TSF가 인지행동 치료와 동기강화에 필적하는 결과를 가져왔다는 것을 발견하였다(Tonigan, Miller, & Connors, 2000). Kaskutas(2009)의 보고서는 더 높은 수준의 TSF 참여가 더 높은 절제율과 관련이 있다는 것을 발견했다. 이와 대조적으로 3,417

명을 포함하는 8개 실험의 Cochrane 검토에서는 알코올 의존이나 관련 문제들을 감소시키는 데에 있어서 AA나 TSF 접근법이 가지는 효과성을 명백하게 논증한 실험연구는 없지만, AA가 환자로 하여금 치료에 대한 일반적인 필요를 받아들이는 데에 도움될 수 있다고 결론 지었다(Ferri, Amato, Davoli, 2009). 다른 연구들은 AA가 영성/종교성을 높이고 부정적 효과를 감소시키는 것을 통해 더 나은 결과를 이끌 수 있다는 것을 발견하였다(Kelly, Hoeppner, Stout, & Pagano, 2012). AA 참여자들을 대상으로 면밀한 면담을 한 질적 연구는 종교와 영성의 역할이 중요하다는 것을 발견하였다(Marjaria & Orford, 2002). 이 연구는 "당신이 노력하면 효과가 있다."라는 유명한 AA 슬로건을 잘 요약하는 것일 수도 있다. 다른 말로 하면, AA 모임에 더 많이 가는 사람이 더 잘 하는 것으로 보인다는 것이다.

더 중요한 점은, 효과성에 대한 불확실성과는 상관없이, 대부분의 의사와 중독 전문가들은 임상적 경험에 기초하여 AA를 알코올 중독 및 관련 중독을 위한 치료의 중요한 일부로 여긴다는 것이다. 전문가들은 영적 가르침 외에 TSF가 제공할 수 있는 사회적 지지와 치료적 환경이 굉장히 도움이 되는 것을 알게 되었다. "더 큰 힘의 존재(예를 들어, 신)"에 대한 믿음과 의지가 TSF의 핵심이고, 이외 많은 요인들이 TSF의 인기와 유용성을 설명해 줄 수 있다. TSF는 날마다 지지, 멘토십이나 스폰서십을 제공하고, 워크북과 상당한 양의 읽을거리들을 제공한다. 이 집단은 기도문과 같은 격언들과 슬로건을 권하는데, 이는 회복 동안에 굉장히 유용하고 환자들에게 갈망과 삶의 변화를 인지적으로 재구조화할 수 있게 돕는다. 회복, 멘토십, 익명성에 대한 엄격한 규칙들이 이 단체의 주요 구성요소이다. AA에는 회복의 여정에서 동료 여행자들이 각기 다른 필요에 따라 자기 규제를 할 수 있도록 스폰서와 지지자들로 구성된 네트워크가 크게 형성되어 있다(Kelly & Magill, 2009). 이와 같은 집단들은 미국 내 대부분의 주요 대도시나 중소도시들에서 매일 찾아볼 수 있고, 때로는 시간별로 모임을 갖기도 한다. TSF의 접근성에 기여하는 또 다른 요인은 이 과정이 무료라는 것이다. 몇몇 TSF 집단들은 의학 및 전문적 접근법에 반대할 수 있지만, 일반적으로 TSF 집단은 중독의 의학(또는 질병) 모델을 적극 지지하고 현대의 의학 치료 또한 지지한다. 그렇기 때문에, 접근성, 가격, 이타주의, 단체, 동료 지지, 탈낙인화, 체계화된 철학, 다른 형태의 치료를 허용하는 포괄적 접근법, 그리고 영적 기반이 TSF의 핵심 요소이다.

3. 중독과 요가

요가는 5,000여 년 전 인도에서 발생한 영성 훈련으로, 한 사람의 중심과 몸이 하나가 되는 것을 목표로 한다. 비록 많은 문헌에서 요가를 설명하고 있지만, 파탄잘리의 *요가 스투라*(Patanjali's *Yoga Sutra*)가 이 주제에 대해 가장 먼저 언급한 것으로 알려져 있다. 요가 스투라는 중심과 몸의 연합을 깨우치는 방법에 관한 여러 가지 단계들을 비밀스러운 경구로 설명하고 있다. 요가는 오늘날 주로 스트레칭과 같은 것으로 이해되고 있고, 미국의 체육관이나 피트니스 센터에서 흔히 배울 수 있다. 그러나 입수된 고대의 문헌에 의하면, 요가는 단순한 스트레칭 그 이상의 것이다. 파탄잘리에 따르면, 요가는 일그러짐의 중단이나 정신의 조정이다. 잘 알려진 다른 문헌은 *Bhagavad Gita*(1966; Woods, 1914)로, 요가를 정신의 완전한 평정으로 설명하고 있다.

파탄잘리는 요가의 여덟 "단계"들을 설명하고 있다. 여기에는 자세와 신체 스트레칭을 통해 몸을 준비시키는 *아사나(asana)*, 호흡을 조절하여 생명력을 조절하는 *쁘라나야마(pranayama)*, 그리고 명상하는 *디야나(dhyana)*가 포함된다. 프탄잘리에 의하면, 깊은 명상의 상태는 정신이 매우 맑아지는 것으로 알 수 있는데, 어떤 때에는 엄청난 행복과 황홀경을 경험하기도 한다. 때로는 명상하는 동안 무념의 순간들이 있고, 내가 누구이며, 무엇을 하고, 어디에 있는지를 망각하기도 하며, 그저 '나인 것'만을 희미하게 인식하기도 한다(Ravi Shankar, 2010).

요가는 정신이 여행하는 상태의 지도와 같은 것으로서, 강박이나 중독의 상태도 인식한다. 요가 수행자들에 의하면, 모든 경험은 정신 속에 인상으로 저장된다. 여기에는 중독 물질에 기인하는 자극도 포함된다. 반복되는 자극으로 인한 같은 인상에 대한 갈망은 중독을 야기한다. 비록 한 고대인이 이런 것들을 가정적으로 생각한 것이라 할지라도, 이런 믿음은 본서의 서문에서 논의된 것처럼 중독의 현대 신경생물학적 구성, 특히 PKM Zeta 기억 장기 강화작용(Sacktor, 2011; Xue et al., 2012)과 중독 주기 학습의 보상/실행 기능(O'Brien, Volkow, & Li, 2006)과 일치한다.

수다르산 크리야(Sudarshan Kriya, 이후에 설명)와 같은 호흡기법은 수행자를 깊은 이완과 명상의 상태로 데려다준다고 한다. 이 상태는 수행자들이 소위 "황홀경"이라고 표현하고 중독 물질에서 나타나는 "황홀경"의 대체물과 같은 작용을 한다(뒤에서 소개되는 환자 2와 6의 설명 참고). 파탄잘리는 높은 단계에 이른 명상이 가져다주는 인상은 이외의 모든 원치 않는 인상들을 정신에서 지워 준다고 말한다(Ravi Shankar, 2010). 저자들은 이런 기법들을 규칙적으로 수행하면, 중독에서 회복하는 사례에서 갈망을 점차적으로 줄여줄 것이라고 생각한다.

중독 분야에서 연구되어 온 요가와 명상의 다양한 기법들은 마음챙김 기반의 명상, 초월적 명상(transcendental meditation, TM), 그리고 수다르산 크리야 요가(Sudarshan Kriya yoga, SKY)이다. 마음챙김 기반의 기법들은 임상 영역에서 사용하기 위해 고대 명상 기법들에서 더욱 최근에 이끌어낸 방법들이다. Kabat-Zinn(1982)이 설명한 바와 같이, 명상은 감정에 함몰되지 않으며 자신을 주시하기 위한 목적을 가지고 현재의 순간에 초점을 두는 것이다. Hölzel 외(2011)는 마음챙김이 고대 불교 수행에서 나온 개념이라고 언급했고, 지속되는 행복을 성취하고 존재의 실체에 대한 통찰력을 얻기 위해 수행한다. 이 개념은 또한 힌두교의 베딕 철학에 기초한 고대 명상 수행에서 설명하고 있는 것과 유사하다.

4. 마음챙김 기반의 명상

Khanna와 Greeson(2013)은 중독을 위한 보완적 치료로서 요가와 마음챙김을 보는 관점에서 흡연, 알코올 의존과 불법 약물 사용에 관한 잘 설계된 임상 실험과 실험 연구의 수는 적지만 점차 증가하고 있고, 이런 연구들이 중독을 치료하기 위한 마음챙김 기반 개입법의 임상적 효과성을 뒷받침하고 있다고 언급했다. 더욱이 마음챙김 명상은 중독 주기에 참여하고 싶은 갈망이나 충동을 줄여주는 것을 목표로 한다.

1979년, Kabat-Zinn은 마음챙김에 근거한 스트레스 감소(Mindfulness-Based Stress Reduction, MBSR) 프로그램을 개발했다. 이 프로그램에서 환자들은 이완/명상 기법을 배우고 문제를 수정하거나 억압하기보다는 받아들이도록 한다. MBSR 프로그램은 갈망과 부정적 정서 그리고 재발 과정에서 이것들이 미치는 영향을 대상으로 한다(Witkiewitz, Lustyk, & Bowen, 2012). 이 프로그램은 Marlatt의 인지행동 재발 방지 프로그램(예를 들어, 고위험 상황 확인하기, 대처기술 훈련)을 마음챙김 수행과 결합하여 인지행동 재발방지와 마음챙김 명상의 기법들을 제공한다. 내담자들은 회기에서 30~45분 동안 명상하고 매일 대략 45분 동안 오디오로 녹음된 지시를 들으며 명상하도록 한다. 이 마음챙김 수행은 인식과 수용을 증가시키고, 내담자가 반응하지 않으며 신체, 인지, 정서나 갈망 상태들을 관찰할 수 있도록 가르친다(Witkiewitz, & Bowen, 2010).

1982년 Kabat-Zinn은 비통제화 연구에서 MBSR이 51명의 난치 환자들에게서 만성 통증을 유의미하게 개선하였다는 결론을 출간했다. MBSR을 진행한 10주 후, 환자의 50%에서 50% 이상의 높은 수준으로 통증이 완화되었고, 65%는 33% 이상으로 통증이 완화되었다. 이후 연구자들은 담배와 물질 남용을 위해 MBSR을 조정하여 마음챙김에 근거한 재발 방지(Mindfulness Based Relapse Prevention, MBRP) 프로그램을 개발했다. 이 프로그램은 8주의 집단 기반의 심리교육 개입으로 만성 통증을 위해 MBSR에서 사용된 것과 유사한 기제에 기초한다.

네 건의 연구에서 물질 사용 장애의 치료에 대한 MBRP의 효과성을 평가했다. 통제 시험 연구에서 Bowen과 그 동료들(2009)은 물질 남용 장애가 있고 최근 외래나 입원 치료를 마친 165명에 대해 연구했다. 이들은 20분 내지 30분 동안 지도하에 명상을 하는 것으로 시작하여, 다양한 실험적 활동과 재발 방지에서 마음챙김이 갖는 역할을 토론하고 숙제를 검토하는 과정이 있는 MBRP 회기에 참여했다. 참여자들에게 회기 사이에 해야 하는 매일의 활동들이 배정되었고 집단 회기를 떠나 이외의 장소에서도 명상을 할 수 있도록 CD를 제공받았다. MBRP 집단은 치료 후 갈망의 정도가 일반 치료를 받는 통제 집단과 비교했을 때 유의미하게 더 낮았고, 이는 이후 물질 사용 결과들에 영향을 주었다고 보고되었다. 유지율은 연구와 통제 집단에서 유사했지만, 실험 집단에서 알코올과 약물 사용은 통제 집단보다 다섯 배 낮았다. 그러나 이 연구에는 여러 결함들이 있다. 특히, 절제를 확인할 수 있는 혈중 또는 소변 독성학이 포함되지 않았고, 알코올과 다른 남용 물질 간의 구분도 없었다.

Davis, Fleming, Bonus, 그리고 Baker(2007)는 흡연자들을 위한 MBSR 6주 과정 후 흡연자들에게서 56%의 금연(생물학적으로 확인된)을 보고했다. Brewer 외(2011)는 88명의 흡연자들을 대상으로 무작위 통제화 실험을 했다. 그 결과 4주에 걸친 8회기 마음챙김 훈련이 "American Lung Association Freedom from Smoking" 프로그램보다 흡연에서 더 큰 감소를 보였으며, 훈련 후 17주에 유의미하게 더 나은 금연을 했다는 점을 발견했다.

MORE이라고 불리는 10회기 집단 기반의 심리교육적 개입법은 Garland, Gaylord, Boettiger, 그리고 Howard(2010)와 Garland(2013)가 고안했다. 이 개입법은 우울증을 위한 마음챙김에 근거한 인지 치료(Mindfulness-based Cognitive Therapy)에서 수정되었다. MORE는 요가를 포함하지 않고 있지만 마음챙김 호흡법, 몸 살피기, 마음챙김의 감각, 마음챙김 걷기, 위로하는 명상을 포함한다. MORE는 구체적으로 상호의존, 의미와 영성에 대해 논의하므로 영성을 다룬다. 치료 공동체의 37명의 알코올 의존 성인을 대상으로 한 예비 실험은 실험실 환경에서 통제 개입(근거기반의 지지 집단)과 비교하여 MORE가 심박수 가변성을 측정하였을 때 스트레스와 사고 억제를 줄이고, 알코올 단서로부터 생리학적 회복이 증가된 반면, 알코올에 대한 주의편향은 감소된 것을 발견하였다(NIH, 2012).

이 마음챙김 구성들은 변증법적 행동 치료, 경계선 성격 장애가 있는 환자를 위한 심리 치료와 같이 현대의 다양한 심리 치료에 포함되어 왔다. 특히, 물질 남용과 BPD가 공존하는 환자를 대상으로 한 무작위화 실험에서 물질 남용이 유의미하게 감소되는 것이 나타났다(Dimeff & Linehan, 2008).

5. 초월 명상법

초월 명상법(transcendental meditation, TM)은 마하라시 마헤시 요기(Maharishi Mahesh Yogi)를 통해 대중화된 만트라 기반의 기법이다. 초월 명상법은 평정 상태에 도달할 때까지 마음의 흥분을 진정시키는 자연스러운 절차이다. 이 수행은 어떤 생각이나 지각 없이, 평온을 통해 각성상태를 얻고자 한다. 이는 한 사람이 자신의 의식과 그 무한한 본질을 깨닫는 상태로 설명되어 왔다. 이는 초월적 의식 상태로 불리며, 주체와 객체를 나누는 차이가 없는 전체로서 설명되었다(Orme-Johnson, 1994). 15분에서 20분 동안 하루에 두 번 TM 공통체의 안내와 지지하에 수행한다.

1975년 미국 정신의학 저널(American Journal of Psychiatry)에 한 논문이 출간되었다. Shafil, Lavely, 그리고 Jaffe(1975) 연구의 편의 표본에서 2년간 TM에 참여한 사람들의 40%가 첫 6개월 동안 맥주나 와인을 마시는 것을 중단했다고 보고했다. 명상의 25~89개월 후, 이 수치는 60%로 증가했다. 더욱이 통제 집단에서는 1%에 그쳤던 것에 반해, 이 실험 집단의 54%는 독주 마시기를 완전히 끊었다. 이 논문의 저자들은 TM이 알코올 남용 부문에서 효과적인 예방 도구가 될 수 있다고 제안하였다(Shafil et al., 1975).

물질 남용과 관련한 TM 연구가 검토되었고, 19개의 연구들이 Alexander, Robinson, 그리고 Rainforth(1994)의 포함기준에 기초하여 메타 분석에 포함되었다. 여기에는 총 4,524명의 대상자들이 포함 되었고, 이들 중 23,249명이 TM 참여자였으며, 나머지는 통제 집단이었다. 이 분석에는 학생, 일반 인구, 수감자, 베트남 참전 용사, 빈민 알코올 중독자 및 이외 참여자들을 대상으로 하는 회고적, 단면적, 통제, 비통제, 종단 연구들이 포함되었다. 6건의 연구에서는 연구 설계에서 무작위 배정 방법을 사용했다. 종단 연구들은 3~20개월 기간의 추후 연구를 포함했다. 몇몇 연구들에서는 중요한 혼란 변수로서 자기선택요소들을 배제하기 위해 장기간 수행한 명상가와 이제 막 수행을 시작한 명상가들을 비교했다. 이 저자들은 14건의 연구 요약을 통해 심각한 남용자들에게서 우울증, 불안, 분노, 적대성과 같은 부정적인 심리학적 결과들이 0.64의 효과크기로 감소되었다는 것을 발견했다. TM 연구들 중 10건의 연구는 자기 개념과 통제의 내적 소재와 같은 긍정적인 심리학적 결과들을 보고하였고, 이러한 결과 향상의 효과크기는 0.51(중간)이었다. 담배, 알코올, 불법 약물 사용의 감소에 관한 효과크기는 순서대로 0.87, 0.55, 0.83이었다.

6. 수다르산 크리야 요가

수다르산 크리야 요가(Sudarshan Kriya yoga, SKY)는 사람들이 자연스럽게 명상으로 들어가게 도와준다고 알려진 호흡기법이다. 이 호흡 기법은 미국의 "Art of Living" 센터에서 가르치고, 2013년에는 전 세계적으로 10,000명 이상의 훈련된 선생이 있다. SKY는 저자들 중의 한 명인 Sri Sri Ravi Shankar가 개발했다.

Kjellgren, Bood, Axelsson, Norlander, 그리고 Saatcioglu(2007)가 설명한 바와 같이, SKY는 (1) 3단계 웃짜이 프라나야마(Ujjayi pranayama), (2) 바스트리카 3 세트, (3) 주기적인 호흡으로 구성된다. 이 호흡 연습은 바닥이나 의자에 앉은 자세에서 행해진다. 회기 전체에 걸쳐 눈을 감고 있는다. 평범한 호흡은 1분당 14에서 16회 숨을 쉬는 속도로 한다. 웃짜이 호흡법은 1분당 2에서 4회 숨을 쉬는 느리고 깊은 호흡 기법이다. 3단계 웃짜이 프라나야마 호흡은 특정한 비율의 들숨과 날숨, 그리고 호흡 정지를 하는 더욱 발달된 형태이다. 참여자들은 총 약 10여 분 동안 특정한 팔 자세를 유지하면서 이런 호흡법들을 수행한다. 두 번째 호흡법은 바스트리카로, 1분당 20에서 30회 숨을 쉬는 활발하고 빠른 호흡 기법이다. 바스트리카를 약 1분 동안 세 차례 한 뒤, 정상 호흡을 수분 동안 한다. 들숨과 날숨의 힘과 깊이를 높이기 위해 팔 움직임과 복부 근육을 사용한다. 이런 호흡법들을 수행하는 것은 대략 5분 동안 지속된다. SKY의 주요 요소는 느린 호흡, 중간 호흡, 빠른 속도의 호흡을 순환하며 하는 것이다. 느린 호흡은 1분당 20회 정도의 호흡 순환, 중간 호흡은 1분당 40~50회 정도의 호흡 순환, 빠른 호흡은 1분당 60~80회의 호흡 순환을 하는 것이다. SKY가 복잡함에도 불구하고, 참여자들이 오디오 녹음이나 다른 외적인 안내방법 없이도 일상에서 수행하기에 쉽게 가르칠 수 있고, 쉽게 기억될 수 있다.

SKY는 5일 동안 친밀하고 축하하는 분위기 속에서 배우게 된다. 이 과정에는 세속적인 방식으로 가르치는 "Art of Living"에 의해 발전된 영적인 프로그램의 일부로 집단 기술, 노래와 찬송, 건강한 삶과 인간의 가치에 대한 논의 등이 포함된다.

공개 연구에서, Vedamurthachar 외(2011)는 102명의 건강한 성인 지원자들을 대상으로 연구하였고 SKY의 즉각적인 유익한 효과를 발견했다. 스웨덴에서 SKY 과정 훈련을 받은 55명의 건강한 참여자들은 비무작위화 비통제 연구에서 48명의 통제 대상들과 비교되었다. SKY 집단의 참여자들은 우울증, 불안, 낙관론, 스트레스, 그리고 의식의 상태가 변하는 경험(깊은 이완과 스트레스 발산을 하는 백일몽 상태와 관련이 있다)에서 유의미한 개선을 경험했다. 183명의 대상자들을 대상으로 한 통제 연구에서, Descilo 외(2009)는 쓰나미 생존자들이 SKY 훈련을 받은 후 유의미한 개선을 보이는 것을 발견했다. 허리케인 카트리나로 발생한 난민들도 요가 호흡 연습을 통해 유사하게 완화되는 것을 입증하였다(Gerbarg & Brown, 2005).

SKY는 당뇨병이 있는 경우 신진대사 변수들이 개선되어 유익한 것으로 보고되어 왔다(Vedamurthachar et al., 2011). 암에 걸린 흡연자들의 경우, Kochupillai 외(2005)는 기초선과 비교했을 때 SKY를 수행한 12주와 24주에서 자연 살세포가 유의미하게 증가한 것과 관련이 있었고, 금연의 효험에서 미식약협회(Food and Drug Association)에서 금연을 위해 승인한 약물인 부프로피온과 비교할 수 있을 만큼 행동적 이점이 있었다.

SKY의 항우울 효능은 인도 방갈로르에 위치한 국립 정신건강 및 신경과학 연구소(The National Institute of Mental Health and Neuro Sciences, NIMHANS)에서 여러 차례 연구를 통해 증명되어 왔다(Janakiramaiah et al., 1998, 2000; Naga Venkatesha, Gangadhar, Janakiramaiah, & Subbakrishna, 1997; Naga Venkatesha, Janakiramaiah, Gangadhar, & Subbakrishna, 1998; Rohini, Pandey, Janakiramaiah, Gangadhar, & Vedamurthachar, 2000). 한 공개 연구는 기분저하증에 대한 단독 치료로서 SKY의 효능을 증명하였다(Janakiramaiah et al., 1998). 무작위화되었지만 이중 맹검법은 아니었던 한 실험은, 주요 우울증을 겪고 있는 45명의 입원 환자들을 대상으로 SKY를 이미프라민(항우울제)이나 전기충격 치료(ECT)와 비교하여 벡의 우울증 척도(Beck Depression Inventory, BDI)와 해밀턴 우울평가 척도(Hamilton Rating Scale)로 평가했다. SKY는

이미프라민과는 동일하지만 ECT보다는 낮은, 유의미한 효과성이 있었음을 증명했다.

알코올 중독자 60명을 대상으로 하는 무작위화 통제 실험에서, 해독과정 후 2주에 걸쳐 SKY를 배웠을 때, BDI 점수에서 유의미한 감소가 있었고 플라즈마 코르티솔과 부신 피질 자극 호르몬에서도 유의미한 감소가 있었다(Vedamurthachar et al., 2006). Yadav, Dhawan, 그리고 Chopra(2006)는 북 인도에 위치한 한 지역사회 지원 클리닉에서 15명을 대상으로 실험했다. 부프레노르핀(지속성 아편제)을 받으며 SKY 과정을 지속했다. 14명의 통제 집단과 비교했을 때, 실험 집단은 중독 중증도 지수(Addiction Severity Index, ASI)와 WHO 삶의 질 척도(WHO Quality of Life Scale, WHO QOL-BREF) 점수에서 유의미한 개선이 있었다.

일반 치료(오피오이드 대체 치료와 심리사회 개입)에 부가적 개입으로 SKY를 포함하는 무작위화 통제 실험에서, 일반 치료 집단과 비교하여 SKY를 받은 환자들에게서 삶의 질 척도가 유의미하게 달랐고, 추적 연구에서는 알코올 영역에서 ASI 점수가 더 낮았다(Dhawan et al., 개인적 대화, 2013).

SKY를 활용하는 지역사회 기반의 프로그램이 인도의 캠프 기반 접근법에서 해독과정과 결합되어 수행되어 왔다. 이 마을의 전체 지역사회는 이 서비스를 공급하는 일에 포함되어, 참여자들을 위한 무료 공간과 음식을 제공하고 지역 종교 시설을 통해 이에 대한 인식을 형성했다. 이 프로그램은 이 마을의 수천 명의 사람들이 참여하는 대형 지역사회 프로그램으로 자리잡게 되었다(Yadav & Dhawan, 개인적 대화, 2009).

7. 명상/SKY는 어떻게 작용하는가?

명상의 효과성에 대한 대부분의 연구들은 초월 명상이나 마음챙김 명상에 대한 연구들이었고, 이런 것들이 항상 다른 명상 기법에 동일하게 적용되는 것은 아니다. 명상 수행이 뇌의 다양한 영역에서 나타나는 신경 가소성 변화와 관련이 있다는 증거가 있다. 오랜 명상가들에 관한 연구는 뇌섬에서 회백질의 형태가 달라지는 것뿐만 아니라 전두전엽의 차이로 나타나는 잠재적인 구조적 변화들을 제기하였다(Hölzel et al., 2008; Luders, Toga, Lepore, & Gaser, 2009). Hölzel 외(20008)에 따르면, 숙련된 명상가들은 비명상가들과 비교하여, 명상 동안 배내 측 PFC와 복외 ACC에서 더 크게 활성화되는 것으로 나타났다. Farb 외(2007)는 참여자들이 8주간의 마음챙김에 근거한 스트레스

사례 일화

임상 사례 Case Vignette

SKY, 마음챙김이나 이외 명상 기술 또는 행동 중독 SKY에 관한 연구 자체가 없다. 문제성 도박 치료를 위해 명상이 가질 수 있는 가능한 유용성을 언급한 몇 건의 보고서만이 있을 뿐이다(Alfonson, Caracuel, Delgado-Pastor, & Verdejo-García, 2011; Nespor, 1994). 본 장의 저자들이 SKY 교육에 경험이 있기 때문에, 행동이나 화학적 중독이 있는 환자들을 대상으로 하는 포괄적이고 다양한 중독 치료 프로그램의 일부로써 SKY 교육에서 사용되었던 몇몇 사례들을 여기에서 살펴보기로 한다.

환자 1은 22세의 여성으로 행동 및 화학 중독이 결합되어 있었기 때문에 치료를 위해 왔다. 이 여성이 겪고 있던 중독은 강박적 유지식품 섭취, 익명의 성 관계, 그리고 마리화나 남용이었다. 이 환자는 범불안장애와 기분저하증 병력이 있다. 그녀는 최근 저조한 성적으로 대학교를 졸업하였고, 어떤 유의미한 연인관계는 없었다. 중독에 초점을 둔 심리 치료와 부프로피온 치료를 시작하고 3개월 내, 약물 남용과 익명의 성관계 부분에서는 절제를 달성할 수 있었다. 치료를 시작한 3 개월 동안, 영양사와 함께 강박적인 식사를 다루었고, 이후 1년의 기간에 걸쳐 50파운드의 몸무게를 줄이게 되었다. 그녀의 치료사의 제안에 따라, 그녀와 비슷하게 화학 및 행동적 중독에서 회복하고 있는 다른 5명의 환자들과 함께 4일 과정의 SKY를 배웠다. 이 환자는 매일 연습을 하였고, 매달 부스터(사기 진작을 위한) 세션에 참석했다. 이 글을 작성하고 있는 현 시기는 그녀가 치료에 들어선지 2년째이고, 이 환자는 1년 동안 일부일처 형태의 연인관계를 지속하고 있다. 또한 석사 학위를 따려고 하고 있으며, 물질, 알코올, 그리고 익명의 성 관계를 완전히 단절한 상태를 유지하고 있다.

환자 2는 34세의 남성 경제학자로 30일의 입원 치료 후 지역 사회 재활 시설에서 의뢰를 했다. 이 환자는 경미한 양극성 정동장애가 있었고 경구 섭취 식의 아편, 벤조디아제핀, 그리고 흥분제(암페타민과 덱스트로암페타민)를 남용하였는데, 이 약물들은 부분적으로는 우울증과 불안에 대해 스스로 처방을 하여 사용한 것이었다. 그는 약물 남용 때문에 해독 과정과 재활시설에 들어가게 되었다. 그는 아리피프라졸, 리튬, 그리고 벤라팍신을 처방 받아 퇴원했다. 재활 동안, 그는 마음챙김 개념에 대해 듣게 되었다. 외래 환자가 되고 나서, 그는 집단 및 개인 심리 치료에 참여하였고 적절한 명상을 계속했다. 금약을 한 여러 달 후, 그는 회복 중에 있는 다른 환자들과 SKY를 배웠고 부스터 세션에 참석했다. 이 환자에 따르면, SKY는 그의 생산성에 초점을 두고, 긍정적인 사고를 조장하며, 스트레스를 줄여준다고 한다. 그는 SKY 이후에 얻은 기분을 "내가 아편을 통해 얻은 그 어떤 황홀감보다 좋다"라고 표현했다. 물론 약물 중독이 가져다 주는 급격한 기분 변화나 파괴적인 측면은 없는 황홀감이라고 했다.

환자 3은 32세의 이성애자 남성으로 성공적인 시나리오 작가이다. 그는 자신이 복장도착성 매춘부와 익명의 성 관계를 하는 것을 발견했다. 이 시점에 그는 자신이 강박적인 성적 무모함이 있고, 한바탕 취하고 나면 이런 행동을 하며, 성 중독으로 가는 과정에 있다는 것을 발견했다. 그는 스스로 외래 치료를 의뢰했다. 2년의 치료 후, 그는 더 이상 강박적으로 성 관계를 하지 않게 되었고 애정 어리고 적절한 결혼관계를 유지하고 있다. 여전히 부적절한 성 관계에 대한 갈망과 싸우고 있지만 심각한 행동화는 보이지 않고 있다. SKY와 "Art of Living"에 참여하는 것이 그의 회복의 주기적인 부분이 되었고, 그의 사고와 행동이 개선되었다. 이 환자는 더 이상 심리 치료가 필요하지 않게 된 후, 심리 치료를 종결하였지만 매일 SKY 연습을 지속하여 지역의 "Art of Living" 센터에서 집단 활동에 참여하고 있다.

환자 4는 28세의 컴퓨터 프로그래머로 성 중독 때문에 스스로 의뢰를 한 사람이다. 이 환자는 하이힐을 신은 여성들의 포르노를 보며 강박적으로 자위를 하며 때로는 실제로 스스로 이런 하이힐을 신고 자위를 한다고 했다. 그는 강박적 자위와 우울 삽화 병력이 있었다. 그는 성공적인 지적공학 전문가로 금융 분야에서 일을 했었다. 그 당시 직장에서 큰 문제는 없었지만, 가장 큰 문제는 중요한 관계를 유지하는 것이었다. 이 환자는 심리 치료에 참여하였고 다양한 약물을 시도했다. 그 중에서 항정신성 쿠에타핀 푸마레이트가 가장 성공적이었고 특히 잠 잘 시간에 그를 진정시켜주는 데에 효과가 있었다. 이 환자는 SKY를 배웠고 매일 연습을 했다. SKY는 12단계 영성 단체를 강화해주었고 영적 정체성을 제공해 주었다. 그는 이런 것들이 매우 설득력이 있고 치료적이라고 생각했다. 4년 후, 이 환자는 심리 치료와 약물을 중단하였고 중요한 시간에 자신을 진정시키기 위한 방법으로 매일 SKY를 하는 것에 의지하고 있다. 그는 잠드는 것이 힘들거나 잠 자는 동안 중간에 일어나 다시 잠이 들어야 할 때에 SKY를 하곤 했다. 그가 치료사를 마지막으로 보러 왔을 때, 그는 약혼을 한 상태였고 어떤 정신적 장애의 징후도 보이지 않았다.

환자 5는 55세의 남성 회계사로 지난 5년 동안 알코올에 의존했고, 과거의 부정에 대한 망상이 있는 질투형 망상장애 병력이 있었으며, 알코올 사용 때문에 배우자, 아이들, 형제와의 대인관계에서 눈에 띄는 문제가 있었다. 그는 지난 4년 간 치료를 받았고 치료 동안에 수 차례 재발했다. 과거의 치료는 해독, 감독 하의 디술피람(음주를 할 경우 메스껍게 느껴지도록 만드는 약물) 투여, 그리고 망상 장애를 위한 항정신성 약물을 처방 받았다. 그는 SKY 프로그램을 마쳤고 주기적으로 연습했다. 더하여, 그는 지역사회 "Art of Living" 센터에서 고급 프로그램에도 참여했다. 이 프로그램은 명상과 침묵이 포함된다. 그는 깊은 평안을 느꼈고 지난 10년 동안 금주하고 있으며, 이에 더하여 여러 다른 긍정적인 삶의 변화들이 있을 뿐 아니라 관계들도 개선되었다고 말했다.

환자 6은 40세의 무직 남성으로 헤로인에 의존하고 있었고, 그가 SKY를 완료했을 때에는 몇 달 동안 부프레노르핀을 통해 안정되어 있었다. 그는 SKY에서 경험한 "황홀경"은 그가 헤로인을 하면서 경험한 것과 매우 비슷하고, 만약에 더 일찍 이런 것들을 느낄 수 있었더라면 헤로인에 의존할 필요가 전혀 없었을 것이라고 말했다. 프로그램이 끝나고 얼마 지나지 않아, 그는 지난 수 년 동안 일을 하지 않은 상태를 벗어나기 위해 노력했고, 그 결과 유급의 일자리를 찾았다. 지역 사회 기반에서 SKY를 가르치는 프로그램에 참여하는 것은 환자와 치료 팀의 관계도 달라지게 했는데, 치료팀이 SKY 프로그램에 참여할 수 있도록 했고, 그는 이것을 더욱 "배려하는"것으로 인식했기 때문이다.

이런 임상적 사례들은 SKY가 어떻게 임상 치료에 포함될 수 있는지를 보여주고 있다. 비록 몇몇 저자들(Rao, varambally, & Gangadhar, 2013)은 저자들 중 한 명(Rosenberg)의 경험으로 보았을 때, 치료의 초기에 요가를 더하는 시기는 SKY와 같은 집중적인 요가 기반의 기법들의 경우, 환자들이 안정적으로 절제하고 있고 회복에 신중하게 참여한 후에만 제공되어야 하고, 반면에 엄청난 중독의 고통에 있는 시기에는 적절하지 않다고 제안한다. 그 이유는 이런 기술들이 처음에는 혼란스러울 뿐만 아니라, 회복에 대해 전반적으로 헌신을 하고 있고 절제하며 안정적인 마음을 가질 때에 최선을 다해 수행에 임할 수 있기 때문이다. 이 몇몇 사례들에서 볼 수 있듯이, 명상과 영성 기반의 기술들과 관련이 있는 모임과 집단에 참여하는 것에서 추가적인 이점들이 나타났다.

SKY가 항상 성공하는 것은 아니다. 한 저자의 맨하튼 사무실에서 SKY를 제안 받은 환자들의 대다수는 이 기술을 배우는 데에 필요한 시간 때문에 훈련 받기를 포기했다. 거절을 하는 비율은 문화적 환경에 걸쳐 매우 다양할 수 있다. 이 훈련을 시작한 사람들 중, 대략 10%는 중도에 그만두는데, 그 이유는 이 훈련이 너무 불편하거나, "뉴에이지스럽거나", "너무 감정 표현이 적나라한 것"처럼 느껴지기 때문이다. 여기에서 SKY 훈련을 완료한 사람들 중 대다수는 매일이나 매주에 걸쳐 연습하는 것을 유지하지 못했다. 이는 12단계촉진의 중도하차율과 그리 다르지 않다.

감소 과정을 완료한 뒤, 복외측 PFC에서 활성화가 증가되는 것을 발견하였고, 이 결과를 억제조절 증가의 근거로 해석했다.

Witkiewitz 외(2012)는 중독자의 보상 체계(배측 선조), 습관 회로(배내 선조) 그리고 전두전엽 실행 제어 체계의 손상에 관한 마음챙김 기반의 재발 방지의 신경생물학적 기제에 관한 가설을 세웠다. 이 저자는 신경생물학적 기제가 아마도 하향식과 상향식 행동에 기인할 것이라고 가정했다. 상향식 기제는 현재 순간에 대한 더 큰 인식이 갈망 신호에 대한 감정적 반응을 줄여주는 것을 의미하고, 하향식 기제는 실행 기능, 주의 통제, 인식이 해부학 및 계통발생학적으로 낮은 보상 센터를 조절하도록 돕는 것을 의미한다.

Westbrooke 외(2011)는 담배 흡연자들을 대상으로 기능적 자기 공명 영상법(fMRI) 뇌 스캔을 사용하여 갈망 감소의 역할을 연구했다. 명상을 처음 시작하며 치료를 구하고 있는 47명의 흡연자들은 fMRI를 하는 동안 담배 피우는 이미지와 중립적 이미지를 보고 평가했다. 대상자들은 이런 이미지를 수동적으로 보거나, 또는 의식하는 상태에서 주의를 기울이며 보았다. 적어도 하루에 10개피를 피웠던 참여자들에게 fMRI를 하기 전 적어도 12시간 동안 금연을 하도록 당부했다. 주의하며 참여할 수 있도록 하기 위해, 참여자들은 사진에 대한 자신들의 반응, 예를 들어 생각, 감정, 기억, 신체 감각에 적극적으로 집중하되, 이런 반응에 대해서 비판단적 태도를 유지하도록 지시받았다. 주의하며 참여하는 동안 대상자가 보고한 흡연 이미지에 대한 갈망은 유의미하게 감소되었다. fMRI 스캔에서, 대상자들은 대뇌 피질의 앞쪽 띠(subgenual anterior cingulate cortex, sgACC)의 갈망과 관련된 영역에서 신경 활동이 유의미하게 감소되었다. 이 연구는 Westbrook 외(2011)가 지적한 것처럼 기대 효과를 포함한 많은 한계점들이 있다. 그럼에도 불구하고, 이 결과는 중독을 위한 성공적인 치료는 중독 주기가 장악한 보상과 추론 경로 간에 역기능적 의사소통을 분리시켜야 한다는 개념과 일맥상통한다.

31건의 심리학 연구의 메타 분석을 통해, 단순히 눈을 감고 쉬는 것과 비교했을 때, TM을 하는 동안 호흡률, 피부 전도성 수준, 플라즈마 젖산염의 수준이 더 낮은 것으로 보아 TM이 생리적 각성을 감소시킨다는 것을 발견했다. TM 대상자들은 통제 집단보다 유의미하게 더 낮은 각성 기저선 수준을 보였고, 이는 누적 효과를 제안한다(Dillbeack & Orme-Johnson, 1987). TM은 스트레스 자극에 대한 자율 신경계 반응의 더 신속한 동원, 습관화, 안정성을 통해 일상 활동 동안 스트레스에 대한 저항을 높일 수 있다고 주장한다(Alexander et al., 1994). 이런 기제들은 모두 중독이 있는 환자들을 도울 수 있다. Brown과 Gerbag(2005)은 SKY가 자율 신경계 및 스트레스 반응 체계(Sharma et al., 2003)를 개선시킬 수도 있고, 미주 신경 자극을 통한 부교감 신경계의 자극, 사상핵에 의한 피질 영역의 균형, 수행 기능에 포함되는 피질 영역의 진정, 전뇌 보상 체계의 자극을 이끄는 변연계의 활성화, 프로락틴과 옥시토신의 방출 증가를 야기한다고 추측한다.

Alexander 외(1994)는 TM에 관한 연구들을 검토하였는데, 감옥에서 석방된 후 최대 6년 동안 공격성, 적대감과 상습적 범행의 감소를 측정했을 때 수감자들에게서 충동적이고 반항적인 행동들이 감소했음을 발견했다. TM 수행가들은 인지 유연성, 선택 반응 시간, 학습과 기억, 창의성과 도덕 추론 영역이 개선되는 것으로 나타났다(Alexander et al., 1994).

또한 중독은 부정적 감정을 다루는 역기능적 수단으로 간주되어 왔다. 146개의 명상과 이완 치료 집단의 메타 분석을 통해, Eppley, Abrams, 그리고 Shear(1989)는 TM이 점진적 근육 이완이나 EMG 생체 자기 제어와 같은 명상이나 이완 방법들에 비해 불안 기질을 유의미하게 더 감소시킨다는 것을 보여 주었다. Alexander, Rainforth, 그리고 Gelderloos(1991)의 메타 분석은 TM이 다른 형태의 명상과 이완보다 친밀한 접촉에 대한 능력 향상, 다른 사람의 감정에 대한 개방성, 자발성과 같은 것을 보았을 때, 긍정적 정동의 발달에 유의미하게 더 큰 효과를 불러일으킨다고 제안했다. TM에 관한 통제 연구들은 TM 실천가들에게서 자기 의존, 내적 통제와 독립성이 개선된다고 제안했다.

AA 및 TSF와 마찬가지로, TM의 사회적 요인도 이런 이점에 영향을 끼칠 수 있다. Galanter(2006)와 다른 연구자들은 사회적 협력관계, 특히 종교적, 영적 또는 명상 집단 구성원 간의 사회적 협력관계들이 우리의 특정한 진화적 기질에 전반적으로 이롭게 작용하고, 우울증, 자살, 중독, 외로움이나 스트레스에 대한 완충제 역할을 하는 것으로 알려져 있다고 언급했다.

8. 결론

정신 건강을 증진시키기 위해 요가와 관련된 영적 접근법의 사용을 뒷받침하는 근거가 상당히 많이 있다. 1970년대에는 TM 프로그램에 열광하였고, 그에 따라 연구들이 진행되었다. 현재, 특히 인도와 미국에서 SKY와 "Art of living"에서 진행하고 있는 기술들에 대한 관심이 갈수록 점점 더 커지고 있다. Khanna와 Greeson(2013)이 언급한 바와 같이, 마음챙김 명상은 종교 분야에만 속하는 것이 아니라 점차 세속적인 건강과 관련된 환경으로 통합되고 있다. 저자들이 가지고 있는 많은 경험은 대부분 SKY에 해당하지만, 여기에 제시된 것 이외의 영성과 요가 기반의 다양한 기술들도 유용할 것이라 생각한다.

전반적으로, 명상과 요가는 지속적인 수행을 통한 누적 효과들이 있고, 이는 행동 및 화학 중독의 시작과 재발뿐 아니라 스트레스에 대해서도 회복 탄성력을 강화시켜 줄 것이다. 효과성을 증명하는 것 외에, 이후 연구들은 다양한 기법의 효과성에 대해 다룸으로써 어떤 환자 인구 집단에서 요가와 명상이 가장 적합할 수 있는지를 명시해야 할 것이다. 그리고 이런 접근법들이 언제, 어떻게 일상적 임상 관리에 통합될 수 있는지도 연구해야 할 것이다.

9. 참고문헌

Alexander, C. N., Rainforth, M. V., & Gelderloos, P. (1991). Transcendental meditation, self actualization and psychological health: A conceptual overview and statistical metaanalysis. *Journal of Social Behavior and Personality*, 6, 189–247.

Alexander, C. N., Robinson, P., & Rainforth, M. (1994). Treating and preventing alcohol, nicotine and drug abuse through transcendental meditation. *Alcoholism Treatment Quarterly*, 11(1–2), 13–75.

Alfonso, J. P., Caracuel, A., Delgado-Pastor, L. C., & Verdejo-García, A. (2011). Combined goal management training and mindfulness meditation improve executive functions and decision-making performance in abstinent polysubstance abusers. *Drug Alcohol Dependence*, 117(1), 78–81.

Anonymous. (1966). *The Bhagavad Gita*. Oxford, London, New York: Oxford University Press.

Benson, H. (1996). *Timeless healing: the power and biology of belief.* New York: Fireside.

Bowen, S., Chawla, N., Collins, S. E., Witkiewitz, K., Hsu, S., Grow, J., et al. (2009). Mindfulness-based relapse prevention for substance-use disorders: A pilot efficacy trial. *Substance Abuse*, 30, 295–305.

Brewer, J. A., Mallik, S., Babuscio, T. A., Nich, C., Johnson, H. E., Deleone, C. M., et al. (2011). Mindfulness training for smoking cessation: results from a randomized controlled trial. *Drug and Alcohol Dependence*, 119(1–2), 72–80.

Brown, R. P., & Gerbarg, P. L. (2005). Sudarshan kriya yogic breathing in the treatment of stress, anxiety, and depression: Part I—Neurophysiological model. *Journal of Alternative and Complementary Medicine*, 11(1), 189–201.

Chitwood, D. D., Weiss, M. L., & Leukefeld, C. G. (2008). A systematic review of recent literature on religiosity and substance use. *Journal of Drug Issues*, 0022–0426 /0803, 653–688.

Davis, J. M., Fleming, M. F., Bonus, K. A., & Baker, T. B. (2007). A pilot study on mindfulness based stress reduction for smokers. *BMC Complement Alternative Medicine*, 7, 2.

Dimeff, L. A., & Linehan, M. M. (2008). Dialectical behavior therapy for substance abusers. *Addiction Science & Clinical Practice*, 4(2), 39–47.

Descilo, T., Vedamurthachar, A., Gerbarg, P. L., Nagaraja, D., Gangadhar, B. N., Damodaran, B., et al. (2009). Effects of a yoga breath intervention alone and in combination with an exposure therapy for post traumatic stress disorder and depression in survivors of the 2004 South-East Asia tsunami. *Acta Psychiatrica Scandinavica*, 12(4), 289–300.

Eppley, K., Abrams, A., & Shear, J. (1989). The differential effects of relaxation techniques on trait anxiety: a meta-analysis. *Journal of Clinical Psychology*, 45, 957–974.

Ferri, M., Amato, L., & Davoli, M. (2009). Alcoholics Anonymous and other 12-step programmes for alcohol dependence (Review). *Cochrane Library*, 3, 1–26.

Fingelkurts, A. A., & Fingelkurts, A. A. (2009). Is our brain hard-wired to produce God? *Cognitive Processing*, 10(4), 293–326.

Frass, M., Strassl, R. P., Friehs, H., Mullner, M., Kundi, M., & Kaye, A. D. (2012). Use and acceptance of complementary and alternative medicine among the general population and medical personnel: a systematic review. *The Ochsner Journal*, 12, 45–56.

Galanter, M. (2006). Spirituality and addiction: A research and clinical perspective. *American Journal of Addiction*, 15(4), 286–292.

Galanter, M. (2008). Spirituality, evidence-based medicine and Alcoholics Anonymous. *American Journal of Psychiatry*, 165(12), 1514.

Garland, E. L. (2013). *Mindfulness-oriented recovery enhancement*. Washington, DC: NASW Press.

Garland, E. L., Gaylord, S. A., Boettiger, C. A., & Howard, M. O. (2010). Mindfulness training modifies cognitive, affective, and physiological mechanisms implicated in alcohol dependence: Results of a randomized controlled pilot trial. *Journal of Psychoactive Drugs*, 42(2), 177–192.

Gerbarg, P. L., & Bown, R. P. (2005). Yoga—A breath of relief for hurricane Katrina refugees. *Current Events*, 4(10), 55–67.

Hölzel, B. K., Lazar, S. W., Gard, T., Schuman-Olivier, Z., Vago, D. R., & Ott, U. (2011). How does mindfulness meditation work? Proposing mechanisms of action from a conceptual and neural perspective. *Perspectives on Psychological Science*, 6, 537–559.

Hölzel, B. K., Ott, U., Gard, T., Hempel, H., Weygandt, M., Morgen, K., et al. (2008). Investigation of mindfulness meditation practitioners with voxel-based morphometry. *Social Cognitive and Affective Neuroscience*, 3, 55–61.

James, W. (1929). *The varieties of religious experience*. New York: Modern Library.

Janakiramaiah, N., Gangadhar, B. N., Naga Venkatesha Murthy, P. J., Harish, N. J., Subbakrishna, D. K., & Vedamurthachar, A. (2000). Antidepressant efficacy of Sudarshan Kriya Yoga (SKY) in melancholia: A randomized comparison with electroconvulsive therapy (ECT) and imipramine. *Journal of Affective Disorders*, 57, 255–259.

Janakiramaiah, N., Gangadhar, B. N., Naga Venkatesha Murthy, P. J., Harish, M. J., Taranath Shetty, K., Subbakrishna, D. K., et al. (1998). Therapeutic efficacy of SKY in dysthymic disorders. *NIMHANS Journal*, 16, 21–28.

Kabat-Zinn, J. (1982). An outpatient program in behavioral medicine for chronic pain patients based on the practice of mindfulness meditation: Theoretical considerations and preliminary results. *General Hospital Psychiatry*, 4(1), 33–47.

Kaskutas, L. A. (2009). Alcoholics Anonymous effectiveness: Faith meets science. *Journal of Addictive Diseases*, 28(2), 145–157.

Kelly, J. F., Hoeppner, B., Stout, R. L., & Pagano, M. (2012). Determining the relative importance of the mechanisms of behavior change within Alcoholics Anonymous: A multiple mediator analysis. *Addiction*, 107(2), 289–299.

Kelly, J. F., & Magill, M. (2009). How do people recover from alcohol dependence? A systematic review of the research on mechanisms of behavior change in Alcoholics Anonymous. *Addiction Research and Theory*, 17(3), 236–259.

Kessler, R. C., Davis, R. B., Foster, D. F., et al. (2001). Long term trends in the use of complementary and alternative medical therapies in the United States. *Annals of Internal Medicine*, 135, 262–268.

Khanna, S., & Greeson, J. M. (2013). A narrative review of yoga and mindfulness as complementary therapies for addiction. *Complementary Therapiesin Medicine*, http://dx.doi.org/10.1016/j.ctim.2013.01.008.

Kjellgren, A., Bood, S. A., Axelsson, K., Norlander, T., & Saatcioglu, F. (2007). Wellness through a comprehensive yogic breathing program—A controlled pilot trial. *BMC Complementary and Alternative Medicine*, 7, 43.

Kochupillai, V., Kumar, P., Singh, D., Aggarwal, D., Bhardwaj, N., Bhutani, M., et al. (2005). Effect of rhythmic breathing (Sudarshan Kriya and Pranayam) on immune functions and tobacco addiction. *Annals of the New York Academy of Science*, 1056, 1–11.

Luders, E., Toga, A. W., Lepore, N., & Gaser, C. (2009). The underlying anatomical correlates of long-term meditation: Larger hippocampal and frontal volumes of gray matter. *NeuroImage*, 45, 672–678.

Moreira-Almeida, A., Neto, F. L., & Koenig, H. G. (2006). Religiousness and mental health: A review. *Revista Brasileira de Psiquiatria*. 28(3), http://dx.doi.org/10.1590/S1516-44462006005000006.

Morjaria, A., & Orford, J. (2002). The role of religion and spirituality in recovery from drink problems: A qualitative study of alcoholics anonymous members and South Asian men. *Addiction Research & Theory*, 10(3), SJS256.

Naga Venkatesha Murthy, P. J., Gangadhar, B. N., Janakiramaiah, N., & Subbakrishna, D. K. (1997). Normalization of P300 amplitude following treatment in dysthymia. *Biological Psychiatry*, 42, 740–743.

Naga Venkatesha Murthy, P. J., Janakiramaiah, N., Gangadhar, B. N., & Subbakrishna, D. K. (1998). P300 amplitude and antidepressant response to sudarsha kriya yoga (SKY). *Journal of Affective Disorders*, 50, 45–48.

National Institutes of Health Reporter. Retrieved from http://clinicaltrials. gov/ct2/show/NCT01505101.

Nespor, K. (1994). Approaches in the treatment of pathologic gambling. *Ceskoslovenska Psychologie*, 90(3), 149–157.

O'Brien, C. P., Volkow, N., & Li, T.-K. (2006). What's in a word? Addiction versus dependence in DSM-V. *American Journal of Psychiatry*, 163(5), 764–765.

Orme-Johnson, D. W. (1994). Transcendental meditation as an epidemiological approach to drug and alcohol abuse: Theory, research, and financial impact evaluation. In D. F. O'Connell & C. N. Alexander (Eds.), *Self recovery: treating addictions using transcendental meditation and Maharishi Ayur-Veda* (pp.119–168). New York: The Haworth Press.

Rao, N. P., Varambally, S., & Gangadhar, B. N. (2013). Yoga school of thought and psychiatry: Therapeutic potential. *Indian Journal of Psychiatry*, 55(Suppl 2), S145–S149.

Ravi Shankar, S. S. (2010). *Patanjali yoga sutras: A commentary by H. H. Sri Sri Ravi Shankar, Volume1*. Bangalore, India: Sri Sri Publications Trust.

Rohini, V., Pandey, R. S., Janakiramaiah, N., Gangadhar, B. N., & Vedamurthachar, A. (2000). The role of Sudarshan Kriya on mental health. *NIMHANS Journal*, 18(1&2), 53–57.

Sacktor, T. C. (2011). How does PKMzeta maintain long-term memory? Nature Reviews Neuroscience, 12, 9–15.

Shafil, M., Lavely, R., & Jaffe, R. (1975). Meditation and the prevention of alcohol abuse. *American Journal of Psychiatry*, 132(9), 942–945.

Sharma, H., Sen, S., Singh, A., Bhardwaj, N. K., Kochupillai, V., & Singh, N. (2003). Sudarshan Kriya practitioners exhibit better antioxidant status and lower blood lactate levels. *Biological Psychology*, 63, 284–291.

Tonigan, J., Miller, W., & Connors, G. (2000). Project MATCH client impressions about Alcoholics Anonymous: Measurement issues and relationship to outcome. *Alcoholic Treatment Quarterly*, 18, 25–41.

Vedamurthachar, A., Agte, V., Bijoor, A. R., Lakshmi, B., & Swathi, R. (2011). Sudarshan Kriya Yoga for improving health status and quality of life in adults. *Indian Journal of Health and Well Being*, 2(4), 773–775.

Vedamurthachar, A., Anita, R., Dr, Bijoor, Vaishali, A., & Swathi Lakshmi, B. (2011). Short term effect of Sudarshan Kriya yoga on lipid and hormone profile of type 2 diabetic patients. *Research Journal of Chemical Sciences*, 1(9), 1–7.

Vedamurthachar, A., Janakiramaiah, N., Hegde, J. M., Shetty, T. K., Subbakrishna, D. K., Sureshbabu, S. V., et al. (2006). Antidepressant efficacy and hormonal effects of sudarshana kriya yoga (SKY) in alcohol dependent individuals. *Journal of Affective Disorders*, 94, 249–253.

Westbrook, C., Creswell, J. D., Tabibnia, G., Julson, E., Kober, H., & Tindle, H. A. (2011). Mindful attention reduces neural and self-reported cue-induced craving in smokers. *Social Cognitive and Affective Neuroscience*, 8(1), 73–84.

Witkiewitz, K., Lustyk, M. K., & Bowen, S. (2012). Retraining the addicted brain: a review of hypothesized neurobiological mechanisms of mindfulness based relapse prevention. *Psychology of Addicted Behaviours*, 27(2), 351–365.

Witkiewitz, K., & Bowen, S. (2010). Depression, craving and substance use following a randomized trial of mindfulness-based relapse prevention. *Journal of Consulting and Clinical Psychology*, 78, 362–374.

Woods, J. H. (Ed.), (1914). *The Yoga Sutras of Patanjali*. Cambridge, MA: Harvard University Press.

Xue, Y. X., Luo, Y. X., Wu, P., Shi, H. S., Xue, L. F., Chen, C., et al. (2012). A memory retrieval-extinction procedure to prevent drug craving and relapse. *Science*, 336, 241–254.

Yadav, S., Dhawan, A., & Chopra, A. (2006). Exploring: Breath, water and sound course as an adjunct intervention for opiate dependent patients. *World Conference-Expanding Paradigms: Science*, Consciousness and Spirituality, 2006; New Delhi, India.

찾아보기

ㅂ

ㅅ

ㅇ

기타

[역자 소개]

신성만

한동대학교 상담심리학과 및 심리학 대학원 교수로 재직 중이다.

미국 위스콘신대학에서 심리학 석사, 보스턴대학교에서 재활상담학 박사 학위를 받고 심리치료전문가로 일했으며, 특히 하버드 의과대학 정신과 병원에서 연구하였다. 현재는 정신재활분야와 중독관련분야에 집중하고 있으며 한국상담학회, 한국심리학회, 한국가족상담협회 등에서 활동 중이다. 한국중독상담학회 학회장이며 법무부 자문도 하고 있다.

저서 및 역서로는 [동기강화상담](공역, 시그마프레스, 2007), [실존치료](공역, 학지사, 2014), [중독상담] (공역, 박학사, 2013) 등 다수가 있다.

중독상담, 인터넷 중독, 정신재활, 실존치료, 동기와 정서, 호스피스 상담 등에 관심을 두고 연구하고 있다.

행동중독: 준거, 근거, 그리고 치료

BEHAVIORAL ADDICTIONS: Criteria, Evidence, and Treatment

발 행 일 | 2015년 12월 21일 초판 1쇄 발행
2019년 8월 30일 초판 2쇄 발행
엮 은 이 | Kenneth Paul Rosenberg · Laura Curtiss Feder
옮 긴 이 | 신성만
발 행 인 | 구본하
발 행 처 | 도서출판 박학사
주 소 | 서울시 마포구 월드컵북로5길 33 동아빌딩 2층
전 화 | (02)3142-3764~5
팩 스 | (02)3142-3766
웹 사 이 트 | www.pakhaksa.co.kr
등 록 번 호 | 제10-2230호

정가 22,000원 ISBN 978-89-98521-42-4